Handbuch des Beamtenrechts

Herausgegeben von

Dr. Wilhelm Stuckart
Staatssekretär im Reichsministerium des Innern

Dr. Horst Hoffmann
Regierungsrat im Reichsministerium für Volksaufklärung und Propaganda

Berlin und Leipzig 1938

Walter de Gruyter & Co.

vormals G. J. Göschen'sche Verlagshandlung — J. Guttentag, Verlagsbuchhandlung — Georg Reimer — Karl J. Trübner — Veit & Comp.

Archiv-Nr. 23 11 38

Druck von Walter de Gruyter & Co., Berlin W 35

Vorwort.

Das am 26. Januar 1937 verkündete und am 1. Juli 1937 in Kraft getretene Deutsche Beamtengesetz und die Reichsdienststrafordnung vom gleichen Tage haben zum ersten Male einheitliches Recht für alle Beamten geschaffen. Beide Gesetze gelten nicht nur für die Reichs- und Landesbeamten, sondern auch für die Kommunalbeamten und die Beamten der sonstigen Körperschaften des öffentlichen Rechts. Alle Beamten sind jetzt Reichsbeamte, und zwar je nach ihrem Dienstherrn unmittelbare oder mittelbare Reichsbeamte. Im Rahmen dieser großen Gesetzgebungsreform ist weiterhin am 24. Juni das Polizeibeamtengesetz ergangen, das auch für die Polizeivollzugsbeamten einheitliche und klare Rechtsverhältnisse geschaffen hat.

Der Zeitpunkt der Vereinheitlichung des deutschen Beamtenrechts erscheint besonders geeignet, den Beamten ein Buch in die Hand zu geben, in dem sie die in Gesetzen, Verordnungen und Ministerialerlassen enthaltene Materie zusammengefaßt finden. Diesem Zweck will das vorliegende Handbuch des deutschen Beamtenrechts dienen. Das Handbuch bringt im Ersten Teile die Vorschriften des allgemeinen Beamtenrechts, im Zweiten Teile das Besoldungsrecht, im Dritten Teile das Reise- und Umzugskostenrecht sowie die auf dem Gebiete der sozialen Fürsorge ergangenen Bestimmungen, im Vierten Teile das Dienststrafrecht, Erstattungsrecht und Haftungsrecht und im Fünften Teile das für besondere Beamtengruppen geltende Sonderrecht. Das Handbuch will nicht nur den Behörden, sondern auch gerade dem einzelnen Beamten ein zuverlässiger Führer und Ratgeber durch das gesamte Beamtenrecht sein.

Berlin, im November 1937.

Die Herausgeber.

Systematische Inhaltsübersicht.

Verzeichnis der abgedruckten Gesetze, Verordnungen und Ministerialerlasse in der Zeitfolge.

Abkürzungen.

AB.	=	Ausführungsbestimmungen.
Abs.	=	Absatz.
Abschn.	=	Abschnitt.
Anl.	=	Anlage.
Anm.	=	Anmerkung.
Art.	=	Artikel.
AusfAnw.	=	Ausführungsanweisung.
AV.	=	Allgemeine Verfügung.
BDA.	=	Besoldungsdienstalter.
Begr.	=	Begründung.
BesG. oder RBesG.	=	Reichsbesoldungsgesetz.
BesGr.	=	Besoldungsgruppe
BesO.	=	Besoldungsordnung.
BGB.	=	Bürgerliches Gesetzbuch.
BV.	=	Besoldungsvorschriften.
DBG.	=	Deutsches Beamtengesetz.
DDA.	=	Diätendienstalter.
DGO.	=	Deutsche Gemeindeordnung.
DJ.	=	Deutsche Justiz.
DVO.	=	Durchführungsverordnung.
Erl.	=	Erlaß.
Ges.	=	Gesetz.
GS.	=	Preußische Gesetzsammlung.
GVG.	=	Gerichtsverfassungsgesetz.
HVBl.	=	Heeresverordnungsblatt.
JMBl.	=	Preußisches Justizministerialblatt.
Kap.	=	Kapitel.
MBliV.	=	Ministerialblatt für die preußische innere Verwaltung (später RMBliV.).
MdJ.	=	Preußischer Minister des Innern.
PBG.	=	Deutsches Polizeibeamtengesetz.
PrBB.	=	Preußisches Besoldungsblatt.
PrFM.	=	Preußischer Finanzminister.
PrMPräs.	=	Preußischer Ministerpräsident.
PrStM.	=	Preußischer Staatsminister.
RA.	=	Deutscher Reichs- und Preußischer Staatsanzeiger.

PostABl. = Amtsblatt des Reichspostministeriums.
RAM. = Reichsarbeitsminister.
RBB. = Reichsbesoldungsblatt (ab 1937 RHuBB.).
RBesG. = Reichsbesoldungsgesetz.
RdErl. = Runderlaß.
RDStO. = Reichsdienststrafordnung.
RdSchr. = Rundschreiben.
RFSSuChdDtPol. = Reichsführer SS und Chef der Deutschen Polizei im Reichsministerium des Innern.
RFBl. = Amtsblatt der Reichsfinanzverwaltung.
RGBl. = Reichsgesetzblatt.
RHO. = Reichshaushaltsordnung.
RHuBB. = Reichs-Haushalts- und Besoldungsblatt (früher RBB.).
RJM. = Reichsminister der Justiz.
RKM. = Reichskriegsminister.
RMBl. = Reichsministerialblatt (früher Zentralblatt für das Deutsche Reich).
RMBliV. = Ministerialblatt des Reichs- und Preußischen Ministeriums des Innern (früher MBliV.).
RMdF. = Reichsminister der Finanzen.
RMfEuL. = Reichsminister für Ernährung und Landwirtschaft.
RMfVuPr. = Reichsminister für Volksaufklärung und Propaganda.
RMfWEuV. = Reichsminister für Wissenschaft, Erziehung und Volksbildung.
RPM. = Reichspostminister.
RVM. = Reichsverkehrsminister.
RMinAmtsBlDtschWiss. = Ministerialblatt des Reichsministeriums für Wissenschaft, Erziehung und Volksbildung.
RuPrMdJ. = Reichs- und Preußischer Minister des Innern.
RV. = Weimarer Verfassung
s. = siehe.
S. = Seite.
StGB. = Strafgesetzbuch.
StPO. = Strafprozeßordnung.
VO. = Verordnung.
Z. = Ziffer.
ZPO. = Zivilprozeßordnung.

Einführung.

Der staatliche Apparat ist eines der wichtigsten und wertvollsten Instrumente der politischen Führung zur praktischen Verwirklichung der politischen Ziele und damit zur Erfüllung der Gemeinschaftsaufgaben. Für die Schlagkraft des Staatsapparates ist neben einer sachgemäßen organisatorischen Gestaltung des Behördenaufbaues die entscheidende Voraussetzung die Handhabung und Lenkung dieses Apparates durch geeignete Menschen. Da der nationalsozialistische Staat die völkischen Forderungen und Lebensgrundsätze der nationalsozialistischen Weltanschauung, wie sie im Programm der NSDAP niedergelegt sind, auf den verschiedensten Lebensgebieten praktisch zu verwirklichen hat, bedarf er eines der Erfüllung dieser geschichtlichen Aufgabe gewachsenen Beamtentums, das sich von den Fürstendienern des absoluten Staates und den unpolitischen Staatsdienern des konstitutionellen Staates ebenso unterscheidet wie von den schwarzroten Dienern der Republik der Weimarer Verfallsepoche. Eine auf Gedeih und Verderb mit Führer, Volk, Partei und Staat verbundene, leistungsfähige Beamtenschaft ist eine Vorbedingung einer geordneten nationalsozialistischen Staatsführung. Wie der Führer auf dem Parteitag der Freiheit erklärt hat, soll die Partei die von ihr erzogenen und geschulten tüchtigsten Parteigenossen laufend an den Staat zur Verwirklichung der nationalsozialistischen Weltanschauung auf den von dem Staate betreuten Lebensgebieten abstellen. Daraus erhellt die besondere Bedeutung des Rechtes, das die Lebensverhältnisse der Träger von Staatsämtern regelt. Die Neuordnung des Beamtenrechts ist damit zu einem wichtigen Kapitel der allgemeinen nationalsozialistischen Rechtserneuerung geworden. Da das Dritte Reich der Staat der nationalsozialistischen Bewegung ist, ist es klar, daß die Weltanschauung, die politischen Ideen, Auffassungen und Beweggründe der NSDAP unmittelbaren Eingang in das Beamtenrecht gefunden und dort rechtsverbindliche Gestalt gewonnen haben. Politik, Weltanschauung und Recht berühren sich hier aufs innigste.

Die Entwicklung des neuen deutschen Beamtenrechts ist durch folgende Etappen der Gesetzgebung gekennzeichnet:

1. das Gesetz zur Wiederherstellung des Berufsbeamtentums vom 7. April 1933,
2. das Gesetz zur Änderung von Vorschriften auf dem Gebiete des allgemeinen Beamtenrechts usw. vom 30. Juni 1933,
3. das Reichsbürgergesetz vom 15. September 1935,

4. die Erste Verordnung zum Reichsbürgergesetz vom 14. November 1935,
5. die Zweite Verordnung zum Reichsbürgergesetz vom 21. Dezember 1935.

Die großen Leitgedanken des nationalsozialistischen Beamtenrechts haben bereits in diesen Gesetzen ihren Niederschlag gefunden:

1. Der Nationalsozialismus bejaht das Berufsbeamtentum als einen Grundpfeiler des Staates.
2. Beamter kann nur sein, wer deutschblütig ist, d. h. wer deutscher oder artverwandter Abstammung ist. Juden, Mischlingen und jüdisch Versippten ist die Beamtenlaufbahn versperrt.
3. Die Beamtenstellung ist ein besonderes Treueverhältnis zum Führer; daraus folgt die Pflicht zur bedingungslosen Hingabe an die im Amte enthaltene, vom Führer gestellte Aufgabe.
4. Beamter kann nur werden, sein und bleiben, wer die Gewähr dafür bietet, daß er jederzeit rückhaltlos für den nationalsozialistischen Staat eintritt.
5. Das Berufsbeamtentum beruht auf dem Leistungsgrundsatz. Als Beamter kann nur berufen werden, wer die für seine Laufbahn vorgeschriebene oder übliche Vorbildung oder die sonstige besondere Eignung für das ihm zu übertragende Amt besitzt.

Diese Grundsätze haben ihre endgültige Ausgestaltung im Deutschen Beamtengesetz vom 26. Januar 1937 (RGBl. I S. 39) und den dazu ergangenen Ausführungsbestimmungen gefunden. Dieses Gesetz, das ein Einheitsrecht für alle deutschen Beamten, gleichviel ob sie im Dienst des Reiches (unmittelbare Reichsbeamte) oder im Dienst der Länder, Gemeinden oder anderer Körperschaften des öffentlichen Rechts (mittelbare Reichsbeamte) stehen, schafft, ist die abschließende Regelung der Rechtsverhältnisse der Beamtenschaft des nationalsozialistischen Staates. Seine Grundzüge ergeben sich aus dem allgemeinen Teil der Begründung zum Deutschen Beamtengesetz.

Allgemeiner Teil.

Nachdem es trotz jahrelanger Bemühungen nicht gelungen war, ein den veränderten Zeitverhältnissen entsprechendes Beamtengesetz zu schaffen, betrachtete es die nationalsozialistische Staatsführung als vordringliche Aufgabe, nicht nur das Recht der Reichsbeamten, sondern darüber hinaus die Rechtsverhältnisse sämtlicher deutschen Beamten einheitlich und nach den Erfordernissen des nationalsozialistischen Staates neu zu ordnen.

Das Gesetz zur Wiederherstellung des Berufsbeamtentums vom 7. April 1933 bedeutete einen ersten Schritt auf diesem Wege, indem es die Möglichkeit schuf, aus dem Beamtenkörper diejenigen Beamten zu entfernen, die nicht geeignet erschienen, den Aufgaben des neuen Staates mit der notwendigen ehrlichen Überzeugung zu dienen.

Das Gesetz zur Änderung von Vorschriften auf dem Gebiete des allgemeinen Beamten-, Besoldungs- und Versorgungsrechts vom 30. Juni 1933 bahnte sodann die Wege für die Neuschaffung eines dem Wesen des nationalsozialistischen Staates entsprechenden Beamtenkörpers für die Zukunft und legte den Grund für die Vereinheitlichung des deutschen Beamtenrechts insofern, als die in ihm für Reichsbeamte erlassenen Vorschriften für die übrigen deutschen Beamten für verbindlich erklärt wurden.

Nachdem diese Gesetze seit mehr als drei Jahren durchgeführt sind und die Reichsreform weitere Fortschritte gemacht hat, ist der Zeitpunkt gekommen, ein einheitliches, alle deutschen Beamten umfassendes Gesetz zu erlassen, das die Rechtsverhältnisse der Beamtenschaft des nationalsozialistischen Staates abschließend regelt.

Im nationalsozialistischen Staat ist treue Pflichterfüllung oberstes Gebot für jeden Volksgenossen, insonderheit für denjenigen, der sich als Beamter unmittelbar dem Dienst am Staate widmet. In Abweichung vom Aufbau der bisherigen Beamtengesetze regelt das Gesetz nach einer Festlegung der begrifflichen Merkmale des Beamtentums und einer kurzen Darstellung organisatorischer Verhältnisse gleich zu Anfang die Pflichten, die dem deutschen Beamten obliegen. An diese Darstellung der Pflichten schließt sich die der Folgen einer Nichterfüllung dieser Pflichten. Erst danach folgen die Vorschriften über die Begründung des Beamtenverhältnisses. Wer Beamter werden will, muß sich zunächst darüber klar werden, ob er gewillt und imstande ist, die im nationalsozialistischen Staat aus dem Beamtenverhältnis ihm erwachsenden Pflichten zu erfüllen; erst wenn er diese Frage bejaht, ist es für ihn von Belang, auf welchem Wege er Beamter wird, und welche rechtliche Stellung er als Beamter hat. Deswegen folgen erst auf die die Ernennung regelnden Vorschriften diejenigen über die öffentlich-rechtliche Stellung des Beamten und danach die Vorschriften über die Beendigung des Beamtenverhältnisses. Hieran schließen sich die Vorschriften über die Versorgung, in die auch das Unfallfürsorgegesetz für Beamte eingebaut ist, und eine Reihe von Sondervorschriften.

Mit dem Gesetz erkennt der nationalsozialistische Staat das Berufsbeamtentum an. Er übernimmt diese Einrichtung, weil er in einer von nationalsozialistischer Weltanschauung durchdrungenen und mit dem Führer in Treue verbundenen Beamtenschaft, welcher der Dienst für den Staat Lebensberuf ist, die Grundlage für eine geordnete Staatsführung erblickt. Der Beamte ist nicht nur Diener am Staate und am Volk; er soll auch Diener an der nationalsozialistischen Idee sein, die den Staat trägt, und an der Nationalsozialistischen Deutschen Arbeiterpartei, die mit dem Staat eine Einheit bildet. Der Beamte steht zum Führer und Reich in einem öffentlich-rechtlichen Dienst- und Treueverhältnis. Dem Führer persönlich ist der Beamte durch den Treueid zu Treue und Gehorsam, zur Beachtung der Gesetze und gewissenhaften Erfüllung seiner Amtspflichten verbunden. Er soll dem Führer Treue halten bis zum Tode; wenn auch die Dienstpflicht des Beamten und damit sein Beamtenverhältnis selbst endet, so darf darum doch die Treue nicht aufhören. Dieser Gedanke findet seinen Niederschlag darin, daß auch der Ruhestandsbeamte seiner Rechte verlustig gehen kann, wenn er Handlungen der Treulosigkeit begeht. Auch der Ruhestandsbeamte kann noch, wenn er sich staatsfeindlich betätigt, die Pflicht zur Amtsverschwiegenheit verletzt oder Geschenke mit Bezug auf sein früheres Amt ohne Genehmigung annimmt, im Wege des Dienststrafverfahrens mit den Strafen der Aberkennung oder Kürzung des Ruhegehaltes belegt werden. Wird er wegen eines nach Eintritt in den Ruhestand begangenen Hoch- oder Landesverrats oder einer sonst mit dem Tode bedrohten Handlung zum Tode oder zu Zuchthaus oder wegen einer sonstigen vorsätzlichen hoch- oder landesverräterischen Handlung zu Gefängnis verurteilt, so verliert er ohne weiteres seinen Anspruch auf Ruhegehalt und Hinterbliebenenversorgung sowie die äußeren Eigenschaften als Ruhestandsbeamter (§ 132). Selbst den Hinterbliebenen eines Beamten, die als Ausfluß seines Beamtenverhältnisses vom Staate Hinterbliebenenversorgung erhalten, liegt die gleiche Treupflicht noch ob. Auch sie verlieren bei Verletzung dieser Treupflicht ihre Ansprüche auf Hinterbliebenenversorgung (§ 133 Abs. 1 Nr. 3).

Der Führer trifft die für den Beamten wichtigsten Entscheidungen. Er ernennt ihn (§ 24), er bestimmt Amtsbezeichnungen und Uniformen (§§ 37, 20); er versetzt den Beamten in den Wartestand (§ 44), er entläßt ihn und versetzt ihn in den Ruhestand (§§ 66, 71, 78); er hat hinsichtlich der beamtenrechtlichen Folgen eines strafgerichtlichen Urteils das Gnadenrecht für alle Beamten (§§ 54, 132, 133 Abs. 1 Nr. 3).

Der Beamte soll vom nationalsozialistischen Geist durchdrungen sein; er soll jederzeit für den nationalsozialistischen Staat eintreten und sich in seinem gesamten Verhalten von der Tatsache leiten lassen, daß die Nationalsozialistische Deutsche Arbeiterpartei in unlösbarer Verbundenheit mit dem Volke die Trägerin des deutschen Staatsgedankens ist. Die gleiche Pflicht, die ihm als Diener des Staates obliegt, Schaden von dem Staat abzuwehren, liegt ihm, da Staat und Partei eins sind, auch der Nationalsozialistischen Deutschen Arbeiterpartei gegenüber ob. Er ist deshalb verpflichtet, seinem Dienstvorgesetzten von solchen Vorgängen Kenntnis zu geben, die den Bestand des Reichs oder der Nationalsozialistischen Deutschen Arbeiterpartei gefährden können, selbst wenn sie ihm nicht vermöge seines Amtes bekannt geworden sind (§ 3 Abs. 2).

Die innere Verbundenheit des Beamten mit der Partei ist Voraussetzung für seine Ernennung. Nur der darf zum Beamten ernannt werden, der neben der Eignung für das Amt die Gewähr dafür bietet, daß er jederzeit rückhaltlos für den nationalsozialistischen Staat eintritt. Denn der Beamte soll der Vollstrecker des Willens des von der Nationalsozialistischen Deutschen Arbeiterpartei getragenen Staates sein. Wer dem Staat in Treue dient, dient dem im Nationalsozialismus geeinten Volk in Treue.

Wer aus der Partei ausgeschlossen oder ausgestoßen ist und dies der ernennenden Behörde verschweigt, kann nicht Beamter sein; die unter solchen Umständen erfolgte Ernennung ist daher für nichtig zu erklären (§ 32 Abs. 2 Nr. 3). Ein Beamter, in dessen Verhalten in einem besonders geordneten Verfahren Tatsachen festgestellt werden, aus denen sich ergibt, daß er nicht mehr die Gewähr eines jederzeitigen Einsatzes für den nationalsozialistischen Staat bietet, kann nicht weiterhin Beamter bleiben; er kann vom Führer und Reichskanzler jederzeit in den Ruhestand versetzt werden (§ 71).

Um eine möglichst reibungslose Zusammenarbeit der öffentlichen Behörden mit den Dienststellen der Partei zu gewährleisten, ist die Mitwirkung des Stellvertreters des Führers in mehrfacher Hinsicht im Gesetz vorgesehen: Er ist nach Maßgabe eines Erlasses des Führers bei der Ernennung von Beamten gewisser Gruppen zu beteiligen (§ 31). Er wirkt mit bei der ausnahmsweisen Ernennung von Personen, die nicht deutschen oder artverwandten Blutes sind oder die einen Ehegatten haben, der nicht deutschen oder artverwandten Blutes oder Mischling zweiten Grades ist (§ 25 Abs. 3), ebenso, wenn ein Beamter eine Ehe mit einem solchen Verlobten eingehen will (§ 25 Abs. 3). Beamte, die Hoheitsträger der Nationalsozialistischen Deutschen Arbeiterpartei sind, dürfen nur nach Benehmen mit ihm versetzt werden (§ 35 Abs. 3); der Kreis dieser Hoheitsträger ist im § 35 Abs. 3 genau umschrieben.

Die hauptberufliche Wahrnehmung eines Amts in der Partei und ihren Gliederungen ist dem öffentlichen Dienst gleichgestellt; die Zeit solcher Tätigkeit kann als ruhegehaltfähige Dienstzeit angerechnet werden (§ 85 Abs. 1 Nr. 1). Das gleiche gilt in gewissem Umfange für die Zeit, während der ein Beamter vor dem 30. Januar 1933 ein Amt in der Partei oder ihren Gliederungen nicht hauptberuflich bekleidet hat (§ 179 Abs. 8). Zur Übernahme eines unbesoldeten Amts in der Partei bedarf der Beamte keiner Genehmigung seines Dienstvorgesetzten (§ 11 Abs. 2).

Durch alle diese Vorschriften ist der Einheit von Partei und Staat Rechnung getragen und die enge Verbundenheit des Beamten mit Führer und Partei sichergestellt.

Der nationalsozialistische Staat ist ein Führerstaat. Alle Macht im Staate leitet sich von dem Führer und Reichskanzler her. Er beruft die

Reichsminister, die auf Grund seines Vertrauens arbeiten. Sie sind ihm dafür verantwortlich, daß in der Verwaltung nach nationalsozialistischen Grundsätzen verfahren wird. Wie der Beamte dem Führer zum Gehorsam verpflichtet ist, so ist er es auch gegenüber den vom Führer berufenen Ministern und allen Personen, die als seine Vorgesetzten vom Führer oder den von ihm bestimmten Stellen eingesetzt worden sind. Gehorsam und Amtsverschwiegenheit sind wesentliche Grundlagen zur Aufrechterhaltung der Disziplin in der Beamtenschaft. Der Beamte darf für die Führung seiner Amtsgeschäfte Weisungen nur von seinen Vorgesetzten oder den sonst zur Erteilung von Weisungen berechtigten Amtsstellen entgegennehmen. Diese Gehorsamspflicht des Beamten geht jeder anderen Gehorsamspflicht vor. Selbst Gehorsamsbindungen, die er als Mitglied der Nationalsozialistischen Deutschen Arbeiterpartei eingegangen ist, müssen hinter der Gehorsamspflicht gegenüber seinen Vorgesetzten und deren Anordnungen in dienstlichen Angelegenheiten zurücktreten (§ 7 Abs. 3). Der Beamte darf also auch als Mitglied der Nationalsozialistischen Deutschen Arbeiterpartei Weisungen seiner Parteivorgesetzten, die den dienstlichen Weisungen widersprechen, nicht befolgen. Der Führer und Reichskanzler bestimmt, ob und inwieweit es zulässig ist, einen Beamten, der Mitglied der Nationalsozialistischen Deutschen Arbeiterpartei ist, vor einem Parteigericht zur Verantwortung zu ziehen (§ 7 Abs. 4).

Die jeder anderen Gehorsamspflicht vorgehende Pflicht gegenüber dem Staat und dem Vorgesetzten bedingt auch, daß der Beamte gegenüber jedermann zur Amtsverschwiegenheit verpflichtet ist, auch gegenüber Parteistellen, die von dem Beamten Auskunft über Angelegenheiten fordern sollten, deren Geheimhaltung ihm durch Gesetz oder dienstliche Anordnung oder der Natur der Sache nach vorgeschrieben ist (§ 8 Abs. 1). Die Vorschrift, daß er über solche Angelegenheiten ohne Genehmigung vor Gericht nicht aussagen oder sonst Erklärungen abgeben darf, bezieht sich auch auf Erklärungen vor den Parteigerichten und den Parteidienststellen. Hält eine Parteidienststelle die Auskunft über solche Angelegenheiten für erforderlich, so muß sie sich daher nicht an den Beamten, sondern nur an die dem Beamten vorgesetzte Behörde wenden.

Der Beamte darf sich auch dann, wenn er dienstliche Vorgänge zu beobachten glaubt, die der Nationalsozialistischen Deutschen Arbeiterpartei schaden könnten, nicht an Parteistellen mit seinen Wahrnehmungen wenden. Sein Verhalten in solcher Lage ist ihm durch § 42 Abs. 2 vorgeschrieben. Da es sich um dienstliche Vorgänge handelt, sind in erster Linie seine Dienstvorgesetzten zu ihrer Beurteilung befugt. Sie müssen, wenn es erforderlich ist, für Abhilfe sorgen. Insoweit ist also die Pflicht des Beamten zur Amtsverschwiegenheit erweitert. Gibt der Beamte von solchen Vorgängen anderen als den im § 42 Abs. 2 bezeichneten Stellen Kenntnis, so vergeht er sich gegen die ihm obliegende Pflicht zum Gehorsam und zur Amtsverschwiegenheit und macht sich dienstlich strafbar.

Pflicht des Beamten ist es, echte Vaterlandsliebe und Opferbereitschaft zu beweisen, dem Staate seine Arbeitskraft voll hinzugeben, gehorsam gegen seine Vorgesetzten und kameradschaftlich gegen seine Mitarbeiter zu sein. Die Pflicht der Kameradschaftlichkeit besteht nicht nur zwischen gleichstehenden Mitarbeitern, sie ist auch vom Vorgesetzten gegen den nachgeordneten Beamten und von diesem gegenüber dem Vorgesetzten zu üben. Kameradschaftlichkeit bedeutet trotz aller durch die Erfordernisse des Dienstes gegebenen Über- und Unterordnung, jeden Beamten als Mitarbeiter und Volksgenossen zu achten und ihm entsprechend entgegenzutreten, ihn als Kameraden gelten zu lassen, der an demselben Ziele, dem Wohle des Volkes und Vaterlandes, arbeitet. Es kommt nicht darauf an, was der Beamte tut, sondern wie er es tut. Kastengeist und Standesdünkel sind der nationalsozialistischen Auffassung fremd. Der Beamte, der es an dieser Kameradschaftlichkeit fehlen läßt, kann dienststrafrechtlich zur Verantwortung gezogen werden.

Der Beamte hat alles zu tun, um von dem Reich, von seinem Dienstherrn und von der Partei Schaden abzuwehren; er hat seine Amtspflichten gewissenhaft zu erfüllen. Auch außerdienstlich muß er sich der Achtung und des Vertrauens, die seinem Berufe entgegengebracht werden, würdig zeigen (§ 3).

Der Beamte muß seine Arbeitskraft voll für den Dienst am Staat einsetzen und auch über die regelmäßige Arbeitszeit hinaus Dienst tun, wenn die Verhältnisse es fordern (§ 16); er darf Nebenbeschäftigungen nur ausüben (§§ 10ff.) und Belohnungen und Geschenke (§ 15) nur annehmen mit Zustimmung seiner Dienstvorgesetzten. Er darf ohne Erlaubnis dem Dienst nicht fernbleiben (§ 17), darf, wenn es verlangt wird, seinen Wohnort nicht verlassen (§ 18) und muß seine Wohnung so nehmen, wie es durch die dienstlichen Verhältnisse geboten ist (§ 19). Seinen Vorgesetzten gegenüber ist er zu Offenheit und Vertrauen verpflichtet (§ 42 Abs. 1); dazu gehört auch Wahrhaftigkeit in allen dienstlichen Meldungen und Auskünften; bei Beschwerden und Anträgen ist der Dienstweg einzuhalten.

Dem Beamten, der seine Pflichten gegenüber dem Führer und dem Reich treu und gewissenhaft erfüllt, sichert der vom Führer vertretene Staat seine Lebensstellung (§ 1 Abs. 3, § 3 Abs. 1); er gewährt ihm Fürsorge und Schutz bei seinen amtlichen Verrichtungen und in seiner Stellung als Beamter (§ 36). Der Beamte aber, der seine Pflichten nicht oder nicht in vollem Umfange erfüllt, hat mit Strafen und Nachteilen zu rechnen. Verletzt der Beamte schuldhaft seine Pflichten im Dienst oder außer Dienst, so hat er Bestrafung zu gewärtigen. Die Strafen und das bei der Bestrafung zu beobachtende Verfahren werden in der Reichsdienststrafordnung geregelt (§ 22 Abs. 2).

I. Teil.

Allgemeines Beamtenrecht.

I. Deutsches Beamtengesetz [1]).

Vom 26. Januar 1937 (RGBl. I S. 39, 186).

Ein im deutschen Volk wurzelndes, von nationalsozialistischer Weltanschauung durchdrungenes Berufsbeamtentum, das dem Führer des Deutschen Reichs und Volkes, Adolf Hitler, in Treue verbunden ist, bildet einen Grundpfeiler des nationalsozialistischen Staates. Daher hat die Reichsregierung das folgende Gesetz beschlossen, das hiermit verkündet wird:

Abschnitt I.

Das Beamtenverhältnis [2]).

§ 1.

(1) Der deutsche Beamte steht zum Führer und zum Reich in einem öffentlich-rechtlichen Dienst- und Treueverhältnis (Beamtenverhältnis).

(2) Er ist der Vollstrecker des Willens des von der Nationalsozialistischen Deutschen Arbeiterpartei getragenen Staates.

(3) Der Staat fordert von dem Beamten unbedingten Gehorsam und äußerste Pflichterfüllung; er sichert ihm dafür seine Lebensstellung.

§ 2.

(1) Das Dienstverhältnis zum Reich ist entweder unmittelbar oder mittelbar [3]).

---

[1]) Das DBG. ist berichtigt RGBl. I 1937 S. 186. Die Begründung zum DBG. ist abgedruckt im RA. Nr. 22. Vgl. ferner DBO. v. 29. 6. 1937 (abgedr. S. 75), Ausf.-Best. zu Abschnitt VIII v. 30. 6. 1937 (abgedr. S. 107), DBO. für die Kommunalbeamten v. 2. 7. 1937 (abgedr. S. 126), Ausf.Anw. für die Kommunalbeamten v. 1. 7. 1937 (abgedr. S. 130); Durchf.Best. des RPM. v. 13. 7. 1934 (PostABl. S. 408) und Zusatzbestimmungen (PostABl. S. 551; AV. des RJM. v. 14. 8. 1937 (DJ. S. 1247) betr. Ausführung des DBG. AV. des RJM. v. 7. 7. 1937 (DJ.S. 1055) betr. Rechtsverhältnisse der nichtplanmäßigen Beamten.

[2]) Über Verhältnis der Fachschaften und Leiter der Betriebszellen zu den Behörden RdErl. des RuPrMdJ. v. 27. 12. 1934 (MBliV. 1935 S. 6); Zusammenarbeit der Hoheitsbehörden mit der DAF. und d. RDB. RdErl. des RuPrMdJ. v. 10. 6. 1937 (RMBliV. S. 941).

[3]) Wegen der Notare vgl. Reichsnotarordnung v. 13. 2. 1937 (RGBl. I S. 191). Sie sind Träger eines öffentlichen Amtes, aber keine Beamte. Vgl. aber VO. des RJM. v. 2. 7. 1937 (DJ. S. 1028) betr. Rechtsverhältnisse der Notariatsbeamten in Bayern.

(2) Wer unmittelbarer Dienstherr des Beamten ist, ergibt sich aus dem Aufbau der öffentlichen Verwaltung.

(3) Hat der Beamte nur das Reich zum Dienstherrn, so ist er unmittelbarer Reichsbeamter; hat er einen anderen unmittelbaren Dienstherrn, so ist er mittelbarer Reichsbeamter. Beim Wechsel des Dienstherrn endet das bisherige unmittelbare Dienstverhältnis.

(4) Oberste Dienstbehörde des Beamten ist die oberste Behörde seines unmittelbaren Dienstherrn.

(5) Dienstvorgesetzter ist, wer für beamtenrechtliche Entscheidungen über die persönlichen Angelegenheiten des ihm nachgeordneten Beamten zuständig ist. Vorgesetzter ist, wer einem Beamten für seine dienstliche Tätigkeit Weisungen erteilen kann. Wer Dienstvorgesetzter und Vorgesetzter ist, bestimmt sich nach dem Aufbau der öffentlichen Verwaltung.

Abschnitt II.

Pflichten der Beamten[4]).

1. Allgemein.

§ 3.

(1) Die Berufung in das Beamtenverhältnis ist ein Vertrauensbeweis der Staatsführung, den der Beamte dadurch zu rechtfertigen hat, daß er sich der erhöhten Pflichten, die ihm seine Stellung auferlegt, stets bewußt ist. Führer und Reich verlangen von ihm echte Vaterlandsliebe, Opferbereitschaft und volle Hingabe der Arbeitskraft, Gehorsam gegenüber den Vorgesetzten und Kameradschaftlichkeit gegenüber den Mitarbeitern. Allen Volksgenossen soll er ein Vorbild treuer Pflichterfüllung sein. Dem Führer, der ihm seinen besonderen Schutz zusichert, hat er Treue bis zum Tode zu halten.

(2) Der Beamte hat jederzeit rückhaltlos für den nationalsozialistischen Staat einzutreten und sich in seinem gesamten Verhalten von der Tatsache leiten zu lassen, daß die Nationalsozialistische Deutsche Arbeiterpartei in unlöslicher Verbundenheit mit dem Volke die Trägerin des deutschen Staatsgedankens ist[5]). Er hat Vorgänge, die den Bestand des Reichs oder

---

[4]) Vgl. die verschiedenen auf S. 241 ff. abgedruckten Erlasse, die sich im einzelnen mit dem Verhalten des Beamten befassen. Vgl. ferner RdErl. betr. Eintritt der Beamten in den Reichsluftschutzbund v. 24. 11. 1934 (MBliV. S. 1511) und v. 21.4. 1937 (RMBliV. S. 646) betr. Beitritt von Beamten zum Reichsbund der Kinderreichen; RdErl. v. 27. 5. 1935/28. 6. 1935 (MBliV. S. 717 u. 820) betr. Leibesübungen der Beamten; RdErl. des RuPrMdJ. v. 9. 9. 1937 (RMBliV. S. 1506) betr. Besuch von Privatschulen durch Kinder v. Beamten; RdErl. des RuPrMdJ. v. 5. 11. 1937 (RMBliV. S. 1730) betr. Beurteilung der Prüflinge an den Verwaltungs-Akademien.

[5]) Vgl. Gesetz zur Sicherung der Einheit von Partei und Staat v 1.. 12. 1933 (RGBl. I S. 1016) in der Fassung des Ges. v. 3. 7. 1934 (RGBl. I S. 529) und DVO. v. 29. 3. 1935 (RGBl. I S. 502) sowie 1. und 2. Ausführungsbestimmung v. 29. 4. 1935 (RGBl. I S. 583 u. 586).

der Nationalsozialistischen Deutschen Arbeiterpartei gefährden könnten, auch dann, wenn sie ihm nicht vermöge seines Amtes bekanntgeworden sind, zur Kenntnis seines Dienstvorgesetzten zu bringen.

(3) Der Beamte ist für gewissenhafte Erfüllung seiner Amtspflichten verantwortlich. Durch sein Verhalten in und außer dem Amte hat er sich der Achtung und des Vertrauens, die seinem Berufe entgegengebracht werden, würdig zu zeigen[6]). Er darf nicht dulden, daß ein seinem Hausstande angehörendes Familienmitglied eine unehrenhafte Tätigkeit ausübt.

2. Treueid.

§ 4.

(1) Die besondere Verbundenheit mit Führer und Reich bekräftigt der Beamte mit folgendem Eide, den er bei Antritt seines ersten Dienstes zu leisten hat:

> „Ich schwöre: Ich werde dem Führer des Deutschen Reichs und Volkes, Adolf Hitler, treu und gehorsam sein, die Gesetze beachten und meine Amtspflichten gewissenhaft erfüllen, so wahr mir Gott helfe."

(2) Gestattet ein Gesetz den Mitgliedern einer Religionsgesellschaft an Stelle des Eides andere Beteuerungsformeln zu gebrauchen, so kann der Beamte, der Mitglied einer solchen Religionsgesellschaft ist, diese Beteuerungsformel sprechen.

(3) Erklärt der Beamte, daß er Bedenken habe, den Eid in religiöser Form zu leisten, so kann er ihn ohne die Schlußworte leisten.

3. Beschränkung bei Vornahme von Amtshandlungen.

§ 5.

(1) Der Beamte darf ohne Genehmigung seines Dienstvorgesetzten keine Amtshandlungen vornehmen, durch die er sich selbst oder einer Person, zu deren Gunsten ihm wegen familienrechtlicher Beziehungen im Strafverfahren das Zeugnisverweigerungsrecht zusteht[7]) einen Vorteil verschaffen würde.

---

[6]) Wegen der Zugehörigkeit zu Freimaurerlogen und logenähnlichen Organisationen vgl. RdErl. v. 2. 9. 1936 (RMBliV. S. 1186), ergänzt d. RdErl. v. 7. 12. 1936 (RMBliV. S. 1628) u. RdErl. v. 22. 4. 1937 (RMBliV. 646), Schlaraffia RdErl. v. 28. 6. 1937 (RMBliV. S. 1026) u. v. 10. 9. 1937 (RMBliV. S. 1508). Über parteiamtliche Tätigkeit von Beamten vgl. RdErl. des RuPrMdI. v. 20. 8. 1936 — RMBliV. S. 1131 — und über Ausscheiden eines Beamten aus der NSDAP. vgl. RdErl. des RuPrMdI. v. 27. 2. 1936 — RMBliV. S. 275 — (abgedr. S. 214).

[7]) Vgl. § 52 und 55 Strafprozeßordnung. Diese lauten:

§ 52.

Zur Verweigerung des Zeugnisses sind berechtigt:

1. der Verlobte des Beschuldigten;
2. der Ehegatte des Beschuldigten, auch wenn die Ehe nicht mehr besteht;

(2) Der Beamte ist von solchen Amtshandlungen zu befreien, die sich gegen ihn selbst oder eine Person richten würden, zu deren Gunsten ihm wegen familienrechtlicher Beziehungen im Strafverfahren das Zeugnisverweigerungsrecht zusteht[7]).

(3) Gesetzliche Vorschriften, nach denen der Beamte von einzelnen Amtshandlungen ausgeschlossen ist, bleiben unberührt[8]).

§ 6.

(1) Der Beamte hat sich jeder amtlichen Tätigkeit zu enthalten, wenn ihm die Führung seiner Dienstgeschäfte von der obersten Dienstbehörde oder der von ihr bestimmten Behörde verboten wird. Ein solches Verbot soll nur bis zur Dauer von drei Monaten aufrechterhalten werden.

(2) Einem richterlichen Beamten darf die Führung seiner Dienstgeschäfte nur dann verboten werden, wenn gegen ihn ein Untersuchungsverfahren nach § 71 eingeleitet und nach den Umständen die Versetzung in den Ruhestand mit Wahrscheinlichkeit zu erwarten ist, oder wenn seine Ernennung nach § 32 Abs. 2, 3 für nichtig zu erklären ist oder erklärt werden kann.

4. Gehorsamspflicht.

§ 7.

(1) Der Beamte ist für die Gesetzmäßigkeit seiner Amtshandlungen verantwortlich.

(2) Er hat die dienstlichen Anordnungen seiner Vorgesetzten oder der kraft besonderer Vorschrift ihm gegenüber zur Erteilung von Weisungen berechtigten Personen zu befolgen, soweit gesetzlich nichts anderes vorgeschrieben ist; die Verantwortung trifft dann denjenigen, der die Anordnung gegeben hat. Der Beamte darf eine Anordnung nicht befolgen, deren Ausführung für ihn erkennbar den Strafgesetzen zuwiderlaufen würde.

(3) Der Beamte darf Anordnungen für seine Amtshandlungen nur von seinen Vorgesetzten oder den kraft besonderer Vorschrift ihm gegenüber zur Erteilung von Weisungen berechtigten Personen entgegennehmen; seine Bindung an Gesetz und solche Anordnungen geht jeder anderen Gehorsamsbindung vor.

---

3. wer mit dem Beschuldigten in gerader Linie verwandt, verschwägert oder durch Annahme an Kindes Statt verbunden oder in der Seitenlinie bis zum dritten Grade verwandt oder bis zum zweiten Grade verschwägert ist, auch wenn die Ehe, durch welche die Schwägerschaft begründet ist, nicht mehr besteht.

Die bezeichneten Personen sind vor jeder Vernehmung über ihr Recht zur Verweigerung des Zeugnisses zu belehren. Sie können den Verzicht auf dieses Recht auch während der Vernehmung widerrufen.

§ 55.

Jeder Zeuge kann die Auskunft auf solche Fragen verweigern, deren Beantwortung ihm selbst oder einem der im § 52 Nr. 1 bis 3 bezeichneten Angehörigen die Gefahr strafgerichtlicher Verfolgung zuziehen würde.

[8]) Vgl. z. B. §§ 41 u. 49 ZPO.; §§ 22, 23 u. 31 StPO.; §§ 25 u. 26 DGO.

(4) Der Führer und Reichskanzler bestimmt, ob und inwieweit es zulässig ist, einen Beamten, der Mitglied der Nationalsozialistischen Deutschen Arbeiterpartei ist, vor einem Parteigericht zur Verantwortung zu ziehen.

5. Amtsverschwiegenheit.

§ 8.

(1) Der Beamte hat — auch nach Beendigung seines Beamtenverhältnisses — über die ihm bei seiner amtlichen Tätigkeit bekanntgewordenen Angelegenheiten, deren Geheimhaltung durch Gesetz oder dienstliche Anordnung vorgeschrieben oder ihrer Natur nach erforderlich ist, Verschwiegenheit gegen jedermann zu bewahren; von dieser Amtspflicht kann ihn keinerlei andere persönliche Bindung befreien[9]).

(2) Er darf ohne Genehmigung über solche Angelegenheiten weder vor Gericht noch außergerichtlich aussagen oder Erklärungen abgeben.

(3) Die Genehmigung erteilt der Dienstvorgesetzte oder der letzte Dienstvorgesetzte.

(4) Der Beamte hat — auch nach Beendigung seines Beamtenverhältnisses — auf Verlangen des Dienstvorgesetzten oder des letzten Dienstvorgesetzten amtliche Schriftstücke, Zeichnungen, bildliche Darstellungen und dergleichen und Aufzeichnungen über dienstliche Vorgänge sowie von Wiedergaben solcher herauszugeben[10]). Die gleiche Verpflichtung trifft seine Hinterbliebenen und seine Erben.

§ 9.

(1) Die Genehmigung, als Zeuge auszusagen[11]), soll nur versagt werden, wenn die Aussage dem Wohle des Reichs Nachteile bereiten oder die Erfüllung öffentlicher Aufgaben ernstlich gefährden oder erheblich erschweren würde[12]). Die Genehmigung, ein Gutachten zu erstatten, kann versagt werden, wenn die Erstattung auch sonst dienstliche Nachteile bereiten würde.

(2) Ist der Beamte Partei oder Beschuldigter in einem gerichtlichen Verfahren und soll sein Vorbringen der Wahrnehmung seiner berechtigten Belange dienen, so soll die Genehmigung auch dann, wenn sein Vorbringen dem Wohle des Reichs Nachteile bereiten oder die Erfüllung öffentlicher

---

[9]) Vgl. § 353b StGB. (RGBl. I 1936 S. 532) und RdErl. des RuPrMdJ. v. 7. 12. 1936 (RMBliB. S. 1627) betr. Strafverfolgung bei Bruch der Amtsverschwiegenheit.

[10]) Geltendmachung im Wege des Erstattungsverfahrens s. § 10 Erst.Ges. v. 18. 4 1937 — RGBl. I S. 416 — (abgedr. S. 538).

[11]) Vgl. RdErl. des RuPrMdJ. v. 30. 7. 1937 (RMBliB. S. 1274) betr. Erstattung von den Beamten anläßlich ihrer Vernehmung als Zeugen vor den Parteigerichten entstandenen Unkosten durch d. Gauschatzmeister bzw. d. Reichsschatzmeister.

[12]) Diese Bestimmung geht § 376 Abs. 2 ZPO. und § 54 Abs. 2 StPO., soweit sie nicht mit dieser Vorschrift übereinstimmen, vor (§ 184 Abs. 2 DBG.).

Aufgaben ernstlich gefährden oder erheblich erschweren würde, nur versagt werden, wenn die dienstlichen Rücksichten dies unabweisbar fordern; wird sie versagt, so hat der Dienstvorgesetzte dem Beamten den Schutz zu gewähren, den die dienstlichen Rücksichten zulassen.

6. Nebentätigkeit[13]) und Annahme von Belohnungen.

§ 10.

(1) Der Beamte ist verpflichtet, auf Anordnung seiner obersten Dienstbehörde jede Nebentätigkeit (Nebenamt, Nebenbeschäftigung) im öffentlichen Dienst — auch ohne Vergütung — zu übernehmen oder fortzuführen, sofern diese Tätigkeit seiner Vorbildung oder Berufsausbildung entspricht. Die oberste Dienstbehörde kann die Befugnis zur Anordnung auf nachgeordnete Behörden übertragen.

(2) Der Beamte bedarf, soweit er nicht nach Abs. 1 zur Übernahme verpflichtet ist, der vorherigen Genehmigung

1. zur Übernahme eines Nebenamts, einer Vormundschaft, Pflegschaft oder Testamentsvollstreckung,
2. zur Übernahme einer Nebenbeschäftigung gegen Vergütung, insbesondere auch zu einer gewerblichen Tätigkeit,
3. zum Eintritt in den Vorstand, Aufsichtsrat, Verwaltungsrat oder in ein sonstiges Organ einer Gesellschaft, Genossenschaft oder eines in einer anderen Rechtsform betriebenen Unternehmens sowie zur Übernahme einer Treuhänderschaft — die Genehmigung darf nur erteilt werden, wenn mit der Tätigkeit keine Vergütung verbunden ist, oder wenn die Tätigkeit auf Vorschlag oder Veranlassung des Dienstvorgesetzten übernommen wird, oder wenn es sich um Selbsthilfeeinrichtungen der Beamten handelt —,
4. zum Betriebe eines Gewerbes im Sinne der Reichsgewerbeordnung durch seine Ehefrau, wenn nicht die eheliche Gemeinschaft aufgehoben ist (§§ 1575, 1587 des Bürgerlichen Gesetzbuchs).

(3) Die Genehmigung erteilt die oberste Dienstbehörde, die diese Befugnis auf andere Behörden übertragen kann; sie kann bedingt oder befristet werden und ist jederzeit widerruflich.

---

[13]) Vgl. VO. über die Nebentätigkeit der Beamten v. 6. 7. 1937 — RGBl. I S. 753 — (abgedr. S. 144). S. ferner die auf Grund der bisherigen Rechtslage ergangenen RdErl. des Ru PrMdJ. v. 7. 2. 1934 (MBliV. S. 181) betr. Nebentätigkeit der Gemeindebeamten, v. 30. 5. 34 (MBliV. S. 779)/5. 2. 1935 (MBliV. S. 185) betr. N. von Gemeindebeamten im Dienste der öffentlich-rechtlichen Versicherungsanstalten, v. 12. 7. und 8. 11. 1934 (MBliV. S. 967 u. 1426) und 24. 6. 1935 (MBliV. S. 839) betr. N. der beamteten Ärzte, v. 9. 11. 1936 (RMBliV. S. 1538) betr. N. der beamteten Tierärzte.

Vgl. auch RdErl. des PrFM. v. 13. 12. 1933 (MBliV. S. 1461) betr. Doppelverdiener.

§ 11.

(1) Nicht genehmigungspflichtig ist die Verwaltung eigenen oder der Nutznießung des Beamten unterliegenden Vermögens, eine schriftstellerische[14]), wissenschaftliche, künstlerische oder Vortragstätigkeit der Beamten sowie die mit der Lehr- oder Forschungstätigkeit zusammenhängende Gutachtertätigkeit von Lehrern an öffentlichen Hochschulen und von Beamten an wissenschaftlichen Instituten und Anstalten. Die dienstliche Verantwortlichkeit des Beamten bleibt unberührt; es ist Pflicht des Dienstvorgesetzten, Mißbräuchen entgegenzutreten.

(2) Für die Übernahme eines unbesoldeten Amts in der Nationalsozialistischen Deutschen Arbeiterpartei, ihren Gliederungen und den ihr angeschlossenen Verbänden[15]) bedarf es keiner Genehmigung[16]).

§ 12.

Der Beamte, der aus einer auf Anordnung, Vorschlag oder Veranlassung seines Dienstvorgesetzten übernommenen Tätigkeit im Vorstand, Aufsichtsrat, Verwaltungsrat oder in einem sonstigen Organ einer Gesellschaft, Genossenschaft oder eines in einer anderen Rechtsform betriebenen Unternehmens haftbar gemacht wird, hat gegen den Dienstherrn Anspruch auf Ersatz des ihm entstandenen Schadens. Ist der Schaden vorsätzlich oder grob fahrlässig herbeigeführt, so ist der Dienstherr nur dann ersatzpflichtig, wenn der Beamte auf Anordnung eines Vorgesetzten gehandelt hat.

§ 13.

Endet das Beamtenverhältnis, so enden, wenn im Einzelfall nichts anderes bestimmt wird, auch die Nebenämter und Nebenbeschäftigungen, die dem Beamten im Zusammenhang mit seinem Hauptamt übertragen sind, oder die er auf Anordnung, Vorschlag oder Veranlassung seines Dienstvorgesetzten übernommen hat.

§ 14.

Das Nähere über die Nebentätigkeit der Beamten wird durch Verordnung geregelt[17]). Dabei wird auch bestimmt, ob und inwieweit der Beamte die für eine Nebentätigkeit gezahlte Vergütung abzuführen hat.

---

[14]) Vgl. RdErl. des RuPrMdI. v. 14. 11. 1934 (MBliV. S. 1465). Danach werden Beamte, die sich auf ihrem Berufsgebiet schriftstellerisch betätigen, von der Reichsschrifttumskammer, die das wissenschaftliche Schrifttum nicht ergreift, nicht erfaßt.

[15]) Vgl. VO. v. 29. 3. 1935 (RGBl. I S. 502) wegen der Gliederungen und der der NSDAP. angeschlossenen Verbände.

[16]) Parteiamtliche Tätigkeit von Beamten vgl. RdErl. des RuPrMdI. v. 20. 8. 1936 (RMBliV. S. 1131). Werkscharen u. Beamte s. RdErl. d. RuPrMdI. v. 26. 7. 1937 (RMBliV. 1273). Zur Übernahme eines besoldeten Amts in der NSDAP. usw. ist Genehmigung erforderlich. Vgl. hierzu auch Richtl. über d. Beurlaubung von Beamten usw. für d. Zwecke der NSDAP. usw. v. 12. 1. 1936 — RMBliV. S. 49 — (abgedr. S. 229).

[17]) Vgl. VO. über die Nebentätigkeit der Beamten v. 6. 7. 1937 (RGBl. I S. 753)

§ 15.

Der Beamte darf — auch nach Beendigung des Beamtenverhältnisses — Belohnungen oder Geschenke in bezug auf sein Amt nur mit Zustimmung der obersten oder der letzten obersten Dienstbehörde annehmen. Die Befugnis zur Zustimmung kann auf andere Behörden übertragen werden.

7. Arbeitszeit, Urlaub, Wohnung und Uniform.

§ 16.

(1) Die Reichsregierung kann die Arbeitszeit der Beamten regeln[18]).

(2) Der Beamte ist verpflichtet, auch über die regelmäßige Arbeitszeit hinaus Dienst zu tun, wenn die dienstlichen Verhältnisse es fordern.

§ 17.

(1) Der Beamte bedarf, wenn er dem Dienste fernbleiben will, eines Urlaubs[19]). Während einer auf Krankheit beruhenden Dienstunfähigkeit bedarf er nur dann eines Urlaubs, wenn er seinen Wohnort verläßt.

(2) Bleibt er ohne Urlaub schuldhaft dem Dienste fern, so verliert er für die Zeit des Fernbleibens seine Dienstbezüge. Der Dienstvorgesetzte stellt den Verlust der Dienstbezüge fest und teilt dies dem Beamten mit. Der Beamte kann innerhalb einer Woche die Entscheidung der Dienststrafkammer beantragen.

(3) Die Dauer des jährlichen Erholungsurlaubs regelt die Reichsregierung[19]).

(4) Bei einem nicht unter Abs. 1 Satz 2 und Abs. 3 fallenden Urlaub kann völliger oder teilweiser Fortfall der Dienstbezüge angeordnet werden.

---

in d. Fassung der Berichtigung v. 13. 8. 1937 — RGBl. I S. 904 — (abgedr. S. 144). Vgl. auch Anm. 13.

[18]) Vgl. Richtlinien der Reichsregierung für die Regelung der Dienstzeit der Reichsbeamten v. 14. 12. 1923 (RMBl. 1924 S. 1) und v. 3. 3. 1925 (RMBl. S. 121), aufrechterhalten durch Beschluß v. 22. 12. 1925 — RMBl. S. 243 — (abgedr. S. 226).

[19]) Vgl. DBO. zu § 17. Ferner Richtlinien der Reichsregierung für die Erteilung des Erholungsurlaubs für die Reichsbeamten v. 9. 3. 1925 in der Fassung der Änderung v. 6. 3. 1928 — RMBl. 1925 S. 121 u. 130; 1928 S. 89 — (abgedr. S. 227).

Wegen Beurlaubung zur Erfüllung der aktiven Dienstpflicht und zu Übungen vgl. §§ 12 ff. der VO. v. 30. 9. 1936 — RGBl. I S. 865 — (abgedr. S. 238); BL. v. 25. 11. 1935 — RGBl. I S. 1358 — (abgedr. S. 236). Beurlaubung zur Ableistung des Wehr- und Arbeitsdienstes RdErl. des RuPrMdJ. v. 15. 4. 1936 (RMBliV. S. 517). Richtlinien über die Beurlaubung von Behördenangehörigen für Zwecke der NSDAP. usw. v. 12. 1. 1936 — RMBliV. S. 49 — (abgedr. S. 229) sowie RdErl. d. RuPrMdJ. v. 3. 5. 1936 — RMBliV. S. 611 — (abgedr. S. 232). Richtlinien über die Beurlaubung v. Beamten usw. für Zwecke des zivilen Luftschutzes RdErl. des RuPrMdJ. v. 30. 6. 37 (RMBliV. S. 1047), für Zwecke des Dt. Roten Kreuzes, d. Freiw. Feuerwehren u. d. Techn. Nothilfe RdErl. v. 30. 6. 37 (RMBliV. S. 1048).

Vgl. ferner VO. über den Urlaub der im Ausland tätigen Beamten des auswärtigen Dienstes v. 24. 8. 1933 (RGBl. I S. 609); RdSchr. des RMdJ. v. 12. 10. 1934 (MBliV. S. 1344) betr. Beurlaubung von Beamten, Angestellten und Arbeitern zur Durchführung des Winterhilfswerks i. V. m. RdErl. des RuPrMdJ. v. 30. 8. 1937 (RMBliV. S. 1496 b). Beschäftigung von Beamten in den Verwaltungen des Arbeitsdienstes s. RdErl. d.

§ 18.

Wenn die dienstlichen Verhältnisse es fordern, kann der Beamte angewiesen werden, auch während der dienstfreien Zeit seinen Wohnort nicht zu verlassen.

§ 19.

(1) Der Beamte hat seine Wohnung so zu nehmen, daß er in der ordnungsmäßigen Wahrnehmung seiner Dienstgeschäfte nicht beeinträchtigt wird.

(2) Der Dienstvorgesetzte kann ihn, wenn die dienstlichen Verhältnisse es fordern, anweisen, seine Wohnung innerhalb bestimmter Entfernung von seiner Dienststelle zu nehmen oder eine Dienstwohnung zu beziehen.

§ 20.

Der Führer und Reichskanzler erläßt die Bestimmungen über Uniform und Amtstracht, wenn er die Ausübung dieses Rechts nicht anderen Stellen überträgt[20]).

Abschnitt III.

Folgen der Nichterfüllung der Pflichten.

1. Versagung des Aufsteigens im Gehalt.

§ 21.

(1) Bleibt der Beamte in seinen Leistungen hinter dem billigerweise von ihm zu fordernden Maß zurück, so kann ihm das nach den Dienstaltersstufen des Besoldungsrechts vorgesehene Aufsteigen im Gehalt in jeder Dienstaltersstufe bis zu zwei Jahren versagt werden.

(2) Die Entscheidung trifft die oberste Dienstbehörde, die ihre Befugnis auf andere Behörden übertragen kann. Die Entscheidung der obersten Dienstbehörde ist endgültig.

RuPrMdI. v. 11. 2. 1935 (MBliV. S. 199). Vgl. RdErl. des RuPrMdI. v. 6. 10. 1937 (RMBliV. S. 1613) betr. Beurlaubung von Behördenangehörigen, die in Durchführung des Reichsberufswettkampfes zur Beaufsichtigung der praktischen u. theoretischen Arbeiten herangezogen werden.

Nach Art. 39 RV. bedürfen Beamte zur Ausübung ihres Amtes als Mitglieder des Reichstags keines Urlaubs. Bewerben sie sich um einen Sitz im Reichstag, so ist ihnen der zur Vorbereitung ihrer Wahl erforderliche Urlaub zu gewähren.

[20]) Amtstracht in der Reichsjustizverwaltung: Erl. v. 19. 6. 1936 (RGBl. I S. 503) u. AV. v. 26. 6. 1936 (DJ. S. 990) und 2. 11. 1936 (DJ. S. 1674); beim Reichspatentamt: VO. v. 28. 6. 1933 (RMBl. S. 373); beim Reichswirtschaftsgericht: Erl. v. 31. 7. 1936 (RGBl. I S. 631) nebst Durchf.Best. v. 22. 9. 1936 (MBlWi. S. 209); beim Reichsversicherungsamt und beim Reichsversorgungsgericht: Erl. v. 10. 9. 1936 (RGBl. I S. 852), DVO. v. 23. 9. 1936 (RA. Nr. 228); beim Reichserbhofgericht: VO. v. 18. 2. 1936 (RMBl. S. 33) nebst Erl. v. 30. 9. 1936 (RGBl. I S. 883); bei den deutschen Verwaltungsgerichten: Erl. v. 12. 11. 1936 (RGBl. I S. 940), DVO. v. 28. 11. 1936 (RMBl. S. 513); beim Reichsfinanzhof: VO. v. 13. 1. 1937 (RGBl. I S. 21).

2. Dienstvergehen.

§ 22.

(1) Der Beamte begeht ein Dienstvergehen, wenn er schuldhaft die ihm obliegenden Pflichten verletzt[21]). Als Dienstvergehen gilt es auch, wenn ein Ruhestandsbeamter sich staatsfeindlich betätigt, oder wenn er gegen § 8 (Verletzung der Amtsverschwiegenheit) oder gegen § 15 (Annahme von Belohnungen oder Geschenken) verstößt.

(2) Das Nähere über die Bestrafung von Dienstvergehen regelt die Reichsdienststrafordnung[22]).

3. Haftung.

§ 23.

(1) Verletzt ein Beamter schuldhaft seine Amtspflicht, so hat er dem Dienstherrn, dessen Aufgaben er wahrgenommen hat, den daraus entstandenen Schaden zu ersetzen; haben mehrere Beamte gemeinschaftlich den Schaden verursacht, so haften sie als Gesamtschuldner.

(2) Hat der Dienstherr einem anderen Schadensersatz geleistet, weil ein Beamter in Ausübung der ihm anvertrauten öffentlichen Gewalt seine Amtspflicht verletzt hat, so hat der Beamte dem Dienstherrn den Schaden nur insoweit zu ersetzen, als ihm Vorsatz oder grobe Fahrlässigkeit zur Last fällt[23]).

(3) Leistet der Beamte dem Dienstherrn Ersatz, und hat dieser einen Ersatzanspruch gegen einen Dritten, so geht der Ersatzanspruch auf den Beamten über.

(4) Abs. 2 und 3 gelten auch, wenn eine Person, die nicht Beamter im Sinne dieses Gesetzes ist, in Ausübung der ihr anvertrauten öffentlichen Gewalt ihre Amtspflicht verletzt hat.

Abschnitt IV.

Ernennung und Versetzung.

1. Ernennung[24])[24a]).

§ 24.

Der Führer und Reichskanzler ernennt die Beamten, soweit gesetzlich

---

[21]) Hins. der Pflichten des Beamten vgl. insbesondere Abschnitt II.

[22]) Abgedr. S. 476 ff.

[23]) Diese Haftung gilt nur im Verhältnis vom Beamten zum Dienstherrn; für die Haftung dem geschädigten Dritten gegenüber gilt § 839 BGB. in Verb. mit Art. 131 RV. und für die unmittelbaren Reichsbeamten in Verb. mit dem Gesetz v. 22. 5. 1910 — RGBl. I S. 798 — (abgedr. S. 544), für die preußischen Beamten in Verb. mit Ges. v. 1. 8. 1909 (GS. S. 691) in d. Fassung des Ges. v. 14. 5. 1914 (GS. S. 117).

[24]) Vgl. Reichsgrundsätze über Einstellung, Anstellung u. Beförderung der Reichs- u. Landesbeamten v. 14. 10. 1936 — RGBl. I S. 893 — (abgedr. S. 170); RdErl.

nicht etwas anderes vorgeschrieben ist, oder er die Ausübung dieses Rechts nicht anderen Stellen überträgt[25]).

§ 25[26]).

(1) Beamter kann nur werden, wer deutschen oder artverwandten Blutes ist und, wenn er verheiratet ist, einen Ehegatten deutschen oder artverwandten Blutes hat. Ist der Ehegatte Mischling zweiten Grades[27]), so kann eine Ausnahme zugelassen werden.

(2) Ein Beamter darf eine Ehe nur mit einer Person deutschen oder artverwandten Blutes eingehen. Ist der Verlobte Mischling zweiten Grades, so kann die Eheschließung genehmigt werden.

(3) Für die Zulassung einer Ausnahme nach Abs. 1 Satz 2 und die

---

des RuPrMdI. betr. Reichsgrundsätze v. 1. 4. 1937 und 4. 9. 1937 — RMBliV. S. 527 u. 1453 — (abgedr. S. 170 u. S. 177). Ernennungen u. Beförderungen sollen in der Regel zu den Gedenk- u. Feiertagen der Nation ausgesprochen werden (RdErl. des RuPrMdI. v. 6. 11. 1934 — abgedr. S. 217 — und v. 23. 4. 1935 — abgedr. S. 218 —).

[24a]) Vgl. Erl. des RMdF. v. 5. 6. 1936 (RFBl. S. 99) betr. Aushändigung von Ernennungsurkunden bei Abwesenheit des zu ernennenden Beamten infolge Beurlaubung oder Krankheit. Vgl. auch Richtlinien der Reichsregierung zur Regelung des allgemeinen Dienstalters v. 16. 9. 1922 (RMBl. S. 464) in der Fassung v. 14. 11. 1928 (RMBl. S. 474).

[25]) Vgl. Erl. des Führers u. Reichskanzlers über die Ernennung der Beamten u. d. Beendigung des Beamtenverhältnisses v. 10. 7. 1937 — RGBl. I S. 769 — (abgedr. S. 151); Durchf.Vorschriften v. 12. 7. 1937 — RGBl. I S. 771 — (abgedr. S. 152); Anordnung des RMdI. über d. Ernennung der Beamten der allgemeinen u. inneren Verwaltung u. d. Beendigung des Beamtenverh. v. 19. 7. 1937 — RGBl. I S. 819 — (abgedr. S. 161); Anordnung des RJM. betr. d. Beamten der Reichsjustizverwaltung v. 12. 8. 1937 (RGBl. I S. 902); Anordnung des RAM. betr. die Beamten der Sozialverwaltung v. 13. 8. 1937 (RGBl. I S. 903); A. des RWM. betr. d. Beamten der Wirtschaftsverwaltung v. 18. 8. 1937 (RGBl. I S. 908); A. des RMfWEuV. betr. Beamten einschl. der Lehrer an den öffentlichen Schulen v. 20. 8. 1937 (RGBl. I S. 912); A. des RPM. betr. Beamte der Deutschen Reichspost v. 31. 8. 1937 (PostABl. S. 543); A. des RMdF. betr. Beamte der Reichsfinanzverwaltung u. der Finanzverwaltungen der Länder ohne Preußen v. 11. 9. 1937 (RGBl. I S. 1010); A. des Reichsforstmeisters betr. Beamte der Reichsforstverwaltung u. der Preuß. Landesforstverwaltung v. 28. 10. 1937, in der Fassg. der Berichtigung v. 8. 11. 1937 (RGBl. I S. 1141 u. 1178); für Preußen Erl. des PrMPr. v. 14. 7. 1937 — GS. S. 76 — (abgedr. S. 160) und des PrFM. v. 19. 8. 1937 (GS. S. 85). Vgl. ferner die auf Grund der früheren Vorschriften erlassenen Anordnungen des RVM. v. 27. 5. 1935 (RGBl. I S. 696) hinsichtlich der Reichsbeamten der Reichswasserstraßenverwaltung; des RuPrMfEuL. v. 11. 7. 1935 (RGBl. I S. 1016); des RMfVuP. v. 10. 10. 1935 (RGBl. I S. 1249) hinsichtlich der Beamten in der Theaterverwaltung im Reich und in den Ländern außer Preußen, des RMfEuL. und des RVM. v. 20. 12. 1935 (RGBl. I S. 1526) hinsichtlich der außerpreußischen Landesbeamten der Wasser- und Kulturbauverwaltung; des RVM. v. 30. 3. 1937 (RGBl. I S. 431) hinsichtlich der Reichsbahnbeamten; für Preußen des Pr.MPr. v. 28. 2. 1935 (GS. S. 23)/29. 6. 1936 (GS. S. 117) hinsichtlich der Beamten der Geh. Staatspolizei.

[26]) Vgl. DBG. v. 29. 6. 1937 (abgedr. S. 75 ff.). Von Bedeutung für die Auslegung der Bestimmungen sind auch die auf Grund des Beamtenrechtsänderungsgesetzes v. 30. 6. 1933 (RGBl. I S. 433) ergangenen Runderlasse des Pr.FM. betr. Begründung des Beamtenverhältnisses v. 14. 4. 1934 (MBliV. S. 623), ergänzt durch Erlaß v. 12. 7. 1934 (MBliV. S. 952); v. 31. 10. 1934 (MBliV. S. 1440) betr. Nachweis der arischen Abstammung bei der Berufung kommunaler Ehrenbeamter und Erlaß v. 8. 4. 1937 (RMBliV. S. 554).

[27]) Mischling zweiten Grades ist, wer von einem der Rasse nach volljüdischen Großelternteil abstammt.

Genehmigung nach Abs. 2 Satz 2 ist die oberste Dienstbehörde im Einvernehmen mit dem Reichsminister des Innern und dem Stellvertreter des Führers zuständig. Dieselben Stellen können auch für den Einzelfall Ausnahmen von Abs. 1 Satz 1 und von Abs. 2 Satz 1 zulassen.

§ 26[26]).

(1) Beamter kann ferner nur werden, wer

1. Reichsbürger ist oder nur deshalb nocht nicht ist, weil er infolge seines Lebensalters die Voraussetzungen hierfür noch nicht erfüllt,
2. die für seine Laufbahn vorgeschriebene oder, mangels solcher Vorschriften, die übliche Vorbildung oder sonstige besondere Eignung für das ihm zu übertragende Amt besitzt und
3. die Gewähr dafür bietet, daß er jederzeit rückhaltlos für den nationalsozialistischen Staat eintritt.

(2) Ausnahmen vom Abs. 1 Nr. 1 bedürfen der Zustimmung des Reichsministers des Innern im Einvernehmen mit dem Stellvertreter des Führers oder der von ihnen bestimmten Stellen.

§ 27[26]).

(1) Das Beamtenverhältnis wird durch Aushändigung einer Ernennungsurkunde begründet, in der die Worte „unter Berufung in das Beamtenverhältnis" enthalten sind[28]). Wer keine solche Urkunde erhalten hat, ist nicht Beamter im Sinne dieses Gesetzes.

(2) Das Beamtenverhältnis wird, soweit gesetzlich nichts anderes vorgeschrieben ist, für Beamte, die für Daueraufgaben voll verwendet werden, mit dem Ziele begründet, den Beamten lebenslänglich mit dem Staate zu verbinden (Beamter auf Lebenszeit).

§ 28.

(1) Beamter auf Lebenszeit ist, wer eine Urkunde erhalten hat, in der die Worte „auf Lebenszeit" enthalten sind.

(2) Die Urkunde darf nur erhalten, wer

1. das siebenundzwanzigste Lebensjahr vollendet hat — bei weiblichen Beamten tritt an die Stelle des siebenundzwanzigsten das fünfunddreißigste Lebensjahr —,
2. den für das Amt vorgeschriebenen oder üblichen Vorbereitungs- oder Probedienst abgeleistet und die vorgeschriebenen oder üblichen Prüfungen bestanden hat oder das ihm übertragene Amt fünf Jahre lang geführt hat und

---

[26]) Siehe Note Seite 18.

[28]) Vgl. RdErl. des RuPrMdI. v. 29. 4. 1935 (MBliV. S. 649) betr. Anstellungsurkunden für Standesbeamte u. v. 25. 7. 1935 (MBliV. S. 958) u. v. 22. 9. 1937 (RMBliV. S. 1566) betr. Anstellungsurkunden für Bürgermeister u. Beigeordnete.

3. in eine Planstelle, die besetzt werden darf[29]), eingewiesen ist oder wird. Die Einweisung in die Planstelle bedarf der Schriftform.

§ 29.

(1) Die gesetzlichen Vorschriften bestimmen die Fälle und die Voraussetzungen der Ernennung von Beamten auf Zeit[30]). Im übrigen gilt § 28 Abs. 2 Nr. 1 und 3.

(2) In der Ernennungsurkunde eines auf Zeit ernannten Beamten muß die Zeit angegeben werden, für die er ernannt ist.

(3) Läuft die Amtszeit eines Beamten auf Zeit ab, so ist er verpflichtet, das Amt weiterzuführen, wenn er unter nicht ungünstigeren Bedingungen für wenigstens die gleiche Zeit wieder ernannt werden soll.

§ 30.

(1) Wer nicht Beamter auf Lebenszeit oder auf Zeit ist, ist Beamter auf Widerruf.

(2) Bei einem Beamten auf Widerruf, der sich in einer Planstelle befindet, ist nach Ablauf einer Bewährungsfrist[31]), die nach Vollendung des siebenundzwanzigsten Lebensjahres sechs Jahre nicht übersteigen darf, das Beamtenverhältnis in ein solches auf Lebenszeit umzuwandeln, wenn dies nicht gesetzlich ausgeschlossen ist.

§ 31.

Der Führer und Reichskanzler bestimmt durch Erlaß, inwieweit be der Ernennung von Beamten der Stellvertreter des Führers oder die von ihm bestimmte Stelle zu hören ist[32]).

2. Nichtigkeit der Ernennung.

§ 32.

(1) Dic Ernennung ist nichtig, wenn der Ernannte zur Zeit seiner Ernennung nach § 26 Abs. 1 Nr. 1 nicht ernannt werden konnte, entmündigt oder infolge strafgerichtlicher Verurteilung unfähig war, öffentliche Ämter zu bekleiden.

(2) Die Ernennung ist für nichtig zu erklären, wenn

1. sie durch Zwang, arglistige Täuschung oder Bestechung herbeigeführt wurde,

---

[29]) Vgl. §§ 35—36a RHO. § 36a ist abgedr. in Anm. 54 zu § 40 Reichs-Bes.Ges. (S. 275).

[30]) Vgl. z. B. hins. der Bürgermeister, Beigeordneten und Gemeinderäte §§ 44 und 52 Abs. 1 DGO.

[31]) Vgl. Erl. des RMdF. v. 7. 7. 1937 (RHuBB. S. 251) betr. Anstellung der in den unteren u. einfachen mittleren Dienst übernommenen Beamten mit nachgewiesenen besonderen Verdiensten um die Bewegung vor Ablauf der üblichen Bewährungsfrist.

[32]) Vgl. Z. I des Erl. v. 10. 7. 1937 — RGBl. I S. 769 — (abgedr. S. 152).

2. nicht bekannt war, daß der Ernannte ein Verbrechen oder ein solches Vergehen begangen hatte, das ihn der Berufung in das Beamtenverhältnis unwürdig erscheinen läßt, und er deswegen rechtskräftig zu einer Strafe verurteilt war oder wird, oder
3. nicht bekannt war, daß der Ernannte zur Zeit seiner Ernennung aus der Nationalsozialistischen Deutschen Arbeiterpartei ausgeschlossen oder ausgestoßen war.

(3) Die Ernennung kann sonst nur für nichtig erklärt werden, wenn
1. sie von einer sachlich unzuständigen Behörde ausgesprochen wurde,
2. bei einem nach seiner Ernennung Entmündigten die Voraussetzungen für die Entmündigung im Zeitpunkt der Ernennung vorlagen oder
3. nicht bekannt war, daß der Ernannte auf Grund der §§ 2, 2a, 4 des Gesetzes zur Wiederherstellung des Berufsbeamtentums entlassen oder im Wege des Dienststrafverfahrens aus dem Dienst entfernt oder zum Ruhegehaltsverlust verurteilt worden war.

§ 33.

(1) Im Fall des § 32 Abs. 1 hat der Dienstvorgesetzte nach Kenntnis des Nichtigkeitsgrundes dem Ernannten sofort jede weitere Führung der Dienstgeschäfte zu verbieten.

(2) In den Fällen des § 32 Abs. 2 und 3 muß die Nichtigkeit innerhalb von sechs Monaten erklärt werden, nachdem die oberste Dienstbehörde von der Ernennung und von dem Nichtigkeitsgrunde Kenntnis erlangt hat. Vor der Nichtigkeitserklärung soll der Beamte gehört werden. Die Erklärung wird von dem für den Beamten verwaltungsmäßig zuständigen Reichsminster abgegeben; sie ist dem Beamten zuzustellen. Die Entscheidung ist endgültig.

§ 34.

Ist eine Ernennung nichtig oder für nichtig erklärt, so sind die bis zu dem Verbot (§ 33 Abs. 1) oder bis zur Zustellung der Entscheidung über die Nichtigkeit (§ 33 Abs. 2) vorgenommenen Amtshandlungen des Ernannten in der gleichen Weise gültig, wie wenn sie ein Beamter ausgeführt hätte. Die gezahlten Dienstbezüge können belassen werden.

3. Versetzung[33]).

§ 35.

(1) Der Beamte kann, wenn durch gesetzliche Vorschrift nichts anderes bestimmt ist, innerhalb des Dienstbereichs seines unmittelbaren Dienstherrn

---

[33]) Vgl. § 570 BGB. und Erl. des RMdF. v. 27. 7. 1936 (RBB. S. 75) betr. Sonderkündigungsrecht der Beamten nach § 570 BGB. § 570 BGB. lautet: Militär-

versetzt werden, wenn er es beantragt oder ein dienstliches Bedürfnis dafür besteht. Ohne seine Zustimmung ist eine Versetzung in ein anderes Amt nur zulässig, wenn das neue Amt derselben oder einer gleichwertigen Laufbahn angehört wie das bisherige Amt und mit mindestens gleich hohem Endgrundgehalt verbunden ist. Ruhegehaltfähige und unwiderrufliche Stellenzulagen gelten hierbei als Bestandteile des Grundgehalts. Beim Wechsel der Verwaltung soll der Beamte gehört werden.

(2) Mittelbare Reichsbeamte auf Lebenszeit kann der zuständige Reichsminister unter den Voraussetzungen des Abs. 1 Satz 2 und 3 in den Dienstbereich eines anderen Dienstherrn versetzen, wenn der bisherige und der neue Dienstherr zustimmen.

(3) Beamte, die Reichsleiter, Gauleiter, Kreisleiter oder Ortsgruppenleiter der Nationalsozialistischen Deutschen Arbeiterpartei oder Führer von Standarten oder höheren Einheiten der SA, SS oder des NSKK sind, sollen nur im Benehmen mit dem Stellvertreter des Führers versetzt werden.

Abschnitt V.

Sicherung der rechtlichen Stellung der Beamten.

1. Fürsorge und Schutz.

§ 36.

Der Staat gewährt dem Beamten Fürsorge und Schutz bei seinen amtlichen Verrichtungen und in seiner Stellung als Beamter.

2. Amtsbezeichnung.

§ 37.

(1) Der Führer und Reichskanzler setzt die Amtsbezeichnungen[34]) der Beamten fest, wenn gesetzlich nichts anderes vorgeschrieben ist oder er die Ausübung dieses Rechts nicht anderen Stellen überträgt.

(2) Der Beamte führt im Dienst seine Amtsbezeichnung; er darf sie auch außerhalb des Dienstes führen, nach Versetzung in den Wartestand mit dem Zusatz „zur Dienstverwendung (z. D.)". Neben der Amtsbezeichnung darf der Beamte nur staatlich verliehene Titel[35]) und akademische

---

personen, Beamte, Geistliche und Lehrer an öffentlichen Unterrichtsanstalten können im Falle der Versetzung nach einem anderen Orte das Mietverhältnis in Ansehnung der Räume, welche sie für sich oder ihre Familie an dem bisherigen Garnison- oder Wohnorte gemietet haben, unter Einhaltung der gesetzlichen Frist kündigen. Die Kündigung kann nur für den ersten Termin erfolgen, für den sie zulässig ist.

[34]) Vgl. Anm. 47 zu § 34 Reichs-Bes.Ges.

[35]) Vgl. Ges. über Titel, Orden und Ehrenzeichen v. 1. 7. 1937 — RGBl. I S. 725 — (abgedr. S. 221); VO. über Titel v. 30. 1. 1934 — RGBl. I S. 73 — (abgedr. S. 222); 1. VO. über die Verleihung von Titeln (Professor-Titel) v. 27. 8. 1937 — RGBl. I S. 913 — (abgedr. S. 225). S. auch RdErl. des RuPrMdI. v. 14. 5. 1937 (RMBliV.

Grade, dagegen keine Berufsbezeichnung führen. Nach dem Übertritt in ein anderes Amt darf der Beamte die bisherige Amtsbezeichnung nicht mehr führen. Beamte im Ruhestande dürfen die ihnen bei der Versetzung in den Ruhestand zustehende Amtsbezeichnung mit dem Zusatz „außer Dienst (a. D.)" und die im Zusammenhang mit dem Amte verliehenen Titel weiterführen. Wartestandsbeamte und Ruhestandsbeamte, denen ein neues Amt übertragen wird, erhalten die Amtsbezeichnung des neuen Amts; gehört das Amt nicht einer Besoldungsgruppe mit mindestens demselben Endgrundgehalt (§ 35 Abs. 1 Satz 3) an wie das bisherige Amt, so dürfen sie neben der neuen Amtsbezeichnung die des früheren Amts mit dem Zusatz „außer Dienst (a. D.)" führen. Ändert sich die Bezeichnung des früheren Amts, so darf die geänderte Amtsbezeichnung geführt werden. Einem entlassenen Beamten kann die oberste Dienstbehörde die Erlaubnis erteilen, die Amtsbezeichnung mit dem Zusatz „außer Dienst (a. D.)" sowie die im Zusammenhang mit dem Amte verliehenen Titel zu führen.

(3) Die oberste Dienstbehörde kann einem entlassenen oder in den Ruhestand getretenen Beamten bei Beendigung seines Beamtenverhältnisses erlauben, die Uniform zu tragen.

(4) Die oberste Dienstbehörde kann die Erlaubnis, die Amtsbezeichnung und die im Zusammenhang mit dem Amte verliehenen Titel weiterzuführen und die Uniform zu tragen, zurücknehmen, wenn der frühere Beamte rechtskräftig zu einer Strafe verurteilt ist, welche bei einem Beamten nach § 53 das Ausscheiden aus dem Beamtenverhältnis nach sich zieht. Für Beamte der Wehrmacht gelten die Vorschriften des Wehrgesetzes.

3. Dienst- und Versorgungsbezüge.

§ 38.

(1) Der Beamte erhält, wenn nicht ein anderer Zeitpunkt festgesetzt ist, seine Dienstbezüge vom Tage des Antritts seines Amts an. Die Dienstbezüge werden durch das Besoldungsrecht geregelt[36]). Der Beamte kann auf die laufenden Dienstbezüge weder ganz noch teilweise verzichten. Hat der Beamte gleichzeitig mehrere in der Besoldungsordnung vorgesehene Ämter inne, die nicht im Verhältnis von Haupt- und Nebenamt stehen, so erhält er, wenn nicht einheitliche Dienstbezüge vorgesehen sind, Dienstbezüge nach Bestimmung des Reichsministers der Finanzen nur aus einem Amt.

(2) Die Versorgung richtet sich nach den Vorschriften des Abschnitts VIII.

S. 739) und des RFSS u ChdDtPol. v. 28. 8. u. 30. 10. 1937 (RMBliV. S. 1481 u. S. 1711) betr. Dank- u. Glückwunschurkunden des Führers u. Reichskanzlers zu Dienstjubiläen von Beamten usw.

[36]) Vgl. Reichsbesoldungsges. v. 16. 12. 1927 (abgedr. S. 258), die Gehaltskürzungsverordnungen (abgedr. S. 357) und entsprechende Vorschriften der Länder, Gemeinden usw. (s. S. 390 ff.).

§ 39.

(1) Der Beamte kann, wenn reichsgesetzlich nichts anderes vorgeschrieben ist[37]), Dienstbezüge nur insoweit verpfänden oder abtreten, als sie der Pfändung unterliegen[38]).

(2) Der Dienstherr kann ein Aufrechnungs- oder Zurückbehaltungsrecht an den Dienstbezügen nur insoweit geltend machen, als sie pfändbar sind, oder als er einen vollstreckbaren Anspruch auf Schadensersatz wegen vorsätzlicher unerlaubter Handlung hat.

4. Reise- und Umzugskosten.

§ 40.

Reise- und Umzugskostenvergütungen der Beamten werden durch Gesetz geregelt[39]).

5. Dienstzeugnis.

§ 41.

Dem Beamten wird nach Eintritt in den Wartestand oder nach Beendigung des Beamtenverhältnisses auf Antrag von seinem letzten Dienstvorgesetzten ein Dienstzeugnis über die Art und Dauer der von ihm bekleideten Ämter erteilt.

6. Verhältnis zum Dienstvorgesetzten.

§ 42.

(1) Zwischen dem Beamten und seinem Dienstvorgesetzten sollen Offenheit und Vertrauen herrschen. Der Beamte muß über Beschwerden und Behauptungen tatsächlicher Art, die ihm nachteilig werden können, gehört werden, wenn es sich nicht um dienstliche Urteile über seine Person, seine Kenntnisse und Leistungen handelt[40]).

---

[37]) Z. B. Abtretung auf Grund des Gesetzes über die Abtretung von Beamtenbezügen zum Heimstättenbau v. 30. 6. 1927 (RGBl. I S. 133) in der Fassung des Kap. V Zweiter Teil der VO. v. 8. 12. 1931 (RGBl. I S. 699, 709) nebst DVO. v. 12. 3. 1928 (RGBl. I S. 61) in der Fassung der Änderungen v. 27. 8. 1931 (RGBl. I S. 461) und v. 11. 2. 1933 (RGBl. I S. 67). Ferner Abtretung auf Grund des Gesetzes über die Abtretung von Beamtenbezügen zum Zwecke der Entschuldung der Beamten v. 18. 10. 1935 (RGBl. I S. 1245) und DVO. v. 29. 10. 1936 (RGBl. I S. 932).

[38]) Pfändungsgrenze s. §§ 850, 850a ZPO. in der Fassung des Art. III des Gesetzes v. 24. 10. 1934 (RGBl. I S. 1070) (abgedruckt S. 394) und VO. über die Pfändbarkeit von Einbehaltungsbeträgen v. 24. 4. 1937 (RGBl. I S. 553).

[39]) Vgl. Ges. über Reisekostenvergütung der Beamten v. 15. 12. 1933 (RGBl. I S. 1067)/17. 3. 1936 (RGBl. I S. 179)/4. 5. 1937 (RGBl. I S. 575) — abgedr. S. 396 —; Ausf.Best. v. 16. 12. 1933 (RBB. S. 192)/28. 6. 1937 (RHuBB. S. 207) — abgedr. S. 404 —; Ges. über Umzugskostenvergütung der Beamten v. 3. 5. 1935 (RGBl. I S. 566)/17. 3. 1936 (RGBl. I S. 180) — abgedr. S. 420 —; DVO. v. 7. 5. 1935 (RBB. S. 40) / 26. 4. 1937 (RHuBB. S. 184) — abgedr. S. 427.

[40]) Vgl. RdSchr. des RMdJ. v. 12. 4. 1934 (MBliV. S. 747) betr. Einsichtnahme in die Personalakten.

(2) Der Beamte hat seine Anträge und Beschwerden auf dem Dienstwege vorzubringen. Glaubt er dienstliche Vorgänge zu beobachten, die der Nationalsozialistischen Deutschen Arbeiterpartei schaden könnten, so hat er sie ebenfalls auf dem Dienstwege zu melden; will er seine Beobachtungen nicht auf dem Dienstwege vorbringen, so darf er sie nur seiner obersten Reichsbehörde unmittelbar oder dem Führer und Reichskanzler melden[41]). Für Beschwerden persönlicher Art muß der Dienstweg innegehalten werden[42]).

Abschnitt VI.

Wartestand.

§ 43.

Wird eine Behörde aufgelöst, oder wird sie durch gesetzliche Vorschrift oder durch Verordnung des Führers und Reichskanzlers mit einer anderen verschmolzen oder in ihrem Aufbau wesentlich verändert, so können die auf Lebenszeit oder auf Zeit ernannten Beamten der beteiligten Behörden durch die oberste Dienstbehörde in den Wartestand versetzt werden. Die Versetzung in den Wartestand ist nur innerhalb dreier Monate nach Auflösung der Behörde oder nach Inkrafttreten des Gesetzes oder der Verordnung und nur innerhalb der Zahl der im Haushaltsplan aus diesem Anlaß abgesetzten Planstellen zulässig.

§ 44.

(1) Der Führer und Reichskanzler kann jederzeit in den Wartestand versetzen

1. Staatssekretäre und sonstige ständige Vertreter der Minister, Ministerialdirektoren und Beamte, die als Pressereferenten in den obersten Dienstbehörden angestellt sind,
2. Ministerialdirigenten und sonstige Beamte des höheren Dienstes in der Präsidialkanzlei, der Reichskanzlei, im Auswärtigen Amt und im Reichsministerium für Volksaufklärung und Propaganda und bei solchen politischen Dienststellen, die der Führer und Reichskanzler ausdrücklich bestimmt,
3. Treuhänder der Arbeit,
4. Beamte des höheren Dienstes bei den diplomatischen und konsularischen Vertretungen,

---

[41]) Erl. des Führers und Reichskanzlers zu § 42 des Deutschen Beamtenges. v. 20. 7. 1937 (RGBl. I S. 875): Schriftliche Meldungen, die Beamte auf Grund des § 42 Abs. 2 Satz 2 des Deutschen Beamtengesetzes an mich richten, sind mit folgender Anschrift zu versehen: „An den Herrn Staatssekretär und Chef der Reichskanzlei oder Vertreter im Amt — eigenhändig —". Vgl. auch RdErl. d. RuPrMdJ. v. 23. 10. 1937 (RMBliV. S. 1699).

[42]) Vgl. auch RdErl. des MdJ. v. 28. 2. 1933, 17. 3. 1933 und 20. 7. 1933 (MBliV. S. 257, 349 u. 860) betr. Eingaben und Anträge von Beamten.

5. Oberpräsidenten, Regierungspräsidenten, Landräte und die Leiter der den Regierungen und Landratsämtern entsprechenden Behörden der allgemeinen und inneren Verwaltung sowie Polizeipräsidenten und Polizeidirektoren der staatlichen Polizeiverwaltung,
6. den Oberbürgermeister und Stadtpräsidenten von Berlin,
7. Staatsanwälte,
8. Beamte der Wehrmacht solcher Gruppen, die durch Verordnung des Führers und Reichskanzlers bestimmt werden.

(2) Reichsgesetzliche Vorschriften, nach denen noch andere Beamte jederzeit in den Wartestand versetzt werden können, bleiben unberührt[43]).

§ 45.

Der Wartestand beginnt, wenn nicht im Einzelfall ausdrücklich ein späterer Zeitpunkt festgesetzt wird, mit dem Zeitpunkt, in welchem dem Beamten die Versetzung in den Wartestand mitgeteilt wird, spätestens jedoch mit Ende der drei Monate, die auf den Monat der Mitteilung folgen. Die Verfügung kann bis zum Beginn des Wartestandes zurückgenommen werden.

§ 46.

(1) Der Wartestandsbeamte bleibt Beamter. Er verliert jedoch mit dem Beginn des Wartestandes seine Amtsstelle und, wenn im Einzelfalle nichts anderes bestimmt wird, die Nebenämter und Nebenbeschäftigungen, die ihm im Zusammenhange mit seinem Hauptamt übertragen sind, oder die er auf Anordnung, Vorschlag oder Veranlassung seines Dienstvorgesetzten übernommen hat. §§ 10, 14 gelten für ihn nicht.

(2) Dienstvorgesetzter für ihn ist der letzte Dienstvorgesetzte. Die oberste Dienstbehörde kann einen anderen Dienstvorgesetzten bestimmen. Fehlt eine oberste Dienstbehörde, so bestimmt der Reichsminister des Innern den Dienstvorgesetzten.

(3) Der Beamte erhält für den Monat, in dem ihm die Versetzung in den Wartestand eröffnet worden ist, und für die folgenden drei Monate noch die Dienstbezüge der von ihm wahrgenommenen Amtsstelle, die zur Bestreitung von Dienstaufwandskosten bestimmten Einkünfte jedoch nur bis zum Beginn des Wartestandes. Vom Beginn des Wartestandes an rückt er in Dienstaltersstufen nur während einer Beschäftigung nach § 48 auf.

(4) Bezieht der Beamte für einen Zeitraum vor dem Aufhören der Dienstbezüge ein Einkommen aus einer Verwendung im öffentlichen Dienst (§ 127 Abs. 4), so ermäßigen sich für die Dauer des Zusammentreffens dieser Einkünfte die Dienstbezüge um den Betrag dieses Einkommens.

---

[43]) Z. B. Kap. V § 23 Abs. 3 des Ges. v. 30. 6. 1933 (RGBl. I S. 433) hins. der Rechtsstellung der Beamten bei der Umbildung von juristischen Personen des öffentlichen Rechts (abgedr. S. 254).

(5) Nach Ablauf der Zeit, für die noch die Dienstbezüge gewährt werden, erhält der Beamte während des Wartestandes Wartegeld nach den Vorschriften des Abschnitts VIII.

§ 47.

(1) Wird dem Beamten ein Amt derselben oder einer mindestens gleichwertigen Laufbahn im unmittelbaren oder mittelbaren Reichsdienst übertragen, und gehört das neue Amt zur Zeit der Übertragung nicht einer Besoldungsgruppe mit mindestens demselben Endgrundgehalt an wie das bisherige Amt, so erhält er sein bisheriges Grundgehalt (§ 35 Abs. 1 Satz 3) und steigt in Dienstaltersstufen auf. Der bisherige Dienstherr hat dem neuen Dienstherrn den Unterschied zwischen den früheren und den neuen Dienstbezügen auf Antrag zu erstatten.

(2) Der Beamte ist gegenüber seinem unmittelbaren Dienstherrn zur Annahme eines solchen Amts verpflichtet, wenn sein allgemeiner Rechtsstand (Beamter auf Lebenszeit oder auf Zeit) nicht verschlechtert wird.

§ 48.

(1) Wird der Beamte vorübergehend zu einer seiner Berufsausbildung entsprechenden Dienstleistung im unmittelbaren oder mittelbaren Reichsdienst voll als Beamter verwendet, so erhält er das Grundgehalt, nach dem das Wartegeld festgesetzt ist (§§ 86, 87), einschließlich der während der Verwendung erdienten Dienstalterszulagen.

(2) Er ist gegenüber seinem unmittelbaren Dienstherrn verpflichtet, der Einberufung Folge zu leisten, wenn ihm laut schriftlicher Mitteilung eine Verwendung im Sinne des Abs. 1 für mindestens drei Monate an seinem Wohnort oder für mindestens sechs Monate außerhalb seines Wohnortes zugesichert wird.

§ 49.

Der Wartestand endet, wenn

1. dem Beamten ein neues Amt übertragen wird oder
2. das Beamtenverhältnis endet.

Abschnitt VII.

Beendigung des Beamtenverhältnisses.

§ 50.

(1) Das Beamtenverhältnis endet, außer durch den Tod[44]), durch

1. Ausscheiden,
2. Entlassung,

---

[44]) Vgl. RdErl. des RuPrMdI. v. 3. 2. 1936 (RMBliV. S. 185) betr. Kranzspenden und Nachrufe in d. Fass. des RdErl. v. 28. 10. 1937 (RMBliV. S. 1701).

3. Eintritt in den Ruhestand,
4. Entfernung aus dem Dienst.

(2) Die Entfernung aus dem Dienst wird in der Reichsdienststrafordnung[45]) geregelt.

1. Ausscheiden aus dem Beamtenverhältnis.

a) Verlust des Reichsbürgerrechts.

§ 51.

Der Beamte scheidet mit Ablauf des Tages, an dem er das Reichsbürgerrecht verliert, aus dem Beamtenverhältnis aus. Die oberste Dienstbehörde kann im Einvernehmen mit dem Reichsminister des Innern die Fortdauer des Beamtenverhältnisses anordnen.

b) Verlegen des Wohnsitzes in das Ausland.

§ 52.

(1) Der Beamte scheidet aus dem Beamtenverhältnis aus, wenn er ohne Zustimmung der obersten Dienstbehörde seinen Wohnsitz[46]) oder dauernden Aufenthalt[46]) außerhalb des Deutschen Reichs nimmt.

(2) Die oberste Dienstbehörde entscheidet endgültig darüber, ob die Voraussetzungen des Abs. 1 vorliegen. Sie bestimmt endgültig den Tag des Ausscheidens aus dem Beamtenverhältnis.

c) Gerichtliche Verurteilung[47]).

§ 53.

Ein Beamter, der zum Tode, zu Zuchthaus, wegen vorsätzlich begangener Tat zu Gefängnis von einem Jahr oder längerer Dauer oder wegen vorsätzlicher hoch- oder landesverräterischer Handlungen zu Gefängnis verurteilt wird, scheidet mit der Rechtskraft des Strafurteils aus dem Beamtenverhältnis aus. Dasselbe gilt, wenn dem Beamten die bürgerlichen Ehrenrechte oder die Fähigkeit zur Bekleidung öffentlicher Ämter aberkannt werden[48]).

§ 54.

(1) Dem Führer und Reichskanzler steht hinsichtlich der beamtenrechtlichen Folgen eines strafgerichtlichen Urteils das Gnadenrecht für alle

---

[45]) Vgl. §§ 4 u. 8 RDStO. (abgedr. S. 477).

[46]) § 7 BGB. u. §§ 13, 14 Steueranpassungsgesetz v. 16. 10. 1934 (RGBl. I S. 925).

[47]) Vgl. AV. des RJM. v. 21. 5. 1935 betr. Mitteilungen in Strafsachen (abgedr. S. 251).

[48]) Vgl. §§ 32 und 35 StGB.

Beamten zu. Er übt es selbst aus oder überträgt die Ausübung anderen Stellen[49]).

(2) Werden im Gnadenwege die beamtenrechtlichen Folgen eines Strafurteils, demzufolge ein Beamter aus dem Beamtenverhältnis ausgeschieden ist, in vollem Umfang aufgehoben, so treten dieselben Folgen ein, wie wenn ein solches Urteil im Wiederaufnahmeverfahren durch ein Urteil ersetzt wird, das diese Folge nicht hat.

§ 55.

(1) Wird ein Urteil, demzufolge der Beamte aus dem Beamtenverhältnis ausgeschieden ist, im Wiederaufnahmeverfahren durch ein Urteil ersetzt, das diese Folge nicht hat, so erhält der Verurteilte von der Rechtskraft der aufgehobenen Entscheidung oder von der nach gesetzlicher Vorschrift erfolgten früheren Einbehaltung von Teilen seiner Dienstbezüge ab die Bezüge, die er erhalten hätte, wenn das aufgehobene Urteil dem neuen entsprochen hätte; seine ruhegehaltfähige Dienstzeit wird so berechnet, wie wenn er nicht ausgeschieden wäre.

(2) Der Verurteilte hat, wenn er nicht inzwischen die Altersgrenze erreicht hätte oder seine Amtszeit abgelaufen wäre, von der Rechtskraft der das Wiederaufnahmeverfahren abschließenden Entscheidung ab die rechtliche Stellung eines Wartestandsbeamten; seine Bezüge richten sich nach Abs. 1.

(3) Abs. 1 und 2 gelten nicht, soweit der Beamte nach dem mit Ausscheiden aus dem Beamtenverhältnis verbundenen Urteil zu einer weiteren Strafe verurteilt worden ist, die sein Ausscheiden nach sich gezogen haben würde, wenn er noch Beamter gewesen wäre.

(4) Erscheint auf Grund des in dem Wiederaufnahmeurteil festgestellten Sachverhalts oder auf Grund eines anderen rechtskräftigen Strafurteils, das nach dem mit Ausscheiden aus dem Beamtenverhältnis verbundenen Urteil ergangen ist, die Entfernung des Beamten aus dem Dienst angezeigt, so kann ein Dienststrafverfahren mit diesem Ziel eingeleitet werden. Ist das Verfahren auf Grund des in dem Wiederaufnahmeurteil festgestellten Sachverhalts eingeleitet, so können dem Beamten die ihm nach Abs. 1 zustehenden Bezüge einbehalten werden; er verliert, wenn auf Entfernung aus dem Dienst erkannt wird, den Anspruch nach Abs. 1 und 2 von der Rechtskraft der aufgehobenen Entscheidung an. Ist das

---

[49]) Vgl. Erl. des Führers u. Reichskanzlers v. 1. 2. 1935 — RGBl. I S. 74 — (abgedr. S. 531); Anordnung des RMdJ. v. 21. 2. 1935 — RGBl. I S. 74 — (abgedr. S. 533); für Preußen Erl. des Pr.MPr. v. 6. 2. 1935 — GS. S. 13 — (abgedr. S. 534). Weitere Anordnungen für den Bereich der Deutschen Reichsbahn v. 7. 5. 1935 (RGBl. I S. 587) und v. 15. 5. 1935 (RGBl. I S. 607) hins. der ehemaligen Eisenbahnbeamten der Länder ohne Preußen; für den Bereich des RuPrMfWEuV. v. 21. 6. 1935 (RGBl. I S. 753) und für Beamte der Sozialverwaltung im Reich u. in den Ländern v. 2. 9. 1935 (RGBl. I S. 1124).

Verfahren auf Grund eines neuen Strafurteils eingeleitet, so können dem Beamten die ihm nach Abs. 1 zustehenden Bezüge von der Rechtskraft dieses Strafurteils an einbehalten werden; er verliert, wenn auf Entfernung aus dem Dienst erkannt wird, den Anspruch nach Abs. 1 und 2 von demselben Zeitpunkt an.

(5) Hätte der in dem neuen Urteil festgestellte Sachverhalt oder die nach Erlaß der aufgehobenen Entscheidung begangene Straftat oder eine gesetzliche Vorschrift die Beendigung des Beamtenverhältnisses gerechtfertigt, so bestimmt die oberste Dienstbehörde endgültig, ob und zu welchem Zeitpunkt die Beendigung des Beamtenverhältnisses gerechtfertigt gewesen wäre. Die Bezüge nach Abs. 1 erhält der Beamte bis zu diesem Zeitpunkt.

(6) Soweit der Verurteilte Bezüge nach diesen Vorschriften erhält, steht ihm ein Entschädigungsanspruch gegenüber der nach dem Gesetz, betreffend die Entschädigung der im Wiederaufnahmeverfahren freigesprochenen Personen, vom 20. Mai 1898 (Reichsgesetzbl. S. 345) verpflichteten Stelle nicht zu.

(7) Der Beamte muß sich auf die ihm nach Abs. 1 zustehenden Dienstbezüge ein anderes Arbeitseinkommen oder einen Unterhaltsbeitrag anrechnen lassen; er ist zur Auskunft hierüber verpflichtet.

d) Folgen des Ausscheidens.

§ 56.

Scheidet der Beamte aus dem Beamtenverhältnis aus, so hat er keinen Anspruch auf Dienstbezüge und Versorgung; er darf die Amtsbezeichnung und die im Zusammenhang mit dem Amte verliehenen Titel nicht führen und die Uniform nicht tragen.

2. Entlassung aus dem Beamtenverhältnis.

a) Eidesverweigerung.

§ 57.

Wer sich weigert, den gesetzlich vorgeschriebenen Treueid zu leisten, ist zu entlassen.

b) Weigerung der Weiterführung des Amts nach Zeitablauf.

§ 58.

Stellt bei einem Beamten auf Zeit die oberste Dienstbehörde fest, daß er der ihm nach § 29 Abs. 3 obliegenden Verpflichtung nicht nachgekommen ist, so ist er zu entlassen; die Entlassung ist vom Tage des Ablaufs seiner Dienstzeit ab wirksam[50]).

---

[50]) Z. B. § 44 DGO.

c) Abstammung des Beamten oder seines Ehegatten.

§ 59.

(1) Der Beamte ist zu entlassen, wenn sich nach seiner Ernennung herausstellt, daß er oder sein Ehegatte nicht deutschen oder artverwandten Blutes[51]) ist, oder wenn er nach seiner Ernennung die Ehe mit einer Person nicht deutschen oder artverwandten Blutes ohne die nach § 25 Abs. 2 Satz 2 oder Abs. 3 erforderliche Genehmigung geschlossen hat. Dies gilt nicht, wenn bei der Ernennung oder bei der Heirat ohne sein Verschulden angenommen worden ist, daß er oder sein Ehegatte deutschen oder artverwandten Blutes ist.

(2) § 25 Abs. 2 Satz 2 und Abs. 3 gelten sinngemäß.

d) Antrag.

§ 60.

Der Beamte kann jederzeit seine Entlassung verlangen. Das Verlangen muß dem Dienstvorgesetzten schriftlich erklärt werden. Die Erklärung kann, solange die Entlassungsverfügung dem Beamten noch nicht zugegangen ist, ohne Zustimmung der Entlassungsbehörde nur innerhalb zweier Wochen zurückgenommen werden, nachdem sie dem Dienstvorgesetzten zugegangen war. Dem Verlangen muß entsprochen werden, jedoch kann die Entlassung so lange hinausgeschoben werden, bis der Beamte seine Amtsgeschäfte ordnungsmäßig erledigt hat.

e) Widerruf.

§ 61.

Der Beamte auf Widerruf kann jederzeit entlassen werden; nach Erreichung der Altersgrenze (§ 68) ist er zu entlassen. Dies gilt nicht, wenn er nach § 76 Abs. 1 oder 2 in den Ruhestand versetzt wird.

§ 62.

(1) Der Widerruf wird wirksam, sobald er dem Beamten mitgeteilt ist, wenn nicht ein späterer Zeitpunkt bestimmt wird.

(2) Der durch Widerruf Entlassene erhält für den Monat, in dem ihm der Widerruf mitgeteilt worden ist, seine vollen Bezüge. Er erhält ferner, falls er mit Dienstbezügen angestellt war, als Übergangsgeld[51a]) nach vollendeter

---

[51]) Hinsichtlich der jüdischen Beamten vgl. § 4 der 1. VO. u. § 1 der 2. VO. zum RBG. v. 14. 11. 35 (RGBl. I S. 1333) bzw. v. 21. 12. 35 (RGBl. I S. 1524), ferner Ges. über Maßnahmen im ehemaligen oberschlesischen Abstimmungsgebiet v. 30. 6. 1937 (RGBl. I S. 717). Unterhaltszuschüsse für ehemalige jüdische Beamte Erl. v. 3. 3. 1936 (RBB. S. 29).

[51a]) Das Übergangsgeld ist bis auf weiteres nicht zur Einkommensteuer (Lohnsteuer) heranzuziehen (Erl. des RMdF. v. 5. 10. 1937 — RHuBB. S. 297 —).

einjähriger Dienstzeit das Einfache,
dreijähriger Dienstzeit das Zweifache,
fünfjähriger Dienstzeit das Dreifache,
achtjähriger Dienstzeit das Vierfache,
zehnjähriger Dienstzeit das Fünffache,
zwölf- oder mehrjähriger Dienstzeit das Sechsfache

der Dienstbezüge des letzten Monats. Die Dienstzeit bemißt sich nach der Zahl der im Beamtenverhältnis ohne Unterbrechung zurückgelegten vollen Jahre.

(3) Das Übergangsgeld wird nicht gewährt,

1. wenn der Beamte aus einem von ihm zu vertretenden Grunde entlassen worden ist,
2. wenn ein anderes hauptberufliches Beamtenverhältnis bestehen bleibt oder im unmittelbaren Anschluß an die Entlassung neu begründet wird.

f) Verheiratung weiblicher Beamter.

§ 63[52]).

(1) Ein verheirateter weiblicher Beamter ist zu entlassen, wenn er es beantragt oder wenn seine wirtschaftliche Versorgung nach der Höhe des Familieneinkommens dauernd gesichert erscheint. Die wirtschaftliche Versorgung gilt als dauernd gesichert, wenn der Ehemann in einem Beamtenverhältnis steht, mit dem ein Anspruch auf Ruhegehalt verbunden ist.

(2) Die oberste Dienstbehörde entscheidet endgültig darüber, ob die wirtschaftliche Versorgung dauernd gesichert erscheint[53]).

(3) Im Einzelfall kann die oberste Dienstbehörde im Einvernehmen mit dem Reichsminister des Innern Ausnahmen von Abs. 1 Satz 2 zulassen.

(4) Die Entlassung tritt mit Ende des Monats ein, der auf den Monat folgt, in welchem dem Beamten die Entlassungsverfügung mitgeteilt worden ist.

§ 64.

(1) Die auf Grund des § 63 ausscheidenden weiblichen Beamten erhalten eine Abfindung nach Abs. 2, auch wenn sie Beamte auf Widerruf sind. Durch die Abfindung werden alle Versorgungsbezüge abgegolten.

(2) Die Abfindung beträgt nach vollendetem zweiten oder dritten Dienstjahr das Zweifache, nach vollendetem vierten oder fünften Dienstjahr das Dreifache der Dienstbezüge des letzten Monats und steigt vom vollendeten

---

[52]) Vgl. DBO. v. 29. 6. 1937 zu § 63 (abgedr. S. 90). Von Bedeutung für die Auslegung der §§ 63—65 ist auch der zu Kap. III des Beamtenrechtsänderungsges. v. 30. 6. 1933 ergangene RdErl. des PrFM. v. 27. 4. 1934 (MBliV. S. 767).

[53]) Vgl. RdSchr. des RMdI. v. 5. 10. 1933 (MBliV. S. 1365).

sechsten Dienstjahr ab um je einen Monatsbetrag, bis sie nach vollendetem vierzehnten Dienstjahr als Höchstbetrag das Zwölffache des letzten Monatsbetrags erreicht. Der Monatsbetrag ist nach den für ledige Beamte geltenden Grundsätzen zu berechnen.

(3) Bei einem Wartestandsbeamten werden die Dienstbezüge zugrunde gelegt, die ihm im Zeitpunkt der Entlassung als ledigem Beamten zugestanden hätten, wenn er nicht in den Wartestand versetzt worden wäre.

(4) Die Abfindung wird nicht gewährt, wenn die Ehe mit einer Person geschlossen ist, die von zwei oder mehr volljüdischen Großelternteilen abstammt.

§ 65.

Als Dienstzeit gilt die Zeit, die der weibliche Beamte nach Vollendung des siebzehnten Lebensjahres im Dienste des Reichs oder anderer Körperschaften, Anstalten oder Stiftungen des öffentlichen Rechts als Beamter, Angestellter oder Arbeiter zurückgelegt hat, soweit sie nicht bereits durch Gewährung einer anderen Abfindung oder durch Gewährung eines Ruhegehalts abgegolten ist. In die Gesamtdienstzeit wird die Zeit einer ehrenamtlichen Tätigkeit nicht einbezogen.

g) Entlassungsverfügung und Folgen der Entlassung.

§ 66.

(1) Die Entlassung wird, wenn durch Gesetz oder Erlaß des Führers und Reichskanzlers nichts anderes vorgeschrieben ist, von der Stelle verfügt, die nach § 24 für die Ernennung des Beamten zuständig wäre[54]). Die Verfügung ist dem Beamten schriftlich mitzuteilen.

(2) Nach der Entlassung hat der Beamte keinen Anspruch auf Dienstbezüge und Versorgung; er darf, unbeschadet der Vorschrift des § 37 Abs. 2 Satz 7 und Abs. 3, die Amtsbezeichnung und die im Zusammenhange mit dem Amte verliehenen Titel nicht führen und die Uniform nicht tragen.

3. Eintritt in den Ruhestand[55]).

§ 67.

(1) Das Beamtenverhältnis endet mit dem Eintritt in den Ruhestand.

(2) Wird die Arbeitskraft eines Beamten durch sein Amt nur nebenbei beansprucht, oder handelt es sich um Dienstgeschäfte, die ihrer Natur nach vorübergehend sind, so endet das Beamtenverhältnis statt durch Eintritt

---

[54]) S. die in Anm. 24 angeführten Erlasse.

[55]) Vgl. auch Ges. über Maßnahmen im ehemaligen oberschlesischen Abstimmungsgebiet v. 30. 6. 1937 (RGBl. I S. 717).

in den Ruhestand durch Entlassung (§ 66)[56]). Ob die Voraussetzungen des Satzes 1 vorliegen, bestimmt die Behörde bei der Ernennung endgültig.

a) Altersgrenze.

§ 68[57]).

(1) Die Beamten auf Lebenszeit und auf Zeit treten mit dem Ende des Monats in den Ruhestand, in dem sie das fünfundsechzigste Lebensjahr vollenden[58]). Für einzelne Beamtengruppen kann gesetzlich eine frühere Altersgrenze vorgesehen werden[59]).

(2) Wenn dringende dienstliche Rücksichten der Verwaltung im Einzelfall die Fortführung der Dienstgeschäfte durch einen bestimmten Beamten fordern, kann die Reichsregierung auf Antrag der obersten Dienstbehörde den Eintritt in den Ruhestand über das fünfundsechzigste Lebensjahr hinausschieben[60]). Unter der gleichen Voraussetzung kann im Fall des Abs. 1 Satz 2 der zuständige Reichsminister die Altersgrenze bis zum fünfundsechzigsten Lebensjahre verlängern; er kann nachgeordnete Behörden ermächtigen, die Altersgrenze bis um fünf Monate zu verlängern.

(3) Ein Ruhestandsbeamter, der das fünfundsechzigste Lebensjahr vollendet hat, darf nicht wieder zum Beamten ernannt werden. Ist er ernannt, so ist er zu entlassen.

b) Zeitablauf.

§ 69.

Der Beamte auf Zeit tritt, abgesehen von dem Fall des § 68, mit Ablauf der Zeit, für die er ernannt ist, in den Ruhestand, wenn er nicht nach § 58 entlassen wird.

c) Antrag.

§ 70.

Der Beamte auf Lebenszeit oder auf Zeit, der das zweiundsechzigste Lebensjahr vollendet hat, kann auf seinen Antrag auch ohne den Nachweis der Dienstunfähigkeit in den Ruhestand versetzt werden.

---

[56]) Vgl. Erl. des RPM. betr. Postagenten usw. (PABl. 1937 S. 424).

[57]) Vgl. AV. des RJM. v. 2. 7. 1937 (DJ. S. 1023) betr. Altersgrenze der Beamten der Reichsjustizverwaltung.

[58]) Ist der Beamte am 1. eines Monats geboren, so vollendet er das 65. Lebensjahr nicht erst an dem betreffenden Monatsersten, sondern mit Ablauf des vorangegangenen Monatsletzten (Erl. des RMdF. v. 16. 5. 1928 — RBB. S. 109 —).

[59]) Vgl. § 172. Leiter(innen) und Lehrer(innen) an öffentlichen Schulen treten z. B. in Preußen bereits mit der Vollendung des 62. Lebensjahres in den Ruhestand (§ 6 des Ges. betr. Einführung einer Altersgrenze v. 15. 12. 1920 — GS. S. 621 — in der Fassung des § 36 der 2. Sparverordnung v. 23. 12. 1931 — GS. S. 293 —; s. auch Erl. des RMfWEuV. v. 8. 6. 1937 — RMinAmtsbl.DtschWiss. S. 317 —). Vgl. ferner § 15 Pol.B.Ges.; wegen der Hochschullehrer Ges. v. 21. 1. 1935 (RGBl. I S. 23).

[60]) Für richterliche Beamte kann von dieser Vorschrift kein Gebrauch gemacht werden (§ 171 Abs. 1). Vgl. aber auch die Übergangsregelung gemäß § 172 Abs. 2.

d) Politische Gründe.

§ 71.

(1) Der Führer und Reichskanzler kann einen Beamten auf Lebenszeit oder auf Zeit auf einen von der obersten Dienstbehörde im Einvernehmen mit dem Reichsminister des Innern gestellten Antrag in den Ruhestand versetzen, wenn der Beamte nicht mehr die Gewähr dafür bietet, daß er jederzeit für den nationalsozialistischen Staat eintreten wird.

(2) Die diesen Antrag rechtfertigenden Tatsachen sind in einem Untersuchungsverfahren festzustellen, in dem die eidliche Vernehmung von Zeugen und Sachverständigen zulässig und der Beamte zu hören ist.

e) Abstammung.

§ 72.

(1) Ist in den Fällen des § 59 Abs. 1 ohne Verschulden des Beamten angenommen worden, daß er oder sein Ehegatte deutschen oder artverwandten Blutes seien, so ist er in den Ruhestand zu versetzen; ist er Beamter auf Widerruf, so ist er zu entlassen; es gilt § 62 Abs. 1 und 2.

(2) § 25 Abs. 2 Satz 2 und Abs. 3 gelten sinngemäß.

f) Dienstunfähigkeit.

§ 73.

(1) Der Beamte auf Lebenszeit oder auf Zeit ist in den Ruhestand zu versetzen, wenn er infolge eines körperlichen Gebrechens oder wegen Schwäche seiner körperlichen oder geistigen Kräfte zur Erfüllung seiner Amtspflichten dauernd unfähig ist (dienstunfähig); als dienstunfähig kann der Beamte auch dann angesehen werden, wenn er infolge Erkrankung innerhalb von sechs Monaten mehr als drei Monate keinen Dienst getan hat und keine Aussicht besteht, daß er innerhalb weiterer sechs Monate wieder voll dienstfähig wird. Bestehen Zweifel über die Dienstunfähigkeit des Beamten, so ist er verpflichtet, sich nach Weisung der Behörde ärztlich untersuchen und beobachten zu lassen.

(2) Für einzelne Beamtengruppen können für die Beurteilung der Dienstunfähigkeit besondere gesetzliche Vorschriften erlassen werden.

§ 74.

(1) Beantragt der Beamte, ihn nach § 73 in den Ruhestand zu versetzen, so wird seine Dienstunfähigkeit durch die Erklärung seines unmittelbaren Dienstvorgesetzten festgestellt, daß er ihn nach pflichtmäßigem Ermessen für dauernd unfähig halte, seine Amtspflichten zu erfüllen. Bei Wartestandsbeamten ist für die Erklärung der Dienstunfähigkeit die oberste

Dienstbehörde oder die von ihr bestimmte Behörde zuständig; fehlt eine oberste Dienstbehörde, so bestimmt der Reichsminister des Innern, welche Behörde die Erklärung abzugeben hat.

(2) Die über die Versetzung in den Ruhestand entscheidende Behörde ist an die Erklärung des unmittelbaren Dienstvorgesetzten nicht gebunden; sie kann auch andere Beweise erheben.

§ 75.

(1) Hält der Dienstvorgesetzte den Beamten für dienstunfähig (§ 73) und beantragt dieser die Versetzung in den Ruhestand nicht, so teilt der Dienstvorgesetzte dem Beamten oder seinem Pfleger mit, daß seine Versetzung in den Ruhestand beabsichtigt sei. Dabei sind die Gründe für die Versetzung in den Ruhestand anzugeben. Hält der Dienstvorgesetzte zur Durchführung des Verfahrens die Bestellung eines Pflegers für erforderlich, so beantragt er die Bestellung des Pflegers beim Amtsgericht. Das Amtsgericht hat dem Antrage zu entsprechen.

(2) Erhebt der Beamte oder sein Pfleger innerhalb von vier Wochen keine Einwendungen, so entscheidet die nach § 78 Abs. 1 zuständige Stelle über die Versetzung in den Ruhestand.

(3) Werden Einwendungen erhoben, so entscheidet die oberste Dienstbehörde oder die für die Versetzung in den Ruhestand zuständige nachgeordnete Stelle, ob das Verfahren einzustellen oder fortzuführen ist. Die Entscheidung ist dem Beamten oder seinem Pfleger zuzustellen. Wird das Verfahren fortgeführt, so sind mit Ende der drei Monate, die auf den Monat der Mitteilung der Entscheidung folgen, bis zum Beginn des Ruhestandes die das Ruhegehalt übersteigenden Dienstbezüge einzubehalten. Zur Fortführung des Verfahrens wird ein Beamter mit der Ermittlung des Sachverhalts beauftragt. Dieser Beamte hat die Rechte und Pflichten des Untersuchungsführers im förmlichen Dienststrafverfahren[62]). Der Beamte oder sein Pfleger ist zu den Vernehmungen zu laden. Nach Abschluß der Ermittlungen ist der Beamte oder sein Pfleger zu dem Ergebnis der Ermittlungen zu hören.

(4) Wird hiernach die Dienstfähigkeit des Beamten festgestellt, so ist das Verfahren einzustellen. Die Entscheidung ist dem Beamten oder seinem Pfleger zuzustellen; die nach Abs. 3 Satz 3 einbehaltenen Beträge sind nachzuzahlen. Wird die Dienstunfähigkeit festgestellt, so wird der Beamte mit Ende des Monats, in dem ihm die Verfügung mitgeteilt ist, in den Ruhestand versetzt; die einbehaltenen Beträge werden nicht nachgezahlt. Sofern nicht der Führer und Reichskanzler oder die oberste Dienstbehörde den Beamten in den Ruhestand versetzt hat, entscheidet auf einen

---

[62]) Vgl. §§ 44—52 RDStO. (abgedr. S. 489).

innerhalb einer Ausschlußfrist von zwei Wochen zu stellenden Antrag des Beamten oder seines Pflegers die oberste Dienstbehörde darüber, ob die Versetzung in den Ruhestand aufrechterhalten wird.

g) Beamte auf Widerruf.

§ 76.

(1) Der Beamte auf Widerruf mit Dienstbezügen ist in den Ruhestand zu versetzen, wenn er infolge von Krankheit, Verwundung oder sonstiger Beschädigung, die er sich ohne grobes Verschulden bei Ausübung oder aus Veranlassung des Dienstes zugezogen hat, dienstunfähig geworden ist.

(2) Er kann in den Ruhestand versetzt werden, wenn er aus anderen Gründen dienstunfähig geworden ist oder wenn er die Altersgrenze (§ 68 Abs. 1) erreicht hat.

(3) Wird der Beamte im Fall des Abs. 2 nicht in den Ruhestand versetzt, sondern durch Widerruf entlassen, so kann ihm an Stelle des Übergangsgeldes (§ 62) auf Zeit oder lebenslänglich ein Unterhaltsbeitrag bewilligt werden. Hat der Beamte das siebenundzwanzigste Lebensjahr noch nicht vollendet, so kann nur ein Unterhaltsbeitrag auf Zeit bewilligt werden. Die Bewilligung auf Zeit ist widerruflich. Sie kann bei ihrem Ablauf verlängert werden.

(4) Die Entscheidungen nach Abs. 2 und 3 trifft die oberste Dienstbehörde mit Zustimmung des Reichsministers der Finanzen. Sie kann ihre Befugnis mit Zustimmung des Reichsministers der Finanzen auf andere Behörden übertragen. Die Entscheidungen sind endgültig.

h) Wartestandsbeamte.

§ 77.

(1) Der Wartestandsbeamte kann auf seinen Antrag jederzeit in den Ruhestand versetzt werden.

(2) Er ist in den Ruhestand zu versetzen mit dem Ende des Monats, in dem

1. eine fünfjährige Wartestandszeit abgelaufen ist — der Lauf der Frist ist gehemmt, solange der Beamte nach § 48 verwendet wird — oder
2. die oberste Dienstbehörde festgestellt hat, daß er der ihm nach § 47 Abs. 2, § 48 Abs. 2 obliegenden Verpflichtung nicht nachgekommen ist.

(3) Wird ihm ein neues Amt übertragen, das nicht derselben oder einer mindestens gleichwertigen Laufbahn angehört, so tritt er mit der Übertragung des neuen Amtes aus seinem bisherigen Amt in den Ruhestand.

i) Verfügung über Versetzung in den Ruhestand und Beginn des Ruhestandes.

§ 78.

(1) Die Versetzung in den Ruhestand wird, wenn durch gesetzliche Vorschrift oder durch Erlaß des Führers und Reichskanzlers nichts anderes vorgeschrieben ist, von den Stelle verfügt, die nach § 24 für die Ernennung zuständig wäre[63]). Die Verfügung ist dem Beamten schriftlich mitzuteilen. Sie kann bis zum Beginn des Ruhestandes zurückgenommen werden.

(2) Der Ruhestand beginnt, abgesehen von den Fällen der §§ 68, 69, 75 Abs. 4, § 77 Abs. 2 und 3, mit Ende der drei Monate, die auf den Monat folgen, in dem dem Beamten die Versetzung in den Ruhestand mitgeteilt worden ist. Bei der Mitteilung der Versetzung in den Ruhestand kann auf Antrag oder mit ausdrücklicher Zustimmung des Beamten ein früherer Zeitpunkt festgesetzt werden.

(3) Der Ruhestandsbeamte erhält Ruhegehalt nach den Vorschriften des Abschnitts VIII.

Abschnitt VIII.

Versorgung[64]).

1. Versorgung der Warte- und Ruhestandsbeamten.

§ 79.

Das Wartegeld und das Ruhegehalt werden auf der Grundlage der ruhegehaltfähigen Dienstbezüge und der ruhegehaltfähigen Dienstzeit berechnet.

a) Ruhegehaltfähige Dienstbezüge.

§ 80.

(1) Ruhegehaltfähige Dienstbezüge sind

1. das von dem Beamten nach dem Besoldungsrecht zuletzt bezogene Grundgehalt oder die zuletzt bezogenen, dem Grundgehalt entsprechenden Dienstbezüge,
2. der Wohnungsgeldzuschuß nach dem Besoldungsrecht[65]),

---

[63]) Vgl. Anm. 24.

[64]) Vgl. § 184 DBG.; DBO. v. 29. 6. 1937 zu §§ 80 ff. (abgedr. S. 92); AB. zu Abschn. VIII DBG. v. 30. 6. 1937 (abgedr. S. 107); AB. des RJM. v. 6. 7. 1937 (DJ. S. 1025) betr. Durchführung der versorgungsrechtl. Best. des DBG. Für die zahlenmäßige Höhe der Bezüge gilt das Reichsbesoldungsgesetz (abgedr. S. 258); für die preuß. Beamten vgl. Ges. v. 17. 1. 1936 (abgedr. S. 390); für die Kommunalbeamten RdErl. des RuPrMdJ. v. 24. 4. 1936 (RMBliB. S. 547); für die Beamten der Körperschaften des öffentlichen Rechts VO. v. 14. 3. 1932 Kap. I Teil 1 (GS. S. 123).

[65]) Der Wohnungsgeldzuschuß wird in jedem Falle nach der Ortsklasse B berechnet (§ 36 R.Bes.Ges.).

3. sonstige Dienstbezüge des Beamten, die im Besoldungsrecht oder im Haushaltsplan als ruhegehaltfähig bezeichnet sind.

(2) Hat ein Beamter auf Lebenszeit oder auf Zeit die Bezüge aus seinem nicht als Eingangsstelle seiner Laufbahn geltenden Amt nicht mindestens ein Jahr erhalten, so treten an Stelle der im Abs. 1 bezeichneten Dienstbezüge die entsprechenden Bezüge aus dem vor seiner Ernennung bekleideten Amt; hat der Beamte ein Amt nicht bekleidet, so setzt die oberste Dienstbehörde im Einvernehmen mit dem Reichsminister der Finanzen die ruhegehaltfähigen Dienstbezüge in Grenzen von fünfzig vom Hundert der Sätze nach Abs. 1 fest.

(3) Abs. 2 gilt nicht in den Fällen der §§ 43 und 107 und nicht, wenn der Beamte infolge von Krankheit, Verwundung oder sonstiger Beschädigung, die er sich ohne grobes Verschulden bei Ausübung oder aus Veranlassung des Dienstes zugezogen hat, dienstunfähig geworden ist.

b) Ruhegehaltfähige Dienstzeit.

§ 81.

(1) Ruhegehaltfähig ist die Dienstzeit des Beamten vom Tage seiner ersten Ernennung an einschließlich der Zeit, in der er sich im Wartestande befindet. Unberücksichtigt bleibt jedoch die Zeit

1. eines Beamtenverhältnisses nach § 67 Abs. 2,
2. einer ehrenamtlichen Tätigkeit,
3. einer Beurlaubung ohne Dienstbezüge, wenn nicht die Berücksichtigung bei Erteilung, spätestens bei Beendigung eines den öffentlichen Belangen dienenden Urlaubs zugestanden ist[66]),
4. vor Vollendung des siebenundzwanzigsten Lebensjahres,
5. für die eine Abfindung oder ein Übergangsgeld aus öffentlichen Mitteln gewährt worden ist[67]),
6. einer Tätigkeit als Beamter, der ohne Ruhegehaltsberechtigung nur Gebühren bezieht, soweit sie nicht nach § 85 Abs. 1 Nr. 2a berücksichtigt wird.

(2) Ist ein Beamter, der infolge Urteils eines Gerichts oder eines Dienststrafgerichts aus dem Beamtenverhältnis ausgeschieden war, später wieder zum Beamten ernannt worden, so wird die Dienstzeit, die er vor dem Ausscheiden aus dem Beamtenverhältnis zurückgelegt hat, nicht in die ruhegehaltfähige Dienstzeit eingerechnet. Das gleiche gilt, wenn der Beamte, dem ein gerichtliches Strafverfahren oder ein Dienststrafverfahren

---

[66]) Wegen der Beurlaubung von Beamten für Zwecke der NSDAP. vgl. RdErl. d. RuPrMdI. v. 2. 1. 1936 (RMBliV. S. 49).

[67]) Z. B. auf Grund des Schutzpolizeibeamtenges. v. 17. 7. 1922 (RGBl. I S. 597) ausgeschiedene, später wieder eingestellte Beamte.

drohte, auf seinen Antrag aus dem Beamtenverhältnis entlassen ist. Die oberste Dienstbehörde kann Ausnahmen zulassen.

§ 82.

Ruhegehaltfähig ist auch die Zeit, in der ein Beamter vor seiner Ernennung nach Vollendung des siebenundzwanzigsten Lebensjahres

1. im Dienste der Wehrmacht[67a]) oder im Vollzugsdienste der Polizei gestanden hat,
2. Angehöriger des Reichsarbeitsdienstes gewesen ist[68]),
3. als Inhaber eines Versorgungsscheins[69]) im Dienste des Reichs oder anderer Körperschaften, Anstalten und Stiftungen des öffentlichen Rechts voll beschäftigt gewesen ist.

§ 83.

Die Zeit eines Kriegsdienstes in der Wehrmacht oder die Zeit einer Kriegsgefangenschaft wird, auch wenn sie vor Vollendung des siebenundzwanzigsten Lebensjahres liegt, mit der gleichen Erhöhung angerechnet wie bei Angehörigen der Wehrmacht[70]).

§ 84.

(1) Die Zeit der Verwendung eines Beamten in außereuropäischen Ländern mit Ausnahme der an das Mittelmeer grenzenden außereuropäischen Länder kann als ruhegehaltfähige Dienstzeit, soweit sie vor Vollendung des siebenundzwanzigsten Lebensjahres liegt, einfach, im übrigen bis zur Grenze des Doppelten berücksichtigt werden, wenn sie ununterbrochen mindestens sechs Monate betragen hat. Gleiches gilt für Seereisen in außerheimischen Gewässern. Näheres wird durch Verordnung der Reichsregierung bestimmt[71]).

[67a]) Vgl. Erl. des RKM. u. OBdWM. v. 1. 9. 1937 (RHuBB. S. 296) betr. Anrechnung abgeleisteter Übungen als ruhegehaltsfähige Dienstzeit.

[68]) Vgl. § 179 Abs. 10.

[69]) Wegen der Versorgungsscheininhaber vgl. § 1 der Anstellungs-Grundsätze v. 16. 7. 1930 — RGBl. I S. 234 — (abgedr. S. 183).

[70]) Wegen des Weltkrieges vgl. AB. des RMdF. v. 30. 6. 1937 (abgedr. S. 107).

[71]) Vgl. Verordnung über die Berücksichtigung der Zeit der Verwendung eines Beamten in außereuropäischen Ländern und auf Seereisen in außerheimischen Gewässern v. 2. 8. 1937 (RGBl. I S. 883). Diese lautet:

Auf Grund des § 84 Abs. 1 des Deutschen Beamtengesetzes verordnet die Reichsregierung:

1. Als außereuropäische Länder im Sinne dieser Vorschrift gelten:
   a) Asien östlich des 40. Grades Ostlänge von Greenwich — ausschließlich des Gebiets zwischen diesem Grad und dem 90. Grad Ostlänge von Greenwich nördlich des 40. Grades Nordbreite — und die Asiatische Inselwelt,
   b) Afrika mit den zugehörigen Inseln südlich des 20. Grades Nordbreite ausschließlich der Afrikanischen Union, aber einschließlich der ehemaligen Kolonie Deutsch-Südwestafrika,
   c) Süd- und Mittelamerika bis zum 30. Grad Nordbreite einschließlich New Orleans und der westindischen Inseln und
   d) die ehemaligen deutschen Besitzungen in der Südsee und Neu Guinea.

(2) Als Zeit der Verwendung in außereuropäischen Ländern kann auch die Zeit anerkannt werden, während der sich ein Beamter infolge Internierung oder aus sonstigen durch Krieg verursachten und von dem Beamten nicht verschuldeten Gründen in diesen Ländern aufgehalten hat. Ist der Aufenthalt durch Verschulden des Beamten verlängert worden, so bleibt die Zeit der Verlängerung unberücksichtigt.

(3) Ist die Dienstzeit nach Abs. 1 und 2 bereits nach § 83 zu berücksichtigen, so wird sie nicht weiter angerechnet.

(4) Die Entscheidung trifft die oberste Dienstbehörde im Einvernehmen mit dem Reichsminister der Finanzen endgültig.

§ 85.

(1) Die Zeit, während der ein Beamter nach Vollendung des siebenundzwanzigsten Lebensjahres

1. ein Amt in der Nationalsozialistischen Deutschen Arbeiterpartei oder ihren Gliederungen hauptberuflich bekleidet hat,
2. a) als Rechtsanwalt, als Verwaltungsrechtsrat oder als Beamter oder Notar, der ohne Ruhegehaltsberechtigung nur Gebühren bezieht,
   b) im Dienst einer öffentlich-rechtlichen Religionsgesellschaft und ihrer Verbände oder im nichtöffentlichen Schuldienst tätig gewesen ist,
3. im öffentlichen Dienst eines anderen Staates oder einer zwischenstaatlichen öffentlichen Einrichtung gestanden hat,
4. auf wissenschaftlichem, künstlerischem, technischem oder wirtschaftlichem Gebiet besondere Fachkenntnisse erworben hat, die die notwendige Voraussetzung für die Wahrnehmung seines Amtes bilden,
5. im privatrechtlichen Vertragsverhältnis im Dienste des Reichs oder anderer Körperschaften, Anstalten und Stiftungen des öffentlichen Rechts ununterbrochen hauptberuflich eine in der Regel einem Beamten obliegende oder später einem Beamten übertragene entgeltliche Beschäftigung wahrgenommen hat, die zu seiner Ernennung führte,

kann als ruhegehaltfähige Dienstzeit berücksichtigt werden. Die Zeiten zu 2a und 4 dürfen höchstens bis zur Hälfte, jedoch nicht über zehn Jahre hinaus berücksichtigt werden.

(2) Die Entscheidung trifft die oberste Dienstbehörde im Einvernehmen mit dem Reichsminister der Finanzen endgültig.

---

2. Außerheimisch sind die Gewässer, welche weder zur Ostsee noch zur Nordsee gehören, diese gerechnet bis zur Linie Dover-Calais längs der Ostküste Englands bis zum 3. Grad Westlänge von Greenwich und bis zum 60. Grad Nordbreite.

c) Wartegeld.

§ 86.

Das Wartegeld beträgt achtzig vom Hundert der ruhegehaltfähigen Dienstbezüge. Für jedes volle und angefangene Jahr, das dem Beamten an fünfzehn Jahren ruhegehaltfähiger Dienstzeit fehlt, wird jedoch das Wartegeld um zwei vom Hundert der ruhegehaltfähigen Dienstbezüge niedriger bemessen. Das Wartegeld beträgt in keinem Fall mehr als achtzig vom Hundert der ruhegehaltfähigen Dienstbezüge eines Beamten aus der Endstufe der Besoldungsgruppe A 1a der Reichsbesoldungsordnung. Hat der Beamte indessen zur Zeit seiner Versetzung in den Wartestand bereits ein höheres Ruhegehalt erdient, so erhält er ein Wartegeld in Höhe des zu diesem Zeitpunkt erdienten Ruhegehalts.

§ 87.

Scheidet der Beamte aus einer Dienstleistung im Sinne des § 48 wieder aus, so wird sein Wartegeld unter Berücksichtigung der während der Dienstleistung zuletzt bezogenen Dienstbezüge und der verlängerten ruhegehaltfähigen Dienstzeit neu festgesetzt.

d) Ruhegehalt.

§ 88.

(1) Der Ruhestandsbeamte erhält lebenslänglich Ruhegehalt.

(2) Ein Ruhestandsbeamter, der wieder zum Beamten auf Lebenszeit oder auf Zeit ernannt ist, erhält Ruhegehalt aus dem neuen Amte nur, wenn er es wenigstens ein Jahr bekleidet hat.

§ 89.

(1) Das Ruhegehalt beträgt mindestens fünfunddreißig vom Hundert der ruhegehaltfähigen Dienstbezüge. Es erhöht sich bei den Beamten

des unteren und des einfachen mittleren Dienstes nach jedem der ersten fünfzehn vollen Jahre,

des gehobenen mittleren Dienstes nach zwei ruhegehaltfähigen Dienstjahren und in den folgenden fünfzehn vollen Jahren,

des höheren Dienstes nach drei ruhegehaltfähigen Dienstjahren und in den folgenden sechzehn vollen Jahren

der ruhegehaltfähigen Dienstzeit um je zwei vom Hundert, in den folgenden vollen Jahren dieser Dienstzeit um je eins vom Hundert, höchstens bis achtzig vom Hundert der ruhegehaltfähigen Dienstbezüge. Nach dem Ende des Monats, in dem der Beamte das fünfundsechzigste Lebensjahr vollendet hat, beträgt das Ruhegehalt höchstens fünfundsiebzig vom Hundert der ruhegehaltfähigen Dienstbezüge. Die Entscheidung darüber, welcher der vorgenannten Gruppen der Beamte angehört, trifft im Zweifel die oberste Dienstbehörde im Einvernehmen mit dem Reichsminister der Finanzen endgültig.

(2) Abs. 1 gilt entsprechend für den Unterhaltsbeitrag nach § 76 Abs. 3; im Fall des § 76 Abs. 3 Satz 2 darf er fünfunddreißig vom Hundert der ruhegehaltfähigen Dienstbezüge nicht übersteigen.

§ 90.

(1) Das Ruhegehalt eines Beamten, der früher ein mit höheren Dienstbezügen verbundenes Amt bekleidet und diese Bezüge wenigstens ein Jahr bezogen hat, wird, sofern der Beamte in ein mit geringeren Dienstbezügen verbundenes Amt nicht lediglich auf seinen im eigenen Interesse gestellten Antrag übergetreten ist, nach den ruhegehaltfähigen Dienstbezügen des früheren Amts und der gesamten ruhegehaltfähigen Dienstzeit berechnet. Das Ruhegehalt darf jedoch die letzten ruhegehaltfähigen Dienstbezüge nicht übersteigen.

(2) Das Ruhegehalt eines Wartestandsbeamten, der nach § 48 Dienst geleistet hat, wird nach den ruhegehaltfähigen Dienstbezügen berechnet, die nach § 87 der Berechnung seines Wartegeldes zugrunde gelegt sind oder zugrunde zu legen wären.

§ 91.

Das Ruhegehalt wird von dem Beginn des Ruhestandes ab gewährt.

2. Hinterbliebenenversorgung.

a) Sterbemonat.

§ 92.

(1) Den Erben eines verstorbenen Beamten verbleiben für den Sterbemonat die Bezüge des Verstorbenen einschließlich der zur Bestreitung von Dienstaufwandskosten bestimmten Einkünfte.

(2) Bei Warte- und Ruhestandsbeamten sowie bei entlassenen Beamten auf Widerruf tritt an die Stelle der Bezüge das Wartegeld, das Ruhegehalt oder der Unterhaltsbeitrag. Den Erben eines im öffentlichen Dienste (§ 127 Abs. 4) verwendeten Warte- oder Ruhestandsbeamten verbleiben die für den Sterbemonat fälligen Bezüge.

(3) Die an den Verstorbenen noch nicht gezahlten Teile der Sterbemonatsbezüge können statt an die Erben auch an die Witwe oder die ehelichen oder für ehelich erklärten Abkömmlinge des Verstorbenen gezahlt werden.

b) Sterbegeld.

§ 93.

(1) Die Witwe sowie die ehelichen und für ehelich erklärten Abkömmlinge eines männlichen Beamten mit Dienstbezügen erhalten für die auf den Sterbemonat folgenden drei Monate als Sterbegeld die Dienstbezüge des Verstorbenen ausschließlich der zur Bestreitung von Dienstaufwandskosten bestimmten Einkünfte. Bei Warte- und Ruhestandsbeamten sowie bei entlassenen Beamten auf Widerruf tritt an die Stelle der Dienstbezüge das Wartegeld, das Ruhegehalt oder der Unterhaltsbeitrag.

(2) Den Kindern eines verstorbenen weiblichen Beamten kann die oberste Dienstbehörde im Einvernehmen mit dem Reichsminister der Finanzen Sterbegeld gewähren.

§ 94.

Sind Hinterbliebene im Sinne des § 93 nicht vorhanden, so kann die oberste Dienstbehörde [71a]) oder die von ihr bestimmte Behörde ein Sterbegeld nach § 93 auf Antrag ganz oder teilweise bewilligen,

1. wenn der Verstorbene Verwandte der aufsteigenden Linie, Geschwister, Geschwisterkinder, Stiefkinder oder an Kindes Statt angenommene Kinder, deren Ernährer er ganz oder überwiegend gewesen ist, in bedürftiger Lage hinterlassen hat, oder
2. wenn der Nachlaß nicht ausreicht, um die Kosten der letzten Krankheit und der Bestattung zu decken.

§ 95.

(1) Das Sterbegeld wird beim Nachweis des Todes im voraus in einer Summe gezahlt. Liegen wichtige Gründe vor, so kann von der Auszahlung des Sterbegeldes in einer Summe abgesehen und eine andere Zahlungsart bestimmt werden.

(2) Die oberste Dienstbehörde bestimmt, an wen das Sterbegeld zu zahlen oder wie es unter mehrere Berechtigte zu verteilen ist. Sie kann diese Befugnis auf andere Behörden übertragen [71a]). Die Entscheidung ist endgültig.

§ 96.

(1) Das Sterbegeld kann weder abgetreten noch verpfändet noch gepfändet werden.

(2) Forderungen des Dienstherrn gegen den Verstorbenen aus Vorschuß- oder Darlehnsgewährungen sowie aus Überhebungen von Dienst-

---

[71]a) Vgl. RdErl. des RuPrMdI. v. 18. 3. 1937, 22. 4. 1937 u. 19. 6. 1937 (RMBliV. S. 465, 662 u. 996) betr. Festsetzung u. Regelung der Versorgungsbezüge für d. Pol. Beamten u. RdErl. des RFSS u. ChdDtPol. v. 22. 9. 1937 (RMBliV. S. 1574) betr. Festsetzung usw. für d. Beamten der Geh. Staatspolizei.

bezügen, Wartegeld, Ruhegehalt oder Unterhaltsbeitrag können angerechnet werden. Der Witwe und den Waisen muß jedoch ein Teilbetrag des Sterbegeldes belassen werden, der dem der Pfändung nicht unterliegenden Teil des Witwen- und Waisengeldes für diese drei Monate entsprechen würde.

c) Witwen- und Waisengeld.

§ 97.

(1) Die Witwe und die ehelichen Kinder eines Beamten, der zur Zeit seines Todes Ruhegehalt erhalten hätte, sowie die Witwe und die ehelichen Kinder eines Ruhestandsbeamten erhalten Witwen- und Waisengeld. Dies gilt nicht für die Hinterbliebenen weiblicher Beamter und nicht für die Ehefrau des verstorbenen Beamten, wenn bei dessen Tode die eheliche Gemeinschaft aufgehoben war (§§ 1575, 1587 des Bürgerlichen Gesetzbuchs).

(2) Den ehelichen Kindern stehen die vor der Beendigung des Beamtenverhältnisses für ehelich erklärten Kinder gleich.

(3) Den unehelichen und den nach Beendigung des Beamtenverhältnisses für ehelich erklärten Kindern eines verstorbenen männlichen Beamten kann die oberste Dienstbehörde bis zur Vollendung des achtzehnten Lebensjahres als Unterhaltsbeitrag den dem Beamten bei Lebzeiten gezahlten Kinderzuschlag gewähren.

(4) Den Kindern eines verstorbenen weiblichen Beamten oder Ruhestandsbeamten kann die oberste Dienstbehörde im Einvernehmen mit dem Reichsminister der Finanzen Waisengeld gewähren.

§ 98.

(1) Das Witwengeld beträgt sechzig vom Hundert des Ruhegehalts, das der Verstorbene erhalten hat oder das er erhalten hätte, wenn er am Todestage in den Ruhestand getreten wäre, höchstens jedoch fünfundvierzig vom Hundert der ruhegehaltfähigen Dienstbezüge.

(2) Das Witwengeld darf jedoch nicht hinter einem Drittel der niedrigsten ruhegehaltfähigen Dienstbezüge aus der untersten Besoldungsgruppe der Reichsbesoldungsordnung zurückbleiben und nicht fünfundvierzig vom Hundert der ruhegehaltfähigen Dienstbezüge aus der Besoldungsgruppe B 6 der Reichsbesoldungsordnung übersteigen.

(3) Auf die Berechnung des Witwengeldes ist ein Ruhen des Ruhegehalts (§§ 127, 128) ohne Einfluß.

§ 99.

(1) Das Waisengeld beträgt für jedes Kind, dessen Mutter noch lebt und zur Zeit des Todes des Verstorbenen zum Bezuge von Witwengeld berechtigt war, ein Fünftel und, wenn auch die Mutter nicht mehr lebt

oder zur Zeit des Todes des Verstorbenen nicht zum Bezuge von Witwengeld berechtigt war, ein Drittel des Witwengeldes.

(2) Das Waisengeld beträgt für jedes Kind eines weiblichen Beamten als Halbwaise höchstens zwölf vom Hundert, als Vollwaise höchstens zwanzig vom Hundert des Ruhegehalts, das die Verstorbene erhalten hat oder das sie erhalten hätte, wenn sie am Todestage in den Ruhestand getreten wäre. Der Berechnung darf jedoch höchstens ein Ruhegehalt von fünfundsiebenzig vom Hundert der ruhegehaltfähigen Dienstbezüge zugrunde gelegt werden.

§ 100.

(1) Witwen- und Waisengeld dürfen weder einzeln noch zusammen den Betrag des Ruhegehalts übersteigen, das der Verstorbene erhalten hat oder das er zu erhalten hätte, wenn er am Todestage in den Ruhestand getreten wäre. § 99 Abs. 2 Satz 2 gilt auch hier. Ergibt sich an Witwen- und Waisengeld zusammen ein höherer Betrag, so werden die einzelnen Sätze im gleichen Verhältnis gekürzt.

(2) Nach dem Ausscheiden eines Witwen- oder Waisengeldberechtigten erhöht sich das Witwen- oder Waisengeld der verbleibenden Berechtigten vom Beginn des folgenden Kalendermonats an insoweit, als sie nach Abs. 1 noch nicht die vollen Beträge nach den §§ 98, 99 erhalten.

§ 101.

(1) Kein Witwengeld erhält die Witwe, wenn die Ehe mit dem verstorbenen Beamten innerhalb dreier Monate vor seinem Ableben unter Umständen geschlossen worden ist, welche die Annahme rechtfertigen, daß mit der Heirat allein oder überwiegend der Zweck verfolgt worden ist, der Witwe den Bezug des Witwengeldes zu verschaffen.

(2) Kein Witwen- und Waisengeld erhalten die Witwe und die Kinder eines Beamten aus einer Ehe, die erst nach dem Eintritt des Beamten in den Ruhestand geschlossen worden ist. Das gleiche gilt für die Kinder eines weiblichen Beamten, die erst nach dem Eintritt des Beamten in den Ruhestand geboren sind. Die oberste Dienstbehörde kann jedoch im Einvernehmen mit dem Reichsminister der Finanzen Witwen- und Waisengeld in Grenzen der gesetzlichen Hinterbliebenenbezüge bewilligen. Die Bewilligung eines Witwengeldes ist ausgeschlossen, wenn die Witwe von zwei oder mehr volljüdischen Großelternteilen abstammt und die Ehe nach dem 1. Juli 1933 geschlossen ist.

§ 102.

(1) War die Ehe eines verstorbenen Beamten oder Ruhestandsbeamten geschieden und der Verstorbene allein für schuldig erklärt, so kann die oberste Dienstbehörde im Einvernehmen mit dem Reichsminister der Finanzen der früheren Ehefrau einen Unterhaltsbeitrag bis zur Höhe des gesetzlichen

Witwengeldes widerruflich bewilligen. Kommt ein Unterhaltsbeitrag neben gesetzlichen Hinterbliebenenbezügen in Frage, so darf durch seine Gewährung das Ruhegehalt des Verstorbenen nicht überschritten werden.

(2) Entsprechendes gilt, wenn beim Tode des Beamten die eheliche Gemeinschaft aufgehoben war (§§ 1575, 1587 des Bürgerlichen Gesetzbuchs).

§ 103.

Der Witwe und den Kindern eines Beamten auf Widerruf, dem gemäß § 76 Abs. 3 ein Unterhaltsbeitrag bewilligt worden ist oder hätte bewilligt werden können, kann die oberste Dienstbehörde im Einvernehmen mit dem Reichsminister der Finanzen die in den §§ 97 bis 102 vorgesehene Versorgung bis zur gesetzlichen Höhe als Unterhaltsbeitrag lebenslänglich oder auf Zeit bewilligen. Die oberste Dienstbehörde kann die Befugnis, eine auf Zeit bewilligte Versorgung auf begrenzte Zeit weiterzubewilligen, auf andere Behörden übertragen.

§ 104.

Dienstzeiten eines verstorbenen Beamten, die im Fall seiner Versetzung in den Ruhestand nach §§ 84, 85 als ruhegehaltfähig hätten berücksichtigt werden können, dürfen auch bei Bemessung des Witwen- und Waisengeldes oder eines Unterhaltsbeitrags nach § 103 durch die oberste Dienstbehörde im Einvernehmen mit dem Reichsminister der Finanzen berücksichtigt werden.

§ 105.

Die Zahlung des Witwen- und Waisengeldes und des Unterhaltsbeitrags nach § 103 beginnt mit Ablauf der Zeit, für die Sterbegeld gewährt ist; Waisen, die nach dem Tode ihres Vaters geboren sind, erhalten Waisengeld schon für den Geburtsmonat.

§ 106.

(1) Ist ein Beamter oder ein Ruhestandsbeamter, dessen Hinterbliebene nach §§ 97 bis 103 im Fall seines Todes Witwen- oder Waisengeld oder einen Unterhaltsbeitrag erhalten könnten, verschollen, so kann die oberste Dienstbehörde den Hinterbliebenen im Einvernehmen mit dem Reichsminister der Finanzen diese Bezüge auch schon vor der Todeserklärung gewähren, wenn das Ableben des Verschollenen mit Wahrscheinlichkeit anzunehmen ist. Den Tag, mit dem die Zahlung der Bezüge beginnt, bestimmt in diesem Fall die oberste Dienstbehörde; mit dem Beginn der Zahlung erlischt der Anspruch des Verschollenen auf Dienstbezüge, Wartegeld oder Ruhegehalt. Ist eine Witwe oder sind Waisen nicht vorhanden, so bestimmt die oberste Dienstbehörde den Tag, mit dem die Zahlung der Bezüge aufhört. Die Entscheidungen der obersten Dienstbehörde sind endgültig. §§ 92, 93 gelten hier nicht.

(2) Kehrt der Verschollene zurück, so lebt sein Anspruch auf Dienstbezüge, soweit nicht besondere Vorschriften entgegenstehen, sowie auf Wartegeld oder Ruhegehalt mit der Maßgabe wieder auf, daß die den Hinterbliebenen nach Abs. 1 zugesprochenen Bezüge anzurechnen sind.

3. Unfallfürsorge.

§ 107.

(1) Wird ein Beamter durch einen Dienstunfall verletzt, so wird ihm und seinen Hinterbliebenen Unfallfürsorge gewährt.

(2) Dienstunfall ist ein auf äußerer Einwirkung beruhendes plötzliches, örtlich und zeitlich bestimmbares, einen Körperschaden verursachendes Ereignis, das in Ausübung oder infolge des Dienstes eingetreten ist.

(3) Als Dienstunfall gilt es auch, wenn der Beamte außerhalb des Dienstes zur Vergeltung für ein dienstliches Vorgehen angegriffen wird und hierbei einen Körperschaden erleidet.

§ 108.

Die Unfallfürsorge besteht in

1. einem Heilverfahren für den Verletzten (§§ 109, 110),
2. einem Ruhegehalt, wenn infolge des Unfalls der Beamte dienstunfähig geworden ist und sein Beamtenverhältnis endet (§ 111),
3. einer Hinterbliebenenversorgung, wenn der Beamte infolge des Unfalls gestorben ist (§ 113).

Neben einer Versorgung nach Nr. 2 und 3 wird eine Versorgung nach den allgemeinen Vorschriften nicht gewährt.

§ 109.

Das Heilverfahren umfaßt die notwendige

1. ärztliche Behandlung,
2. Pflege,
3. Versorgung mit Arznei und anderen Heilmitteln, Ausstattung mit Körperersatzstücken, orthopädischen und anderen Hilfsmitteln, die den Erfolg der Heilbehandlung sichern oder die Folgen der Verletzung erleichtern sollen.

§ 110[72]).

Ist der Verletzte infolge des Unfalls so hilflos, daß er nicht ohne fremde Wartung und Pflege bestehen kann, so sind ihm bis zur Zahlung des Ruhegehalts die Kosten einer angenommenen notwendigen Pflegekraft zu erstatten, sofern nicht der Dienstherr selbst für die Pflege Sorge trägt.

---

[72]) Diese Bestimmung gilt nur für Verletzte, die infolge des Unfalls zwar hilflos geworden, aber noch nicht aus dem Beamtenverhältnis ausgeschieden sind. (Begr.)

§ 111.

(1) Das Ruhegehalt beträgt sechsundsechzigzweidrittel vom Hundert der ruhegehaltfähigen Dienstbezüge des Verletzten.

(2) Würde der Verletzte nach den allgemeinen Vorschriften bereits ein höheres Ruhegehalt als fünfundvierzig vom Hundert seiner ruhegehaltfähigen Dienstbezüge erhalten, so beträgt das Ruhegehalt nach Abs. 1 zwanzig vom Hundert mehr als das Ruhegehalt nach jenen Vorschriften, jedoch nicht über achtzig vom Hundert der ruhegehaltfähigen Dienstbezüge.

(3) Liegt der Bemessung des Ruhegehalts nicht mindestens ein Betrag zugrunde, der dem Eineinviertelfachen der niedrigsten ruhegehaltfähigen Dienstbezüge eines Beamten der untersten Besoldungsgruppe der Reichsbesoldungsordnung entspricht, so ist das Ruhegehalt aus diesem Betrage zu errechnen.

(4) Ist der Verletzte infolge des Unfalls so hilflos geworden, daß er nicht ohne fremde Wartung und Pflege bestehen kann, so kann zu dem Ruhegehalt für die Dauer dieser Hilflosigkeit ein Zuschlag bis zur Erreichung der ruhegehaltfähigen Dienstbezüge gewährt werden. Statt des besonderen Zuschlags sind dem Verletzten auf Antrag die Kosten zu erstatten, die ihm durch Annahme einer notwendigen Pflegekraft erwachsen; in diesem Fall kann der Dienstherr an Stelle des Zuschlags selbst für die Pflege Sorge tragen.

(5) Im übrigen gelten die allgemeinen Vorschriften über Ruhegehalt.

§ 112.

Bleiben die ruhegehaltfähigen Dienstbezüge eines Beamten auf Widerruf unter den ruhegehaltfähigen Dienstbezügen der Planstelle, in der ein solcher Beamter nach den bestehenden Grundsätzen[73]) zuerst angestellt werden kann, so ist dieser Betrag der Ruhegehaltsberechnung zugrunde zu legen. § 111 Abs. 2 bis 5 gelten sinngemäß.

§ 113.

(1) Die Hinterbliebenenversorgung besteht in

1. Sterbegeld (§ 114),
2. Witwengeld (§ 115),
3. Waisengeld (§ 116),
4. Unterhaltsbeitrag für Verwandte der aufsteigenden Linie (§ 117).

(2) Im übrigen gelten die allgemeinen Vorschriften für die Hinterbliebenenversorgung. Der Unterhaltsbeitrag (§ 117) ist hierbei wie ein Witwengeld zu behandeln.

---

[73]) Vgl. die Reichsgrundsätze über Einstellung, Anstellung und Beförderung der Reichs- und Landesbeamten v. 14. 10. 1936 — RGBl. I S. 893 — (abgedr. S. 170).

§ 114.

Als Sterbegeld ist für den auf den Sterbemonat folgenden Monat der Betrag der einmonatigen Dienstbezüge, des einmonatigen Wartegeldes, des einmonatigen Ruhegehalts oder des einmonatigen Unterhaltsbeitrags des Verstorbenen zu gewähren.

§ 115.

(1) Das Witwengeld beträgt zwanzig vom Hundert der ruhegehaltfähigen Dienstbezüge des Verstorbenen.

(2) Das Witwengeld kann bis auf vierzig vom Hundert erhöht werden, solange die Witwe durch Krankheit oder andere Gebrechen wenigstens die Hälfte ihrer Erwerbsfähigkeit verloren hat. Das Witwengeld kann erst erhöht werden, nachdem diese Beschränkung der Erwerbsfähigkeit drei Monate bestanden hat.

§ 116.

(1) Das Waisengeld beträgt für jedes eheliche Kind zwanzig vom Hundert der ruhegehaltfähigen Dienstbezüge des Verstorbenen. Den ehelichen Kindern stehen gleich

1. die für ehelich erklärten Kinder,
2. die elternlosen Enkel, die der Verstorbene zur Zeit seines Todes unentgeltlich unterhalten hat.

(2) Die Kinder eines weiblichen Beamten erhalten Waisengeld.

§ 117.

(1) Verwandten der aufsteigenden Linie, deren Lebensunterhalt ganz oder überwiegend durch den Verstorbenen bestritten wurde, ist für die Dauer der Bedürftigkeit ein Unterhaltsbeitrag zu gewähren. Dieser beträgt insgesamt zwanzig vom Hundert der ruhegehaltfähigen Dienstbezüge des Verstorbenen.

(2) Sind mehrere Berechtigte dieser Art vorhanden, so wird der Unterhaltsbeitrag den Eltern vor den Großeltern gewährt; an die Stelle eines verstorbenen Elternteils treten dessen Eltern.

§ 118.

(1) Wenn sich für einen Hinterbliebenen nach den allgemeinen Vorschriften für die Hinterbliebenenversorgung ein höherer Betrag an Sterbe-, Witwen- oder Waisengeld ergibt als nach §§ 114 bis 116, so erhält er den höheren Betrag.

(2) Der Gesamtbetrag der Hinterbliebenenversorgung darf den Betrag nicht überschreiten, den der Verstorbene auf Grund seines Unfalls als Ruhegehalt erhalten hat oder erhalten haben würde. § 99 Abs. 2 Satz 2 gilt auch hier.

(3) Der Zuschlag nach § 111 Abs. 4 bleibt hierbei außer Betracht.

§ 119.

Sind bei einem Dienstunfall Kleidungsstücke oder sonstige Gegenstände, die der Beamte mitgeführt hat, beschädigt oder zerstört worden, so kann dafür Ersatz geleistet werden; sind durch die erste Hilfeleistung nach dem Unfall besondere Kosten entstanden, so ist dem Beamten der nachweisbar notwendige Aufwand zu ersetzen.

§ 120.

Erhält ein Beamter, der infolge des Unfalls dienstunfähig geworden ist, nach den allgemeinen Vorschriften keine Versorgung, so kann ihm die oberste Dienstbehörde im Einvernehmen mit dem Reichsminister der Finanzen als Unfallfürsorge das Heilverfahren (§§ 109, 110) und ihm und seinen Hinterbliebenen widerruflich einen Unterhaltsbeitrag bis zur Hälfte der Beträge nach §§ 111 bis 118 gewähren. Der Unterhaltsbeitrag für einen Beamten ohne Dienstbezüge wird nach billigem Ermessen festgesetzt.

§ 121.

(1) Ist ein Beamter, der einen Dienstunfall erlitten hat, nach §§ 60, 61 aus dem Beamtenverhältnis entlassen, so erhält er neben dem Heilverfahren als Unterhaltsbeitrag für die Dauer der Erwerbsunfähigkeit, wenn er

1. völlig erwerbsunfähig ist, sechsundsechzigzweidrittel vom Hundert seiner ruhegehaltfähigen Dienstbezüge,
2. teilweise erwerbsunfähig ist, den Teil des unter Nr. 1 bezeichneten Unterhaltsbeitrags, der dem Maße der durch den Unfall herbeigeführten Einbuße an Erwerbsfähigkeit entspricht. Dabei bleibt eine Minderung der Erwerbsfähigkeit um weniger als fünfundzwanzig vom Hundert unberücksichtigt.

(2) Solange der Verletzte aus Anlaß des Unfalls tatsächlich und unverschuldet arbeitslos ist, kann ein nach Abs. 1 Nr. 2 gewährter Unterhaltsbeitrag bis zu sechsundsechzigzweidrittel vom Hundert der ruhegehaltfähigen Dienstbezüge gewährt werden.

(3) Die Hinterbliebenen der hiernach zu Versorgenden erhalten einen dem Witwen- und Waisengeld entsprechenden Unterhaltsbeitrag.

(4) § 111 Abs. 3 bis 5, § 112 Satz 1, § 118 gelten sinngemäß mit der Maßgabe, daß auch eine Erhöhung nach vorstehendem Abs. 2 bei Anwendung des § 118 außer Betracht bleibt.

§ 122.

(1) Die Unfallfürsorge wird nicht gewährt, wenn der Verletzte den Unfall entweder vorsätzlich oder grob fahrlässig herbeigeführt hat.

(2) Hat der Unfallverletzte eine die Heilbehandlung betreffende Anordnung ohne gesetzlichen oder sonst triftigen Grund nicht befolgt und wird

dadurch seine Dienst- oder Erwerbsfähigkeit ungünstig beeinflußt, so kann die Unfallfürsorge insoweit versagt werden. Der Unfallverletzte ist auf diese Folgen schriftlich hinzuweisen. Satz 1 gilt nicht für Operationen, die einen erheblichen Eingriff in die körperliche Unversehrtheit bedeuten.

(3) Hinterbliebenenversorgung wird nicht gewährt, wenn die Ehe erst nach dem Unfall geschlossen ist.

(4) In den Fällen der Abs. 1 und 3 kann die oberste Dienstbehörde im Einvernehmen mit dem Reichsminister der Finanzen beim Vorliegen besonderer Umstände eine Versorgung bis zur gesetzlichen Höhe bewilligen.

§ 123.

(1) Unfallfürsorgeansprüche auf Grund dieses Gesetzes sind innerhalb einer Ausschlußfrist von zwei Jahren nach dem Eintritt des Unfalls bei dem Dienstvorgesetzten des Verletzten anzumelden. Die Frist gilt auch dann als gewahrt, wenn die Ansprüche bei der für den Wohnort des Berechtigten zuständigen unteren Verwaltungsbehörde angemeldet sind. In diesem Fall ist die Anmeldung unverzüglich an die zuständige Stelle abzugeben und der Beteiligte davon zu benachrichtigen.

(2) Nach Ablauf der Ausschlußfrist ist der Anmeldung nur Folge zu geben, wenn seit dem Unfall noch nicht zehn Jahre vergangen sind und wenn gleichzeitig glaubhaft nachgewiesen wird, daß eine den Anspruch begründende Folge des Unfalls erst später bemerkbar geworden oder daß der Berechtigte von der Verfolgung seines Anspruchs durch außerhalb seines Willens liegende Umstände abgehalten worden ist. Die Anmeldung muß, nachdem eine Unfallfolge bemerkbar geworden oder das Hindernis für die Anmeldung weggefallen ist, innerhalb dreier Monate erfolgen. Die Unfallfürsorge wird in diesen Fällen frühestens vom Tage der Anmeldung ab gewährt.

(3) Der Dienstvorgesetzte hat jeden Unfall, der ihm von Amts wegen oder durch Anmeldung der Beteiligten bekannt wird, sofort zu untersuchen. Den Beteiligten ist Gelegenheit zu geben, ihre Belange bei der Untersuchung zu wahren.

§ 124.

(1) Aus Anlaß eines Dienstunfalls haben Ansprüche der Beamte nur in den Grenzen der §§ 107 bis 112 und 121 Abs. 1, 2 und 4, die Hinterbliebenen nur in den Grenzen der §§ 113 bis 118 und 121 Abs. 3. Sie haben sich wegen dieser Ansprüche an den für die Gewährung des Ruhegehalts zuständigen Dienstherrn auch dann zu halten, wenn sich der Unfall im Dienstbereich einer anderen öffentlichen Verwaltung ereignet hat.

(2) Weitergehende Ansprüche auf Grund allgemeiner gesetzlicher Vorschriften können gegen eine öffentliche Verwaltung oder ihre Bediensteten

nur dann geltend gemacht werden, wenn der Unfall durch eine vorsätzliche unerlaubte Handlung eines Bediensteten verursacht ist.

(3) Ersatzansprüche gegen andere Personen bleiben unberührt.

§ 125.

Die Ansprüche auf Erstattung der Kosten des Heilverfahrens (§ 109) und der Pflege (§§ 110, 111 Abs. 4) können weder abgetreten noch verpfändet noch gepfändet werden.

4. Gemeinsame Vorschriften für Wartegeld, Ruhegehalt, Witwen- und Waisengeld.

a) Festsetzung und Zahlung der Versorgungsbezüge.

§ 126.

(1) Die oberste Dienstbehörde setzt das Wartegeld, Ruhegehalt, Witwen- und Waisengeld fest und bestimmt, an wen das Witwen- und Waisengeld zu zahlen ist. Sie kann diese Befugnisse im Einvernehmen mit dem Reichsminister der Finanzen auf andere Behörden übertragen[74]).

(2) Die im Abs. 1 genannten Versorgungsbezüge sind für die gleichen Zeiträume zu zahlen wie die Dienstbezüge der Beamten.

(3) § 39 gilt sinngemäß.

b) Ruhen der Versorgungsbezüge.

§ 127.

(1) Ein Warte- oder Ruhestandsbeamter, der im öffentlichen Dienst verwendet wird, erhält seine Versorgungsbezüge nur insoweit, als das Einkommen aus der Verwendung hinter den für denselben Zeitraum bemessenen ruhegehaltfähigen Dienstbezügen zurückbleibt, aus denen die Versorgungsbezüge berechnet sind.

(2) Ein Witwen- oder Waisengeldberechtigter, der im öffentlichen Dienste verwendet wird, erhält sein Witwen- oder Waisengeld nur insoweit, als

1. das Einkommen der Witwe aus der Verwendung hinter fünfundsiebzig vom Hundert der für denselben Zeitraum bemessenen ruhegehaltfähigen Dienstbezüge zurückbleibt, aus denen das dem Witwengeld zugrunde liegende Ruhegehalt berechnet ist,
2. das Einkommen der Waise aus der Verwendung hinter vierzig vom Hundert der unter Nr. 1 bezeichneten Dienstbezüge zurückbleibt.

---

[74]) Vgl. AV. des RJM. v. 30. 6. 1937 (DJ. S. 1024) betr. Festsetzung und Regelung der Versorgungsbezüge. Vgl. auch die in Anm. 71a angeführten Erlasse.

(3) Bei Anwendung der Vorschriften der Abs. 1 und 2 sind örtlich abgestufte Einkommensteile mit den für den Ort der Verwendung maßgebenden Sätzen und etwaige Zuschläge nach dem Familienstand und den Sätzen zur Zeit der Verwendung zu berücksichtigen. Dienstaufwandsgelder und Auslandszulagen sind außer Betracht zu lassen. Welche Einkommensteile als Dienstaufwandsgelder anzusehen sind, entscheidet auf Antrag der Reichsminister der Finanzen endgültig.

(4) Verwendung im öffentlichen Dienst im Sinne der Abs. 1 und 2 ist jede Beschäftigung im Dienste des Reichs oder anderer Körperschaften, Anstalten und Stiftungen des öffentlichen Rechts oder der Verbände von solchen. Ihr steht gleich die Beschäftigung mit einem Einkommen von mehr als 300 *RM* monatlich bei Vereinigungen, Einrichtungen und Unternehmungen, deren gesamtes Kapital (Grundkapital, Stammkapital) sich in öffentlicher Hand befindet; ob die Voraussetzungen zutreffen, entscheidet auf Antrag der Behörde oder des Versorgungsberechtigten der Reichsminister der Finanzen endgültig.

(5) Die Beschäftigung im Dienst der Nationalsozialistischen Deutschen Arbeiterpartei oder ihrer Gliederungen gilt nicht als Verwendung im öffentlichen Dienst.

§ 128.

(1) Ruhegehalt, Witwen- und Waisengeld ruhen, solange der Versorgungsberechtigte

1. nicht deutscher Staatsangehöriger ist — die oberste Dienstbehörde kann Ausnahmen zulassen — oder
2. ohne Zustimmung der obersten Dienstbehörde seinen Wohnsitz oder dauernden Aufenthalt außerhalb des Deutschen Reichs hat[75]).

§ 52 Abs. 2 gilt sinngemäß.

(2) Haben die Versorgungsbezüge nach Abs. 1 Nr. 2 länger als drei Jahre geruht, so können sie dem Versorgungsberechtigten durch den zuständigen Reichsminister entzogen werden. Die Entscheidung ist endgültig.

c) Zusammentreffen mehrerer Versorgungsbezüge.

§ 129.

(1) Erhält ein Wartestandsbeamter aus einer Verwendung im öffentlichen Dienst (§ 127 Abs. 4) ein Wartegeld, ein Ruhegehalt oder eine ruhegehaltähnliche Versorgung, so ist daneben sein früheres Wartegeld nur bis zur Erreichung des Betrags zu zahlen, der sich unter Zugrundelegung der gesamten ruhegehaltfähigen Dienstzeit aus den der Festsetzung des früheren Wartegeldes zugrunde gelegten ruhegehaltfähigen Dienstbezügen als Wartegeld ergibt.

---

[75]) Vgl. Erl. des RMdF. v. 8. 4. 1937, 9. 4. 1937 und 11. 6. 1937 (RHuBB. S. 173, 174 u. 197).

(2) Erhält ein Ruhestandsbeamter aus einer Verwendung im öffentlichen Dienst (§ 127 Abs. 4) ein Wartegeld, ein Ruhegehalt oder eine ruhegehaltähnliche Versorgung, so ist daneben sein früheres Ruhegehalt nur bis zur Erreichung des Betrags zu zahlen, der sich unter Zugrundelegung der gesamten ruhegehaltfähigen Dienstzeit aus den der Festsetzung des früheren Ruhegehalts zugrunde gelegten ruhegehaltfähigen Dienstbezügen als Ruhegehalt ergibt.

(3) § 127 Abs. 3 gilt sinngemäß.

§ 130.

Erhält ein Witwen- oder Waisengeldberechtigter aus einer Verwendung des verstorbenen Beamten im öffentlichen Dienst (§ 127 Abs. 4) eine Versorgung, so ist daneben das frühere Witwen- und Waisengeld nur bis zur Erreichung des Betrags zu zahlen, der sich nach den Vorschriften dieses Gesetzes aus dem Ruhegehalt, das dem Verstorbenen nach § 129 zu zahlen gewesen ist oder zu zahlen gewesen wäre, als Witwen- und Waisengeld ergibt.

§ 131.

Erhält eine Witwe, die vor ihrem Witwenstand oder während desselben im öffentlichen Dienste (§ 127 Abs. 4) verwendet war, ein Wartegeld, ein Ruhegehalt oder eine ruhegehaltähnliche Versorgung, so ist daneben das Witwengeld nur bis zur Erreichung von sechzig vom Hundert der ruhegehaltfähigen Dienstbezüge, aus denen das ihm zugrunde liegende Ruhegehalt berechnet ist, oder, wenn es für die Witwe günstiger ist, bis zur Erreichung des Ruhegehalts zu zahlen, das dem Witwengeld zugrunde liegt.

d) Erlöschen der Versorgungsbezüge.

§ 132.

(1) Ein Ruhestandsbeamter, gegen den wegen einer vor Eintritt in den Ruhestand begangenen Tat auf eine Strafe erkannt wird, die nach § 53 das Ausscheiden aus dem Beamtenverhältnis zur Folge hat, oder der wegen eines nach Eintritt in den Ruhestand begangenen Hoch- oder Landesverrats oder einer sonst mit dem Tode bedrohten Handlung zum Tode oder zu Zuchthaus oder wegen einer anderen vorsätzlichen hoch- oder landesverräterischen Handlung zu Gefängnis verurteilt wird, verliert mit der Rechtskraft des Urteils den Anspruch auf Ruhegehalt und Hinterbliebenenversorgung; er darf die Amtsbezeichnung und die im Zusammenhang mit dem Amte verliehenen Titel nicht führen und die Uniform nicht tragen. §§ 54, 55 gelten sinngemäß.

(2) Dieselben Folgen treten ein, wenn der Ruhestandsbeamte das Reichsbürgerrecht verliert oder ihm die deutsche Staatsangehörigkeit aberkannt ist.

§ 133.

(1) Das Witwen- und Waisengeld erlischt

1. für jeden Berechtigten mit Ende des Monats, in dem er sich verheiratet oder stirbt,
2. für jede Waise außerdem mit Ende des Monats, in dem sie das achtzehnte Lebensjahr vollendet,
3. für jeden Berechtigten, der wegen Hoch- oder Landesverrats oder einer sonst mit dem Tode bedrohten Handlung zum Tode oder zu Zuchthaus oder wegen einer anderen vorsätzlichen hoch- oder landesverräterischen Handlung zu Gefängnis verurteilt wird, mit der Rechtskraft des Urteils. §§ 54, 55 gelten sinngemäß,
4. für jeden Berechtigten, der das Reichsbürgerrecht verliert oder dem die deutsche Staatsangehörigkeit aberkannt ist.

(2) Das Waisengeld kann nach Vollendung des achtzehnten Lebensjahres weiter gewährt werden für eine ledige Waise,

1. die sich in der Schul- oder Berufsausbildung befindet, bis zum vollendeten vierundzwanzigsten Lebensjahr,
2. die infolge körperlicher oder geistiger Gebrechen dauernd außerstande ist, sich selbst zu unterhalten.

Im Fall der Unterbrechung der Schul- oder Berufsausbildung durch Erfüllung der gesetzlichen Arbeits- oder Wehrdienstpflicht kann das Waisengeld auch für einen der Zeit dieses Dienstes entsprechenden Zeitraum über das vierundzwanzigste Lebensjahr hinaus gewährt werden.

(3) Hat eine witwengeldberechtigte Witwe sich wieder verheiratet und stirbt der Ehemann, so kann nach dessen Tode der Witwe, falls sie keinen neuen Versorgungsanspruch erworben hat, ein Unterhaltsbeitrag bis zur Höhe des bei ihrer Wiederverheiratung erloschenen Witwengeldes auf Zeit oder Dauer widerruflich gewährt werden.

(4) Die nach Abs. 2 und 3 zulässigen Bewilligungen erfolgen durch die oberste Dienstbehörde im Einvernehmen mit dem Reichsminister der Finanzen.

c) Anzeigepflicht.

§ 134.

Die Beschäftigungsstelle (§§ 127, 129 bis 131) hat der Regelungsbehörde oder der die Versorgung zahlenden Kasse jede Verwendung eines Versorgungsberechtigten unter Angabe der gewährten Bezüge, ebenso jede spätere Änderung oder das Aufhören der Bezüge sowie die Gewährung einer Versorgung unverzüglich anzuzeigen.

§ 135.

(1) Der Wartestandsbeamte ist verpflichtet, seinem Dienstvorgesetzten und der das Wartegeld zahlenden Kasse den Bezug eines Einkommens (§ 127) und einer Versorgung (§ 129) aus einer Verwendung im öffentlichen Dienst unverzüglich anzuzeigen.

(2) Der Ruhestandsbeamte, Witwen- und Waisengeldberechtigte ist verpflichtet, der Regelungsbehörde oder der die Versorgung zahlenden Kasse

1. den Verlust der deutschen Staatsangehörigkeit (§ 128 Abs. 1 Nr. 1),
2. die Verlegung des Wohnsitzes oder dauernden Aufenthalts nach einem Orte außerhalb des Deutschen Reichs (§ 128 Abs. 1 Nr. 2),
3. den Bezug eines Einkommens (§ 127) oder einer Versorgung (§§ 129 bis 131) aus einer Verwendung im öffentlichen Dienst, der Witwen- und Waisengeldberechtigte auch die Verheiratung (§ 133 Abs. 1 Nr. 1)

unverzüglich anzuzeigen.

(3) Kommt ein Versorgungsberechtigter der ihm im Abs. 1 und Abs. 2 Nr. 3 auferlegten Verpflichtung nicht nach oder gibt er sein Einkommen vorsätzlich oder grob fahrlässig zu niedrig an, so kann ihm die Versorgung ganz oder teilweise auf Zeit oder Dauer entzogen werden. Auf Einspruch des Versorgungsberechtigten entscheidet die Dienststrafkammer des Bezirks, in dem er seinen Wohnsitz hat, durch Beschluß endgültig. Beim Vorliegen besonderer Verhältnisse kann die Versorgung ganz oder teilweise wieder zuerkannt werden. Zuständig ist für die Entscheidung nach Satz 1 die zur Einleitung des förmlichen Dienststrafverfahrens befugte Behörde, für die Entscheidung nach Satz 3 die oberste Dienstbehörde im Einvernehmen mit dem Reichsminister der Finanzen.

5. Versorgungsrechtliche Sondervorschriften.

§ 136.

(1) Die oberste Dienstbehörde kann Witwen und Waisen die Versorgungsbezüge jeweils bis zur Dauer von zwei Jahren entziehen, wenn sie sich staatsfeindlich betätigt haben.

(2) Die diese Maßnahme rechtfertigenden Tatsachen sind in einem Untersuchungsverfahren festzustellen, in dem die eidliche Vernehmung von Zeugen und Sachverständigen zulässig und der Versorgungsberechtigte zu hören ist.

(3) Ist gegen eine Witwe oder Waise ein Strafverfahren wegen staatsfeindlicher Betätigung eingeleitet worden, so ist die Maßnahme bis zur rechtskräftigen Beendigung des Strafverfahrens auszusetzen. Die oberste Dienstbehörde kann anordnen, daß bis zu diesem Zeitpunkt ein Teil, höchstens ein Drittel der Versorgungsbezüge einbehalten wird. Nach rechtskräftiger

Beendigung des Strafverfahrens ist dann die Entziehung nur insoweit zulässig, als die zu entziehenden Versorgungsbezüge die einbehaltenen Beträge übersteigen.

(4) Die Entscheidung der obersten Dienstbehörde ist endgültig.

§ 137.

(1) Die gemeinsamen Vorschriften der §§ 126 bis 136 gelten sinngemäß auch für die sonstigen Versorgungsbezüge und Bezugsberechtigten.

(2) Dabei gelten

1. Unterhaltsbeitrag nach §§ 54, 76 Abs. 3, § 120 (für den Beamten), § 121 Abs. 1, 2 und 4, §§ 132, 149 Abs. 3 Satz 1 als Ruhegehalt,
2. Unterhaltsbeitrag nach §§ 103, 120 (für die Hinterbliebenen), § 121 Abs. 3, § 149 Abs. 3 Satz 2 als Witwen- oder Waisengeld,
3. Unterhaltsbeitrag nach §§ 54, 102, 117, 133 Abs. 1 Nr. 3, Abs. 3 als Witwengeld,
4. Unterhaltsbeitrag nach §§ 54, 97 Abs. 3, § 133 Abs. 1 Nr. 3 als Waisengeld.

(3) Ferner gelten

1. die Bezüge der entpflichteten[76]) Beamten als Ruhegehalt,
2. die Bezüge der unter Belassung des vollen Gehalts vom Amt enthobenen Beamten als Wartegeld[77]).

§ 138.

Werden für die Handhabung der Vorschriften des Abschnitts VIII allgemeine Richtlinien aufgestellt, so kann ihre Durchführung auf andere Dienstbehörden übertragen werden.

§ 139.

Steht Personen, die nach Vorschriften dieses Gesetzes versorgungsberechtigt sind, infolge eines Ereignisses, das den Dienstherrn zur Gewährung oder Erhöhung von Versorgungsbezügen verpflichtet, gegen Dritte ein gesetzlicher Schadensersatzanspruch zu, so geht dieser Anspruch im Umfange dieser Versorgungsbezüge auf den Dienstherrn über. Dies gilt nicht für Ansprüche, die wegen eines Schadens bestehen, der nicht Vermögensschaden ist[78]). Der Übergang des Anspruchs kann nicht zum Nachteil des Versorgungsberechtigten geltend gemacht werden.

§ 140.

Werden Versorgungsberechtigte im öffentlichen Dienst (§ 127 Abs. 4) verwendet, so sind ihre Bezüge aus dieser Beschäftigung ohne Rücksicht

[76]) Die Entpflichtung ist bei den Hochschullehrern möglich (Ges. v. 21. 1. 1935 — RGBl. I S. 23 —).

[77]) Z. B. die auf Grund von § 8 Abs. 3 GVG. von ihrem Amt enthobenen Richter.

[78]) Z. B. Schmerzensgeld nach § 847 BGB.

auf die Versorgungsbezüge zu bemessen. Das gleiche gilt für eine auf Grund der Beschäftigung zu gewährende Versorgung.

§ 141.

(1) Eine Versorgung nach diesem Gesetz entspricht den Erfordernissen in § 1234 der Reichsversicherungsordnung, § 11 des Angestelltenversicherungsgesetzes und § 29 des Reichsknappschaftsgesetzes.

(2) Die Nachentrichtung von Beiträgen nach § 1242a der Reichsversicherungsordnung, § 18 des Angestelltenversicherungsgesetzes und § 29 des Reichsknappschaftsgesetzes unterbleibt, wenn eine lebenslängliche Versorgung nach diesem Gesetz gewährt wird, oder wenn das Beamtenverhältnis endet infolge

1. Nichtigkeit der Ernennung (§ 32),
2. Entfernung aus dem Dienst (§ 50 Abs. 1 Nr. 4),
3. Ausscheidens nach §§ 51 bis 53 oder
4. Entlassung nach § 63.

Für einen nach § 63 entlassenen weiblichen Beamten lebt die Pflicht zur Nachentrichtung der Beiträge auf, wenn die Ehe gelöst wird, ohne daß die Ehefrau eine der Reichsversicherung entsprechende Leistung erhält oder erhalten hat und die Ehefrau wiederum eine versicherungspflichtige Beschäftigung aufnimmt. Werden Beiträge nachentrichtet, so gilt die Zeit vom Ausscheiden aus der versicherungsfreien Beschäftigung bis zum Eintritt in die versicherungspflichtige Beschäftigung als Ersatzzeit für die Aufrechterhaltung der Anwartschaft.

(3) Wird ein Unterhaltsbeitrag nach § 76 Abs. 3 auf Zeit bewilligt, so wird die Nachentrichtung der Beiträge zur Reichsversicherung bis zum Ablauf dieser Zeit aufgeschoben. Werden diese Beiträge nach Wegfall des Unterhaltsbeitrags nachentrichtet, so gilt die Zeit seiner Bewilligung als Ersatzzeit für die Aufrechterhaltung der Anwartschaft.

(4) Die Nachentrichtung der Beiträge zur Reichsversicherung für Verletzte, die einen Unterhaltsbeitrag nach § 121 erhalten, regelt der Reichsarbeitsminister im Einvernehmen mit dem Reichsminister der Finanzen.

Abschnitt IX.

Rechtsweg wegen vermögensrechtlicher Ansprüche.

§ 142.

(1) Vermögensrechtliche Ansprüche des Beamten, des Ruhestandsbeamten und der Hinterbliebenen aus dem Beamtenverhältnis werden durch Klage vor den Verwaltungsgerichten geltend gemacht[79]).

[79]) Da das Reichsverwaltungsgericht noch nicht errichtet ist, sind z. Zt. noch die ordentlichen Gerichte zuständig (§ 182). Vgl. Art. 129 RV., §§ 149 ff. Reichsbeamtenges. v. 17. 5. 1907 (RGBl. I S. 245); Gesetz betr. die Erweiterung des Rechtsweges v. 24. 5. 1861 (GS. S. 242), § 7 des preuß. Kommunalbeamtenges. v. 30. 7. 1899 (GS. S. 141).

(2) Für Ansprüche des Dienstherrn aus dem Beamtenverhältnis gilt das gleiche. Ansprüche gegen Beamte der Justizverwaltung aus Amtspflichtverletzungen, die sie in oder bei Ausübung der Rechtspflege begangen haben, werden vor den ordentlichen Gerichten geltend gemacht.

§ 143.

(1) Die Klage nach § 142 Abs. 1 ist erst zulässig, wenn die oberste Dienstbehörde den Anspruch abgelehnt hat oder wenn sie innerhalb von sechs Monaten, nachdem ihr der Antrag zugegangen ist, nicht entschieden hat. Die Klage muß bei Verlust des Klagerechts innerhalb von sechs Monaten nach Bekanntgabe der Entscheidung oder nach Ablauf der für diese bestimmten Frist erhoben werden.

(2) Ein Bescheid nach §§ 126 bis 133 gilt als Entscheidung im Sinne des Abs. 1. Die Klage muß bei Verlust des Klagerechts innerhalb von sechs Monaten nach Zustellung des Bescheides erhoben werden. Hat eine nachgeordnete Behörde den Bescheid erteilt, so kann der Anspruch auch innerhalb von sechs Monaten nach Zustellung des Bescheides im Beschwerdewege bei der obersten Dienstbehörde geltend gemacht werden; in diesem Fall gilt Abs. 1.

§ 144.

Der Dienstherr wird durch die oberste Dienstbehörde vertreten, der der Beamte untersteht oder bei der Beendigung des Beamtenverhältnisses unterstanden hat; bei Ansprüchen nach §§ 127 bis 133 wird der Dienstherr durch die oberste Dienstbehörde vertreten, der die Regelungsbehörde untersteht. Besteht die Dienstbehörde nicht mehr, und ist eine Rechtsnachfolgerin nicht bestimmt, so tritt an ihre Stelle der Reichsminister der Finanzen. Die oberste Dienstbehörde kann die Vertretung durch eine allgemeine Anordnung anderen Behörden übertragen[80]). Die Anordnung ist im Ministerialblatt des Reichsministeriums des Innern bekanntzumachen.

§ 145.

(1) Für die Klage ist das Verwaltungsgericht[81]) zuständig, in dessen Bezirk die zur Vertretung des Dienstherrn befugte Behörde ihren Sitz hat.

(2) Für die Entscheidung im letzten Rechtszuge ist das Reichsverwaltungsgericht zuständig.

§ 146.

Die Entscheidungen der Verwaltungsbehörden darüber, ob und von welchem Zeitpunkt ab das Beamtenverhältnis endet oder der Beamte in

---

[80]) Vgl. hinsichtlich der Reichsjustizverwaltung Anordnung des RJM. v. 22. 6. 1937 (RMBliV. S. 1045); hins. des Geschäftsbereichs der Deutschen Reichspost Anordnung des RPM. v. 21. 8. 1937 (RMBliV. S. 1557); für Preußen RdErl. des PrFM. v. 9. 8. 1937 (PrBB. S. 171).

[81]) Berichtigung RGBl. I 1937 S. 186.

den **Wartestand** zu versetzen ist, sind für die Beurteilung der vor dem Gericht geltend gemachten vermögensrechtlichen Ansprüche bindend. Gleiches gilt für die Entscheidungen der Dienststrafgerichte sowie für die Entscheidungen, die in diesem Gesetz für endgültig erklärt worden sind.

§ 147.

(1) Wird ein Anspruch wegen Verletzung einer Amtspflicht vor den ordentlichen Gerichten geltend gemacht, so kann die oberste Dienstbehörde oder die von ihr bestimmte Behörde Einspruch einlegen, wenn sie der Auffassung ist, daß keine Verletzung einer Amtspflicht vorliegt. Legt die Behörde Einspruch ein, so hat sie unverzüglich eine Entscheidung des Reichsverwaltungsgerichts über den Einspruch herbeizuführen. Hält das Reichsverwaltungsgericht die Verletzung einer Amtspflicht nicht für vorliegend, so spricht es dies mit bindender Wirkung für das ordentliche Gericht aus. Anderenfalls überläßt es die Entscheidung über das Vorliegen einer Verletzung der Amtspflicht dem ordentlichen Gericht.

(2) Die Vorschrift des Abs. 1 gilt auch, wenn ein Anspruch wegen Verletzung einer Amtspflicht auf das Verhalten einer Person gestützt wird, die nicht Beamter im Sinne dieses Gesetzes ist.

(3) Die Vorschrift findet keine Anwendung bei Amtspflichtverletzungen von Beamten der Justizverwaltung, die sie in oder bei Ausübung der Rechtspflege begangen haben.

Abschnitt X.

Voraussetzungen für die Einrichtung von Amtsstellen.

§ 148[82]).

(1) Stellen für Beamte dürfen nur eingerichtet werden, soweit sie die Wahrnehmung obrigkeitlicher Aufgaben in sich schließen oder aus Gründen der Staatssicherheit nicht von Angestellten oder Arbeitern versehen werden dürfen; ohne diese Voraussetzungen sind Stellen für Beamte einzurichten, soweit es der Reichsminister des Innern mit Zustimmung des Reichsministers der Finanzen zur Unterbringung von Versorgungsanwärtern bestimmt. Als obrigkeitliche Aufgabe gilt insbesondere nicht eine Tätigkeit, die sich ihrer Art nach von solchen des allgemeinen Wirtschaftslebens nicht unterscheidet, sowie eine Tätigkeit im Verwaltungsdienste, die sich in mechanischen Hilfeleistungen, im Schreibdienst und in einfachen Büroarbeiten erschöpft.

(2) Andere Körperschaften des öffentlichen Rechts als Gebietskörperschaften, ferner Anstalten und Stiftungen des öffentlichen Rechts dürfen

[82]) Von Bedeutung für die Auslegung ist noch der zu Kap. I § 1 des Ges v. 30. 6. 1933 ergangene RdErl. des RuPrMdJ. v. 26. 2. 1935 (MBliV. S. 289).

neue Stellen für Beamte nur einrichten, wenn der zuständige Reichsminister im Einvernehmen mit dem Reichsminister der Finanzen ihnen hierzu seine Zustimmung erteilt hat.

(3) Beamte im Vorbereitungsdienst dürfen auch eingestellt werden, wenn Amtsstellen für sie nicht bestehen.

(4) Als Planstellen dürfen Amtsstellen nach Abs. 1 Satz 1 nur eingerichtet werden, wenn sie dauernd erforderlich sind.

Abschnitt XI.

Ehrenbeamte.

§ 149.

(1) Wer mit ehrenamtlicher Tätigkeit betraut wird, ist Beamter, wenn ihm eine Urkunde ausgehändigt worden ist, in der die Worte „unter Berufung in das Beamtenverhältnis als Ehrenbeamter" enthalten sind[83]).

(2) Für Ehrenbeamte gelten die Vorschriften dieses Gesetzes mit Ausnahme von § 10 Abs. 2 und 3, §§ 11, 14 (Nebenbeschäftigung), § 16 (Arbeitszeit), § 19 (Wohnung), § 28 Abs. 2 Nr. 1 (Lebensalter), § 29 Abs. 3 (Wiederübernahme eines Amts), § 35 (Versetzung), §§ 38, 39 (Dienstbezüge), §§ 43 bis 49 (Wartestand), § 60 (Entlassung auf Antrag), §§ 63 bis 65 (Verheiratung weiblicher Beamter) und des Abschnitts VIII (Versorgung). Wenn die Voraussetzungen für die Versetzung in den Wartestand oder Ruhestand gegeben sind, ist der Ehrenbeamte zu verabschieden. Im Fall des § 33 Abs. 2 kann der zuständige Reichsminister seine Befugnisse für Gruppen von Ehrenbeamten auf andere Behörden übertragen.

(3) Erleidet der Ehrenbeamte einen Dienstunfall im Sinne des § 107, so kann ihm außer dem Heilverfahren (§ 109) von der obersten Dienstbehörde im Einvernehmen mit dem Reichsminister der Finanzen ein nach billigem Ermessen festzusetzender Unterhaltsbeitrag widerruflich gewährt werden. Ein Unterhaltsbeitrag kann auch seinen Hinterbliebenen widerruflich gewährt werden.

(4) Im übrigen richten sich die Rechtsverhältnisse der Ehrenbeamten nach den besonderen für die einzelnen Gruppen von Ehrenbeamten maßgebenden Vorschriften[84]).

§ 150.

Die Wahlkonsuln sind Ehrenbeamte auf Widerruf. Ihre Rechtsverhältnisse regelt der Reichsminister des Auswärtigen im Einvernehmen mit dem Reichsminister des Innern durch Verordnung[85]).

---

[83]) Z. B. Gemeinderäte. Schöffen sind keine Ehrenbeamten.

[84]) Z. B. §§ 22—28 und 44 Abs. 3 DGO. für ehrenamtliche Bürgermeister u. Beigeordnete; §§ 48 ff. DGO. für Gemeinderäte.

[85]) Vgl. VO. über die Rechtsverhältnisse der Wahlkonsuln v. 8. 7. 1937 (RGBl. I S. 764).

Abschnitt XII.
Besonderheiten für mittelbare Reichsbeamte.

§ 151[86])[86a]).

(1) Ist Dienstherr eines Beamten eine der staatlichen Aufsicht unterstellte Körperschaft, Anstalt oder Stiftung des öffentlichen Rechts, so kann die oberste Aufsichtsbehörde erforderlichenfalls im Einvernehmen mit dem Reichsminister der Finanzen in denjenigen Fällen, in denen nach diesem Gesetz die oberste Dienstbehörde die Entscheidung hat, sich diese Entscheidung vorbehalten oder die Entscheidung von ihrer vorherigen Genehmigung abhängig machen; auch kann sie verbindliche Grundsätze für die Entscheidung aufstellen. Sie kann diese Rechte auf nachgeordnete Aufsichtsbehörden übertragen.

(2) Hat ein Beamter keinen Dienstvorgesetzten, so bestimmt die oberste Aufsichtsbehörde, wer die nach diesem Gesetz dem Dienstvorgesetzten übertragenen Zuständigkeiten wahrnimmt.

(3) Unberührt bleiben die Vorschriften über eine vorzeitige Beendigung der Amtszeit der Beamten auf Zeit und über die damit verbundenen Rechtsfolgen[87]).

(4) Unberührt bleiben ferner Vorschriften, die anderen Stellen bei der Ernennung und Entlassung von Beamten Rechte einräumen[88]).

(5) Genehmigte statutarische Vorschriften stehen gesetzlichen Vorschriften im Sinne des § 29 Abs. 1 gleich.

(6) Für öffentlich-rechtliche Körperschaften, die nicht Gebietskörperschaften sind und Behörden nicht besitzen, tritt für die in diesem Gesetz einer Behörde übertragenen oder zu übertragenden Zuständigkeiten die zuständige Verwaltungsstelle.

§ 152[86]).

Für die mittelbaren Reichsbeamten, die Beamte der Gebietskörperschaften sind, kann der Reichsminister des Innern, in Besoldungs- und Versorgungsangelegenheiten mit Zustimmung des Reichsministers der Finanzen, übergangsweise im Verordnungswege die Weitergeltung von Vorschriften des Landesrechts anordnen oder zulassen; auch kann er diese im Verordnungswege an den neuen Rechtszustand angleichen.

---

[86]) Vgl. Durchführungsverordn. zum DBG. für die Kommunalbeamten v. 2. 7. 1937 — RGBl. I S. 729 — (abgedr. S. 126).

[86a]) Vgl. Erl. des RWM. v. 12. 7. u. 19. 8. 1937 (MBlWi. S. 159 u. 184).

[87]) Vgl. § 45 DGC. u. §§ 18 u. 19 der 1. DVO. zur DGO. (abgedr. S. 130).

[88]) Hierbei ist an Vorschriften der verschiedensten Art gedacht, z. B. an solche über die gesetzlich geregelte Mitwirkung des Staates oder der Partei bei der Besetzung von Stellen im Gemeindedienst, ebenso auch an gesetzliche Vorschriften über die Mitwirkung der Gemeinden bei der Besetzung von Lehrerstellen oder an satzungsgemäße Vorschriften über die Mitwirkung von Gemeinden oder Gemeindeverbänden bei der Besetzung von Stellen in anderen Körperschaften des öffentlichen Rechts. Vgl. z. B. §§ 41, 45, 51 und 54 DGO. (Mitwirkung des Beauftragten der NSDAP. bei der Berufung der Bürgermeister u. Beigeordneten).

§ 153.

(1) Die Reichsbank[89]) und die Deutsche Reichsbahn[90]) sind ermächtigt, diesem Gesetz entsprechende Vorschriften zu erlassen.

(2) Die Beamten der Reichsbank und der Deutschen Reichsbahn haben die Stellung von mittelbaren Reichsbeamten. Bei der Anwendung des § 81 gilt ihr Dienst als mittelbarer Reichsdienst. Die Vorschriften des Abschnitt IX über den Rechtsweg wegen vermögensrechtlicher Ansprüche gelten für sie.

§ 154.

Die Vorschriften für die Nationalsozialistische Deutsche Arbeiterpartei als Körperschaft des öffentlichen Rechts erläßt der Führer[91]).

§ 155[86a]).

Für Beamte von Körperschaften, Anstalten und Stiftungen des öffentlichen Rechts, die nicht unter §§ 152 bis 154 fallen, kann der zuständige Reichsminister im Einvernehmen mit dem Reichsminister des Innern und erforderlichenfalls mit dem Reichsminister der Finanzen Ausnahmen von den Vorschriften dieses Gesetzes zulassen oder anordnen.

Abschnitt XIII.

Reichsminister[92]).

§ 156.

(1) Die Reichsminister werden vom Führer und Reichskanzler ernannt; sie stehen zum Führer und zum Reich in einem öffentlich-rechtlichen Amtsverhältnis.

---

[89]) Es gilt das auf Grund des § 9 des Bankgesetzes v. 30. 8. 1924 (RGBl. II S. 235) in der Fassung der Gesetze v. 8. 7. 1926 (RGBl. II S. 355), 13. 3. 1930 (RGBl. II S. 355), des Kap. I 6. Teil der VO. v. 1. 12. 1930 (RGB. I S. 517, 591) sowie der Ges. v. 27. 10. 1933 (RGBl. II S. 827) und 10. 2. 1937 (RGBl. II S. 47) vom Reichsbankdirektorium erlassene Statut, das den Reichsbankbeamten die Rechte der Reichsbeamten zu wahren und ihnen die Pflichten der Reichsbeamten aufzuerlegen hatte. Abweichungen vom Reichsbeamtenrecht sind nur insoweit zulässig als es zur Aufrechterhaltung eines geordneten und leistungsfähigen Bankbetriebes notwendig ist.

[90]) § 153 ist hinsichtlich der Reichsbahnbeamten durch Art. 2 des Ges. zur Neuregelung der Verhältnisse der Reichsbank und der deutschen Reichsbahn v. 10. 2. 1937 (RGBl. II S. 47) überholt. Die Reichsbahnbeamten sind danach jetzt unmittelbare Reichsbeamte.

[91]) Vgl. Ges. zur Sicherung der Einheit von Partei und Staat v. 1. 12. 1933 (RGBl. I S. 1016)/3. 7. 1934 (RGBl. I S. 529); DVO. v. 29. 3. 1935 (RGBl. I S. 502).

[92]) S. auch Reichsministergesetz v. 27. 3. 1930 (RGBl. I S. 96) in der Fassung des Kap. V 3. Teil der VO. v. 6. 10. 1931 (RGBl. I S. 537, 546), des § 12 des Gesetzes v. 7. 4. 1933 (RGBl. I S. 175), der §§ 31 u. 72 des Gesetzes v. 30. 6. 1933 (RGBl. I S. 433), des Gesetzes v. 16. 10. 1934 (RGBl. I S. 973) und des Gesetzes v. 21. 5. 1935 (RGBl. I S. 681). Bestimmungen über Amtswohnungen, Umzugskostenentschädigungen, Tagegelder und Entschädigung für Reisekosten des Reichskanzlers, der Reichsminister und der Reichsstatthalter v. 28. 9. 1933 (RGBl. I S. 693). Für Preußen sind die Rechtsverhältnisse der Staatsminister im wesentlichen denen der Reichsminister angeglichen.

(2) Die Vorschriften dieses Gesetzes, mit Ausnahme der sinngemäß anzuwendenden Abschnitte VIII und IX, und die Vorschriften des Besoldungsgesetzes finden auf sie keine Anwendung; die in anderen Gesetzen und in Verordnungen allgemein für Reichsbeamte enthaltenen Vorschriften gelten auch für sie.

§ 157.

(1) Die Reichsminister leisten bei der Übernahme ihres Amts vor dem Führer und Reichskanzler folgenden Eid:

„Ich schwöre: Ich werde dem Führer des Deutschen Reichs und Volkes, Adolf Hitler, treu und gehorsam sein, meine Kraft für das Wohl des deutschen Volkes einsetzen, die Gesetze wahren, die mir obliegenden Pflichten gewissenhaft erfüllen und meine Geschäfte unparteiisch und gerecht gegen jedermann führen, so wahr mir Gott helfe."

(2) § 4 Abs. 2, 3 gelten sinngemäß.

§ 158.

(1) Die Reichsminister dürfen dem Vorstand, Verwaltungsrat oder Aufsichtsrat eines auf Erwerb gerichteten Unternehmens nicht angehören, auch neben dem Ministeramt keine Beschäftigung berufsmäßig ausüben. Der Führer und Reichskanzler kann Ausnahmen zulassen, wenn amtliche Rücksichten nicht entgegenstehen und ein Widerstreit zwischen der amtlichen und außeramtlichen Tätigkeit des Reichsministers nicht zu befürchten ist.

(2) Die Reichsminister dürfen während ihrer Amtszeit gegen Entgelt weder als Schiedsrichter tätig sein noch außergerichtliche Gutachten abgeben.

(3) Zum Amt eines Schöffen oder Geschworenen oder zu sonstigen öffentlichen Ehrenämtern sollen die Reichsminister nicht berufen werden.

§ 159.

(1) § 8 Abs. 1 und 2 und § 9 gelten sinngemäß. Die Genehmigung erteilt der Führer und Reichskanzler.

(2) Die im Amte befindlichen Reichsminister sind an ihrem Amtssitze oder, wenn sie sich außerhalb ihres Amtssitzes aufhalten, an ihrem Aufenthaltsorte zu vernehmen. Zu einer Abweichung von dieser Vorschrift bedarf es der Genehmigung des Führers und Reichskanzlers.

---

durch Staatsministergesetz v. 26. 4. 1933 (GS. S. 123) in der Fassung der Gesetze v. 22. 9. 1933 (GS. S. 355) und v. 16. 10. 1934 (RGBl. I S. 973) und durch Bestimmungen des preußischen Staatsministeriums über Amtswohnungen usw. v. 20. 12. 1933 (GS. S. 502). Gemäß § 184 Abs. 2 Ziffer 5 DBG. sind das Reichsministergesetz mit Ausnahme der sich auf die Amtsbezüge, Dienstwohnungen, Umzugskosten und Reisekosten beziehenden Vorschriften sowie die entsprechenden Vorschriften über die Mitglieder der Landesregierungen aufgehoben. Wegen der Reichsstatthalter und der Vorsitzenden und Mitglieder der Landesregierungen vgl. § 177 DBG.

§ 160.

Wird ein Beamter zum Reichsminister ernannt, so scheidet er mit dem Tage seiner Ernennung aus seinem Amte aus. Wird ein Soldat zum Reichsminister ernannt, so ruht der Anspruch auf sein Diensteinkommen als Soldat.

§ 161.

Die Reichsminister können jederzeit vom Führer und Reichskanzler verabschiedet werden. Ein Dienststrafverfahren findet gegen sie nicht statt.

§ 162.

(1) Ein Reichsminister erhält mit Ende des Monats, in dem er verabschiedet ist, lebenslänglich Ruhegehalt, wenn er entweder sein Amt ohne Unterbrechung mindestens fünf Jahre bekleidet oder insgesamt einschließlich der Amtszeit als Reichsminister mindestens zehn Jahre als Beamter im Dienst gestanden hat.

(2) Hat ein Reichsminister bei Ausübung seines Amts oder im Zusammenhang mit seiner Amtsführung ohne sein Verschulden eine Gesundheitsschädigung erlitten, die seine Arbeitsfähigkeit wesentlich und dauernd beeinträchtigt, so erhält er lebenslänglich Ruhegehalt, auch wenn die Voraussetzungen des Abs. 1 nicht vorliegen.

(3) Ein verabschiedeter Reichsminister, der die Voraussetzungen der Abs. 1 und 2 nicht erfüllt und nicht als Beamter angestellt wird, erhält von dem Zeitpunkt ab, in dem seine Amtsbezüge aufhören, Übergangsgeld. Es wird für die gleiche Anzahl von Monaten gezahlt, für die er Amtsbezüge als Reichsminister erhalten hat, jedoch mindestens für sechs Monate und höchstens für zwei Jahre, und zwar für die ersten drei Monate in Höhe der vollen Amtsbezüge eines Reichsministers, sodann in Höhe der Hälfte dieser Bezüge. Das Übergangsgeld gilt im Sinne des § 137 als Ruhegehalt.

(4) Ein verabschiedeter Reichsminister, der die Voraussetzungen der Abs. 1 und 2 nicht erfüllt, aber bei seiner Ernennung zum Reichsminister Beamter auf Lebenszeit oder auf Zeit war, erhält von dem Zeitpunkt des Ablaufs des Übergangsgeldes ab das Ruhegehalt, das er in seinem früheren Amt unter Hinzurechnung der als Reichsminister verbrachten Amtszeit erdient hätte. Ist das Ruhegehalt hiernach höher als das Übergangsgeld nach Abs. 3, so wird insoweit das Ruhegehalt gewährt.

(5) Für den Zeitraum, für den nach Abs. 3 Übergangsgeld zusteht, sind gegebenenfalls Witwen- und Waisengeld aus diesem Übergangsgeld zu gewähren.

(6) Die Amtszeit als Reichsminister gilt als ruhegehaltfähig im Sinne des § 81.

Abschnitt XIV.

Übergangs- und Schlußvorschriften[93]).

§ 163.

Entscheidungen, die dem Beamten nach den Vorschriften dieses Gesetzes bekanntzugeben sind, sind zuzustellen, wenn durch sie eine Frist in Lauf gesetzt wird oder Vermögensrechte des Beamten durch sie berührt werden. Sie sind nach den Vorschriften der Reichsdienststrafordnung zuzustellen[94]). Die Zustellung kann dadurch ersetzt werden, daß die Entscheidung dem Beamten unter Anfertigung einer Niederschrift eröffnet wird; auf Antrag ist dem Beamten eine Abschrift der Niederschrift zu geben.

§ 164.

Die Reichsregierung kann, soweit dies nicht durch Reichsgesetz geschehen ist, durch Verordnung Vorschriften über die Vorbildung und die Laufbahnen der Beamten erlassen. Bis zum Erlaß der Verordnung können die Reichsminister im Einvernehmen mit dem Reichsminister des Innern für ihren Bereich solche Vorschriften erlassen[95]) [96]).

---

[93]) S. hinsichtlich der Rechtsverhältnisse der Saarbeamten auch das Gesetz über die Abrede zwischen der deutschen Regierung und der Regierungskommission des Saargebiets über Beamtenfragen v. 8. 2. 1935 (RGBl. II S. 53), die VO. über die Rechtsverhältnisse der Beamten des Saarlandes v. 22. 2. 1935 (RGBl. I S. 225), § 7 der VO. über die vorläufige Regelung der Gerichtsverfassung im Saarland v. 22. 2. 1935 (RGBl. I S. 246) und die VO. über die Rechtsverhältnisse der Saarbergbeamten v. 18. 2. 1937 (RGBl. I S. 249).

[94]) Vgl. § 19 RDStO. (abgedr. S. 481).

[95]) Vgl. ZB. § 2 GBG.; § 40 DGO. RdErl. des RuPrMdJ. v. 1. 11. 1935 betr. Bedingungen fur die Annahme von Beamtenanwärtern (abgedr. S. 208) und v. 22. 3. 1937 betr. Einstellung von Beamtenanwärtern mit d. Befähigungsnachweis z. Reserve-Offizieranwärter usw. (abgedr. S. 209). Hinsichtlich der Ausbildung der höheren Justizbeamten s. Justizausbildungsordnung v. 22. 7. 1934 (RGBl. I S. 727) nebst DVO. v. 15. 9. 1934 (RGBl. I S. 831) in der Fassung der VO. über den Ausbau des Reichsjustizprüfungsamtes v. 27. 2. 1935 (RGBl. I S. 342). 2. DVO. zur Justizausbildungsordnung v. 8. 10. 1934 (RGBl. I S. 915) betr. Ausbildung in der Verwaltung und 3. DVO. v. 1. 11. 1934 (RGBl. I S. 1104) betr. Arbeitsdienst. VO. v. 9. 3. 1935 (RGBl. I S. 359). VO. über die Ausbildung der Gerichtsreferendare in der Verwaltung v. 13. 4. 1935 (RGBl. I S. 545). Hinsichtlich der Ausgestaltung der Vorbereitungszeit s. AV. des RJM. v. 19. 6. 1935 und 27. 9. 1935 (DJ. S. 885 u. 1430). AV. des RJM. v. 16. 5. 1935 (DJ. S. 767) betr. Unterhaltszuschüsse und Vergütungen für Referendare und AV. v. 19. 6. 1936 (DJ. S. 990) betr. Nebentätigkeit und Urlaub der Referendare.

Hinsichtlich der Assessoren s. VO. über die Laufbahn für das Amt des Richters und des Staatsanwalts v. 29. 3. 1935 (RGBl. I S. 487) nebst DVO. v. 26. 6. 1935 (RGBl. I S. 812) und AV. des RJM. v. 28. 6. 1935 (DJ. S. 948).

Über die Ausbildung zum Beamten des höheren Dienstes in der allgemeinen und inneren Verwaltung s. VO. v. 29. 6. 1937 (RGBl. I S. 666) und RdErl. des MdJ. v. 20. 6. 1933 (MBliV. S. 738) betr. Annahme von Regierungsreferendaren. Über die Befähigung und Ausbildung zum höheren bautechnischen Verwaltungsdienst s. Gesetz v. 16. 7. 1936 (RGBl. I S. 563) nebst Ausführungsbestimmung v. 16. 7. 1936 (RGBl. I S. 565) und erster VO. über die Ausbildung und Prüfung für den höheren bautechnischen Verwaltungsdienst v. 4. 8. 1936 (RGBl. I S. 585). Über die Befähigung für den höheren Forstdienst s. VO. über die Ausbildung für den höheren Forstdienst v. 11. 10. 1937 (RGBl. I S. 1129) in der Fassg. der Berichtigung v. 16. 10. 1937 (RGBl. I S. 1134).

§ 165.

An die Stelle des Reichsministers der Finanzen tritt bei Anwendung von § 76 Abs. 2 bis 4, §§ 84, 85, 93 Abs. 2, § 97 Abs. 4, § 101 Abs. 2, §§ 102 bis 104, 106 Abs. 1, §§ 120, 122 Abs. 4, § 126 Abs. 1, § 127 Abs. 3, § 133 Abs. 2 bis 4, § 135 Abs. 3, §§ 144, 149 Abs. 3 auf einen mittelbaren Reichsbeamten die für das Besoldungswesen allgemein zuständige oberste Dienstbehörde seines unmittelbaren Dienstherrn.

§ 166.

Reich und Länder gelten für die Anwendung des § 35 Abs. 1 Satz 1 als derselbe Dienstherr.

§ 167.

Zusicherungen, Vereinbarungen und Vergleiche, die dem Beamten eine weitergehende Versorgung, als im Abschnitt VIII vorgesehen ist, verschaffen sollen, sind unwirksam. Versicherungsverträge, welche zu diesem Zweck geschlossen sind, können abgeändert oder aufgehoben werden; das Nähere wird durch Verordnung der Reichsregierung geregelt.

§ 168.

Die Dienstzeit beim ehemaligen Reichswasserschutz ist ruhegehaltfähig im Sinne des § 81.

§ 169.

Die Dienstzeit bei einer ehemaligen landesherrlichen Hofverwaltung gilt nach den landesgesetzlichen Vorschriften als ruhegehaltfähig im Sinne des § 81.

§ 170.

Die Zeit, in der ein Beamter sich vom 1. Januar 1924 bis zum Inkrafttreten dieses Gesetzes nach Vollendung des siebenundzwanzigsten Lebensjahres ohne Verwendung im öffentlichen Dienst im Wartestand befunden hat, ist nur zur Hälfte ruhegehaltfähig.

Ausbildungs- und Prüfungsordnung für die Anwärter des gehobenen mittleren Dienstes in der preußischen allgemeinen Verwaltung v. 15. 3. 1935 (Pr.BB. S. 77) in der Fassung der Änderung v. 2. 7. 1936 (Pr.BB. S. 184).

S. ferner Personal- und Dienstordnung für das technische Personal bei den Gerichten und Staatsanwaltschaften (Technische Dienst-O.) v. 16. 3. 1926 (JMBl. S. 92) in der Fassung der AB. v. 2. 10. 1929 (JMBl. S. 302); Personal- und Dienst-O. für das Büro der preußischen Justizbehörden (Gerichte, Arbeitsgerichte und Staatsanwaltschaften) und Dienst-O. für die Kanzlei — Buko — v. 15. 3. 1928 (JMBl. S. 173), Personal- und Dienst-O. für die Gerichtskassenvollzieher v. 18. 6. 1930 (JMBl. S. 199); Personal-O. für den oberen Strafvollzugsdienst v. 8. 1. 1931 (JMBl. S. 34), für den Strafanstaltsaufsichtsdienst v. 29. 4. 1931 (JMBl. S. 175) und für den mittleren Strafvollzugsdienst v. 24. 10. 1931 (JMBl. S. 342).

**) Auf Grund des RdSchr. des RMdF. und des RuPrMdJ. v. 26. 11. 1935 (RMBliB. 1936 S. 34) dürfen ohne Zustimmung dieser beiden Reichsminister Vorbildungsansprüche nicht erhöht werden.

§ 171.

(1) Für die richterlichen Beamten gelten mit Ausnahme des § 68 Abs. 2 die Vorschriften dieses Gesetzes, wenn durch gesetzliche Vorschrift nichts anderes bestimmt ist[97]). Aufgehoben werden jedoch die Vorschriften, die § 6 Abs. 2 (Verbot der Führung der Dienstgeschäfte), § 13 (Beendigung der Nebentätigkeit), §§ 32 bis 34 (Nichtigkeit der Ernennung), §§ 51 bis 56 (Ausscheiden aus dem Beamtenverhältnis), §§ 57, 59, 60. 63 bis 66 (Entlassung aus dem Beamtenverhältnis), § 68 Abs. 1, §§ 70 bis 75, 89 (Ruhestand und Ruhegehalt), § 142 Abs. 1 (Rechtsweg) widersprechen. Die Versetzung eines richterlichen Beamten in den Ruhestand nach § 71 kann nicht auf den sachlichen Inhalt einer in Ausübung der richterlichen Tätigkeit getroffenen Entscheidung gestützt werden.

(2) Abs. 1 gilt entsprechend für die nach § 121 Abs. 1 Satz 1 der Reichshaushaltsordnung unabhängigen Beamten des Rechnungshofs des Deutschen Reichs und der Preußischen Oberrechnungskammer.

(3) Abs. 1 Satz 3 gilt entsprechend für die im § 30 Abs. 1 der Reichsschuldenordnung vom 13. Februar 1924 (Reichsgesetzbl. I S. 95, 98) genannten Beamten.

(4) Für die Polizeibeamten gilt dieses Gesetz, soweit nicht gesetzlich etwas anderes vorgeschrieben ist[98]).

(5) Für Notare gelten die Vorschriften dieses Gesetzes nur insoweit, als es gesetzlich vorgeschrieben ist[99]).

(6) § 7 Abs. 4, § 11 Abs. 2 und § 35 Abs. 3 gelten nicht für Beamte der Wehrmacht[100]).

§ 172.

(1) Hat ein Beamter im Zeitpunkt des Inkrafttretens dieses Gesetzes eine nach § 68 Abs. 1 festgesetzte Altersgrenze bereits erreicht, so tritt er,

---

[97]) Vgl. wegen der Übernahme der Justizbeamten auf das Reich 3. Gesetz zur Überleitung der Rechtspflege auf das Reich v. 24. 1. 1935 (RGBl. I S. 68), VO. zur Durchführung des § 4 des 3. Überleitungsgesetzes v. 4. 7. 1935 (RGBl. I S. 852), VO. zur einheitlichen Regelung der Gerichtsverfassung v. 20. 3. 1935 (RGBl. I S. 403). Hinsichtlich der Rechtsverhältnisse der nichtplanmäßigen Justizbeamten s. AV. des RJM. v. 10. 8. 1936 (DJ. S. 1210). Wegen Überleitung der nichtplanmäßigen Reichsjustizbeamten in das Reichsbesoldungsrecht s. 2. DVO. zum Gesetz über die 24. Änderung des Besoldungsgesetzes v. 25. 8. 1936 (RGBl. I S. 650) und AV. des RJM. v. 12. 8. 1936 (DJ. S. 1218). Hinsichtlich der Versetzung der Richter an ein anderes Gericht oder Versetzung in den Wartestand vgl. § 8 GVG.

[98]) Vgl. Ges. über Finanzmaßnahmen auf dem Gebiete der Polizei v. 19. 3. 1937 — RGBl. I S. 325 — (abgedr. S. 546); DVO. v. 30. 3. 1937 — RGBl. I S. 429 — (abgedr. S. 548); Deutsches Polizeibeamtenges. v. 24. 6. 1937 (RGBl. I S. 653) und Vorläufige DVO. v. 26. 7. 1937 (RGBl. I S. 858).

[99]) Vgl. Reichsnotverordnung v. 13. 2. 1937 (RGBl. I S. 191); Ausf.- und Erg.-VO. v. 26. 6. 1937 (RGBl. I S. 663); AV. des RJM. v. 2. 7. 1937 (DJ. S. 1028) betr. Rechtsverhältnisse der Notariatsbeamten in Bayern. S. auch Anm. 2.

[100]) Vgl. Wehrgesetz v. 21. 5. 1935 (RGBl. I S. 609); Ges. über Rechtsverhältnisse und Besoldung der Lehrpersonen an den Fachschulen der Wehrmacht v. 4.2. 1936 (RGBl. I S. 56).

wenn die Altersgrenze nicht verlängert wird (§ 68 Abs. 2), nach den bisherigen Vorschriften, spätestens jedoch mit Ende der drei Monate in den Ruhestand, die auf den Monat des Inkrafttretens dieses Gesetzes folgen.

(2) Die für Richter durch § 2 Abs. 2 der Verordnung über die Altersgrenze der Beamten der Reichsjustizverwaltung vom 27. Juli 1936 (Reichsgesetzbl. I S. 575) getroffene Übergangsregelung bleibt unberührt[101]).

(3) Gesetzliche Vorschriften, die für einzelne Beamtengruppen eine frühere Altersgrenze als das fünfundsechzigste Lebensjahr (§ 68 Abs. 1 Satz 1) vorsehen, bleiben in Kraft[102]).

§ 173.

(1) Das Gesetz über die Entpflichtung und Versetzung von Hochschullehrern aus Anlaß des Neuaufbaus des deutschen Hochschulwesens vom 21. Januar 1935 (Reichsgesetzbl. I S. 23) bleibt unberührt. Wegen der Versetzung, der Entpflichtung, der Rechtsfolgen der Entpflichtung und der Hinterbliebenenversorgung können besondere gesetzliche Vorschriften erlassen werden.

(2) Unberührt bleiben ferner die Vorschriften über die Versetzung der Leiter und Lehrer an den öffentlichen Schulen[103]).

§ 174.

Die Vorschriften des Abschnitts IX über den Rechtsweg wegen vermögensrechtlicher Ansprüche gelten für die öffentlich-rechtlichen Religionsgesellschaften und deren Verbände. Diese sind im übrigen ermächtigt, zur Regelung des Rechts ihrer Beamten und Seelsorger diesem Gesetz entsprechende Vorschriften zu erlassen[104]).

§ 175.

(1) Bei der Berechnung des fünfjährigen oder zehnjährigen Zeitraums nach § 162 werden Amtszeiten eines mit Wahrnehmung der Geschäfte eines Ministers beauftragten Reichskommissars, eines Reichsstatthalters und eines Vorsitzenden oder Mitglieds einer Landesregierung mitgerechnet, wenn sich an diese Zeiten die Amtszeit als Reichsminister anschließt.

---

[101]) § 2 Abs. 2 der VO. v. 27. 7. 1936 lautet: „Soweit bisher für Richter eine höhere Altersgrenze als das 65. Lebensjahr bestanden hat, tritt an die Stelle des 65. Lebensjahres als Altersgrenze: im Jahre 1936 das 67., in den Jahren 1937 und 1938 das 66. Lebensjahr. Vom 1. Januar 1939 ab gilt die allgemeine Altersgrenze."

Vgl. ferner AV. des RJM. v. 2. 7. 1937 (DJ. S. 1023) betr. Altersgrenze der Beamten der Reichsjustizverwaltung.

[102]) Vgl. Anm. 59.

[103]) Vgl. z. B. für Preußen § 3 Kap. VIII 2. Teil der VO. v. 12. 9. 1931 (GS. S. 179, 196) in der Fassung der VO. v. 4. 11. 1931 (GS. S. 227).

[104]) Vgl. VO. zur Neuregelung des Rechtes der kirchlichen Beamten v. 13. 2. 1936 in der Fassung der VO. v. 19. 8. 1936 (GBl. d. Dt. Ev. Kirche S. 13 und 97). Disziplinarordnung der deutschen Evangelischen Kirche v. 8. 1. 1936 (GBl. d. Dt. Ev. Kirche S. 9).

(2) Die Amtszeit eines mit Wahrnehmung der Geschäfte eines Ministers beauftragten Reichskommissars, eines Reichsstatthalters oder eines Vorsitzenden oder Mitglieds einer Landesregierung steht der Amtszeit eines Reichsministers gleich.

§ 176.

(1) Ist ein Reichsminister gleichzeitig Mitglied einer Landesregierung, so erhält er Amtsbezüge nur vom Reich; ist ein Reichsminister gleichzeitig Vorsitzender einer Landesregierung und erhält er als solcher höhere Bezüge als ein Reichsminister, so erhält er vom Reich nur die Bezüge als Reichsminister. Das gleiche gilt für die Versorgungsbezüge.

(2) Die Länder erstatten dem Reich die auf die Amtszeit als Vorsitzender oder Mitglied der Landesregierung entfallenden Amts- und Versorgungsbezüge in Höhe der Hälfte der nach dem Landesrecht zustehenden Bezüge.

§ 177.

Die Vorschriften des Abschnitts XIII gelten sinngemäß für die Reichsstatthalter und die Vorsitzenden und Mitglieder der Landesregierungen[105]). An Stelle des Führers und Reichskanzlers tritt für die Vorsitzenden und Mitglieder der Landesregierungen in den Fällen der §§ 157 bis 159 der Reichsstatthalter.

§ 178.

(1) Wer vor dem 2. Juli 1933 als Beamter berufen worden ist, ist Beamter, auch wenn er die im § 27 Abs. 1 bezeichnete Urkunde nicht erhalten hat.

(2) Wer vor dem 2. Juli 1933 beschäftigt worden ist, ohne als Beamter berufen worden zu sein, insbesondere wer vor dem 2. Juli 1933 auf Grund eines Dienstvertrags des bürgerlichen Rechts beschäftigt worden ist, ist nicht Beamter. Er hat auch für die Zeit vor dem 2. Juli 1933 nicht die Rechte der Beamten, selbst wenn gegenteilige Zusicherungen, Vereinbarungen, Vergleiche, rechtskräftige Urteile und Schiedssprüche vorliegen. Die ausdrückliche oder stillschweigende Übertragung einer mit obrigkeitlichen oder anderen öffentlichen Aufgaben verbundenen Tätigkeit allein ist keine Berufung als Beamter.

(3) Wer nach den bisherigen Vorschriften zum Beamten auf Lebenszeit oder auf Zeit ernannt war, ist Beamter auf Lebenszeit oder auf Zeit; wer Beamter auf Kündigung war, ist Beamter auf Widerruf.

(4) Wenn in landesrechtlichen Vorschriften schon vor dem 2. Juli 1933 bestimmte Formen für die Begründung des Beamtenverhältnisses vorgesehen waren, so gelten für diese Zeit nur diese Formen als Begründung im Sinne des § 27 Abs. 1[106]).

[105]) Vgl. Anm. 92. S. auch Reichsstatthalterges. v. 30. 1. 1935 (RGBl. I S. 65).
[106]) Z. B. § 1 des Preuß. Kommunalbeamtenges. v. 30. 7. 1899 (GS. S. 141).

§ 179.

(1) Für die Dauer von drei Jahren nach Inkrafttreten dieses Gesetzes gilt § 70 mit der Maßgabe, daß an die Stelle des zweiundsechzigsten Lebensjahres das sechzigste Lebensjahr tritt.

(2) Wartestandsbeamte dürfen auf Grund des § 77 Abs. 2 Nr. 1 frühestens mit Ablauf eines Jahres nach dem Inkrafttreten dieses Gesetzes in den Ruhestand versetzt werden.

(3) Die Berücksichtigung der Zeit eines Urlaubs ohne Dienstbezüge (§ 81 Abs. 1 Nr. 3) richtet sich für die Zeit vor dem Inkrafttreten dieses Gesetzes nach den bisherigen Vorschriften.

(4) Bei Richtern und Beamten der Staatsanwaltschaft, die vor dem Inkrafttreten dieses Gesetzes als Rechtsanwälte tätig waren, kann mit Zustimmung des Reichsministers der Finanzen die Zeit ihrer Tätigkeit als Rechtsanwalt insoweit voll als ruhegehaltfähige Dienstzeit berücksichtigt werden, als die Tätigkeit als Rechtsanwalt in der Laufbahn der Richter oder Staatsanwälte üblich war.

(5) Wer noch nicht Ruhestandsbeamter ist, aber beim Inkrafttreten dieses Gesetzes einen Anspruch auf Ruhegehalt nach bisherigem Recht hätte, behält den Anspruch. Die Höhe des Ruhegehalts richtet sich nach diesem Gesetz.

(6) Mitglieder des Reichsgerichts und die ihnen versorgungsrechtlich gleichgestellten Beamten, deren Ruhegehalt fünfundsiebzig vom Hundert ihrer ruhegehaltfähigen Dienstbezüge nach bisherigem Recht überstiegen hätte, erhalten das bei Inkrafttreten dieses Gesetzes erdiente Ruhegehalt.

(7) Für die Berechnung der ruhegehaltfähigen Dienstzeit erhöht sich die in der Zeit vom 1. August 1914 bis 31. Dezember 1918 im Beamtenverhältnis (§ 1) oder im Militärdienst verbrachte Zeit, sofern sie mindestens sechs Monate betragen hat, um die Hälfte dieser Zeit. Mit der Hälfte ist sie auch dann anzurechnen, wenn sie vor dem vollendeten siebenundzwanzigsten Lebensjahre liegt. Dies gilt nicht für eine Zeit, die aus anderen Gründen bereits angerechnet wird (§§ 83, 84).

(8) Als ruhegehaltfähig nach § 85 Abs. 1 Nr. 1 kann auch die Zeit angerechnet werden, während der ein Beamter vor seiner Ernennung und nach Vollendung des siebenundzwanzigsten Lebensjahres vor dem 30. Januar 1933 in der Nationalsozialistischen Deutschen Arbeiterpartei oder ihren Gliederungen ein Amt bekleidet hat.

(9) Mit Zustimmung des Reichsministers der Finanzen kann eine nach dem siebenundzwanzigsten Lebensjahre liegende Zeit als ruhegehaltfähig angerechnet werden, die nach den bisherigen Vorschriften anrechenbar ist.

(10) Für die Anwendung des § 82 Nr. 2 steht der freiwillige nationalsozialistische Arbeitsdienst dem Reichsarbeitsdienst gleich.

§ 180.

(1) Das Erfordernis der fünfjährigen Amtsführung (§ 28 Abs. 2 Nr. 2 zweiter Halbsatz) gilt nicht für die vor dem Inkrafttreten dieses Gesetzes ernannten Beamten.

(2) Für die im § 67 Abs. 2 bezeichneten Beamten, die sich bei Inkrafttreten dieses Gesetzes im Amt befinden, bestimmt die Behörde, die sie ernannt hat, innerhalb eines Jahres, ob diese Vorschrift auf sie Anwendung findet.

(3) § 59 Abs. 1 Satz 1 gilt nicht für die Beamten, die auf Grund von § 3 Abs. 2 des Gesetzes zur Wiederherstellung des Berufsbeamtentums im Dienste belassen worden sind, und für die Beamten, die vor dem 2. Juli 1933 mit einer Person nicht deutschen oder artverwandten Blutes die Ehe geschlossen haben.

§ 181.

Die Vorschriften der §§ 53, 132, 133 Abs. 1 Nr. 3 gelten ohne Rücksicht auf den Zeitpunkt der Tat. Strafurteile, welche nach §§ 53, 132 den Amtsverlust oder Ruhegehaltsverlust nach sich ziehen, haben diese Rechtsfolge von dem Zeitpunkt der Rechtskraft des Strafurteils an auch dann, wenn das Strafurteil in der Zeit zwischen dem 2. Juli 1933 bis zum Inkrafttreten dieses Gesetzes rechtskräftig geworden ist; bei der Verurteilung zu einer Gefängnisstrafe gilt dies jedoch nur dann, wenn auf eine Strafe von mehr als einem Jahre erkannt worden ist.

§ 182.

Die Vorschriften der §§ 142, 145, 147 über die Zuständigkeit der Verwaltungsgerichte treten erst mit der Errichtung des Reichsverwaltungsgerichts in Kraft; bis dahin verbleibt es bei den bisherigen Vorschriften[107]).

§ 183.

Die zur Durchführung dieses Gesetzes erforderlichen Rechts- und Verwaltungsvorschriften erlassen, soweit dieses Gesetz nichts anderes vorschreibt, die Reichsminister des Innern und der Finanzen. Sie können als Übergangsregelung auch ergänzende Vorschriften erlassen.

§ 184.

(1) Dieses Gesetz tritt am 1. Juli 1937 in Kraft mit der Maßgabe, daß es auch für die Reichsminister, die ihnen nach § 177 gleichgestellten Personen und die Beamten, die sich an diesem Tage im Dienst befinden, sowie für

[107]) Da das Reichsverwaltungsgericht noch nicht errichtet ist, sind für die Geltendmachung der vermögensrechtlichen Ansprüche noch die ordentlichen Gerichte zuständig.

die Wartestandsbeamten gilt. Das Wartegeld wird aus diesem Anlaß nicht neu festgesetzt. Für Ruhestandsbeamte, Witwen und Waisen und sonstige Versorgungsberechtigte, die vor diesem Zeitpunkt bereits Ansprüche auf Versorgungsbezüge erworben haben, gelten nur die §§ 126 bis 147, für Ruhestandsbeamte auch §§ 22, 23, 37 Abs. 2 Satz 4 bis 6, Abs. 4; die sonstigen Rechtsverhältnisse regeln sich nach bisherigem Recht.

(2) Vorschriften, die diesem Gesetz entsprechen oder widersprechen, werden aufgehoben. Insbesondere werden aufgehoben

1. das Reichsbeamtengesetz,
2. das Beamtenhinterbliebenengesetz,
3. das Unfallfürsorgegesetz für Beamte,
4. das Reichsgesetz über die Pflichten der Beamten zum Schutz der Republik vom 21. Juli 1922 (Reichsgesetzbl. I S. 590),
5. das Reichsministergesetz mit Ausnahme der sich auf die Amtsbezüge, Dienstwohnungen, Umzugskosten und Reisekosten beziehenden Vorschriften, sowie die entsprechenden Vorschriften über die Mitglieder der Landesregierungen,
6. die Dritte Verordnung des Reichspräsidenten zur Sicherung von Wirtschaft und Finanzen und zur Bekämpfung politischer Ausschreitungen vom 6. Oktober 1931 (Reichsgesetzbl. I S. 537) Dritter Teil Kapitel V Abschnitt II.

Die Vorschriften der §§ 554a bis c der Reichsversicherungsordnung bleiben unberührt.

(3) Der Reichsminister des Innern und der Reichsminister der Finanzen werden ermächtigt, gegebenenfalls im Einvernehmen mit dem beteiligten zuständigen Reichsminister im Verordnungswege die danach außer Kraft tretenden Vorschriften verbindlich zu bezeichnen, weitergeltende Vorschriften unter Ausräumung von Unstimmigkeiten an den neuen Rechtszustand anzugleichen und in neuer Fassung und Ordnung bekanntzumachen.

(4) Wo in Gesetzen und Verordnungen auf die aufgehobenen Vorschriften verwiesen wird, tritt an deren Stelle dieses Gesetz nebst den dazu erlassenen Durchführungsvorschriften.

II. Verordnung zur Durchführung des Deutschen Beamtengesetzes.

Vom 29. Juni 1937 (RGBl. I S. 669).

Auf Grund des § 183 des Deutschen Beamtengesetzes vom 26. Januar 1937 (Reichsgesetzbl. I S. 39) wird folgendes verordnet:

Zu § 2.

1. Oberste Behörde im Sinne des Absatzes 4 ist im Reich und in den Ländern die oberste Behörde des Verwaltungszweiges, dem der Beamte angehört, z. B. der zuständige Reichs- oder Landesminister oder die Chefs der sonstigen obersten Reichsbehörden; einen Anhalt für die Zugehörigkeit ergeben in der Regel die staatlichen Haushaltspläne.

2. Bei einem Ruhestandsbeamten oder bei Hinterbliebenen eines Beamten gilt als oberste Dienstbehörde die Behörde, die zuletzt oberste Dienstbehörde des Beamten war. Der Reichsminister des Innern bestimmt, welche Behörde als oberste Dienstbehörde des Ruhestandsbeamten gelten soll, wenn dies bei Aufhebung oder Umbildung von Behörden nicht bestimmt ist.

Zu § 3.

1. Meldet der Beamte gemäß § 42 Abs. 2 dienstliche Vorgänge, die der NSDAP. schaden könnten, dem Führer und Reichskanzler oder unmittelbar seiner obersten Reichsbehörde, so hat er dadurch die Anzeigepflicht gegenüber seinem Dienstvorgesetzten erfüllt.

2. Der Dienstvorgesetzte hat die Meldung des Beamten über Vorgänge, die den Bestand des Reichs oder der NSDAP. gefährden könnten, auf dem Dienstwege der obersten Dienstbehörde oder der obersten Aufsichtsbehörde vorzulegen. Die oberste Dienstbehörde oder die oberste Aufsichtsbehörde legt die Meldung, wenn sie die NSDAP. betrifft, dem Stellvertreter des Führers vor. Beamte von Körperschaften des öffentlichen Rechts, die keinen Dienstvorgesetzten haben, legen ihre Meldung der Aufsichtsbehörde vor, die sie an die oberste Aufsichtsbehörde weiterzugeben hat.

3. Der Beamte und der Dienstvorgesetzte sind darüber hinaus verpflichtet, bei Gefahr im Verzuge, z. B. bei hoch- oder landesverräterischen Anschlägen, alle Schritte zu tun, die nach Lage des Falles notwendig sind, um eine dem Bestand des Reichs oder der NSDAP. drohende Gefahr abzuwenden; sie haben in solchen Fällen insbesondere der zuständigen Polizeibehörde unverzüglich Anzeige zu erstatten.

4. Die Pflicht zur Meldung an den Dienstvorgesetzten nach Abs. 2 Satz 2 schließt nicht aus, daß der Beamte außerdienstliche Vorgänge und solche dienstlichen Vorgänge, die weder der Pflicht zur Amtsverschwiegenheit unterliegen noch nach § 42 Abs. 2 zu behandeln sind, auch zur Kenntnis

von Dienststellen der NSDAP. bringt. Für Wehrmachtbeamte gelten die Bestimmungen des Reichskriegsministers und Oberbefehlshabers der Wehrmacht.

Zu § 4.

1. Der Treueid ist durch den Dienstvorgesetzten oder einen hiermit von ihm beauftragten Beamten abzunehmen. Gesetzliche Vorschriften, die etwas anderes bestimmen, z. B. § 46 der Deutschen Gemeindeordnung[1]), bleiben unberührt. Vor der Leistung des Eides ist der zu Vereidigende mit dem Inhalt des Eides bekanntzumachen und in angemessener Weise auf seine Bedeutung hinzuweisen. Der Eid wird durch Nachsprechen der Eidesformel geleistet. Der Schwörende soll dabei die rechte Hand, bei ihrer Behinderung die linke erheben. Über die Vereidigung ist eine Verhandlung aufzunehmen, die auch den Wortlaut des Eides zu enthalten hat (Formblatt 1). Die Verhandlung ist von dem Beamten, der den Eid geleistet hat, sowie von dem Beamten, der die Vereidigung vorgenommen hat, zu unterzeichnen. Sie ist zu den Personalakten des Beamten zu nehmen.

2. Mitglieder einer Religionsgesellschaft, denen ein Gesetz gestattet, bei Leistung des Eides andere Beteuerungsformeln zu gebrauchen, haben durch Bescheinigung der Religionsgesellschaft nachzuweisen, daß sie Mitglied einer solchen Gesellschaft sind.

3. Ein ehemaliger Beamter ist bei seiner Wiederernennung zum Beamten erneut zu vereidigen. Dies gilt auch, wenn ein mittelbarer Reichsbeamter auf Zeit in ein neues Beamtenverhältnis zu einem anderen unmittelbaren Dienstherrn tritt. Die oberste Dienstbehörde kann für bestimmte Beamtengruppen, bei denen es üblich ist, daß einzelne Personen wiederholt für kurze Zeit in das Beamtenverhältnis berufen werden, bestimmen, daß von einer erneuten Vereidigung abzusehen ist. In diesen Fällen ist der Beamte darauf hinzuweisen, daß der früher geleistete Treueid ihn auch für sein neues Amt bindet.

Zu § 5.

Der Beamte ist verpflichtet, dem Dienstvorgesetzten die Tatbestände, die ihm bei der Vornahme von Amtshandlungen Beschränkungen auferlegen, zu melden.

Zu § 6.

Der Beamte ist in der Regel zu hören, bevor ihm die Führung seiner Dienstgeschäfte untersagt wird.

---

[1]) Abgedr. S. 133.

Zu § 7.

Beruft sich ein Beamter, der Mitglied der NSDAP. ist, gegenüber einer Anordnung des Vorgesetzten auf gegenteilige Anordnungen von Parteistellen, so hat der Vorgesetzte besonders sorgfältig zu prüfen, in welcher Weise die Belange des Staates sich mit denen der Partei in Einklang bringen lassen. In Zweifelsfällen hat er zu versuchen, Unstimmigkeiten durch eine Aussprache mit der Parteistelle auszuräumen. Führt die Aussprache nicht zum Ziel, so hat er seinem Dienstvorgesetzten zu berichten. Für den Beamten bleibt bis zur Entscheidung die Anordnung des Vorgesetzten bindend.

Zu § 8.

1. Soll ein Beamter durch eine Behörde oder ein Gericht vernommen werden, so ist die Genehmigung von der vernehmenden Stelle unter Bezeichnung der Fragen, auf die sich die Vernehmung erstrecken soll, einzuholen, soweit sie nicht schon durch den Beamten beigebracht ist. Der Beamte ist verpflichtet, selbst zu prüfen, ob er die Aussage zu verweigern hat, bis die Genehmigung zur Aussage erteilt ist; in Zweifelsfällen hat er die Entscheidung des Dienstvorgesetzten einzuholen.

2. Für Aussagen vor Parteigerichten und Parteidienststellen gilt § 8 Abs. 2 ebenfalls; auch für sie ist § 9 anzuwenden.

Zu § 13.

1. Ein Zusammenhang mit dem Hauptamt besteht dann, wenn das Nebenamt oder die Nebenbeschäftigung durch Gesetz oder allgemeine Bestimmung mit dem Inhaber eines bestimmten Amts verbunden ist oder wenn sie dem Beamten übertragen sind, weil er Inhaber des Hauptamts war. Der Verlust des Nebenamts und der Nebenbeschäftigung tritt in den Fällen, in denen das Beamtenverhältnis vor dem 1. Juli 1937 geendet hat, spätestens mit Ende September 1937 ein.

2. Die Weiterdauer dieser Nebenämter und Nebenbeschäftigungen kann nur bei Beendigung des Beamtenverhältnisses bestimmt werden. Frühere Zusagen oder Vereinbarungen sind wirkungslos. Die Beendigung tritt in allen ihren rechtlichen Wirkungen ein. Der Beamte scheidet aus dem Vorstand oder Aufsichtsrat einer Aktiengesellschaft und aus ähnlichen Stellen ohne weiteres aus. Der Dienstvorgesetzte hat die Beendigung des Beamtenverhältnisses und der Nebentätigkeit den beteiligten Stellen unverzüglich mitzuteilen.

Zu § 17.

1. Der Beamte hat den Urlaub rechtzeitig bei dem Dienstvorgesetzten zu beantragen und dafür zu sorgen, daß ihm Mitteilungen seiner Dienstbehörde jederzeit zugeleitet werden können. Die Urlaubsbewilligung kann jederzeit zurückgenommen werden, wenn dienstliche Rücksichten dies fordern.

2. Bleibt der Beamte wegen Krankheit dem Dienst fern, so hat er die Erkrankung und ihre voraussichtliche Dauer spätestens am folgenden Tage anzuzeigen. Auf Anfordern des Dienstvorgesetzten hat er eine ärztliche Bescheinigung vorzulegen. Bei längerer Dauer der Krankheit ist die Vorlegung einer ärztlichen Bescheinigung auf jedesmaliges Verlangen des Dienstvorgesetzten zu wiederholen. Der Beamte ist verpflichtet, sich auf Anordnung des Dienstvorgesetzten von einem beamteten Arzt[2]) untersuchen zu lassen. Die Kosten dieser Untersuchung trägt die Dienststelle.

3. Urlaub zur Wiederherstellung der Gesundheit erteilt der Dienstvorgesetzte, wenn die oberste Dienstbehörde nicht etwas anderes bestimmt. Dem Antrag ist eine ärztliche Bescheinigung beizufügen, wenn der Dienstvorgesetzte es nicht ausnahmsweise erläßt. Der Dienstvorgesetzte bestimmt, ob und inwieweit der Urlaub auf den Erholungsurlaub anzurechnen ist.

4. Die oberste Dienstbehörde bestimmt, ob und für welche Zeit der Leiter einer Behörde sich selbst beurlauben kann.

5. Die Dienstbezüge, deren Verlust der Dienstvorgesetzte bei schuldhaftem Fernbleiben des Beamten vom Dienst festgestellt hat, sind für den Fall der Anrufung der Dienststrafkammer bis zu deren Entscheidung (§§ 105, 106 RDStO.) einzubehalten.

6. Über den Erholungsurlaub hinaus kann der Dienstvorgesetzte in besonderen Fällen (Familienereignisse u. dgl.) den erforderlichen Urlaub gewähren. Die Dienstbezüge werden in diesen Fällen nicht gekürzt.

7. Eine Beurlaubung aus dem Hauptamt auf mehr als sechs Monate ist nicht statthaft, auch nicht für einen Urlaub zwecks Übertritts zu einer anderen Verwaltung oder in einen anderen Beruf. Die oberste Dienstbehörde kann Ausnahmen bewilligen. Satz 1 gilt nicht bei Beurlaubungen für Zwecke der NSDAP., ihrer Gliederungen und der ihr angeschlossenen Verbände[3]) und bei Beurlaubungen der unbesoldeten Beamten und der Ehrenbeamten.

8. Urlaub, der lediglich persönlichen Belangen des Beamten dient, wird, abgesehen von Nr. 6, nur unter Fortfall der Dienstbezüge gewährt. Bei einem Urlaub, der auch öffentlichen Belangen dient, können dem Beamten die Dienstbezüge bis zur Dauer von sechs Monaten, für die sechs Wochen überschreitende Zeit jedoch nur in halber Höhe, belassen werden. Die oberste Dienstbehörde kann mit Zustimmung des Reichsministers der Finanzen Ausnahmen von dieser Regelung gewähren; Ausnahmen

---

[2]) Zur Vermeidung besonderer Kosten sind nach Möglichkeit Versorgungsärzte heranzuziehen (vgl. Z. 6 der Richtlinien über die Vorlage von ärztlichen Zeugnissen in Krankheitsfällen v. 31. 1. 1924 — RMBl. S. 101 —). Vgl. ferner RVersorgungsBl. 1922 S. 262 und 1923 S. 161.

[3]) Vgl. Richtlinien über die Beurlaubung von Beamten usw. für Zwecke der NSDAP. usw. v. 12. 1. 1936 — RMBliV. S. 49 — (abgedr. S. 229).

für einen mittelbaren Reichsbeamten bedürfen der Zustimmung der für das Besoldungswesen allgemein zuständigen obersten Dienstbehörde. Die Vorschriften gelten nicht für Urlaub, der auf allgemeine Anordnung der Reichsregierung für bestimmte Zwecke erteilt wird.

9. Eine Verwendung bei einer anderen öffentlichen Verwaltung oder bei einem anderen öffentlichen Dienstherrn auf Grund einer Abordnung ist nicht Urlaub im Sinne des § 17.

Zu den §§ 18, 19.

Der Beamte kann zum Zwecke der von ihm für erforderlich gehaltenen persönlichen Berichterstattung bei dem unmittelbaren Dienstvorgesetzten seinen Wohnort ohne Erlaubnis verlassen.

Zu § 20.

Solange der Führer und Reichskanzler keine neuen Bestimmungen über Uniform und Amtstracht der Beamten erlassen hat, verbleibt es bei den bisherigen Regelungen.

Zu § 21.

1. Die Vorschrift, nach der das Aufrücken in Dienstaltersstufen versagt werden kann, soll nicht auf Beamte angewendet werden, die infolge Kriegsdienstbeschädigung, Dienstbeschädigung, Beschädigung im Dienst der NSDAP., ihrer Gliederungen oder angeschlossenen Verbände, vorübergehender Krankheit oder wegen geminderter Leistungsfähigkeit in den letzten Dienstjahren vor Erreichung der Altersgrenze in ihren Leistungen nachlassen.

2. Bevor dem Beamten das Aufrücken versagt wird, soll ihm unter Verwarnung eine angemessene Frist gesetzt werden, in der er seine Leistungen verbessern kann. Die Versagung ist dem Beamten schriftlich mitzuteilen. Wird die Entscheidung nicht von der obersten Dienstbehörde getroffen, so ist der Beamte darauf hinzuweisen, daß er die Entscheidung des nächsthöheren Dienstvorgesetzten anrufen kann.

3. Für Beamte auf Widerruf, die sich nicht in einer Planstelle befinden, bleibt Nr. 78 der Reichsbesoldungsvorschriften[4]) unberührt.

Zu § 22.

1. Staatsfeindlich ist eine Tat, die geeignet und nach dem Willen des Täters dazu bestimmt ist, den Bestand und die Sicherheit des Staates oder der den Staat tragenden NSDAP. zu untergraben oder zu gefährden.

2. Bei Beamten, die Politische Leiter sind, gilt ein Verhalten im Rahmen ihrer parteiamtlichen Tätigkeit nicht als außerdienstliches Ver-

---

[4]) Abgedr. S. 338.

halten, das der Beurteilung der Dienstvorgesetzten unterliegt. Wenn der Dienstvorgesetzte glaubt, Fälle dieser Art als Verstoß gegen die Beamtenpflichten behandeln zu müssen, so hat er an seine oberste Dienst- oder Aufsichtsbehörde zu berichten. Diese entscheidet im Einvernehmen mit dem Stellvertreter des Führers, ob das Verhalten des Beamten in diesem Falle als Dienstvergehen zu verfolgen ist[5]).

Zu § 23.

1. Die Rechtsfolgen von Amtspflichtverletzungen in Ausübung der öffentlichen Gewalt, die den Dienstherrn zum Schadensersatz verpflichten und die vor dem 1. Juli 1937 begangen sind, bestimmen sich nach dem bisherigen Recht. Die oberste Dienstbehörde kann bei solchen Schadensfällen § 23 Abs. 2 anwenden, wenn der Anspruch gegen den Beamten nicht rechtshängig geworden ist und die Forderung auf Ersatz eine Härte für den Beamten bedeuten würde[6]).

2. Ansprüche nach § 23 Abs. 1 verjähren in drei Jahren von dem Zeitpunkt an, in dem der Dienstherr von dem Schaden und der Person des Ersatzpflichtigen Kenntnis erlangt hat, ohne Rücksicht auf diese Kenntnis in zehn Jahren von der Begehung der Handlung an. Ansprüche nach § 23 Abs. 2 verjähren in drei Jahren von dem Zeitpunkt an, in dem der Ersatzanspruch des Dritten diesem gegenüber von dem Dienstherrn anerkannt oder dem Dienstherrn gegenüber rechtskräftig festgestellt ist.

Zu § 24.

Die Ernennung wird, wenn nicht bei Aushändigung der Ernennungsurkunde ausdrücklich ein späterer Tag bestimmt ist, mit dem Tage der Aushändigung der Urkunde wirksam. Eine Ernennung auf einen rückliegenden Zeitpunkt ist unzulässig und insoweit unwirksam.

Zu § 25.

1. Wegen der Begriffe deutschen oder artverwandten Blutes (deutschblütig) sowie Mischling ersten und zweiten Grades wird auf die Erste Verordnung zum Reichsbürgergesetz vom 14. November 1935 (Reichsgesetzbl. I S. 1333)[7]) und auf den Runderlaß vom 26. November 1935

---

[5]) Diese Regelung entspricht dem RdErl. des RuPrMdI. v. 20. 8. 1936 (RMBliV. S. 1131).

[6]) Vgl. RdErl. des RFSS. und ChdDtPol. im RMdI. v. 19. 8. 1937 (RMBliV. S. 1420 a) betr. Beschränkung des Rückgriffs gegen Polizeibeamte.

[7]) Die Erste Verordnung zum Reichsbürgergesetz lautet auszugsweise:

§ 1.

(1) Bis zum Erlaß weiterer Vorschriften über den Reichsbürgerbrief gelten vorläufig als Reichsbürger die Staatsangehörigen deutschen oder artverwandten Blutes, die beim Inkrafttreten des Reichsbürgergesetzes das Reichstagswahlrecht besessen haben, oder denen der Reichsminister des Innern im Einvernehmen mit dem Stellvertreter des Führers das vorläufige Reichsbürgerrecht verleiht.

(2) Der Reichsminister des Innern kann im Einvernehmen mit dem Stellvertreter des Führers das vorläufige Reichsbürgerrecht entziehen.

(Ministerialbl. für die Preußische Innere Verwaltung S. 1429)[8]) hingewiesen.

§ 2.

(1) Die Vorschriften des § 1 gelten auch für die staatsangehörigen jüdischen Mischlinge.

(2) Jüdischer Mischling ist, wer von einem oder zwei der Rasse nach volljüdischen Großelternteilen abstammt, sofern er nicht nach § 5 Abs. 2 als Jude gilt. Als volljüdisch gilt ein Großelternteil ohne weiteres, wenn er der jüdischen Religionsgemeinschaft angehört hat.

§ 3.

Nur der Reichsbürger kann als Träger der vollen politischen Rechte das Stimmrecht in politischen Angelegenheiten ausüben und ein öffentliches Amt bekleiden. Der Reichsminister des Innern oder die von ihm ermächtigte Stelle kann für die Übergangszeit Ausnahmen für die Zulassung zu öffentlichen Ämtern gestatten. Die Angelegenheiten der Religionsgesellschaften werden nicht berührt.

§ 4.

(1) Ein Jude kann nicht Reichsbürger sein. Ihm steht ein Stimmrecht in politischen Angelegenheiten nicht zu; er kann ein öffentliches Amt nicht bekleiden.

(2) Jüdische Beamte treten mit Ablauf des 31. Dezember 1935 in den Ruhestand. Wenn diese Beamten im Weltkrieg an der Front für das Deutsche Reich oder für seine Verbündeten gekämpft haben, erhalten sie bis zur Erreichung der Altersgrenze als Ruhegehalt die vollen zuletzt bezogenen ruhegehaltsfähigen Dienstbezüge; sie steigen jedoch nicht in Dienstaltersstufen auf. Nach Erreichung der Altersgrenze wird ihr Ruhegehalt nach den letzten ruhegehaltsfähigen Dienstbezügen neu berechnet.

(3) Die Angelegenheiten der Religionsgesellschaften werden nicht berührt.

(4) Das Dienstverhältnis der Lehrer an öffentlichen jüdischen Schulen bleibt bis zur Neuregelung des jüdischen Schulwesens unberührt.

§ 5.

(1) Jude ist, wer von mindestens drei der Rasse nach volljüdischen Großeltern abstammt. § 2 Abs. 2 Satz 2 findet Anwendung.

(2) Als Jude gilt auch der von zwei volljüdischen Großeltern abstammende staatsangehörige jüdische Mischling,

a) der beim Erlaß des Gesetzes der jüdischen Religionsgemeinschaft angehört hat oder danach in sie aufgenommen wird,

b) der beim Erlaß des Gesetzes mit einem Juden verheiratet war oder sich danach mit einem solchen verheiratet,

c) der aus einer Ehe mit einem Juden im Sinne des Absatzes 1 stammt, die nach dem Inkrafttreten des Gesetzes zum Schutze des deutschen Blutes und der deutschen Ehre vom 15. September 1935 (Reichsgesetzbl. I S. 1146) geschlossen ist,

d) der aus dem außerehelichen Verkehr mit einem Juden im Sinne des Absatzes 1 stammt und nach dem 31. Juli 1936 außerehelich geboren wird.

[8]) Der RdErl. d. RuPrMdJ. v. 26. 11. 1935 lautet auszugsweise:

2 a) Jude ist ohne Rücksicht auf seine Staatsangehörigkeit und sein Geschlecht:

1. wer von vier volljüdischen Großeltern abstammt (Volljude),
2. wer von drei volljüdischen und einem anderen Großelternteil abstammt.

Als Jude gilt der deutsche Staatsangehörige ohne Rücksicht auf sein Geschlecht, der von zwei volljüdischen und zwei anderen Großelternteilen abstammt, sofern er

α) am 16. 9. 1935 der jüdischen Religionsgemeinschaft angehört hat oder danach in diese aufgenommen ist oder wird, oder

β) am 16. 9. 1935 mit einem Juden verheiratet gewesen ist oder sich danach mit einem solchen verheiratet hat oder verheiratet, oder

γ) aus einer Ehe mit einem der unter a) 1 und 2 bezeichneten Juden stammt, die nach dem 17. 9. 1935 geschlossen ist, oder

δ) aus einem außerehelichen Verkehr mit einem der unter a) 1 und 2 bezeichneten Juden stammt und nach dem 31. 7. 1936 außerehelich geboren wird.

b) Bei der Beurteilung, ob jemand Jude ist oder nicht, wird grundsätzlich auf die Rasse der Großeltern abgestellt. Sind diese nicht volljüdisch, befinden sich aber unter ihren Vorfahren einzelne Personen jüdischer Rasse, so bleiben diese Personen bei der Beurteilung der Rassezugehörigkeit außer Betracht.

2. Wer als Beamter berufen werden soll, hat nachzuweisen, daß er und sein Ehegatte deutschblütig sind; er hat einen Fragebogen nach Formblatt 2 und, wenn er verheiratet ist, eine Anzeige nach Formblatt 3 auszufüllen. Der Beamte, der eine Ehe eingehen will, hat vor der Eheschließung nachzuweisen, daß sein künftiger Ehegatte deutschblütig ist. Bei der Anzeige ist Formblatt 3 auszufüllen[8a]).

3. Für den Nachweis der Abstammung genügt im allgemeinen die Vorlegung der Geburtsurkunden des Beamtenanwärters, seines Ehegatten oder des künftigen Ehegatten des Beamten sowie der Heirats- und Geburtsurkunden ihrer Eltern und der Geburtsurkunden der Großeltern. Bei Ehrenbeamten kann von der Vorlage der Geburtsurkunden der Eltern und Großeltern abgesehen werden, wenn keine Bedenken gegen die Annahme bestehen, daß sie deutschblütig sind. An Stelle der Urkunden kann auch der Ahnenpaß vorgelegt werden[9]).

4. Ist der Erzeuger eines unehelichen Kindes unbekannt, geben insbesondere standesamtliche Eintragungen, Gerichtsakten usw. keinen Aufschluß über ihn, so gilt ein von einer deutschblütigen Mutter geborenes Kind bis zum Beweise des Gegenteils als deutschblütig, sofern nicht besondere Umstände dagegen sprechen.

5. Der Dienstvorgesetzte entscheidet, ob der Abstammungsnachweis erbracht ist. Geben bestimmte Anhaltspunkte Anlaß zu Zweifeln, ob der Beamtenanwärter, sein Ehegatte oder der künftige Ehegatte des Beamten deutschblütig ist, so hat der Dienstvorgesetzte einen Abstammungsbescheid der Reichsstelle für Sippenforschung einzuholen[10]).

6. Schließt ein Beamter die Ehe, bevor der Dienstvorgesetzte entschie-

---

c) Bei der Beurteilung, ob jemand Jude ist oder nicht, ist grundsätzlich nicht die Zugehörigkeit zur jüdischen Religionsgemeinschaft, sondern zur jüdischen Rasse maßgebend. Um Schwierigkeiten bei der Beweisführung auszuschließen, ist aber ausdrücklich bestimmt, daß ein Großelternteil, der der jüdischen Religionsgemeinschaft angehört hat, ohne weiteres als Angehöriger der jüdischen Rasse gilt; ein Gegenbeweis ist nicht zulässig.

d) Jüdischer Mischling ist, wer von einem oder zwei der Rasse nach volljüdischen Großelternteilen abstammt, sofern er nicht nach den Vorschriften des Abs. (2) a) unter *a—d* als Jude gilt.

f) Im Geschäftsverkehr sind künftig in der Regel folgende Bezeichnungen zu verwenden:
für einen jüdischen Mischling mit zwei volljüdischen Großeltern
Mischling ersten Grades,
für einen jüdischen Mischling mit einem volljüdischen Großelternteil
Mischling zweiten Grades,
für eine Person deutschen oder artverwandten Blutes
Deutschblütiger.

[8a]) Vgl. RdErl. des RuPrMdI. v. 8. 9. 1937 (RMBliV. S. 1504) betr. Vorlage der Anzeige der Beamten des höheren Dienstes der allgemeinen u. inneren Verwaltung an den RuPrMdI.

[9]) Vgl. RdErl. des RuPrMdI. betr. Verwendung von Ahnenpässen v. 16. 2. 1937 (RMBliV. S. 293).

[10]) Vgl. Bekanntmachung v. 5. 3. 1935 (RAnz. Nr. 58) und Erl. v. 6. 7. 1936 (RMBliV. S. 951).

den hat, daß gegen die Eheschließung nach § 25 Abs. 2 nichts einzuwenden sei, so macht er sich einer Pflichtverletzung schuldig. Außerdem findet § 59 Abs. 1 Satz 2 auf ihn keine Anwendung.

Zu § 26.

1. Bis zum Erlaß weiterer Vorschriften über den Reichsbürgerbrief genügt es für die Ernennung, daß der Beamte das vorläufige Reichsbürgerrecht besitzt[11]) oder daß keine Tatbestände vorliegen, die den Anwärter von dem Erwerb des vorläufigen Reichsbürgerrechts ausgeschlossen hätten, wenn er am 30. September 1935 das zwanzigste Lebensjahr vollendet hätte; als solcher Tatbestand gilt nicht der Besitz einer fremden Staatsangehörigkeit am 30. September 1935, wenn nachträglich die deutsche Staatsangehörigkeit erworben worden ist.

2. Die Feststellung, ob der Beamtenanwärter die Gewähr dafür bietet, daß er jederzeit rückhaltlos für den nationalsozialistischen Staat eintritt, ist nach Anhörung der durch Anordnung des Stellvertreters des Führers mit der Ausstellung von politischen Begutachtungen beauftragten Hoheitsträger der NSDAP. zu treffen. Glaubt der Dienstvorgesetzte, dem Urteil des Hoheitsträgers nicht folgen zu können, so hat er der obersten Dienst- oder Aufsichtsbehörde auf dem Dienstwege zu berichten; diese entscheidet unter Beteiligung des Stellvertreters des Führers.

3. Erhält ein Beamter, der Amtsträger der NSDAP. ist, von einer hierzu befugten Parteidienststelle den Auftrag, sich über die politische Einstellung eines Beamten zu äußern, so ist er von der Verpflichtung zur Amtsverschwiegenheit insoweit zu befreien, als nicht dringende staatliche Belange entgegenstehen. Erscheint es ihm erforderlich, oder wird er von der Verpflichtung zur Amtsverschwiegenheit nicht befreit, so kann er den Antrag auf Befreiung unmittelbar bei dem nächsthöheren Dienstvorgesetzten stellen.

Zu § 27.

1. Vor der Berufung zum Beamten ist zu prüfen, ob der Anwärter gesund ist, sich in geordneten wirtschaftlichen Verhältnissen befindet und guten Leumund hat. Ferner ist ein Auszug aus dem Strafregister einzufordern; kann die dafür zuständige Stelle nach den geltenden Bestimmungen Auskunft aus dem Strafregister nicht verlangen, so fordert die auskunftberechtigte vorgesetzte oder Aufsichtsbehörde den Strafregisterauszug an.

2. Bei Versetzungen — auch zu einem anderen Dienstherrn — und bei Beförderungen brauchen die Worte „unter Berufung in das Beamtenverhältnis" nicht erneut ausgesprochen zu werden.

---

[11]) Vgl. Anm. 7.

Zu § 28.

1. Die Urkunde mit den Worten „auf Lebenszeit" stellt, sofern diese Worte nicht schon in der Ernennungsurkunde enthalten sind, die oberste Dienstbehörde oder die ihr nachgeordnete, zur Ernennung des Beamten ermächtigte Dienststelle aus. Ist der Beamte zum Beamten auf Lebenszeit ernannt, so braucht dies bei Versetzungen und Beförderungen nicht erneut ausgesprochen zu werden.

2. Als Voraussetzung für die Anstellung auf Lebenszeit tritt an Stelle der Prüfungen bei auf Probe angestellten Versorgungsanwärtern die Bestätigung in ihrer Stelle (§ 50 der Anstellungsgrundsätze)[12]).

3. Die Frist von fünf Jahren für die Führung des Amts bis zur Anstellung auf Lebenszeit beginnt mit dem Zeitpunkt, an dem dem Beamten unter Berufung in das Beamtenverhältnis das Amt übertragen ist. Hat der in das Beamtenverhältnis Berufene bereits unmittelbar vor seiner Berufung auf Grund einer gesetzlichen Vorschrift das Amt geführt, so beginnt die fünfjährige Frist mit der tatsächlichen Führung des Amts. Die Frist wird nicht dadurch unterbrochen, daß ihm in seiner Laufbahn ein anderes Amt übertragen wird.

Zu § 30.

1. § 30 enthält keine zeitliche Beschränkung für die Anstellung von Beamten auf Lebenszeit, sondern bringt die Verpflichtung, den darin bezeichneten Beamten spätestens nach sechs Jahren auf Lebenszeit anzustellen.

2. Die Frist von sechs Jahren beginnt mit der ersten Einweisung in eine Planstelle. Das gilt auch für die Fälle, in denen der Beamte schon vor dem 1. Juli 1937 in die Planstelle eingewiesen ist. Die in Planstellen bei verschiedenen Behörden verbrachte Dienstzeit ist zusammenzurechnen.

3. Bei Beamten auf Widerruf des unteren Dienstes, die ohne Vorbereitungsdienst und Prüfung unmittelbar in Planstellen auf Probe angestellt werden (§ 47 der Anstellungsgrundsätze)[13]), soll die Bewährungsfrist höchstens betragen

a) für Inhaber des Zivildienst- oder des Polizeiversorgungsscheins mit achtjähriger oder längerer Militär- oder Polizeidienstzeit zwei Jahre,

b) für Inhaber des Zivildienst- oder des Polizeiversorgungsscheins mit geringerer als achtjähriger Militär- oder Polizeidienstzeit drei Jahre,

c) für Inhaber des Anstellungs- oder des Beamtenscheins und für Zivilanwärter fünf Jahre.

---

[12]) Abgedr. S. 199.
[13]) Abgedr. S. 198.

Zu § 33.

An die Stelle des im Abs. 2 genannten Reichsministers tritt der Preußische Ministerpräsident für Beamte der zu seinem unmittelbaren Geschäftsbereich gehörenden Verwaltungen und Betriebe und der Preußische Finanzminister für Beamte der zu seinem Geschäftsbereich gehörenden Verwaltungen und Betriebe.

Zu § 35.

1. Die Laufbahnen der Beamten gliedern sich in vier Laufbahngruppen, und zwar:

Nr.	Laufbahngruppe Bezeichnung	umfassend die Beamten, die nach den bestehenden Grundsätzen in der Regel zuerst angestellt werden in einer Planstelle der Reichsbesoldungsgruppen
I	des unteren Dienstes	A 12 bis A 9 einschließlich
II	des einfachen mittleren Dienstes	A 8 bis A 4d einschließlich
III	des gehobenen mittleren Dienstes	A 4c 2 bis A 3 einschließlich
IV	des höheren Dienstes	A 2c 2

Im Zweifel entscheidet die oberste Dienstbehörde im Einvernehmen mit den Reichsministern des Innern und der Finanzen darüber, welcher der vorgenannten Laufbahngruppen ein Beamter angehört. Eine Laufbahn ist einer anderen gleichwertig, wenn sie derselben Laufbahngruppe angehört.

2. Die Versetzung wird mit dem in der Versetzungsverfügung angegebenen Zeitpunkt wirksam. Ist ein Zeitpunkt nicht angegeben, so wird sie mit dem Tage wirksam, an dem sie dem Beamten mitgeteilt ist. Einer Entlassungsurkunde bedarf es nicht. Die Versetzung ist von der Stelle auszusprechen, in deren Geschäftsbereich der Beamte versetzt werden soll.

3. Abs. 1 Satz 1 gestattet in Verbindung mit § 166, Beamte des Reichs und der Länder untereinander, jedoch nicht in den Dienst einer Gemeinde, eines Gemeindeverbandes oder einer sonstigen Körperschaft des öffentlichen Rechts zu versetzen. Abs. 2 ermöglicht, mittelbare Reichsbeamte auf Lebenszeit, die nicht Beamte der Länder sind, untereinander, jedoch nicht in den Dienst des Reichs oder der Länder zu versetzen. Zu Abs. 2 gilt das zu § 33 Bestimmte.

4. Soll ein Beamter aus Gründen versetzt werden, die mit seiner Tätigkeit für die NSDAP., ihre Gliederungen oder angeschlossenen Ver-

bände zusammenhängen, so soll dies nur im Benehmen mit dem Stellvertreter des Führers geschehen.

5. Als Ortsgruppenleiter im Sinne des Absatzes 3 gelten auch die Stützpunktleiter der NSDAP.

Zu § 37.

1. Solange der Führer und Reichskanzler keine neuen Bestimmungen über die Amtsbezeichnung der Beamten erlassen hat, verbleibt es bei den bisherigen Bestimmungen.

2. Der Beamte darf nur solche Titel führen, die staatlich verliehen sind. Staatlich verliehene Titel sind auch die bisher in einzelnen Ländern verliehenen über die Besoldungsgruppe hinausgehenden Amtsbezeichnungen. Bezeichnungen, die weder Titel sind noch eine Berufsbezeichnung bedeuten, sondern lediglich die Zugehörigkeit zu Vereinigungen oder bestimmte Leistungen bezeichnen (z. B. Mitglied der Akademie für Deutsches Recht, Verwaltungsakademie-Diplominhaber u. dgl.), darf der Beamte außerhalb des Dienstes seiner Amtsbezeichnung zusetzen; im Dienst sind solche Bezeichnungen nicht erlaubt.

3. Die in besonderen gesetzlichen Vorschriften, z. B. im § 5 des Gesetzes zur Wiederherstellung des Berufsbeamtentums[14]) im Artikel 1 der Personalabbauverordnung[15]) und den entsprechenden Vorschriften der Länderrechte vorgesehene Regelung, daß der Beamte auch nach Übertritt in ein anderes Amt seine bisherige Amtsbezeichnung weiterführt, bleibt unberührt. Das gleiche gilt für die auf Grund des § 23 des Gesetzes zur Änderung von Vorschriften auf dem Gebiete des allgemeinen Beamten-, des Besoldungs- und des Versorgungsrechts vom 30. Juni 1933 vor dem 1. Juli 1937 in ein anderes Amt übergetretenen Beamten.

4. Die Vorschrift, nach der die im Abs. 2 bezeichneten Beamten sowie Warte- und Ruhestandsbeamte eine geänderte Amtsbezeichnung führen dürfen, bezieht sich nur auf Änderungen, die nach dem 1. Juli 1937 erfolgen. Darüber hinaus wird diesen Beamten, soweit es sich nicht um Ruhestandsbeamte mit verkürztem gesetzlichem Ruhegehalt handelt, gestattet, die nach dem 30. Januar 1933 geänderten Amtsbezeichnungen zu führen. Die das Ruhegehalt regelnden Behörden dürfen die Amtsbezeichnung anwenden, die dem Beamten bei der Versetzung in den Ruhestand zustand.

5. Die vor dem 1. Juli 1937 auf ihren Antrag entlassenen Beamten mit Ausnahme der Gruppen von Ehrenbeamten, für die bisher eine andere Regelung galt, können die ihnen bei der Entlassung zustehende Amtsbezeichnung mit dem Zusatz a. D. führen, wenn sie sie nicht auf Grund eines Urteils eines Gerichts oder Dienststrafgerichts verloren haben oder

---

[14]) Vgl. RGBl. I 1933 S. 175.
[15]) Vgl. RGBl. I 1923 S. 999,

wenn sie nicht auf ihren unter Verzicht auf die Amtsbezeichnung oder den Titel gestellten Antrag entlassen sind. § 37 Abs. 4 gilt auch für sie.

6. Der Reichsminister der Justiz kann früheren, in eine andere Laufbahngruppe übergetretenen Gerichtsassessoren, wenn sie aus dem Beamtenverhältnis entlassen sind, im Einvernehmen mit der letzten obersten Dienstbehörde des Entlassenen erlauben, die Amtsbezeichnung Gerichtsassessor a. D. zu führen.

Zu § 38.

1. Dienstbezüge sind Geldbezüge, auf deren Gewährung der Beamte einen Rechtsanspruch hat, insbesondere solche, die durch Gesetz (Besoldungsgesetz, Besoldungsordnung, Satzung usw.) vorgeschrieben sind, dagegen nicht geldliche Leistungen, die auf Kannvorschriften beruhen (z. B. Unterhaltszuschüsse u. dgl.).

2. Wegen der Rückforderung zuviel gezahlter Dienst- und Versorgungsbezüge ist § 39 des Reichsbesoldungsgesetzes vom 16. Dezember 1927 in der Fassung nach § 50 des Reichsgesetzes vom 30. Juni 1933 [16]) mit zugehöriger Nr. 116a der Besoldungsvorschriften (Reichsbesoldungsbl. 1935 S. 21)[17]) auf alle Beamten anzuwenden.

3. Werden Dienst- oder Versorgungsbezüge nach dem Tage der Fälligkeit ausgezahlt, so besteht gegen die Zahlungspflichtigen kein Rechtsanspruch auf Verzinsung oder Ersatz des durch die spätere Auszahlung entstandenen Schadens.

Zu § 42.

An die Stelle der im Abs. 2 genannten obersten Reichsbehörde tritt der Preußische Ministerpräsident für Beamte der zu seinem unmittelbaren Geschäftsbereich gehörenden Verwaltungen und Betriebe und der Preußische Finanzminister für Beamte der zu seinem Geschäftsbereich gehörenden Verwaltungen und Betriebe.

Zu § 43.

Kapitel V des Reichsgesetzes vom 30. Juni 1933 bleibt mit Ausnahme seines § 23 Abs. 2 in Geltung[18]). Für die Rechtsverhältnisse der im § 24 dieses Gesetzes bezeichneten Beamten gelten vom 1. Juli 1937 ab die Vorschriften des Deutschen Beamtengesetzes.

Zu § 44.

Bis zum 1. Juli 1942 können in Preußen auch die Vizepräsidenten bei den Oberpräsidien, die Regierungsvizepräsidenten und der Polizeivizepräsident in Berlin, in den anderen Ländern auch die den Regierungs-

[16]) Abgedr. S. 275.
[17]) Abgedr. S. 353.
[18]) Abgedr. S. 253.

vizepräsidenten entsprechenden Beamten der allgemeinen und inneren Verwaltung jederzeit in den Wartestand versetzt werden.

Zu § 45.

Ist der Zeitpunkt der Versetzung in den Wartestand in der Urkunde nicht bestimmt, beginnt der Wartestand mit der Zustellung der Urkunde.

Zu § 46.

1. Für den Verlust der Nebenämter und Nebenbeschäftigungen bei Versetzung in den Wartestand gilt das zu § 13 Bestimmte sinngemäß.

2. Letzter Dienstvorgesetzter des Wartestandsbeamten ist der im Zeitpunkt der Versetzung in den Wartestand zuständige Dienstvorgesetzte.

3. Zur Bestreitung von Dienstaufwandskosten bestimmte Einkünfte sind Geldbezüge, die den Inhabern bestimmter Ämter zur pauschalen Abgeltung des mit dem Amt verbundenen persönlichen Aufwands (Repräsentation) gewährt werden. Auslagen für die mit dem Amt verbundenen sächlichen Bedürfnisse sind keine Dienstaufwandskosten.

Zu § 47.

1. Wegen des Begriffs „gleichwertige Laufbahn" vergleiche das zu § 35 Bestimmte.

2. Bei etwaigem Bedarf haben die obersten Dienstbehörden, wenn nicht nach ihrem Ermessen zwingende dienstliche Rücksichten entgegenstehen, solche Beamten der eigenen oder einer fremden Verwaltung heranzuziehen, die in den Wartestand versetzt werden sollen oder schon versetzt sind und deren weitere Verwendung wegen des Wertes ihrer Leistungen im staatlichen Interesse gelegen ist.

3. Die Erstattung des Unterschieds zwischen den früheren und den neuen Dienstbezügen kann der neue Dienstherr von dem früheren Dienstherrn nur für die nach dem 1. Juli 1937 in ein Amt einberufenen Wartestandsbeamten fordern.

Zu § 48.

Als voll verwendet gilt ein Wartestandsbeamter nur dann, wenn er von der Dienstbehörde bei der Einberufung eine dahingehende Mitteilung erhalten hat.

Zu § 51.

Reichsbürgerrecht im Sinne der §§ 51, 132 Abs. 2, § 133 Abs. 1 Nr. 4 ist nur das endgültige Reichsbürgerrecht, nicht das vorläufige Reichsbürgerrecht nach §§ 1 und 2 der Ersten Verordnung zum Reichsbürgergesetz vom 14. November 1935 (Reichsgesetzbl. I S. 1333)[19]).

---

[19]) Abgedr. S. 89.

Zu § 53.

1. Ist wegen mehrerer vorsätzlich begangener Straftaten auf eine Gesamtgefängnisstrafe von einem Jahr oder längerer Dauer erkannt, so treten die gleichen Folgen ein. Ist wegen vorsätzlicher und fahrlässiger Handlungen auf eine Gesamtstrafe erkannt, so gelten nur die für Vorsatz erkannten Einsatzstrafen. Mit der Rechtskraft des Urteils enden auch alle dem Beamten übertragenen Nebenämter.

2. § 53 gilt auch für Ehrenbeamte.

Zu § 55.

1. Als Bezüge, die der Beamte nach § 55 Abs. 1 nachträglich zu erhalten hat, gelten nur die Bezüge des Hauptamts ohne Dienstaufwandskosten.

2. Als Arbeitseinkommen, das sich der Beamte nach § 55 Abs. 7 anrechnen lassen muß, gilt alles Einkommen, das nach den Steuergesetzen als Arbeitseinkommen zu behandeln ist.

Zu § 56.

Der Dienstvorgesetzte soll das Ausscheiden aus dem Beamtenverhältnis, den Tag des Ausscheidens und die Gründe dafür dem Beamten schriftlich bekannt geben (§ 163).

Zu § 59.

§ 59 bezieht sich auch auf die Fälle, in denen bei der Prüfung nach dem Gesetz zur Wiederherstellung des Berufsbeamtentums oder nach § 1 a des Reichsbeamtengesetzes angenommen worden ist, daß der Beamte oder sein Ehegatte deutschen oder artverwandten Blutes ist.

Zu § 60.

1. Dem Verlangen eines Beamten auf Lebenszeit oder auf Widerruf nach Entlassung braucht nicht entsprochen zu werden, wenn er die Verpflichtung übernommen hat, eine bestimmte Zeit im Dienst zu bleiben.

2. Für die Dauer des Aufbaus der Wehrmacht braucht Anträgen von Beamten der Wehrmacht auf Entlassung nicht entsprochen zu werden.

3. Ein im Dienst des Reichs oder eines Landes stehender Beamter darf zu einem anderen Dienstherrn oder zu einer anderen Verwaltung nur nach Einvernehmen der beiden Verwaltungen übertreten.

Zu § 61.

Von der Entlassung von Postagenten, Poststelleninhabern und Inhabern von Post- und Telegraphenhilfsstellen bei Erreichung der Altersgrenze kann bis zum 1. Juli 1942 abgesehen werden.

Zu § 62.

1. Wenn der Widerruf zu einem späteren Zeitpunkt als dem der Mitteilung wirksam wird, so erhält der Beamte die vollen Dienstbezüge bis Ende des Monats, in dem dieser Zeitpunkt liegt.

2. Das Übergangsgeld ist von der Behörde festzusetzen, die die Dienstbezüge festsetzt. Es ist beim Ausscheiden in einer Summe zu zahlen und bei dem Haushaltstitel zu buchen, aus dem das Diensteinkommen gezahlt wurde.

3. Zu den Dienstbezügen, nach denen das Übergangsgeld zu berechnen ist, rechnen nicht Dienstaufwandskosten, Gebührenanteile der Gerichtsvollzieher, Kleidergeld und dergleichen.

4. Wird das Beamtenverhältnis durch Dienst bei der Wehrmacht oder durch Kriegsdienst unterbrochen, so ist diese Zeit bei der Berechnung des Übergangsgeldes zu berücksichtigen.

5. Erhält der durch Widerruf Entlassene als Versorgungsanwärter Übergangsbezüge, so steht dies im Sinne des § 62 Abs. 3 Nr. 2 dem Bestehenbleiben eines hauptberuflichen Beamtenverhältnisses gleich.

Zu § 63.

1. Von der Entlassung verheirateter weiblicher Postagenten, Poststelleninhaber und Inhaber von Post- und Telegraphenhilfsstellen kann bis auf weiteres abgesehen werden.

2. Fällt die dauernde wirtschaftliche Versorgung nachträglich weg, und beantragt der ausgeschiedene weibliche Beamte aus diesem Grunde seine Wiederbeschäftigung im öffentlichen Dienst, so soll der Antrag nach Möglichkeit berücksichtigt werden.

Zu § 64.

Die Abfindungssumme ist von der Behörde festzusetzen, die für die Festsetzung des Ruhegehalts (§ 126) zuständig wäre. Die Abfindungssumme ist beim Ausscheiden in einer Summe fällig. Sie ist einkommensteuerfrei.

Zu § 65.

Als Dienstzeit gilt auch die Wartestandszeit und bei Lehrerinnen die an staatlich anerkannten Privatschulen verbrachte Dienstzeit. Eine Privatschule gilt dann als staatlich anerkannt, wenn sie in allen wesentlichen Beziehungen ähnlich den Landes- und Gemeindeschulanstalten, welche die nämlichen Zwecke verfolgen, eingerichtet ist. Das Übergangsgeld nach § 62 und das Übergangsgeld für Angestellte sind keine Abfindung im Sinne des § 65.

Zu § 66.

Für die Mitteilung der schriftlichen Verfügung über die Entlassung gilt § 163.

Zu § 68.

1. Die in § 68 Abs. 1 Satz 1, § 172 vorgesehenen und die auf Grund des § 68 Abs. 1 Satz 2 festgesetzten Altersgrenzen sind auch maßgeblich für die Anwendung des § 4 Abs. 2 der Ersten Verordnung zum Reichsbürgergesetz vom 14. November 1935 (Reichsgesetzbl. I S. 1333)[20].

2. Beamte, die bis Ende August 1937 die Altersgrenze erreichen, treten erst mit Ende September 1937 in den Ruhestand, soweit sie nicht nach bisherigem Recht zu einem früheren Zeitpunkt in den Ruhestand zu treten haben.

3. Für eine vor dem 1. Juli 1937 beschlossene Verlängerung der Altersgrenze bedarf es keines erneuten Beschlusses.

Zu § 71.

Der Dienstvorgesetzte veranlaßt die zur Aufklärung des Sachverhalts erforderlichen Ermittlungen und legt sie mit einer Äußerung des Beamten der obersten Dienstbehörde vor. Hält diese nach den Ermittlungen den Verdacht eines Tatbestandes nach § 71 Abs. 1 für gegeben, so leitet sie das Untersuchungsverfahren ein und ernennt den Untersuchungsführer. Für das Verfahren gelten die §§ 45, 46, 47, 51 der Reichsdienststrafordnung sinngemäß. Eidliche Zeugenvernehmungen in einem vorangegangenen Strafverfahren oder Dienststrafverfahren können verwertet werden. Bei Austritt oder Ausschluß eines Beamten aus der NSDAP. ist ein Untersuchungsverfahren einzuleiten, wenn der Stellvertreter des Führers dies beantragt[21]). Die oberste Dienst- oder Aufsichtsbehörde teilt dem Stellvertreter des Führers den Ausgang des Verfahrens mit.

Zu § 73.

1. Die Fristen des Absatzes 1 beginnen mit dem 1. Juli 1937.

2. Der Zeitraum von mehr als drei Monaten ist auch dann erfüllt, wenn der Beamte innerhalb von sechs Monaten mit Unterbrechungen mehr als drei Monate keinen Dienst getan hat.

3. Hat ein Dienstvorgesetzter die ärztliche Untersuchung oder Beobachtung angeordnet, so trägt die Dienststelle dic dadurch entstandenen Kosten.

Zu § 75.

Verfahren auf zwangsweise Versetzung in den Ruhestand, die am 1. Juli 1937 noch nicht beendet sind, sind unter Berücksichtigung der bisherigen Feststellungen nach neuem Recht durchzuführen. An die Stelle

---

[20]) Abgedr. S. 81.

[21]) Vgl. RdErl. des RuPrMdI. v. 27. 2. 1936 (RMBliV. S. 275) betr. Austritt von Beamten aus der NSDAP.

des Rekurses oder eines anderen Rechtsmittels tritt die Entscheidung der obersten Dienstbehörde nach § 75 Abs. 4 Satz 4.

Zu § 77.

1. Wegen des Begriffs „gleichwertige Laufbahn" vergleiche das zu § 35 Bestimmte.

2. Kommt ein Beamter seiner Verpflichtung nach § 47 Abs. 2, § 48 Abs. 2 nicht nach, so ist die vorgeschriebene Feststellung unverzüglich zu treffen.

3. Ein Beamter, dem vor dem 1. Juli 1937 ein Amt einer nicht gleichwertigen Laufbahn übertragen worden ist, tritt aus seinem bisherigen Amt spätestens mit Ende Juli 1937 in den Ruhestand.

Zu § 80.

1. Abs. 2 gilt nicht für Beförderungen, die bereits vor dem 1. Juli 1937 ausgesprochen worden sind.

2. (1) Eingangsstelle einer Laufbahn (Abs. 2) ist deren niedrigste Planstelle, d. h. die Planstelle, in der ein Beamter der betreffenden Laufbahn nach den bestehenden Grundsätzen zuerst angestellt wird. Für einen Beamten, der Laufbahnen mehrerer Laufbahngruppen (vgl. das zu § 35 Nr. 1 Bestimmte) angehört hat, ist die Eingangsstelle der Laufbahn maßgebend, in der er sich beim Eintritt des Versorgungsfalls befindet.

(2) Die Dienstbezüge nach einer für die Laufbahn eines Beamten nicht als Eingangsstelle dienenden Besoldungsgruppe sind hiernach als ruhegehaltfähig zu berücksichtigen, wenn er sie seit dem Zeitpunkt, zu dem ihm die seinem Amt entsprechende Planstelle verliehen worden ist, mindestens ein Jahr bezogen hat. Hat der Beamte die Dienstbezüge nicht ein Jahr lang bezogen, so ist er versorgungsrechtlich so zu behandeln, als ob er bis zum Eintritt des Versorgungsfalls in dem vorher bekleideten Amt verblieben wäre.

Zu § 81.

1. Abs. 1 Nr. 3 gilt bei unbesoldeten Beamten nur für einen Urlaub, der bei besoldeten Beamten unter Fortfall der Dienstbezüge gewährt wird.

2. Unter Abfindung oder Übergangsgeld im Sinne von Abs. 1 Nr. 5 ist auch jede Abfindung oder jedes Übergangsgeld auf Grund früherer Bestimmungen zu verstehen, sofern das Übergangsgeld oder die Abfindung nicht bereits vor Verkündung des Gesetzes zurückgezahlt ist. Rückzahlungen, die nach dem 27. Januar 1937 vorgenommen sind, sind unwirksam; die betreffenden Beträge sind dem Beamten wieder zu erstatten.

Zu § 82.

1. Dienst in der Wehrmacht (Nr. 1) ist der Dienst als Soldat in der ehemaligen und neuen Wehrmacht.

2. (1) Eine bei der Marine auf einer Seereise in außerheimischen Gewässern bei ununterbrochenem Bordkommando zugebrachte Dienstzeit deren Dauer mindestens sechs Monate beträgt, wird angerechnet:

a) soweit der Beamte sie nach vollendetem siebenundzwanzigsten Lebensjahr, aber vor seiner Ernennung zum Beamten abgeleistet hat, doppelt;

b) in sonstigen Fällen, also auch wenn sie vor das siebenundzwanzigste Lebensjahr fällt, einfach.

(2) Das gleiche gilt für die Zeit der Verwendung als Soldat in den ehemaligen deutschen Schutzgebieten und deren Hinterländern, im Dienst des Reiches oder im Dienst der Schutztruppen in Afrika, sofern sie mindestens sechs Monate ohne Unterbrechung gedauert hat.

(3) Soweit die vorstehend erwähnten Dienstzeiten Kriegsdienstzeiten sind, richtet sich ihre Anrechnung ausschließlich nach § 83 in Verbindung mit § 82 Nr. 1.

(4) Die Gewässer, die als außerheimische gelten, werden durch Verordnung der Reichsregierung näher bezeichnet.

3. Der freiwillige nationalsozialistische Arbeitsdienst steht dem Reichsarbeitsdienst (Nr. 2) gleich (vgl. § 179 Abs. 10).

4. Die Beschäftigung im Sinne des § 82 Nr. 3 muß eine beamtenähnliche, d. h. eine solche gewesen sein, die im allgemeinen von Beamten wahrgenommen wird.

5. Dem Inhaber eines Versorgungsscheins steht der Inhaber eines Anstellungsscheins gleich. Personen, die mit Ablauf eines bestimmten Tages einen gesetzlichen Anspruch auf Zuteilung eines Versorgungsscheins hatten, denen dieser Versorgungsschein indessen ohne ihr Verschulden verspätet ausgehändigt worden ist, gelten von dem Tage an als Inhaber eines Versorgungsscheins, an dem der Schein hätte ausgehändigt werden müssen. Der Zeitraum, um den es sich handelt, ergibt sich aus dem Vermerk, den der Versorgungsschein in solchen Fällen enthält.

Zu § 83.

1. § 83 behandelt nur die Erhöhung der ruhegehaltsfähigen Dienstzeit durch Teilnahme an einem Kriege. Die Kriegszeit wird hiernach angerechnet:

a) wenn sie vor Vollendung des siebenundzwanzigsten Lebensjahres liegt, nur mit der Erhöhung nach § 83,

b) wenn sie nach Vollendung des siebenundzwanzigsten Lebensjahres, aber vor der Ernennung zum Beamten liegt, als Dienst in der Wehrmacht nach § 82 Nr. 1 und außerdem mit der Erhöhung nach § 83,

c) wenn sie nach Vollendung des siebenundzwanzigsten Lebensjahres und nach Ernennung zum Beamten liegt, als Beamtendienstzeit nach § 81 und außerdem mit der Erhöhung nach § 83, soweit sie jedoch als Beamtendienstzeit nach § 81 Abs. 1 Nr. 1, 2, 3 oder 6 unberücksichtigt bleibt, nach den Grundsätzen unter Buchstabe b.

2. Was als Krieg und Kriegsdienstzeit gilt, unter welchen Voraussetzungen bei Kriegen von längerer Dauer mehrere Kriegsjahre anzurechnen sind und ob Soldaten, die auf Befehl einem Kriege ausländischer Truppen beigewohnt haben, Kriegsjahre anzurechnen sind, bestimmt der Führer und Reichskanzler.

3. Die Grundsätze unter Nr. 1 gelten entsprechend für die Zeit einer Kriegsgefangenschaft.

4. Die Zeit einer Kriegsgefangenschaft wird weder als Dienstzeit nach § 81 oder § 82 Nr. 1 noch mit der Erhöhung nach § 83 angerechnet, wenn nachgewiesen wird, daß die Kriegsgefangenschaft durch böswilliges Verhalten oder Feigheit verursacht worden ist.

Zu § 84.

Bei der Ermittlung des Zeitraumes von sechs Monaten nach Abs. 1 sind die in außereuropäischen Ländern und auf Seereisen verbrachten Dienstzeiten zusammenzuzählen.

Zu § 85.

1. Die neue Berechnungsweise des Ruhegehalts unterstellt die Zurücklegung der bisher für die Entstehung des Ruhegehaltanspruchs notwendig gewesenen zehnjährigen Dienstzeit und nimmt das bisher durch Anrechnung von Vordienstzeiten gewollte Ergebnis insoweit teilweise vorweg. Diesem Umstand ist bei der Handhabung des Absatzes 1 Rechnung zu tragen.

2. Zeiten, die vor einem früheren Beamtenverhältnis liegen, dürfen nicht berücksichtigt werden, wenn die Zeit des früheren Beamtenverhältnisses selbst nach § 81 Abs. 2 nicht angerechnet wird.

3. Zeiten zwischen zwei Beamtenverhältnissen dürfen nur ausnahmsweise und nur dann berücksichtigt werden, wenn das frühere Beamtenverhältnis nicht durch Verschulden des Beamten endete. Ein Verschulden liegt nicht vor, wenn das Beamtenverhältnis wegen gesetzlicher Laufbahnvorschriften, wegen Dienstunfähigkeit oder Arbeitsmangels endete; gleiches gilt, wenn ein hochschulmäßig juristisch oder technisch vorgebildeter Beamter im Anschluß an die große Staatsprüfung von Amts wegen oder auf seinen Antrag entlassen worden ist.

Zu § 89.

Für einen Beamten, der Laufbahnen mehrerer Laufbahngruppen (vgl. das zu § 35 Bestimmte) angehört hat, ist die Laufbahn maßgebend, in der er sich beim Eintritt des Versorgungsfalles befindet.

Zu § 93.

1. Als „für ehelich erklärte Abkömmlinge" gelten auch die im § 1723 BGB.[22]) erwähnten Kinder.

2. Die Vorschriften des § 93 gelten auch in anderen als den in seinem Abs. 1 Satz 2 bezeichneten Fällen, in denen einem früheren Beamten zur Zeit seines Todes Versorgungsbezüge bewilligt waren, auf deren Gewährung ein Rechtsanspruch nicht bestanden hat, z. B. Gnadenbewilligungen in den Fällen der §§ 54, 132 DBG., §§ 64, 104 RDStO.

Zu § 97.

1. Zu den Beamten nach Abs. 1 zählen auch die im § 76 Abs. 1 und 2 aufgeführten Beamten auf Widerruf.

2. Wird eine neue Ehe einer Beamtenwitwe auf Nichtigkeits- oder Anfechtungsklage für nichtig erklärt, so wird für die Zeit, während der die neue Ehe bestand, kein Witwengeld gewährt. Für die Zeit nach rechtskräftiger Feststellung der Nichtigkeit besteht ein Anspruch auf Witwengeld nur dann, wenn die Witwe bei Eingehung der neuen Ehe die Nichtigkeit oder Anfechtbarkeit dieser Ehe nicht kannte.

Zu § 100.

Bei der Berechnung ist ein Unterhaltsbeitrag nach § 97 Abs. 3 außer Betracht zu lassen.

Zu § 107.

1. Als Dienstunfall gelten nicht solche fortwirkenden schädlichen Einflüsse des Dienstes, die allgemein zu einer Erkrankung des Beamten führen können.

2. Die Ausübung des Dienstes beginnt mit dem Betreten der Dienststelle, sofern nicht unmittelbar von der Wohnung aus eine Dienstreise oder ein Dienstgang angetreten wird. Unfälle auf Dienstreisen und Dienstgängen und während der dienstlichen Tätigkeit am Bestimmungsort der Dienstreise usw. sind Dienstunfälle.

3. Der Verletzte ist verpflichtet, sich einer dienstlich angeordneten ärztlichen Untersuchung und gegebenenfalls einer ärztlichen Beobachtung in einem Krankenhaus zu unterziehen. Die Kosten dieser Maßnahmen trägt die Verwaltung.

---

[22]) § 1723 BGB. lautet:

§ 1723.

Ein uneheliches Kind kann auf Antrag seines Vaters durch eine Verfügung der Staatsgewalt für ehelich erklärt werden.

Die Ehelichkeitserklärung steht dem Bundesstaate zu, dem der Vater angehört; ist der Vater ein Deutscher, der keinem Bundesstaat angehört, so steht sie dem Reichskanzler zu.

Über die Erteilung der einem Bundesstaate zustehenden Ehelichkeitserklärung hat die Landesregierung zu bestimmen.

4. Für einen Dienstunfall, den ein Beamter vor dem 27. Januar 1937 erlitten hat, wird nach den Vorschriften dieses Gesetzes nur Heilfürsorge gewährt. Im übrigen richtet sich die Unfallfürsorge für Unfälle, die sich vor diesem Zeitpunkt ereignet haben, auch dann nach bisherigem Recht, wenn das Beamtenverhältnis des durch den Unfall Verletzten erst nach dem Inkrafttreten des Gesetzes endet.

Zu § 109.

1. Das Heilverfahren kann auch in einer Krankenhausbehandlung bestehen; diese umfaßt Unterkunft, Verpflegung, ärztliche Behandlung, Pflege, Versorgung mit Arznei und anderen Heilmitteln. Über die Notwendigkeit der Krankenhausbehandlung entscheidet der behandelnde Arzt. Der Dienstvorgesetzte kann mit der Feststellung der Notwendigkeit auch einen beamteten Arzt beauftragen. Als Krankenhäuser im Sinne dieser Vorschrift gelten nicht Genesungs- und Erholungsheime, auch wenn sie mit Krankenhäusern verbunden sind. Bei Behandlung in Privatkliniken sind die Vorschriften der Beihilfengrundsätze für die Reichsverwaltung sinngemäß anzuwenden (RBB. 1928 S. 197 und die hierzu ergangenen Änderungen und Ergänzungen)[23]). Die Kosten der Behandlung in einer Privatklinik, die unzweifelhaft auch in einem Krankenhaus entstanden wären, sind erstattungsfähig. Erstattet werden in der Regel nur die Kosten der dritten Klasse des Krankenhauses. Wenn der Zustand des Verletzten oder die Schwere seines Leidens es erfordern oder andere ärztliche Gründe dafür sprechen, können auch die Kosten einer anderen Klasse erstattet werden.

2. Der Verletzte ist verpflichtet, sich einer Krankenhausbehandlung oder Heilanstaltspflege zu unterziehen, wenn nach dem Gutachten des behandelnden Arztes

a) die Art der Verletzung eine Behandlung oder Pflege verlangt, die in der Familie des Verletzten nicht möglich ist,

b) der Zustand oder das Verhalten des Verletzten eine fortgesetzte Beobachtung erfordert,

c) die Behandlung oder Pflege notwendig ist, weil der Verletzte wiederholt den Anordnungen des behandelnden Arztes zuwidergehandelt hat.

In anderen Fällen bedarf es der Zustimmung des Verletzten.

3. (1) Die Versorgung mit „Heilmitteln" schließt auch die Gewährung von Badekuren ein; Badekuren sollen jedoch nur dann bewilligt werden, wenn andere Behandlungsverfahren keinen genügenden Erfolg haben oder in absehbarer Zeit erwarten lassen.

---

[23]) Abgedr. S. 447.

(2) Kosten für Badekuren werden nur erstattet, wenn die oberste Dienstbehörde auf Grund des Gutachtens eines beamteten Arztes zu solchen Heilverfahren vorher ihre Zustimmung erteilt hat. Die oberste Dienstbehörde kann diese Befugnis auf die ihr unmittelbar nachgeordneten Dienstbehörden übertragen.

4. Die vorgesetzte Dienstbehörde kann anordnen, daß das Heilverfahren ganz oder teilweise von der Verwaltung selbst durchgeführt wird. Durch die Anordnung fällt der Anspruch auf Erstattung von baren Auslagen weg, soweit sie nicht auf Grund von Maßnahmen entstehen, die vor der Anordnung getroffen worden sind. Inwieweit diese Auslagen zu erstatten sind, entscheidet die vorgesetzte Dienstbehörde.

5. Soweit die Verwaltung nicht selbst das Heilverfahren durchführt, wird der Anspruch des Verletzten auf Heilverfahren dadurch erfüllt, daß die ihm erwachsenen notwendigen baren Auslagen erstattet werden; die vorgesetzte Dienstbehörde kann aber in geeigneten Fällen mit Zustimmung des Verletzten die Aufwendungen für das Heilverfahren in Form einer jederzeit widerruflichen Zuwendung ablösen.

6. Die dem Dienstvorgesetzten übergeordnete Dienstbehörde kann anordnen, daß für die Dauer einer Krankenhausbehandlung oder einer gewährten Badekur von den laufenden Bezügen des Verletzten, mit Ausnahme der Kinderzuschläge, bis zu $33^1/_3$ vom Hundert einbehalten werden. Ist der Verletzte bei der obersten Dienstbehörde beschäftigt, so trifft diese die Anordnung. Die Einbehaltung soll nur erfolgen, wenn anzunehmen ist, daß der Verletzte Aufwendungen für Beköstigung usw. spart. Diese Bestimmung gilt sinngemäß auch für die Fälle, in denen das Heilverfahren von der Verwaltung selbst durchgeführt wird (vgl. Nr. 4). Die Beträge, deren Einbehaltung zulässig ist, können auch nachträglich von den zu erstattenden Kosten abgezogen werden.

7. Zu den „Hilfsmitteln" (§ 109 Nr. 3) gehören nicht nur Gebrauchsmittel oder Gegenstände, die unmittelbar die Dienst- oder Erwerbsfähigkeit heben, sondern auch solche, die notwendig sind, um den Allgemeinzustand des Verletzten zu bessern, körperliche Beschwerden zu beseitigen oder eine Verschlimmerung zu verhüten. Was als „Hilfsmittel" anzusehen ist, richtet sich nach den Umständen des Einzelfalles. Im allgemeinen gehören hierzu orthopädische Gebrauchsgegenstände (Krücken, fahrbare Stühle usw.). Zur Gewährung von Hilfsmitteln gehören auch die zur Instandhaltung und Erneuerung der Hilfsmittel notwendigen Auslagen.

Zu § 111.

Der Zuschlag zum Ruhegehalt nach Abs. 4 ist ein Pflegegeld, kein Ruhegehalt, da er nur für die Dauer der Hilflosigkeit gewährt werden darf, sich also in der Hauptsache nach dem tatsächlichen Aufwand richtet.

Zu § 112.

Dienstbezüge der Planstelle sind Dienstbezüge aus der untersten Dienstaltersstufe.

Zu § 115.

Das Maß der Erhöhung über 20 vom Hundert bestimmt endgültig die oberste Dienstbehörde; sie kann diese Befugnis auf die ihr unmittelbar nachgeordneten Dienstbehörden übertragen. Bei Besserung der Erwerbsfähigkeit der Witwe ist das Witwengeld wieder herabzusetzen.

Zu § 116.

Waisengeld wird nur den elternlosen Enkeln gezahlt, die der Verstorbene zur Zeit seines Todes unentgeltlich unterhalten hat. Es genügt also nicht, daß gelegentlich den Enkeln Unterhalt gewährt worden ist. Unentgeltliche Unterhaltsgewährung liegt schon dann vor, wenn der Verstorbene den Unterhalt des Kindes überwiegend bestritten hat.

Zu § 118.

Stehen der Witwe oder den Kindern nach den §§ 97ff. im einzelnen höhere Beträge an Witwen- und Waisengeld zu, als sie im einzelnen nach den §§ 115 und 116 beziehen würden, so erhalten sie die höheren Bezüge nach den §§ 97ff. Hiermit wird ausdrücklich ein persönliches Recht jedes einzelnen Berechtigten anerkannt. Demnach sind nicht die Gesamtbezüge der Hinterbliebenen an Witwen- und Waisengeldern gegenüberzustellen, sondern das Witwengeld nach § 115 ist mit dem Witwengeld nach § 98 und das Waisengeld nach § 116 mit dem nach § 99 zu vergleichen und dann je der höhere Betrag zu gewähren. Der Gesamtbetrag der Hinterbliebenenbezüge darf aber die gesetzlich vorgeschriebenen Höchstbeträge (§§ 100, 118 Abs. 2) nicht überschreiten. Für den Vergleich mit den allgemeinen Vorschriften kommen die Vorschriften über die Gewährung von Unterhaltsbeiträgen nicht in Betracht.

Zu § 119.

Ob und inwieweit bei einem Dienstunfall Ersatz für beschädigte oder zerstörte Kleidungsstücke oder für sonstige Gegenstände geleistet werden kann, entscheidet die oberste Dienstbehörde. Der Ersatz ist auf solche Kleidungsstücke und sonstige Gegenstände des täglichen Bedarfs zu beschränken, die der Beamte im Dienst benötigt oder mit sich zu führen pflegt.

Zu § 120.

Bei der Festsetzung des Unterhaltsbeitrags für einen Beamten ohne Dienstbezüge dienen die Leistungen der Angestelltenversicherung als Anhalt.

Zu § 121.

1. Die Höhe des Unterhaltsbeitrags bemißt sich nach dem Grade der Erwerbsbeschränkung, wie sie für den allgemeinen Arbeitsmarkt in Betracht kommt; der Grad der Erwerbsbeschränkung ist durch amtsärztliche Untersuchungen festzustellen. Ob und wann Nachuntersuchungen zum Zwecke der Neufestsetzung des Unterhaltsbeitrags vorzunehmen sind, bestimmt die oberste Dienstbehörde; sie kann diese Befugnis auf die ihr unmittelbar nachgeordneten Dienstbehörden übertragen. Im übrigen sind die zur Nachprüfung des Grades der Erwerbsbeschränkung erforderlichen Nachuntersuchungen zu den von dem beamteten Arzt zu bestimmenden Terminen vorzunehmen. Dem Empfänger eines Unterhaltsbeitrags, der sich ohne triftigen Grund der Nachuntersuchung entzieht, ist der Unterhaltsbeitrag ganz oder teilweise zu versagen. Die Entscheidung trifft in diesem Falle die oberste Dienstbehörde.

2. Der Unterhaltsbeitrag wird mit Ablauf des Monats erhöht, in dem der die Veränderung aussprechende Bescheid zugestellt ist. Bei einer Minderung des Unterhaltsbeitrags oder dessen Wegfall wird die Zahlung des bisherigen Betrages mit dem Ablauf des Monats eingestellt, der auf die Zustellung des die Veränderung aussprechenden Bescheides folgt.

3. Den Hinterbliebenen eines nach § 121 Unterhaltsbeitragsberechtigten wird Versorgung gewährt, die sich nach dem Grade der Erwerbsminderung des Verstorbenen bemißt, und zwar auch dann, wenn der Tod nicht die unmittelbare Folge des Unfalls war. Wenn der Tod die Folge des Unfalls war, wird der Bemessung der Versorgung in jedem Falle völlige Erwerbsunfähigkeit des Verstorbenen zugrunde gelegt. Über den ursächlichen Zusammenhang des Todes mit dem Unfall entscheidet die vorgesetzte Dienstbehörde. Hierbei ist die gutachtliche Äußerung des behandelnden Arztes zu würdigen. Der Arbeitslosenzuschlag im Sinne des Absatzes 2 bleibt bei dem Vergleich der Bezüge nach § 118 außer Ansatz. Der Gesamtbetrag der Hinterbliebenenversorgung darf den Betrag nicht überschreiten, den der Verstorbene zu Lebzeiten erhalten hat.

Zu § 122.

Die Unfallfürsorge kann auch teilweise entzogen werden. Die Entziehung kann darin bestehen, daß das Ruhegehalt oder der Unterhaltsbeitrag gekürzt wird oder daß eine Begrenzung der Kosten des Heilverfahrens eintritt. Über die Entziehung der Unfallfürsorge entscheidet in jedem Falle die oberste Dienstbehörde endgültig.

Zu den §§ 107 bis 125.

Die obersten Dienstbehörden sind berechtigt, im Einvernehmen mit dem Reichsminister der Finanzen für ihren Geschäftsbereich im Rahmen der gesetzlichen Bestimmungen ergänzende Vorschriften zu erlassen, soweit die Eigenart des Dienstes oder die Wahrung der Manneszucht dies erfordern.

Zu § 126.

1. Solange über die Zuständigkeiten nichts anderes bestimmt ist, gelten die bisherigen Anordnungen vorbehaltlich der Mitwirkung der nach dem Gesetz zu beteiligenden Stellen weiter.

2. Entscheidungen auf Grund von Kannvorschriften werden erst beim Eintritt des Versorgungsfalls getroffen. Zusicherungen dürfen insoweit vorher nicht gemacht werden.

3. Bewilligungen auf Grund von Kannvorschriften dürfen frühestens mit Wirkung vom Beginn des Antragsmonats an ausgesprochen werden.

4. Neben dem Wartegeld, Ruhegehalt und Witwengeld oder einem diesen Bezügen entsprechenden Unterhaltsbeitrag werden allgemein Kinderzuschläge nach den für die Beamten im Dienst geltenden Vorschriften gewährt. Nach denselben Vorschriften erhalten ledige waisengeldberechtigte Waisen den Kinderzuschlag bis zum vollendeten einundzwanzigsten Lebensjahr, wenn Witwengeld nicht zu zahlen ist.

Zu § 127.

1. (1) Dienstaufwandsgelder (Abs. 3) sind nur solche Einkommensteile, die tatsächlich einen Ersatz durch den Dienst bedingter besonderer Aufwendungen darstellen; nicht als Dienstaufwandsgelder gelten Bezüge, bei denen es sich tatsächlich um eine Vergütung für Arbeitsleistung oder um eine Entschädigung für Zeitversäumnis handelt, und zwar auch dann, wenn sie eine irreführende Bezeichnung tragen. Als Anhalt für die Beurteilung der Angemessenheit von Dienstaufwandsgeldern dienen die für Beamte festgesetzten Zuwendungen ähnlicher Art.

(2) Hat die Regelungsbehörde Bedenken, Einkommensteile, die als Dienstaufwandsgelder bezeichnet sind, als solche in voller Höhe anzuerkennen, oder kommt nach ihrer Ansicht ein Dienstaufwand nach Lage der Verhältnisse nicht in Frage, so holt sie eine Äußerung des zuständigen Finanzamts darüber ein, inwieweit diese Einkommensteile steuerrechtlich (§ 4 der Lohnsteuerdurchführungsverordnung vom 29. November 1934)[24]) nicht zum Arbeitslohn gerechnet werden. Einkommensteile, die steuerrechtlich Arbeitslohn sind, können grundsätzlich nicht als Dienstaufwandsgelder im Sinne der Ruhensvorschriften angesehen werden.

(3) Erscheint der Regelungsbehörde das Ausmaß, in dem nach Auskunft des Finanzamts Einkommensteile nicht zum Arbeitslohn rechnen, als Grundlage für die Anwendung der Ruhensvorschriften zu weitgehend, so führt sie die Entscheidung auf dem Dienstwege herbei.

---

[24]) Vgl. RStBl. 1934 S. 1489.

2. Von Dienstaufwandsgeldern und Auslandszulagen (Abs. 3) abgesehen, sind als Einkommen (Abs. 1 und 2) noch außer Betracht zu lassen:

a) Reisekosten und ähnliche Bezüge,
b) Zuwendungen aus Anlaß eines Dienstjubiläums, soweit sie 100 Reichsmark nicht übersteigen,
c) Beiträge (Beitragsanteile) des Dienstherrn zur Kranken-, Unfall-, Invaliden-, Angestellten- usw. Versicherung über die gesetzliche Verpflichtung hinaus sowie Beiträge des Dienstherrn an Zuschußkassen und dergleichen,
d) Krankengelder auf Grund der Sozialversicherung.

3. (1) Nach Abs. 4 ist jede Beschäftigung im Dienste des Reichs usw. „Verwendung im öffentlichen Dienst" im Sinne der Absätze 1 und 2. Es kommt also weder auf die Dauer der Beschäftigung noch darauf an, ob die Beschäftigungsstelle eine Behörde ist, ob die Beschäftigung im Beamten- oder Angestelltenverhältnis oder in anderer Form erfolgt oder aus welchen Mitteln die Vergütung für die Leistung fließt. Verwendung im öffentlichen Dienst ist daher auch die Tätigkeit als Notar (vgl. § 2 der Reichsnotarordnung). Keine Verwendung im öffentlichen Dienst ist jedoch eine Tätigkeit als gerichtlicher Sachverständiger sowie eine Tätigkeit, die unter das Umsatzsteuergesetz fällt.

(2) Die Ruhensvorschriften werden auch dann angewendet, wenn zu ihrer Umgehung die Formen und Gestaltungsmöglichkeiten des bürgerlichen Rechts mißbraucht werden.

4. Als Körperschaften, Anstalten und Stiftungen des öffentlichen Rechts (Abs. 4 Satz 1) sind, soweit es sich um erst nach dem 30. Januar 1933 geschaffene Einrichtungen handelt, nur solche zu verstehen, die durch Gesetz oder sonstigen Hoheitsakt die Rechte oder die Stellung einer Körperschaft usw. des öffentlichen Rechts erhalten haben.

5. Verbände von Körperschaften usw. des öffentlichen Rechts (Abs. 4 Satz 1) sind Zusammenschlüsse jeder Art ohne Rücksicht auf die Rechtsform und Bezeichnung. Zu ihnen gehört z. B. auch die Arbeitsgemeinschaft der Industrie- und Handelskammern in der Reichswirtschaftskammer.

6. Verwendung im öffentlichen Dienst liegt auch vor bei Unternehmungen, deren gesamtes Kapital sich — wenn auch über Zwischenglieder — in der Hand der im Abs. 4 Satz 2 bezeichneten Unternehmungen befindet.

Zu § 129.

1. Ob es sich bei der Beschäftigung, die zu dem neuen Versorgungsanspruch geführt hat, um eine „Verwendung im öffentlichen Dienst" handelt, ist nach § 127 Abs. 4 auf Grund des Tatbestandes der damaligen Beschäftigung zu beurteilen. Daß es sich um einen neuen Versorgungsbezug handeln muß, geht daraus hervor, daß der frühere geregelt werden soll.

Der Rechtsgrund des neuen Bezuges (Anspruch oder freiwillige Zuwendung) ist belanglos.

2. Der Begriff „ruhegehaltähnliche Versorgung“ umfaßt alle auf einem Dienstverhältnis beruhenden, nicht als Wartegeld oder Ruhegehalt gewährten laufenden Bezüge, soweit sie nicht aus Mitteln bestritten werden, zu deren Aufbringung der Bedienstete in einem nicht unwesentlichen Umfang beigetragen hat. Dies kann z. B. angenommen werden, wenn der Bedienstete von den laufenden Beiträgen für seine Versorgung satzungsgemäß mindestens ein Viertel aufgebracht hat.

Zu § 133.

Abs. 2 bietet keine Möglichkeit, ein erloschenes Waisengeld wieder aufleben zu lassen oder für ein Kind, das erst nach Vollendung des achtzehnten Lebensjahres Waise wird, Waisengeld zu gewähren. In diesen Fällen kann bei Bedürftigkeit im Unterstützungswege geholfen werden.

Zu § 136.

Zu Abs. 2 gilt das zu § 71 Bestimmte; an die Stelle des Dienstvorgesetzten tritt der letzte Dienstvorgesetzte des verstorbenen Beamten oder die von der obersten Dienstbehörde bezeichnete Dienststelle.

Zu § 139.

1. Schadenersatzansprüche gehen auf den Dienstherrn nach § 184 Abs. 1 auch in den Fällen über, in denen die Versorgung auf bisherigem Recht beruht.

2. Der Schadenersatzanspruch umfaßt gegebenenfalls auch die nach §§ 109, 110, 119 erstatteten Kosten eines Heilverfahrens oder Sachschadens.

Zu § 143.

Ist beim Inkrafttreten des Deutschen Beamtengesetzes eine Klage wegen vermögensrechtlicher Ansprüche aus der Zeit vor Inkrafttreten des Gesetzes nach bisherigem Recht nicht mehr zulässig, so behält es dabei sein Bewenden. Andernfalls gelten auch für diese Ansprüche die Vorschriften des § 143. Die Klage braucht jedoch in allen Fällen erst bis zum Ablauf von sechs Monaten nach Inkrafttreten des Gesetzes erhoben zu werden. Das gleiche gilt für die Beschwerde in den Fällen des Absatzes 2 Satz 3.

Zu § 149.

Die obersten Dienstbehörden können anordnen, daß die auf Zeit ernannten Ehrenbeamten, wenn sie das fünfundsechzigste Lebensjahr bereits erreicht haben oder innerhalb der Zeit, für die sie ernannt sind, erreichen, bis zum 31. Dezember 1939 im Amt verbleiben dürfen. Einer förmlichen Hinausschiebung der Altersgrenze (§ 68 Abs. 2) bedarf es nicht.

Zu § 162.

1. Für die Bemessung des Ruhegehalts (Abs. 1) gilt bei den ruhegehaltfähigen Dienstbezügen als „Wohnungsgeldzuschuß nach dem Besoldungsrecht“ (§ 80 Abs. 1 Nr. 2)

a) bei den Reichsministern:
die Wohnungsentschädigung nach § 14 Abs. 1 unter b des Reichsministergesetzes,

b) bei den Reichsstatthaltern:
die Wohnungsentschädigung nach der Verordnung über die Amtsbezüge der Reichsstatthalter,

c) bei den Vorsitzenden und Mitgliedern der Landesregierungen:
die Wohnungsentschädigung nach Landesrecht oder der Wohnungsgeldzuschuß in der für sie nach Landesrecht ruhegehaltfähigen Höhe.

2. Als „Amtsbezüge“ im Sinne des Absatzes 3 gelten nur

a) bei den Reichsministern:
das Amtsgehalt nach § 14 Abs. 1 unter a des Reichsministergesetzes, wozu ein örtlicher Sonderzuschlag in der Höhe tritt, in der ihn Reichsbeamte beziehen,
und
die Wohnungsentschädigung nach § 14 Abs. 1 unter b des Reichsministergesetzes;

b) bei den Reichsstatthaltern:
das Amtsgehalt nach der Verordnung über die Amtsbezüge der Reichsstatthalter, wozu ein örtlicher Sonderzuschlag in der Höhe tritt, in der ihn Reichsbeamte beziehen,
und
die Wohnungsentschädigung nach der Verordnung über die Amtsbezüge der Reichsstatthalter;

c) bei den Vorsitzenden und Mitgliedern der Landesregierungen:
das Amtsgehalt oder das diesem entsprechende Grundgehalt nach Landesrecht, wozu ein örtlicher Sonderzuschlag in der Höhe tritt, in der ihn die Beamten des Landes beziehen,
und
die Wohnungsentschädigung oder der zuletzt bezogene Wohnungsgeldzuschuß nach Landesrecht.

Zu § 165.

Bei Beamten von Körperschaften, Anstalten und Stiftungen des öffentlichen Rechts, die der Reichsaufsicht unterstehen, ist der Reichsminister der Finanzen die für das Besoldungswesen allgemein zuständige oberste Dienstbehörde, bei Beamten der Länder und bei Beamten von Körperschaften, Anstalten und Stiftungen des öffentlichen Rechts, die der Aufsicht eines Landes unterstehen, tritt an die Stelle des Reichsministers der Finanzen die für das Besoldungswesen in dem Lande allgemein zuständige oberste Behörde.

Zu § 170.

Als Verwendung, deren Zeit voll ruhegehaltfähig ist, gilt eine Verwendung sowohl im Beamten- als auch im Angestellten- oder Arbeiterverhältnis.

Zu § 171.

Unter Abs. 5 fallen nicht die Notare in Baden und die Bezirksnotare in Württemberg, die eine feste Besoldung aus der Reichskasse beziehen. Sie unterstehen dem Deutschen Beamtengesetz.

Zu § 172.

Das zu § 68 Bestimmte gilt auch hier.

Zu § 178.

1. (1) Beamte auf Widerruf sind außer den Beamten auf Kündigung auch die Beamten, die in nichtständiger, nicht etatsmäßiger oder ähnlicher Form angestellt sind und deren Beamtenverhältnis nicht unwiderruflich ist.

(2) Vorschriften, die Kündigungsbeamten bisher einen Kündigungsschutz gewährleisteten, bleiben für die Ende Juni 1937 vorhandenen Beamten dieser Art mit der Maßgabe in Geltung, daß die Entlassung (§ 61) nur unter den Voraussetzungen und mit den Folgen ausgesprochen werden kann, die für die Kündigung maßgebend waren; dasselbe gilt für Vorschriften über Rechtsmittel und Rechtsbehelfe, die für diese Beamten bestanden.

2. Wer gemäß dem Gesetz über die Abrede zwischen dem Deutschen Reich und der Regierungskommission des Saargebiets über Beamtenfragen vom 8. Februar 1935 (Reichsgesetzbl. II S. 53) als Beamter übernommen worden ist, ist Beamter im Sinne des Deutschen Beamtengesetzes, auch wenn er die im § 27 Abs. 1 bezeichnete Urkunde nicht erhalten hat.

Zu § 179.

1. Zu Abs. 7 gilt das zu § 83 unter Nr. 1 Bestimmte entsprechend.

2. Ob der Beamte vor dem 30. Januar 1933 ein Amt im Sinne des Absatzes 8 bekleidet hat, ist im Benehmen mit dem Stellvertreter des Führers festzustellen.

3. Der Reichsminister der Finanzen kann die ihm nach Abs. 9 zustehende Befugnis im Sinne des § 165 übertragen.

4. Anträge nach Abs. 9 für mittelbare Reichsbeamte sind über die im § 165 genannten obersten Dienstbehörden vorzulegen.

Zu § 184.

1. Entscheidungen, die zur Änderung oder Beendigung eines Beamtenverhältnisses vor dem 1. Juli 1937 mit Wirkung von einem späteren Zeitpunkt an ergangen und dem Beamten bekanntgegeben sind, sind unter Berücksichtigung der nach bisherigem Recht geltenden Fristen durchzuführen.

2. Das Wartegeld (Abs. 1 Satz 2) wird nach den Vorschriften des Deutschen Beamtengesetzes neu nur festgesetzt, wenn nach dem 30. Juni 1937 die Voraussetzung des § 87 gegeben ist.

3. Sofern früheren Beamten und ihren Hinterbliebenen nach bisherigem Recht Versorgungsbezüge am 1. Juli 1937 nicht mehr zustehen und auch nicht mehr bewilligt werden können, erwerben sie nach dem Deutschen Beamtengesetz keine neuen Versorgungsansprüche; ihre Rechtsverhältnisse richten sich ausschließlich nach bisherigem Recht.

4. Die Rechtsverhältnisse von früheren Beamten (insbesondere Ruhestandsbeamten) und ihren Hinterbliebenen, denen nach einem vor dem 1. Juli 1937 eingetretenen Versorgungsfalle auf Grund der bisherigen Vorschriften an diesem Tage Versorgungsbezüge noch zustehen oder noch bewilligt werden können, regeln sich teils nach altem, teils nach neuem Recht. Von den Vorschriften des neuen Rechts finden nur die im § 184 Abs. 1 Satz 3 Halbsatz 1 bezeichneten Vorschriften auf sie Anwendung. Im übrigen regeln sich ihre Rechtsverhältnisse, also insbesondere die rechtliche Grundlage und die Höhe ihrer Versorgungsbezüge, nach bisherigem Recht.

5. Die Rechtsverhältnisse, insbesondere die Versorgungsbezüge der Hinterbliebenen eines Beamten, der sich am 1. Juli 1937 im Ruhestand befunden hat, richten sich nach dem Deutschen Beamtengesetz; die Versorgungsbezüge sind jedoch aus dem Ruhegehaltsbetrage des Verstorbenen zu berechnen.

6. Die Rechtsverhältnisse der nach dem 30. Juni 1937 noch im Dienst oder im Wartestand befindlichen Beamten und ihrer Hinterbliebenen richten sich nach dem Deutschen Beamtengesetz und dieser Durchführungsverordnung.

7. Soweit Beamte auf Grund landesrechtlicher Vorschriften in den einstweiligen Ruhestand versetzt sind, gelten sie als Wartestandsbeamte. Soweit sie in den zeitlichen Ruhestand versetzt sind, gelten sie als Ruhestandsbeamte; ihre Wiederverwendung ist hierdurch nicht ausgeschlossen.

8. Beamte, die nach § 4 des Berufsbeamtengesetzes mit Versorgung entlassen sind, gelten als Ruhestandsbeamte mit verkürztem Ruhegehalt.

9. Wenn die Frage, ob auf einen Beamten die Vorschriften der §§ 5 oder 6 des Berufsbeamtengesetzes anzuwenden sind, am 30. Juni 1937 bei der zuständigen obersten Reichs- oder Landesbehörde bereits in Bearbeitung, die Prüfung aber noch nicht abgeschlossen ist, ist eine Zustellung

der Verfügung nach dem 30. Juni 1937, jedoch längstens bis zum 30. September 1937 zulässig. Der Beamte kann die Versetzung in den Ruhestand nach § 5 Abs. 2 BBG. einen Monat nach Zustellung der Verfügung, spätestens also am 31. Oktober 1937, beantragen. Neue, die Anwendung der §§ 5 und 6 BBG. betreffende Eingänge können nach dem 30. Juni 1937 nicht mehr berücksichtigt werden.

10. Die im § 184 Abs. 2 Nr. 6 bezeichneten Vorschriften sind hinsichtlich eines seit dem 1. Januar 1937 bezogenen Anrechnungseinkommens nicht mehr anzuwenden. An der nachträglichen Pensionskürzung wegen eines vor dem 1. Januar 1937 bezogenen Anrechnungseinkommens ändert sich hierdurch nichts.

11. Die Vorschriften des § 7 des Abschnitts I der Pensionskürzungsvorschriften vom 6. Oktober 1931 (Reichsgesetzbl. I S. 546)[25]) gelten für die vor dem 1. Juli 1937 eingetretenen Versorgungsfälle unverändert weiter.

---

[25]) § 7 lautet:

(1) Ergibt sich bei der Berechnung eines Ruhegeldes ein Jahresbetrag von mehr als 12 000 RM, so wird, wenn der Betreffende in der Besoldungsgruppe, aus der sein Ruhegeld zu berechnen ist, weniger als 5 Jahre beschäftigt gewesen ist und seine ruhegeldfähige Dienstzeit weniger als vierzig Jahre beträgt, der Mehrbetrag gekürzt, und zwar

1. wenn die Beschäftigung in der Besoldungsgruppe mindestens vier Jahre betragen hat, um 10 vom Hundert,
wenn sie mindestens drei, aber nicht vier Jahre betragen hat, um 20 vom Hundert,
wenn sie mindestens zwei, aber nicht drei Jahre betragen hat, um 30 vom Hundert,
wenn sie mindestens ein Jahr, aber nicht zwei Jahre betragen hat, um 50 vom Hundert,
wenn sie weniger als ein Jahr betragen hat, um 75 vom Hundert;
2. wenn die ruhegeldfähige Dienstzeit mindestens fünfunddreißig Jahre betragen hat, um 10 vom Hundert,
wenn sie mindestens dreißig, aber nicht fünfunddreißig Jahre betragen hat, um 20 vom Hundert,
wenn sie mindestens fünfundzwanzig, aber nicht dreißig Jahre betragen hat, um 30 vom Hundert,
wenn sie mindestens zwanzig, aber nicht fünfundzwanzig Jahre betragen hat, um 50 vom Hundert,
wenn sie weniger als zwanzig Jahre betragen hat, um 75 vom Hundert.

Führt die Kürzung unter 1 und 2 zu verschiedenen Ergebnissen, so ist das für den Betreffenden günstigere Ergebnis maßgebend.

(2) Keinesfalls darf aber der Betreffende ungünstiger gestellt werden, als wenn er in einer niedrigeren Besoldungsgruppe, in der er früher beschäftigt gewesen ist, um die in der höheren Besoldungsgruppe verbrachte Dienstzeit länger verblieben und sein Ruhegeld aus dieser niedrigeren Besoldungsgruppe zu berechnen wäre.

(3) Im Falle der Berechnung des Ruhegeldes nach Abs. 2 gilt für die Anwendung der versorgungsrechtlichen Ruhensvorschriften, z. B. § 57 Nr. 2 des Reichsbeamtengesetzes, § 66 des Wehrmachtversorgungsgesetzes, als das Diensteinkommen, aus dem das Ruhegeld berechnet ist, das Diensteinkommen, das der Berechnung des Ruhegeldes nach Abs. 1 zugrunde zu legen wäre.

(4) Abs. 1 bis 3 finden auch Anwendung

1. auf das Diensteinkommen der Beamten, die unter Belassung des vollen Gehalts vom Amte enthoben oder von ihren amtlichen Verpflichtungen entbunden sind,
2. auf das Wartegeld nach § 26 Abs. 2 Schlußsatz des Reichsbeamtengesetzes mit der Maßgabe, daß die unter Bezug von Wartegeld im einstweiligen Ruhestande verbrachte Zeit bei der Berechnung der ruhegeldfähigen Dienstzeit nach Abs. 1 unter 2 außer Betracht bleibt.

12. Soweit Bedienstete des öffentlichen Rechts nach bisherigem Landesrecht unter der Bezeichnung „Staatsdienstanwärter" oder unter ähnlicher Bezeichnung, ohne Beamte zu sein, nach beamtenrechtlichen Grundsätzen behandelt worden sind, bleiben diese Grundsätze auf sie auch nach dem Inkrafttreten des Deutschen Beamtengesetzes bis auf weiteres anwendbar.

13. Die auf Grund des § 75 des Gesetzes zur Änderung von Vorschriften auf dem Gebiete des allgemeinen Beamten-, des Besoldungs- und des Versorgungsrechts vom 30. Juni 1933 (Reichsgesetzbl. I S. 433)[26]) angeordneten Maßnahmen bleiben auch für die Zeit nach dem 30. Juni 1937 wirksam.

III. Ausführungsbestimmungen (AB) zu Abschnitt VIII des Deutschen Beamtengesetzes.

Vom 30. Juni 1937 (RHuBB. S. 211).

Auf Grund des § 183 des Deutschen Beamtengesetzes wird bestimmt:

Zu § 80.

1. Wegen des Begriffs „Dienstbezüge" im Sinne des Abs. 1 Nr. 1 gilt das in Durchführungsverordnung (DV) Nr. 1 zu § 38 Bestimmte.

2. Dem Grundgehalt ist der örtliche Sonderzuschlag zuzurechnen, wenn ein solcher am Wohnsitz des Versorgungsberechtigten gewährt wird.

3. Unter Wohnungsgeldzuschuß ist der Wohnungsgeldzuschuß für die Ortsklasse B zu verstehen (§ 36 des Reichsbesoldungsgesetzes).

Zu § 81.

1. Ruhegehaltfähige Dienstzeit ist sowohl die Dienstzeit als unmittelbarer wie als mittelbarer Reichsbeamter. Ein Wechsel des Dienstherrn nach der ersten Ernennung des Beamten hat auf die ruhegehaltfähige Dienstzeit keinen Einfluß. Als „Tag der ersten Ernennung" ist nicht der Tag der ersten planmäßigen Anstellung, sondern der Tag anzusehen, mit

[26]) § 75 lautet:

(1) Das Recht auf den Bezug von Wartegeld, Ruhegeld und Hinterbliebenenbezügen ruht, wenn der Bezugsberechtigte nach Feststellung der obersten Reichsbehörde sich im marxistischen Sinne betätigt. Wie lange die Versorgungsbezüge aus diesem Grunde ruhen, entscheidet die oberste Reichsbehörde. Die Entscheidung ist für die Gerichte bindend.

(2) Das gleiche gilt für laufende Versorgungsgebührnisse nach dem Wehrmachtversorgungsgesetze, für Bezüge nach dem Reichsversorgungsgesetze, dem Altrentnergesetze, den sonstigen Militärversorgungsgesetzen, dem Kriegspersonenschädengesetze, dem Gesetze über die Versorgung der Polizeibeamten beim Reichswasserschutz und dem Reichsgesetze über die Schutzpolizei der Länder, ferner für das Diensteinkommen der Beamten, die unter Belassung des vollen Gehalts vom Amte enthoben oder von ihren amtlichen Verpflichtungen entbunden sind, sowie für das Übergangsgeld und die Ruherente nach dem Reichsministergesetze.

dem das Beamtenverhältnis begründet worden ist; vgl. DB zu § 24. Mehrere Beamtendienstzeiten werden zusammengerechnet; Unterbrechungen zählen nicht mit.

2. Die ruhegehaltfähige Dienstzeit ist, soweit sie nicht volle Jahre umfaßt, nach der kalendermäßigen Zahl der Tage zu berechnen. Bei der Zusammenrechnung sind je 365 Tage — auch in Schaltjahren — als ein Jahr anzusetzen. Getrennte Dienstzeiten sind rechnungsmäßig gesondert zu behandeln. Halbe Tage, die sich bei der Berechnung der Gesamtdienstzeit ergeben, zählen nicht mit. Hat ein Beamter z. B. Dienstzeiten vom 16. 7. 1897 bis 31. 3. 1900, vom 12. 11. 1906 bis 2. 3. 1932 und vom 1. 4. 1935 bis 31. 7. 1937 zurückgelegt, so beträgt seine ruhegehaltfähige Dienstzeit:

vom 16. 7. 1897 bis 15. 7. 1899	2	Jahre	—	Tage
vom 16. 7. 1899 bis 31. 3. 1900 (kein Schaltjahr)	—	„	259	„
vom 12. 11. 1906 bis 11. 11. 1931	25	„	—	„
vom 12. 11. 1931 bis 2. 3. 1932 (einschl. 1 Schalttag)	—	„	112	„
vom 1. 4. 1935 bis 31. 3. 1937	2	„	—	„
vom 1. 4. 1937 bis 31. 7. 1937	—	„	122	„
dazu Kriegsjahre	5	„	—	„
	34	Jahre	493	Tage
oder	35	„	128	„
	35 volle Jahre.			

Die Tage des Beginns und der Beendigung des Beamtenverhältnisses zählen mit. Beim Ableben eines Beamten zählt der Todestag mit, nicht aber die Zeit, für die Sterbemonat oder Sterbegeld gewährt wird.

3. Als Beurlaubung (Abs. 1 Nr. 3) gilt nicht eine Abordnung; vgl. DB. Nr. 9 zu § 17. Die Berücksichtigung der Zeit einer Beurlaubung kann von der Leistung eines Versorgungszuschlags von 20 v. H. der Dienstbezüge (Grundgehalt, ruhegehaltfähige Zulagen und Wohnungsgeldzuschuß) abhängig gemacht werden.

Zu § 82.

1. Der Begriff Versorgungsschein (Nr. 3) ist in den §§ 1 bis 3 der Anstellungsgrundsätze (Grundsätze für die Anstellung der Inhaber eines Versorgungsscheins) — Reichsgesetzbl. I 1930 S. 234[1]) — erläutert.

---

[1]) Abgedr. S. 183.

2. Ruhegehaltfähig im Sinne der Nr. 3 ist auch die Zeit, in der der Inhaber eines Versorgungsscheins nicht in einem Beamten-, sondern in einem privatrechtlichen Verhältnis im Dienste des Reichs usw. gestanden hat. Bei der vollen Beschäftigung (vgl. DB. Nr. 4 zu § 82) ist nicht erforderlich, daß sie mit dem Ziele der späteren Berufung in das Beamtenverhältnis erfolgte. Ausgeschlossen von der Anrechnung ist die Zeit einer vorläufigen Beschäftigung als ungelernter Arbeiter.

Zu § 83.

1. (1) Die Anrechnung der Kriegsdienstzeit 1914 bis 1918 richtet sich nach den Erlassen vom 7. September 1915 (Reichsgesetzbl. S. 599) vom 24. Januar 1916 (Reichsgesetzbl. S. 85), vom 30. Januar 1917 (Reichsgesetzbl. S. 149), vom 20. März 1917 (Reichsgesetzbl. S. 315) und vom 21. Januar 1918 (Reichsgesetzbl. S. 73). Die Vorschriften über die Abgrenzung des Kriegsgebietes sind veröffentlicht im Armee-Verordnungsbl. 1917 S. 28, 253, 297, 373, 445.

(2) Für die Anrechnung von Kriegsjahren und die erhöhte Anrechnung von Kriegsdienstzeit für Kriegsteilnehmer kommen im übrigen hauptsächlich die nachstehenden Bestimmungen in Betracht:

Verordnungen vom 8. August und 5. September 1901 (Armee-Verordnungsbl. S. 326 und 345): Expedition gegen China,

Verordnung vom 2. Januar 1904 (Marineverordnungsbl. S. 1 und 2): Blockade gegen Venezuela,

Verordnung vom 29. September 1904 (Reichsgesetzbl. S. 381): Aufstände der Bondelzwart-Hottentotten und der Hereros in Südwestafrika 1903/04,

Verordnung vom 12. Oktober 1905 (Reichsgesetzbl. S. 761): Aufstände im Südwestafrikanischen Schutzgebiete,

Verordnung vom 27. Februar 1906 (Reichsgesetzbl. S. 430): Aufstände im Südwestafrikanischen Schutzgebiete,

Verordnung vom 30. Januar 1907 (Reichsgesetzbl. S. 39): Aufstand in Deutsch-Ostafrika,

Verordnung vom 12. April 1907 (Reichsgesetzbl. S. 154): Aufstände im Südwestafrikanischen Schutzgebiete,

Verordnung vom 17. November 1906 (Reichsgesetzbl. 1907 S. 742): Gefechte und Kriegszüge in Deutsch-Ostafrika und Kamerun 1905 06,

Verordnung vom 14. Januar 1908 (Reichsgesetzbl. S. 13): Aufstand in Deutsch-Ostafrika 1905 1906 1907,

Erlaß des RFM. — Nr. 995 (RBB. 1924 S. 279),

Erlaß des RFM. — Nr. 1102 (RBB. 1924 S. 367),

Erlaß des RFM. — Nr. 1167 (RBB. 1925 S. 127),

Erlaß des RFM. — Nr. 1678 (RBB. 1929 S. 26).

2. Die Anrechnung einer Kriegsgefangenschaft in den Jahren 1914 bis 1918 richtet sich nach der Verordnung vom 30. November 1918 (Reichsgesetzbl. 1919, S. 183). Die Anrechnung als Kriegsjahre ist bereits dann begründet, wenn die besonderen Gefahren für Leib und Gesundheit an je einem Tage der fraglichen Kalenderjahre vorgelegen haben.

3. Beispiel:

Beamter, geboren am 21. Juli 1890, zum Beamten ernannt am 1. April 1925,

Eintritt in den aktiven Militärdienst	24. 10. 1912
ins Feld gerückt	3. 8. 1914
im Felde verwundet	23. 12. 1914
im Kriegslazarett bis	24. 2. 1915
im Heimatlazarett und beim Ersatztruppenteil bis	29. 12. 1915
als Soldat dienstlich im Kriegsgebiet vom 20. Dezember 1915 bis	6. 1. 1916
anschließend in der Heimat bis	3. 1. 1917
bei Kämpfen an der Somme verwundet und in Gefangenschaft geraten am	12. 1. 1917
in der Schweiz interniert ab	26. 9. 1917
Entlassung aus der Internierung und dem Heeresdienst am	30. 1. 1919

Ruhegehaltfähig ist die nach erfülltem 27. Lebensjahr liegende Dienstzeit vom 21. Juli 1917 bis 30. Januar 1919 (§ 82). Hierzu Erhöhung

für 1914, 1916 und 1917 je 1 Kriegsjahr = 3 Jahre — Tage (§ 83),
für 25. 2. bis 29. 12. 1915 sowie für 1. 1. bis 31. 12. 1918 = 673 Tage zur Hälfte = 336½ Tage (§ 179 Abs. 7).

Anmerkung: Die Voraussetzung für die Anrechnung des Jahres 1916 als Kriegsjahr (2 Monate im Kriegsgebiet) ist erfüllt durch Hinzurechnung der Zeit vom 1. 1. bis 24. 2. 1915 (Kriegslazarett) zu der Zeit vom 30. 12. 1915 bis 6. 1. 1916.

Zu § 85.

1. Die Anwendung des Abs. 1 setzt Würdigkeit des Beamten voraus. Die Frage der Bedürftigkeit bedarf hierbei keiner Prüfung.

2. (1) Entsprechend den verschiedenen Werdegängen der Beamten können gemäß Abs. 1 als ruhegehaltfähig im allgemeinen berücksichtigt werden die Vordienstzeiten nach

Nrn. 1, 2b und 3: uneingeschränkt,

Nr. 2a: zur Hälfte bis zur Höchstgrenze von zehn Jahren,

Nr. 4: bei einem Beamten, der den für seine oder eine gleichwertige Laufbahn vorgeschriebenen oder üblichen Vorbereitungsdienst abgeleistet und die vorgeschriebenen oder üblichen Prüfungen bestanden hat, gekürzt um vier Jahre, bei einem Beamten, der nur ein Hochschulstudium oder eine Sonderausbildung als Künstler erfolgreich beendet hat, gekürzt um sieben Jahre; bei einem sonstigen Beamten gekürzt um zehn Jahre:

bis zur Hälfte und Höchstgrenze von zehn Jahren, sodann vermehrt um eine nach dem 17. bis zum vollendeten 27. Lebensjahr im Sinne des § 82 Nr. 1 bis 3 zurückgelegte Dienstzeit,

Nr. 5: gekürzt um mindestens zehn Jahre, letztere vermindert um eine nach dem 17. bis zum vollendeten 27. Lebensjahr im Sinne dieser Nr. 5, des § 81 Abs. 1 sowie des § 82 zurückgelegte Dienstzeit. Beim Zusammentreffen von Vordienstzeiten nach Nr. 4 und Nr. 5 dürfen Zeiten, die bereits zu Nr. 4 berücksichtigt worden sind, zu Nr. 5 nicht nochmals berücksichtigt werden.

(2) Ob der Beamte ein Amt nach Nr. 1 bekleidet hat, ist im Benehmen mit dem Stellvertreter des Führers festzustellen. Nichtöffentlicher Schuldienst nach Nr. 2b kann insoweit berücksichtigt werden, als er unter voller Beschäftigung (mindestens zwölf Wochenstunden) bei einer privaten Volks- oder mittleren Schule und einer als höhere Schule oder als Ersatz für eine öffentliche Berufs- oder Fachschule staatlich anerkannten Privatschule (vgl. Satz 2 der DB. zu § 65) geleistet worden ist. Als zwischenstaatliche öffentliche Einrichtungen nach Nr. 3 gelten z. B. der Völkerbund, das Internationale Arbeitsamt und internationale Kommissionen. Vordienstzeiten bei denen die Voraussetzungen des § 84 vorliegen, können im Rahmen der Vorschriften des § 85 Abs. 1 bis zur Grenze des Doppelten berücksichtigt werden.

3. Als Vordienstzeit nach Abs. 1 Nr. 5 kommt nur eine Zeit in Betracht, während der der Bedienstete ständig als Hilfskraft tätig, d. h. ausschließlich oder überwiegend mit Dienstverrichtungen wie ein Beamter betraut gewesen ist. Ob eine Unterbrechung der Tätigkeit vorliegt, ist nach den Grundsätzen der Nr. 87 Abs. 5 der Reichsbesoldungsvorschriften zu beurteilen.

Zu § 86.

Das Wartegeld beträgt bei einer ruhegehaltfähigen Dienstzeit (§§ 81 bis 85)

von weniger als 1 Jahr	......	50 vom Hundert,
„ 1 Jahr	....	52 „ „
„ 2 Jahren	....	54 „ „
„ 3 „	....	56 „ „
„ 4 „	....	58 „ „
„ 5 „	....	60 „ „
„ 6 „	....	62 „ „

von 7 Jahren	....	64 vom Hundert
„ 8 „	....	66 „ „
„ 9 „	....	68 „ „
„ 10 „	....	70 „ „
„ 11 „	....	72 „ „
„ 12 „	....	74 „ „
„ 13 „	....	76 „ „
„ 14 „	....	78 „ „
„ 15 „	und mehr	80 „ „

der ruhegehaltfähigen Dienstbezüge (§ 80).

Zu § 88.

1. Soll ein Ruhestandsbeamter im öffentlichen Dienst nur probeweise oder vorübergehend beschäftigt werden, so hat dies in der Regel in der Form eines Privatdienstverhältnisses zu geschehen.

2. Wird ein Ruhestandsbeamter im öffentlichen Dienst wiederverwendet, so kann die ruhegehaltfähige Dienstzeit des früheren Beamtenverhältnisses weder durch die Einrechnung einer nachträglichen Dienstzeit in Form eines Privatdienstverhältnisses (vgl. AB. Nr. 1) noch durch diejenige einer späteren Beamtendienstzeit erhöht werden. Dies gilt selbst dann, wenn der wiederverwendete Ruhestandsbeamte aus dem späteren Beamtenverhältnis nach dessen Beendigung kein Ruhegehalt erhält.

3. Ruhegehalt aus dem neuen Amte wird nur gewährt, wenn der Beamte nach mindestens einjähriger Bekleidung des Amtes erneut in den Ruhestand versetzt wird.

4. Treten die gesetzlichen Voraussetzungen für die Versetzung in den Ruhestand ein, so ist diese auch dann auszusprechen, wenn der wiederverwendete Ruhestandsbeamte aus dem neuen Beamtendienstverhältnis noch kein Ruhegehalt erhalten kann.

5. Das Ruhegehalt aus dem neuen Amte ist auf der Grundlage der ruhegehaltfähigen Dienstbezüge des neuen Amtes und der nach §§ 81 bis 85 anrechnungsfähigen Dienstzeit, also unter Einrechnung der ruhegehaltfähigen Dienstzeit des früheren Beamtenverhältnisses in diejenige des neuen, zu berechnen. Die Weitergewährung des früheren Ruhegehalts richtet sich nach § 129 Abs. 2.

6. Die Vorschriften des § 88 Abs. 2 und die AB. Nrn. 3 bis 5 gelten entsprechend für Ruhestandsbeamte, die zu Beamten auf Widerruf ernannt waren und nach § 76 Abs. 1 oder 2 in den Ruhestand versetzt werden.

Zu § 89.

1. Die Grundstufe beträgt bei sämtlichen Beamten 35 vom Hundert der ruhegehaltfähigen Dienstbezüge (§ 80). Die Steigerungsstufen ergeben sich aus folgender Übersicht:

Zahl der vollendeten ruhegehaltfähigen Dienstjahre	Ruhegehalt (v. H. der ruhegehaltfähigen Dienstbezüge) für Beamte		
	des unteren und einfachen mittleren Dienstes	des gehobenen mittleren Dienstes	des höheren Dienstes
1	37	35	35
2	39	37	35
3	41	39	37
4	43	41	39
5	45	43	41
6	47	45	43
7	49	47	45
8	51	49	47
9	53	51	49
10	55	53	51
11	57	55	53
12	59	57	55
13	61	59	57
14	63	61	59
15	65	63	61
16	66	65	63
17	67		65
18	68		67
19	69		
20	70		
21	71		
22	72		
23	73		
24	74		
25	75		
26	76		
27	77		
28	78		
29	79		
30	80		

2. Die Anwendung des Abs. 2 setzt Würdigkeit und Bedürftigkeit voraus. Der zu gewährende Betrag ist nach dem Grad der Bedürftigkeit unter Berücksichtigung der Länge der Dienstzeit zu bemessen.

Zu § 90.

Der Beamte kann beantragen, daß ihm ein mit niedrigeren Dienstbezügen ausgestattetes Amt, für das er geeignet ist, übertragen wird, z. B. wenn er vermeiden möchte, daß er aus seinem Amt wegen Dienstunfähigkeit in den Ruhestand versetzt oder daß ihm ein anderer dienstlicher Wohnsitz angewiesen werden muß. Der Antrag gilt als nicht lediglich im eigenen Interesse gestellt, wenn er auch den Belangen der Verwaltung dient. Daß dies zutrifft, ist dem Beamten bei Anordnung des Übertritts in das neue Amt mitzuteilen. Die Höhe der früheren Dienstbezüge ist nach den Vorschriften zu ermitteln, die beim Eintritt des Versorgungsfalles gelten. Das Beamtenverhältnis des Beamten darf in diesem Zusammenhange nicht unterbrochen sein.

Zu § 92.

1. Bezüge des Verstorbenen (Abs. 1) sind Geldbezüge schlechthin, also auch solche, die auf Kannbestimmungen beruhen (z. B. Unterhaltszuschüsse).

2. Wegen des Begriffs der Dienstaufwandskosten vgl. das in DB. Nr. 3 zu § 46 Bestimmte.

Zu § 93.

1. Voraussetzung für die Gewährung des Sterbegeldes an die Witwe ist, daß die Ehe beim Tode des Beamten weder nichtig (§ 1324 BGB.), noch rechtskräftig für nichtig erklärt (§§ 1325 bis 1329, 1331 bis 1335, 1343 BGB., § 1 des Blutschutzgesetzes vom 15. September 1935 — Reichsgesetzbl. I S. 1416 —, § 3 des Gesetzes zum Schutze der Erbgesundheit des deutschen Volkes vom 18. Oktober 1935 — Reichsgesetzbl. I S. 1246 —), noch rechtskräftig geschieden ist (§ 1564 ff. BGB.); der Scheidung steht die Aufhebung der ehelichen Gemeinschaft (§ 1575 BGB.) gleich, wenn die eheliche Gemeinschaft nicht vor dem Tode wieder hergestellt worden war (§ 1587 BGB.). Die Tatsache des Getrenntlebens für sich allein ist ohne Einfluß.

2. Wegen des Begriffs „Dienstbezüge" gilt das in DB. Nr. 1 zu § 38 Bestimmte.

3. Die Höhe des Sterbegeldes richtet sich während der ganzen Bewilligungszeit nach den dem Verstorbenen während des Sterbemonats zustehenden Bezügen (§ 92); Änderungen der Bezüge, die bei Lebzeiten des Bezugsberechtigten während dieses Zeitraums eingetreten wären, berühren weder die Bewilligung noch die Höhe des Sterbegeldes; jedoch werden Kinderzuschläge für solche Kinder gezahlt, für die die Voraus-

setzungen zum Bezuge erst während dieses Zeitraums eintreten oder wieder eintreten.

Beispiele:

a) Stirbt ein Ruhestandsbeamter, dessen Ruhegehalt 80 vom Hundert seiner ruhegehaltfähigen Dienstbezüge beträgt, in dem Monat, in dem er das 65. Lebensjahr vollendet, so wird das Sterbegeld in Höhe der Bezüge des Sterbemonats gewährt, obwohl das Ruhegehalt des Verstorbenen selbst während dieses Zeitraumes nur noch 75 vom Hundert seiner ruhegehaltfähigen Dienstbezüge betragen hätte.

b) War ein Unterhaltsbeitrag nur auf Zeit bewilligt und wäre diese Zeit innerhalb der für das Sterbegeld bestimmten Frist abgelaufen, so wird das Sterbegeld trotzdem für volle drei Monate gewährt.

4. Den Hinterbliebenen eines während der vorläufigen Dienstenthebung verstorbenen Beamten werden als Sterbegeld die vollen Dienstbezüge des Beamten auch dann gewährt, wenn die Einbehaltung eines Teils der Dienstbezüge angeordnet war, da auch die einbehaltenen Bezüge in diesem Falle nicht verfallen, sondern nachzuzahlen sind (vgl. § 82 Abs. 2, § 52 Abs. 1 Nr. 2 und § 63 Abs. 3 RDStO.).

5. Wegen der Höhe des Sterbegeldes beim Tode eines mit Gehaltskürzung bestraften Beamten oder eines mit Ruhegehaltskürzung bestraften Ruhestandsbeamten sind die Vorschriften des § 7 Abs. 3 und § 9 Abs. 1 RDStO. zu beachten.

6. Unter den Kindern von weiblichen Beamten (Abs. 2) sind auch uneheliche Kinder zu verstehen. Die Betreuung der Kinder durch einen Fürsorgeverband schließt die Gewährung des Sterbegeldes nicht aus.

Zu § 94.

Zu den Verwandten der aufsteigenden Linie gehören die Eltern, Großeltern usw., nicht dagegen die Stief- oder Pflegeeltern. Zu den Geschwistern gehören die halbbürtigen, nicht aber die Stiefgeschwister.

Zu § 96.

Abs. 2 ist auch dann anwendbar, wenn die Hinterbliebenen die Erbschaft ausschlagen.

Zu § 97.

1. Die nach § 98 Abs. 2 und § 99 Abs. 1 sich ergebenden Mindest- und Höchstgrenzen sind zu beachten.

2. Adoptivkinder sind nicht waisengeldberechtigt; dagegen ist die Gewährung des Waisengeldes nicht dadurch ausgeschlossen, daß die Waise von einem Dritten an Kindes Statt angenommen ist.

3. Wurde die eheliche Gemeinschaft nach der Aufhebung (§ 1575 BGB.) wiederhergestellt, so sind die mit der Aufhebung verbundenen Wirkungen wieder weggefallen (§ 1587 BGB.); vgl. auch AB. Nr. 1 zu § 93.

4. Eine als Dienststrafe verfügte Gehalts- oder Ruhegehaltskürzung beeinflußt die Höhe des Witwen- und Waisengeldes nicht (§ 7 Abs. 3 und § 9 Abs. 1 RDStO.).

5. Voraussetzung für die Gewährungen an uneheliche Kinder (§ 97 Abs. 3), an Kinder, die nach Beendigung des Beamtenverhältnisses für ehelich erklärt sind (Abs. 3) und an Kinder weiblicher Beamter (Abs. 4) sind Bedürftigkeit und Würdigkeit der Empfänger. Die wirtschaftlichen Verhältnisse der Kinder sind zu berücksichtigen. Unter den Kindern von weiblichen Beamten (Abs. 4) sind auch uneheliche zu verstehen. Die Bewilligung ist in der Regel auf Zeit auszusprechen; vor einer Verlängerung sind die wirtschaftlichen Verhältnisse erneut zu prüfen.

6. Neben einem Unterhaltsbeitrag nach § 97 Abs. 3 wird ein Kinderzuschlag nicht gewährt. Maßgebend für die Höhe des Unterhaltsbeitrags ist der dem Beamten bei Lebzeiten zuletzt gezahlte Kinderzuschlag; spätere Änderungen in der Zahl der Kinder werden nicht berücksichtigt.

Zu § 98.

1. Das Mindestwitwengeld beträgt ungekürzt
a) ohne örtlichen Sonderzuschlag = 648 *RM* jährlich,
b) mit örtlichem Sonderzuschlag von 3 vom Hundert = 663 *RM* jährlich,
c) mit örtlichem Sonderzuschlag von 5 vom Hundert 673 *RM* jährlich.

2. Das Höchstwitwengeld beträgt ungekürzt
a) ohne örtlichen Sonderzuschlag = 8298 *RM* jährlich,
b) mit örtlichem Sonderzuschlag von 3 vom Hundert = 8527,50 *RM* jährlich,
c) mit örtlichem Sonderzuschlag von 5 vom Hundert = 8680,50 *RM* jährlich.

Zu § 101.

(1) Witwen- und Waisengeld nach Abs. 2 werden nur auf Antrag bewilligt. Dem Antrag ist nur stattzugeben, wenn die Bewilligung nach Prüfung der gesamten Sachlage, insbesondere der wirtschaftlichen Verhältnisse, gerechtfertigt erscheint.

(2) Hat der Ruhestandsbeamte im Alter von fünfundsechzig Jahren oder später zum ersten Male geheiratet, so dürfen Hinterbliebenenbezüge nur dann bewilligt werden, wenn besondere Billigkeitsgründe vorliegen. Besondere Billigkeitsgründe sind, wenn die Witwe weniger als vierzig

Jahre alt ist, auch erforderlich, wenn die Ehe nicht wenigstens fünf Jahre gedauert hat und aus der Ehe keine Kinder hervorgegangen sind.

(3) Im übrigen sollen Ausnahmeverhältnisse (wie hohes Alter des Verstorbenen bei der Eheschließung, Altersunterschied der Ehegatten von mehr als 20 Jahren, vorauszusehende kurze Dauer der Ehe) durch nur bruchteilweise Bewilligung der nach dem Gesetz zu berechnenden Bezüge (etwa ein Drittel, einhalb, zwei Drittel, vier Fünftel) berücksichtigt werden. Die Bewilligung soll im allgemeinen nicht auf Lebenszeit, sondern „bis auf weiteres" ausgesprochen werden, um der Verwaltung die Möglichkeit zu geben, die Bezüge bei Änderung der wirtschaftlichen Verhältnisse der Beteiligten ganz oder teilweise einzustellen oder zu erhöhen.

Zu § 102.

1. (1) Ein Unterhaltsbeitrag kommt nur in Betracht, wenn die schuldlos geschiedene Frau nicht wieder geheiratet hat und, falls die Ehe nicht geschieden wäre, einen Anspruch auf Witwengeld gehabt hätte.

(2) Nach § 100 dürfen Witwen- und Waisengeld weder einzeln noch zusammen den Betrag des Ruhegehalts übersteigen, das der Verstorbene erhalten hat oder das er zu erhalten hätte, wenn er am Todestage in den Ruhestand getreten wäre. Dieser Betrag darf auch dann nicht überschritten werden, wenn neben Witwen- und Waisengeld nach §§ 98, 99 noch Unterhaltsbeitrag nach § 102 gewährt wird.

(3) Um zu verhindern, daß die geschiedene Frau besser gestellt wird, als sie bei Lebzeiten des Verstorbenen gestanden hat, muß berücksichtigt werden, in welcher Höhe der Verstorbene bei Lebzeiten für den Unterhalt der geschiedenen Frau zu sorgen hatte.

2. Abs. 2 gilt auch beim Tode eines Ruhestandsbeamten.

Zu § 104.

Die Vorschrift gilt auch für die Bemessung des Unterhaltsbeitrags nach § 102.

Zu § 105.

Wird das Kind während des Sterbemonats oder während der Zeit, für die Sterbegeld gewährt wird, geboren, so wird für diese Zeit nur der Kinderzuschlag gezahlt. Die Gewährung von Waisengeld setzt erst nach Ablauf dieser Zeit ein; für Kinder, die nach Ablauf der Sterbegeldzeit geboren werden, wird das Waisengeld für den Geburtsmonat voll gewährt. Letzteres gilt entsprechend für die Gewährung von Unterhaltsbeiträgen nach § 103 an die Waisen von Widerrufsbeamten.

Zu § 106.

Abs. 1 Satz 2 Halbsatz 2 und Abs. 2 gelten auch für lebenslänglich bewilligte Unterhaltsbeiträge.

Zu § 108.

Voraussetzung für die Gewährung des Ruhegehalts ist die Beendigung des Beamtenverhältnisses durch Eintritt in den Ruhestand.

Zu § 109.

1. Die baren Auslagen für ärztliche Behandlung sollen in der Regel nur in Grenzen der nach den ärztlichen und zahnärztlichen Gebührenordnungen geltenden Mindestsätze erstattet werden.

2. Die Kosten des Heilverfahrens sind regelmäßig erst nach dessen Abschluß zu erstatten; auf Antrag können Abschlagszahlungen gewährt werden.

3. Über die Erstattung von Kosten, die aus einer ärztlicherseits nicht angeordneten oder empfohlenen Heilbehandlung durch andere Personen als Ärzte entstehen (Naturheilkundige, Masseure usw.), entscheidet die vorgesetzte Dienstbehörde.

4. Auslagen für Stärkungsmittel werden nur erstattet, wenn sie nach ärztlicher Verordnung notwendig sind.

Zu § 110.

1. Diese Vorschrift bezieht sich auf solche Verletzte, die noch nicht in den Ruhestand getreten sind. Hilflos ist nur der, für dessen Pflege dauernd eine fremde Arbeitskraft ganz oder doch in erheblichem Umfang in Anspruch genommen werden muß, weil er zu den Verrichtungen des täglichen Lebens aus eigener Kraft nicht mehr imstande ist.

2. Die oberste Dienstbehörde kann an Stelle der Erstattung der Kosten für eine angenommene notwendige Pflegekraft für die Pflege des Verletzten anderweit Sorge tragen; sie kann diese Befugnis auf die ihr unmittelbar unterstellten Dienstbehörden übertragen. Als „Pflegekraft" gelten Krankenpfleger, Krankenschwestern oder sonstige Pflegekräfte; zu den „sonstigen Pflegekräften" können in besonderen Fällen auch Familienangehörige gezählt werden, namentlich dann, wenn sie zwecks Durchführung der Pflege einen Beruf aufgeben und dadurch einen Ausfall an Arbeitseinkommen erleiden, oder wenn sie durch die Pflege so in Anspruch genommen sind, daß eine Hilfe für den Haushalt angenommen werden muß. Was als „notwendige" Pflegekraft anzusehen ist, entscheidet die oberste Dienstbehörde endgültig.

Zu § 111.

1. Die Dienstunfähigkeit muß auf den Dienstunfall zurückzuführen sein. § 111 setzt das Ruhegehalt fest, das zu gewähren ist, wenn der Verletzte nach § 108 Nr. 2 infolge des Dienstunfalls dienstunfähig geworden ist und sein Beamtenverhältnis durch Eintritt in den Ruhestand endet.

Die in Abs. 2 vorgesehene Erhöhung beträgt nicht 20 v. H. des Ruhegehalts, sondern 20 v. H. der ruhegehaltfähigen Dienstbezüge.

2. Nach den allgemeinen Vorschriften über Ruhegehalt richten sich z. B. Zahlungsbeginn, Zahlungsart des Ruhegehalts, Regelung des Ruhegehalts nach § 89 Abs. 1 Satz 3, Anwendung der Ruhensvorschriften, Abtretung, Verpfändung, Pfändung usw.

Zu § 113.

1. Die Feststellung, daß der Tod des Verletzten die Folge eines Dienstunfalls ist, erfolgt auf Grund eines ärztlichen Zeugnisses.

2. Stirbt ein Verletzter, der infolge eines Dienstunfalls dienstunfähig geworden ist, nicht an den Folgen des Unfalls, sondern aus anderen Ursachen, so steht den Hinterbliebenen Hinterbliebenenversorgung nur nach den allgemeinen Vorschriften der §§ 92 ff. zu. Diese Bezüge sind aber unter Zugrundelegung des nach § 111 gewährten Ruhegehalts zu berechnen, wenn der Verstorbene ein solches bezogen hat.

3. Nach den allgemeinen Vorschriften für die Hinterbliebenenversorgung richten sich z. B. neben Zahlungsbeginn, Zahlungsart usw. — vgl. AB. Nr. 2 zu § 111 — auch die für Beamtenhinterbliebene vorgesehenen Mindest- und Höchstsätze der Versorgungsgebührnisse.

Zu § 116.

Wegen des Kinderzuschlags für uneheliche und die nach Beendigung des Beamtenverhältnisses für ehelich erklärten Kinder eines verstorbenen männlichen Beamten wird auf die AB. Nrn. 5 und 6 zu § 97 hingewiesen.

Zu § 120.

Die Vorschrift bezieht sich auf Beamte, deren Beamtenverhältnis durch Ausscheiden (§§ 51 bis 56), durch Entlassung (§§ 57 bis 59 und 63 bis 66) und durch Verurteilung zur Entfernung aus dem Dienst geendet hat. Auch Beamte auf Widerruf ohne Dienstbezüge sowie die Beamten nach § 67 Abs. 2 fallen hierunter.

Zu § 121.

Eine Erhöhung des Unterhaltsbeitrags um 20 vom Hundert (§ 111 Abs. 2) kommt für den unter § 121 fallenden Personenkreis nicht in Betracht.

Zu § 123.

1. Unfälle sind dem Dienstvorgesetzten umgehend zu melden.

2. Ist der Unfall innerhalb der Ausschlußfrist rechtzeitig gemeldet, so können auch später Anträge auf erneutes Heilverfahren, auf Unfallruhegehalt und Unterhaltsbeitrag wegen Verschlimmerung des Leidens oder auf Hinterbliebenenversorgung gestellt werden. Nach Abschluß

eines jeden Heilverfahrens ist zu den Personalakten des Beamten festzustellen, ob erwerbsmindernde Folgen zurückgeblieben sind oder nicht und gegebenenfalls, worin sie bestehen. Dem Verletzten ist diese Feststellung zum Anerkenntnis vorzulegen.

3. Alsbald nach Abschluß der Untersuchung hat der Dienstvorgesetzte der nächsthöheren Dienststelle zu berichten. In dem Bericht ist zu dem Ergebnis Stellung zu nehmen, insbesondere dazu,

a) welches Ereignis den Unfall verursacht hat,
b) ob der Unfall ein Dienstunfall ist,
c) ob der Verletzte ihn etwa vorsätzlich oder grobfahrlässig herbeigeführt hat,
d) ob ein Dritter für den Unfall haftpflichtig gemacht werden kann,
e) ob eine Versicherung aus Anlaß des Unfalls dem Verletzten Versicherungsleistungen zu gewähren hat,
f) welche Schäden der Unfall verursacht hat und welche Folgen er noch erwarten läßt usw.

Über die Untersuchung ist eine Niederschrift aufzunehmen und zu den Personalakten zu bringen. Die obersten Dienstbehörden können bestimmen, inwieweit von einer förmlichen Untersuchung mit Zeugenanhörung und Niederschrift abzusehen und statt dessen auf Grund der Meldung des Verletzten eine Unfallanzeige zu erstatten oder ein kurzer Vermerk in die Personalakten aufzunehmen ist.

4. Die durch die Untersuchung des Unfalls und die Feststellung der Unfallfolgen etwa entstehenden Kosten trägt die Verwaltung. Dem Verletzten können notwendige Auslagen erstattet werden, die durch die Feststellung des Unfalls und der Unfallfolgen entstanden sind.

Zu § 126.

Wegen Rückforderung zuviel gezahlter Versorgungsbezüge und der Rechtsfolgen verspäteter Auszahlung von Versorgungsbezügen vgl. DV. Nrn. 2 und 3 zu § 38.

Zu § 127.

1. Voraussetzung für die Anwendung der Ruhensvorschriften war bisher der Bezug eines Einkommens aus einer neuen Verwendung im öffentlichen Dienst. § 127 gilt für jede Verwendung, also auch für eine solche, die sich als Fortsetzung einer schon während des aktiven Dienstes ausgeübten Nebentätigkeit darstellt.

2. (1) Wird ein Versorgungsberechtigter im öffentlichen Dienst gegen Tage- oder Wochenlohn beschäftigt, so kann sein durchschnittliches Monatseinkommen ermittelt und dem Monatsbetrag des früheren Diensteinkommens gegenübergestellt werden.

Beispiele:

a) Tagelohn 8,17 RM
durchsch. Monatseinkommen 8,17 × 26 .... = 212,42 RM,

b) Wochenlohn 32,14 RM
durchschn. Monatseinkommen $32{,}14 \times \frac{52}{12}$ ...... = 139,27 RM.

(2) Ein durch Überstunden oder Sonntagsarbeit erzieltes Einkommen bleibt unberücksichtigt.

3. Dem in einem Kalendermonat erzielten Einkommen aus einer Verwendung im öffentlichen Dienst (jetzigem Einkommen) ist als Kürzungsgrenze stets der volle Monatsbetrag des früheren Diensteinkommens gegenüberzustellen, also auch dann, wenn das jetzige Einkommen nur für einen Teil des Monats bezogen ist.

Beispiel:

Das jetzige Einkommen von monatlich 450 RM, im April bezogen für 26. bis 30. = 5 Tage .... = 75 RM,
bleibt hinter dem vollen Monatsbetrag des früheren Diensteinkommens .... = 300 RM,
zurück um .... 225 RM.

Mithin hat der Betreffende seine Versorgungsbezüge für April bis zu 225 RM zu erhalten. Ob die Beschäftigung mit dem 30. April beendet oder darüber hinaus fortgesetzt wird, ist hierbei bedeutungslos.

4. „Ort der Verwendung" im Sinne des § 127 Abs. 3 ist der Ort, nach dem sich der zum jetzigen Einkommen gehörige Wohnungsgeldzuschuß richtet. Wird ein Wohnungsgeldzuschuß nicht gewährt, so gilt als „Ort der Verwendung" der Ort, dessen wirtschaftliche Verhältnisse bei der Festsetzung des Einkommens berücksichtigt worden sind.

5. Wird ein Versorgungsberechtigter im Auslandsdienst des Reichs verwendet, so ist sowohl bei dem jetzigen als auch bei dem früheren Einkommen der Wohnungsgeldzuschuß nach dem Satz der Ortsklasse B anzusetzen.

6. (1) Zuschläge — Kinderzuschläge usw. — (§ 127 Abs. 3) sind nach dem Familienstand und den Sätzen zur Zeit der Verwendung zu berücksichtigen, d. h. bei dem jetzigen Einkommen mit dem tatsächlich gewährten Betrage, bei dem früheren Diensteinkommen mit dem gleichen Betrage, mit dem sie neben dem zu regelnden Ruhegehalt usw. zustehen.

(2) Für ein und dasselbe Kind darf der Kinderzuschlag nur einmal gewährt werden. Ergibt eine Ruhensberechnung, daß infolge nur geringer Höhe des jetzigen Einkommens daneben nicht nur das volle Ruhegehalt usw., sondern auch ein zugehöriger Kinderzuschlag zu zahlen ist, so ist dieser daher um den Betrag des zum jetzigen Einkommen gehörigen Zuschlags zu kürzen.

Beispiel:

Früher 600 *RM* + 10 *RM* Kinderzuschlag .... = 610 *RM*,
Jetzt 350 *RM* + 10 *RM* Kinderzuschlag .... = 360 *RM*,

Unterschied .... 250 *RM*.

Ruhegehalt 210 *RM* + 10 *RM* Kinderzuschlag ...... 220 *RM*.

Dieser Betrag wäre, da er den Unterschied von 250 Reichsmark nicht übersteigt, in voller Höhe zu zahlen; es darf aber nur das Ruhegehalt von 210 Reichsmark gezahlt werden, da auf den zugehörigen Kinderzuschlag der zu dem jetzigen Einkommen zugehörige anzurechnen ist.

(3) Gehört dagegen zu dem jetzigen Einkommen eine anders geartete Zuwendung für Kinder, z. B. eine im Tariflohn enthaltene Kinderzulage, so wird dadurch die Gewährung der nach der Ruhensberechnung zu zahlenden Zuschläge nicht berührt.

7. Im Falle des § 127 Abs. 4 Satz 2 ruht von den Versorgungsbezügen höchstens der Betrag, um den das Einkommen aus der Verwendung im öffentlichen Dienst 300 Reichsmark im Monat übersteigt.

Beispiel:

Früheres Diensteinkommen .... 400 *RM*
Ruhegehalt .... 250 „
Jetziges Einkommen .... 350 „

Es ruhen nicht 350 + 250 = 600 — 400 .... = 200 „
sondern nur 350 — 300 .... = 50 „ .

8. Übungen im Beurlaubtenstande der Wehrmacht gelten nicht als Verwendung im öffentlichen Dienst im Sinne des § 127 Abs. 4.

9. (1) Die in DB. Nr. 4 zu § 127 bezeichnete Voraussetzung ist nicht erfüllt bei den im vorläufigen Ausbau der gewerblichen Wirtschaft geschaffenen Einrichtungen, die — als eine Art wirtschaftlicher Selbstverwaltung — nicht in die feste Form von Körperschaften des öffentlichen Rechts oder auch nur von juristischen Personen gekleidet worden sind.

(2) Bei dem Reichsnährstand dagegen liegt der Verleihungsakt vor (Verordnung vom 6. Dezember 1933 — Reichsgesetzbl. I S. 1060 —). Deshalb gilt als Verwendung im öffentlichen Dienst im Sinne der Ruhensvorschriften die Beschäftigung sowohl bei dem gesamten Verwaltungskörper des Reichsnährstandes als auch bei den Zusammenschlüssen (Hauptvereinigungen usw.) auf dem Gebiet der Ernährungswirtschaft.

(3) Die Beschäftigung bei den „Reichsstellen" auf dem Gebiete der Ernährung und bei den „Überwachungsstellen" auf den Gebieten der Ernährung und der Wirtschaft ist als Reichsdienst anzusehen. Auf das Merkmal des Verleihungsaktes kommt es daher in diesen Fällen nicht an. Die Beschäftigung bei ihnen gilt ohne weiteres als Verwendung im öffentlichen Dienst im Sinne der Ruhensvorschriften.

10. Zu den Körperschaften des öffentlichen Rechts im Sinne des § 127 Abs. 4 Satz 1 zählen auch die öffentlich-rechtlichen Religionsgesellschaften und deren Verbände.

11. Stirbt ein Warte- oder Ruhestandsbeamter während einer Verwendung im öffentlichen Dienst und werden seine Bezüge aus dieser Verwendung — ganz oder teilweise — den Hinterbliebenen über den Sterbemonat hinaus weitergewährt, so bewirken sie ein Ruhen des den Hinterbliebenen für dieselbe Zeit zustehenden Sterbegeldes in gleicher Weise, wie sie bei Weiterleben des Verstorbenen zum Ruhen seines Wartegeldes oder Ruhegehalts geführt hätten.

Beispiel:

Ein im öffentlichen Dienst verwendeter Ruhestandsbeamter mit einem Einkommen von monatlich 200 Reichsmark stirbt im Juli. Das Ruhegehalt beträgt 400 Reichsmark, das nach § 127 als Kürzungsgrenze geltende frühere Diensteinkommen 500 Reichsmark. Für Juli hat er von dem Ruhegehalt 500 — 200 = 300 Reichsmark zu erhalten; 400 — 300 = 100 Reichsmark ruhen. Gewährt der Dienstherr den Hinterbliebenen noch einen Monatsbetrag (200 Reichsmark) für August, so ist das den Hinterbliebenen nach § 93 für August, September und Oktober als Sterbegeld zustehende Ruhegehalt von 3 × 400 = 1200 Reichsmark um obige 100 Reichsmark zu kürzen.

12. Beim Zusammentreffen von zwei Versorgungsbezügen (zwei Ruhegehältern oder zwei Wartegeldern oder Ruhegehalt und Wartegeld) mit einem Einkommen aus einer Verwendung im öffentlichen Dienst (§ 127 Abs. 4) ist zunächst der neuere und sodann der ältere Versorgungsbezug nach § 127 zu regeln, und zwar der ältere in der Weise, daß bei der Gegenüberstellung der Bezüge dem Einkommen aus der Verwendung im öffentlichen Dienst der nach der Regelung des neueren Versorgungsbezuges von diesem nicht ruhende Betrag hinzuzurechnen ist. Hierdurch darf der Betreffende aber nicht besser gestellt werden, als wenn das jetzige Einkommen aus der Verwendung im öffentlichen Dienst überhaupt nicht Anlaß zu einer Neuregelung gäbe.

Beispiel:

Erstes früheres Diensteinkommen	1200 *RM*,
daraus erstes Ruhegehalt	700 „ ;
zweites früheres Diensteinkommen	600 „ ,
daraus zweites Ruhegehalt	400 „ ;
erstes Ruhegehalt unter Zugrundelegung der **Gesamt**dienstzeit	900 „ ;
jetziges Einkommen a)	500 „ ,
b)	200 „ .

Regelung des **zweiten** Ruhegehalts nach § 127.

	Fall a *RM*	Fall b *RM*
Das jetzige Einkommen von	500	200
bleibt hinter dem früheren Diensteinkommen von	600	600
zurück um	100	400
Dieser Betrag ist aus dem zweiten Ruhegehalt (400) zu zahlen.		

Regelung des **ersten** Ruhegehalts nach § 127.

	Fall a *RM*	Fall b *RM*
Das jetzige Einkommen von	500	200
unter Hinzurechnung der nach der vorstehenden Regelung aus dem zweiten Ruhegehalt zu zahlenden	100	400
zusammen	600	600
bleibt hinter dem früheren Diensteinkommen von	1200	1200
zurück um	600	600
Dieser Betrag ist aus dem ersten Ruhegehalt (700) zu zahlen.		

Gesamtbezüge

	Fall a	Fall b
Jetziges Einkommen	500	200
aus dem zweiten Ruhegehalt zu zahlen	100	400
aus dem ersten Ruhegehalt zu zahlen	600	600
zusammen	1200	1200

Gegenüberstellung:
Regelung des **ersten** Ruhegehalts nach § **129**.

	Fall a *RM*	Fall b *RM*
Erstes Ruhegehalt unter Zugrundelegung der **Gesamt**dienstzeit	900	900
davon ab das zweite Ruhegehalt	400	400
Mithin aus dem tatsächlichen ersten Ruhegehalt (700) zu zahlen	500	500
Gesamtbezüge		
Jetziges Einkommen	500	200
aus dem zweiten Ruhegehalt zu zahlen	400	400
aus dem ersten Ruhegehalt zu zahlen	500	500
zusammen	1400	1100
Gegenüber den vorstehend errechneten	1200	1200

Da sich hiernach der Betreffende im Falle b) bei der Regelung der beiden Ruhegehälter nach § 127 um 1200—1100 = 100 *RM* besser stehen würde, dürfen bei dieser Regelung aus dem ersten Ruhegehalt nicht 600, sondern nur 500 *RM* gezahlt werden.

13. Soweit die endgültige Entscheidung dem Reichsminister der Finanzen übertragen ist, ist die Regelung zunächst, wie bisher, von den für die Anwendung der Ruhensvorschriften zuständigen Dienststellen (Regelungsbehörden) zu treffen. Im Zweifel- oder Streitfall haben diese nach Anhörung oder auf Antrag des Versorgungsberechtigten die Entscheidung auf dem Dienstwege zu beantragen. Hat die zuständige oberste Dienstbehörde Zweifel, so holt sie unter Beifügung der Akten die Entscheidung des Reichsministers der Finanzen ein; das gleiche gilt, wenn der Versorgungsberechtigte es beantragt.

14. Zur Vermeidung von Härten, die sich aus der unerwarteten Rückforderung größerer überzahlter Beträge ergeben, sollen die Regelungsbehörden in den Fällen, in denen es zweifelhaft ist, ob es sich bei der Beschäftigung der Versorgungsberechtigten um „Verwendung im öffentlichen Dienst" handelt, die Versorgungsberechtigten zunächst benachrichtigen, daß die vorbezeichnete Frage geprüft wird und daß überzahlte Beträge zu erstatten sind, wenn die Voraussetzungen für die Anwendung der Ruhensvorschriften festgestellt werden.

Zu § 128.

1. In den Fällen des Abs. 1 Nr. 1 (Fehlen der deutschen Staatsangehörigkeit) können Ausnahmen zugelassen werden z. B.

a) beim Verlust der deutschen Staatsangehörigkeit auf Grund des Versailler Vertrags,

b) bei weiblichen Ruhestandsbeamten, wenn sich erst nach der Eheschließung herausgestellt hat, daß der Ehemann Ausländer ist.

2. Ruhen die Versorgungsbezüge, so ruhen auch daneben etwa gewährte Kinderzuschläge usw.

Zu § 129.

Bei der Ermittlung der „gesamten ruhegehaltfähigen Dienstzeit" (Abs. 1 und 2) ist der dem früheren Versorgungsbezug zugrunde liegenden Dienstzeit die Zeit der Verwendung im öffentlichen Dienst (§ 127 Abs. 4) hinzuzurechnen. Im übrigen wird auf AB Nr. 1 zu § 127 hingewiesen.

Zu § 132.

Wegen des Verlustes des Reichsbürgerrechts (Abs. 2) gilt das in der DV. zu § 51 Bestimmte.

Zu § 133.

1. Wegen des Verlustes des Reichsbürgerrechts (Abs. 1 Nr. 4) gilt das in der DV. zu § 51 Bestimmte.

2. Ob eine Schul- oder Berufsausbildung (Abs. 2 Nr. 1) vorliegt, ist nach den Grundsätzen in Nr. 68 der Reichsbesoldungsvorschriften zu entscheiden. Im Falle ihrer Unterbrechung (Abs. 2 Satz 2) gilt RBB. 1937 S. 125 Nr. 2662 entsprechend.

3. Bei Bemessung des Unterhaltsbeitrags nach Abs. 3 sind die Einkünfte zu berücksichtigen, die der Witwe aus der letzten Ehe erwachsen (aus Vermögen in Geld oder Grundbesitz, aus Lebensversicherungen usw.).

IV. Durchführungsverordnung zum Deutschen Beamtengesetz für die Kommunalbeamten (Beamten der Gemeinden, der Gemeindeverbände und der gemeindlichen Zweckverbände).

Vom 2. Juli 1937 (RGBl. I S. 729).

Auf Grund der §§ 151, 152, 155 und 183 des Deutschen Beamtengesetzes vom 26. Januar 1937 (Reichsgesetzbl. I S. 39) wird folgendes verordnet:

I. Abschnitt.

Allgemeine Vorschriften.

§ 1.

(1) Der Reichsminister des Innern entscheidet für die Beamten der Gemeinden, der Gemeindeverbände und der gemeindlichen Zweckverbände als oberste Dienstbehörde in den Fällen

1. des § 25 Abs. 3 über die Zulassung von Ausnahmen und über die Genehmigung,
2. des § 43 über die Versetzung in den Wartestand,
3. des § 51 über die Fortdauer des Beamtenverhältnisses,
4. des § 52 über die Zustimmung zur Begründung des Wohnsitzes oder dauernden Aufenthalts außerhalb des Deutschen Reichs und über das Ausscheiden aus dem Beamtenverhältnis,
5. des § 55 Abs. 5 darüber, ob und zu welchem Zeitpunkt die Beendigung des Beamtenverhältnisses gerechtfertigt gewesen wäre,
6. des § 63 Abs. 3 über Ausnahmen von der Entlassung verheirateter weiblicher Beamter,
7. des § 68 Abs. 2 über den Antrag auf Hinausschiebung der Altersgrenze und über die Verlängerung der Altersgrenze,
8. des § 71 über den Antrag auf Versetzung in den Ruhestand,
9. des § 128 Abs. 1 über die Zulassung von Ausnahmen,
10. des § 135 Abs. 3 über die Wiedergewährung der Versorgung,
11. des § 136 Abs. 1 und 3 über die Entziehung und Einbehaltung der Versorgungsansprüche.

In Preußen, Bayern, Sachsen, Württemberg und Baden trifft bis auf weiteres die oberste Landesbehörde (zu vgl. § 33 Abs. 3 der Ersten Durchführungsverordnung zur Deutschen Gemeindeordnung vom 22. März 1935 — Reichsgesetzbl. I S. 393) die Entscheidungen nach Ziffern 2, 4, 5, 9, 10 und 11. Sie ist an Weisungen des Reichsministers des Innern gebunden.

(2) Die für die Berufung zuständige staatliche Behörde entscheidet für die Bürgermeister und Beigeordneten sowie für die Amtsbürgermeister und Amtsbeigeordneten im Falle des § 58 darüber, ob der Beamte der ihm nach § 29 Abs. 3 obliegenden Verpflichtung nachgekommen ist; für sonstige Beamte entscheidet die Aufsichtsbehörde.

(3) Die obere Aufsichtsbehörde (§ 33 Abs. 2 der Ersten Durchführungsverordnung zur Deutschen Gemeindeordnung vom 22. März 1935 — Reichsgesetzbl. I S. 393) entscheidet für die Beamten der Gemeinden, der Gemeindeverbände und der gemeindlichen Zweckverbände als oberste Dienstbehörde in den Fällen des § 143 Abs. 1 Satz 1 und Abs. 2 Satz 3

über vermögensrechtliche Ansprüche der Beamten, der Ruhestandsbeamten und ihrer Hinterbliebenen aus dem Beamtenverhältnis.

(4) Die Aufsichtsbehörde entscheidet für die Beamten der Gemeinden, der Gemeindeverbände und der gemeindlichen Zweckverbände als oberste Dienstbehörde in den Fällen

1. des § 63 Abs. 2 darüber, ob die wirtschaftliche Versorgung eines verheirateten weiblichen Beamten dauernd gesichert ist,
2. des § 75 Abs. 3 über die Einstellung oder Fortführung des Verfahrens und des § 75 Abs. 4 Satz 1 bis 3 über die Feststellung der Dienstunfähigkeit; die Entscheidung nach § 75 Abs. 4 letzter Satz über die Aufrechterhaltung der Versetzung in den Ruhestand trifft die nächsthöhere Aufsichtsbehörde,
3. des § 77 Abs. 2 darüber, ob ein Wartestandsbeamter der ihm nach § 47 Abs. 2 und § 48 Abs. 2 obliegenden Verpflichtung nachgekommen ist,
4. des § 89 Abs. 1 letzter Satz über die Zugehörigkeit eines Beamten zu den für die Berechnung des Ruhegehalts maßgebenden Gruppen.

(5) In den übrigen Fällen entscheidet für die Beamten der Gemeinden, der Gemeindeverbände und der gemeindlichen Zweckverbände als oberste Dienstbehörde der Dienstvorgesetzte (§ 2 Abs. 5 des Deutschen Beamtengesetzes). Die Aufsichtsbehörde kann seine Entscheidung in den Fällen des § 6, § 10 Abs. 3, § 21 Abs. 2, § 85 Abs. 2 und § 165 aufheben oder ändern; in den Fällen des § 10 Abs. 2 und des § 85 Abs. 2 ist die Entscheidung des Dienstvorgesetzten der Aufsichtsbehörde anzuzeigen.

§ 2.

In den Fällen des § 8 Abs. 3 und 4 kann die Aufsichtsbehörde die Entscheidung des Dienstvorgesetzten aufheben oder ändern; das gleiche gilt in den Fällen des § 61, soweit dem Beamten bisher nur aus wichtigem Grunde gekündigt werden konnte.

§ 3.

(1) Hat ein Beamter keinen Dienstvorgesetzten (§ 151 Abs. 2 des Deutschen Beamtengesetzes), so ist der allgemeine Vertreter des Beamten, in den Fällen des § 41, des § 46 Abs. 2 und des § 74 Abs. 1 Satz 2 der Amtsnachfolger zuständig, soweit sich nicht aus Abs. 2 anderes ergibt. Die Aufsichtsbehörde kann die Entscheidung des allgemeinen Vertreters oder des Amtsnachfolgers aufheben oder ändern.

(2) An Stelle des allgemeinen Vertreters oder des Amtsnachfolgers ist die Aufsichtsbehörde in den Fällen des § 6, des § 8 Abs. 3 und 4, des § 9, des § 10 Abs. 3, des § 11, des § 15, des § 17 Abs. 2, des § 18, des § 19, des § 21 Abs. 2, des § 33 Abs. 1, des § 37 Abs. 2 letzter Satz, Abs. 3 und 4,

des § 58, soweit es sich nicht um Bürgermeister und Amtsbürgermeister handelt, des § 75 Abs. 1, des § 80 Abs. 2, des § 81 Abs. 2, des § 84 Abs. 4, des § 85 Abs. 2 und des § 149 Abs. 3 zuständig.

§ 4.

Die Klage nach § 142 Abs. 1 ist auch dann zulässig, wenn die obere Aufsichtsbehörde dem Beamten mitteilt, daß sie eine Entscheidung nicht zu treffen beabsichtige.

II. Abschnitt.

Übergangsvorschriften.

§ 5.

Vorschriften des Landesrechts und des Ortsrechts über die Fälle und die Voraussetzungen der Ernennung von Beamten auf Zeit (§ 29 Abs. 1 des Deutschen Beamtengesetzes) bleiben bis zum 31. Dezember 1937 aufrechterhalten.

§ 6.

Die Vorschriften über die Versorgungskassen bleiben übergangsweise in Geltung. Die nach Landesrecht für den Erlaß der Vorschriften zuständigen Stellen haben diese Vorschriften alsbald dem Deutschen Beamtengesetz anzupassen.

§ 7.

In Bayern bleiben übergangsweise die Vorschriften über die Steuer- und Gemeindeeinnehmer in der Pfalz sowie die Ermächtigung nach § 19 der Angleichungsverordnung zur Deutschen Gemeindeordnung vom 1. April 1935 (Gesetz- u. Verordnungs-Bl. f. d. Freistaat Bay. S. 180) aufrechterhalten.

III. Abschnitt.

Beamte von Körperschaften, Anstalten und Stiftungen des öffentlichen Rechts.

§ 8.

Die Vorschriften der §§ 1 bis 7 gelten für die Beamten von Körperschaften, Anstalten und Stiftungen des öffentlichen Rechts, die nicht unter §§ 152 bis 154 des Deutschen Beamtengesetzes fallen, sinngemäß, soweit die Aufsicht über die Körperschaften, Anstalten und Stiftungen dem Reichsminister des Innern oder den Innenministern der Länder zusteht. Die zuständige oberste Landesbehörde trifft die näheren Vorschriften.

V. Ausführungsanweisung zum Deutschen Beamtengesetz für die Kommunalbeamten (Beamten der Gemeinden, der Gemeindeverbände und der gemeindlichen Zweckverbände) v. 26. 1. 1937 (RGBl. I S. 39).

RdErl. d. RuPrMdJ. vom 1. 7. 1937 — V a I 1210 37 (RMBliV. S. 1051)[1]).

Zu § 2.

1. Die Vorschriften der Durchf.-VO. zum Deutschen Beamtenges. (DBG.) für die Kommunalbeamten (Beamten der Gemeinden, der Gemeindeverbände und der gemeindlichen Zweckverbände) vom 2. 7. 1937 gelten für die bezeichneten Beamten ohne Rücksicht darauf, in welchem Verwaltungszweige sie tätig sind; sie gelten auch dann, wenn der Beamte seine Tätigkeit in einer selbständigen Körperschaft ausübt (z. B. die Sparkassenbeamten in Preußen). Mitwirkungsrechte anderer Stellen, die nach bisherigem Recht bestehen, bleiben unberührt.

---

[1]) Der Übersichtlichkeit halber werden die Bestimmungen der Deutschen Gemeindeordnung v. 30. 1. 1935 (RGBl. I S. 49) und der 1. DVO. v. 22. 3. 1935 (RGBl. I S. 393), von denen die Mehrzahl in der Ausf.-Anw. erwähnt ist, fortlaufend in der Anmerkung abgedruckt. S. auch Begründung der DGO., abgedruckt im RA. Nr. 25—28; 1. DVO. v. 22. 3. 1935 (RGBl. I S. 393); 2. DVO. v. 25. 3. 1936 (RGBl. I S. 272); 3. DVO. v. 30. 3. 1937 (RGBl. I S. 428) und VO. zur Ausführung des § 118 v. 26. 3. 1935 (RGBl. I S. 470). 1. Ausf.-Anw. v. 22. 3. 1935 (MBliV. S. 415). Preußische ÜberleitungsVO. v. 30. 3. 1935 (MBliV. S. 491) und RdErl. des RuPrMdJ. v. 30. 3. 1935 (MBliV. S. 493). Richtlinien zu § 27 (Aufwandsentschädigung für kommunale Ehrenbeamte) s. RdErl. des RuPrMdJ. v. 12. 12. 1935 (MBliV. S. 1469) u. v. 26. 10. 1937 (RMBliV. S. 1707). Vgl. auch RdErl. des MdJ. und des Pr.FM. v. 22. 6. 1934 (MBliV. S. 899). Stellenausschreibungen bei der Berufung der leitenden Gemeindebeamten s. RdErl. des MdJ. v. 16. 7. 1934 (MBliV. S. 977) und RdErl. des RuPrMdJ. v. 23. 3. 1936 (RMBliV. S. 401); Anstellungsurkunden für Bürgermeister und Beigeordnete s. RdErl. des RuPrMdJ. v. 25. 7. 1935 (MBliV. S. 958). Hinsichtlich der Amtsbürgermeister und Amtsbeigeordneten in den preußischen Ämtern s. Amtsordnung in der Fassung der VO. v. 13. 7. 1935 (MBliV. S. 894); 1. DVO. v. 13. 7. 1935 (MBliV. S. 901); VO. v. 22. 8. 1935 (RMBl. S. 746); Erg. VO. v. 13. 9. 1937 (RMBliV. S. 1533) und Ausf.-Anw. v. 25. 7. 1935 (MBliV. S. 927).

Die maßgebenden Bestimmungen der Deutschen Gemeindeordnung v. 30. 1. 1935 (RGBl. I S. 49) und der 1. DVO. v. 22. 3. 1935 (RGBl. I S. 393) lauten:

Deutsche Gemeindeordnung.

§ 24.

(1) Der Bürger, der zu ehrenamtlicher Tätigkeit bestellt wird, ist wie ein Gemeindebeamter zur Verschwiegenheit verpflichtet. Er darf die Kenntnis von Angelegenheiten, über die er verschwiegen zu sein hat, nicht unbefugt verwerten. Das gilt auch dann, wenn er nicht mehr ehrenamtlich tätig ist.

(2) Verletzt der Bürger diese Pflichten, so stehen der Gemeinde die Befugnisse nach § 23 Abs. 2 zu.

§ 25.

(1) Der Bürger darf in seiner ehrenamtlichen Tätigkeit nicht bei Angelegenheiten beratend oder entscheidend mitwirken, wenn die Entscheidung ihm selbst, seinem Ehegatten, seinen Verwandten bis zum dritten oder Verschwägerten bis zum zweiten Grade oder einer von ihm kraft Gesetzes oder Vollmacht vertretenen Person einen unmittelbaren Vorteil oder Nachteil bringen kann. Das gilt auch, wenn der Bürger

1. in der Angelegenheit in anderer als öffentlicher Eigenschaft ein Gutachten abgegeben hat oder sonst tätig geworden ist,

2. gegen Entgelt bei jemand beschäftigt ist, der an der Erledigung der Angelegenheit ein persönliches oder wirtschaftliches Sonderinteresse hat.

Diese Vorschriften gelten nicht, wenn der Bürger an der Entscheidung der Angelegenheit lediglich als Angehöriger eines Berufes oder einer Bevölkerungsgruppe beteiligt ist, deren gemeinsame Interessen durch die Angelegenheit berührt werden.

(2) Darüber, ob die Voraussetzungen des Absatzes 1 vorliegen, entscheidet der Bürgermeister endgültig; soweit es sich um ihn selbst handelt, entscheidet sein allgemeiner Vertreter.

(3) Wer an der Beratung nicht teilnehmen darf, muß den Beratungsraum verlassen.

§ 27.

(1) Die Gemeinde kann durch die Hauptsatzung ehrenamtlichen Bürgermeistern, Beigeordneten und Kassenverwaltern eine angemessene Aufwandsentschädigung bewilligen.

(2) Wer sonst ehrenamtlich tätig ist, hat nur Anspruch auf Ersatz seiner Auslagen und des entgangenen Arbeitsverdienstes im Rahmen von Zeugengebühren. Durch die Hauptsatzung können Durchschnittssätze festgesetzt werden.

(3) Die Ansprüche auf diese Bezüge sind nicht übertragbar.

§ 28.

(1) Die Hauptsatzung kann bestimmen, daß Bürgern, die mindestens zwanzig Jahre ein Ehrenamt ohne Tadel verwaltet haben, eine Ehrenbezeichnung verliehen werden kann.

(2) Die Gemeinde kann mit Genehmigung der Aufsichtsbehörde die Ehrenbezeichnung wegen eines unwürdigen Verhaltens aberkennen.

(3) Mit der Verwirkung des Bürgerrechts wird auch die Ehrenbezeichnung verwirkt.

§ 32.

(1) Der Bürgermeister führt die Verwaltung in voller und ausschließlicher Verantwortung, soweit nicht § 33 ausdrücklich anderes bestimmt.

(2) Der Bürgermeister führt in Stadtkreisen die Amtsbezeichnung Oberbürgermeister.

§ 33.

(1) Zur Sicherung des Einklangs der Gemeindeverwaltung mit der Partei wirkt der Beauftragte der NSDAP. außer bei der Berufung und Abberufung des Bürgermeisters, der Beigeordneten und der Gemeinderäte (§§ 41, 45, 51 und 54) bei folgenden Entschließungen des Bürgermeisters mit:

1. der Erlaß der Hauptsatzung bedarf seiner Zustimmung;
2. das Ehrenbürgerrecht sowie Ehrenbezeichnungen durfen nur mit seiner Zustimmung verliehen und aberkannt werden.

(2) Versagt der Beauftragte der NSDAP. seine Zustimmung, so hat er dies binnen zwei Wochen nach Zuleitung der Entschließung schriftlich zu begründen, der bei Hauptsatzung unter Anführung der Vorschriften, die seine Zustimmung nicht finden; anderenfalls gilt seine Zustimmung als erteilt. Wenn bei Versagung der Zustimmung zwischen dem Beauftragten der NSDAP. und dem Bürgermeister in erneuter Verhandlung keine Einigung zustande kommt, so hat der Bürgermeister in Stadtkreisen die Entscheidung des Reichsstatthalters, im übrigen die Entscheidung der Aufsichtsbehörde herbeizuführen. Bei der Hauptsatzung bedarf der Reichsstatthalter zu seiner Entscheidung der Zustimmung des Reichsministers des Innern, wenn er von der Stellungnahme der Aufsichtsbehörde abweichen will. Die Entscheidung des Reichsstatthalters bindet die Aufsichtsbehörde.

§ 34.

(1) Dem Bürgermeister stehen Beigeordnete als Stellvertreter zur Seite. Ihre Zahl bestimmt die Hauptsatzung.

(2) Der Erste Beigeordnete führt in Stadtkreisen die Amtsbezeichnung Bürgermeister. Der mit der Verwaltung des Geldwesens einer Stadt beauftragte Beigeordnete führt die Amtsbezeichnung Stadtkämmerer. Die übrigen Beigeordneten in Städten führen die Amtsbezeichnung Stadtrat (Stadtrechtsrat, Stadtschulrat, Stadtbaurat und dergleichen).

§ 35.

(1) Allgemeiner Vertreter des Bürgermeisters ist der Erste Beigeordnete. Die übrigen Beigeordneten sind zur allgemeinen Vertretung des Bürgermeisters nur be-

rufen, wenn der Erste Beigeordnete verhindert ist. Die Reihenfolge richtet sich nach ihrem Dienstalter als Beigeordnete der Gemeinde. Der Bürgermeister kann schriftlich eine andere Reihenfolge bestimmen.

(2) Die übrigen Beigeordneten vertreten den Bürgermeister in ihrem Arbeitsgebiet. Der Bürgermeister kann jede Angelegenheit an sich ziehen.

(3) Der Bürgermeister kann auch andere Beamte und Angestellte mit seiner Vertretung in bestimmten Angelegenheiten beauftragen sowie Beigeordnete ermächtigen, solche Aufträge in ihrem Arbeitsgebiet zu erteilen.

§ 36.

(1) Der Bürgermeister vertritt die Gemeinde.

(2) Erklärungen, durch die die Gemeinde verpflichtet werden soll, bedürfen der schriftlichen Form. Sie sind unter der Amtsbezeichnung des Bürgermeisters handschriftlich zu unterzeichnen. Im Falle der Vertretung des Bürgermeisters muß die Erklärung durch zwei vertretungsberechtigte Beamte oder Angestellte unterzeichnet werden.

§ 37.

Der Bürgermeister ist Dienstvorgesetzter aller Beamten, Angestellten und Arbeiter der Gemeinde. Er stellt sie an und entläßt sie; bei der Anstellung ist der Stellenplan einzuhalten. Rechte des Staates bei der Anstellung und Entlassung von Beamten und Angestellten, die sich aus anderen Gesetzen ergeben, bleiben unberührt.

§ 38.

Für hauptamtliche Bürgermeister und Beigeordnete gelten die §§ 25 und 26 entsprechend.

§ 39.

(1) In Gemeinden mit weniger als 10000 Einwohnern sind Bürgermeister und Beigeordnete ehrenamtlich tätig. Die Hauptsatzung kann bestimmen, daß die Stelle des Bürgermeisters oder eines Beigeordneten hauptamtlich verwaltet wird.

(2) In Gemeinden mit mehr als 10000 Einwohnern muß die Stelle des Bürgermeisters oder eines Beigeordneten hauptamtlich verwaltet werden. Die Hauptsatzung bestimmt, welche Stellen außerdem hauptamtlich verwaltet werden.

§ 40.

In Stadtkreisen muß der Bürgermeister oder der Erste Beigeordnete hauptamtlich angestellt sein und die Befähigung zum Richteramt oder zum höheren Verwaltungsdienst haben. Die Aufsichtsbehörde kann Ausnahmen zulassen. Die Hauptsatzung kann auch für andere hauptamtlich verwaltete Stellen, insbesondere für die Stelle des Stadtkämmerers, eine besondere Vorbildung vorschreiben.

§ 41.

(1) Die Stellen hauptamtlicher Bürgermeister und Beigeordneter sind vor der Besetzung von der Gemeinde öffentlich auszuschreiben. Die bei der Gemeinde eingegangenen Bewerbungen sind dem Beauftragten der NSDAP. zuzuleiten. Dieser schlägt nach Beratung mit den Gemeinderäten in nicht öffentlicher Sitzung bis zu drei Bewerber vor. Bei Stellen von Beigeordneten hat er vorher dem Bürgermeister Gelegenheit zur Stellungnahme zu geben.

(2) Der Beauftragte der NSDAP. übermittelt seine Vorschläge mit allen Bewerbungen

1. bei Stellen von Bürgermeistern, Ersten Beigeordneten und Stadtkämmerern in Stadtkreisen mit mehr als 100000 Einwohnern durch die Aufsichtsbehörde dem Reichsminister des Innern,
2. bei Stellen anderer Beigeordneter in Stadtkreisen mit mehr als 100000 Einwohnern und bei Stellen von Bürgermeistern und Beigeordneten in den übrigen Stadtkreisen durch die Aufsichtsbehörde dem Reichsstatthalter,
3. bei Stellen von Bürgermeistern und Beigeordneten in kreisangehörigen Städten durch die Aufsichtsbehörde der oberen Aufsichtsbehörde, in den übrigen Gemeinden der Aufsichtsbehörde.

(3) Erklärt sich die nach Abs. 2 zuständige Behörde mit der Berufung eines der vorgeschlagenen Bewerber einverstanden, so ernennt die Gemeinde diesen Bewerber. Anderenfalls sind neue Vorschläge einzureichen. Erklärt sich die zuständige Behörde auch mit diesen Vorschlägen nicht einverstanden, so beruft sie den Bewerber, den die Gemeinde zu ernennen hat. Das gleiche gilt, wenn innerhalb einer von der zuständigen Behörde bestimmten Frist ein Vorschlag nicht gemacht wird.

(4) Stellen ehrenamtlicher Bürgermeister und Beigeordneter brauchen nicht ausgeschrieben zu werden. Auch für hauptamtliche Stellen kann die nach Abs. 2 zuständige Behörde zulassen, daß die Ausschreibung unterbleibt. Im übrigen gelten die Vorschriften der Absätze 1 bis 3 entsprechend.

(5) Bis zur Erklärung des Einverständnisses der nach Abs. 2 zuständigen Behörde ist über die Vorschläge Verschwiegenheit zu wahren.

§ 42.

(1) Bürgermeister und Beigeordnete können nicht sein
1. besoldete Beamte des Staates, einer Gemeinde oder sonstigen Körperschaft des öffentlichen Rechts,
2. Angestellte und Arbeiter der Gemeinde,
3. Angestellte und Arbeiter von Gesellschaften und Vereinigungen, an denen die Gemeinde maßgebend beteiligt ist,
4. Angestellte von öffentlichen Krankenkassen,
5. Geistliche.

(2) Diese Vorschrift findet keine Anwendung, wenn die in den Nrn. 1 bis 4 genannten Beamten, Angestellten und Arbeiter bei der Berufung zum hauptamtlichen Bürgermeister oder Beigeordneten bis zur Unwiderruflichkeit ihrer Berufung (§ 45) beurlaubt sind. Auch kann die Aufsichtsbehörde ausnahmsweise die Berufung dieser Beamten, Angestellten und Arbeiter zu ehrenamtlichen Beigeordneten zulassen.

§ 43.

(1) Bürgermeister und Beigeordnete dürfen miteinander nicht bis zum dritten Grade verwandt oder bis zum zweiten Grade verschwägert sein. In Gemeinden mit weniger als 1000 Einwohnern kann die Aufsichtsbehörde Ausnahmen zulassen.

(2) Entsteht die Verwandtschaft oder Schwägerschaft im Laufe der Amtszeit, so hat einer der Beteiligten auszuscheiden. Ist einer der Beteiligten hauptamtlicher Bürgermeister, so scheidet der andere aus. Ist einer der Beteiligten hauptamtlich, der andere ehrenamtlich, so scheidet dieser aus. Im übrigen scheidet, wenn sich die Beteiligten nicht einigen, der an Lebensalter Jüngere aus.

§ 44.

(1) Hauptamtliche Bürgermeister und Beigeordnete werden auf zwölf Jahre berufen. Sie sind verpflichtet, das Amt jeweils weitere zwölf Jahre zu führen, es sei denn, daß die Wiederberufung unter ungünstigeren Bedingungen erfolgen soll. Kommen sie dieser Verpflichtung nicht nach, so sind sie mit dem Ablauf ihrer Amtszeit zu entlassen.

(2) Die Hauptsatzung kann bestimmen, daß hauptamtliche Bürgermeister und Beigeordnete auf Lebenszeit wiederberufen werden.

(3) Ehrenamtliche Bürgermeister und Beigeordnete werden auf sechs Jahre berufen. Sie bleiben bis zum Amtsantritt des Nachfolgers im Amte. Wiederberufung ist zulässig.

§ 45.

(1) Die nach § 41 Abs. 2 zuständige Behörde kann die Berufung zum Bürgermeister und Beigeordneten bis zum Ablauf des ersten Amtsjahres zurücknehmen. Hierzu bedarf es im Falle des § 41 Abs. 2 Nr. 1 der Anhörung des Reichsstatthalters und im Falle des § 41 Abs. 2 Nr. 3 des Einvernehmens mit dem Beauftragten der NSDAP. Kommt kein Einvernehmen zustande, so entscheidet der Reichsstatthalter.

(2) Die zuständige Behörde kann schon vor Ablauf des ersten Amtsjahres auf die Zurücknahme der Berufung verzichten.

(3) Der Reichsminister des Innern kann durch Verordnung die rechtlichen Folgen im Falle der Zurücknahme der Berufung zum hauptamtlichen Bürgermeister oder Beigeordneten regeln. Er kann dabei vorschreiben, daß Bürgermeister und Beigeordnete, die vor ihrer Berufung als Beamte im Dienste des Staates, einer Gemeinde oder eines Gemeindeverbandes standen, bei Zurücknahme der Berufung in ihr früheres Dienstverhältnis zu übernehmen sind, sofern nicht Gründe vorliegen, die auch sonst der Ernennung eines Beamten entgegenstehen.

§ 46.

Die Bürgermeister werden vor dem Amtsantritt von der Aufsichtsbehörde, die Beigeordneten von dem Bürgermeister vereidigt.

---

§ 47.

Die Hauptsatzung kann bestimmen, daß der Bürgermeister, die Beigeordneten und Gemeinderäte bei feierlichen Anlässen eine Amtstracht oder ein Amtszeichen tragen.

§ 48.

(1) Die Gemeinderäte haben die Aufgabe, die dauernde Fühlung der Verwaltung der Gemeinde mit allen Schichten der Bürgerschaft zu sichern. Sie haben den Bürgermeister eigenverantwortlich zu beraten und seinen Maßnahmen in der Bevölkerung Verständnis zu verschaffen. Sie haben bei ihrer Tätigkeit ausschließlich das Gemeinwohl zu wahren und zu fördern.

(2) In Städten führen die Gemeinderäte die Amtsbezeichnung Ratsherr.

§ 49.

Die Hauptsatzung bestimmt die Zahl der Gemeinderäte. Die Höchstzahl der Gemeinderäte beträgt in Gemeinden mit weniger als 10000 Einwohnern zwölf, in den übrigen kreisangehörigen Gemeinden vierundzwanzig, in den Stadtkreisen sechsunddreißig.

§ 50.

Der Beauftragte der NSDAP. ist nicht Gemeinderat. Er kann an den Beratungen des Bürgermeisters mit den Gemeinderäten teilnehmen, wenn es sich um Angelegenheiten handelt, bei denen ihm das Gesetz eine Mitwirkung einräumt (§ 33 Abs. 1); er ist zu diesen Beratungen zu laden.

§ 51.

(1) Der Beauftragte der NSDAP. beruft im Benehmen mit dem Bürgermeister die Gemeinderäte. Bei der Berufung hat er auf nationale Zuverlässigkeit, Eignung und Leumund zu achten und Persönlichkeiten zu berücksichtigen, deren Wirkungskreis der Gemeinde ihre besondere Eigenart oder Bedeutung gibt oder das gemeindliche Leben wesentlich beeinflußt.

(2) Beamte, Angestellte und Arbeiter der Gemeinde und Beamte der Aufsichtsbehörde können nicht als Gemeinderäte berufen werden. Die Aufsichtsbehörde kann Ausnahmen zulassen.

§ 52.

(1) Die Gemeinderäte werden auf sechs Jahre berufen. Ausscheidende Gemeinderäte können wiederberufen werden.

(2) Scheidet ein Gemeinderat vor Ablauf der Amtszeit aus, so wird für deren Rest ein Ersatzmann berufen.

§ 53.

Die Gemeinderäte bekleiden ein Ehrenamt. Der Bürgermeister verpflichtet sie auf gewissenhafte Erfüllung ihrer Aufgaben und vereidigt sie.

§ 54.

Gemeinderäte, bei denen die Voraussetzungen des § 51 nicht oder nicht mehr gegeben sind, scheiden aus. Die Entscheidung trifft die Aufsichtsbehörde im Einvernehmen mit dem Beauftragten der NSDAP.; kommt kein Einvernehmen zustande, so entscheidet der Reichsstatthalter.

1. DVO. zur Deutschen Gemeindeordnung.

§ 15.

Hauptamtliche Bürgermeister oder Beigeordnete, die nach § 43 Abs. 2 der Deutschen Gemeindeordnung ausscheiden, stehen solchen Beamten gleich, die wegen Dienstunfähigkeit ausscheiden.

§ 16.

(1) Der Ablauf der Amtszeit der im Amte befindlichen Bürgermeister und Beigeordneten richtet sich nach bisherigem Recht: soweit die Amtszeit an die Amts-(Wahl-)zeit der Gemeindevertretung gebunden war, endet sie in dem Zeitpunkt, in dem die Amts-(Wahl-)zeit der Gemeindevertretung bei regelmäßigem Ablauf enden würde.

(2) Die Vorschriften des § 44 Abs. 1 Sätze 2 und 3, Abs. 2 und Abs. 3 Sätze 2 und 3 der Deutschen Gemeindeordnung gelten auch für die im Amte befindlichen Bürgermeister und Beigeordneten.

§ 17.

(1) Die Vorschriften des § 45 Absätze 1 und 2 der Deutschen Gemeindeordnung gelten für die im Amte befindlichen Bürgermeister und Beigeordneten, wenn nach bis-

2. Oberste Dienstbehörde im Sinne des § 2 Abs. 4 ist, soweit nicht in der VO. nach § 151 Abs. 1 anderes bestimmt ist, der Leiter der Gemeinde (des Gemeindeverbandes, des Zweckverbandes).

3. Dienstvorgesetzter der Beamten der Gemeinden ist grundsätzlich der Bürgermeister; wer Dienstvorgesetzter der Beamten der Gemeindeverbände

---

herigem Recht die Zurücknahme der Berufung oder des ihr gleichstehenden Vorganges möglich war und die rechtliche Zulässigkeit noch besteht.

(2) In den Fällen des Absatzes 1 wird auf das erste Amtsjahr im Sinne des § 45 Absätze 1 und 2 der Deutschen Gemeindeordnung die in der gleichen Stelle verbrachte Amtszeit angerechnet.

(3) War nach bisherigem Recht die Zurücknahme der Berufung oder des ihr gleichstehenden Vorganges auch über den Ablauf des ersten Amtsjahres hinaus zulässig, so kann die oberste Landesbehörde durch Verordnung die Aufrechterhaltung dieser Befugnis bis zum 30. Juni 1935 vorsehen.

§ 18.

(1) Wird die Berufung eines hauptamtlichen Bürgermeisters oder Beigeordneten nach § 45 Abs. 1 der Deutschen Gemeindeordnung zurückgenommen, so sind ihm bis zum Ablauf des dritten Monats, der auf den Monat folgt, in dem die Berufung zurückgenommen wird, von der Gemeinde die bisherigen Bezüge weiterzuzahlen. Hierbei finden auf die Weiterzahlung von Aufwands- und Dienstaufwandsentschädigungen die Vorschriften entsprechende Anwendung, die für die in den einstweiligen Ruhestand versetzten Beamten des Reiches gelten. Die Bezüge verringern sich un den Betrag, den der bisherige Bürgermeister oder Beigeordnete aus einer neuen Verwendung im öffentlichen Dienst bezieht.

(2) War der Bürgermeister oder Beigeordnete vor seiner Berufung besoldeter Beamter des Staates, einer Gemeinde oder eines Gemeindeverbandes, so gelten die besonderen Vorschriften des § 19.

§ 19.

(1) Wird die Berufung eines Bürgermeisters oder Beigeordneten, der vor seiner Berufung besoldeter Beamter des Staates, einer Gemeinde oder eines Gemeindeverbandes war, zurückgenommen, so ist er mit dem aus dem früheren Dienstverhältnis folgenden Besoldungsdienstalter und der ruhegehaltsfähigen Dienstzeit unter Anrechnung der nach der Berufung verbrachten Dienstzeit in sein früheres Dienstverhältnis zu übernehmen, sofern nicht Gründe vorliegen, die auch sonst der Ernennung eines Beamten entgegenstehen. Die Übernahme kann auch dann versagt werden, wenn die früher bekleidete Stelle die eines politischen Beamten im Staatsdienste, eines leitenden Beamten eines Provinzialverbandes oder eines Bürgermeisters war.

(2) Wird der Beamte in sein früheres Dienstverhältnis zurückübernommen, so ist er möglichst bald in einer seiner früheren Stelle gleichwertigen Stelle wiederzuverwenden. Bis zu diesem Zeitpunkt hat er die Stellung eines Beamten, der nach den Vorschriften des Reichsbeamtengesetzes in den einstweiligen Ruhestand versetzt ist. War er in seiner früheren Stelle auf Zeit angestellt und ist er bei Ablauf der Amtszeit noch nicht wiederverwendet, so scheidet er aus.

(3) Wird der Beamte nicht in sein früheres Dienstverhältnis zurückübernommen, so hat er gegenüber der Gemeinde, in deren Dienst er zuletzt gestanden hat, die Stellung eines Beamten, der nach den Vorschriften des Reichsbeamtengesetzes in den einstweiligen Ruhestand versetzt worden ist. Abs. 2 letzter Satz gilt entsprechend.

(4) Für die Berechnung und Zahlung des Wartegeldes in den Fällen der Absätze 2 und 3 gelten folgende Vorschriften:

1. Der Berechnung des Wartegeldes ist das Diensteinkommen zugrunde zu legen, das dem Bürgermeister oder Beigeordneten gewährt wurde.
2. Das Wartegeld beträgt höchstens 80 vom Hundert des der Berechnung des Ruhegehalts zugrunde zu legenden Diensteinkommens, in keinem Falle aber mehr als das Diensteinkommen der Stelle, die der Bürgermeister oder Beigeordnete vor seiner Berufung bekleidete.

(5) Das Wartegeld, das Ruhegehalt und die Hinterbliebenenbezüge sind in den Fällen der Absätze 2 und 3 von der früheren Dienstkörperschaft und der Gemeinde, in deren Dienst der Beamte zuletzt gestanden hat, je zur Hälfte zu tragen.

und der gemeindlichen Zweckverbände ist, richtet sich bis zur reichsrechtlichen Regelung des Verfassungsrechts dieser Verbände nach Landesrecht. Entsprechendes gilt für die Beamten von Körperschaften, Anstalten und Stiftungen des öffentlichen Rechts (§ 155 DBG.), soweit sie der Aufsicht des RMdJ. oder der Innenminister der Länder unterstehen; die zuständigen obersten Landesbehörden treffen hierzu erforderlichenfalls die näheren Vorschriften.

Zu § 5.

Die Vorschriften der §§ 25, 38 der DGO. bleiben unberührt; daneben gilt § 5 DBG. insoweit, als er eine weitergehende Regelung enthält.

Zu § 7.

Die besondere Stellung der Gemeinderäte (§§ 48ff. DGO.) wird durch § 7 Abs. 2 DBG. nicht berührt.

Zu § 8.

Die Vorschrift des § 24 DGO., insbesondere auch die Vorschrift des § 24 Abs. 2 a. a. O., bleibt unberührt.

Zu § 10.

Beamte, die keinen Dienstvorgesetzten haben (§ 151 Abs. 2 DBG.), treffen die Entscheidung nach § 10 Abs. 1 in eigener Zuständigkeit. Entschließt sich ein derartiger Beamter zur Übernahme oder Fortführung der Nebentätigkeit (Nebenamt, Nebenbeschäftigung), so steht dies der Übernahme auf Vorschlag oder Veranlassung des Dienstvorgesetzten im Sinne des § 10 Abs. 2 Ziff. 3, des § 12 und des § 13 gleich. Die Genehmigungspflicht nach § 10 Abs. 3 wird dadurch nicht berührt.

Zu § 12.

Durch § 12 DBG. ist § 70 Abs. 3 DGO., soweit er von Beamten handelt, überholt.

Zu § 17.

1. Die in der Ersten Ausf.-Anw. zur DGO. vom 22. 3. 1935 (MBliV. S. 415) zu § 37 vorgesehene Anzeige an die Aufsichtsbehörde bei Abwesenheit vom Dienstort bleibt unberührt.

2. Die Beschränkung des Urlaubs auf die Höchstdauer von 6 Monaten in der allg. Durchf.-VO. schließt nicht aus, daß dir Gemeinden, Gemeindeverbände und gemeindlichen Zweckverbände in den Fällen des § 42 Abs. 2 DGO. Urlaub bis zur Höchstdauer eines Jahres (§ 45 DGO.) erteilen, da insoweit öffentliche Belange vorliegen.

3. In den Fällen der allg. Durchf.-VO. zu § 17 Abs. 8 trifft der Dienstvorgesetzte die Entscheidung über Ausnahmen.

Zu § 20.

§ 47 DGO. bleibt bis auf weiteres unberührt.

Zu § 21.

Die Vorschrift des § 21 DBG. gilt nicht für Zeitbeamte (vgl. die allg. Durchf.-VO. zu § 21).

Zu § 24.

Als gesetzliche Vorschriften gelten neben den Vorschriften der §§ 37 und 41 DGO. auch die Vorschriften des Landesrechts, die für die Gemeindeverbände und für die gemeindlichen Zweckverbände die Zuständigkeit zur Ernennung von Beamten regeln. Wegen der Rechte anderer Stellen bei der Ernennung und Entlassung von Beamten wird im übrigen auf § 151 Abs. 4 DBG. und auf die Ausf.-Anw. hierzu verwiesen.

Zu § 25.

1. Zu § 25 der allg. Durchf.-VO. wird angeordnet, daß die Prüfung und Entscheidung darüber, ob der Abstammungsnachweis erbracht ist, bei den Beamten, die nach § 41 DGO. oder entsprechend dem § 41 DGO. berufen werden, von der Aufsichtsbehörde vorzunehmen ist; gegebenenfalls hat diese einen Abstammungsbescheid der Reichsstelle für Sippenforschung einzuholen.

2. Das Antragsrecht steht in den Fällen des § 25 Abs. 3 DBG. der Gemeinde (dem Gemeindeverband, Zweckverband) zu; Anträge sind auf dem Dienstwege vorzulegen.

Zu § 26.

Die Bestimmungen der Ersten Ausf.-Anw. zur DGO. vom 22. 3. 1935 (MBliV. S. 415) zu § 40 bleiben neben den Vorschriften der allg. Durchf.-VO. unberührt, soweit sie nicht durch die spätere Gesetzgebung bereits abgeändert sind.

Zu §§ 27 ff.

(1) Das DBG. kennt hinsichtlich der Dauer und der Art des Beamtenverhältnisses nur noch folgende Möglichkeiten.

1. Nach § 27 Abs. 2 wird das Beamtenverhältnis, soweit gesetzlich nichts anderes vorgesehen ist, für Beamte, die für Daueraufgaben voll verwendet werden, mit dem Ziele begründet, den Beamten lebenslänglich mit dem Staate zu verbinden (Beamte auf Lebenszeit). Zur Klarstellung wird darauf hingewiesen, daß für die sogenannten teilbeschäftigten Beamten eine Anstellung auf Lebenszeit nicht in Betracht kommt (vgl. auch § 67 Abs. 2 und § 180 Abs. 2).

2. Beamte auf Zeit können nur in den Fällen ernannt werden, in denen dies gesetzlich vorgesehen ist. Als gesetzliche Vorschriften in diesem

Sinne gelten sowohl reichsrechtliche Vorschriften (z. B. § 44 DGO.) als auch ortsrechtliche Vorschriften, die nach § 151 Abs. 5 DBG. mit Genehmigung der Aufsichtsbehörde erlassen worden sind. Wegen der Überleitung wird im übrigen auf die Ausf.-Anw. zu § 29 verwiesen.

3. Alle übrigen Beamten sind Beamte auf Widerruf; Beamte auf Kündigung gibt es in Zukunft nicht mehr (vgl. auch § 178 Abs. 3 DBG.).

(2) Die für die Ernennung zuständigen Behörden werden besonders darauf hingewiesen, gerade bei der Ernennung von Beamten die nunmehr maßgebenden Vorschriften der §§ 27—30 DBG. über die Aushändigung und inhaltliche Gestaltung der Ernennungsurkunden peinlichst zu beachten.

Zu § 28.

1. Die Urkunde wird für die Beamten der Gemeinden, Gemeindeverbände und gemeindlichen Zweckverbände durch die nach den Vorschriften des Reichsrechts (z. B. § 37, § 41 DGO.) und des Landesrechts zuständigen Stellen ausgestellt. Wegen der bereits im Amte befindlichen Beamten wird auf § 178 DBG. verwiesen.

2. Bis zum Erlaß allgemeiner Vorschriften behält es bei den landes- und ortsrechtlichen Vorschriften und über den Vorbereitungs- und Probedienst und über das Prüfungswesen sein Bewenden.

3. Eine Planstelle im Sinne des § 28 Abs. 2 Ziff. 3 DBG. liegt nicht schon dann vor, wenn die Stelle im Stellenplan der Gemeinde (des Gemeindeverbandes, des Zweckverbandes) vorgesehen ist. Als Planstellen sind vielmehr nur die im Stellenplan vorgesehenen Stellen zu betrachten, die dauernd erforderlich sind (vgl. § 148 Abs. 4 DBG.). Zur Durchführung des § 28 Abs. 2 Ziff. 3 wird deshalb folgendes angeordnet:

a) Soweit Gemeinden, Gemeindeverbände und gemeindliche Zweckverbände bisher Stellenpläne überhaupt nicht aufgestellt haben sollten, ist dies alsbald nachzuholen.

b) (1) Die Stellenpläne sind alsbald daraufhin zu überprüfen, welche Stellen in Zukunft als Planstellen im Sinne der oben erwähnten Begriffsbestimmung in Betracht kommen. Die sorgfältige Durchführung dieser Prüfung ist für die Gemeinden, Gemeindeverbände und Zweckverbände von gleicher Bedeutung wie für die Beamtenschaft selbst. In dem Stellenplan sind die danach als Planstellen zu bewertenden Stellen in Zukunft besonders zu kennzeichnen.

(2) Die abschließende Regelung des Stellenplanwesens der Gemeinden bleibt im übrigen einer besonderen Stellenplan-VO. vorbehalten.

Zu § 29.

1. Bisher bestehende Vorschriften des Landesrechts und des Ortsrechts über die Fälle und die Voraussetzungen der Ernennung von Beamten auf Zeit werden durch § 5 der Durchf.-VO. zum DBG. für die Kommunalbeamten (Beamten der Gemeinden, der Gemeindeverbände und der gemeindlichen Zweckverbände) übergangsweise bis zum 31. 12. 1937 aufrechterhalten. Die Innenminister der Länder haben mir eine Zusammenstellung dieser landesrechtlichen Vorschriften bis zum 1. 9. 1937 vorzulegen unter Stellungnahme zu der Frage, welche dieser Vorschriften weiterhin aufrechterhalten werden müssen und welche am 31. 12. 1937 außer Kraft treten können. Des weiteren haben die Gemeinden, Gemeindeverbände und Zweckverbände zu prüfen, welche ortsrechtlichen Vorschriften auf diesem Gebiet bei ihnen bestehen. Um für die Durchführung des § 29 Abs. 1 und des § 151 Abs. 5 DBG. ausreichendes Material zu gewinnen, haben die Innenminister der Länder, in Preußen: die Reg.-Präs., ebenfalls bis zum 1. 9. 1937 zu berichten, welche ortsrechtlichen Vorschriften danach in ihrem Bereich in Betracht kommen und für welche eine Aufrechterhaltung notwendig erscheint. Weitere Weisungen hierzu bleiben vorbehalten.

2. Bis zum Erlaß weiterer Weisungen dürfen die Aufsichtsbehörden ortsrechtliche Vorschriften nach §§ 29, 151 Abs. 5 DBG. nur genehmigen, wenn hinreichende Gründe für eine Durchbrechung der Vorschrift des § 27 Abs. 2 DBG. vorliegen und wenn die zeitliche Dauer des Beamtenverhältnisses auf mindestens 12 Jahre festgesetzt werden soll. In sonstigen Fällen ist vor Erteilung der Genehmigung zunächst an den RMdJ. zu berichten.

3. Beamte, die auf Grund der bisherigen Vorschriften Zeitbeamte waren, bleiben nach § 178 Abs. 3 DBG. auch in Zukunft Zeitbeamte.

4. Die Vorschriften des § 44 Abs. 1 und 3 DGO. bleiben unberührt (vgl. hierzu auch die Erste Ausf.-Anw. zur DGO. vom 22. 3. 1935, MBliV. S. 415).

Zu § 30.

1. Beamte im Vorbereitungsdienst und außerplanmäßige Beamte sind stets Beamte auf Widerruf.

2. Bisherige Kündigungsbeamte der Gemeinden, Gemeindeverbände und gemeindlichen Zweckverbände werden mit Inkrafttreten des DBG. Beamte auf Widerruf (§ 178 Abs. 3 DBG.). Für sie werden folgende besonderen Weisungen gegeben:

a) Soweit sie im Zeitpunkt des Inkrafttretens des DBG. die Voraussetzungen des § 30 Abs. 2 erfüllen, ist das Beamtenverhältnis alsbald in ein solches auf Lebenszeit umzuwandeln; dabei ist insbesondere darauf zu achten, daß nur die Widerrufsbeamten zu lebenslänglichen Beamten ernannt werden können, für die die Voraussetzung einer Planstelle im Sinne der Ausf.-Anw. zu § 28 gegeben ist.

b) Bis zur Überführung in das lebenslängliche Beamtenverhältnis bleiben für die Stelleninhaber zur Wahrung ihrer bisherigen Rechtsstellung durch die Bestimmung zu § 178 der Durchf.-VO. zum DBG. übergangsweise die Kündigungsschutzvorschriften usw. aufrechterhalten, die deshalb bei Ausspruch des Widerrufs (§ 61 DBG.) zu beachten sind.

3. Wegen der Behandlung der bisherigen Dauerangestellten wird eine besondere Weisung ergehen.

Zu § 35.

1. Im Sinne des § 35 Abs. 1 letzter Satz gilt die Gemeindeverwaltung als einheitliche Verwaltung; Gleiches gilt für die Verwaltung des Gemeindeverbandes und des gemeindlichen Zweckverbandes.

2. Für den Bereich der Gemeinden, der Gemeindeverbände und der gemeindlichen Zweckverbände wird auf den Ausnahmecharakter der Vorschrift des § 35 Abs. 2 ausdrücklich hingewiesen. Ich werde derartige Versetzungen nur aussprechen, wenn hierzu ein besonderer Anlaß vorliegt. Im übrigen gilt die Vorschrift des § 35 Abs. 2 für die Bürgermeister und Beigeordneten und die leitenden Zeitbeamten in den Gemeindeverbänden nicht (vgl. die amtliche Begründung).

3. Die Voraussetzung, daß das Amt derselben oder einer gleichwertigen Laufbahn angehört wie das bisherige Amt, besteht im Verhältnis der Einheitslaufbahn zum einfachen mittleren Dienst der Doppellaufbahn nicht.

Zu § 37.

Wegen der Festsetzung von Amtsbezeichnungen für die Beamten der Gemeinden, der Gemeindeverbände und der gemeindlichen Zweckverbände bleiben weitere Weisungen vorbehalten. Im übrigen wird auf die allg. Durchf.-VO. zu § 37 verwiesen.

Zu § 38.

Die in der Ausf.-Anw. zur Amtsordnung vom 25. 7. 1935 (MBliV. S. 927) zu § 33 getroffene Regelung bleibt unberührt.

Zu § 43.

1. Für den Bereich der Gemeinden, der Gemeindeverbände und der gemeindlichen Zweckverbände gilt die Gesamtverwaltung der Gemeinde, des Gemeindeverbandes und des gemeindlichen Zweckverbandes grund-

sätzlich als einheitliche Behörde, deren Auflösung dementsprechend nur mit der Auflösung der Gemeinde usw. eintritt. Für diesen Fall sind die Rechtsfolgen in Kap. V des Reichsges. vom 30. 6. 1933 (RGBl. I S. 433) geregelt[2]). Die Vorschrift des § 43 ist deshalb für die Gemeinden usw. nur insoweit anwendbar, als die Verwaltung durch gesetzliche Vorschrift oder durch Verordnung des Führers und Reichskanzlers in ihrem Aufbau wesentlich geändert wird.

2. Die Vorschriften des § 45 DGO. in Verbindung mit § 19 der Ersten Durchf.-VO. zur DGO. v. 22. 3. 1935 (RGBl. I S. 393) bleiben unberührt.

Zu § 51, § 59 Abs. 2, § 63 Abs. 3, § 68 Abs. 2 und § 72 Abs. 2.

Das Antragsrecht steht in den Fällen des § 51, des § 59 Abs. 2, des § 63 Abs. 3 und des § 72 Abs. 2 der Gemeinde (dem Gemeindeverband, Zweckverband) zu; ebenso wird von mir in den Fällen des § 68 Abs. 2 DBG. ein Antrag an die Reichsregierung grundsätzlich nur gestellt werden, wenn eine entsprechende Anregung der Gemeinde (des Gemeindeverbandes, des Zweckverbandes) vorliegt.

Zu § 58.

Hinsichtlich der Bürgermeister und Beigeordneten wird auf die Erste Ausf.-Anw. zur DGO. v. 22. 3. 1935 (MBliV. S. 415) verwiesen.

Zu § 60.

Die Vorschrift des § 60 gilt nicht für Ehrenbeamte (§ 149 Abs. 2 DBG.). Für sie bleiben vielmehr die besonderen Vorschriften des Reichs- und Landesrechts maßgebend (z. B. §§ 22, 23, 54 DGO.).

Zu § 67 ff.

Die Versetzung in den Ruhestand wird grundsätzlich durch den Leiter der Gemeinde (des Gemeindeverbandes, Zweckverbandes) ausgesprochen; für ihn selbst spricht der allgemeine Vertreter die Versetzung in den Ruhestand aus.

Zu § 77.

Auch gegenüber den Vorschriften des § 77 DBG. bleibt § 19 der Ersten Durchf.-VO. zu DGO. v. 22. 3. 1935 (RGBl. I S. 393) unberührt.

Zu § 89 Abs. 2.

Bei Fragen von grundsätzlicher Bedeutung, die sich auf einen größeren Kreis von Beamten beziehen, haben die zur Entscheidung zuständigen Aufsichtsbehörden vor Ausspruch der Entscheidung an den RMdI. zu berichten.

---

[2]) Abgedr. S. 253.

Zu §§ 142ff.

1. Es wird darauf hingewiesen, daß die Vorschriften der §§ 142, 145 und 147 DBG. bis zur Errichtung des Reichsverwaltungsgerichts nicht in Geltung treten (§ 182 DBG.). Dagegen sind die Vorschriften der §§ 143, 144 und 146 vom Inkrafttreten des Ges. an geltendes Recht. Dabei gilt als Klage nach § 143 Abs. 1 die nach Landesrecht allgemein zulässige Klage bei den ordentlichen Gerichten.

2. Nach § 143 DBG. in Verbindung mit § 1 der Durchf.-VO. zum DBG. für die Beamten der Gemeinden, Gemeindeverbände und gemeindlichen Zweckverbände kann die Klage nach § 142 Abs. 1 erst erhoben werden, wenn die obere Aufsichtsbehörde den Anspruch abgelehnt hat oder wenn sie nicht innerhalb von 6 Monaten nach Eingang des Antrages entscheidet. Da den Gemeinden (Gemeindeverbänden, Zweckverbänden) eine Klage dann nicht zusteht, wenn die obere Aufsichtsbehörde dem Antrag des Beamten stattgibt, werden die Aufsichtsbehörden angewiesen, in den Fällen, in denen die Rechtslage nicht eindeutig klar ist, von einer Entscheidung überhaupt abzusehen und den Austrag des Streites vor den ordentlichen Gerichten (später den Verwaltungsgerichten) zu ermöglichen. Dabei ist zur Beschleunigung derartiger Verfahren im § 4 der Durchf.-VO. vorgesehen, daß es der Nichtentscheidung innerhalb von 6 Monaten gleichsteht, wenn die obere Aufsichtsbehörde dem Beamten mitteilt, daß sie eine Entscheidung nicht zu treffen beabsichtige.

Zu § 148.

Wegen des Begriffs der Planstelle wird auf die Ausf.-Anw. zu § 28 verwiesen.

Zu § 149.

1. Zu den Ehrenbeamten im Sinne dieser Vorschrift gehören auch die Gemeinderäte (§§ 48ff. DGO.).

2. Die Befugnisse d. RMdJ. gem. § 33 Abs. 2 werden für die Ehrenbeamten auf die Aufsichtsbehörden der Gemeinden, der Gemeindeverbände und der gemeindlichen Zweckverbände übertragen.

3. Da Ehrenbeamte nicht in den Wartestand oder Ruhestand versetzt werden, sondern bei Vorliegen der Voraussetzungen hierfür zu verabschieden sind, dürfen sie nach ihrer Verabschiedung die bisherige Amtsbezeichnung mit einem entsprechenden Zusatz (§ 37 Abs. 2 DBG.) nicht führen, das gleiche gilt bei ihrer Entlassung.

4. Aus der Vorschrift des § 149 Abs. 4 DBG. folgt, daß die in den Reichs- und Landesgesetzen getroffenen Vorschriften über die Ehrenbeamten (z. B. über die Gemeinderäte — §§ 48ff. DGO.) unberührt bleiben.

Zu § 151.

1. Unberührt bleiben nach § 151 Abs. 3 z. B. die Vorschriften des § 45 DGO. und ähnliche Vorschriften.

2. Unberührt bleiben nach § 151 Abs. 4 DBG. die Vorschriften des Reichs- und Landesrechts über die staatliche Bestätigung oder Genehmigung der Anstellung von Beamten; daneben bleiben sonstige Vorschriften auch satzungsmäßiger Art unberührt, die Mitwirkungsrechte der Partei oder des Staates bei der Besetzung von Stellen im Gemeindedienst, eine Mitwirkung von Gemeinden bei der Besetzung von Lehrerstellen und eine Mitwirkung der Gemeinden oder anderer Dienststellen bei der Besetzung von Stellen in anderen Körperschaften des öffentlichen Rechts vorsehen.

3. Zu § 151 Abs. 5 wird auf die Anweisung zu § 29 verwiesen.

Zu § 152.

Auf § 6 der Durchf.-VO. zum DBG. für die Beamten der Gemeinden, der Gemeindeverbände und der gemeindlichen Zweckverbände wird Bezug genommen. Für die Anpassung der Vorschriften der Versorgungskassen an das Beamtenges. ergehen noch Richtlinien; vor Erlaß derselben haben Anpassungsmaßnahmen zu unterbleiben. Für Satzungsänderungen, die zum Zwecke dieser Anpassung erfolgen, kommt der RdErl. v. 13. 3. 1936 — VaV 44 36) — über Neugestaltung des Rechts der öffentlich-rechtlichen Ruhegehaltskassen nicht zur Anwendung.

Zu § 165.

Die für das Besoldungswesen allgemein zuständige oberste Dienstbehörde des unmittelbaren Dienstherrn ist für die Beamten der Gemeinden, Gemeindeverbände und der gemeindlichen Zweckverbände der Dienstvorgesetzte, also für die Beamten der Gemeinde z. B. der Bürgermeister. Jedoch ist die Aufsichtsbehörde befugt, die Entscheidungen des Dienstvorgesetzten aufzuheben oder zu ändern [zu vgl. Durchf.-VO. zum DBG. für die Kommunalbeamten (Beamten der Gemeinden, der Gemeindeverbände und der gemeindlichen Zweckverbände), I. Abschn. § 1 Abs. 5).

Zu § 178.

Wie zahlreiche Streitfälle zeigen, ist bei den Gemeinden, Gemeindeverbänden und gemeindlichen Zweckverbänden bei der Aushändigung der Ernennungsurkunden nach früherem Recht nicht immer mit der erforderlichen Sorgfalt verfahren worden. Die Gemeinden, Gemeindeverbände und gemeindlichen Zweckverbände werden deshalb ersucht, alsbald nachzuprüfen, ob ihren Beamten in der Vergangenheit allenthalben ordnungsmäßige Urkunden ausgehändigt worden sind. Wo dies aus Versehen unterblieben ist, ist alsbald das Erforderliche nachzuholen.

Zu § 179.

Zur Klarstellung der Rechtslage für die Beamten, denen nach bisherigem Recht ein Anspruch auf Ruhegehalt und Hinterbliebenenbezüge nur zustand, soweit dies ortsrechtlich vorgesehen war (z. B. § 18 des Preuß. Kommunalbeamtenges.), wird auf folgendes hingewiesen:

1. Beamte, die sich beim Inkrafttreten des DBG. bereits im Ruhestande befanden, und ihre Hinterbliebenen, denen Versorgungsbezüge nach dem Ortsrecht nicht zustanden, erhalten auch durch das DBG. derartige Ansprüche nicht.

2. Beamte, die sich am 1. 7. 1937 noch im Amte befinden, haben für sich und ihre Hinterbliebenen die nach dem DBG. vorgesehenen Versorgungsansprüche, soweit die hier vorgesehenen Voraussetzungen gegeben sind. Das gilt auch dann, wenn das bisherige Ortsrecht derartige Ansprüche nicht vorsah.

3. Die Möglichkeit eines ortsrechtlichen Ausschlusses von Versorgungsansprüchen besteht in Zukunft nicht mehr.

VI. Verordnung über die Nebentätigkeit der Beamten.

Vom 6. Juli 1937 (RGBl. I S. 753) in der Fassung der Berichtigung vom 13. August 1937 (RGBl. I S. 904).

Auf Grund des § 14 des Deutschen Beamtengesetzes vom 26. Januar 1937 (Reichsgesetzbl. I S. 39) wird folgendes verordnet:

1.

(1) Die Pflicht des Beamten zur vollen Hingabe seiner Arbeitskraft an den Dienstherrn schließt grundsätzlich die Übernahme von Nebentätigkeiten aus. Nebentätigkeiten, die auch im Rahmen des Hauptamts ausgeübt werden können, können nicht Gegenstand eines Nebenamts oder einer Nebenbeschäftigung sein. Diesem Gesichtspunkt ist bei jeder Übertragung einer Nebentätigkeit, notfalls durch Entlastung im Hauptamt Rechnung zu tragen.

(2) Unter Berücksichtigung dieser Gesichtspunkte darf die Genehmigung für eine Nebentätigkeit insbesondere nicht erteilt werden:

1. für eine Tätigkeit, die mit dem Ansehen der Beamtenschaft oder mit Rücksichten auf das Gemeinwohl nicht vereinbar ist;
2. für eine Tätigkeit, durch die der Beamte in einen den Handel, das Gewerbe, den Arbeitsmarkt oder die freien Berufe (Rechtsanwälte, Techniker usw.) nachteilig beeinflussenden Wettbewerb mit anderen geeigneten Personen tritt;

3. für eine Tätigkeit, die den dienstlichen Belangen widerspricht; dies ist insbesondere der Fall,
   a) wenn die Tätigkeit die Zeit und die Arbeitskraft des Beamten so stark in Anspruch nimmt, daß er in der Erfüllung seiner Verpflichtung, sich mit seiner ganzen Arbeitskraft dem Hauptamt zu widmen, behindert wird,
   b) wenn zu befürchten ist, daß der Beamte durch die Tätigkeit mit seinen dienstlichen Pflichten in Widerstreit geraten könnte,
   c) wenn der Beamte eine schiedsrichterliche oder Gutachtertätigkeit in einer Sache ausüben will, mit der eine Behörde des Verwaltungszweigs, dem der Beamte angehört, amtlich befaßt ist oder befaßt werden kann, es sei denn, daß eine Behörde das Gutachten fordert oder den Beamten als Schiedsrichter bestellt. Über Ausnahmen entscheidet die oberste Dienstbehörde.

   Richter dürfen als Schiedsrichter nicht tätig sein, wenn die Abteilung, die Kammer oder der Senat, denen der Richter zur Zeit der Entscheidung über die Erteilung der Genehmigung angehört, mit der Sache befaßt ist oder befaßt werden kann;
4. für eine Tätigkeit, deren Vergütung der Höhe nach zu beanstanden ist.

2.

Genehmigungspflichtig nach § 10 Abs. 2 Nr. 2 ist eine Nebenbeschäftigung, bei der durch Arbeitsleistung eine Vergütung erzielt wird. Vergütung ist jede Gegenleistung in Geld oder geldeswerten Vorteilen. Als Gegenleistung gilt nicht der Ersatz von baren Auslagen und Fahrkosten sowie die Bezahlung von Tagegeldern, welche die für Beamte gültigen Sätze nicht übersteigen. Eine Pauschalierung dieser Auslagen ist nicht zulässig.

3.

Bei Nebenbeschäftigungen, die im Interesse von Verwandten ausgeübt werden (z. B. Nachlaßangelegenheiten), soll die Genehmigung in der Regel erteilt werden.

4.

(1) Die Genehmigung gilt in den Fällen, in denen sie erteilt werden darf, abgesehen von Nr. 5[1]), allgemein als erteilt
   a) bei freundschaftlicher Hilfe geringen Umfangs, bei der keine Vergütung in Geld gewährt wird;
   b) bei Nebenbeschäftigungen geringen Umfangs, für die Vergütungen im Werte bis zu vierzig Reichsmark monatlich gewährt werden.

[1]) Berichtigt durch RGBl. I 1937 S. 904.

In diesen Fällen ist die Nebenbeschäftigung und die Höhe der Vergütung dem Dienstvorgesetzten zu melden.

(2) Auch eine solche Nebentätigkeit (Abs. 1a und b) kann allgemein oder im Einzelfall aus dienstlichen Gründen untersagt werden. Liegt eine der Voraussetzungen der Nr. 1 vor, so ist die Ausübung der Nebentätigkeit zu untersagen.

(3) Über die Musikausübung von Beamten werden besondere Bestimmungen erlassen; bis dahin verbleibt es bei den bisherigen Bestimmungen[2])[3]).

5.

(1) Unter die Bestimmung des § 10 Abs. 2 Nr. 3 fallen nur Unternehmen, die einen wirtschaftlichen Zweck verfolgen, sowie Wirtschaftstreuhänder. Die Bestimmung gilt daher nicht für Gesellschaften, Genossenschaften oder in einer anderen Rechtsform betriebene Unternehmen, die ihrer Natur nach nicht auf Erwerb gerichtet, sondern gemeinnützig sind, wie gemeinnützige Wohnungsvereine sowie Vereinigungen, deren Aufgabe es

---

[2]) Richtlinien der Reichsregierung über Musikausübung durch Reichsbeamte. Vom 1. November 1929 (RMBl. S. 655).

1. Nach § 16 des Reichsbeamtengesetzes bedarf ein Reichsbeamter zur Übernahme einer Nebenbeschäftigung, mit der eine fortlaufende Remuneration verbunden ist, sowie zum Betrieb eines Gewerbes einer vorgängigen Genehmigung. Zur Musikausübung gegen Entgelt soll diese Genehmigung als erteilt gelten, wenn die Musikausübung nicht öfter als 36mal im Jahre und außerdem in keinem Vierteljahr öfter als neunmal stattfindet und eine Bescheinigung des zuständigen Arbeitsamts vorliegt, daß für die beabsichtigte Musikausübung geeignete Berufsmusiker nicht zur Verfügung stehen.

   Darüber hinaus wird mit Rücksicht auf die gegenwärtige Wirtschaftslage sowie aus dienstlichen Gründen eine Genehmigung in keinem Falle erteilt werden.
2. Auch soweit die Genehmigung nach Ziffer 1 als erteilt gilt, kann die vorgesetzte Dienstbehörde einem Reichsbeamten die Ausführung von Musikaufträgen untersagen, falls er durch das Musizieren so stark in Anspruch genommen wird, daß die dienstlichen Interessen darunter leiden, oder zu besorgen ist, daß das Musizieren im einzelnen Falle gegen die Würde des Beamten verstößt. In jedem Falle ist mit Rücksicht auf das Ansehen des Beamtentums in der Öffentlichkeit die Musikausübung in zweifelhaften Gaststätten und Räumlichkeiten verboten.
3. Um eine Prüfung zu ermöglichen, ob die bestehenden Vorschriften gewahrt sind, haben Reichsbeamte, die gegen Entgelt Musik ausüben wollen, dies unter Angabe des Unternehmers, des Tages und des Ortes der Veranstaltung, der Dauer der Musikausübung sowie des vereinbarten oder erhaltenen Entgelts ihrer Dienstbehörde vorher anzuzeigen. Der Anzeige ist die unter 1 erwähnte Bescheinigung des Arbeitsamts beizufügen.
4. Musikausübung, für die ein Entgelt in keinerlei Form gewährt wird, braucht nicht angezeigt zu werden.
5. Den Reichsbeamten ist das gewerbsmäßige Nachweisen der Gelegenheit zur Musikausübung verboten.
6. Die vorstehenden Richtlinien finden auf die Erteilung von Musikunterricht durch Reichsbeamte keine Anwendung. Zur Erteilung von Musikunterricht gegen Entgelt bedarf also ein Reichsbeamter der vorherigen Genehmigung nach § 16 RBG.

[3]) Für Preußen vgl. RdErl. des PrFM. v. 11. 10. 1930 (PrBB. S. 141) über entgeltliches Musizieren und v. 30. 5. 1932 (PrBB. S. 151) über unentgeltliches Musizieren durch Beamte.

ist, Belange der Volksgemeinschaft auf kulturellem, gesundheitlichem, künstlerischem und sportlichem Gebiet zu fördern, ferner nicht für solche Treuhänder, die in Gesetzen zur Wahrnehmung von Belangen der Allgemeinheit vorgesehen und als „Treuhänder" bezeichnet sind, z. B. Treuhänder bei den Hypothekenbanken.

(2) Die Genehmigung zum Eintritt in den Vorstand, Aufsichtsrat, Verwaltungsrat oder ein sonstiges Organ eines Unternehmens, das einen wirtschaftlichen Zweck verfolgt, sowie zur Übernahme einer Tätigkeit als Wirtschaftstreuhänder (Abs. 1 Satz 1) soll auch dann, wenn eine Vergütung nicht gezahlt wird, nur in besonders begründeten Ausnahmefällen (z. B. bei Familienbesitz, Erbgang u. dgl.) erteilt werden.

(3) Die Genehmigung zum Eintritt in den Vorstand, Aufsichtsrat, Verwaltungsrat oder ein sonstiges Organ einer der im Abs. 1 Satz 2 genannten Gesellschaften oder Vereinigungen darf nur erteilt werden, wenn dem Beamten eine Vergütung in Höhe von höchstens vierzig Reichsmark im Monat gezahlt wird. Das gilt auch für Selbsthilfeeinrichtungen der Beamten.

6.

(1) Ärztlichen, tierärztlichen und zahnärztlichen Beamten, auch Lehrern an öffentlichen Hochschulen, kann die oberste Dienstbehörde die Ausübung der Privatpraxis aus dienstlichen Gründen oder mit Rücksicht auf örtliche Belange genehmigen.

(2) Die Genehmigung zur Ausübung der Kassenpraxis darf ärztlichen und zahnärztlichen Beamten nur erteilt werden, wenn örtliche Verhältnisse dies unabweisbar fordern.

7.

Die Übernahme eines Schiedsrichteramts oder einer Gutachtertätigkeit soll nur dann genehmigt werden, wenn ein öffentliches Interesse an der Zuziehung des Beamten besteht oder andere geeignete Personen nicht zur Verfügung stehen. Die Genehmigung soll versagt werden, wenn eine solche Tätigkeit mehrmals in einem Jahre wiederholt werden soll. Dies gilt nicht für die schiedsrichterliche Tätigkeit von Richtern und für die Erstattung von Gutachten auf Anfordern eines Gerichts und von Gutachten von beamteten Ärzten.

8.

Für einzelne Beamtengruppen kann die oberste Dienstbehörde die Einholung einer Genehmigung anordnen, auch wenn nach den allgemeinen Bestimmungen eine Genehmigung nicht erforderlich ist.

9.

Wird für ein Amt in der Nationalsozialistischen Deutschen Arbeiterpartei, ihren Gliederungen und den ihr angeschlossenen Verbänden nur

Aufwandsentschädigung gezahlt, so bleibt das Amt ein unbesoldetes. Der Beamte hat jedoch dem Dienstvorgesetzten zu melden, wenn ihm eine Entschädigung gezahlt wird. In Zweifelsfällen entscheidet der Stellvertreter des Führers, ob es sich um ein besoldetes oder unbesoldetes Amt handelt.

10.

Wird die Genehmigung widerrufen, so soll dem Beamten zur Abwicklung seiner Tätigkeit eine angemessene Frist bewilligt werden.

11.

(1) Für ein Nebenamt oder eine Nebenbeschäftigung im öffentlichen Dienst wird grundsätzlich eine Vergütung nicht gewährt. Öffentlicher Dienst ist jede Beschäftigung im Dienst des Reichs oder anderer Körperschaften, Anstalten und Stiftungen des öffentlichen Rechts und der Verbände von solchen. Dem öffentlichen Dienst steht gleich die Beschäftigung bei Vereinigungen, Einrichtungen und Unternehmungen, deren gesamtes Kapital (Grundkapital, Stammkapital) sich in öffentlicher Hand befindet, sowie jede sonstige Tätigkeit auf Anordnung des Dienstvorgesetzten. Die Tätigkeit als gerichtlicher Sachverständiger ist kein öffentlicher Dienst im Sinne dieser Vorschriften.

(2) Ausnahmen [4]) können nur zugelassen werden:

a) bei Ausübung einer Lehrtätigkeit,
b) bei Teilnahme an Prüfungen, für die Gebühren erhoben werden,
c) in besonderen Fällen, wenn auf andere Weise eine geeignete Arbeitskraft ohne erheblichen Mehraufwand nicht beschafft werden kann,
d) übergangsweise, besonders in den Fällen, in denen gesetzliche oder andere rechtliche Verpflichtungen bestehen.

12.

(1) Werden nach Nr. 11 Abs. 2 einem Beamten Zulagen oder Vergütungen gewährt, so dürfen sie im Jahre nicht mehr als 1200 Reichsmark betragen. Übt der Beamte mehrere solche Tätigkeiten aus, die im Einzelfall genehmigt sind, so darf die Vergütung nicht mehr als 1800 Reichsmark betragen. Bare Auslagen sowie Fahrkosten und Tagegelder sind auf diese Höchstbeträge nicht anzurechnen. Werden die Tagegelder von einem nicht den Reisekostenvorschriften für Beamte unterliegenden Unternehmen gezahlt, so ist der Betrag, der dreißig Reichsmark für den Tag übersteigt, auf die Höchstbeträge anzurechnen. Erhält er mehr, so hat er den überschießenden Betrag an die Kasse seiner ihm im Hauptamt vorgesetzten Behörde abzuliefern.

---

[4]) In diesen Fällen gelten nicht die Höchstbeträge nach Nr. 12 (Erl. des RMdJ. v. 30. 9. 1937 — RHuBB. S. 297 —).

(2) Innerhalb des Höchstbetrags von 1200 Reichsmark ist die Vergütung je nach Bedeutung und Umfang der Nebentätigkeit abzustufen.

(3) Diese Regelung gilt nicht für Vergütungen bei Ausübung eines Lehramts an einer öffentlichen Hochschule und für Gebühren bei Teilnahme an Prüfungen.

13.

(1) Hat ein Beamter eine Nebentätigkeit im Vorstand, Aufsichtsrat, Verwaltungsrat oder in einem sonstigen Organ einer Gesellschaft, Genossenschaft oder eines in einer anderen Rechtsform betriebenen Unternehmens oder eine Treuhänderschaft (Wirtschaftstreuhänder) auf Vorschlag oder auf Veranlassung des Dienstvorgesetzten übernommen und erhält er hierfür eine Vergütung, so hat er sie an den Dienstherrn abzuliefern, auch wenn er inzwischen in den Wartestand versetzt ist oder das Beamtenverhältnis beendet ist. Sie kann ihm in begrenzter Höhe als Pauschalaufwandsentschädigung belassen werden.

(2) Als Pauschalaufwandsentschädigung[5]) dürfen in einem Rechnungsjahr belassen werden einem Beamten

A. als Mitglied des Aufsichtsrats, Vorstands, als Treuhänder
   a) bei einer Gesellschaft usw. 480 Reichsmark,
   b) bei mehreren Gesellschaften usw. 640 Reichsmark;

B. als Vorsitzenden des Aufsichtsrats usw.
   a) bei einer Gesellschaft usw. 800 Reichsmark,
   b) bei mehreren Gesellschaften usw. oder als Vorsitzenden bei einer Gesellschaft und als Mitglied des Aufsichtsrats, Vorstands, als Treuhänder usw. bei einer oder mehreren anderen Gesellschaften usw. 960 Reichsmark.

(3) Schließt eine Gesellschaft in einem Rechnungsjahre mehrere Geschäftsjahre ab, so kann der Beamte die ihm belassene Pauschalaufwandsentschädigung ebensooft behalten, wie die Gesellschaft Jahresabschlüsse gefertigt und durch sie feste Vergütungen o. dgl. gezahlt hat. Ist der Beamte nicht während des ganzen Rechnungsjahres tätig gewesen, so darf ihm nur der Betrag belassen werden, der der Zeit seiner Tätigkeit entspricht.

(4) Werden dem Beamten außer einer festen Vergütung noch Sitzungsvergütungen gezahlt, so dürfen sie ihm nur so weit belassen werden, als dadurch nicht die im Abs. 2 und Abs. 3 festgesetzten Höchstbeträge für Pauschalaufwandsentschädigungen überschritten werden.

(5) Werden dem Beamten nur Sitzungsvergütungen gezahlt, so können sie ihm bis zu dreißig Reichsmark für jeden Sitzungstag belassen werden. Die Summe dieser Sitzungsvergütungen darf jedoch in einem Rechnungsjahr die entsprechenden Höchstsätze des Abs. 2 nicht übersteigen. Nimmt

---

[5]) Auch in den Fällen der Nr. 13 gilt das in Anm. 4 Gesagte.

ein Beamter, der Mitglied mehrerer Aufsichtsräte usw. ist, an einem Tage an Sitzungen mehrerer Gesellschaften teil, so darf ihm für diesen Tag insgesamt auch nur ein Betrag von dreißig Reichsmark belassen werden.

(6) Für auswärtige Sitzungen und sonstige Reisen, die im Zusammenhang mit der Nebentätigkeit notwendig werden, können den Beamten neben den unter Abs. 2 bis Abs. 5 zustehenden Beträgen noch die entstandenen Fahrkosten sowie Tage- und Übernachtungsgelder bis zu höchstens dreißig Reichsmark täglich belassen werden; höhere Aufwendungen sind aus der Pauschalaufwandsentschädigung (Abs. 1 und 2) oder der Sitzungsvergütung zu decken. Jede Reise, die ein Beamter im Interesse seiner Nebentätigkeit für notwendig erachtet, muß vor der Ausführung nach den für Dienstreisen geltenden Vorschriften genehmigt werden.

14.

Vergütungen, die für Nebentätigkeiten gewährt werden, unterliegen nicht den Kürzungen nach den Gehaltskürzungsverordnungen.

15.

(1) Die Beamten haben am Schluß eines jeden Rechnungsjahres ihrem Dienstvorgesetzten eine Abrechnung über die Einnahmen, die ihnen nach Nr. 12 und 13 zugeflossen sind, vorzulegen.

(2) Zum 1. Oktober jedes Jahres ist dem Dienstvorgesetzten zur Aufnahme in den Haushaltsplan zu melden, welche ablieferungspflichtigen Vergütungen für genehmigungspflichtige Nebentätigkeiten im kommenden Haushaltsjahr dem Beamten voraussichtlich zukommen werden.

16.

Wird einem Beamten eine Nebenbeschäftigung außerhalb des öffentlichen Dienstes genehmigt, für die er eine Vergütung von 5000 Reichsmark oder mehr für eine einmalige Nebenbeschäftigung oder von 5000 Reichsmark oder mehr jährlich[6]) für eine laufende Nebenbeschäftigung erhalten soll, so teilt die oberste Dienst- oder Aufsichtsbehörde dies dem Reichsminister der Finanzen mit.

17.

(1) Die Beamten haben ihrem Dienstvorgesetzten zum 1. April jedes Jahres zu berichten, welche Vergütungen sie im vergangenen Kalenderjahr für genehmigte Nebentätigkeiten außerhalb des öffentlichen Dienstes erhalten haben.

(2) Die obersten Dienst- oder Aufsichtsbehörden teilen die Ergebnisse dieser Meldungen dem Reichsminister der Finanzen mit.

---

[6]) Berichtigt durch RGBl. I 1937 S. 904.

18.

Gewerbliche und berufliche Tätigkeit der Ehefrau des Beamten ist dem Dienstvorgesetzten zu melden.

19.

Sind für Nebentätigkeiten aus der Zeit vor dem 1. Juli 1937 noch Beträge abzuliefern, so sind diese Fälle nicht mehr nach den früheren Vorschriften, sondern nur nach dieser Verordnung zu behandeln. Bereits abgeführte Beträge können auch dann nicht zurückgezahlt werden, wenn die Regelung nach dieser Verordnung für den Beamten günstiger wäre.

20.

Für die Nebentätigkeit der Hochschullehrer kann der Reichsminister für Wissenschaft, Erziehung und Volksbildung im Einvernehmen mit dem Reichsminister des Innern und dem Reichsminister der Finanzen zusätzliche Vorschriften erlassen.

21.

Für die Nebentätigkeit der beamteten Ärzte, Zahnärzte und Tierärzte kann der Reichsminister des Innern im Einvernehmen mit dem Reichsminister der Finanzen zusätzliche Vorschriften erlassen.

22.

Diese Verordnung tritt mit Wirkung vom 1. Juli 1937 in Kraft.

VII. Begründung und Beendigung des Beamtenverhältnisses.

1. Erlaß des Führers und Reichskanzlers über die Ernennung der Beamten und die Beendigung des Beamtenverhältnisses[1]).

Vom 10. Juli 1937 (RGBl. I S. 769).

Auf Grund der §§ 24, 31, 66 und 78 des Deutschen Beamtengesetzes vom 26. Januar 1937 (Reichsgesetzbl. I S. 39ff.) bestimme ich unter Aufhebung meiner Erlasse über die Ernennung und Entlassung der Reichs- und Landesbeamten vom 1. Februar 1935 (Reichsgesetzbl. I S. 74, 73) und über die Beteiligung des Stellvertreters des Führers bei der Ernennung von Beamten vom 24. September 1935 (Reichsgesetzbl. I S. 1203), was folgt:

I.

(1) Ich behalte mir vor, die Beamten in Planstellen der Reichsbesoldungsgruppen A 2 c 2 und aufwärts oder der entsprechenden Länder-

[1]) Vgl. wegen der weiteren Erlasse Anm. 25 zu § 24 DBG.

besoldungsgruppen zu ernennen und in den Ruhestand zu versetzen, wenn nicht durch besondere Vorschriften etwas anderes bestimmt ist. Diese Beamten werden nach §§ 60, 61 und 63 DBG. durch mich entlassen, jedoch nach § 61 nur, soweit sie jederzeit in den Wartestand versetzt werden können. Beamten, die ich in den Wartestand versetzt habe, kann für den Fall, daß es einer förmlichen Ernennung durch mich nicht bedarf, nur mit meiner Zustimmung im Staatsdienst eine Planstelle wieder übertragen werden. Ich behalte mir vor, von den Wartestandsbeamten Staatssekretäre, Botschafter, Ministerialdirektoren, Gesandte I. Klasse und Oberreichsanwälte in den Ruhestand zu versetzen.

(2) Die Vorschläge werden von dem zuständigen Reichsminister, für Preußen vom Ministerpräsidenten, eingereicht.

(3) Vor der Einreichung der Vorschläge auf Ernennung von Beamten und auf deren Einweisung nach Abs. 1 Satz 3 ist, soweit es sich nicht um Beamte der Wehrmacht handelt, der Stellvertreter des Führers zu hören.

II.

(1) Ich übertrage die Ausübung des mir zustehenden Rechts zur Ernennung, zur Versetzung in den Ruhestand und zur Entlassung der übrigen Beamten, soweit ich einen Vorbehalt nach Nr. I nicht ausgesprochen habe, den Reichsministern, für Preußen dem Ministerpräsidenten, die ihre Befugnisse mit Zustimmung des Reichsministers des Innern und des Reichsministers der Finanzen weiter übertragen können.

(2) Für besondere Fälle behalte ich mir das Recht der persönlichen Entscheidung auch bezüglich dieser Beamten vor.

III.

Die zur Durchführung dieses Erlasses erforderlichen Vorschriften erlassen die Reichsminister des Innern und der Finanzen.

2. Durchführungsvorschriften über die Ernennung der Beamten und die Beendigung des Beamtenverhältnisses.

Vom 12. Juli 1937 (RGBl. I S. 771).

Auf Grund der Nr. III des Erlasses des Führers und Reichskanzlers über die Ernennung der Beamten und die Beendigung des Beamtenverhältnisses vom 10. Juli 1937 (Reichsgesetzbl. I S. 769) und des § 183 des Deutschen Beamtengesetzes vom 26. Januar 1937 (Reichsgesetzbl. I S. 39) wird folgendes bestimmt:

I.

(1) Eine „Ernennung“ erfolgt durch den Führer und Reichskanzler (Nr. I Abs. 1 des Erlasses), wenn dem Beamten erstmalig eine Planstelle

oder eine Planstelle mit anderer Amtsbezeichnung und höherem Endgrundgehalt übertragen werden soll. Eine Ernennung durch den Führer und Reichskanzler erfolgt daher nicht, wenn der Beamte ohne Änderung der bisherigen Amtsbezeichnung in eine Planstelle mit höherem Endgrundgehalt eingewiesen werden soll oder wenn sich nur die Amtsbezeichnung des Beamten ändert, er aber in der bisherigen Besoldungsgruppe bleibt. Die Einweisung oder die Änderung der Amtsbezeichnung geschieht in diesen Fällen durch den zuständigen Reichsminister oder die von diesem ermächtigte Stelle. Bei der Wiederverwendung eines Wartestandsbeamten erfolgt eine Ernennung durch den Führer und Reichskanzler nur dann, wenn ihm eine Planstelle einer höheren Besoldungsgruppe übertragen werden soll. Soll ein Beamter, der durch den Führer und Reichskanzler in den Wartestand versetzt ist, wieder verwandt werden, so ist bei dem Staatssekretär und Chef der Reichskanzlei die Zustimmung des Führers und Reichskanzlers einzuholen, auch wenn dieser ihn nicht ernennt; der Stellvertreter des Führers ist zu hören.

(2) Die „Versetzung in den Ruhestand" nach §§ 70 bis 73, 75, 76, 77 Abs. 1 und 2 DBG. erfolgt in den vorbehaltenen Fällen durch den Führer und Reichskanzler. Dasselbe gilt für die Entpflichtung der Hochschullehrer. Wartestandsbeamte werden nur in den im Erlaß aufgeführten Fällen vom Führer und Reichskanzler, sonst von den Reichsministern oder den von diesen ermächtigten Stellen in den Ruhestand versetzt.

(3) Bei „Übertritt in den Ruhestand" kraft Gesetzes (§§ 68, 69 DBG.) erhält der Beamte eine Urkunde über die Beendigung des Beamtenverhältnisses. Das gleiche gilt für die in Nr. I Abs. 1 Satz 4 des Erlasses aufgeführten Wartestandsbeamten, wenn sie nach § 68 DBG. in den Ruhestand treten. Der Übertritt in den Ruhestand nach § 77 Abs. 3 ist dem Beamten von der Dienstbehörde schriftlich zu eröffnen, die für die Übertragung des neuen Amtes zuständig ist.

(4) Entlassungsurkunden werden nur in den Fällen der §§ 60, 63 DBG. ausgefertigt. Dagegen bedarf es bei „Entlassungen" in den Fällen der §§ 57 bis 59 und 61 DBG. einer förmlichen Entlassungsurkunde nicht. Sie werden, soweit ein Vorbehalt des Führers und Reichskanzlers nicht vorliegt, von dem zuständigen Reichsminister verfügt, bei den Beamten, die nach der Ermächtigung der Reichsminister von nachgeordneten Dienststellen ernannt und entlassen werden, von den für die Ernennung zuständigen Stellen.

(5) Wird im Falle der „Versetzung" die Änderung der Amtsbezeichnung — nicht der Besoldungsgruppe — erforderlich, so erfolgt sie durch die Dienststelle, welche die Versetzung ausspricht, soweit der zuständige Reichsminister sich dies nicht vorbehalten hat.

II.

(1) Die Beamten der Freien und Hansestädte Hamburg und Bremen werden vom Führer und Reichskanzler oder nach seiner Ermächtigung von den Reichsministern innerhalb ihres Geschäftsbereichs nur dann ernannt, in den Ruhestand versetzt und in den vorbehaltenen Fällen entlassen, wenn sie überwiegend staatliche — nicht kommunale — Hoheitsaufgaben wahrzunehmen haben. Den Kreis dieser Beamten bestimmen die Reichsminister des Innern und der Finanzen.

(2) Beamte einer der staatlichen Aufsicht unterstellten Körperschaft, Anstalt oder Stiftung des öffentlichen Rechts werden vom Führer und Reichskanzler nur dann ernannt, in den Ruhestand versetzt und in den vorbehaltenen Fällen entlassen, wenn dies gesetzlich ausdrücklich vorgeschrieben ist; sonst geschieht dies nach den für sie geltenden Vorschriften.

(3) Beamte im Sinne von Abs. 2 sind auch

a) die Lehrpersonen an nichtstaatlichen öffentlichen Schulen, soweit sie — unbeschadet einer Notwendigkeit staatlicher Bestätigung — von den Unterhaltsträgern angestellt werden — im Saarland bestätigt Studiendirektoren und Oberstudienräte der Reichs- und Preußische Minister für Wissenschaft, Erziehung und Volksbildung, die übrigen Lehrkräfte der Reichskommissar für das Saarland —;

b) die bayerischen Kreisbeamten, die von den zuständigen Obersten Dienstbehörden oder nach deren Bestimmung von den Aufsichtsbehörden ernannt, in den Ruhestand versetzt und entlassen werden.

III.

(1) Die Befugnis, dem Führer und Reichskanzler die Ernennung, die Versetzung in den Ruhe- und Wartestand und die Entlassung in den vorbehaltenen Fällen vorzuschlagen, steht nur den Reichsministern, für Preußen dem Ministerpräsidenten, zu. In gleicher Weise verfahren die Staatssekretäre und Chefs der Präsidial- und Reichskanzlei. Die Zuständigkeit der Reichsminister ergibt sich aus dem organisatorischen Aufbau der Reichsverwaltung. In Zweifelsfällen entscheidet über die Zuständigkeit der Reichsminister des Innern im Einvernehmen mit dem Reichsminister der Finanzen. Das gleiche gilt für die Fälle, in denen der Führer und Reichskanzler die Ausübung des Rechts gemäß Nr. II seines Erlasses übertragen hat.

(2) Solange die Reichsminister die Bearbeitung der Personalien der mittelbaren Reichsbeamten dieser Gruppen nicht selbst übernehmen, sind ihnen die für die Ausübung der Befugnis erforderlichen Unterlagen von den Reichsstatthaltern vorzulegen. Diese haben in jedem Fall, in dem innerhalb ihres Geschäftsbereichs ein solcher Vorschlag in Frage kommt, dem zuständigen Reichsminister neben ihrer eigenen Stellungnahme alle Personal-

akten des Beamten, einschließlich des Fragebogens nach dem Gesetz zur Wiederherstellung des Berufsbeamtentums vom 7. April 1933 oder in Durchführung der §§ 25, 26 des Deutschen Beamtengesetzes, und listenmäßige Nachweisungen nach den Anlagen 1 und 2 (Muster D 33 und D 32) ohne unterschriftliche Vollziehung vorzulegen, und zwar

1. bei Ernennungen (Muster D 33), die sich der Führer und Reichskanzler vorbehalten hat, in dreifacher,
2. bei Versetzungen in den Ruhe- und Wartestand sowie bei Entlassungen (Muster D 32), die sich der Führer und Reichskanzler vorbehalten hat, und in den Fällen des § 68 DBG., soweit die Urkunde durch den Führer und Reichskanzler vollzogen wird, in zweifacher,
3. bei Zuständigkeit eines Reichsministers in einfacher Ausfertigung.

Die Listen sind für jeden Antrag gesondert aufzustellen. In Muster D 33 werden die erste Seite und Spalte 9 in den Reichsministerien ausgefüllt. Die Reichstatthalter legen diese Unterlagen mit einem Begleitbericht vor, in dem neben den sonstigen Erläuterungen anzugeben ist, daß die Planstelle frei und besetzbar ist. Bei der Vorlegung der Unterlagen für die Ausfertigung der Urkunde beim Übertritt von Beamten in den Ruhestand kraft Gesetzes (vgl. Nr. I Abs. 3 Satz 1 und 2) kann von der Übersendung der Personalakten abgesehen werden. Der Begleitbericht hat kurze Angaben über Bewährung, politische Einstellung, deutschblütige Abstammung, erlittene Strafen und deren Zeitpunkt zu enthalten. Bei der Besetzung von Planstellen in den Länderministerien und bei Abweichung von den Reichsgrundsätzen über Einstellung, Anstellung und Beförderung ist im Begleitbericht die Notwendigkeit zu begründen.

(3) In gleicher Weise haben die übrigen Dienststellenleiter ihre Unterlagen für Vorschläge den Reichsministern zu überreichen, sofern diese ihnen die Befugnisse dazu ausdrücklich erteilen. Bei unmittelbaren Reichsbeamten, die keiner höheren Reichsbehörde unterstehen, kann der zuständige Reichsminister die Vorlage der Unterlagen durch die Reichsstatthalter anordnen.

IV.

(1) Die Reichsminister legen ihre Vorschläge dem Staatssekretär und Chef der Präsidialkanzlei ohne Personalakten vor. Die erforderlichen Urkunden werden in den Reichsministerien bis auf die Ortsangabe und das Datum vorbereitet. Sie werden nur durch den dem Führer und Reichskanzler gegenüber Vorschlagsberechtigten mitgezeichnet. Im Falle der Behinderung der zuständigen Reichsminister sind die Urkunden durch ihre allgemeinen Vertreter in folgender Weise mitzuzeichnen:

„Name
in Vertretung des Reichsministers (z. B. des Innern)."

(2) Für die Beamten der allgemeinen und inneren Verwaltung (mit Ausnahme Preußens) ist die Zuständigkeit und das Vorschlagsrecht des Reichsministers des Innern gegeben. Vorschläge für die Ernennung und Entlassung von technischen höheren Verwaltungsbeamten, deren Amtsstellen den Behörden der allgemeinen und inneren Verwaltung (Staats- und Innenministerien, Staatskanzleien, Regierungspräsidenten, Landräte und gleichgestellte Behörden) eingegliedert sind, legen die ressortmäßig zuständigen Reichsminister unter Beteiligung des Reichsministers des Innern vor.

(3) Solange die Länderministerien (in den Freien Städten die Obersten Dienstbehörden, in Württemberg auch die Ministerial-Abteilung für Bezirks- und Körperschaftsverwaltung) bis zur endgültigen Reichsreform als Oberste Landesbehörden bestehen, ist zur Besetzung aller Planstellen des höheren Dienstes dieser Behörden die Zustimmung des Reichsministers der Finanzen einzuholen, der an seiner Entscheidung den Reichsminister des Innern beteiligt.

(4) Die Anhörung des Stellvertreters des Führers erfolgt in der Weise, daß diesem vor der Vorlage des Ernennungsvorschlags an den Staatssekretär und Chef der Präsidialkanzlei — ausgenommen die Beamten der Wehrmacht — ein Abdruck des Musters D 33 übersandt wird. Der Vorschlag kann vier Wochen nach Absendung an den Stellvertreter des Führers dem Staatssekretär und Chef der Präsidialkanzlei vorgelegt werden, wenn der Stellvertreter des Führers keine Einwendungen erhebt. Sind Einwendungen nicht erfolgt, ist bei Einreichung der Vorschläge an den Staatssekretär und Chef der Präsidialkanzlei auf der ersten Seite des Musters D 33 über Ortsangabe und Datum einzusetzen:

„Der Stellvertreter des Führers hat Einwendungen gegen die Ernennung nicht erhoben."

(5) Auf die Vorschläge des Preußischen Ministerpräsidenten finden diese Bestimmungen entsprechende Anwendung.

V.

Soweit den Reichsstatthaltern die Ausübung des Rechts zur Ernennung und Entlassung der Beamten sowie zu ihrer Versetzung in den Ruhestand von den Reichsministern übertragen ist, können sie mit Genehmigung des Reichsministers des Innern die Ausübung des ihnen übertragenen Rechts weiter übertragen. Der Reichsminister des Innern beteiligt die zuständigen Reichsminister bei seiner Entscheidung.

VI.

(1) Die zur Ernennung und Beendigung des Beamtenverhältnisses erforderlichen Urkunden erhalten als Einleitung die Worte: „Im Namen des Deutschen Volkes". Die nicht vom Führer und Reichskanzler zu vollziehenden Urkunden sind „Namens des Führers und Reichskanzlers" auszufertigen.

(2) Der Wortlaut der Urkunden ergibt sich aus Anlage 3 (Muster 1 bis 25). Soll ein bereits ernannter Beamter kommissarisch (vertretungsweise) in einer anderen Dienststellung verwandt werden, so erhält er keine Ernennungsurkunde, sondern einen Erlaß, der beispielsweise folgendermaßen lautet:

„Dienststelle Ort, Datum ....

Nr. ....

An

den ....

Ich beauftrage Sie mit der kommissarischen (vertretungsweisen) Wahrnehmung der Dienstgeschäfte eines .... usw.

Unterschrift".

In die Ernennungsurkunden sind, soweit vor der Einstellung oder Anstellung ein Beamtenverhältnis nicht bereits begründet war, gemäß § 27 Abs. 1 DBG. die Worte „unter Berufung in das Beamtenverhältnis" aufzunehmen, soweit die Anstellung auf Lebenszeit erfolgen soll, gemäß § 28 Abs. 1 DBG. auch die Worte „auf Lebenszeit". Bei weiteren Ernennungen sind die Worte „unter Berufung in das Beamtenverhältnis" oder „unter Berufung in das Beamtenverhältnis auf Lebenszeit" nicht zu wiederholen. In der Ernennungsurkunde für einen Beamten auf Zeit ist die Zeit anzugeben, für die er ernannt wird, z. B. „für die Zeit vom 1. Oktober 1937 bis Ende September 1949". In die Urkunden ist die Amtsbezeichnung einzusetzen, die in der Besoldungsordnung (oder einstweilen noch in Gesetzen oder Verordnungen, die diese ergänzen) für das etwa bisher wahrgenommene und das künftig wahrzunehmende Amt als Regelbezeichnung vorgesehen ist. Weitere Angaben, wie Hinweise auf den Zeitpunkt der Wirkung der Urkunden, auf die Dienststelle oder Besoldungsgruppe des Beamten oder seine Eigenschaft als unmittelbarer oder mittelbarer Reichsbeamter, sind nicht statthaft.

(3) Die Urkunden (vgl. Anlage 3) werden bei Ausfertigung

a) durch den zuständigen Reichsminister, seinen Vertreter oder einen beauftragten Beamten in folgender Form vollzogen:

„Namens des Führers und Reichskanzlers

Der Reichsminister ....

Name"

oder „In Vertretung
Name"

oder „Im Auftrag
Name",

b) durch den Reichsstatthalter oder den Leiter einer nachgeordneten Reichsbehörde sowie bei Reichspolizeibeamten durch die höhere Verwaltungsbehörde, den Polizeiverwalter usw.:

„Namens des Führers und Reichskanzlers
Für den Reichsminister ....
Der Reichsstatthalter in ....
(oder nachgeordnete Behörde)
Name“,

c) durch den Leiter einer dem Reichsstatthalter nachgeordneten Behörde:

„Namens des Führers und Reichskanzlers
Für den Reichsstatthalter in ....
Der (Land) Minister ....
Name“.

(4) Die Umwandlung eines Beamtenverhältnisses auf Widerruf in ein solches auf Lebenszeit erfolgt durch die Reichsminister, in Preußen den Ministerpräsidenten, soweit nicht andere Stellen dazu ermächtigt sind. Sie wird durch einen Erlaß ausgesprochen, der beispielsweise folgendermaßen lautet:

„Dienststelle Ort, Datum ....
Nr. ....
An
den ....

Nachdem Sie bisher durch gewissenhafte Erfüllung Ihrer Amtspflichten und durch Ihr Verhalten in und außer dem Amt das bei der Begründung Ihres Beamtenverhältnisses in Sie gesetzte Vertrauen gerechtfertigt haben, erhalten Sie in der Erwartung, daß Sie auch fernerhin dem Führer und dem Reiche die Treue halten werden, mit dieser Urkunde gemäß § 28 des Deutschen Beamtengesetzes die Eigenschaft als

Beamter auf Lebenszeit.
Unterschrift“.

Soll ein nichtplanmäßiger Beamter, der unter Berufung in das Beamtenverhältnis ernannt worden ist, zum planmäßigen Beamten auf Lebenszeit ernannt werden, so bedarf es in jedem Falle einer Ernennung.

(5) a) Die Einweisung eines vom Führer und Reichskanzler oder von einem Reichsminister ernannten Beamten in die Planstelle ist unter Angabe des Einweisungstages in einem Begleiterlaß des zuständigen Reichsministers auszusprechen, soweit nicht eine nachgeordnete Behörde dazu ermächtigt wird. Die Einweisung eines von einer nachgeordneten Dienststelle ernannten Beamten ist von dieser Dienststelle auszusprechen.

b) In eine Planstelle mit höherem Endgrundgehalt ohne Änderung der Amtsbezeichnung (vgl. Nr. I Abs. 1 Satz 2 und 3) wird ein Beamter beispielsweise folgendermaßen eingewiesen:

„Dienststelle Ort, Datum ....

Nr. ....

An

den ....

Hiermit weise ich Sie in eine freie ....
(Amtsbezeichnung)

Stelle der Gruppe .... der Reichs- (Landes-) Besoldungsordnung mit Wirkung vom .... ein.

Unterschrift".

c) Bei den Einweisungen zu a und b ist Nr. 11 der Reichsbesoldungsvorschriften zu beachten.

(6) In den bei Versetzung in den Ruhestand, bei Übertritt in den Ruhestand und bei Entlassung gemäß §§ 60, 61 und 63 DBG. auszufertigenden Urkunden kann der Dank für die dem Deutschen Volke geleisteten Dienste ausgesprochen werden, in der Regel jedoch nur dann, wenn der Beamte eine mindestens 25jährige Gesamtdienstzeit zurückgelegt hat; der Dank wird nicht ausgesprochen, wenn er aus besonderen Gründen nicht angebracht erscheint, beispielsweise in den Fällen der §§ 71, 72 DBG. Bei Übertritt in den Ruhestand wird die Urkunde nur dann dem Führer und Reichskanzler zur Vollziehung vorgelegt, wenn es sich um planmäßige Beamte der Reichsbesoldungsgruppen A 2 c 2 und aufwärts sowie der entsprechenden Länderbesoldungsgruppen handelt und der Dank ausgesprochen werden soll. In den übrigen Fällen fertigt der zuständige Reichsminister oder die von ihm ermächtigte Stelle die Urkunde aus.

(7) Bei Übertritt von Beamten als Soldat in die Wehrmacht oder in den Dienst einer der staatlichen Aufsicht unterstellten Körperschaft, Anstalt

oder Stiftung des öffentlichen Rechts sind Urkunden über die Beendigung des bisherigen Beamtenverhältnisses auszufertigen.

(8) Der Preußische Ministerpräsident erläßt für die Fassung der von ihm zu vollziehenden Urkunden entsprechende Bestimmungen.

VII.

Ernennungen von Beamten, die nach dem 30. Juni 1937 von einer bis zu diesem Tage zuständigen Behörde ausgesprochen sind, sind nicht deshalb unwirksam, weil dieser Behörde durch die nach dem Erlaß des Führers und Reichskanzlers über die Ernennung der Beamten und die Beendigung des Beamtenverhältnisses vom 10. Juli 1937 erfolgte Neuregelung die Ausübung des Rechts zur Ernennung nicht übertragen worden ist. Die Befugnisse solchermaßen ernannter Beamten zur Vornahme von Hoheitsakten gelten vom Zeitpunkt ihrer Ernennung ab als gegeben. Diese Vorschriften beziehen sich nur auf Ernennungen, die in der Zeit vom 1. Juli 1937 bis 15. August 1937 ausgesprochen sind. Das gleiche gilt für die Fälle der Beendigung des Beamtenverhältnisses.

VIII.

Für die Beteiligung der Reichsregierung bleiben die Bestimmungen der Geschäftsordnung der Reichsregierung unberührt.

IX.

Die bisher vorgeschriebenen Urkundenvordrucke können bis zum Neudruck gemäß Anlage 3 weiterhin verwandt werden.

3. Erlaß des Preußischen Ministerpräsidenten über die Ernennung der Beamten und die Beendigung des Beamtenverhältnisses.

Vom 14. Juli 1937 (GS. S. 76).

Durch den Erlaß des Führers und Reichskanzlers über die Ernennung der Beamten und die Beendigung des Beamtenverhältnisses vom 10. Juli 1937 (Reichsgesetzbl. I S. 769) ist mir die Ausübung des Rechtes zur Ernennung der preußischen Beamten und zur Beendigung ihres Beamtenverhältnisses übertragen worden, soweit sich der Führer und Reichskanzler die Ausübung des Rechtes nicht selbst vorbehalten hat. Auf Grund der mir durch den Führer und Reichskanzler erteilten Ermächtigung übertrage ich die Ausübung dieses Rechtes in vollem Umfang auf die Herren Staatsminister für die ihnen unterstellten Verwaltungen. Sie sind ermächtigt, die Ausübung auf die nachgeordneten Behörden weiter zu übertragen.

Die Bestimmungen der Ziffer VI der Durchführungsvorschriften über die Ernennung der Beamten und die Beendigung des Beamtenverhältnisses vom 12. Juli 1937 (Reichsgesetzbl. I S. 771) finden für die preußischen Beamten zu erteilenden Urkunden mit der Maßgabe Anwendung, daß sie von dem ermächtigten Fachminister, seinem Vertreter oder einem beauftragten Beamten in folgender Form vollzogen werden:

„Namens des Führers und Reichskanzlers.

Für den Ministerpräsidenten.

Der Minister . . . .

a) (Name des Ministers)"

oder

b) „In Vertretung
(Name)"

oder

c) „Im Auftrage
(Name)".

Werden die Urkunden durch nachgeordnete Behörden erteilt, so erhält die Schlußformel folgende Fassung:

„Namens des Führers und Reichskanzlers.

Für den Ministerpräsidenten.

Im Auftrage des Ministers . . . .

Der Regierungspräsident

(o. dgl.)
(Name)."

In diesem Falle sind die Urkunden von dem Behördenleiter oder seinem Vertreter zu vollziehen.

Meine Erlasse vom 6. Februar und 11. Oktober 1935 (Gesetzsamml. S. 13, 19 und 136) treten außer Kraft.

4. Anordnung des RMdI. über die Ernennung der Beamten der allgemeinen und inneren Verwaltung und die Beendigung des Beamtenverhältnisses.

Vom 19. Juli 1937 (RGBl. I S. 819).

Auf Grund der mir durch Erlaß des Führers und Reichskanzlers über die Ernennung der Beamten und die Beendigung des Beamtenverhältnisses vom 10. Juli 1937 (Reichsgesetzbl. I S. 769) und durch Erlaß des Preußischen Ministerpräsidenten vom 14. Juli 1937 (Preuß. Gesetzsamml. S. 76) erteilten Ermächtigung ordne ich mit Zustimmung des Reichsministers der Finanzen unter Aufhebung meiner Anordnung über die Ernennung und Entlassung der Beamten der allgemeinen und inneren Verwaltung vom 14. Februar 1935 (Reichsgesetzbl. I S. 201) folgendes an:

I. Ich behalte mir vor

a) die Ernennung und die Beendigung des Beamtenverhältnisses

1. der Regierungsassessoren;

2. der nichtplanmäßigen — auch der kommissarischen — Beamten des höheren Dienstes, soweit sich in Preußen der Ministerpräsident dies nicht vorbehalten hat;

3. soweit sich der Führer und Reichskanzler die Ausübung des Rechts nicht selbst vorbehalten hat,

aa) der Offiziere der Schutzpolizei und Gendarmerie sowie der Schutzpolizei- und Gendarmerieinspektoren,

bb) der Beamten der Geheimen Staatspolizei,

cc) der Polizeiberufsschullehrer und der technischen Beamten der Polizeiverwaltung,

dd) der unmittelbaren Reichsverwaltungsbeamten,

zu cc bis dd:

soweit es sich um Inhaber von Stellen der Reichsbesoldungsgruppen A 4 c 2 und aufwärts handelt,

ee) der Beamten der Kriminalpolizei in Stellen der Reichsbesoldungsgruppen A 5 b und aufwärts (einschließlich der bei kriminalpolizeilichen Sonderdienststellen tätigen Polizeiverwaltungsbeamten);

b) die Versetzung der Wartestandsbeamten in den Ruhestand und ihre Entlassung nach §§ 59 und 60 DBG.;

c) die Entlassung von Beamten in den Fällen der §§ 57 bis 59 und 61 DBG.;

d) die Ausfertigung der bei Übertritt in den Ruhestand zu erteilenden Urkunden, in denen der Dank nicht ausgesprochen werden soll;

e) die Einweisung von Beamten in Planstellen mit höherem Endgrundgehalt ohne Änderung der bisherigen Amtsbezeichnung;

f) die Änderung von Amtsbezeichnungen unter Belassung der Beamten in der bisherigen Besoldungsgruppe;

zu b bis f:

soweit es sich um Inhaber von Stellen der Reichsbesoldungsgruppen A 2 c 2 und aufwärts handelt;

g) die Einstellung der Assessoren in den Probedienst der allgemeinen und inneren Verwaltung und ihre Entlassung;

h) die Wiederverwendung von Beamten, die durch den Führer und Reichskanzler in den Wartestand versetzt sind, soweit eine Ernennung durch den Führer und Reichskanzler nicht erfolgt;

i) die Umwandlung des Beamtenverhältnisses auf Widerruf in ein solches auf Lebenszeit bei Beamten in Stellen der Reichsbesoldungsgruppen A 2 c 2 und aufwärts sowie in den unter I a 1, 3 aa bis ee aufgeführten Fällen.

II. Ich übertrage auf Widerruf die Ausübung des Rechts zur Ernennung und zur Beendigung des Beamtenverhältnisses sowie die Umwandlung des Beamtenverhältnisses auf Widerruf in ein solches auf Lebenszeit

a) bei den übrigen Beamten der Schutzpolizei sowie bei den technischen Beamten in Stellen entsprechend den Reichsbesoldungsgruppen A 4 d und abwärts [1]) bei den Beamten der Kriminalpolizei in Stellen entsprechend den Reichsbesoldungsgruppen A 6 und abwärts den Polizeiverwaltern oder, soweit die Beamten Sonderdienststellen (z. B. Reichskriminalpolizeiamt, Schulen, Krankenhäusern usw.) angehören, die mir unmittelbar unterstellt sind, den Vorständen dieser Dienststellen;

b) bei den übrigen Beamten der Gendarmerie den höheren Verwaltungsbehörden der Länder oder, soweit sie den mir unmittelbar unterstellten Gendarmerieschulen angehören, den Kommandeuren dieser Schulen; im übrigen

c) den Vorständen der mir nachgeordneten Reichsdienststellen, soweit es sich um Beamte dieser Dienststellen handelt;

d) für Preußen den mir nachgeordneten Dienststellen im Rahmen ihrer bisherigen Befugnisse;

e) für die übrigen Länder den Reichsstatthaltern.

III. Ernennungen und Verfügungen, durch die das Beamtenverhältnis beendet wird, sind, soweit sie in der Zeit vom 1. April 1937 bis zum siebenten Tage nach der Verkündung dieser Anordnung auf Grund der bis zum 31. März 1937 geltenden Zuständigkeitsregelung vorgenommen worden sind, nicht deshalb unwirksam, weil die Zuständigkeit der verfügenden Stelle infolge der durch das Gesetz über Finanzmaßnahmen auf dem Gebiete der Polizei vom 19. März 1937 (Reichsgesetzbl. I S. 325) herbeigeführten Änderung der Rechtslage nicht mehr begründet war.

---

[1]) Vgl. RdErl. des RFSS u. ChdDtPol. v. 15. 9. 1937 (RMBliV. S. 1543) betr. Ernennung zum Waffenmeister.

5. Anordnung des RJM. über die Ernennung der Beamten der Reichsjustizverwaltung und die Beendigung des Beamtenverhältnisses.

Vom 12. August 1937 (RGBl. I S. 902).

I. Ich behalte mir vor

1. die Ernennung und die Beendigung des Beamtenverhältnisses der Gerichtsassessoren, der Assessoren im Probedienst — § 2 der Verordnung vom 29. März 1935 (Reichsgesetzbl. I S. 487) — und der nichtplanmäßigen Beamten des höheren Strafvollzugsdienstes,
2. bei den Reichsbesoldungsgruppen A 2 c 2 und aufwärts und den entsprechenden Länderbesoldungsgruppen
   a) die Umwandlung des Beamtenverhältnisses auf Widerruf in ein solches auf Lebenszeit,
   b) die Einweisung der Beamten in Planstellen mit höherem Endgrundgehalt ohne Änderung der bisherigen Amtsbezeichnung,
   c) die Änderung von Amtsbezeichnungen ohne Einweisung der Beamten in Planstellen mit höherem Endgrundgehalt,
   d) die Wiederverwendung der Wartestandsbeamten,
   e) die Entlassung der Beamten in den Fällen der §§ 57 bis 59 und 61 DBG, soweit sich in den Fällen des § 61 DBG der Führer und Reichskanzler die Ausübung dieses Rechts nicht selbst vorbehalten hat,
   f) die Versetzung der Wartestandsbeamten in den Ruhestand, soweit sich der Führer und Reichskanzler die Ausübung dieses Rechts nicht selbst vorbehalten hat, und ihre Entlassung nach §§ 59 und 60 DBG,
   g) die Ausfertigung der bei Übertritt in den Ruhestand zu erteilenden Urkunden, in denen der Dank nicht ausgesprochen werden soll,
3. bei den Reichsbesoldungsgruppen A 4 b 2 bis A 2 d und den entsprechenden Länderbesoldungsgruppen
   a) die Ernennung der Beamten und die Beendigung des Beamtenverhältnisses,
   b) die zu 2a bis d bezeichneten Befugnisse,
   c) die Ausfertigung der bei Übertritt in den Ruhestand zu erteilenden Urkunden.

II. Ich übertrage auf Widerruf, soweit die Ausübung der Befugnisse nicht dem Führer und Reichskanzler oder mir vorbehalten ist,

1. die Ausübung des Rechts zur Ernennung der Beamten und zur Beendigung des Beamtenverhältnisses,

2. die Umwandlung des Beamtenverhältnisses auf Widerruf in ein solches auf Lebenszeit,
3. die Einweisung der Beamten in Planstellen mit höherem Endgrundgehalt ohne Änderung der bisherigen Amtsbezeichnung,
4. die Änderung von Amtsbezeichnungen ohne Einweisung der Beamten in Planstellen mit höherem Endgrundgehalt,
5. die Wiederverwendung der Wartestandsbeamten,
6. die Ausfertigung der bei Übertritt in den Ruhestand zu erteilenden Urkunden
   a) auf den Präsidenten des Reichsgerichts und den Oberreichsanwalt,
   b) auf den Präsidenten des Volksgerichtshofs und den Reichsanwalt beim Volksgerichtshof,
   c) auf die Oberlandesgerichtspräsidenten und die Generalstaatsanwälte bei den Oberlandesgerichten,
   d) auf den Präsidenten des Landeserbhofgerichts in Celle,
   e) auf den Präsidenten des Reichspatentamts,

je für ihren Geschäftsbereich.

6. Anordnung des RAM. über die Ernennung der Beamten der Sozialverwaltung und die Beendigung des Beamtenverhältnisses.

Vom 13. August 1937 (RGBl. I S. 903).

I. Ich behalte mir vor

a) die Ernennung und die Beendigung des Beamtenverhältnisses
   1. der nicht- und außerplanmäßigen — auch der kommissarischen — Beamten des höheren Dienstes, insbesondere der Regierungs- und Gewerbeassessoren,
   2. der Inhaber von Planstellen der Reichsbesoldungsgruppen A 2 d und A 3 b der Reichsverwaltung,
   3. bei den Reichstreuhänderdienststellen auch der Inhaber von Planstellen der Reichsbesoldungsgruppen A 4 b 1 bis A 8 a sowie der außerplanmäßigen Beamten der Reichsbesoldungsgruppen A 4 c 2 und A 8 a,

b) die Ernennung der Inhaber von Planstellen der Versorgungsdienststellen der Reichsbesoldungsgruppen A 4 b 1 bis A 8 a sowie der außerplanmäßigen Beamten der Reichsbesoldungsgruppe A 4 c 2 und A 8 a,

c) bei Inhabern von Stellen der Reichsbesoldungsgruppen A 2 c 2 und aufwärts

1. die nicht dem Führer und Reichskanzler vorbehaltene Versetzung der Wartestandsbeamten in den Ruhestand und ihre Entlassung nach DBG. §§ 59 und 60,

2. die nicht dem Führer und Reichskanzler vorbehaltene Entlassung von Beamten in den Fällen des DBG. §§ 57 bis 59 und 61,

3. die Ausfertigung der bei Übertritt in den Ruhestand zu erteilenden Urkunden, in denen der Dank nicht ausgesprochen werden soll,

4. die Einweisung von Beamten in Planstellen mit höherem Endgrundgehalt ohne Änderung der bisherigen Amtsbezeichnung,

5. die Änderung von Amtsbezeichnungen unter Belassung der Beamten in der bisherigen Besoldungsgruppe,

d) die Wiederverwendung von Beamten, die durch den Führer und Reichskanzler in den Wartestand versetzt worden sind, soweit eine Ernennung durch den Führer und Reichskanzler nicht erfolgt,

e) die Umwandlung des Beamtenverhältnisses auf Widerruf in ein solches auf Lebenszeit bei Beamten in Stellen der Reichsbesoldungsgruppen A 2 c 2 und aufwärts sowie bei den Beamten, deren Ernennung ich mir vorbehalten habe.

II. Ich übertrage widerruflich die Ausübung des Rechts zur Ernennung und zur Beendigung des Beamtenverhältnisses sowie die Umwandlung des Beamtenverhältnisses auf Widerruf in ein solches auf Lebenszeit der übrigen Beamten

a) dem Präsidenten des Reichsversicherungsamts, dem Präsidenten des Reichsversorgungsgerichts und den Direktoren der Hauptversorgungsämter für die Reichsbeamten ihrer Geschäftsbereiche,

b) für Preußen
den Regierungspräsidenten (in Berlin dem Polizeipräsidenten), für die Beamten des Verbandspräsidiums des Siedlungsverbandes Ruhrkohlenbezirk in Essen dem Verbandspräsidenten,

c) für die übrigen Länder
den Reichsstatthaltern.

III. Diese Anordnung tritt mit Wirkung vom 1. Juli 1937 in Kraft.

Die Anordnung über die Ernennung und Entlassung der Beamten der Sozialverwaltung im Reich und in den Ländern ohne Preußen vom 10. Mai 1935 (RGBl. I S. 602) tritt mit dem 1. Juli 1937 außer Kraft.

7. Anordnung des RMfWEuV. über die Ernennung der Beamten einschließlich der Lehrer an den öffentlichen Schulen im Bereiche des Reichs- und Preußischen Ministeriums für Wissenschaft, Erziehung und Volksbildung und die Beendigung des Beamtenverhältnisses.

Vom 20. August 1937 (RGBl. I S. 912).

I. Ich behalte mir vor

a) die Ernennung und die Beendigung des Beamtenverhältnisses
1. der nichtplanmäßigen — auch der kommissarischen — Beamten des höheren Dienstes, mit Ausnahme der Studienassessoren und der Assistenten an wissenschaftlichen Hochschulen,
2. der planmäßigen Lehrkräfte an den Hochschulen für Lehrerbildung und Pädagogischen Instituten, soweit sich der Führer und Reichskanzler diese Befugnis nicht vorbehalten hat,
3. der unmittelbaren Reichsbeamten, soweit es sich um Inhaber von Stellen der Reichsbesoldungsgruppen A 4 c 2 und aufwärts handelt,
4. der preußischen Beamten, soweit es sich um Inhaber von Stellen der preußischen Besoldungsgruppen A 2 d bis A 3 c, A 4 b 1 und A 4 b 2, ferner um Fachlehrer und außerplanmäßige Lehrer an staatlichen Fachschulen handelt;

b) die nicht dem Führer und Reichskanzler vorbehaltene Versetzung der Wartestandsbeamten in den Ruhestand und ihre Entlassung nach §§ 59 und 60 DBG.;

c) die nicht dem Führer und Reichskanzler vorbehaltene Entlassung von Beamten in den Fällen der §§ 57 bis 59 und 61 DBG.;

d) die Ausfertigung der bei Übertritt in den Ruhestand zu erteilenden Urkunden, in denen der Dank nicht ausgesprochen werden soll;

e) die Einweisung von Beamten in Planstellen mit höherem Endgrundgehalt ohne Änderung der bisherigen Amtsbezeichnung;

f) die Änderung von Amtsbezeichnungen unter Belassung der Beamten in der bisherigen Besoldungsgruppe;

zu b bis f: soweit es sich um Inhaber von Stellen der Reichsbesoldungsgruppen A 2 c 2 und aufwärts handelt;

g) die Wiederverwendung von Beamten, die in den Wartestand versetzt sind, soweit eine Ernennung durch den Führer und Reichskanzler nicht erfolgt;

h) die Umwandlung des Beamtenverhältnisses auf Widerruf in ein solches auf Lebenszeit bei Beamten in Stellen der Reichsbesoldungsgruppen A 2 c 2 und aufwärts sowie in den unter I a 2, 3 und 4 aufgeführten Fällen.

II. Ich übertrage auf Widerruf die Ausübung des Rechts zur Ernennung und zur Beendigung des Beamtenverhältnisses sowie zur Um-

wandlung des Beamtenverhältnisses auf Widerruf in ein solches auf Lebenszeit bei den übrigen Beamten
a) den Leitern der mir nachgeordneten Reichsdienststellen, soweit es sich um Beamte dieser Dienststellen handelt;
b) dem Reichskommissar für das Saarland für die Beamten einschließlich der Lehrer an den öffentlichen Schulen des Saarlandes;
c) für Preußen den Leitern der mir nachgeordneten preußischen Dienststellen im Rahmen ihrer bisherigen Befugnisse bzw. ihres Verwaltungsbereichs;
d) für die übrigen Länder den Reichsstatthaltern.

8. Anordnung des RPM. über die Ernennung der Beamten der Deutschen Reichspost und die Beendigung des Beamtenverhältnisses.

Vom 31. August 1937 (PostABl. S. 543).

I. Ich behalte mir vor
a) die Ernennung und die Beendigung des Beamtenverhältnisses
1. der nichtplanmäßigen — auch der kommissarischen — Beamten des höheren Dienstes,
2. der Inhaber von Planstellen der Reichsbesoldungsgruppen A 2 d und A 3 b;
b) die nicht dem Führer und Reichskanzler vorbehaltene Versetzung der Wartestandsbeamten in den Ruhestand und ihre Entlassung nach §§ 59 und 60 DBG.;
c) die nicht dem Führer und Reichskanzler vorbehaltene Entlassung von Beamten in den Fällen der §§ 57 bis 59 und 61 DBG.;
d) die Ausfertigung der bei Übertritt in den Ruhestand zu erteilenden Urkunden, in denen der Dank nicht ausgesprochen werden soll;
e) die Einweisung von Beamten in Planstellen mit höherem Endgrundgehalt ohne Änderung der bisherigen Amtsbezeichnung;
f) die Änderung von Amtsbezeichnungen unter Belassung der Beamten in der bisherigen Besoldungsgruppe;
zu b bis f:
soweit es sich um Inhaber von Stellen der Reichsbesoldungsgruppen A 2 c 2 und aufwärts handelt;
g) die Wiederverwendung von Beamten, die durch den Führer und Reichskanzler in den Wartestand versetzt sind, soweit eine Ernennung durch den Führer und Reichskanzler nicht erfolgt;
h) die Umwandlung des Beamtenverhältnisses auf Widerruf in ein solches auf Lebenszeit bei Beamten in Stellen der Reichsbesoldungsgruppen A 2 c 2 und aufwärts.

II. Ich übertrage auf Widerruf die Ausübung des Rechts zur Ernennung und zur Beendigung des Beamtenverhältnisses sowie die Umwandlung des Beamtenverhältnisses auf Widerruf in ein solches auf Lebenszeit bei den übrigen planmäßigen Beamten der Reichsbesoldungsgruppen A 4 b 1 und abwärts sowie bei den entsprechenden nichtplanmäßigen Beamten den Präsidenten der Reichspostdirektionen, des Reichspostzentralamts und der Hauptverwaltung der Versorgungsanstalt der Deutschen Reichspost, dem Leiter der Forschungsanstalt der Deutschen Reichspost und dem Direktor der Reichsdruckerei.

9. Anordnung des RMdF. über die Ernennung und die Beendigung des Beamtenverhältnisses der Beamten der Reichsfinanzverwaltung und der Finanzverwaltungen der Länder ohne Preußen.

Vom 11. September 1937 (RGBl. I S. 1010).

I. Ich behalte mir vor

a) bei den nach den Reichsbesoldungsgruppen A 2 c 2 und aufwärts sowie den diesen entsprechenden Länderbesoldungsgruppen besoldeten Beamten:

1. die Einweisung in eine Planstelle mit höherem Endgrundgehalt ohne Änderung der Amtsbezeichnung,
2. die Änderung der Amtsbezeichnung bei Verbleib in der bisherigen Besoldungsgruppe,
3. die Umwandlung des Beamtenverhältnisses auf Widerruf in ein solches auf Lebenszeit,
4. die Wiederverwendung der in den Wartestand versetzten Beamten, soweit nicht eine Ernennung durch den Führer und Reichskanzler erfolgt,
5. die nicht dem Führer und Reichskanzler vorbehaltene Versetzung der Wartestandsbeamten in den Ruhestand und ihre Entlassung nach §§ 59 und 60 DBG.,
6. die nicht dem Führer und Reichskanzler vorbehaltene Entlassung von Beamten in den Fällen der §§ 57 bis 59 und 61 DBG.
7. die Ausfertigung der bei Übertritt in den Ruhestand zu erteilenden Urkunde, wenn kein Dank ausgesprochen werden soll,
8. die Ernennung, die Entlassung und die Versetzung in den Ruhestand — § 76 DBG. — der nicht planmäßigen Beamten einschließlich der außerplanmäßigen, kommissarischen und auf Probe angestellten;

b) bei den Beamten der Reichsbesoldungsgruppen A 2 d und A 3 sowie der diesen entsprechenden Länderbesoldungsgruppen:

1. die Ernennung, die Änderung der Amtsbezeichnung bei Verbleib in der bisherigen Besoldungsgruppe, die Einweisung in eine Planstelle mit höherem Endgrundgehalt ohne Änderung der Amtsbezeichnung,
2. die Umwandlung des Beamtenverhältnisses auf Widerruf in ein solches auf Lebenszeit,
3. die Wiederverwendung der in den Wartestand versetzten Beamten,
4. die Entlassung, die Versetzung in den Ruhestand und die Ausfertigung der bei Übertritt in den Ruhestand zu erteilenden Urkunde.

II. Im übrigen übertrage ich widerruflich die Ausübung des Rechts
1. zur Ernennung, zur Änderung der Amtsbezeichnung bei Verbleib in der bisherigen Besoldungsgruppe, zur Einweisung in eine Planstelle mit höherem Endgrundgehalt ohne Änderung der Amtsbezeichnung,
2. zur Umwandlung des Beamtenverhältnisses auf Widerruf in ein solches auf Lebenszeit,
3. zur Wiederverwendung der in den Wartestand versetzten Beamten,
4. zur Entlassung, zur Versetzung in den Ruhestand und zur Ausfertigung der bei Übertritt in den Ruhestand zu erteilenden Urkunde
   a) dem Präsidenten des Reichsfinanzhofs, den Oberfinanzpräsidenten, dem Präsidenten der Reichsmonopolverwaltung für Branntwein und dem Leiter der Reichsbaudirektion Berlin für die unmittelbaren Reichsbeamten ihrer und der ihnen nachgeordneten Dienststellen,
   b) den Reichsstatthaltern für die mittelbaren Reichsbeamten ihres Dienstbereichs.

Zur Ernennung der Inhaber von Planstellen der Reichsbesoldungsgruppen A 4 und der diesen entsprechenden Länderbesoldungsgruppen bedarf es meiner vorherigen Zustimmung; dies gilt auch dann, wenn es sich um die Einweisung in eine Planstelle mit höherem Endgrundgehalt ohne Änderung der Amtsbezeichnung handelt.

10. Reichsgrundsätze über Einstellung, Anstellung und Beförderung der Reichs- und Landesbeamten[1]).

Vom 14. Oktober 1936 (RGBl. I S. 893).

Zur Durchführung meiner Erlasse über die Ernennung und Entlassung der Reichs- und Landesbeamten vom 1. Februar 1935 (Reichs-

[1]) Vgl. RdErl. d. RuPrMdI. v. 1. 4. 1937 (RMBliV. S. 527). Dieser lautet: Die vom Führer und Reichskanzler am 14. 10. 1936 erlassenen Reichsgrundsätze über Einstellung, Anstellung und Beförderung der Reichs- und Landesbeamten (RGBl. I

gesetzbl. I S. 74, 73) erlasse ich die nachstehenden Reichsgrundsätze über Einstellung, Anstellung und Beförderung.

Diese Reichsgrundsätze sind bestimmt, der Erfüllung der Staatsaufgaben durch eine geordnete und gerechte Personalverwaltung zu dienen, die in ihrer finanziellen Auswirkung der Leistungskraft der Nation angepaßt ist. Sie binden alle Reichs- und Landesbehörden.

Grundbegriffe.

§ 1.

Im Sinne dieser Bestimmungen gilt

als Einstellung .... eine Ernennung zum außerplanmäßigen Beamten,

als Anstellung .... eine Ernennung unter erstmaliger Einweisung in eine Planstelle [2]),

als Beförderung .... eine Ernennung unter Einweisung in eine neue Planstelle mit höherem Endgrundgehalt.

Einstellung.

§ 2.

Eingestellt wird nur, wer die Voraussetzungen der beamtenrechtlichen Bestimmungen für das zu übertragende Amt erfüllt.

Anstellung.

§ 3.

(1) Niemand darf in einem Amte angestellt werden, das nach Maßgabe der Besoldungsordnung höher zu bewerten ist als die Eingangsstelle der betreffenden Laufbahn.

(2) Besoldungsgruppen, die bei regelmäßiger Gestaltung der Dienstlaufbahn zu durchlaufen sind, dürfen im Wege der Beförderung nicht übersprungen werden.

§ 4.

(1) Die Anwärter für den höheren Dienst (Bau-, Gerichts-, Medizinal-, Regierungs-, Studien-, Veterinärassessoren u. dgl.) können erst nach Ab-

---

S. 893) beziehen sich nicht auf die Gemeinden (GV.) und deren Beamtenschaft. Bei kleineren Verwaltungen kommt eine sinngemäße Anwendung nicht in Betracht. Größere Verwaltungen der Gemeinden (GV.) ersuche ich dagegen, in eigener Verantwortung die Grundsätze insoweit bei sich einzuführen, als sie auf ihre Verhältnisse anwendbar sind. Das wird im besonderen bei den §§ 2, 3, 8, 9 und 14 der Reichsgrundsätze der Fall sein.

[2]) Vgl. Nr. 11 Besoldungsvorschriften in Verb. mit dem Erl. des RMdF. v. 27. 5. 1936 — RBB. S. 47 — (abgedr. S. 316).

legung der für ihre Laufbahn vorgeschriebenen Staatsprüfungen eingestellt werden.

(2) Sie sollen nicht vor Vollendung einer vierjährigen Dienstzeit im Reichs-, Staats- oder Kommunaldienst, gerechnet vom Tage des Bestehens der Abschlußprüfung (Großen Staatsprüfung) ab, in der planmäßigen Eingangsstelle ihrer Laufbahn (Reichsbesoldungsgruppe A 2 c 2) angestellt werden. Auf diese Dienstzeit kann bis zu zwei, bei Anwärtern des höheren Dienstes, die nicht der Gerichts- oder Verwaltungslaufbahn zugehören (Bau-, Medizinal-, Studien-, Veterinärassessoren u. dgl.), bis zu drei Jahren die Zeit angerechnet werden, die sie nach Ablegung der Abschlußprüfung ihrer Laufbahn in einem ihrer Vorbildung entsprechenden Beruf verbracht haben.

(3) Haben nationalsozialistisch bewährte Anwärter für den höheren Dienst sich auch dienstlich bewährt und die vorgeschriebenen Staatsprüfungen mit erheblich über dem Durchschnitt liegendem Erfolg abgelegt, so können sie bereits nach dreijähriger, haben sie sich dienstlich besonders bewährt und die Prüfungen mit hervorragendem Erfolg abgelegt, so können sie bereits nach zweijähriger Dienstzeit im Reichs-, Staats- oder Kommunaldienst in der planmäßigen Eingangsstelle ihrer Laufbahn angestellt werden. Auf diese Dienstzeit kann eine Zeit bis zu eineinhalb und bei Anwärtern des höheren Dienstes, die nicht der Gerichts- oder Verwaltungslaufbahn zugehören, bis zu zwei Jahren, bei besonderer Bewährung und hervorragendem Prüfungserfolg bis zu einem Jahr nach Abs. 2 Satz 2 angerechnet werden.

(4) Anwärter für den höheren Dienst sollen vor ihrer Anstellung in der planmäßigen Eingangsstelle (Reichsbesoldungsgruppe A 2 c 2) mindestens die Hälfte ihrer Dienstzeit seit ihrer Einstellung bei Behörden der Außenverwaltung abgeleistet haben.

(5) Hauptamtliche Tätigkeit im Dienste der NSDAP, ihrer Gliederungen und angeschlossenen Verbände ist auf die Anwärterdienstzeit anzurechnen. Die Beurlaubung zum Dienst in der Partei steht der Anstellung solcher Anwärter des höheren Dienstes, die sich auch für den Staatsdienst bereits als geeignet erwiesen haben, nicht entgegen.

§ 5.

Personen im privatrechtlichen Dienstverhältnis oder aus freien Berufen, die die vorgeschriebenen Staatsprüfungen für die Einstellung in den höheren Dienst nicht abgelegt haben, dürfen in der planmäßigen Eingangsstelle des höheren Dienstes erst nach einer mindestens dreijährigen Tätigkeit im Reichs-, Staats- oder Kommunaldienst und erst in einem Lebensalter von mindestens 32 Jahren angestellt werden.

§ 6.

Anstellungen in den Obersten Reichs- und Landesbehörden dürfen erst nach mindestens einjähriger Tätigkeit in der betreffenden Behörde erfolgen.

§ 7.

(1) Die Anwärter für den gehobenen mittleren Dienst können erst nach einer außerplanmäßigen Dienstzeit von mindestens drei Jahren angestellt werden, die aus Arbeitern und Angestellten hervorgegangenen Diätare und die mittleren Techniker schon vorher, wenn sie ein Lebensalter von 27 Jahren erreicht haben. § 4 Abs. 5 findet entsprechend Anwendung.

(2) Personen im privatrechtlichen Dienstverhältnis oder aus freien Berufen müssen das 27. Lebensjahr erreicht haben, wenn sie ohne außerplanmäßige Dienstzeit angestellt werden sollen.

(3) Abs. 1 findet keine Anwendung auf Versorgungsanwärter.

Beförderung[3]).

§ 8.

Befördert kann nur der Beamte werden, der neben restloser Erfüllung der allgemeinen Beamtenpflichten

a) unter Berücksichtigung seiner früheren politischen Einstellung die unbedingte Gewähr dafür bietet und seit dem 30. Januar 1933 bewiesen hat, daß er jederzeit rückhaltlos für den nationalsozialistischen Staat eintritt und ihn wirksam vertritt,

b) den urkundlichen Nachweis geführt hat, daß er und sein Ehegatte deutschen oder artverwandten Blutes ist (§ 1a Abs. 3 des Reichsbeamtengesetzes) [4]),

c) nach seinen dienstlichen Leistungen und Fähigkeiten den Anforderungen des höheren Amtes voll entspricht. Das Dienstalter allein rechtfertigt eine Beförderung in keinem Falle.

§ 9.

Mehrere Beförderungen desselben Beamten innerhalb eines Jahres sind nicht zulässig.

§ 10.

Einem Beamten in der planmäßigen Eingangsstelle des höheren Dienstes (Reichsbesoldungsgruppe A 2 c 2) oder in einer Stelle der Reichsbesoldungsgruppe A 2 c 1 darf ein Amt der Reichsbesoldungsgruppe A 2 b oder A 2 a nur nach einer Mindestdienstzeit von drei Jahren in diesen

---

[3]) Vgl. auch RdErl. des RuPrMdI. v. 2. 9. 1936 (RMBliV. S. 1186) betr. Zugehörigkeit von Beamten zu Freimaurerlogen, anderen Logen oder logenähnlichen Organisationen (abgedr. S. 209).

[4]) Jetzt § 25 DBG.

Stellen verliehen werden. Der Lauf der Frist beginnt mit dem Tage der Einweisung in die Planstelle. Sofern die dienstlichen Leistungen es als gerechtfertigt erscheinen lassen, kann die Oberste Reichsbehörde auf diese Zeit bis zu eineinhalb Jahren die Dienstzeit anrechnen, die der betreffende Beamte über vier Jahre hinaus im Reichs-, Staats- und Kommunaldienst als Anwärter für den höheren Dienst oder in einer entsprechenden Stellung zurückgelegt hat.

§ 11.

Die Beförderung eines Beamten bei Behörden der Außenverwaltung zu einem Amt, das den Reichsbesoldungsgruppen A 1 a und b oder den entsprechenden Gruppen in allen anderen Teilen des öffentlichen Dienstes zuzurechnen ist, hat, soweit es sich nicht um politische Beamte handelt, zur Voraussetzung eine Mindestdienstzeit von insgesamt vier Jahren in einer planmäßigen Eingangsstelle der Reichsbesoldungsgruppe A 2 c 2 und in einer höheren Besoldungsgruppe A 2 c 1, A 2 b, A 2 a.

§ 12.

(1) Die Beförderung zum Ministerialrat hat zur Voraussetzung eine Mindestdienstzeit von sechs Jahren als planmäßiger Beamter in einer Planstelle der Reichsbesoldungsgruppe A 2 c 2 (oder A 2 c 1) und A 2 b, A 2 a oder darüber. Der Beförderung muß eine mindestens einjährige Dienstzeit in der Obersten Reichsbehörde vorausgehen.

(2) Um zu gewährleisten, daß der Ministerialrat die für eine Oberste Reichsbehörde notwendige Vielseitigkeit, den praktischen Blick, die aus eigener Tätigkeit gewonnene Erfahrung in der Auswirkung der gesetzlichen Vorschriften und aus unmittelbarer Fühlungnahme im Dienst Verständnis für das Volkswohl hat, hat der Beamte von dieser Gesamtdienstzeit von sechs Jahren mindestens die Hälfte bei Behörden der Außenverwaltung abzuleisten. Dauernde eifrige ehrenamtliche Mitarbeit bei der NSDAP, ihren Gliederungen und angeschlossenen Verbänden — nicht bloße Mitgliedschaft — kann auf die Zeit bis zu einem Jahr in Anrechnung kommen, soweit die Gauleitung oder der SS-Abschnitt oder die SA-Gruppe ausdrücklich anerkennen, daß der Beamte sich in praktischer Volksgemeinschaft bewährt hat. Hauptamtliche Tätigkeit eines Beamten in Zentralstellen der NSDAP und ihrer Gliederungen ist zur Hälfte auf die Beschäftigungszeit bei der Obersten Reichsbehörde und bei Behörden der Außenverwaltung, hauptamtliche Tätigkeit bei anderen Parteidienststellen nur auf die Beschäftigungszeit bei Behörden der Außenverwaltung anzurechnen.

(3) Anwärter des höheren Dienstes sowie jüngere Planbeamte des höheren Dienstes in Eingangsstellen, die als Hilfsarbeiter in eine Oberste Reichsbehörde einberufen sind oder dort eine Planstelle innehaben, sollen in dieser Behörde, auch wenn sie nach Ablegung der Abschlußprüfung ihrer

Laufbahn bereits drei Jahre in der Außenverwaltung tätig waren, nicht belassen werden, bis sie zu einer Ministerialratsstelle herangewachsen sind. Sie haben vielmehr zuvor mindestens ein Jahr die in den Obersten Reichsbehörden gewonnenen Kenntnisse in der praktischen Arbeit der Behörden der Außenverwaltung zu erproben.

(4) Die eingehende Durchbildung des Ministerialrats verlangt in jedem Fall ein Mindestlebensalter von 35 Jahren.

§ 13.

Mit Rücksicht auf den Neuaufbau des Reichs und die damit zu erwartende Verschmelzung der Landesministerialaufgaben mit dem Aufgabenkreis der Reichsministerien ist die Wiederbesetzung der eigentlichen Ministerialstellen — also der Stellen, die keine unmittelbare Parallele in den Provinzialbehörden haben — im Wege der Beförderung in den Ländern in der Regel unzulässig. Es ist deshalb gerechtfertigt, bei Beförderung zu Ministerialräten in den Obersten Reichsbehörden bis zur Vereinheitlichung in gleicher Weise auch Landesbeamte zu berücksichtigen, die in den Obersten Landesbehörden nach Maßgabe dieser Grundsätze für eine solche Beförderung geeignet erscheinen.

§ 14.

Beamte sollen innerhalb von drei Jahren vor Erreichen der Altersgrenze in höhere Gruppen nur befördert werden, sofern zwingende sachliche Reichsinteressen dafür vorliegen, die von den Reichsministern des Innern und der Finanzen anerkannt werden.

§ 15.

(1) Die Beförderung von Beamten des gehobenen mittleren Dienstes in Eingangsstellen des höheren Dienstes hat eine Dienstzeit im Reichs-, Staats- oder Kommunaldienst von mindestens 20 Jahren und ein Lebensalter von 40 Jahren zur Voraussetzung.

(2) Solche Beförderungen können nur erfolgen, wenn

a) ein früherer Beamter des einfachen mittleren Dienstes die Laufbahn auch des gehobenen mittleren Dienstes,

b) ein Beamter des gehobenen mittleren Dienstes diese Laufbahn durchlaufen und sich in jeder Hinsicht bewährt hat.

§ 16.

Eine Beförderung zum Amtsrat oder Amtmann hat eine Dienstzeit im Reichs-, Staats- oder Kommunaldienst von mindestens 15 Jahren und ein Lebensalter von 35 Jahren zur Voraussetzung.

Ausnahmen.

§ 17.

(1) Ich ermächtige die Reichsminister des Innern und der Finanzen, von den Vorschriften der §§ 3 bis 7, 9 bis 12 Abs. 1 bis 3, § 15 Abs. 1 und § 16 Abweichungen zuzulassen. Gleichzeitig behalte ich mir für besondere Fälle das Recht der persönlichen Entscheidung sowie das Recht vor, über die im Satz 1 aufgeführten Bestimmungen hinaus weitere Abweichungen zuzulassen.

(2) Soweit die Reichsminister des Innern und der Finanzen nach Abs. 1 zur Abweichung ermächtigt sind, ist der Staatssekretär und Chef der Reichskanzlei zwecks Herbeiführung einer etwaigen Entscheidung des Führers und Reichskanzlers zu beteiligen. Der Reichsminister des Innern hat dem Staatssekretär und Chef der Reichskanzlei eine Abschrift des Antrags und der beabsichtigten Entscheidung zu übersenden. Erfolgt nach Ablauf von zwei Wochen keine Antwort des Staatssekretärs und Chefs der Reichskanzlei, so ist anzunehmen, daß der Führer und Reichskanzler eine persönliche Entscheidung nicht zu treffen beabsichtigt.

(3) Die Anträge auf Abweichung sind in dreifacher Ausfertigung zu stellen.

(4) Liegen Gründe vor, die eine Anstellung oder Beförderung deshalb geboten erscheinen lassen, weil es sich um Angehörige der NSDAP handelt, die sich vor dem 30. Januar 1933 um die nationalsozialistische Bewegung besonders verdient gemacht haben, so holt der Reichsminister des Innern vorher die Erklärung des Stellvertreters des Führers ein, daß die besonderen Verdienste um die nationalsozialistische Bewegung die beantragte Bevorzugung rechtfertigen.

Schlußbestimmungen.

§ 18.

(1) Diese Reichsgrundsätze gelten auch für Beamte der Länderbesoldungsgruppen, die den angeführten Gruppen der Reichsbesoldungsordnung entsprechen.

(2) Sie gelten nicht für Beamte, deren Amtstätigkeit ausschließlich wissenschaftlicher Art ist (Hochschulprofessoren, Dozenten, Mitglieder und Mitarbeiter an Forschungsinstituten od. dgl.).

§ 19.

Die Reichsminister des Innern und der Finanzen sind ermächtigt, für bestimmte Verwaltungen und Beamtengruppen im Einvernehmen mit dem zuständigen Reichsminister für die Zeit bis zum 1. April 1940 Übergangsregelungen zu treffen.

§ 20.

(1) Die Vorschrift des § 36a der Reichshaushaltsordnung[5]) bleibt unberührt.

(2) Eine Zustimmung des Reichsministers der Finanzen gemäß § 17 zur Abweichung von den Reichsgrundsätzen schließt die nach § 36a der Reichshaushaltsordnung notwendige Zustimmung nur ein, wenn dies besonders zum Ausdruck gebracht ist.

11. Reichsgrundsätze über Einstellung, Anstellung und Beförderung.

RdErl. d. RMdJ. u. d. RFM. v. 4. 9. 1937 (RMBliV. S. 1453).

Um eine gleichmäßige Durchführung der Reichsgrundsätze über Einstellung, Anstellung und Beförderung sicherzustellen, ergehen folgende Erläuterungen:

Zu § 2.

(1) Die Voraussetzungen der beamtenrechtlichen Bestimmungen für das zu übertragende Amt richten sich in erster Linie nach dem Deutschen Beamtenges. (DBG.) v. 26. 1. 1937 (RGBl. I S. 39), insonderheit nach den §§ 25 und 26. Darüber hinaus sind die für das zu übertragende Amt bestehenden Laufbahnrichtlinien zu berücksichtigen, sowie Bestimmungen allgemeiner Art wie die RdErl. des RuPrMdJ. v. 2. 9. 1936 — II SB 6190/4008 (RMBliV. S. 1186), v. 7. 12. 1936 — II SB 6190/4785 (RMBliV. S. 1628) und v. 22. 4. 1937 — II SB 6190a 1470 (RMBliV. S. 646) über die Zugehörigkeit von Beamten zu Freimaurerlogen, anderen Logen oder logenähnlichen Organisationen[1]).

(2) Die Erfordernisse des § 2 gelten auch für die Fälle der Anstellung nach §§ 3 bis 7, ohne daß eine Einstellung vorausgegangen ist (Ausnahme in § 5).

Zu § 3.

(1) In der Regel wird der Beamte des unteren Dienstes zunächst in einem Amte der Reichsbesoldungsgruppe A 12, A 11, A 10b oder A 9, des einfachen mittleren Dienstes der Reichsbesoldungsgruppe A 8 a, A 7 c, des gehobenen mittleren Dienstes der Reichsbesoldungsgruppe A 4c 2 und des höheren Dienstes der Reichsbesoldungsgruppe A 2c 2 anzustellen sein.

(2) Dementsprechend ist im allgemeinen die regelmäßige Dienstlaufbahn

---

[5]) Abgedr. S. 275.
[1]) Die drei RdErl. sind abgedr. S. 209 ff.

a) des einfachen mittleren Dienstes die Anstellung als Assistent in einer Stelle der Reichsbesoldungsgruppe A 8a und die Beförderung in eine Stelle der Reichsbesoldungsgruppe A 7a,

b) des gehobenen mittleren Dienstes die Anstellung als Inspektor in einer Stelle der Reichsbesoldungsgruppe A 4c 2 (auch A 4a) und die Beförderung in eine Stelle entweder der Reichsbesoldungsgruppe A 4c 1 oder zum Oberinspektor in Stellen der Reichsbesoldungsgruppe A 4b 2, A 4b 1 oder A 4a mit weiterer Beförderung zum Amtmann, Amtsrat oder in eine sonstige Spitzenstelle des gehobenen mittleren Dienstes,

c) des höheren Dienstes die Anstellung in einer Stelle der Reichsbesoldungsgruppe A 2c 2 und die Beförderung in Stellen der Reichsbesoldungsgruppen A 2c 1, A 2a oder A 2b.

(3) Soweit besondere Laufbahnrichtlinien nicht bestehen oder eine durch Verwaltungspraxis begründete regelmäßige Gestaltung der Dienstlaufbahn nicht vorliegt, kann von diesen Bestimmungen (s. Abs. 2 a bis c) abgewichen werden.

Zu § 4.

(1) Als „Dienstzeit" im Sinne des § 4 Abs. 2, Satz 1 ist in der Regel nur die Zeit anzusehen, die der Anwärter als Beamter verbracht hat. Jedoch läßt § 4 Abs. 2, Satz 2 auch eine Anrechnung der Angestellten- und sonstigen Zeiten, der Abs. 5 die Anrechnung der hauptamtlichen Tätigkeit bei der NSDAP., ihren Gliederungen und angeschlossenen Verbänden zu.

(2) Was jeweils als „Abschlußprüfung" anzusehen ist, richtet sich nach den Laufbahnrichtlinien oder der Verwaltungspraxis. Für Bau-, Gerichts-, Regierungs- und Studienassessoren wird der Tag der großen Staatsprüfung in Frage kommen, an dem das Examensergebnis mitgeteilt wurde, während für Medizinalbeamte in der Regel der Tag des Bestehens der ärztlichen Prüfung, für Veterinärbeamte der Tag der Bestallung maßgebend ist.

(3) Für eine bevorzugte Anstellung nach § 4 Abs. 3 ist nationalsozialistische und dienstliche Bewährung unerläßliche Voraussetzung, hierzu müssen ergänzend gute Prüfungsergebnisse treten. Prüfungen mit erheblich über dem Durchschnitt liegendem Erfolg setzen eine Beurteilung mit „gut" im Sinne der Justizausbildungsordnung v. 22. 7. 1934 („vollbefriedigend" alt) voraus, Prüfungen mit hervorragendem Erfolg Beurteilungen mit „ausgezeichnet" oder „lobenswert". Das Schwergewicht liegt bei der Beurteilung der Großen Staatsprüfung. Sind beide Staatsprüfungen mit „gut" abgelegt, so kann die Anwärterdienstzeit bei besonderer nationalsozialistischer und dienstlicher Bewährung auf 2 Jahre abgekürzt werden. Ein Anwärter des höheren Dienstes, der der Bewegung vor dem 30. 1. 1933 angehört und die Große Staatsprüfung mit erheblich

über dem Durchschnitt liegendem oder mit hervorragendem Erfolg abgelegt hat, kann bereits nach 3 oder 2 Jahren angestellt werden, auch wenn in der ersten Prüfung, die vor dem 1. 10. 1933 stattgefunden hat, lediglich ein ausreichendes Ergebnis erzielt wurde.

(4) Wurden nach früheren Prüfungsbestimmungen besondere Noten für das Ergebnis der ersten Prüfung nicht erteilt, so kann bei Ablegung der Großen Staatsprüfung mit hervorragendem Erfolg eine Abkürzung der Anwärterdienstzeit auf 2 Jahre, mit erheblich über dem Durchschnitt liegendem Erfolg auf 3 Jahre erfolgen. Im übrigen sind die Prüfungsbeurteilungen für die Frage der Abkürzung der Anwärterdienstzeit auf die Bestimmungen der Justizausbildungsordnung abzustellen. In Zweifelsfällen entscheiden der RMdI. und der RFM.

(5) Oberste Landesbehörden gelten im Regelfalle nicht als „Behörden der Außenverwaltung" im Sinne von § 4 Abs. 4. Zu diesen rechnen jedoch das Reichspatentamt, das Statistische Reichsamt, das Reichsaufsichtsamt für Privatversicherung und ähnliche Behörden, deren Aufgabenkreis sich auf das gesamte Reichsgebiet erstreckt. Anwärter des höheren Dienstes sollen möglichst vor ihrer Beschäftigung in Obersten Reichs- oder Landesbehörden bei Behörden der Außenverwaltung tätig gewesen sein.

(6) Die hauptamtliche Tätigkeit eines Beamten in Zentralstellen der NSDAP., ihrer Gliederungen und angeschlossenen Verbände ist zur Hälfte auf die Beschäftigungszeit bei Behörden der Außenverwaltung (§ 4 Abs. 4), zur Hälfte auf die Beschäftigungszeit bei Zentralbehörden anzurechnen. Die hauptamtliche Tätigkeit bei anderen Parteidienststellen ist voll auf die Beschäftigungszeit bei Behörden der Außenverwaltung anzurechnen.

Zu § 5.

Die 3jährige Tätigkeit im Reichs-, Staats- oder Kommunaldienst kann als Angestellter abgeleistet sein. Sie muß aber einer Tätigkeit entsprechen, die im allgemeinen derjenigen eines Anwärters oder Beamten des höheren Dienstes gleichwertig ist.

Zu § 6.

(1) „Anstellung" ist nur die erste Einweisung in eine Planstelle. Versetzungen in Oberste Reichs- oder Landesbehörden, auch unter gleichzeitiger Beförderung, sind an die einjährige Frist des § 6 nicht gebunden. Die für die Beförderung zum Ministerialrat vorgesehene Frist des § 12 Abs. 1, Satz 2 wird hierdurch nicht berührt.

(2) Bei Anstellungen nach § 6 kann eine Anrechnung der bei einer anderen Obersten Reichs- oder Landesbehörde verbrachten Zeit nicht erfolgen. Die einjährige Tätigkeit muß vielmehr bei der Behörde abgeleistet sein, bei der der Beamte angestellt werden soll.

Zu § 7.

(1) Die Dienstzeit, die ein Beamter nach der Einheitslaufbahn in Stellen der Reichsbesoldungsgruppe A 8 a oder A 7 a verbracht hat, kann auf das 3jährige Diätariat angerechnet werden.

(2) „Mittlere Techniker" sind technisch vorgebildete Personen, die in Stellen des technischen Dienstes der Reichsbesoldungsgruppe A 4 a bis A 4 c 2 angestellt werden sollen.

Zu § 8.

(1) Die Voraussetzungen zu einer Beförderung gemäß § 8 gelten für planmäßige Beamte auf Lebenszeit, Widerruf oder Zeit und nichtplanmäßige Beamte.

(2) Nach § 25 DBG. kann von der Voraussetzung der deutschblütigen Abstammung des zu Ernennenden und seines Ehegatten eine Ausnahme zugelassen werden. Die darüber hinausgehende Bestimmung des § 8, Buchst. b, der Reichsgrundsätze, die als Vorbedingung einer Beförderung den urkundlichen Nachweis verlangt, daß der Beamte und sein Ehegatte deutschen oder artverwandten Blutes ist, wird hierdurch nicht berührt. Ausnahmen von diesem Grundsatz kann nach § 17 Abs. 1 Satz 2 nur der Führer und Reichskanzler zulassen.

Zu § 9.

(1) Nach § 9 sind mehrere Beförderungen desselben Beamten innerhalb eines Jahres nicht zulässig. Ein ausdrückliches Verbot, daß ein Beamter auch innerhalb eines Jahres nach seiner Anstellung nicht befördert werden soll, enthält zwar § 9 nicht. Solche Beförderungen widersprechen aber dem Grundgedanken des § 9, sofern darüber nicht sogar besondere Bestimmungen ergangen sind (§§ 10 bis 12). Nur in ganz besonders gelagerten Fällen wird von diesem Grundsatz abgewichen werden können.

(2) § 3 Abs. 2 ist zu beachten.

Zu § 10.

(1) Bei Anrechnung der Zeit, die der Beamte über die 4jährige Anwärterdienstzeit hinaus vor seiner Anstellung als Anwärter für den höheren Dienst oder in einer entsprechenden Stellung tätig gewesen ist, auf die Mindestdienstzeit von 3 Jahren, ist zunächst festzustellen, auf welche Gründe die Verzögerung der Anstellung zurückzuführen ist. Liegen diese in der Person des Beamten, so kann eine Anrechnung nicht stattfinden, da sie nur dann Platz greift, wenn „die dienstlichen Leistungen es als gerechtfertigt erscheinen lassen".

(2) Eine Tätigkeit „in einer entsprechenden Stellung" ist auch als Angestellter möglich. Jedoch muß es sich um eine solche gehandelt haben, die sonst von Anwärtern oder Beamten der höheren Laufbahn wahrgenommen wird (vgl. Anm. zu § 5).

Zu § 11.

Als „Behörden der Außenverwaltung" im Sinne von § 11 gelten auch die obersten Landesbehörden.

Zu § 12.

(1) Die Mindestdienstzeit von 6 Jahren beginnt, wie in § 10, mit dem Tag der Einweisung in eine Planstelle der Reichsbesoldungsgruppe A 2c 2 (oder A 2c 1).

(2) Den SS-Abschnitten und SA.-Gruppen nach § 12 Abs. 2 sind die Motorbrigaden des NSKK. und die entsprechenden Formationen des NSFK. gleichzustellen.

(3) Der § 12 Abs. 3 enthält gegenüber den Abs. 1 und 2 eine Sonderregelung. Der Abs. 3 gilt demnach nur für diejenigen Anwärter des höheren Dienstes und die lebensaltersmäßig jüngeren Planbeamten in A 2c 2, die bereits zur Zeit des Inkrafttretens der Reichsgrundsätze bei Obersten Reichsbehörden tätig waren. Für diejenigen Beamten dieser Gruppen, die nach Inkrafttreten in eine Oberste Reichsbehörde einberufen wurden, gelten die strengeren Bestimmungen des Abs. 2 (vgl. Anm. zu § 4 Abs. 5 Satz 3).

Zu § 13.

Als eigentliche Ministerialstellen sind die Stellen von Staatssekretären, besoldeten Staatsräten, Ministerialdirektoren, Ministerialdirigenten, Ministerialräten als Abteilungsleitern, Ministerialräten, Amtsräten und ihnen gleichgestellten Beamten anzusehen. Im Rahmen der Maßnahmen zum Neuaufbau des Reiches wurde bereits seit 1934 in der Regel die Nichtwiederbesetzung dieser Stellen und durch RdErl. des RFM. und RMdJ. v. 25. 9. 1936 — A 4132 Allg. — 10577 I B — II D 3737/36 angeordnet, daß die haushaltsmäßig bisher in den Ländern noch vorhandenen Ministerialratsstellen grundsätzlich in solche von Regierungsdirektoren (Reichsbesoldungsgruppe A 1b) oder nach bestimmten Schlüsselzahlen in mindere Stellen abgewandelt werden sollten. Die eigentlichen Ministerialstellen sollen möglichst nur den Obersten Reichsbehörden vorbehalten bleiben. Die bereits durch RdErl. des RFM. u. RMdJ. v. 23. 2. 1934 — A 4130 Allg. — 1638 I B — I 1046/23. 2. ausgesprochene Beförderungssperre für diese Stellen in den Ländern ist also durch § 13 aufrechterhalten.

Zu § 14.

Was unter „zwingenden sachlichen Reichsinteressen" zu verstehen ist, läßt sich nur nach Lage des Einzelfalles beurteilen. Hier ist schärfster Maßstab anzulegen, da grundsätzlich Beförderungen von Beamten 3 Jahre vor Erreichung der Altersgrenze nicht mehr durchgeführt werden sollen. Ausnahmen können bei Zustimmung des RMdJ. und des RFM. nur dann erfolgen, wenn außergewöhnliche dienstliche Interessen es bedingen, daß gerade der zur Beförderung in Aussicht genommene Beamte das höhere Amt erhält.

Zu §§ 15, 16.

(1) „Dienstzeit" im Sinne von §§ 15, 16 ist nur die Dienstzeit als planmäßiger oder nichtplanmäßiger Beamter im Reichs-, Staats- oder Kommunaldienst. Die Dienstzeit braucht nicht ununterbrochen angedauert zu haben.

(2) Als „Dienstzeit" ist bei Versorgungsanwärtern anzurechnen

a) die über die aktive Dienstpflicht hinausgehende Militärdienstzeit,

b) die Zeit, die Versorgungsanwärter nach ihrem Ausscheiden aus der Wehrmacht als Angestellte im Reichs-, Staats- oder Kommunaldienst verbracht haben, weil eine Beschäftigung im Beamtenverhältnis infolge Stellenmangels nicht möglich war.

(3) Als „Dienstzeit" sind den in das Beamtenverhältnis überführten Angehörigen der NSDAP. die vor dem 30. 1. 1933 zurückgelegten Zeiten in der SS, SA., als Amtswalter oder Redner der Partei anzurechnen, welche nach dem Erl. des RFM. v. 26. 5. 1936 — A 4430-13210/35 I B II. Ang. auf das Besoldungsdienstalter in Anrechnung gebracht werden können.

(4) Über die Laufbahn des einfachen und gehobenen mittleren Dienstes vgl. Anm. zu § 3 Abs. 2—4.

Zu § 17.

(1) Soll die Entscheidung des Führers und Reichskanzlers nach § 17 Abs. 1 Satz 2 eingeholt werden, so ist der Antrag von dem zuständigen Reichsminister nach Anhörung des RMdJ. und des RFM. an den Staatssekretär und Chef der Reichskanzlei zu richten.

(2) Die Beteiligung des Staatssekretärs und Chefs der Reichskanzlei nach § 17 Abs. 2 erfolgt nur dann, wenn sich der Führer und Reichskanzler die Ernennung vorbehalten hat.

12. Anstellungsgrundsätze [1] [2] [3].

(Grundsätze für die Anstellung der Inhaber eines Versorgungsscheins.)
Verordnung des Reichsministers des Innern vom 6. Juli 1922 in der Fassung der Bekanntmachung vom 16. Juli 1930 (RGBl. I S. 234) und der Änderungsverordnungen vom 1. Dezember 1930 (RGBl. I S. 517, 524), vom 2. April 1931 (RGBl. I S. 135), vom 23. 12. 1931 (RGBl. I S. 779, 785), vom 5. März 1932 (RGBl. I S. 127) und vom 4. November 1932 (RGBl. I S. 521).

Auf Grund des § 11 des Wehrmachtversorgungsgesetzes vom 4. August 1921 in der Fassung vom 19. September 1925 (Reichsgesetzbl. I S. 349), des § 2 des Reichsgesetzes über die Schutzpolizei der Länder vom 17. Juli 1922 (Reichsgesetzbl. I S. 597) und des § 33 des Reichsversorgungsgesetzes vom 12. Mai 1920 in der Fassung vom 22. Dezember 1927 (Reichsgesetzbl. I S. 515) werden mit Zustimmung des Reichsrats und eines aus 28 Mitgliedern bestehenden Ausschusses des Reichstags die nachstehenden Vorschriften erlassen:

I. Teil.

Beamtenstellen.

Versorgungsanwärter.

§ 1.

Versorgungsanwärter im Sinne dieser Grundsätze sind die Inhaber

a) des Zivilversorgungsscheins gemäß § 75 des Militärpensionsgesetzes vom 27. Juni 1871 (Reichsgesetzbl. S. 275), § 10 des Ergänzungs-

---

[1]) Zur Ausführung der Anstellungsgrundsätze ist ergangen die allgemeine Ausf.Anw. in der Fassung der Bekanntmachung v. 16. 7. 1930 (RGBl. I S. 245) und der Änderungen v. 20. 12. 1930 (RMBl. S. 692), v. 14. 1. 1931 (RMBl. S. 16), v. 2. 4. 1931 (RGBl. I S. 135), v. 28. 5. 1931 (RMBl. S. 362), v. 23. 12. 1931 (RGBl. I S. 779, 785), v. 4. 11. 1932 (RGBl. I S. 521), v. 3. 4. 1933 (RGBl. I S. 183), v. 21. 6. 1935 (RGBl. I S. 753) und v. 27. 5. 1937 (RMBl. S. 310). Von Bedeutung für die Anstellung der Versorgungsanwärter sind ferner die AnpassungsVO. des Reichspräsidenten, Vierter Teil (Zivilversorgung), v. 23. 12. 1931 (RGBl. I S. 779, 784) in der Fassung der VO. v. 5. 3. 1932 (RGBl. I S. 127) nebst Durchführungsbestimmungen v. 10. 3. 1932 in der Fassung v. 6. 8. 1932 (RBB. S. 36 u. 102). Für Preußen s. Ausf.Anw. v. 15. 5. 1931 (MBliB. S. 533) in der Fassung der Erl. v. 26. 5. 31 (MBliB. S. 567), 22. 1. 32 (MBliB. S. 57), 30. 3. 32 (MBliB. S. 825), 10. 4. 33 (MBliB. S. 453). Einrichtung zentraler Vormerkungsstellen für Versorgungsanwärter für Stellen im Gemeindedienst in Preußen durch VO. v. 10. 3. 1933 (GS. S. 49) nebst Ausf.Anw. v. 25. 9. 1936 (RMBliB. S. 1251) in der Fassung des Erlasses v. 1. 10. 1936 (RMBliB. S. 1294). Über die Anwendung der Anstellungsgrundsätze bei den Reichsjustizbehörden und das Stellenverzeichnis für Versorgungsanwärter s. AB. des RJM. v. 11. 6. 1935 (DJ. S. 874, 926) in der Fassung v. 20. 3. u. 23. 11. 1936 (DJ. S. 493, 1788).

[2]) Vgl. hinsichtlich der Versorgungsanwärter der Wehrmacht mit mindestens 12jähriger Dienstzeit VO. zum Wehrmachtversorgungsgesetz v. 14. 10. 1936 (RGBl. I S. 888) nebst Durchf.Best. v. 25. 3. 1937 in d. Fassung der Berichtigung v. 25. 5. 1937 (RHuBB. S. 167 und 209) und RdErl. des PrFM. v. 23. 3. 1937 und 19. 5. 1937 (RMBliB. S. 486 und 785). Vgl. hins. der für die auf Widerruf angestellten Wachtmeister der Schutzpolizei des Reichs vorbehaltenen Stellen § 4 des Pol.B.Ges. v. 24. 6. 1937 und VorlDBC. zu § 4 v. 26. 7. 1937 (abgedr. S. 551 und S. 563).

[3]) Hins. der Stellenvorbehalte für alte Nationalsozialisten vgl. RdErl. des RuPrMdJ. v. 2. 4. 1937 (RMBliB. S. 515).

gesetzes vom 4. April 1874 (Reichsgesetzbl. S. 25), §§ 15, 16 des Mannschaftsversorgungsgesetzes vom 31. Mai 1906 (Reichsgesetzbl. S. 593) und § 30 des Wehrmachtversorgungsgesetzes vom 4. August 1921 in der Fassung des Gesetzes vom 19. September 1925 (Militäranwärter),

b) des Zivilversorgungsscheins gemäß § 1 Abs. 4, 5, 7 und 8 der bisherigen Anstellungsgrundsätze für den Reichs- und Staatsdienst vom 20. Juni 1907 (Zentralbl. für das Deutsche Reich S. 309) (Militäranwärter),

c) des Zivildienstscheins gemäß §§ 10, 61 des Wehrmachtversorgungsgesetzes vom 4. August 1921 in der Fassung des Gesetzes vom 19. September 1925,

d) des Polizeiversorgungsscheins gemäß § 2 des Reichsgesetzes über die Schutzpolizei der Länder vom 17. Juli 1922 (Reichsgesetzbl. I S. 597) und § 2 des Gesetzes über die Versorgung der Polizeibeamten beim Reichswasserschutze vom 26. Februar 1926 (Reichsgesetzbl. I S. 149) sowie

e) des Beamtenscheins gemäß § 33 des Reichsversorgungsgesetzes vom 12. Mai 1920 in der Fassung vom 22. Dezember 1927.

§ 2.

Der I. Teil der Anstellungsgrundsätze findet auch Anwendung:

a) auf die Inhaber des Anstellungsscheins gemäß § 17 des Mannschaftsversorgungsgesetzes vom 31. Mai 1906 (Anstellungsanwärter), mit den sich aus § 5 Abs. 1, §§ 42 und 54 ergebenden Beschränkungen,

b) auf solche ehemalige Militärpersonen, denen die Aussicht auf Anstellung im Zivildienst verliehen worden ist (§ 10 Ziffer 2 der bisherigen Anstellungsgrundsätze für den Reichs- und Staatsdienst vom 20. Juni 1907), mit der sich aus § 5 Abs. 2 ergebenden Beschränkung.

Versorgungsscheine.

§ 3.

(1) Die Versorgungsscheine (§ 1) werden von der Behörde ausgestellt, die über die Versorgungsansprüche der Anwärter zu entscheiden hat.

(2) Wird ein Versorgungsschein ohne Verschulden des Versorgungsanwärters verspätet ausgehändigt, so hat die Behörde, die den Schein ausgestellt hat, diese Tatsache auf dem Schein zu vermerken und dabei anzugeben, an welchem Tage der Schein hätte ausgehändigt werden müssen.

Vorbehaltene Stellen.

§ 4.

(1)[4]) Nach Maßgabe der nachstehenden Grundsätze sind mit Versorgungsanwärtern zu besetzen die Beamtenstellen (§ 11)

a) bei den Reichs-, Landes- und Kommunal- (Gemeinde- und Gemeindeverbands-) Behörden,

b) bei sonstigen öffentlichen Körperschaften.

(2)[5]) Abs. 1 gilt nicht für solche Stellen, die ihrer Art nach mit weiblichen Personen besetzt werden müssen und von weiblichen Inhabern des Beamtenscheins nicht begehrt werden.

(3) Im I. Teile der Anstellungsgrundsätze sind unter dem zusammenfassenden Ausdruck „Behörden" die vorstehend unter § 4 Abs. 1 aufgeführten Behörden, Anstalten, Institute usw. zu verstehen.

§ 5.

(1) Die Anwartschaft der Anstellungsanwärter (§ 2a) beschränkt sich auf solche Stellen, die für den Reichsdienst von den zuständigen obersten Reichsbehörden im Einvernehmen mit dem Reichsminister des Innern, für den Landesdienst durch die Landesregierungen, im übrigen, soweit es sich die Landesregierungen nicht selbst vorbehalten, im Einvernehmen mit den Aufsichtsbehörden für die Anstellungsanwärter bestimmt und als solche in den Stellenverzeichnissen (§ 13) ersichtlich gemacht werden.

(2) Die Anwartschaft der mit Aussicht auf Anstellung im Zivildienst verabschiedeten ehemaligen Militärpersonen (§ 2b) beschränkt sich auf die ihnen im Reichs- und Landesdienst bisher vorbehaltenen Stellen.

§ 6[6]).

Bei allen Behörden, außer bei den Gesandtschaften und den Konsulaten, sind die Beamtenstellen des unteren Dienstes ausschließlich mit Versorgungsanwärtern zu besetzen[7]).

§ 7[8]).

Bei allen Behörden, außer bei den Gesandtschaften und den Konsulaten, sind die Stellen, deren Inhabern die Besorgung des Schreibwerkes und der damit zusammenhängenden Dienstverrichtungen obliegt, mindestens zu 90 vom Hundert mit Versorgungsanwärtern zu besetzen.

§ 8[9]).

(1) Bei allen Behörden, außer bei den Ministerien, den Gesandtschaften und den Konsulaten, sind die Beamtenstellen des einfachen mittleren Dienstes

---

[4]) Fassung laut VO. v. 2. 4. 1931 (RGBl. I S. 135).
[5]) Fassung laut VO. v. 1. 12. 1930 (RGBl. I S. 517, 524).
[6]) [8]) [9]) Geändert durch VO. v. 4. 11. 1932 (RGBl. I S. 521).
[7]) Hinsichtlich der Stellenvorbehalte für alte Nationalsozialisten s. RdErl. d. RuPrMdI. v. 2. 4. 1937 (RMBliV. S. 515).

mindestens zu 90 vom Hundert und die Stellen des gehobenen mittleren Dienstes mindestens zu 50 vom Hundert mit Versorgungsanwärtern zu besetzen[7]).

(2) Die Vorschrift des Abs. 1 gilt nicht für Beamtenstellen des gehobenen mittleren Dienstes in Gemeindeverwaltungen, in denen nur eine Stelle dieser Art vorhanden ist.

§ 9.

(Weggefallen.)

§ 10[10]).

Abweichungen von den Vorschriften der §§ 6 und 8 sind im Einvernehmen mit dem Reichsminister des Innern festzustellen[7]). In diesen Fällen ist ein angemessener Ausgleich zu bewirken, es sei denn, daß es sich um Stellen handelt, für die besondere wissenschaftliche oder technische oder kaufmännische Kenntnisse gefordert werden.

§ 11.

(1) Als Beamtenstellen im Sinne der §§ 4 bis 10 gelten solche Stellen, in denen der Dienstanfänger die im Aufbau der Besoldungsgruppen für die betreffende Laufbahn vorgesehene erste planmäßige Anstellung findet (Eingangsstelle).

(2)[10]) Sowohl bei der Einstellung von Anwärtern als auch bei der Besetzung von außerplanmäßigen Stellen haben die Verwaltungen zu berücksichtigen, daß bei der späteren planmäßigen Anstellung das vorgeschriebene Anteilverhältnis gewahrt wird. Im übrigen finden die Anstellungsgrundsätze auch bei der Besetzung solcher Stellen Anwendung.

§ 12.

Stellen oder Verrichtungen, die als Nebenamt versehen werden, fallen nicht unter die Anstellungsgrundsätze.

Stellenverzeichnisse.

§ 13.

Die nach den §§ 6 bis 12 den Versorgungsanwärtern vorbehaltenen Stellen sind in Verzeichnissen unter Angabe des Stellenanteils nachzuweisen. Über die Einrichtung des Stellenverzeichnisses trifft der Reichsminister des Innern die erforderlichen Anordnungen.

§ 14.

(1) Die Stellenverzeichnisse werden für den Reichsdienst durch die

---

[7]) Siehe Seite 185.
[10]) Fassung laut VO. v. 23. 12. 1931 (RGBl. I S. 779, 785).

obersten Reichsbehörden, für den Landesdienst durch die obersten Landesbehörden aufgestellt. Sie sind dem Reichsminister des Innern mitzuteilen.

(2) Die Verzeichnisse sind auf dem laufenden zu halten und etwaige Nachträge oder Abänderungen dem Reichsminister des Innern jährlich bis zum 1. Juli bekanntzugeben.

§ 15.

Die Stellenverzeichnisse der im § 14 nicht genannten Behörden sind, soweit sie nicht in einzelnen Ländern schon bisher von der Landesregierung aufgestellt worden sind, von den Anstellungsbehörden aufzustellen und den zuständigen Aufsichtsbehörden zur Prüfung und Feststellung vorzulegen. Änderungen sind der Aufsichtsbehörde möglichst sogleich, spätestens aber bis zum nächsten 1. Juli, zur Genehmigung anzuzeigen.

§ 16.

(1) Über die Veröffentlichung der Verzeichnisse treffen

a) für das Reich der Reichsminister des Innern,

b) für die Länder die Landesregierungen,

c) für die übrigen Anstellungsbehörden die Aufsichtsbehörden oder die Landesregierung

die entsprechenden Anordnungen.

(2) Die unter c genannten Behörden überweisen Abschriften der Verzeichnisse den von dem Reichsminister des Innern zu bestimmenden Behörden und teilen diesen auch die Änderungen in bestimmten Zeitabschnitten von längstens einjähriger Dauer mit[11]).

Bewerbung.

§ 17.

Die Versorgungsanwärter haben sich um die Stellen (§ 11) selbst zu bewerben. Die Bewerbungsgesuche sind unmittelbar an die aus dem Stellenverzeichnisse (§ 13) oder aus der Stellenausschreibung (§ 33) ersichtlichen Behörden zu richten.

§ 18.

(1) Die obersten Reichsbehörden und die Landesregierungen können Behörden benennen, an die bestimmte oder sämtliche Bewerbungsgesuche ausschließlich zu richten sind[12]).

---

[11]) Vgl. hinsichtlich der Verzeichnisse der den Versorgungsanwärtern im Gemeindedienst vorbehaltenen Beamtenstellen RdErl. d. RuPrMdI. v. 17. 6. 1936 (RMBliV. S. 809).

[12]) Einrichtung einer zentralen Vormerkungsstelle für den Polizei-Dienst beim Pol.Präs. in Potsdam durch RdErl. des RFSSuChdDtPol. v. 9. 8. 1937 (RMBliV. S. 1389).

(2) In solchen Fällen teilen die Anstellungsbehörden dieser Behörde die zu besetzenden Stellen mit, die ihnen darauf die Anwärter in der für die Einberufung maßgebenden Reihenfolge bekannt gibt.

§ 19.

(1) Die Versorgungsanwärter sind zu Bewerbungen so lange berechtigt, bis sie in einer planmäßigen Stelle angestellt sind, mit der Anwartschaft auf Ruhegehalt verbunden ist. Mit einer solchen Anstellung erlöschen, unbeschadet der Vorschriften des § 65, alle übrigen Bewerbungen. Im Falle einer Kündigung durch die Anstellungsbehörde leben die Vormerkungen bei anderen Behörden, wie sie am Tage der planmäßigen Anstellung bestanden haben, wieder auf und sind auf Antrag des Versorgungsanwärters in den Listen wiederherzustellen.

(2) Bestehen bei einer Verwaltung mehrere Anstellungsbehörden für dieselbe Laufbahn, so wird der Bewerber nach der Annahme der Einberufung bei einer dieser Anstellungsbehörden in den Bewerberlisten der übrigen Anstellungsbehörden derselben Verwaltung gestrichen. Der letzte Satz im Abs. 1 gilt entsprechend, es sei denn, daß die Kündigung auf mangelnder Eignung beruht.

Vormerkung.

§ 20.

(1) Jeder Bewerber, dessen Unbrauchbarkeit sich nicht ohne weiteres aus der Bewerbung ergibt, ist von der zuständigen Behörde (§§ 17, 18) in eine Bewerberliste einzutragen und hiervon zu benachrichtigen. Im Falle der Ablehnung sind ihm die Gründe schriftlich mitzuteilen.

(2) Für die Reihenfolge der Eintragungen ist, abgesehen von der Bestimmung im Abs. 3, der Tag des Einganges der ersten Meldung bei der zuständigen Behörde (§§ 17, 18) maßgebend. Als Tag der ersten Meldung gilt der Tag, an dem das Bewerbungsgesuch mit allen vorgeschriebenen Unterlagen eingegangen ist, bei nicht vollständigen Gesuchen der Tag, an dem sämtliche nachgeforderten Unterlagen eingegangen sind. Gehen mehrere Meldungen an demselben Tage ein, so entscheidet über die Reihenfolge der Eintragungen der Tag der Ausstellung des Versorgungsscheins, bei gleichem Ausstellungstage das Lebensalter des Bewerbers; Bewerbungsgesuche, die innerhalb zweier Wochen nach Ausstellung des Versorgungsscheins eingehen, gelten als am Tage der Ausstellung des Versorgungsscheins eingegangen. Bei verspäteter Aushändigung des Versorgungsscheins (§ 3 Abs. 2) gilt als Tag der ersten Meldung der Tag, an dem der Schein hätte ausgehändigt werden müssen; dies geschieht jedoch nur dann, wenn der Versorgungsanwärter innerhalb zweier Wochen nach Erteilung des Scheines seine Vormerkung beantragt.

(3) Schwerbeschädigte (§ 20 Abs. 5), die sich innerhalb dreier Monate nach Erteilung des Versorgungsscheins für eine Stelle melden, sind in der Bewerberliste unter dem Tage einzutragen, an dem sie wegen des ihre Dienstbeschädigung begründenden Leidens erstmalig in ein Lazarett oder in eine Heilanstalt aufgenommen worden sind. Eine Bescheinigung hierüber, die das zuständige Versorgungsamt erteilt, ist der Bewerbung beizulegen. Bei gleichem Aufnahmetag ist das Lebensalter für die Reihenfolge maßgebend. Bei schwerbeschädigten Versorgungsanwärtern (§ 1a bis d) und den im § 2 genannten Personen, die nicht den Beamtenschein besitzen, findet diese Art der Vormerkung nur Anwendung, wenn sie günstiger ist. Die Frist von drei Monaten beginnt in solchen Fällen mit dem Tage, an dem der Versorgungsanwärter als schwerbeschädigt (Abs. 5b) anerkannt worden ist, frühestens jedoch mit der Erteilung des Versorgungsscheins. Soweit es sich um Stellen handelt, die erst in den auf Grund des § 13 aufzustellenden neuen Stellenverzeichnissen den Versorgungsanwärtern neu vorbehalten worden sind, beginnt die Frist mit dem Tage der Veröffentlichung dieser Stellenverzeichnisse (§ 16).

(4) Schwerbeschädigte Bewerber sind in der Bewerberliste besonders kenntlich zu machen.

(5) Als schwerbeschädigt im Sinne dieser Anstellungsgrundsätze gelten

a) die Inhaber des Beamtenscheins (§ 1e),

b) die übrigen Versorgungsanwärter (§ 1a bis d) und die im § 2 genannten Personen, die infolge einer Dienstbeschädigung um wenigstens 50 vom Hundert in ihrer Erwerbsfähigkeit beschränkt sind und auf Grund des Reichsversorgungsgesetzes, der vorangehenden Militärversorgungsgesetze oder von Gesetzen, die das Reichsversorgungsgesetz für anwendbar erklären, Anspruch auf Pension (Ruhegehalt) oder auf eine der Minderung ihrer Erwerbsfähigkeit entsprechende Rente haben.

§ 21.

(1) Die an die Bewerber zu stellenden Anforderungen sind von den Anstellungsbehörden festzulegen. Dabei dürfen an Versorgungsanwärter nicht höhere Anforderungen gestellt werden als an andere Bewerber. Von Schwerbeschädigten darf nur das für die betreffende Stelle erforderliche Mindestmaß körperlicher Rüstigkeit verlangt werden.

(2) Die Festlegung der zu stellenden Anforderungen bedarf der Genehmigung durch die Aufsichtsbehörde.

§ 22.

Die zuständigen Behörden (§§ 17, 18) dürfen Bewerbungsgesuche der Versorgungsanwärter nur ablehnen, wenn letztere den an sie zu stellenden Anforderungen nicht genügen. Die Bewerbung darf im besonderen nicht ohne weiteres deshalb zurückgewiesen werden, weil bereits Bewerber in ausreichender Zahl vorgemerkt sind oder der Bewerber ein bestimmtes Lebensalter überschritten hat. Altersgrenzen können für gewisse Dienstzweige mit Zustimmung des Reichsministers des Innern durch die obersten Reichs- oder Landesbehörden zugelassen werden.

§ 23.

Anträge von Versorgungsanwärtern auf Vormerkung, die nach Ablauf von 10 Jahren seit Ausstellung des Versorgungsscheins gestellt werden, brauchen nicht mehr berücksichtigt zu werden.

§ 24.

Von jedem Bewerber kann die Beibringung von Führungszeugnissen, und zwar auch für die Dienstzeit in der Wehrmacht, in der Schutzpolizei oder im Reichswasserschutze verlangt werden. Führungszeugnisse aus der Zeit vor dem Eintritt in die Wehrmacht, in die Schutzpolizei oder in den Reichswasserschutz sind in der Regel nicht einzufordern.

§ 25.

(1) Die Anstellungsbehörden können die Vorlage des Zeugnisses eines beamteten Arztes über den gesundheitlichen Zustand des Bewerbers verlangen[13]). Eine anderweite ärztliche Untersuchung, durch die dem Anwärter besondere Kosten erwachsen, darf nur gefordert werden, soweit für gewisse Verwaltungen oder Dienstzweige einzelner Verwaltungen besondere Anforderungen an den Gesundheitszustand zu stellen oder seit der Ausstellung des letzten Zeugnisses mehr als zwei Jahre verflossen sind.

(2) Amtsärztliche Zeugnisse aus den Versorgungsakten, auf Grund deren der Versorgungsanspruch anerkannt worden ist, dürfen den Anstellungsbehörden nur insoweit mitgeteilt werden, als seit ihrer Ausstellung noch nicht drei Jahre verflossen sind.

§ 26.

Der Anstellungsbehörde bleibt es unbenommen, von den Bewerbern Schulzeugnisse einzufordern. Die Annahme der Bewerbung darf jedoch von der Beibringung bestimmter Schul- und sonstiger Zeugnisse nur abhängig gemacht werden, wenn es sich um Stellen handelt, für die besondere wissenschaftliche oder technische oder kaufmännische Kenntnisse gefordert werden.

§ 27.

(1) Versorgungsanwärter können nach der Aufnahme in die Bewerber-

---

[13]) Vgl. RdErl. des MdI. v. 15. 1. 1930 (MBliV. S. 62) betr. unentgeltliche Ausstellung der Zeugnisse.

listen zur Feststellung ihrer allgemeinen Bildung einer Vorprüfung[14]) unterworfen werden. Fachkenntnisse dürfen in dieser Vorprüfung nur verlangt werden, wenn es sich um Stellen handelt, für die besondere wissenschaftliche oder technische oder kaufmännische Kenntnisse gefordert werden.

(2) Die Zeugnisse über Abschlußprüfungen der Fachschulen der Wehrmacht, der Schutzpolizei und des Reichswasserschutzes sind als Nachweis der erforderlichen allgemeinen Bildung insoweit anzusehen, als diese Prüfungen von den obersten Reichs- und Landesbehörden als Ersatz der Vorprüfung anerkannt sind[15]).

(3) Versorgungsanwärter, deren allgemeine Bildung erst nach Aufnahme in die Bewerberlisten festgestellt werden kann, sind hierzu nach der Reihenfolge des Einganges der Bewerbungen heranzuziehen.

§ 28.

Bewerber, deren Ungeeignetheit nach der Vormerkung festgestellt worden ist, werden in der Bewerberliste gestrichen. Sie sind hiervon zu benachrichtigen. Bewerben sie sich später von neuem, so gilt diese Bewerbung als erste Meldung im Sinne des § 20 Abs. 2.

§ 29.

(1) Versorgungsanwärter, die ihre Bewerbung aufrechterhalten wollen, müssen dies jährlich zum 1. Dezember der die Bewerberliste führenden Behörde mitteilen. Bewerber, die dies unterlassen, werden in den Listen gestrichen[16]). Die Bewerber sind hierauf bei der Vormerkung ausdrücklich hinzuweisen.

(2) Weisen Versorgungsanwärter im Falle der Streichung nach, daß der Erneuerung ihrer Bewerbung Hindernisse entgegenstanden, deren Behebung bis zur Absendung der neuen Meldung nicht in ihrer Macht lag, so ist ihre Streichung rückgängig zu machen, wenn sie dann noch den Anforderungen für die Stelle genügen. Bei etwa inzwischen erfolgten Einberufungen anderer Anwärter hat es sein Bewenden.

(3) Endgültig gestrichene Versorgungsanwärter sind auf Antrag mit dem Tage des Einganges der neuen Meldung wieder einzutragen.

---

[14]) Vgl. Bekanntmachung des RMdI. v. 7. 1. 1931 (RMBl. S. 6) über Anerkennung der Vorprüfungen; RdErl. des PrFM. v. 14. 12. 1933 (MBliV. S. 1485 und v. 22. 12. 1936 (RMBliV. 1937 S. 7); Vorprüfungsordnung der Reichsjustizverwaltung v. 28. 8. 1935 (DJ. S. 1256) in der Fassung v. 24. 11. 1936 (DJ. S. 1788).

[15]) Vgl. RdErl. des FM. v. 15. 5. 1933 (MBliV. S. 581) betr. gegenseitige Anerkennung der Abschlußprüfungen an den Polizeiberufsschulen der Länder. RdErl. des RuPrMdI. v. 21. 12. 1934 (MBliV. 1935 S. 7); RdErl. des MdI. v. 18. 9. 1931 (MBliV. S. 921) betr. Ablegung der Abschlußprüfung an einer Fachschule der Wehrmacht.

[16]) Vgl. RdErl. des RuPrMdI. u. des PrFM. v. 7. 6. 1935 (MBliV. S. 739).

§ 30.

(1) Bewerber, die an Stelle des Zivilversorgungsscheins nachträglich die Zivilversorgungsentschädigung oder die einmalige Geldabfindung (§§ 20, 21 des Mannschaftsversorgungsgesetzes vom 31. Mai 1906 in der Fassung des Gesetzes vom 3. Juli 1913, Reichsgesetzbl. S. 496) oder an Stelle des Zivildienstscheins die Zulage zu den laufenden Übergangsgebührnissen (§ 8 des Wehrmachtversorgungsgesetzes vom 4. August 1921 und § 4 des Reichsgesetzes über die Schutzpolizei der Länder vom 17. Juli 1922) wählen, haben hiervon den Behörden, bei denen sie vorgemerkt sind, Anzeige zu erstatten und sind in den Listen zu streichen.

(2) Im Falle der Wiederwahl des Zivilversorgungsscheins (§ 20 des Mannschaftsversorgungsgesetzes vom 31. Mai 1906) und der Rückzahlung der einmaligen Geldabfindung (§ 22 desselben Gesetzes) sind sie auf Antrag mit dem Tage des Einganges der neuen Meldung wieder in die Listen einzutragen, vorausgesetzt, daß sie dann noch den Anforderungen genügen.

§ 31[17]).

Die Versorgungsanwärter sind verpflichtet, die Behörden, bei denen sie vorgemerkt sind, dauernd über ihre persönlichen Verhältnisse zu unterrichten, soweit diese Einfluß auf die Einberufung haben. Im besonderen ist jeder Wohnungswechsel, die Einberufung zur Probedienstleistung, die Anstellung auf Probe oder die planmäßige Anstellung unverzüglich anzuzeigen. Kommen die Versorgungsanwärter dieser Verpflichtung nicht nach, so können sie in den Listen gestrichen werden[18]). Die Streichung ist rückgängig zu machen, wenn triftige Gründe für die Unterlassung binnen 6 Monaten nach deren Behebung vorgebracht werden. Bei etwa inzwischen erfolgten Einberufungen anderer Anwärter hat es sein Bewenden.

§ 32.

Die Bewerberlisten sind im Reichs- und Landesdienste nach Anweisung der obersten Reichs- und Landesbehörden, im übrigen von den Aufsichtsbehörden jährlich einer Prüfung zu unterziehen.

Ausschreibung offener Stellen.

§ 33.

(1) Offene, den Versorgungsanwärtern vorbehaltene Stellen, für die keine Bewerber vorgemerkt sind, werden, soweit es sich nicht um Stellen

---

[17]) Vgl. RdErl. des RuPrMdJ. u. des PrFM. v. 8. 6. 1936 (RMBliV. S. 771) betr. Einberufung der Versorgungsanwärter. Dieser RdErl. führt eine strengere Handhabung der Vorschriften ein.

[18]) Über unzulässige Streichung der zur Probedienstleistung einberufenen Versorgungsanwärter vgl. RdErl. des RuPrMdJ. u. des PrFM. v. 9. 1. 1937 (RMBliV. S. 79).

handelt, für die besondere wissenschaftliche oder kaufmännische Kenntnisse gefordert werden, von der zuständigen Behörde (§§ 17, 18) einer von dem Reichsminister des Innern zu bestimmenden Stelle angemeldet und von dieser durch ein in der Regel wöchentlich erscheinendes amtliches Blatt (Anstellungsnachrichten) bekanntgemacht[19]). Die obersten Reichs- und Landesbehörden können technische Laufbahnen bestimmen, deren Eingangsstellen in den Anstellungsnachrichten nicht ausgeschrieben zu werden brauchen.

(2) Stellenausschreibungen, die den hierüber gegebenen Vorschriften nicht entsprechen, sind auf Verlangen der zuständigen Behörde zu wiederholen.

§ 34.

Hat sich innerhalb einer Frist von vier Wochen nach dem Tage der Ausschreibung einer offenen Stelle in den Anstellungsnachrichten (§ 33) ein geeigneter Bewerber bei der zuständigen Behörde (§§ 17, 18) nicht gemeldet, so hat diese in der Stellenbesetzung freie Hand.

§ 35.

(1) Melden sich auf Grund einer Stellenausschreibung mehrere Bewerber, so sind sie, falls ihre Berücksichtigung bei Besetzung der Stelle nicht erfolgen kann, in die Bewerberlisten aufzunehmen, wenn sie dies ausdrücklich beantragt haben (§§ 20ff.).

(2) Versorgungsanwärtern, deren Bewerbung nicht berücksichtigt werden kann, sind die mit dem Gesuch eingereichten Unterlagen (Ausf.Anw. zu § 17) tunlichst bald, spätestens jedoch, wenn über die Stellenbesetzung entschieden ist, mit einer entsprechenden Mitteilung zurückzusenden.

Einberufung[20]).

§ 36.

(1) Versorgungsanwärter, die eine Einberufung ablehnen oder sich innerhalb einer ihnen zu stellenden Frist von mindestens 8 Tagen nicht erklären, werden in der Bewerberliste der zuständigen Anstellungsbehörde gestrichen. Die einberufende Behörde hat das für die Gewährung der Übergangsgebührnisse zuständige Versorgungsamt entsprechend zu benachrichtigen[21]). Machen sie binnen 6 Monaten Gründe für die Ablehnung der Einberufung oder die Unterlassung der Erklärung geltend, die von der zuständigen Behörde (§§ 17, 18) als ausreichend anerkannt werden, so sind sie in die Bewerberliste an alter Stelle wieder einzutragen. Sie treten

[19]) Vgl. RdErl. d. RuPrMdJ. v. 22. 11. 1935 (MBliV. S. 1417).
[20]) Vgl. RdErl. d. RuPrMdJ. u. d. PrFM. v. 8. 6. 1936 (RMBliV. S. 771).
[21]) Satz 2 eingefügt durch VO. v. 23. 12. 1931 (RGBl. I S. 779, 785).

jedoch hinsichtlich ihrer Anwartschaft auf planmäßige Anstellung hinter die infolge ihrer Ablehnung oder Nichterklärung einberufenen Anwärter zurück.

(2) Kann ein Versorgungsanwärter wegen vertraglicher Bindung als Angestellter einer Behörde bei Einhaltung der Kündigungsvorschriften der Einberufung nicht rechtzeitig Folge leisten, so hat sich, wenn die Abwendung einer Schädigung des Versorgungsanwärters unter Berücksichtigung der Erfordernisse des Dienstes möglich ist, zu diesem Zwecke die Behörde, bei der der Versorgungsanwärter zur Zeit der Einberufung beschäftigt ist, mit der ihn einberufenden Behörde ins Einvernehmen zu setzen. In gleicher Weise hat die einberufende Behörde den vertraglichen Verpflichtungen Rechnung zu tragen, wenn der Einberufene im freien Erwerbsleben beschäftigt ist.

§ 37.

(1) Für die Einberufung der Bewerber ist grundsätzlich die Reihenfolge in den Bewerberlisten maßgebend[22]).

(2) Abweichungen sind, abgesehen von den in den §§ 38 bis 42 und 45 Abs. 1 erwähnten Fällen, nur zulässig, wenn sie durch dienstliche Interessen der Anstellungsbehörden bedingt sind. Vor jeder Abweichung ist die Zustimmung der im § 32 genannten Behörde einzuholen. Handelt es sich hierbei nicht um Einzelfälle, so ist die Abweichung nur im Einvernehmen mit dem Reichsminister des Innern zulässig.

§ 38.

(1) In die erste beim Inkrafttreten dieser Grundsätze freie oder frei werdende vorbehaltene Stelle, alsdann mindestens in jede fünfte Stelle dieser Art, ist ein bereits vorgemerkter schwerbeschädigter Bewerber einzuberufen.

(2) Abweichungen von der Vorschrift des Abs. 1 sind im Einzelfalle zulässig, wenn durch die Einberufung eines schwerbeschädigten Bewerbers dringende dienstliche Interessen der Anstellungsbehörde leiden würden. Sie bedürfen für den Reichsdienst der Zustimmung des Reichsministers des Innern und des Reichsarbeitsministeriums, im übrigen der Zustimmung der obersten Landesbehörde oder der von ihr bestimmten Behörde. Der zuständigen Hauptfürsorgestelle ist zuvor Gelegenheit zur Stellungnahme zu geben.

(3) Allgemein kann von der Vorschrift des Abs. 1 abgewichen werden, wenn von der Gesamtzahl der Beamtenstellen einer Verwaltung des Reichs, eines Landes, einer Gemeinde oder eines Gemeindeverbandes bereits ein mit Zustimmung des Reichsarbeitsministeriums festzusetzender Bruchteil

---

[22]) Vgl. RdErl. d. RuPrMMdJ. v. 11. u. 31. 3. 1937 u. 2. 4. 1937 (RMBliV. S. 381, 513 u. 515).

der Stellen mit Schwerbeschädigten besetzt ist. Diese Bestimmung kann auch auf einen Reichs- oder Landesteil beschränkt werden.

(4) Mit Zustimmung des Reichsministeriums des Innern und des Reichsarbeitsministeriums können außerdem ganze Beamtengruppen von der Besetzung mit Schwerbeschädigten ausgenommen werden.

§ 39[23]).

Bei Einberufungen soll in der Regel, unbeschadet der Vorschrift des § 38, den Landesangehörigen der Vorzug gegeben werden, soweit dies möglich ist und nicht Rücksichten auf ihre Ausbildung oder Erfordernisse des Dienstes entgegenstehen.

§ 40.

Bei Einberufungen für den See-, Küsten- und Seehafendienst, für den Wasserzolldienst, den Schiffs- und Baggerdienst, Kanal- und Stromdienst sowie für den Dienst in Binnenhäfen sind, soweit für die Stellen seemännische Ausbildung notwendig oder im dienstlichen Interesse erwünscht ist, in erster Linie ehemalige Angehörige der Marine und des Reichswasserschutzes zu berücksichtigen. Das gleiche gilt für Stellen im Maschinendienst in den genannten Dienstzweigen bezüglich derjenigen ehemaligen Angehörigen der Marine und des Reichswasserschutzes, die maschinentechnisch ausgebildet sind.

§ 41.

(1) Die Stellen (§ 13) im staatlichen und kommunalen Polizeidienst, in der Landjägerei und im Reichswasserschutze werden den aus der Schutzpolizei und aus dem Reichswasserschutze hervorgegangenen Versorgungsanwärtern in der Weise vorbehalten, daß diese Stellen mit sonstigen Versorgungsanwärtern nicht besetzt werden dürfen, solange noch geeignete Anwärter aus der Schutzpolizei und aus dem Reichswasserschutze vorhanden sind. Gleiches gilt für die aus der Wehrmacht hervorgegangenen Versorgungsanwärter hinsichtlich der ihnen im Dienste der Wehrmacht vorbehaltenen Stellen.

(2) Über einen etwaigen Ausgleich zugunsten der Angehörigen der Wehrmacht trifft der Reichsminister des Innern mit Zustimmung des Reichsrats [23a]) die erforderlichen Bestimmungen.

§ 42.

Anstellungsanwärter (§ 2a) dürfen nur dann einberufen werden, wenn Versorgungsanwärter nicht vorgemerkt sind oder sich zur Annahme der zu besetzenden Stellen nicht bereit gefunden haben. Hiernach einberufene

[23]) § 39 ist nicht mehr anzuwenden (s. RdSchr. des RMdI. v. 5. 4. 1934 — MBliV. S. 747).

[23a]) Die Zustimmung des Reichsrats ist auf Grund des § 2 des Ges. v. 14. 2. 1934 (RGBl. I S. 89) in Fortfall gekommen.

Anstellungsanwärter stehen hinsichtlich der planmäßigen Anstellung den Versorgungsanwärtern gleich.

§ 43.

Vor der Einberufung eines Versorgungsanwärters haben sich die zuständigen Behörden (§§ 17, 18) die Urschrift des Versorgungsscheins vorlegen zu lassen.

Besetzung der Stellen.

§ 44.

(1) Sofern sich Versorgungsanwärter finden, die zur Übernahme der Stellen geeignet (§ 22) und bereit sind, dürfen diese mit anderen Personen nicht besetzt werden.

(2) Ausnahmsweise können vorbehaltene Stellen verliehen werden

a) solchen Beamten,
   1. die dauernd oder einstweilen in den Ruhestand versetzt sind und Ruhegehalt, Wartegeld oder gleich zu erachtende Einnahmen beziehen;
   2. die zu ihrem Dienste unbrauchbar oder entbehrlich geworden sind und dauernd oder einstweilen in den Ruhestand versetzt oder entlassen werden müßten, wenn ihnen nicht eine den Versorgungsanwärtern vorbehaltene Stelle verliehen würde;
   3. die mit Zustimmung der Aufsichtsbehörde versetzt werden. Dieser Zustimmung bedarf es nicht, wenn es sich um einen ehemaligen Versorgungsanwärter handelt, oder wenn durch die Versetzung eine den Versorgungsanwärtern vorbehaltene, möglichst gleichwertige Stelle frei wird;

b) ehemaligen Versorgungsanwärtern, die sich in einer auf Grund ihrer Versorgungsansprüche erworbenen planmäßigen Stelle befinden;

c)[24]) gestrichen.

d) Angehörigen der Schutzpolizei, die noch keine Anwartschaft auf Versorgung haben, soweit es sich um Stellen des Exekutivdienstes der sonstigen Polizei und der Landjägerei handelt und die Übernahme von einer Landesregierung aus dienstlichen oder organisatorischen Gründen angeordnet wird;

e) in den Betriebsverwaltungen tätigen Personen, die einen Unfall im Betrieb oder in der Verwaltung erlitten haben oder schwerkriegsbeschädigt sind, jedoch unter der Voraussetzung, daß die Anstellung nur im Bereiche desselben Betriebs oder derselben Ver-

---

[24]) Gestrichen durch VO. v. 23. 12. 1931 (RGBl. I S. 779, 785).

waltung erfolgen darf, in der sie zur Zeit des Unfalls oder bei Schwerkriegsbeschädigten vor der Einziehung zum Kriegsdienst beschäftigt waren, und nur insoweit, als sie nach der Eigenart des Betriebs vor dem schädigenden Ereignis Aussicht auf Anstellung im Beamtenverhältnisse hatten. Darüber, ob eine Aussicht auf Anstellung bestand, ist die Entscheidung der betreffenden Verwaltung maßgebend;

f) Arbeitern solcher Betriebsverwaltungen, die nach der Besonderheit ihrer Betriebe dauernd auf die Beschäftigung von Arbeitern angewiesen sind und den Nachwuchs für die Beamtenstellen des unteren Dienstes schon bisher zum Teil aus ihrem Arbeiterpersonal (Aushilfsbeamte) entnommen haben. Die nähere Festsetzung des auf die Arbeiter entfallenden Stellenanteils ist im Einvernehmen mit dem Reichsministerium des Innern durch das Stellenverzeichnis vorzunehmen.

§ 45.

(1) Offene Stellen, die den Versorgungsanwärtern nur teilweise vorbehalten sind (§§ 7, 8), werden in einer dem Anteilsverhältnis entsprechenden Reihenfolge mit Versorgungsanwärtern und anderen Anwärtern besetzt, und zwar in der Regel ohne Rücksicht auf die Zahl der zur Zeit der Besetzung tatsächlich mit der einen oder anderen Gruppe von Anwärtern besetzten Stellen. Ist jedoch dieses Anteilverhältnis der bereits besetzten Stellen durch besondere Verwaltungsmaßnahmen in größerem Umfang zuungunsten der Versorgungsanwärter verschoben worden, so ist so lange, bis die Zahl der mit Versorgungsanwärtern besetzten Stellen (§ 11 Abs. 1) um nicht mehr als 10 vom Hundert hinter den in den §§ 6 bis 8 und 10 vorgesehenen Stellenanteilen zurückbleibt, zunächst jede mit einem Versorgungsanwärter besetzt gewesene Stelle wieder mit einem Versorgungsanwärter zu besetzen, bevor mit der anteilmäßigen Stellenbesetzung begonnen wird. Bei den zum Ausgleich vorzunehmenden Stellenbesetzungen kann von der Reihenfolge in den Bewerberlisten (§ 37 Abs. 1) abgesehen werden.

(2) Werden planmäßig angestellte ehemalige Versorgungsanwärter in Stellen befördert, die zugleich Eingangsstellen für Versorgungsanwärter sind, so sind sie auf den Stellenanteil der Versorgungsanwärter anzurechnen.

(3) Schwerbeschädigte, die Inhaber des Beamtenscheins sind, scheiden bei Berechnung des Anteilsverhältnisses (Abs. 1) aus. Sonstige schwerbeschädigte Versorgungsanwärter kommen auf den Anteil der Versorgungsanwärter, schwerbeschädigte Anwärter ohne Versorgungsschein auf den Anteil der Anwärter ohne Versorgungsanwartschaft in Anrechnung.

(4)[25]) Gestrichen.

[25]) Gestrichen durch VO. v. 23. 12. 1931 (RGBl. I S. 779, 785).

§ 46.

(1)[26]) Ist die im § 45 Abs. 1 vorgeschriebene Reihenfolge in unrichtiger Anwendung der Anstellungsgrundsätze zuungunsten der Versorgungsanwärter unterbrochen worden, so ist, falls nicht Abs. 3 Anwendung findet, sofort Ausgleich zu bewirken.

(2)[26]) Ein solcher Ausgleich ist ferner neben der im § 45 Abs. 1 Satz 2 vorgesehenen Regelung sobald als möglich vorzunehmen, wenn die im § 45 Abs. 1 vorgeschriebene Reihenfolge auf Grund des § 44 Abs. 2a und e unterbrochen worden ist.

(3) Hat eine Kommunal- (Gemeinde- oder Gemeindeverbands-) Behörde oder eine der im § 4 Abs. 1b bezeichneten Körperschaften eine den Versorgungsanwärtern vorbehaltene Stelle bestimmungswidrig mit einem anderen Bewerber besetzt, so hat die Aufsichtsbehörde die ordnungsmäßige Besetzung der Stelle zu veranlassen.

§ 47.

Ein Versorgungsanwärter kann zunächst auf Probe angestellt oder vor der Anstellung zu einer Probedienstleistung einberufen werden. Einberufungen zur Probedienstleistung dürfen nur in solchem Umfang stattfinden, wie mit dem Freiwerden von Stellen (§ 11) zu rechnen ist. In die Zeit der Probedienstleistung kann auch eine Ausbildungs- oder Vorbereitungszeit ganz oder zum Teil gelegt werden.

§ 48.

(1) Die Probezeit (Anstellung auf Probe, Probedienstleistung) darf, soweit sie nicht aus in der Person der Versorgungsanwärter liegenden Gründen verlängert werden muß, höchstens ein Jahr betragen.

(2) Ist für Anwärter ohne Versorgungsschein eine längere Ausbildungs- oder Vorbereitungszeit vorgeschrieben, so darf die Probedienstleistung auch für Versorgungsanwärter entsprechend, jedoch höchstens bis zur Dauer von 3 Jahren, ausgedehnt werden. Dies ist in den Stellenverzeichnissen ausdrücklich festzulegen. Eine Verlängerung der Probedienstleistung über die Dauer von 3 Jahren hinaus kann die Aufsichtsbehörde zulassen, wenn sie infolge Verschulden des Versorgungsanwärters oder mit seinem Einverständnis aus Gründen beantragt wird, die lediglich in dessen Person liegen. Die über ein Jahr hinausgehende Ausbildungs- oder Vorbereitungszeit ist später auf das Diätariendienstalter und als außerplanmäßige Dienstzeit anzurechnen, es sei denn, daß die Verlängerung der Probedienstzeit durch die Schuld des Versorgungsanwärters bewirkt worden ist. Für den Reichsdienst gelten in dieser Hinsicht die Reichsbesoldungsvorschriften.

---

[26]) Fassung laut VO. v. 23. 12. 1931 (RGBl. I S. 779, 785).

§ 49.

Den Versorgungsanwärtern ist während der Anstellung auf Probe das volle Stelleneinkommen, während der Probedienstleistung eine fortlaufende Vergütung von nicht weniger als $^3/_4$ des Stelleneinkommens zu gewähren[27]).

§ 50.

Spätestens bei Ablauf der Probezeit (Anstellung auf Probe, Probedienstleistung) hat die Anstellungsbehörde darüber Beschluß zu fassen, ob der Bewerber in seiner Stelle zu bestätigen, in den Zivildienst zu übernehmen und zur Ablegung einer Fachprüfung zuzulassen oder wegen Ungeeignetheit zu entlassen ist. Der Versorgungsanwärter ist unter Angabe der Gründe mindestens 14 Tage vor Ablauf der Probezeit entsprechend zu verständigen, wenn er auf dauernde Übernahme nicht zu rechnen hat. Die vierzehntägige Frist gilt auch dann, wenn ein Versorgungsanwärter vor Ablauf der Probezeit entlassen werden soll, es sei denn, daß sich ein weiteres Verbleiben des ungeeigneten Anwärters bei der Behörde mit den Erfordernissen des Dienstes nicht vereinbaren läßt.

Nachweis der besetzten Stellen.

§ 51.

(1) Den im § 32 genannten Behörden ist halbjährlich, und zwar für das erste Kalenderhalbjahr zum folgenden 1. August und für das zweite Kalenderhalbjahr zum 1. Februar des folgenden Jahres, eine Nachweisung über die Zahl der im vorangegangenen Kalenderhalbjahre besetzten Stellen einzureichen[28]).

(2) Auf Grund der Nachweisungen (Abs. 1) ist zu prüfen, ob bei der Besetzung der den Versorgungsanwärtern vorbehaltenen Stellen nach den Vorschriften der Anstellungsgrundsätze verfahren worden ist.

(3) Die geprüften Nachweisungen werden von den im Abs. 1 genannten Behörden für ihren Geschäftsbereich zusammengestellt. Diese Zusammenstellungen sind für das erste Kalenderhalbjahr spätestens am 1. Oktober desselben Jahres und für das zweite Kalenderhalbjahr spätestens am 1. April des nächsten Jahres dem Reichsminister des Innern vorzulegen.

(4) Der Reichsminister des Innern kann die Aufstellung von Jahresnachweisungen an Stelle der Halbjahresnachweisungen zulassen. Die für das zweite Kalenderhalbjahr festgesetzten Fristen (Abs. 1 und 3) gelten dann für die Jahresnachweisungen.

---

[27]) Vgl. Erl. des RMdF. v. 21. 5. 1928 (RBB. S. 109) in der Fassung der Erl. v. 3. 9. 1928 (RBB. S. 169) und v. 15. 5. 1937 (RHuBB. S. 195).

[28]) Vgl. RdErl. d. RuPrMdJ. v. 23. 12. 1936 (RMBliB. S. 1691).

Beförderungsstellen.

§ 52.

Für die Beförderung über die erste planmäßige Anstellung hinaus sind lediglich die bei den einzelnen Verwaltungen bestehenden Bestimmungen maßgebend. Es dürfen jedoch keine Vorschriften zuungunsten der Versorgungsanwärter getroffen werden.

§ 53.

Bestehen behördliche Einrichtungen zur Aus- und Weiterbildung der Beamten, so ist den aus den Kreisen der Versorgungsanwärter hervorgegangenen Beamten in gleicher Weise und unter den gleichen Bedingungen wie den aus den Kreisen der Anwärter ohne Versorgungsschein hervorgegangenen Beamten Gelegenheit zu geben, diese Einrichtungen zu benutzen.

§ 54.

Anstellungsanwärter (§ 2a) sind bei der Beförderung oder Versetzung in die im § 6 genannten Stellen als Versorgungsanwärter, im übrigen als Anwärter ohne Versorgungsanwartschaft anzusehen.

Behandlung der Versorgungsscheine nach Einberufung der Bewerber oder bei gerichtlichen Verfahren gegen Versorgungsanwärter.

§ 55.

(1) Die den Versorgungsanwärter einberufende Behörde hat den Versorgungsschein (§ 43) bis zur planmäßigen Anstellung des Anwärters aufzubewahren. Zur Weiterbewerbung ist diesem eine beglaubigte Abschrift des Versorgungsscheins zu erteilen.

(2) Nach der planmäßigen Anstellung eines Versorgungsanwärters ist der Versorgungsschein von der Anstellungsbehörde endgültig zu den Akten zu nehmen, gleichviel, ob die Anstellung in einer den Versorgungsanwärtern vorbehaltenen Stelle erfolgt ist oder nicht.

§ 56.

(1) Wird gegen einen Versorgungsanwärter vor oder nach seiner Anstellung im Zivildienst ein gerichtliches Verfahren eröffnet, so ist der Versorgungsschein zu den Strafakten einzufordern.

(2) Führt das Verfahren zu einem rechtskräftigen Urteil, das die dauernde oder zeitweilige Unfähigkeit des Versorgungsanwärters zur Bekleidung öffentlicher Ämter zur Folge hat, so hat das Gericht den wesentlichen Inhalt der Urteilsformel auf dem Scheine zu vermerken und ihn der Behörde, die den Schein ausgestellt hat, zu übersenden. Diese gibt ihn nach Ablauf der Zeit, auf die sich die Wirkung des Urteils erstreckt, dem

Versorgungsanwärter zurück. Bei dauernder Unfähigkeit zur Bekleidung öffentlicher Ämter ist der Schein verwirkt.

(3) Ist rechtskräftig auf eine Gefängnisstrafe erkannt, die eine Unfähigkeit zur Bekleidung öffentlicher Ämter nicht zur Folge hat, so hat das Gericht den wesentlichen Inhalt der Urteilsformel auf dem Scheine zu vermerken und ihn der Anstellungsbehörde zu übersenden, Versorgungsanwärtern aber, die nicht im Zivildienst angestellt oder beschäftigt sind, unmittelbar zurückzugeben. Gleichzeitig ist der Behörde, die den Schein ausgestellt hat, eine beglaubigte Abschrift des Vermerkes zu übersenden.

(4) In allen anderen Fällen ist der Schein nach Abschluß des Verfahrens der Anstellungsbehörde zu übersenden, Versorgungsanwärtern aber, die nicht im Zivildienst angestellt oder beschäftigt sind, unmittelbar zurückzugeben.

§ 57.

(1) Wird ein Versorgungsanwärter im Disziplinarverfahren aus dem Dienste entlassen, so hat die Anstellungsbehörde auf dem Versorgungsscheine vor der Wiederaushändigung den Entlassungsgrund zu vermerken.

(2) Der Versorgungsschein wird solchen Beamten oder Versorgungsanwärtern, die aus anderen als den im § 56 Abs. 2 und im § 57 Abs. 1 angegebenen Gründen aus dem Zivildienst ohne Ruhegehalt ausscheiden, mit einem Vermerk über Art und Dauer des Dienstverhältnisses zurückgegeben.

§ 58.

Der Versorgungsschein erlischt, sobald der Versorgungsanwärter aus der Stelle, die er auf Grund des Versorgungsscheins erhalten hat, mit Ruhegehalt ausgeschieden ist. Der Versorgungsschein wird in diesem Falle nicht zurückgegeben.

§ 59.

(1) Die im § 56 Abs. 2 und 3 vorgesehenen Vermerke können von der Behörde, die den Versorgungsschein ausgestellt hat, getilgt werden, wenn die zugrunde liegende Strafe im Strafregister getilgt ist.

(2) Der im § 57 Abs. 1 vorgesehene Vermerk kann in besonderen Ausnahmefällen von der Behörde, die ihn auf den Schein gesetzt hat, getilgt werden, wenn der Versorgungsanwärter durch den Vermerk in seinem Fortkommen in unbilliger Weise behindert wird.

Beschwerdeweg.

§ 60.

Dem Versorgungsanwärter steht das Recht der Beschwerde im Aufsichtswege zu, falls er annimmt, daß die Anstellungsgrundsätze zu seinen Ungunsten verletzt worden sind.

Übergangsvorschriften.

§ 61.

Die Vorschrift des § 10 Ziffer 4 der bisherigen Anstellungsgrundsätze für den Reichs- und Staatsdienst bleibt für die Inhaber der von der Militärverwaltung ausgestellten Forstversorgungsscheine in Kraft.

§ 62.

Die Bestimmungen des § 17 Abs. 2 der bisherigen Anstellungsgrundsätze für den Reichs- und Staatsdienst und des § 12 Abs. 3 der bisherigen Anstellungsgrundsätze für den Kommunal- usw. Dienst bleiben hinsichtlich der vorzunehmenden Ausgleiche unberührt.

§ 63.

Militäranwärter mit einer Militärdienstzeit von weniger als acht Jahren sowie die ihnen nach § 22 Abs. 3 der bisherigen Anstellungsgrundsätze für den Reichs- und Staatsdienst gleichstehenden Personen, die zur Zeit des Inkrafttretens dieser Grundsätze in einem besonderen, nunmehr wegfallenden Abschnitt der Bewerberliste vorgemerkt sind, werden mit dem Tage der Vormerkung in dieser Liste in die nunmehr allein geltende Bewerberliste übernommen.

§ 64.

(1) Versorgungsanwärter, denen der Versorgungsschein deshalb nachträglich erteilt worden ist, weil bei ihrer Entlassung aus der Wehrmacht, der Schutzpolizei oder dem Reichswasserschutze die Anstellungsgrundsätze noch nicht in Kraft waren oder weil bei Erscheinen der Anstellungsgrundsätze das Reich sein Reichswasserschutzversorgungsgesetz und die Länder ihre Schutzpolizeiversorgungsgesetze noch nicht erlassen hatten, sind mit dem Tage ihrer Entlassung aus der Wehrmacht, der Schutzpolizei oder dem Reichswasserschutz in die Bewerberliste aufzunehmen, wenn der Antrag auf Vormerkung von Versorgungsanwärtern der Wehrmacht innerhalb einer Frist von drei Monaten nach dem Inkrafttreten der Anstellungsgrundsätze, von Versorgungsanwärtern der Schutzpolizei und des Reichswasserschutzes innerhalb einer Frist von drei Monaten nach Aushändigung des Polizeiversorgungsscheins gestellt worden ist.

(2) Die Bestimmungen des § 3 Abs. 2 und des Schlußsatzes des § 20 Abs. 2 finden sinngemäß auch auf solche Versorgungsanwärter Anwendung, die bereits vorgemerkt, aber noch nicht einberufen sind.

§ 65.

(1)[29]) Planmäßig angestellte Versorgungsanwärter, die zur Zeit der Anstellung auch für Stellen einer höheren Besoldungsgruppe vorgemerkt

---

[29]) Fassung laut VO. v. 23. 12. 1931 (RGBl. I S. 779, 785).

sind, werden auf Antrag noch zehn Jahre in den Bewerberlisten belassen. Für Schwerbeschädigte, die den Beamtenschein erst nach der planmäßigen Anstellung erhalten oder erhalten haben, beginnt die Frist von zehn Jahren erst drei Monate nach der Erteilung des Beamtenscheins, frühestens jedoch drei Monate nach dem Tage des Inkrafttretens dieser Vorschrift. Bis zum Ablauf der drei Monate haben sie das Recht, sich noch um Stellen einer höheren Besoldungsgruppe zu bewerben.

(2) In solchen Fällen ist der Versorgungsschein der neuen Anstellungsbehörde auf Antrag zu übersenden.

§ 66.

Soweit nach diesen Grundsätzen den Versorgungsanwärtern bestimmte Stellen neu oder in größerem Umfang als bisher vorbehalten werden, bleiben die den bereits im Dienste befindlichen Anwärtern ohne Versorgungsanwartschaft eröffneten Aussichten auf Anstellung unberührt.

§ 67.

Vorbehaltene Stellen können auch an Beamte verliehen werden, die aus dem abgetretenen oder besetzten Gebiete verdrängt worden sind, unbeschadet jedoch der Vorschriften des § 38. Bei Feststellung des Anteilsverhältnisses (§ 45¹) scheiden solche Beamten aus.

II. Teil.

Stellen, die im Wege des Privatdienstvertrags zu besetzen sind.

Versorgungsanwärter.

§ 68.

Als Versorgungsanwärter im Sinne des II. Teiles der Anstellungsgrundsätze gelten die im § 1 bezeichneten Personen.

Vorbehaltene Stellen.

§ 69[30].

Unter Stellen im Sinne des II. Teiles der Anstellungsgrundsätze sind solche Angestelltenstellen (Arbeitsplätze) zu verstehen, die im Wege des Privatdienstvertrags besetzt werden.

§ 70.

(1) Nach Maßgabe des II. Teiles der Anstellungsgrundsätze sind mit Versorgungsanwärtern zu besetzen die Stellen (§ 69)

a) bei den im § 4 Abs. 1 unter a und b genannten Behörden,

---

[30]) Geändert durch VO. v. 4. 11. 1932 (RGBl. I S. 521).

b) bei den Betrieben des Reichs, der Länder, der Gemeinden (Gemeindeverbände),
c) bei den Betrieben, deren Erträge überwiegend dem Reiche, den Ländern oder den Gemeinden (Gemeindeverbänden) zufließen und
d) die Stellen bei den Privateisenbahnen, soweit diesen durch reichs- oder landesgesetzliche Bestimmungen oder durch öffentlich-rechtliche Genehmigungen die Verpflichtung zur Anstellung von Versorgungsanwärtern auferlegt worden ist.

(2) Ob die Voraussetzungen des Abs. 1 unter b und c vorliegen, entscheiden im Reichs- und Landesdienste die zuständigen obersten Reichs- oder Landesbehörden, im übrigen die Aufsichtsbehörden.

(3) Die unter Abs. 1 fallenden Behörden, Anstalten, Betriebe usw. sind in den folgenden Vorschriften unter dem Ausdruck „Behörden" zusammengefaßt.

§ 71.

(1) [31]) Gestrichen.

(2) [32]) § 70 Abs. 1 gilt nicht für solche Stellen, die ihrer Art nach mit weiblichen Personen besetzt werden müssen und von weiblichen Inhabern des Beamtenscheins nicht begehrt werden.

§ 72[33]).

Vorbehaltene Stellen (§ 74) der Art, wie sie in den Vergütungsgruppen III bis VII des Reichsangestelltentarifs vom 2. Mai 1924 aufgeführt sind, sind mindestens zu 90 vom Hundert mit Versorgungsanwärtern zu besetzen. Als vorbehaltene Stellen dieser Art gelten auch solche Arbeitsplätze für Lohnarbeiter, die seit dem 1. Januar 1931 durch Umwandlung von Beamten- und Angestelltenstellen entstanden sind.

§ 73.

Abweichungen von den Vorschriften des § 72 sind, soweit es sich um den Reichs- und Landesdienst handelt, im Einvernehmen mit dem Reichsminister des Innern festzustellen; im übrigen bedürfen sie der Genehmigung der Aufsichtsbehörde. Abweichungen von den Vorschriften des § 70 Abs. 1 bedürfen der Zustimmung des Reichsministers des Innern.

§ 74.

Der Stellenvorbehalt (§ 72) gilt nur für solche Stellen, die auch Bewerbern ohne Versorgungsschein unmittelbar zugänglich sind. Auf Stellen, die nur im Wege des Aufstiegs in eine höhere Vergütungsgruppe besetzt werden, findet § 89 Anwendung.

---

[31]) [32]) Gestrichen bzw. geändert durch VO. v. 1. 12. 1930 (RGBl. I S. 517, 524).
[33]) Fassung laut VO. v. 4. 11. 1932 (RGBl. I S. 521).

Stellenverzeichnisse.

§ 75.

Die §§ 13 bis 16 finden sinngemäß Anwendung. Von diesen Vorschriften kann im Einvernehmen mit dem Reichsminister des Innern abgewichen werden.

Bewerbung.

§ 76.

(1) Die §§ 17, 18 finden Anwendung.

(2) Auch während einer Beschäftigung auf Grund des II. Teiles der Grundsätze sind die Versorgungsanwärter berechtigt, sich um andere Stellen im Sinne des I. und II. Teiles der Grundsätze zu bewerben (§ 90).

Vormerkung.

§ 77.

(1) Die Vorschriften der §§ 20 Abs. 1, 21 bis 28, 29 Abs. 1, 30 und 31 finden Anwendung.

(2) Hinsichtlich der Einreihung der Versorgungsanwärter in die Vergütungsgruppen gelten die Festsetzungen der Tarifverträge.

Ausschreibung offener Stellen.

§ 78.

(1) Die Vorschrift im § 33 findet Anwendung.

(2) Als Stellenausschreibung im Sinne des Abs. 1 gilt auch eine drei Monate vor der Stellenbesetzung an die etwa nach § 18 errichtete Zentralstelle oder an das nächstgelegene Divisionskommando (Marinestationskommando) der Wehrmacht und die entsprechende, für die Schutzpolizei zuständige Stelle ergangene Mitteilung darüber, daß eine vorbehaltene Stelle demnächst zu besetzen ist.

(3) In dringenden Fällen gilt als Stellenausschreibung auch eine Mitteilung an das nächstgelegene Standortskommando der Wehrmacht und an die entsprechende, für die Schutzpolizei zuständige Stelle.

§ 79.

Hat sich innerhalb einer Frist von 14 Tagen nach der Ausschreibung (§ 78 Abs. 1 bis 3) einer offenen Stelle ein geeigneter Bewerber bei der in der Stellenausschreibung hierfür angegebenen Behörde nicht gemeldet, so hat diese in der Stellenbesetzung freie Hand. Wird dann eine Person ohne Versorgungsschein eingestellt, so ist sie auf den Stellenanteil der Versorgungsanwärter anzurechnen.

Einberufung.

§ 80.

(1) Versorgungsanwärter, die eine Einberufung ablehnen oder innerhalb einer Frist von 7 Tagen sich nicht erklären, werden in der Bewerberliste der zuständigen Anstellungsbehörde gestrichen.

(2) Verspätet eingehende Erklärungen gelten als Neubewerbungen gemäß § 76.

§ 81.

Die Behörden sind an die Reihenfolge in der Bewerberliste nicht gebunden.

§ 82.

Die Vorschriften in den §§ 36 Abs. 2 und 41 finden Anwendung.

Besetzung der Stellen.

§ 83.

(1) Die Vorschriften des § 44 Abs. 1, Abs. 2a, e, f und des § 45 Abs. 1 und 2 finden Anwendung.

(2) Solange der im § 72 vorgesehene Stellenanteil nicht erreicht ist, ist neben der anteilmäßigen Stellenbesetzung (§ 45 Abs. 1) mindestens jede mit einem Versorgungsanwärter besetzt gewesene Stelle wieder mit einem Versorgungsanwärter zu besetzen, es sei denn, daß gesetzliche oder tarifvertragliche Bindungen dem entgegenstehen.

(3)[34]) Die Einhaltung der Stellenvorbehalte ist von den Aufsichtsbehörden zu überwachen.

§ 84.

Ist die im § 83 vorgeschriebene Reihenfolge zuungunsten der Versorgungsanwärter unterbrochen worden, so ist bei nächster Gelegenheit ein Ausgleich vorzunehmen.

§ 85.

Versorgungsanwärter dürfen hinsichtlich der ihnen zu gewährenden Gebührnisse nicht schlechter gestellt werden als gleichartige Angestellte ohne Versorgungsschein.

Ausscheiden.

§ 86.

(1) Das nach den gesetzlichen oder tariflichen Bestimmungen bestehende Kündigungsrecht wird durch den zweiten Teil der Anstellungsgrundsätze nicht berührt.

---

[34]) Satz 2 ist gestrichen durch VO. v. 23. 12. 1931 (RGBl. I S. 779, 785).

(2) Ein vertraglich bestehendes Kündigungsrecht soll nicht zum Zwecke einer Umgehung der Anstellungsgrundsätze angewendet werden.

§ 87.

Die Vorschrift im § 36 Abs. 2 findet Anwendung.

Nachweis der besetzten Stellen.

§ 88.

Gelegentlich der Vorlage der im § 51 vorgeschriebenen Nachweisungen teilen die Landesregierungen und die obersten Reichsbehörden dem Reichsminister des Innern mit, wieviel Versorgungsanwärter am ersten Tage nach Ablauf des von der Nachweisung umfaßten Kalenderhalbjahrs in Angestelltenstellen beschäftigt waren. Die Mitteilung soll unbeschadet aller Ausnahmevorschriften der Anstellungsgrundsätze sämtliche im § 70 erwähnten Behörden und auch solche Versorgungsanwärter erfassen, die in nicht vorbehaltenen Stellen (Arbeitsplätzen) beschäftigt werden. § 51 Abs. 4 gilt auch hier.

Aufstieg in Stellen einer höheren Vergütungsgruppe.

§ 89.

Die Vorschrift im § 52 gilt sinngemäß.

Behandlung der Versorgungsscheine nach der Einberufung der Bewerber oder bei gerichtlichen Verfahren gegen Versorgungsanwärter.

§ 90.

Die Versorgungsscheine sind in sinngemäßer Anwendung des § 55 Abs. 1 von der einberufenden Behörde aufzubewahren. Sie dürfen aus Anlaß der Beschäftigung mit Eintragungen nicht versehen werden. Die Vorschriften der §§ 56 und 59 Abs. 1 finden jedoch Anwendung.

Beschwerdeweg.

§ 91.

Die Vorschrift des § 60 findet Anwendung.

Übergangsvorschriften.

§ 92[35]).

Angestellte ohne Versorgungsschein, die sich zur Zeit des Inkrafttretens des II. Teiles der Anstellungsgrundsätze oder eines neuen oder

---

[35]) Fassung laut VO. v. 4. 11. 1932 (RGBl. I S. 521).

eines erhöhten Stellenvorbehalts in Stellen befinden, die den Versorgungsanwärtern nach dem II. Teile der Anstellungsgrundsätze vorbehalten sind, dürfen nicht deshalb entlassen werden, um Versorgungsanwärter einzustellen.

III. Teil.

Schlußvorschriften.

§ 93.

Die allgemeinen Anweisungen zur Ausführung der Anstellungsgrundsätze erläßt der Reichsminister des Innern mit Zustimmung des Reichsrats [36]).

§ 94.

Entstehen zwischen der Reichsregierung und einer Landesregierung Zweifel über die grundsätzliche Auslegung der vorstehenden Vorschriften, so entscheidet auf Antrag eines der Beteiligten das Reichsverwaltungsgericht, bis zu seiner Errichtung der Reichsrat [37]).

§ 95.

Der I. Teil der Anstellungsgrundsätze tritt mit Wirkung vom 1. September 1922 an die Stelle der „Grundsätze für die Besetzung der mittleren, Kanzlei- und Unterbeamtenstellen bei den Reichs- und Staatsbehörden mit Militäranwärtern und Inhabern des Anstellungsscheins" und der „Grundsätze für die Besetzung der mittleren, Kanzlei- und Unterbeamtenstellen bei den Kommunalbehörden usw. mit Militäranwärtern und Inhabern des Anstellungsscheins" (Zentralblatt für das Deutsche Reich 1907 S. 309ff.).

13. Bedingungen für die Annahme von Beamtenanwärtern.

RdErl. d. RuPrMdI. zgl. i. N. sämtl. RM., d. PrMPräs. u. sämtl. PrStM. v. 1. 11. 1935 (MBliV. S. 1319).

(1) Nach dem geltenden Recht darf nur Beamter werden, wer die Gewähr dafür bietet, daß er jederzeit rückhaltlos für den nationalsozialistischen Staat eintritt. Zur Verwirklichung des nationalsozialistischen Staatsgedankens ist es erforderlich, daß in Zukunft diejenigen, die Beamte werden wollen, schon von Jugend auf in nationalsozialistischer Weltanschauung erzogen worden sind. Der Führer und Reichskanzler wird bestimmen, in welcher Weise diese Schulung zu erfolgen hat. Bis zum Erlaß dieser

---

[36]) Die Zustimmung des Reichsrats ist in Fortfall gekommen (s. Anm. 23a).

[37]) An die Stelle des Reichsrats ist der RMdI. getreten (§ 2 des Ges. v. 14. 2. 1934 — RGBl. I S. 89 —).

Bestimmung durch den Führer und Reichskanzler ist zu fordern, daß Bewerber um Beamtenstellen, die nach dem 31. 12. 1935 das sechzehnte Lebensjahr vollenden, mit Erfolg der Hitlerjugend angehört haben.

(2) In Zukunft sind deshalb nur solche Bewerber um Beamtenstellen anzunehmen, die dieser Bedingung entsprechen oder aus der Wehrmacht als Offiziere oder als Soldaten mit Versorgungsberechtigung entlassen sind.

(3) Sollte aus besonderen Gründen einem Bewerber die Teilnahme an der nationalsozialistischen Schulung der Jugend oder die Zugehörigkeit zur Hitlerjugend nicht möglich gewesen sein, so kann eine Ausnahme zugelassen werden; sie bedarf meiner Zustimmung im Einvernehmen mit dem Stellvertreter des Führers.

14. Einstellung von Beamtenanwärtern mit dem Befähigungsnachweis zum Reserve-Offizieranwärter oder Reserve-Offizier.

RdErl. d. RuPrMdJ. v. 22. 3. 1937 (RMBliV. S. 507).

(1) Die Einstellung von Beamtenanwärtern wird vielfach davon abhängig gemacht, daß die Bewerber, soweit sie der Wehrdienstpflicht genügt haben, den Nachweis der Befähigung zum Reserve-Offizieranwärter oder Reserve-Offizier erbringen.

(2) Die Durchführung dieser Forderung stößt in den nächsten Jahren auf große Schwierigkeiten. Auch kann ein Wehrpflichtiger, der aus militärischen Gründen nicht zum Reserve-Offizieranwärter ernannt wird, ein durchaus brauchbarer Beamter sein.

(3) Ich ersuche deshalb im Einvernehmen mit dem RKM. bei der Anstellung von Beamtenanwärtern, die der Wehrdienstpflicht genügt haben, und bei der Höhergruppierung von Beamten, bei denen dieselbe Voraussetzung gegeben ist, von dem Nachweis der Befähigung zum Reserve-Offizier abzusehen und lediglich den Nachweis zu fordern, daß der Beamtenanwärter oder Beamte den aktiven Wehrdienst einwandfrei geleistet hat.

(4) Die Sonderbestimmungen über die Offizierslaufbahn in der uniformierten Ordnungspol. bleiben unberührt.

15. Zugehörigkeit von Beamten zu Freimaurerlogen, anderen Logen oder logenähnlichen Organisationen[1]).

RdErl. d. RuPrMdJ. v. 2. 9. 1936 (RMBliV. S. 1186).

(1) Bei Anstellung und Beförderung von Beamten, die Freimaurerlogen, anderen Logen, logenähnlichen Organisationen oder deren Ersatzorganisationen angehört haben, ist nach folgenden Richtlinien zu verfahren:

[1]) Ergänzt durch RdErl. v. 22. 4. 1937 (RMBliV. S. 646) und v. 12. 5. 1937 (RMBliV. S. 752). Wegen Verzeichnis der Logen usw., auf die die Erlasse anzuwenden

1. Personen, die vor dem 30. 1. 1933 aus einer Freimaurerloge usw. ausgeschieden und bereits vor diesem Zeitpunkt in die NSDAP. als Mitglied eingetreten sind, sollen aus ihrer früheren Logenzugehörigkeit keinen Nachteil erleiden.

2. Das gleiche gilt im allgemeinen für Personen, die vor dem 30. 1. 1933 aus einer Freimaurerloge usw. ausgeschieden sind und sich bis zur Machtübernahme Verdienste um die nationalsozialistische Bewegung nachweislich erworben haben, auch wenn sie in die NSDAP. nicht oder erst nach diesem Zeitpunkt eingetreten sind.

3. Andere als die in Nr. 1 und 2 erwähnten, vor dem 30. 1. 1933 aus einer Freimaurerloge usw. ausgeschiedene Personen sind verschieden zu behandeln, je nachdem sie

a) während ihrer Logenzugehörigkeit führende Stellungen oder Logenämter oder Hochgrade in den Logen bekleidet oder
b) lediglich als Mitläufer zu gelten haben,
c) die Loge nur „gedeckt", sich also ihr gegenüber weiterhin zur Verschwiegenheit und zum Gehorsam verpflichtet oder
d) ihre Beziehungen vollständig gelöst haben.

4. Die Entscheidung über die Anstellung oder Beförderung für die unter 2 und 3 Genannten ist von Fall zu Fall zu treffen. Dasselbe gilt für die unter Ziff. 1 genannten Personen, sofern sie während ihrer Logenzugehörigkeit führende Stellen, Logenämter oder Hochgrade in Logen bekleidet haben. Bei leitenden Beamten ist vor Einreichung des Ernennungsvorschlages die Zustimmung des Stellvertreters des Führers erforderlich. Im Falle 3c können selbst Verdienste vor der Machtübernahme um die NSDAP. nicht zugute gerechnet werden.

5. Personen, die erst nach dem 30. 1. 1933 aus einer Freimaurerloge usw. ausgeschieden sind, sind grundsätzlich von Anstellung oder Beförderung ausgeschlossen. Ausnahmen sind nur im Einvernehmen mit dem Stellvertreter des Führers zulässig.

6. Beamte, die unter Nr. 2—4 fallen, dürfen in Personalangelegenheiten nur mit Zustimmung des Stellvertreters des Führers beschäftigt werden. Dasselbe gilt für die unter Ziff. 1 genannten Personen, sofern sie während ihrer Logenzugehörigkeit führende Stellen, Logenämter oder Hochgrade in Logen bekleidet haben.

(2) In allen Fällen, in denen irgendwelche Zweifel über Logenzugehörigkeit, Logenämter oder Grade der Person bestehen, ist meine Stellungnahme einzuholen.

---

sind, s. RdErl. des RuPrMdI. v. 7. 12. 1936 (RMBliV. S. 1628). v. 18. 8. 1937 (RMBliV. S. 1407) und v. 10. 9. 1937 (RMBliV. S. 1508). Wegen der beschränkten Anwendung auf die Schlaraffia s. RdErl. v. 28. 6. 1937 (RMBliV. S. 1026) und v. 10. 9. 1937 (RMBliV. S. 1508).

16. Zugehörigkeit von Beamten zu Freimaurerlogen, anderen Logen oder logenähnlichen Organisationen.

RdErl. d. RuPrMdJ. v. 7. 12. 1936 (RMBliV. S. 1628) in der Fassung der RdErl. v. 18. 8. 1937 und v. 10. 9. 1937 (RMBliV. S. 1407 und 1508).

Zu den Freimaurerlogen, anderen Logen oder logenähnlichen Organisationen im Sinne des RdErl. v. 2. 9. 1936 — II SB 6190/4008 (RMBliV. S. 1186) gehören die nachstehend genannten Vereinigungen:

A. Freimaurerlogen.

1. „Symbolische Großloge von Deutschland" nebst Tochterlogen,
2. „Freimaurerbund zur aufgehenden Sonne", Hamburg, nebst Tochterlogen,
3. „Großloge zur Sonne" in Bayreuth nebst Tochterlogen,
4. „Große Freimaurerloge zur Eintracht" in Darmstadt nebst Tochterlogen,
5. „Große Mutterloge des Eklektischen Freimaurerbundes" nebst Tochterlogen,
6. „Großloge von Hamburg" nebst Tochterlogen,
7. „Deutsch Christliche Orden Sachsen", Dresden, nebst Tochterlogen,
8. „Deutsch Christlicher Orden deutscher Dom", Leipzig, nebst Tochterlogen,
9. „Große National-Mutterloge zu den 3 Weltkugeln", Berlin, nebst Tochterlogen,
10. „Große Landesloge der Freimaurer von Deutschland", Berlin, nebst Tochterlogen,
11. „Großloge von Preußen, genannt zur Freundschaft", Berlin, nebst Tochterlogen.

B. Freimaurerlogenähnliche Organisationen.

1. Odd-Fellow-Orden,
2. Druiden-Orden,
3. Rechabiten-Orden,
4. Großloge „Le droit humain" (Co-Freimaurerei),
5. Internationale Arbeiter-Freimaurerloge,
6. Arbeiter-Freimaurerbund,
7. „Die Pioniere am offenen Tempel", Winkelloge in Leipzig,
8. Loge der Schaffenden „Colonia" e. V.,
9. „Orden der Ritter vom heiligen Gral", Berlin, Frankfurt a. M.,
10. Anthroposophische Gesellschaft,
11. Theosophische Gesellschaften,
12. Mazdaznan-Bewegung,

13. Ebdar (Ermächtigte Bruderschaft der alten Riten), Orden v. heiligen Gral im Orient v. Patmos — Organisation Bo Yin Ra's,
14. Orientalischer Templer-Orden (O. T. O.),
15. Fraternitas Saturni (einschl. Esotherische Studiengesellschaft),
16. Illuminaten-Orden (gegr. 1896),
17. Orion-Bund (Adonisten-Sekte Dr. Mussalam-Sättler),
18. „Rosenkreuzer Gesellschaft in Deutschland",
19. Grals-Orden (Abdruschin-Sekte),
20. Großloge „Wahrer Weg", Hannover, und „Weg zum Licht", Magdeburg, Spiritistische Logen,
21. Summum Supremum Sanktuarium des Alten Schott. Ritus der Freimaurer von Deutschland,
22. Swedenburg Ritus der Freimaurerei,
23. Orientalischer Templer-Orden,
24. Hermetischer Orden der goldenen Dämmerung,
25. Miraim Ritus 90°,
26. Orientalischer Memphis Ritus 97°,
27. Alter und angenommener Ritus von Heredom,
28. Hermetische Bruderschaft des Lichts,
29. Fraternitas Rosae Crucis,
30. Neue Gnostische Kirche,
31. Neuer Illuminat,
32. Allgemeine Pansophische Schule,
33. Pansophische Societät,
34[1]). „Möser-Loge Nr. 4 von Hannover" in Osnabrück,
35. „Independant Order of Owls",
36. Loge „Gerhart Hauptmann zur schlesischen Treue" in Breslau,
37. „Freie Anthroposophische Gesellschaft".

Als korporative Zusammenschlüsse von Freimaurern gelten folgende Organisationen:

1. Verein Deutscher Freimaurer in Leipzig,
2. Freimaurerische Vereinigung „Rat und Tat" in Frankfurt a. M.,
3. Freimaurerische Jugendvereinigung „Gefolgschaft der Georgsknappen" in Dresden.

Eine Ergänzung dieses Verzeichnisses bleibt vorbehalten; insbesondere unterliegt die Frage, ob die „Schlaraffia"[2]) als logenähnliche Organisation anzusehen ist, noch der Prüfung.

---

[1]) Z. 34—37 eingefügt durch RdErl. v. 10. 9. 1937 (RMBliV. S. 1508).
[2]) Vgl. RdErl. v. 28. 6. 1937 (RMBliV. S. 1026) und v. 10. 9. 1937 (RMBliV. S. 1508).

C.

Der RdErl. v. 2. 9. 1936 — II SB 6190/4008 (RMBliV. S. 1186) ist entsprechend anzuwenden auf die Angehörigen

1. der Deutschen Friedensgesellschaft,
2. der Paneuropäischen Union Deutschland e. V.,
3. des Friedensbundes deutscher Katholiken[3]).

Danach sind insbesondere Beamte, die erst nach dem 30. 1. 1933 aus einer dieser Organisationen ausgetreten sind, grundsätzlich von der Anstellung oder Beförderung ausgeschlossen.

17. Zugehörigkeit von Beamten zu Freimaurerlogen, anderen Logen oder logenähnlichen Organisationen.

RdErl. d. RuPrMdJ. v. 22. 4. 1937 (RMBliV. S. 646).

(1) In Ergänzung des RdErl. v. 2. 9. 1936 — II SB 6190/4008 (RMBliV. S. 1186) bestimme ich folgendes:

1. Ob ein Beamter sich nachweislich Verdienste um die nationalsozialistische Bewegung erworben hat, ist bei den Beamten des höheren Dienstes im Benehmen mit dem Stellvertreter des Führers, bei den übrigen Beamten im Benehmen mit der zuständigen Gauleitung der NSDAP. festzustellen.

2. Im Sinne von Ziff. 6 Satz 1 ist in Personalangelegenheiten beschäftigt, wer in Personalangelegenheiten zu entscheiden oder solche Entscheidungen vorzubereiten hat. Ohne Zustimmung des Stellvertreters des Führers sind demgemäß frühere Angehörige von Freimaurerlogen usw. insbesondere nicht mehr zu verwenden:

a) als Behördenvorstände und deren ständige Vertreter; dabei ist ohne Bedeutung, ob ein Beamter kraft Gesetzes oder kraft besonderer Bestellung ständiger Vertreter des Behördenvorstandes ist;
b) allgemein als Personalsachbearbeiter;
c) als geschäftsleitende Beamte und deren regelmäßige Vertreter;
d) als Mitglieder von Dienststrafgerichten.

Dagegen bezieht sich das Verbot der Verwendung nicht auf solche früheren Angehörigen von Freimaurerlogen usw., die lediglich aus Anlaß der Bearbeitung ihres Hauptsachgebietes im Zusammenhange damit stehende Vorschläge für Ernennung und Beförderung gewisser technischer Beamtengruppen zu machen haben. Zu Personalangelegenheiten im Sinne von Ziff. 6 Satz 1 gehören nicht Entscheidungen oder ihre Vorbereitung in Besoldungs-, Versorgungs- und ähnlichen Angelegenheiten, die auf Grund

[3]) Eingefügt durch RdErl. v. 18. 8. 1937 (RMBliV. S. 1407).

von gesetzlichen oder Verwaltungsvorschriften behandelt werden, ohne daß dabei Ermessensfragen zu prüfen und zu entscheiden sind.

(2) Ziff. 6 des RdErl. findet auf alle im Amt befindlichen Beamten Anwendung.

(3) Notfalls sind die in Betracht kommenden Beamten nach § 5 BBG. zu behandeln.

(4) Soweit in vereinzelten Fällen Bürgermeister, Leiter von Gemeindeverbänden oder solche Gemeindebeamte, deren Einzelamt die sachlich bedingte Bearbeitung von Personalsachen unumgänglich erfordert (z. B. Stadtschulräte), unter die Voraussetzungen des RdErl. fallen, ergeht demnächst noch eine besondere Anweisung[1]). Über Fälle dieser Art bitte ich, mir sofort, spätestens bis zum 1. 6. 1937 zu berichten.

18. Austritt von Beamten aus der NSDAP.

RdErl. d. RuPrMdJ. v. 27. 2. 1936 (RMBliV. S. 275).

Der Stellvertreter des Führers wird den Austritt eines Beamten aus der NSDAP. der obersten Dienstbehörde des Beamten mitteilen. Es ist dann in jedem Falle eine eingehende Prüfung vorzunehmen, aus welchen Gründen der Beamte aus der Partei ausgetreten ist. Hat er dies getan, weil er das Programm oder die politische Haltung der Partei ablehnt, so wird er nicht Beamter bleiben können. Aber auch wenn diese Voraussetzung nicht erfüllt ist, kann der Austritt eines Beamten aus der Partei bei den engen Beziehungen zwischen Partei und Staat darauf schließen lassen, daß dem Beamten die innige Verbundenheit mit dem nationalsozialistischen Staate oder daß ihm jedenfalls der erforderliche Opfersinn fehlt. Er muß dann mindestens damit rechnen, daß er bei bevorzugten Beförderungen ausgeschlossen und bei normalen Beförderungen zurückgestellt wird.

19. Kurzschriftprüfung bei Behörden.

RdErl. d. RuPrMdJ. v. 13. 4. 1937 (RMBliV. S. 606) in der Fassung des RdErl. v. 13. 7. 1937 (RMBliV. S. 1147).

(1) Wer sich zur Einstellung in den öffentlichen Dienst meldet, hat auf Anfordern der Behörde eine Prüfung in der Deutschen Kurzschrift abzulegen.

(2) Für diese Prüfung gilt die in der Anlage veröffentlichte Prüfungsordnung. Der erste Meldezeitpunkt (§ 2 der Prüfungsordnung) ist der 1. 10. 1937.

[1]) Durch RdErl. v. 12. 5. 1937 (RMBliV. S. 752) ist mitgeteilt worden, daß generell eine weitere besondere Anweisung nicht mehr ergeht.

(3) Befreit von der Prüfung ist,

1. wer bei Inkrafttreten der Prüfungsordnung Beamter, Beamtenanwärter oder Behördenangestellter ist;
2. wer ein Zeugnis über eine Kurzschriftlehrerprüfung oder ein Zeugnis über eine an einer staatl. oder gemeindlichen Schule (auch Fachschule), bei der Deutschen Arbeitsfront oder bei einer Handelskammer erfolgreich abgelegte Kurzschriftprüfung oder eine Urkunde der Deutschen Stenografenschaft über erfolgreiche Beteiligung am Leistungsschreiben der Deutschen Stenografenschaft oder eines Gaugebietes oder Kreisgebietes vorlegt; das Zeugnis über die Ablegung der Kurzschriftlehrerprüfung gilt zeitlich unbegrenzt, der Ausstellungstag der übrigen Zeugnisse darf nicht mehr als 12 Monate zurückliegen. Befreit von der Prüfung sind ferner Versorgungsanwärter, die ein Zeugnis der Fachschulen der Wehrmacht und der Schutzpolizei über den Nachweis einer genügenden Schreibfertigkeit in der deutschen Kurzschrift vorlegen[1]);
3. wer ein anderes Kurzschriftsystem als die Deutsche Kurzschrift seit mindestens 5 Jahren ununterbrochen anwendet;
4. wer im Dienst nur wenig zu schreiben oder Akten zu lesen hat.
5. Die Obersten Reichs- und Landesbehörden können im Einvernehmen mit dem RuPrMdJ. weitere Ausnahmen zulassen.

(4) Die Durchführung der Prüfungen habe ich der Deutschen Stenografenschaft, Reichsgeschäftsführung in Bayreuth, übertragen. Wo Landesämter für Kurzschrift bestehen, haben diese für ihren Bereich die Prüfungen im Benehmen mit der Deutschen Stenografenschaft unter Zugrundelegung der Prüfungsordnung durchzuführen. Diejenigen Verwaltungen, bei denen bereits Prüfungsordnungen bestehen, die weitergehende Bestimmungen enthalten, legen ihre Bestimmungen zugrunde. Sie führen auch die Prüfungen mit ihren eigenen Organisationen durch.

(5) Die Behörden übersenden die Meldungen zur Prüfung dem für ihren Bereich vorgesehenen Prüfungsbeamten und vereinbaren mit ihm Zeit und Ort der Prüfung. Über das Ergebnis hat der Prüfungsbeamte der Dienststelle des Prüflings zu berichten. Der Bericht ist zu den Personalakten zu nehmen.

(6) Die Deutsche Stenografenschaft hat in meinem Auftrage eine Übersicht der Prüfungsbezirke und der Prüfungsbeamten aufgestellt. Die Prüfungsbezirke sind in Anlehnung an die Reg.-Bezirke, Kreise usw. abgegrenzt.

(7) Die Obersten Reichsbehörden sowie die Landesregierungen, in Preußen die Ober-Präs., bitte ich, mir die Zahl der für ihren Geschäfts-

[1]) Eingefügt durch RdErl. v. 13. 7. 1937 (RMBliV. S. 1147).

bereich erforderlichen Übersichten bald mitzuteilen. Den Deutschen Gemeindetag bitte ich, dahin zu wirken, daß die Prüfungsordnung auch bei den Gemeinden durchgeführt wird. Einer Mitteilung über die Zahl der Übersichten, die über den Deutschen Gemeindetag an die Gemeinden zu versenden wären, sehe ich entgegen.

Anlage.

Prüfungsordnung für Kurzschreiben bei Behörden.

§ 1. (1) Gegenstand der Prüfung ist die Beherrschung der Deutschen Kurzschrift.

(2) Die Prüfung ist vor einem hierzu bestellten Prüfungsbeamten abzulegen.

§ 2. Die Meldungen zur Prüfung sind in der Regel bis zum 1. April oder 1. Oktober bei der Anstellungsbehörde einzureichen, die sie an den zuständigen Prüfungsbeamten weitergibt.

§ 3. 1. Bei der Prüfung werden gefordert:

a) Übertragung einer 300 Silben umfassenden Vorlage in kurzschriftliche Verkehrsschrift;

b) kurzschriftliche Nachschrift einer Ansage von 5 Minuten Dauer in der Geschwindigkeit von 80 Silben je Minute und Übertragung in Langschrift;

c) eine Leseprobe nach fremdem Stenogramm im Umfang von 300 Silben.

2. Betr. Angehörige des Kanzleidienstes.

3. Dem Schnellschreiben soll ein Probeschreiben von 2 Minuten vorausgehen.

§ 4. 1. (1) Die verkehrsschriftliche Arbeit ist auf liniertem Papier zu schreiben.

(2) Die schnellschriftliche Nachschrift ist sofort entweder handschriftlich oder auf der Schreibmaschine zu übertragen. Die unter § 3 Abs. 2 fallenden Personen müssen die Übertragung auf der Schreibmaschine anfertigen.

2. Es werden gewährt

a) für die verkehrsschriftliche Arbeit .... 30 Minuten,

b) für die Übertragung der Nachschrift
bei 80 Silben je Minute .... 30 Minuten,
bei 150 Silben je Minute .... 50 Minuten.

3. Nach Ablauf der Übertragungszeiten sind die Arbeiten mit der Vorlage und der kurzschriftlichen Niederschrift abzugeben, auch wenn die Übertragung noch nicht vollendet sein sollte.

4. Die Arbeiten sind am Kopfe mit dem Namen und der Dienstbezeichnung des Prüflings zu versehen.

§ 5. 1. Der Stoff für die verkehrsschriftliche Arbeit und für das Schnellschreiben sind aus dem Verwaltungsdienst, wenn möglich aus dem Arbeitsgebiete des Prüflings zu entnehmen. Besondere Textschwierigkeiten sind zu vermeiden.

2. Die Stoffe sind bei der Deutschen Stenografenschaft anzufordern.

§ 6. Die Benutzung von Hilfsmitteln und das Zusammenarbeiten mehrerer Teilnehmer ist untersagt.

§ 7. Für die Beurteilung der Arbeiten gelten folgende Bestimmungen:

1. Beim Richtigschreiben werden als Fehler gezählt: falsche Zeichen und Zeichenverbindungen, Verstöße gegen die Selbstlautbezeichnung, sinnstörende Fehler einschließlich Auslassungen.

2. Beim Schnellschreiben aller Geschwindigkeitsstufen bildet die Übertragung die Grundlage für die Wertung. Aus dem Stenogramm muß lediglich ersichtlich sein, daß die Übertragung selbständig angefertigt wurde. Grobe Verstöße gegen die Grundregeln der Rechtschreibung werden sinnstörenden Fehlern gleich erachtet. Es werden nur ganze Fehler gerechnet.

3. Die Arbeit gilt
als „sehr gut" (1), wenn sie weder Fehler noch Auslassungen enthält,
als „gut" (2) bei 1 bis 3 Fehlern,
als „ausreichend" (3) bei 4 bis 6 Fehlern.

4. Beim Lesen wird die Leistung bezeichnet
als „sehr gut" (1), wenn die 300 Silben-Vorlage in 2 Minuten,
als „gut" (2), wenn die 300 Silben-Vorlage in 3 Minuten,
als „ausreichend" (3), wenn die 300 Silben-Vorlage in 4 Minuten gelesen wird.

5. Die Prüfung gilt als bestanden, wenn für alle drei Aufgaben mindestens die Note „ausreichend" (3) erreicht wurde. Wer die Prüfung nicht oder nur mit einer Aufgabe bestanden hat, kann sie, nötigenfalls mehrmals, wiederholen.

20. Ernennungen und Beförderungen von Beamten, Angestellten und Arbeitern.

RdErl. d. RuPrMdI. v. 6. 11. 1934 (MBliV. S. 227).

(1) Um die Verbundenheit der Beamtenschaft mit dem Führer und Reichskanzler und der nationalsozialistischen Bewegung bei jeder sich bietenden Gelegenheit besonders zu betonen, erscheint es mir zweckmäßig, Ernennungen zu Beamten, Beförderungen sowie gegebenenfalls Titel- und Charakter-Verleihungen, ferner Höhereinstufungen nach dem Tarif bei Angestellten, Lohnempfängern u. dgl. mehr als bisher zu den Gedenk- und Feiertagen der Nation auszusprechen. Insbesondere gilt das für Ernennun-

gen, Beförderungen usw., die vorzugsweise für Verdienste um die nationalsozialistische Erhebung stattfinden. Als solche Feiertage der Nation gelten:

der Tag der nationalen Erhebung ..... 30. Januar,
der Geburtstag des Führers .... 20. April,
der nationale Feiertag des deutschen Volkes 1. Mai,
der Erntedanktag.

(2) Unter diesen Feiertagen ist bevorzugt der 20. April, der Geburtstag des Führers, zu berücksichtigen. Der 1. Mai kommt in erster Linie für Höhereinstufungen usw. von Arbeitern und Angestellten, der Erntedanktag für Ernennungen, Beförderungen usw. von Beamten, Angestellten und Arbeitern im Dienste der Landwirtschaft in Frage.

(3) Die Ernennungen, Beförderungen usw. sind an den genannten Gedenk- und Feiertagen mit Wirkung von dem zurückliegenden Zeitpunkt auszusprechen, von dem an die Stelle verliehen wird. Benachteiligungen der Beteiligten sollen durch diese Regelung nicht veranlaßt werden.

(4) Ich ersuche, künftig nach diesen Grundsätzen zu verfahren und das dazu Nötige zu veranlassen.

21. Ernennungen und Beförderungen von Beamten, Angestellten und Arbeitern.

RdErl. d. RuPrMdJ. v. 23. 4. 1935 (MBliV. S. 601).

Nach Abs. 3 des RdErl. v. 6. 11. 1934 — II SB 6190/3. 11. (MBliV. 1935 S. 227) sollen in der Regel Ernennungen, Beförderungen usw. an bestimmten Gedenk- und Feiertagen der Nation ausgesprochen werden, auch wenn sie zu einem früheren Zeitpunkt hätten erfolgen können. Wenn hierbei die Frist, die nach den allgemeinen Vorschriften für eine rückwirkende Ernennung, Beförderung usw. gesetzt ist, nicht ohne Benachteiligung der Beamten, Angestellten und Arbeiter eingehalten werden kann, darf von dieser Regelung abgewichen werden.

22. Verordnung über die Ausbildung für den höheren Dienst in der allgemeinen und inneren Verwaltung.

Vom 29. Juni 1937 (RGBl. I S. 666).

Auf Grund der §§ 164 und 183 des Deutschen Beamtengesetzes vom 26. Januar 1937 (RGBl. I S. 39ff.) wird für das ganze Reich folgende Ausbildungsordnung erlassen:

§ 1.

(1) Die Ausbildung zum Beamten des höheren Dienstes in der allgemeinen und inneren Verwaltung umfaßt ein Hochschulstudium und einen

Vorbereitungsdienst. Das Hochschulstudium schließt mit der ersten, der Vorbereitungsdienst mit der zweiten Prüfung.

(2) Für das Hochschulstudium gelten allgemein die Bestimmungen der Justizausbildungsordnung vom 22. Juli 1934 (RGBl. I S. 727).

(3) Die erste Prüfung ist die erste juristische Staatsprüfung gemäß den Bestimmungen der Justizausbildungsordnung.

§ 2.

Zwischen der ersten und der zweiten Prüfung muß ein mindestens dreijähriger Vorbereitungsdienst liegen.

§ 3.

Der Vorbereitungsdienst beginnt mit einer siebenmonatigen Beschäftigung als Gerichtsreferendar bei einem Amtsgericht (einschl. Amtsanwaltschaft).

§ 4.

(1) Der Antrag auf Übernahme in den Vorbereitungsdienst der Verwaltung kann nach einer fünfmonatigen Vorbereitungszeit als Gerichtsreferendar bei dem Reichsminister des Innern oder der von ihm bestimmten Verwaltungsbehörde gestellt werden.

(2) Nach Ablauf der im § 3 bestimmten Vorbereitungszeit kann der Gerichtsreferendar zum weiteren Vorbereitungsdienst als „Regierungsreferendar" übernommen werden.

(3) Die Zahl der insgesamt einzustellenden Regierungsreferendare bestimmen die Reichsminister des Innern und der Finanzen.

§ 5.

(1) Der Vorbereitungsdienst als Regierungsreferendar dauert mindestens zwei Jahre und fünf Monate. Er beginnt mit dem Tage des Dienstantritts.

(2) Die Beschäftigung während des Vorbereitungsdienstes bestimmt der Reichsminister des Innern.

(3) Die vom Reichsminister des Innern zu bestimmende Verwaltungsbehörde kann im Einvernehmen mit der Gemeinde (Gemeindeverband) Regierungsreferendare während des Vorbereitungsdienstes mit der vorübergehenden Wahrnehmung von Ämtern im Gemeindedienst beauftragen.

§ 6.

(1) Die zweite Prüfung (große Staatsprüfung) wird im ganzen Reich vor einer einheitlichen, dem Reichsminister des Innern unmittelbar unterstehenden Stelle (Reichsprüfungsamt für den höheren Verwaltungsdienst) abgelegt.

(2) Über die Zulassung zur Prüfung entscheidet der Reichsminister des Innern auf Vorschlag des Leiters der Ausbildungsbehörde.

(3) Die große Staatsprüfung kann nur einmal wiederholt werden.

§ 7.

(1) Die große Staatsprüfung besteht aus einem schriftlichen und einem mündlichen Teil.

(2) Sie erstreckt sich auf

die Grundlagen des nationalsozialistischen Staates,
die Geschichte des deutschen Volkes,
das Recht von Volk und Staat, einschließlich der Rassenlehre,
das Verfassungs- und Verwaltungsrecht unter Berücksichtigung der geschichtlichen Entwicklung,
die Finanzwissenschaft,
das Recht des deutschen Bauern,
das Recht der deutschen Arbeit und Wirtschaft, einschließlich der Volkswirtschaftslehre,
das Recht der deutschen Kultur,
die Grundzüge des bürgerlichen Rechts und des Strafrechts.

§ 8.

(1) Der Regierungsreferendar, der die große Staatsprüfung bestanden hat, wird durch den Reichsminister des Innern zum „Regierungsassessor" ernannt. Regierungsassessoren können, sofern die Voraussetzungen des § 28 Abs. 2 Nr. 1 und 3 des Deutschen Beamtengesetzes gegeben sind, zu Beamten auf Lebenszeit ernannt werden.

(2) Assessoren, die die große Staatsprüfung nach den Bestimmungen der Justizausbildungsordnung abgelegt haben, können, soweit ein Bedarf vorhanden ist, zu Regierungsassessoren ernannt werden, wenn sie sich mindestens ein Jahr in der Verwaltung bewährt haben.

§ 9.

(1) Diese Verordnung tritt am 1. Juli 1937 in Kraft.

(2) Landesrechtliche Bestimmungen über die Ausbildung für den höheren Dienst in der allgemeinen und inneren Verwaltung treten mit diesem Tage außer Kraft; soweit jedoch Regierungsreferendare nach den Bestimmungen des preußischen Gesetzes über die Befähigung zum höheren Verwaltungsdienst vom 10. August 1906 (Gesetzsamml. S. 378), 8. Juli 1920 (Gesetzsamml. S. 388) und den dazu ergangenen Ausführungsbestimmungen bis zum 1. Juli 1937 eingestellt sind, können sie bis zum 1. Januar 1940 nach diesen Vorschriften weiter ausgebildet und geprüft werden.

(3) Die zur weiteren Durchführung und Überleitung erforderlichen Vorschriften erläßt der Reichsminister des Innern, soweit erforderlich, im Einvernehmen mit dem Reichsminister der Finanzen.

VIII. Amtsbezeichnungen und Titel.

1. Verordnung des Reichspräsidenten über die Führung von Amtsbezeichnungen.

Vom 22. Dezember 1927 (RGBl. I S. 508).

Aus Anlaß des Inkrafttretens des Besoldungsgesetzes vom 16. Dezember 1927 (Reichsgesetzbl. I S. 349) bestimme ich mit Wirkung von diesem Zeitpunkt ab folgendes:

Reichsbeamte, deren bisherige Amtsbezeichnung in dem Besoldungsgesetze nicht vorgesehen ist, dürfen ihre bisherige Amtsbezeichnung in und außer Dienst weiterführen.

In Zweifelsfällen entscheidet die oberste Reichsbehörde im Einvernehmen mit dem Reichsminister des Innern.

2. Gesetz über Titel, Orden und Ehrenzeichen.

Vom 1. Juli 1937 (RGBl. I S. 725).

(Auszug.)

§ 1.

Titel, Orden und Ehrenzeichen werden nach Maßgabe dieses Gesetzes verliehen.

§ 2.

(1) Titel kann nur der Führer und Reichskanzler verleihen.

(2) Die Bezeichnung der Titel und die Voraussetzungen, unter denen sie verliehen werden, setzt der Führer und Reichskanzler fest.

(3) Akademische Grade werden hierdurch nicht berührt.

§ 3.

(1) Orden und Ehrenzeichen kann nur der Führer und Reichskanzler verleihen. Weitere Bestimmungen hierüber sind dem Führer und Reichskanzler vorbehalten.

(2) Treudienstabzeichen gelten als Ehrenzeichen.

§ 6.

(1) Mit Gefängnis bis zu einem Jahr und mit Geldstrafe oder mit einer dieser Strafen wird bestraft,

a) wer unbefugt inländische oder ausländische Amts- oder Dienstbezeichnungen, Titel oder Würden führt,
b) wer unbefugt inländische oder ausländische Orden oder Ehrenzeichen trägt, oder wer Abzeichen, die nach ihrer äußeren Form oder Tragweise den im § 5 genannten Orden und Ehrenzeichen ähneln, trägt, herstellt, anbietet, feilhält, verkauft oder sonst in den Verkehr bringt.

(2) Die Bestimmungen des Absatzes 1b finden auch auf die Ehrenzeichen der nationalsozialistischen Bewegung Anwendung.

§ 7.

Der Führer und Reichskanzler erläßt die zur Durchführung dieses Gesetzes erforderlichen Rechts- und Verwaltungsvorschriften.

§ 8.

Das Gesetz über Titel, Orden und Ehrenzeichen vom 7. April 1933 (Reichsgesetzbl. I S. 180) und das Ergänzungsgesetz hierzu vom 15. Mai 1934 (Reichsgesetzbl. I S. 379) treten außer Kraft. Die auf Grund ihrer Bestimmungen erlassenen Verordnungen bleiben gemäß der Anlage zu diesem Gesetz aufrechterhalten.

Anlage zum § 8 des Gesetzes über Titel, Orden und Ehrenzeichen.

Es bleiben mit den aus § 2 Abs. 1 und § 3 sich ergebenden Änderungen in Kraft:

2. die Verordnung des Reichspräsidenten über Titel vom 30. Januar 1934 (Reichsgesetzbl. I S. 73).

3. Verordnung des Reichspräsidenten über Titel[1]).

Vom 30. Januar 1934 (RGBl. I S. 73).

§ 1.

(1) Für besondere Verdienste um Volk und Staat können an Beamte und an Angehörige der freien Berufe Titel verliehen werden. Voraussetzung für die Verleihung eines Titels ist jederzeitiges rückhaltloses Eintreten für den nationalen Staat, für Beamte außerdem treue Pflichterfüllung und vollkommene Hingabe an Amt und Beruf.

(2) Von der Verleihung der Titel ist sparsamer Gebrauch zu machen.

§ 2.

(1) Die Verleihung der Titel an Beamte erfolgt in der Regel erst, nachdem der Beamte eine Anzahl von Jahren in seiner Planstelle zurückgelegt oder ein bestimmtes Gesamtdienstalter erreicht hat. Die Wartezeiten

[1]) Vgl. Anlage zum Gesetz über Titel, Orden und Ehrenzeichen v. 1. 7. 1937 (RGBl. I S. 725).

oder das Gesamtdienstalter setzt die Reichsregierung fest. Nur bei besonderem Anlaß kann mit Zustimmung des Reichsministers des Innern die Wartezeit verkürzt und die Reihenfolge der Titelverleihung zugunsten des Beamten durchbrochen werden.

(2) Im übrigen ist bei der Titelverleihung an Beamte nach den Grundsätzen zu verfahren, die sich für die einzelnen Beamtengruppen aus der Anlage ergeben.

§ 3.

Die Titel, die an besonders verdiente Personen der freien Wissenschaft und Kunst, anderer freier Berufe sowie der Wirtschaft verliehen werden können, ergeben sich aus der Anlage.

§ 4.

(1) Die Verleihung geschicht durch Aushändigung einer Urkunde, die von mir oder durch die von mir ermächtigten Stellen vollzogen wird. In allen Fällen erfolgt die Verleihung in meinem Namen.

(2) Ich ermächtige die Reichsminister und den Präsidenten des Rechnungshofs des Deutschen Reichs, an Reichsbeamte die Titel zu verleihen, deren Verleihung ich mir nicht selbst vorbehalte. An Landesbeamte werden die Titel auf Vorschlag der Landesregierungen von den Reichsstatthaltern verliehen; diese können die Verleihung teilweise auf die Landesregierungen übertragen. Die Reichsstatthalter und die von ihnen ermächtigten Landesregierungen können Titel nur an Beamte ihres Landes verleihen.

(3) An die im § 3 genannten Personen werde ich die Titel auf Vorschlag der Reichsstatthalter oder der sonst mit einem Vorschlagsrecht auszustattenden Stellen verleihen.

(4) In Preußen tritt in den Fällen der Absätze 2 und 3 an die Stelle des Reichsstatthalters der Ministerpräsident.

(5) Die Verleihung von Titeln an Deutsche mit unmittelbarer Reichsangehörigkeit und an Deutsche im Auslande behalte ich mir vor.

(6) Sämtliche Vorschläge gemäß den Absätzen 3 bis 5 werden mir durch den Reichsminister des Innern vorgelegt.

§ 5.

Die Verleihung von Titeln an Beamte, die sich bei Inkrafttreten dieser Verordnung bereits im Ruhestande befinden, ist nicht ausgeschlossen.

§ 6.

Mit der Ausführung dieser Verordnung beauftrage ich den Reichsminister des Innern.

Anlage.

Anlage zur Verordnung des Reichspräsidenten über Titel.

Abschnitt I.

1. Professoren an Staatlichen Hochschulen und Leitern von wissenschaftlichen Staatsinstituten in Besoldungsgruppen, die den preußischen Gruppen C 1 bis C 3 und B 10 und B 11 entsprechen, kann der Titel Geheimer Rat verliehen werden.

2. Es können ferner erhalten:

a) Die Beamten der Besoldungsgruppe B 7 [Reich und Preußen], soweit sie Ministerialdirigenten sind, und der Besoldungsgruppe A 1 [Reich] (A 1a in Preußen), soweit sie Ministerialräte oder Oberverwaltungsgerichtsräte sind, den Titel Geheimer Ober.....rat;

b) die übrigen Beamten der Besoldungsgruppe A 1 [Reich] (A 1a in Preußen) sowie die Beamten der Besoldungsgruppen A 2a bis c [Reich] (A 1b, c und A 2a, b in Preußen) den Titel Geheimer ....rat;

c) die Ministerialamtmänner der Besoldungsgruppe A 2d [Reich] (A 2c in Preußen) den Titel Amtsrat und Geheimer Amtsrat; die übrigen Beamten der Besoldungsgruppe A 2d [Reich], soweit sie nicht unter d) genannt sind, sowie die Beamten der Besoldungsgruppe A 2d [Preußen] den Titel Geheimer.....rat;

d) die Beamten der Besoldungsgruppe A 2d [Reich], soweit sie Postamtmänner sind, der Gruppe A 3 [Reich] sowie in Besoldungsgruppen, die den preußischen Gruppen A 3a bis c entsprechen, sowie die Lehrpersonen und die Kriminalkommissare der preußischen Besoldungsgruppe A 4a — ausgenommen die Amtmänner —, je nach ihrer Dienststellung den Titel Landmesserrat, Schulrat, Rechnungsrat, Oberpolizeirat usw.;

e) die Beamten der Besoldungsgruppe A 3 [Reich] (A 3b in Preußen), soweit sie Amtmänner sind, und die Beamten der Besoldungsgruppe A 4a bis c [Reich] (in Preußen A 4a — soweit nicht vorstehend in d) geregelt —, A 4b und c) den Titel Amtsrat;

f) die Beamten der Besoldungsgruppe A 4d [Reich und Preußen] den Titel Amtsinspektor oder Werkinspektor;

g) die Beamten der Besoldungsgruppe A 5 bis 7 [Reich] (A 5 und 6 in Preußen) den Titel Oberamtssekretär, Oberwerkssekretär oder einen aus ihrer Amtsbezeichnung unter Hinzufügung von „Ober ..." gebildeten Titel;

h) die Beamten der Besoldungsgruppe A 8 und 9 [Reich] (A 7 bis 9 in Preußen), soweit es sich um Büro- und Kanzleibeamte handelt, den Titel Amtssekretär, die übrigen Beamten dieser Gruppen einen aus ihrer Amtsbezeichnung unter Hinzufügung von „Ober..." gebildeten Titel;

i) die Beamten der Besoldungsgruppe A 10 [Reich und Preußen] den Titel Oberamtsmeister oder einen aus ihrer Amtsbezeichnung unter Hinzufügung von „Ober..." gebildeten Titel;

k) die Beamten der Besoldungsgruppen A 11 und 12 [Reich und Preußen] den Titel Amtsmeister oder einen Titel, der aus ihrer Amtsbezeichnung unter Hinzufügung von „Ober..." gebildet ist.

Abschnitt II.

Es können erhalten:

a) Personen der freien Wissenschaft und Kunst bei besonderem Anlaß den Titel Professor;

b) Angehörige der freien Ärzteschaft (einschließlich Tierärzteschaft) den Titel Sanitätsrat und Geheimer Sanitätsrat;

c) Angehörige der Rechtsanwaltschaft den Titel Rechtsrat und Geheimer Rechtsrat;

d) Architekten und Ingenieure den Titel Baurat und Geheimer Baurat.

e) (Die Festsetzung von Titeln für Personen auf dem Gebiete der Wirtschaft bleibt vorbehalten.)

4. Erste Verordnung des Führers und Reichskanzlers über die Verleihung von Titeln (Professor-Titel).

Vom 27. August 1937 (RGBl. I S. 913).

Auf Grund der §§ 2 und 7 des Gesetzes über Titel, Orden und Ehrenzeichen vom 1. Juli 1937 (Reichsgesetzbl. I S. 725) verordne ich:

§ 1.

Für die Verleihung des Titels Professor kommen Angehörige der freien Wissenschaft und Kunst sowie Wissenschaftler und Künstler im öffentlichen Dienst in Frage, die sich auf ihren Fachgebieten besonders hervorgetan haben.

§ 2.

Für die Einreichung von Vorschlägen auf Verleihung des Titels Professor sind zuständig:

a) soweit es sich um Künstler der freien Berufe handelt, die einem der in der Reichskulturkammer zusammengefaßten Tätigkeitszweige angehören, der Reichsminister für Volksaufklärung und Propaganda,

b) soweit es sich um Angehörige der preußischen Staatstheater handelt, der Preußische Ministerpräsident,

c) im übrigen der zuständige Reichsminister, in Preußen der Preußische Ministerpräsident.

§ 3.

Die Vorschläge sind mir durch den Staatssekretär und Chef der Präsidialkanzlei vorzulegen.

§ 4.

Der Beliehene erhält eine von mir unterzeichnete Urkunde.

§ 5.

Die Verleihungen werden im Deutschen Reichsanzeiger und Preußischen Staatsanzeiger bekanntgegeben.

§ 6.

Auch als Amts-, Dienst- oder Berufsbezeichnung wird die Bezeichnung Professor ausschließlich von mir verliehen.

IX. Arbeitszeit der Beamten.

1. Richtlinien der Reichsregierung für die Regelung der Dienstzeit der Reichsbeamten.

Vom 14. Dezember 1923 (RMBl. 1924 S. 1).

Im Hinblick auf die Not von Volk und Reich wird die Dienstzeit der Reichsbeamten bis auf weiteres[1]) wie folgt geregelt:

1. Jeder Beamte ist verpflichtet, seine volle Arbeitskraft in den Dienst des Reichs zu stellen. Er hat die ihm übertragenen Arbeiten rechtzeitig ohne Rücksicht auf eine festgesetzte Dienststundenzahl zu erledigen.
2. Der Dienst ist in der Regel an der Dienststelle und innerhalb der vorgeschriebenen Tagesdienstzeit zu erledigen. Die Dienstzeit beträgt wöchentlich mindestens 54 Stunden. Regelmäßige Mehrleistungen können innerhalb eines Kalenderjahrs durch regelmäßige Minderleistungen ebenso wie umgekehrt ausgeglichen werden. Soweit der Dienst in bloßer Dienstbereitschaft besteht, ist die Dienstzeit entsprechend zu erhöhen.

---

[1]) Die Richtlinien sind durch Beschluß der Reichsregierung v. 22. 12. 1925 (RBB. S. 243) bis auf weiteres aufrecht erhalten worden.

3. Dem Dienste an der Dienststelle und innerhalb der vorgeschriebenen Tagesdienstzeit ist die Teilnahme an Sitzungen, Besichtigungen und dergl. gleichzuachten. Soweit die Erledigung des Dienstes an der Dienststelle und in der vorgeschriebenen Tagesdienstzeit aus dienstlichen Gründen unzweckmäßig ist, kann eine anderweitige Regelung stattfinden.
4. Die Tagesdienstzeit wird von jeder Behörde nach Anhörung der Beamtenvertretung festgesetzt. Die Tagesdienstzeit ist grundsätzlich in Vor- und Nachmittagsdienst zu teilen. Nur dort, wo aus zwingenden örtlichen oder sachlichen Gründen eine solche Teilung unmöglich erscheint, kann mit Zustimmung der obersten Reichsbehörde und des Reichsministers des Innern durchgehend gearbeitet werden. Diese regeln bei Bewilligung der Ausnahme die Dienstzeit; hierbei darf die Wochendienstzeit nicht unter 51 Stunden festgesetzt werden.
5. Für eine Überschreitung der bestimmungsmäßigen Wochendienstzeit wird eine Vergütung nicht gewährt. Ein Ausgleich kann durch Dienstbefreiung zu anderen Zeiten gewährt werden.

2. Dienstzeit der Reichsbeamten.

Beschluß der Reichsregierung vom 3. März 1925 (RMBl. S. 121).

Die im Hinblick auf die Notlage des Reichs über die Dienstzeit der Reichsbeamten für die Zeit bis zum 31. Dezember 1925[1]) getroffenen Beschlüsse werden vorläufig wie folgt gemildert:

Die Dienstzeit kann auf 51 Stunden wöchentlich herabgesetzt werden, soweit dies ohne erhebliche Mehraufwendungen möglich ist.

Unberührt bleiben die allgemeinen Grundsätze über die Verpflichtung des Beamten, die ihm übertragenen Arbeiten rechtzeitig ohne Rücksicht auf die allgemeine Regelung der Dienststunden zu erledigen und über die Erhöhung der Dienstzeit bei bloßer Dienstbereitschaft.

Die Ressortminister erlassen die erforderlichen Ausführungsbestimmungen.

X. Beurlaubung der Beamten.

1. Richtlinien der Reichsregierung für die Erteilung des Erholungsurlaubs für die Reichsbeamten.

Vom 9. März 1925 in der Fassung der Berichtigung und der Änderung vom 6. März 1928 (RMBl. 1925 S. 121 u. 130; 1928 S. 89).

Das Reichskabinett hat in seiner Sitzung vom 9. März 1925 auf

[1]) Durch Beschluß der Reichsregierung v. 22. 12. 1925 (RBB. S. 243) bis auf weiteres aufrecht erhalten.

Antrag des Reichsministers des Innern folgende Richtlinien für die Erteilung des Erholungsurlaubs der Reichsbeamten erlassen:

1. Allen Reichsbeamten wird in jedem Rechnungsjahr, ohne daß es eines besonderen Antrags bedarf, ein Erholungsurlaub gewährt. Die Urlaubsdauer ist unter Berücksichtigung der Dienststellung und des Lebensalters der Beamten abzustufen. Hat ein Beamter beim Antritt seines Urlaubs das ihn zu einer längeren Urlaubsdauer berechtigende Lebensjahr noch nicht vollendet, so wird ihm der längere Urlaub gewährt, wenn die Vollendung dieses Lebensjahrs innerhalb des Rechnungsjahrs eintritt.

Die Urlaubsdauer beträgt in

Urlaubsgruppe	Besoldungsgruppe [1])	Altersabteilung 1 bis zu 30 Jahren	Altersabteilung 2 30 bis 40 Jahre	Altersabteilung 3 über 40 Jahre
		Kalendertage		
A	A 11 u. 12	16	21	28
B	A 6—A 10	18	25	31
C	A 4 u. 5	21	28	35
D	A 2 u. 3	25	31 [2])	37
E	A 1 u. darüber	29	37	42

Maßgebend für die Einreihung in die Urlaubsklassen ist die Besoldungsgruppe, nach deren Sätzen der Beamte seine Bezüge erhält.

3. Die vorstehenden Urlaubszeiten werden für außerplanmäßige Beamte, die das 30. Lebensjahr noch nicht vollendet haben, gekürzt

im 1. Dienstjahr der außerplanmäßigen Dienstzeit um 5 Kalendertage,
im 2. Dienstjahr der außerplanmäßigen Dienstzeit um 3 Kalendertage,
im 3. Dienstjahr der außerplanmäßigen Dienstzeit um 2 Kalendertage.

4. Diejenigen Beamten, die auf Veranlassung ihrer vorgesetzten Dienstbehörde den Urlaub in der Zeit vom 1. November bis zum 30. April nehmen müssen, erhalten einen Zusatzurlaub bis zu höchstens 7 Tagen; fällt der Urlaub nur zum Teil in die vorbezeichnete Zeit, so verringert sich der Zusatzurlaub entsprechend.

5. Schwerkriegsbeschädigten und schwerunfallverletzten Beamten kann ein längerer Urlaub gewährt werden, wenn sich dies aus gesundheitlichen Gründen im Einzelfall als geboten erweist. Von der Einforderung eines ärztlichen Zeugnisses kann abgesehen werden, wenn es sich bei den genannten

---

[1]) Geändert durch Beschluß v. 6. 3. 1928 (RMBl. S. 89).
[2]) Berichtigt durch RMBl. 1925 S. 130.

Beamten um eine Verlängerung des Urlaubs bis zu einer Woche handelt und das Bedürfnis einen besonderen Nachweis nicht erfordert.

6. Den Urlaub der Beamten im Vorbereitungsdienste regeln die Leiter der obersten Reichsbehörden.

2. Richtlinien über die Beurlaubung von Beamten, Angestellten und Arbeitern bei Behörden, öffentlich-rechtlichen Körperschaften und öffentlichen Betrieben für Zwecke der NSDAP., ihrer Gliederungen und angeschlossenen Verbände.

RdErl. d. RuPrMdJ. zgl. i. N. sämtl. RM., d. PrMPräs. u. sämtl. PrStM. Vom 12. Januar 1936 (RMBliV. S. 49) in der Fassung des RdErl. vom 2. September 1937 (RMBliV. S. 1453).

Unter Aufhebung aller bisher über die Beurlaubung von Beamten usw. für Zwecke der NSDAP. und zu Ausbildungslehrgängen ergangenen RdErl. kann für die Folge Urlaub nach nachstehenden Richtlinien erteilt werden:

A. Unter Fortfall der Dienstbezüge.

1. Zur Verwaltung von Ämtern, Wahrnehmung von Führerstellen in der Partei, ihren Gliederungen und den ihr angeschlossenen Verbänden. Den Beurlaubten dürfen hierdurch Nachteile in ihrer Dienststellung nicht erwachsen. Für Beamte darf Urlaub höchstens bis zu 2 Jahren (gerechnet vom Tage der Herausgabe dieser Richtlinien an) gewährt werden. Wird in Fällen von besonderer politischer Bedeutung die Beurlaubung eines Beamten ausnahmsweise für einen längeren Zeitraum notwendig, so kann Urlaub gewährt werden, wenn der Stellvertreter des Führers es beantragt; die Regelung dieser Fälle bleibt vorbehalten.

2. Bei Beurlaubungen von Beamten in den Fällen der Ziff. 1 gilt folgendes:

a) Bei planmäßigen Beamten erfolgt eine Kürzung des Besold.-Dienstalters (Nr. 45 Satz 2 der RBesVorschr., RBesBl. 1928 S. 33, Nr. 37 der PBV., PrBesBl. 1931 S. 17) nicht.

b) Bei nichtplanmäßigen Beamten ist von einer Kürzung des Diätendienstalters (Nr. 81 in Verb. mit Nr. 45 Satz 2 der RBesVorschr., Nr. 88 in Verb. mit Nr. 37 der PBV.) abzusehen.

c) Den aus dem Angestellten- oder Arbeiterverhältnis in das Beamtenverhältnis übergeführten Beamten ist die Zeit, während der sie als Angestellte oder Arbeiter zur Dienstleistung bei der NSDAP., ihren Gliederungen und den ihr angeschlossenen Verbänden beurlaubt waren, sowie die dieser Beurlaubung unmittelbar vorangehende Lohndienstzeit im Einzelfalle ausnahmsweise gemäß Nr. 82

der RBesVorschr., Nr. 101 Abs. 1 der PBV., im Rahmen der bestehenden Bestimmungen und Verwaltungsgrundsätze auf das Diätendienstalter und als außerplanmäßige Dienstzeit anzurechnen. Bei der Anrechnung solcher Zeiten ist der RFM. im Hinblick auf Nr. 82 Abs. 1 der RBesVorschr., der PrFM. im Hinblick auf Nr. 101 Abs. 1 der PBV. zu beteiligen.

d) Den Beamten bleibt ihr allgemeines Dienstalter gewahrt. Sie sind den nicht beurlaubten Beamten in bezug auf Anstellung, Beförderung und Ablegung von Prüfungen gleichzustellen.

e) Die ruhegehaltfähige Dienstzeit ist im Falle des Eintritts des Beamten in den Ruhestand nicht um die Zeit des Urlaubs zu kürzen.

3. Die Zeit der Beurlaubung von Angestellten und Arbeitern gilt als Dienstzeit im Sinne der tariflichen Bestimmungen.

B. Mit Fortzahlung der Dienstbezüge.

1. (1) Zur Teilnahme an den von der NSDAP. und ihren Gliederungen veranstalteten Schulungslehrgängen der Gauschulen, der Schulungsburgen, der Reichsschule Bernau und der Reichsfrauenschaftsschule in Koburg sowie den Lehrgängen der HJ.-Führerschulen bis zur Dauer von einem Monat.

(2) Den Teilnehmern an diesen Lehrgängen ist der Erholungsurlaub in dem gleichen Jahre oder, wenn Erholungsurlaub in diesem Jahre nicht mehr zur Verfügung steht, in dem nachfolgenden Urlaubsjahr um ein Drittel, jedoch nicht um mehr als 10 Tage zu kürzen. Dauert die Teilnahme an einem solchen Lehrgang weniger als 10 Tage, so sind diese Tage bis zu einem Drittel des zustehenden Jahresurlaubs auf den Erholungsurlaub in Anrechnung zu bringen. Mehrere Beurlaubungen in einem Jahre sind zusammenzurechnen und auf den Erholungsurlaub nur im Rahmen der vorstehenden Höchstgrenzen anzurechnen. Bei nichtbeamteten Arbeitnehmern wird unterstellt, daß sie im folgenden Jahre noch oder wieder mit Urlaubsanspruch beschäftigt sein werden.

(3) Wird Urlaub für einen längeren Zeitraum als einen Monat notwendig, so kann die einen Monat übersteigende Zeit nur unter voller Anrechnung auf den restlichen Erholungsurlaub des gleichen oder gegebenenfalls des nachfolgenden Urlaubsjahres oder unter Fortfall der Gehalt- oder Lohnbezüge gewährt werden. Das BDA. usw. wird um diese Urlaubszeit nicht gekürzt (vgl. auch Abschn. A Ziff. 2 u. 3).

(4) Für die Einberufungen zu diesen Lehrgängen sind allein zuständig:

a) zu den Schulungslehrgängen der Partei und ihrer Gliederungen das Reichsschulungsamt oder die Gauschulungsämter der Partei;

b) zu den Lehrgängen in den HJ.-Führerschulen die HJ.-Gebietsführungen oder die BDM.-Obergauführungen.

2. (1) Zur Teilnahme an von der SA. und SS. sowie dem NSKK. veranstalteten Lehrgängen bis zur Dauer von zwei Monaten.

(2) Der Erholungsurlaub ist wie unter Abschn. B Ziff. 1 (2) zu kürzen.

(3) Wird Urlaub für einen längeren Zeitraum als zwei Monate notwendig, so kann der über zwei Monate hinausgehende Urlaub nur unter voller Anrechnung auf den restlichen Erholungsurlaub des gleichen oder gegebenenfalls des nachfolgenden Urlaubjahres oder unter Fortfall der Gehalt- oder Lohnbezüge erteilt werden. Das Besoldungsdienstalter usw. wird um diese Urlaubszeit nicht gekürzt (vgl. Abschn. A Ziff. 2 u. 3).

(4) Zu Einberufungen zu diesen Lehrgängen sind allein berechtigt:

a) bei der SA. die Oberste SA.-Führung, die Führer der Gruppen und der Brigaden,

b) bei der SS. der Reichsführer der SS. (Chef des SS.-Hauptamtes) sowie die SS.-Oberabschnittsführer und Abschnittsführer,

c) bei dem NSKK. der Korpsführer und die Führer der Motorgruppen und Motorbrigaden des NSKK.

3. (1) Zur Teilnahme am Nationalen Feiertag des deutschen Volkes (1. Mai), am Reichsparteitag und am Erntedankfest einschließlich der für die Hin- und Rückreise erforderlichen Zeit, wenn nachgewiesen ist, daß die Teilnahme auf Veranlassung oder mit Billigung der NSDAP. erfolgt.

(2) Der Urlaub wird auf den Erholungsurlaub nicht angerechnet.

4. (1) Zur Teilnahme an kurzfristigen Veranstaltungen von besonderer Bedeutung (Aufmärschen u. dgl.), die das ganze Gebiet des Reichs oder das Gebiet eines Landes oder eines Gaues umfassen, einschließlich der für die Hin- und Rückreise erforderlichen Zeit.

(2) Der Urlaub wird auf den Erholungsurlaub nicht angerechnet.

(3) Die Anordnung zu Beurlaubungen bei Veranstaltungen gem. Abs. 1 ergeht auf Anregung des Stellvertreters des Führers, der Obersten SA.-Führung, des Reichsführers der SS. oder des Korpsführers des NSKK. für das Reichsgebiet durch das RuPrMdJ., für die auf ein Land oder einen Gau beschränkten Veranstaltungen auf Veranlassung der entsprechenden Partei-, SA.-, SS.- und NSKK.-Dienststelle, in Preußen durch das RuPrMdJ., im übrigen durch den zuständigen Reichsstatthalter. Im letzteren Falle wird das RuPrMdJ. auf Vorschlag des Reichsstatthalters die gleiche Anordnung für die im Lande wohnenden Reichsbeamten und für die nichtbeamteten Arbeitnehmer der Reichsdienststellen ergehen lassen.

5. (1) Zur Dienstleistung und zur Teilnahme an Kundgebungen und sonstigen Veranstaltungen örtlicher Art von kurzer Dauer und zur Teilnahme von Jugendführern am Staatsjugendtag.

(2) Der Urlaub wird nicht auf den Erholungsurlaub angerechnet.

(3) Der Urlaub muß beantragt werden:

a) für die Angehörigen der politischen Organisationen von dem Kreisleiter oder von einer diesem übergeordneten Parteidienststelle,

b) für die SA., SS. und das NSKK. von dem Führer der Standarte oder von einer diesem übergeordneten Stelle,

c) für die Jugendführer von der Gebietsjugendführung der HJ. oder für BDM.-Jugendführerinnen durch die Obergauführung.

6. (1) Auf die der NSDAP. angeschlossenen Verbände (§ 3 der VO. zur Durchf. des Ges. zur Sicherung der Einheit von Partei und Staat v. 29. 3. 1935, RGBl. I S. 502) finden die vorstehenden Richtlinien zu B keine Anwendung.

(2) Zu Tagungen und Schulungslehrgängen dieser Verbände können Dienstverpflichtete, soweit sie den ihnen in dem Urlaubsjahr zustehenden Erholungsurlaub hierzu nicht verwenden wollen, nur unter Fortfall der Bezüge vom Dienst befreit werden.

C.

Urlaub und Dienstbefreiung können nur gewährt werden, wenn die Dienst- und Personalverhältnisse es gestatten. Über die dienstliche Entbehrlichkeit, deren Zeitpunkt und Dauer entscheidet in jedem Fall ausschließlich der Behörden- oder Betriebsleiter. Solange die Dienstbefreiung nicht ausdrücklich ausgesprochen ist, ist ein Fernbleiben vom Dienst unzulässig. Um die für die Vertretung erforderlichen Vorkehrungen treffen zu können, sind die Anträge auf Beurlaubung von Beamten usw. zur Teilnahme an Lehrgängen und Tagungen von den einberufenden Stellen möglichst vier Wochen vor Beginn der Veranstaltung an die Beschäftigungsbehörde bzw. an den Betrieb einzureichen. Auf Bedienstete der Betriebsverwaltungen ist zur Vermeidung von Betriebsstörungen nur in dringenden Fällen zurückzugreifen.

D.

Vorstehende Richtlinien finden vorbehaltlich der von dem RuPrMfWEuV. im Benehmen mit dem Stellvertreter des Führers ergehenden besonderen Anordnungen auch Anwendung auf Leiter und Lehrer an öffentlichen Schulen.

3. Beurlaubung von Behördenangehörigen zur Ableistung militärischer Übungen und für Zwecke der NSDAP.

RdErl. d. RuPrMdJ. zgl. i. N. sämt. RM., d. PrMPräs. u. sämtl. PrStM. v. 3. Mai 1936 (RMBliV. S. 611).

Wenn Behördenangehörige in ein und demselben Urlaubsjahr (Rechnungsjahr) sowohl zur Ableistung von Übungen in der Wehrmacht als auch für Zwecke der NSDAP. beurlaubt werden, so ist der Erholungsurlaub nur einmal bis zu einem Drittel, jedoch nicht um mehr als 10 Tage zu kürzen (vgl. auch § 6 Abs. 2 der VO. über die Einberufung zu Übungen der Wehrmacht v. 25. 11. 1935, RGBl. I S. 1358, Art. 1 der Ersten VO. zur Änd. d. vorgenannten VO. v. 28. 3. 1936, RGBl. I S. 326, und Abschnitt B Ziff. 1 Abs. 2 der Richtlinien über die Beurlaubung von Behördenangehörigen für Zwecke der NSDAP. v. 12. 1. 1936 — II SB 6461/907, RMBliV. S. 49).

4. Richtlinien über die Beurlaubung von Beamten, Angestellten und Arbeitern bei Behörden, öffentlich-rechtlichen Körperschaften und öffentlichen Betrieben für Zwecke des zivilen Luftschutzes.

RdErl. d. RuPrMdI. v. 30. Juni 1937 (RMBliV. S. 1047).

Auf Grund des § 14a der Ersten Durchf.-VO. zum Luftschutzges. v. 4. 5. 1937 (RGBl. I S. 559) wird im Einvernehmen mit dem RFM. und dem RMdLuObdL. bestimmt:

Ziviler Luftschutz:

(1) Grundsätzlich sollen Ausbildungsveranstaltungen (Lehrgänge) und Übungen für Zwecke des Luftschutzes außerhalb der Arbeitszeit stattfinden. In Fällen, in denen es sich also nicht um zusammenhängende Ausbildungsveranstaltungen und Übungen von mehrtägiger Dauer handelt, wird im allgemeinen eine Beurlaubung nicht notwendig werden und sich die Inanspruchnahme durch Vertretungen oder Austausch von Arbeitskräften ermöglichen lassen.

(2) Bei Ausbildungsveranstaltungen und Übungen von mehrtägiger Dauer kann den Teilnehmern Urlaub unter Fortzahlung der Dienstbezüge bis zu 14 Tagen gewährt werden. Übersteigt ein solcher Urlaub die Dauer von 2 Arbeitstagen, so ist der Rest dieses Urlaubs auf den Erholungsurlaub im gleichen oder, wenn Erholungsurlaub in diesem Jahre nicht mehr zur Verfügung steht, im nachfolgenden Urlaubsjahr (Rechnungsjahr) mit der Maßgabe anzurechnen, daß der Erholungsurlaub nur bis zu einem Drittel, jedoch nicht um mehr als 10 Tage gekürzt wird. Mehrere, 2 Tage übersteigende Beurlaubungen für Zwecke des Luftschutzes in einem Urlaubsjahr sind zusammenzurechnen und auf den Erholungsurlaub nur im Rahmen der vorstehenden Höchstgrenze anzurechnen. Mehrere Beurlaubungen in einem Jahre (z. B. zu Übungen der Wehrmacht, zu Lehrgängen der NSDAP., im Luftschutz oder dergl.) sind zusammenzurechnen und auf den Erholungsurlaub nur im Rahmen der vorstehenden Höchstgrenzen anzurechnen (vgl. RdErl. v. 3. 5. 1936 — II SB 6462/2159, RMBliV. S. 611). Bei nichtbeamteten Arbeitnehmern wird unterstellt, daß sie im

folgenden Jahre noch oder wieder mit Urlaubsanspruch beschäftigt sein werden.

(3) Der Urlaub darf nur gewährt werden, wenn es sich um Ausbildungsveranstaltungen und Übungen handelt, die gem. § 13 der Ersten Durchf.-VO. zum Luftschutzges. angeordnet sind.

(4) Der Urlaub darf ferner nur gewährt werden, wenn die Dienst- und Personalverhältnisse es gestatten. Über die dienstliche Entbehrlichkeit, deren Zeitpunkt und Dauer, entscheidet in jedem Falle der Behördenleiter oder Betriebsführer. Solange der Urlaub nicht ausdrücklich genehmigt ist, ist ein Fernbleiben vom Dienst nicht zulässig. Um die für die Vertretung erforderlichen Vorkehrungen treffen zu können, sind Anträge auf Beurlaubung von Beamten usw. zur Teilnahme an den Lehrgängen von den einberufenden Stellen möglichst 4 Wochen vor Beginn an die Beschäftigungsbehörden bzw. den Betrieb zu richten.

(5) Da der Luftschutzdienst der Landesverteidigung dient, darf der Urlaub für Luftschutzzwecke nur beim Vorliegen besonderer Gründe versagt werden.

5. Richtlinien über die Beurlaubung von Beamten, Angestellten und Arbeitern bei Behörden, öffentlich-rechtlichen Körperschaften und öffentlichen Betrieben für Zwecke des Deutschen Roten Kreuzes, der Freiwilligen Feuerwehren und der Technischen Nothilfe.

RdErl. d. RuPrMdI. zgl. i. N. sämtl. RM., d. PrMPräs. u. sämtl. PrStM. v. 30. Juni 1937 (RMBliV. S. 1048).

Zur Teilnahme an Ausbildungslehrgängen kann Beamten, Angestellten und Arbeitern, die Mitglieder der nachgenannten Organisationen sind, Urlaub mit Fortzahlung der Bezüge erteilt werden:

A. Deutsches Rotes Kreuz.

(1) Es kommen folgende, von den Landes- und Provinzialvereinen eingerichtete Ausbildungslehrgänge in Frage:

a) als Führer, Dauer etwa 1 Woche,

b) als Hilfskrankenpfleger, Dauer 4—6 Wochen,

c) als Desinfektor, Dauer 14 Tage,

d) als Helferin in den Helferinnenschulen, Dauer etwa 10 Tage.

(2) Die Einberufungen erfolgen durch den zuständigen Territorialdelegierten der Freiwilligen Krankenpflege.

(3) Den Teilnehmern an diesen Lehrgängen ist der Erholungsurlaub in dem gleichen Jahre oder, wenn Erholungsurlaub in diesem Jahre nicht

mehr zur Verfügung steht, in dem nachfolgenden Urlaubsjahr um ein Drittel, jedoch nicht um mehr als 10 Tage zu kürzen. Dauert die Teilnahme an einem solchen Lehrgang weniger als 10 Tage, so sind diese Tage bis zu einem Drittel des zustehenden Jahresurlaubs auf den Erholungsurlaub in Anrechnung zu bringen. Mehrere Beurlaubungen in einem Jahre (z. B. zu Übungen der Wehrmacht, zu Lehrgängen der NSDAP., Lehrgängen im Luftschutz) sind zusammenzurechnen und auf den Erholungsurlaub nur im Rahmen der vorstehenden Höchstgrenzen anzurechnen (vgl. RdErl. v. 3. 5. 1936 — II SB 6462/2159, RMBliV. S. 611). Bei nichtbeamteten Arbeitnehmern wird unterstellt, daß sie im folgenden Jahre noch oder wieder mit Urlaubsanspruch beschäftigt sein werden.

(4) Wird Urlaub für einen längeren Zeitraum als vorstehend angegeben notwendig, so kann die übersteigende Zeit nur unter voller Anrechnung auf den restlichen Erholungsurlaub des gleichen oder gegebenenfalls des nachfolgenden Urlaubsjahres oder unter Fortfall der Gehalt- oder Lohnbezüge gewährt werden. Das BDA. usw. wird um diese Urlaubszeit nicht gekürzt (vgl. auch Abschn. A Ziff. 2 und 3 der Richtlinien über die Beurlaubung von Behördenangehörigen für Zwecke der NSDAP. v. 12. 1. 1936 — II SB 6461,907, RMBliV. S. 49).

B. Freiwillige Feuerwehren.

(1) Es kommen folgende Lehrgänge in Frage:

a) für obere Feuerwehrführer an der Reichsfeuerwehrschule in Eberswalde,

b) für untere Feuerwehrführer und sonstige Feuerwehrangehörige an den Feuerwehrschulen der preuß. Provinzen und der außerpreuß. Länder.

Die Einberufungen erfolgen zu a) und b) durch die Schulleitung.

(2) Die Lehrgänge dauern im Regelfalle bei der Reichsfeuerwehrschule in Eberswalde 14 Tage und bei den Feuerwehrschulen 8 Tage.

(3) Für die Beurlaubung der Teilnehmer an den Feuerwehrlehrgängen gelten die Bestimmungen des Abschn. A Ziff. 3 sinngemäß.

C. Technische Nothilfe.

(1) In Frage kommt die Ausbildung von Nothelferführern auf der Reichsschule der Technischen Nothilfe in der Burg Eisenhardt bei Belzig.

(2) Die Einberufungen erfolgen durch den Reichsführer der Techn. Nothilfe.

(3) Die Lehrgänge dauern 14 Tage.

(4) Für die Beurlaubungen der Teilnehmer an den Lehrgängen der Techn. Nothilfe gelten die Bestimmungen des Abschn. A Ziff. 3 sinngemäß.

D.

Urlaub zu den unter Abschn. A bis C genannten Ausbildungsveranstaltungen kann nur gewährt werden, wenn die Dienst- und Personalverhältnisse es gestatten. Über die dienstliche Entbehrlichkeit, deren Zeitpunkt und Dauer, entscheidet in jedem Falle ausschließlich der Behördenleiter oder Betriebsführer. Solange der Urlaub nicht ausdrücklich genehmigt ist, ist ein Fernbleiben vom Dienst unzulässig. Um die für die Vertretung erforderlichen Vorkehrungen treffen zu können, sind Anträge auf Beurlaubung von Beamten usw. zur Teilnahme an den Lehrgängen von den einberufenen Stellen möglichst 4 Wochen vor Beginn an die Beschäftigungsbehörde bzw. an den Betrieb zu richten.

6. Beurlaubung von Behördenangehörigen für Zwecke des Nationalsozialistischen Fliegerkorps.

RdErl. d. RuPrMdJ. v. 7. September 1937 (RMBliV. S. 1503).

(1) Nach Ziff. V des Erl. des Führers und Reichskanzlers über das Nationalsozialistische Fliegerkorps v. 17. 4. 1937 (RGBl. I S. 529) finden die Richtlinien über die Beurlaubung von Behördenangehörigen für Zwecke der NSDAP. v. 12. 1. 1936 — II SB 6461 907 (RMBliV. S. 49), Abschn. B Ziff. 2 auf die Angehörigen des Nationalsozialistischen Fliegerkorps bei Einberufung zu Ausbildungslehrgängen sinngemäß Anwendung.

(2) Die Einberufungen zu Ausbildungslehrgängen des NSFK. erfolgen durch den Korpsführer und durch die Gruppenführer des NSFK.

XI. Beamte und Wehrmacht.

1. Verordnung über die Einberufung zu Übungen der Wehrmacht.

Vom 25. November 1935 (RGBl. I S. 1358) in der Fassung der 1. Änderungs-VO. vom 28. März 1936 (RGBl. I S. 326).

(Auszug.)

§ 1.

Einberufung zu Übungen der Wehrmacht.

Angehörige der Reserve, der Ersatzreserve, der Landwehr und in Ostpreußen auch des Landsturms werden in dem vom Reichskriegsminister jährlich bestimmten Umfang durch Einberufungsbefehl des Wehrbezirkskommandos oder im Auftrage des Wehrbezirkskommandos zu Übungen einberufen.

§ 6.

Beurlaubung von Angehörigen der Behörden, Körperschaften des öffentlichen Rechts und der öffentlichen Betriebe.

(1) Beamte von Behörden und Dienststellen des Reichs, der Länder und Gemeinden, der Gemeindeverbände und sonstigen Körperschaften des öffentlichen Rechts und der öffentlichen Betriebe haben den Antrag auf Urlaub zur Ableistung einer Übung mit dem Einberufungsbefehl ihrer vorgesetzten Behörde oder Dienststelle vorzulegen. Der Urlaub ist unbeschadet der Vorschriften des § 10 zu bewilligen.

(2) Die Dienstbezüge sind während des Urlaubs bis zu einer Dauer der Übung von vier Monaten, bei der Luftwaffe von sechs Monaten fortzuzahlen. Der Erholungsurlaub ist in dem gleichen oder, wenn in diesem Jahre Erholungsurlaub nicht mehr zur Verfügung steht, in dem nachfolgenden Urlaubsjahr um ein Drittel dieses Urlaubs, jedoch nicht um mehr als zehn Tage zu kürzen. Mehrere Beurlaubungen in einem Jahre sind zusammenzurechnen und auf den Erholungsurlaub nur im Rahmen der vorstehenden Höchstgrenzen anzurechnen[1]. § 3 Abs. 4 Satz 3 ist anzuwenden.

(3) Betr. Angestellte und Arbeiter.

(4) Der Reichsminister des Innern bestimmt im Einvernehmen mit dem Reichsminister der Finanzen, wieweit die durch Ableistung von Übungen in der Wehrmacht verbrachte Zeit auf die Ausbildungs- und Probedienstzeit anzurechnen ist. Wird durch die Ableistung der Übung die Beendigung der Ausbildungs- oder Probedienstzeit hinausgeschoben, so ist das allgemeine Dienstalter um diese Zeit vorzurücken. Die durch Ableistung von Übungen verbrachte Zeit ist auf Wartezeiten voll anzurechnen und als Dienstzeit im Sinne der Tarifordnungen (einschließlich der als Tarifordnungen weitergeltenden Tarifverträge) des öffentlichen Dienstes anzusehen.

§ 10.

Unabkömmlichkeit.

Die Leiter von Behörden und Dienststellen des Reichs, der Länder, Gemeinden, Gemeindeverbände und sonstigen Körperschaften des öffentlichen Rechts können zu Übungen einberufene Beamte, Angestellte und Arbeiter, wenn ihre Stellvertretung aus dringenden dienstlichen Gründen nicht möglich ist, gegenüber dem Wehrbezirkskommando für zeitweise unabkömmlich erklären. In diesem Falle ist der für zeitweise unabkömmlich Erklärte vom Wehrbezirkskommandeur zurückzustellen.

---

[1] Satz 3 eingefügt durch VO. v. 28. 3. 1936 (RGBl. I S. 326).

2. Anrechnung militärischer Übungen auf die Ausbildungs- und Probedienstzeit.

RdErl. d. RuPrMdJ. v. 27. April 1936 (RMBliV. S. 584).

(1) Auf Grund des § 6 Abs. 4 Satz 1 der VO. über die Einberufung zu Übungen der Wehrmacht v. 25. 11. 1935 (RGBl. I S. 1358) wird im Einvernehmen mit dem RFM. bestimmt:

(2) Auf jedes Jahr der Ausbildungs- und Probedienstzeit sind von der durch die Ableistung von Übungen in der Wehrmacht verbrachten Zeit mindestens zwei, höchstens aber acht Wochen anzurechnen. Hat die Übung weniger als zwei Wochen gedauert, so ist diese Zeit anzurechnen. Die Höhe der Anrechnung innerhalb dieser Grenzen regelt die oberste Dienstbehörde; sie kann nachgeordnete Behörden ermächtigen, für den Einzelfall über die Anrechnung zu entscheiden.

3. Verordnung über Fürsorge für Soldaten und Arbeitsmänner[1]).

Vom 30. September 1936 (RGBl. I S. 865).

(Auszug.)

Erster Teil.

B. als Beamte.

§ 12.

Das Dienstverhältnis bis zur Einberufung.

(1) Den Beamten des Reichs, der Länder, der Gemeinden und der Gemeindeverbände sowie der sonstigen Körperschaften des öffentlichen Rechts, die zum Erfüllen der aktiven Dienstpflicht einberufen werden oder freiwillig eintreten, ist der erforderliche Urlaub unter Fortfall der Bezüge zu gewähren.

(2) Der Urlaub ist unverzüglich zu beantragen. Der Gestellungsbefehl ist dem Antrag beizufügen.

§ 13.

Die Rückkehr in das Beamtenverhältnis nach erfüllter aktiver Dienstpflicht und das allgemeine Dienstalter.

(1) Soldaten, die als beurlaubte Beamte ihre aktive Dienstpflicht erfüllt haben oder unverschuldet früher aus dem aktiven Wehrdienst ausscheiden, kehren unverzüglich zu ihrer letzten Dienststelle zurück oder melden sich sogleich bei der ihnen inzwischen mitgeteilten neuen Dienststelle.

(2) Das allgemeine Dienstalter der planmäßigen Beamten wird durch Ableisten aktiven Wehrdienstes nicht berührt.

---

[1]) Vgl. RdErl. des RuPrMdJ. v. 11. 7. 1936 (RMBliV. S. 987) betr. Beamte usw., die als Soldaten ihre aktive Dienstpflicht erfüllt haben.

(3) Bei Rückkehr in den Zivilberuf darf den Soldaten kein Nachteil erwachsen. Weisen sie nach, daß durch Erfüllen der aktiven Dienstpflicht

a) der Beginn des Beamtenverhältnisses
oder
b) die planmäßige Anstellung als bisher nichtplanmäßiger Beamter
oder
c) die Beförderung als planmäßiger Beamter

} ohne ihr Verschulden um eine bestimmte Zeit verzögert worden ist,

so wird diese Zeit auf das künftige allgemeine Dienstalter angerechnet.

§ 14.

Die Ansprüche aus dem neuen Dienstverhältnis.

Das Anrechnen der Zeit erfüllter aktiver Dienstpflicht auf das Besoldungs- und Diätendienstalter sowie als außerplanmäßige Dienstzeit regeln die Besoldungsvorschriften.

§ 15.

Das Nichtanrechnen der Zeit erfüllter aktiver Dienstpflicht.

(1) Auf die Ausbildungs- und Probedienstzeit wird die Zeit erfüllter aktiver Dienstpflicht nicht angerechnet.

(2) Für die Berechnung der Höhe von Unterhaltszuschüssen oder Tagesvergütungen, die nach Vorbereitungsjahren gestaffelt sind, bleibt die Zeit erfüllter aktiver Dienstpflicht unberücksichtigt.

C. als Bewerber für den Beamtenberuf (Zivilanwärter).

§ 16.

(1) Soldaten, die nach erfüllter aktiver Dienstpflicht in Ehren oder unverschuldet früher aus dem aktiven Wehrdienst ausscheiden und den Beamtenberuf wählen, haben, wenn sie dafür geeignet sind und die sonstigen Bedingungen für Zivilanwärter erfüllen, den Vorrang vor sonstigen Bewerbern gleicher Eignung.

(2) Auf die Zeit der Vorbereitung und Ausbildung für den Beamtenberuf wird die Zeit erfüllter aktiver Dienstpflicht nicht angerechnet.

Zweiter Teil.

Fürsorge für Arbeitsmänner. Das Beschäftigungsverhältnis bis zur Einberufung und nach erfüllter Arbeitsdienstpflicht.

§ 17.

Die Vorschriften des Ersten Teils dieser Verordnung (§§ 1 bis 16) gelten entsprechend auch für Arbeitsmänner.

Dritter Teil.

Die bevorzugte Unterbringung ausgeschiedener Soldaten und Arbeitsmänner.

§ 18.

(1) Bei Bewerbung um Beschäftigung im öffentlichen Dienst hat den Vorrang vor sonstigen Bewerbern gleicher Eignung,

a) wer die aktive Dienstpflicht im Wehrdienst und die Arbeitsdienstpflicht erfüllt hat;

b) danach, wer Wehr- oder Arbeitsdienst geleistet hat, je nach der Länge der Dienstzeit, wobei die Dauer der Dienstzeit bis zu einem Jahre keine unterschiedliche Behandlung begründet.

(2) Bei Vermittlung in Arbeitsplätze der freien Wirtschaft sind die ausscheidenden Soldaten und Arbeitsmänner in derselben Weise wie unter Abs. 1 bevorzugt zu berücksichtigen.

Vierter Teil.

Allgemeine Bestimmungen.

§ 19.

Die gesetzlich festgelegten Rechte der Kriegsbeschädigten und der ihnen gleichgestellten Schwerbeschädigten sowie allgemeine Anordnungen über bevorzugte Unterbringung werden durch diese Verordnung nicht berührt.

§ 21.

Die zu kurzfristiger Ausbildung einberufenen Soldaten fallen nicht unter die Vorschriften dieser Verordnung. Sie unterliegen den Vorschriften der Verordnung über Einberufung zu Übungen der Wehrmacht vom 25. November 1935 (Reichsgesetzbl. I S. 1358). Rechtlich werden sie so behandelt, als wenn sie zu einer Übung einberufen wären.

§ 22.

Die zur Durchführung dieser Verordnung notwendigen allgemeinen Verwaltungsanordnungen erlassen die zuständigen Reichsminister.

§ 23.

Die Verordnung tritt mit Wirkung vom 1. Oktober 1936 in Kraft. Mit dem gleichen Zeitpunkt verlieren abweichende Bestimmungen in Tarifordnungen, die vor der Verkündung der Verordnung in Kraft getreten sind, ihre Wirksamkeit.

XII. Erlasse verschiedenen Inhalts, die sich auf das allgemeine Verhalten der Beamten in und außer dem Amte beziehen.

1. Verbreitung des Gedankengutes der nationalsozialistischen Bewegung in der Beamtenschaft.

RdErl. d. MdJ. v. 11. Juli 1933 (MBliV. S. 807).

(1) Anläßlich der Übernahme der Dienstgeschäfte des Preuß. Ministeriums des Innern habe ich in meinem Aufruf v. 1. 2. 1933 (MBliV. I S. 89, II S. 41) die mir unterstellte Beamtenschaft aufgefordert, getreu den Idealen altpreußischen Beamtentums Preußen wieder zum Hort der Sauberkeit, Sparsamkeit und hingebenden Pflichterfüllung zu machen. Ich habe in meiner Rede als Ministerpräsident vor dem Landtag am 18. 5. 1933 diese Grundsätze erneut als oberste Richtlinie für die öffentliche Verwaltung herausgestellt. Wenn die Beamtenschaft gewillt ist, in freudiger Mitarbeit nach besten Kräften zum Aufbau des nationalsozialistischen Staates beizutragen, kann sie den Beweis dafür am sichtbarsten liefern, indem sie diese altpreußischen Beamtentugenden betätigt, um so mehr, als sie den Grundanschauungen des Nationalsozialismus vom Wesen und den Pflichten des Beamten vollauf entsprechen.

(2) Ich habe Veranlassung, erneut darauf hinzuweisen, daß es Pflicht jedes Beamten ist, diesen Zielen nachzuleben. Dazu gehört in erster Linie, daß jeder seine eigenen Wünsche, Interessen und vermeintlichen Ansprüche zurückstellt gegenüber dem Dienst am Ganzen. Dies aus innerer Überzeugung zu tun, wird einem jeden um so leichter gelingen, je mehr er bestrebt ist, sich mit dem Gedankengut der nationalsozialistischen Weltanschauung und Staatsauffassung vertraut zu machen. Nur dann wird die Gewähr gegeben sein, daß die Arbeit der Behörden volksverbunden bleibt und die richtunggebenden Anordnungen der Staatsführung verständnisvoll, zielbewußt und einheitlich ausgeführt werden.

(3) Alle Behördenleiter ersuche ich daher, die Beamten zu eingehender Beschäftigung mit den Grundsätzen der heutigen Staatspolitik und mit dem Gedankengut des Nationalsozialismus anzuhalten. Die Behördenleiter haben dafür zu sorgen, daß jedem Beamten sowohl die grundsätzlichen Ausführungen der Landtagsrede v. 18. 5. 1933, die in der gesamten Tagespresse und überdies in allen großen Beamtenfachzeitungen (NSBZ., Beamtenbund usw.) abgedruckt waren, als auch insbesondere die wichtigsten Werke des nationalsozialistischen Schrifttums in ausreichendem Maße zugänglich gemacht werden. Auf das Buch des Führers „Mein Kampf" weise ich besonders hin.

(4) Ich erwarte, daß alle Behördenbüchereien der Anschaffung des nationalsozialistischen Schrifttums und seiner Verbreitung unter der

Beamtenschaft ihr besonderes Augenmerk zuwenden. Mein RdErl. v. 14. 6. 1933 — II F 88b Nr. 7/33 (MBliV. I S. 723) — über Büchereien der Schutzpolizei bleibt unberührt. Die Leiter von Behörden, die über keine eigene Bücherei verfügen, haben aus den ihnen für Geschäftsbedürfniszwecke zur Verfügung stehenden Mitteln wenigstens die wichtigsten Schriften zu beschaffen und ihre Beamten darauf hinzuweisen.

(5) Den Behördenleitern mache ich zur Pflicht, auch persönlich aufklärend und belehrend auf die Beamtenschaft in diesem Sinne einzuwirken und sich bei Gelegenheit davon zu überzeugen, daß dem Beamten das wesentliche Gedankengut der Bewegung nicht mehr fremd geblieben ist.

2. Amtsstil.

RdErl. d. MdJ. u. d. FM. zgl. i. N. d. MPräs. u. d. übrigen StM. v. 6. April 1934 (MBliV. S. 604).

(1) Der Schriftverkehr der Behörden unter sich und mit dem Publikum ist noch immer mit überflüssigen Höflichkeitsformeln belastet. Die Schreibweise der Behörden soll knapp und klar sein. Um überflüssiges Schreibwerk zu vermeiden, ersuchen wir, nach dem RdErl. über die Vereinfachung des Geschäftsganges und die Verminderung des Schreibwerks, v. 12. 8. 1897 (MBliV. S. 144), zu verfahren. Die in der Anlage zu dem RdErl. unter 1 Abs. 1 u. 2 bezeichneten Grundzüge sind im Geschäftsverkehr allgemein zu beachten.

(2) Der Gebrauch von Höflichkeitsformeln im Dienstverkehr sowohl innerhalb der einzelnen Behörde als auch der Behörden untereinander und mit dem Publikum ist, soweit angängig, zu beschränken, ohne daß die Kürze des Stils, insbesondere im Verkehr mit dem Publikum, zur Schroffheit führen darf. Die Anreden „Euer Hochwohlgeboren" usw. können unbedenklich vermieden werden; die Ausdrücke „ergebenst, gefälligst usw." wenigstens dann, wenn die erforderliche Höflichkeit der Ausdrucksweise gewahrt wird. Das muß dem Taktgefühl im Einzelfalle überlassen bleiben.

(3) Wir ersuchen alle Behörden der Staats- und Selbstverwaltung, hiernach zu verfahren und auch im Dienstaufsichtswege auf die Beachtung dieser Grundsätze hinzuwirken.

3. Deutscher Gruß[1]).

RdErl. d. RuPrMdJ. zgl. i. N. d. PrMPräs. u. d. übr. Pr. Staatsm. v. 22. Januar 1935 (MBliV. S. 100).

Das Gesetz über das Staatsoberhaupt des Deutschen Reiches v. 1. 8. 1934 (RGBl. I S. 747) und das Gesetz über die Vereidigung der Beamten

[1]) Vgl. RdErl. des MdJ. v. 20. 7. 1933 und des PrFM. v. 18. 12. 1933 (MBliV. S. 859 und 1487) und RdErl. des RuPrMdJ. v. 26. 4. und 3. 7. 1935 (MBliV. S. 602 und 847).

und der Soldaten der Wehrmacht v. 20. 8. 1934 (RGBl. I S. 785) haben die Verbundenheit der deutschen Beamtenschaft mit dem Führer und Reichskanzler zu einem höchstpersönlichen und unlösbaren Treueverhältnis ausgestaltet, dem in besonderer Form des deutschen Grußes Ausdruck zu geben, die Beamten-, Angestellten- und Arbeiterschaft der öffentlichen Verwaltung, wie ich überzeugt bin, freudig gewillt ist. In Erweiterung des RdSchr. des RMdJ. v. 27. 11. 1933 — I 6850 4. 7. II Ang. ordne ich daher an, daß fortan die Beamten, Behördenangestellten und -arbeiter den deutschen Gruß im Dienst und innerhalb der dienstlichen Gebäude und Anlagen durch Erheben des rechten — im Falle körperlicher Behinderung des linken — Armes und durch den gleichzeitigen deutlichen Ausspruch „Heil Hitler" ausführen. Ich erwarte von den Beamten, Behördenangestellten und -arbeitern, daß sie auch im außerdienstlichen Verkehr in gleicher Weise grüßen.

4. Anwendung des Grußes „Heil Hitler" im amtlichen Schriftverkehr.

RdErl. d. RuPrMdJ. v. 26. Juli 1935 (MBliV. S. 983).

Die in meinem RdSchr. v. 15. 1. 1934 — I 5100/19. 12 (MBliV. S. 449) getroffene Regelung, den Gruß „Heil Hitler" im innerdeutschen Schriftverkehr der Behörden in den Fällen anzuwenden, in denen bisher am Schluß besondere Höflichkeitsformen üblich waren, wird dahin erweitert, daß der Gruß „Heil Hitler" auch an den Schluß von Schreiben aus besonderen feierlichen Anlassen, z. B. Glückwunsch- und Anerkennungsschreiben, zu setzen ist. Im rein dienstlichen Schriftverkehr zwischen Behörden, sei es der eigenen oder einer außenstehenden Verwaltung, soll der Gruß unterbleiben, desgleichen auch sonstigen Empfängern dienstlicher Schreiben gegenüber, selbst wenn diese ihrerseits herkömmlicherweise oder im Einzelfall den Gruß im Schriftverkehr anwenden.

5. Bezug der nationalsozialistischen Presse durch die Beamten.

RdErl. d. RuPrMdJ. zgl. i. N. sämtl. RM., d. PrMPräs. u. sämtl. PrStM. v. 3. Dezember 1935 [1]) (MBliV. S. 1443).

(1) Der Beamte ist dem Führer und Reichskanzler Adolf Hitler durch den Eid, durch den er ihm Treue geschworen hat, zu unlösbarer Gefolgschaft verbunden. Er hat damit die Pflicht übernommen, in seinem amtlichen und außeramtlichen Wirken den auf das Wohl des ganzen Volkes gerichteten Willen des Führers und Reichskanzlers mit allen seinen Kräften in seinem Bereiche zu verwirklichen. Nichts kann den Beamten aber über

[1]) Auf den Erl. ist erneut durch RdErl. v. 25. 8. 1937 (RMBliV. S. 1425) hingewiesen worden.

den Willen des Führers gerade in den gegenwärtigen Zeitverhältnissen eingehender und lückenloser auf dem laufenden halten als das Organ zur Verlautbarung seiner Absichten und Ziele: die nationalsozialistische Tagespresse. Erst mit deren regelmäßigem Studium wird der Beamte in den Stand gesetzt sein, den Geist des Nationalsozialismus so erschöpfend zu erfassen und in sich aufzunehmen, daß er seine ganze Arbeit mit ihm durchdringen und damit dem Staatsleben die vom Führer gewiesene Richtung sichern kann.

(2) Ich halte es deshalb für selbstverständlich, daß jeder deutsche Beamte sich die Möglichkeit verschafft, ständig die nationalsozialistische Presse zu lesen, und auch davon täglichen Gebrauch macht. Dabei ist an erster Stelle das alte Kampfblatt der Bewegung „Der Völkische Beobachter" zu nennen.

(3) Um die parteiamtliche nationalsozialistische Presse nach Tunlichkeit zu verbreiten, wird es jedem Behördenleiter obliegen, die Werbung für sie insoweit zuzulassen und zu fördern, als das ohne Beeinträchtigung des Dienstbetriebes angängig erscheint. Nach diesen Gesichtspunkten sind auch Anträge auf Anbringung von Werbeaushängen in Kästen oder an Anschlagtafeln in oder an den Dienstgebäuden zu bescheiden. Ein Zwang darf jedoch auf die Beamtenschaft nicht ausgeübt werden.

6. Verkehr der Beamten mit den Volksgenossen.

RdErl. d. RuPrMdJ. v. 4. Juli 1937 (RMBliV. S. 1109).

(1) Im Dritten Reich ist der Beamte Diener am deutschen Volk. Ihm hat er alle seine Kräfte, sein ganzes Können und Wissen zu widmen. Er steht deshalb zum einzelnen Volksgenossen nicht im Verhältnis des Vorgesetzten zum Untergebenen, sondern in dem eines Fürsorgers und Beraters, an den der Volksgenosse sich mit seinen Nöten, Sorgen und Zweifeln vertrauensvoll wenden soll.

(2) Mit dieser Stellung des Beamten ist jede unsachliche Schärfe und Schroffheit und jede Unhöflichkeit im schriftlichen und mündlichen Verkehr mit den Volksgenossen unvereinbar. Ein solches Verhalten wäre geeignet, das Vertrauen zum nationalsozialistischen Staate zu erschüttern und könnte, wird es Ausländern gegenüber geübt, bei ihnen vom Dritten Reich falsche Vorstellungen erwecken und damit dem deutschen Volke schaden.

(3) Ich erwarte daher von der Beamtenschaft, daß sie jeden, der sich mündlich oder schriftlich an die Behörde wendet, wenn auch bestimmt, so doch höflich abfertigt, und von den Leitern der Behörden, daß sie bei jeder sich bietenden Gelegenheit (z. B. Versammlungen der nachgeordneten Behördenleiter und Beamten) in geeigneter Weise die unterstellte Beamtenschaft auf diese Gesichtspunkte hinweisen.

7. Mitgliedsbeiträge von Beamten.

RdErl. d. MdJ. v. 13. Oktober 1933 (MBliV. S. 1155).

Beiträge für die Mitgliedschaft von Beamten in Vereinen und ähnlichen Einrichtungen sind bislang mehrfach auf Staatsmittel übernommen worden. Künftig kann dies nur dann zugelassen werden, wenn der Staat ein besonderes Interesse an dem Bestehen der Mitgliedschaft hat. Ich ersuche daher, alle Beitragszahlungen aus Staatsmitteln einer sorgfältigen Prüfung zu unterziehen, und zwar auch diejenigen Fälle, in denen die Zahlung aus Aufwandsentschädigungen geleistet wird. Liegt ein besonderes staatliches Interesse nicht vor, so ist die Zahlung aus Staatsmitteln alsbald, spätestens ab 1. 4. 1934 einzustellen.

8. Mitgliedschaft der Beamten in der Deutschen Arbeitsfront[1]).

RdErl. d. FM. zgl. i. N. d. MPräs. u. d. übr. StM. (m. Ausn. d. MfWKuV.) v. 18. August 1934 (MBliV. S. 1143).

(1) Nachstehend wird ein RdSchr. des RMdJ. v. 1. 8. 1934 über Beamte und Arbeitsfront zur Kenntnis und Beachtung mitgeteilt.

(2) Die Vorschriften gelten auch für die Beamten der Gemeinden, Gemeindeverbände und der sonstigen der Staatsaufsicht unterstehenden Körperschaften, Anstalten und Stiftungen des öffentlichen Rechtes.

Anlage.

Der Reichsminister des Innern. Berlin, den 1. 8. 1934.
IV 6731 1. 8.

(1) Zur Beseitigung von Zweifeln, ob die von der Betriebsgemeinschaft Verkehr und öffentliche Betriebe in der Deutschen Arbeitsfront ergangene Aufforderung zum Eintritt von Beamten in die Deutsche Arbeitsfront zulässig ist, hat der Leiter des Organisationsamtes der Deutschen Arbeitsfront folgende Bek. an die Organe der Arbeitsfront erlassen:

Bekanntmachung über Mitgliedschaft von Beamten in der Deutschen Arbeitsfront.

(1) Es besteht Veranlassung darauf hinzuweisen, daß für Beamte des Reiches, der Länder und Gemeinden die zuständige Organisation der Reichsbund der Deutschen Beamten ist.

(2) Die DAF. nimmt Beamte, welche in den Reichsbund der Deut-

---

[1]) Beamte, die als Mitglieder der Reichsarbeitskammer oder einer Arbeitskammer berufen werden, bedürfen keiner Genehmigung der vorgesetzten Dienstbehörde (vgl. RdErl. des RuPrMdJ. v. 10. 8. 1936 — RMBliV. S. 1109 —).

schen Beamten gehören, als Mitglieder nicht auf[2]). Personen, welche Führer von Wirtschaftsbetrieben sind, die nicht unter das Ges. zur Ordnung der Arbeit in öffentlichen Verwaltungen und Betrieben v. 23. 3. 1934 fallen, können auf Antrag die Einzelmitgliedschaft in der DAF. erwerben.

(3) Hinzuziehung von Beamten zu den Beiräten der Reichsbetriebsgemeinschaften als ständige Mitglieder dieser Institutionen ist verboten [3]).

(4) Unbeschadet dieses Verbots können Beamte zu Schulungszwecken Vorträge in den Kursen der Reichsbetriebsgemeinschaften halten.

(5) Die Reichsbetriebsgemeinschaften führen ihren gesamten Behördenverkehr nur über das Zentralbüro der Deutschen Arbeitsfront durch.

Heil Hitler!

Claus Selzner,

Leiter des Organisationsamtes der PO.
und der Deutschen Arbeitsfront.

(2) Die in dieser Bek. zum Ausdruck gebrachte Auffassung über das Verhältnis der Beamten zur Arbeitsfront steht mit der Auffassung der zuständigen Stellen der Reichsregierung im Einklang. In Durchf. eines in der Chefbesprechung der beteiligten Ministerien am 11. 7. 1934 gefaßten Beschlusses und mit Bezug auf die den Reichsressorts und den Länderregierungen durch mein RdSchr. v. 26. 3. 1934 — IV 6731/20. 2. mitgeteilte Bek. des Stellvertreters des Führers und des RMdJ. über die Organisation der Beamten, bitte ich daher anzuordnen, daß Beamte, die Mitglieder der Arbeitsfront geworden sind, aus dieser auszuscheiden haben.

(3) Das gleiche gilt auch für eine Beteiligung von Beamten an Organen (Fachausschüssen, Sachreferaten usw.) der Reichsbetriebsgemeinschaften, die teilweise gefordert worden ist, ohne daß die Mitgliedschaft der Beamten bei der Deutschen Arbeitsfront zur Voraussetzung gemacht worden ist [3]).

(4) Nicht beamtete Führer von Betrieben, die unter das Ges. zur Ordnung der Arbeit in öffentlichen Verwaltungen und Betrieben fallen, sind ebenso zu behandeln wie die Beamten.

(5) Führer von Betrieben, die nicht unter das Ges. zur Ordnung der Arbeit in öffentlichen Verwaltungen und Betrieben fallen, auf die aber Reich, Länder und Gemeinden und sonstige öffentl. Körperschaften wirtschaftlichen Einfluß ausüben, sollen als Einzelpersonen der DAF. beitreten. Sie können in Organen der Reichsbetriebsgemeinschaften mitarbeiten, soweit diese sich im Rahmen der Aufgaben halten, die der DAF.

---

[2]) Auch den Werkscharen dürfen Beamte u. Beamtenanwärter nicht angehören (RdErl. des RuPrMdJ. v. 26. 7. 1937 (RMBliV. S. 1273).

[3]) Geändert durch RdErl. des RuPrMdJ. v. 25. 10. 1937 (RMBliV. S. 1701). Danach ist allgemein die Mitarbeit der Beamten in den Beiräten der Reichsbetriebsgemeinschaften zugelassen. Zur Annahme der Berufung als Beiratsmitglied bedürfen die Beamten der Zustimmung ihres Dienstvorgesetzten.

durch den vom Führer der Deutschen Arbeitsfront, dem RAM. und dem RWiM. und dem Beauftragten des Führers für Wirtschaftsfragen unterzeichneten „Aufruf an alle schaffenden Menschen" v. 27. 11. 1933 gestellt werden.

9. Beitritt von Kindern der Beamten zu den Jugendorganisationen der NSDAP.

RdErl. d. RuPrMdJ. v. 17. November 1935 (MBliV. S. 1403).

(1) Der Stellvertreter des Führers hat in einem RdErl. v. 24. 8. 1935 — Nr. 183/35 (nicht veröffentlicht) darauf hingewiesen, daß der Führer der Partei die Aufgabe hat, alle deutschen Menschen zum nationalsozialistischen Denken und Handeln im Dienst am Deutschen Volke zu erziehen, und daß im Rahmen dieser Aufgabe die Hitler-Jugend, die als Gliederung der Partei den Namen des Führers trägt, nach seinem Willen allein berufen ist, die deutschen Jungen und Mädchen nationalsozialistisch in Haltung und Lebensauffassung zu führen und auf ihre einstige Aufgabe als Träger des Reichs körperlich und geistig vorzubereiten.

(2) Es ist deshalb selbstverständlich, daß alle, die es mit ihrem Bekenntnis zum Führer und seiner Bewegung ehrlich meinen, aus Verantwortungsbewußtsein gegenüber der deutschen Zukunft ihren Kindern den Weg zur Hitler-Jugend freigeben und so das Werk des Führers unterstützen.

(3) Ich erwarte das insbesondere auch von allen auf den Führer und Reichskanzler vereidigten Beamten des nationalsozialistischen Staates.

(4) Ich ersuche, hiervon die Beamten in geeigneter Weise in Kenntnis zu setzen.

10. Besuch von Privatschulen durch Kinder von Beamten.

RdErl. d. RuPrMdJ. zugleich im Namen sämtl. RM., d. PrMPräs., d. PrFM. u. sämtl. PrStM. vom 9. September 1937 (RMBliV. S. 1506).

(1) Es verträgt sich nicht mit den Pflichten eines Beamten des nationalsozialistischen Staates, wenn er seine Kinder ohne zwingende Gründe einer privaten Schule zuführt. Zwingende Gründe werden u. a. bei Beamten des Auswärtigen Dienstes wegen ihrer häufigen Versetzungen und der besonderen Schulverhältnisse im Auslande vorliegen. Sie werden ferner für alle Beamte z. B. dann gegeben sein, wenn der Besuch einer öffentlichen Schule wegen ihrer Lage zum Wohnsitz des Beamten mit erheblichen Kosten verbunden ist oder wenn die körperliche oder geistige Verfassung des Kindes den Besuch einer öffentlichen Schule ausschließt. Ob zwingende Gründe vorliegen, entscheidet im Einvernehmen mit der zuständigen Schulaufsichtsbehörde der Dienstvorgesetzte des Beamten.

(2) Es kann auch nicht gebilligt werden, wenn sich Beamte in die Kuratorien und Verwaltungsräte privater Schulen berufen lassen und durch diese Haltung andere Volksgenossen darin bestärken, ihre Kinder den öffentlichen Schulen zu entziehen.

(3) Auf Berufs- und Fachschulen findet dieser RdErl. keine Anwendung.

(4) Bestehen im einzelnen Falle Zweifel über den Charakter einer Schule, so ist an die zuständige Oberste Reichsbehörde zu berichten.

(5) Ich ersuche, die Beamten in geeigneter Weise hiervon zu unterrichten.

11. Beitritt von Beamten zum NSKK. und DDAC.[1])

RdErl. d. RuPrMdI. v. 5. Juni 1936 — II SB 6850/2847.

Der Korpsführer des NSKK. hat den Wunsch ausgesprochen, den Beamten der allgemeinen und inneren Verwaltung, die Inhaber eigener Kraftfahrzeuge sind, den Beitritt zu dem Nationalsozialistischen Kraftfahrkorps (NSKK.) und zu dem Deutschen Automobil-Club (DDAC.) nahezulegen. Im Interesse der Förderung des deutschen Kraftfahrwesens würde ich es begrüßen, wenn diesem Wunsche möglichst weitgehend entsprochen würde.

12. Einsichtnahme in die Personalakten[2]).

RdSchr. des RMdI. v. 12. April 1934 (MBliV. S. 748).

(1) Nach Art. 129 Abs. 3 Satz 3 der Weimarer Verfassung[3]) ist dem Beamten Einsicht in seine Personalakten zu gewähren. Es widerspricht jedoch dem im nationalsozialistischen Staat durchgeführten Führergrundsatz, wenn dem Beamten durch die Akteneinsicht Gelegenheit gegeben wird, die Urteile seiner Vorgesetzten über ihn zu kontrollieren und zu beanstanden.

---

[1]) Vgl. auch RdErl. des PrFM. v. 24. 11. 1934 (MBliV. S. 1511) betr. Eintritt der Beamten in den Reichsluftschutzbund u. RdErl. des RuPrMdI. v. 21. 4. 1937 (RMBliV. S. 646) betr. Beitritt von Beamten zum Reichsbund der Kinderreichen.

[2]) Vgl. hinsichtlich der Führung von Personalakten der Beamten der allgemeinen und inneren Verwaltung RdErl. des RuPrMdI. v. 5. 2. 1936 und 29. 10. 1936 (RMBliV. S. 186, 1404 und 1405) hins. der Pers.-Akten d. Polizeibeamten RdErl. des RFSSuChdDtPol. v. 15. 9. 1937 (RMBliV. S. 1535). Über Beifügung der bei der Durchführung des Berufsbeamtengesetzes entstandenen Vorgänge zu den Personalakten s. RdErl. des RuPrMdI. v. 18. 1. 1937 (RMBliV. S. 113). Akteneinsicht durch Parteidienststellen s. RdErl. d. RuPrMdI. zgl. i. N. sämtl. RM., d. PrMPr. u. sämtl. Pr. StM. v. 2. 11. 1936 (RMBliV. S. 1491) und v. 8. 9. 1937 (RMBliV. S. 1504) u. RdErl. d. RFSSuChdDtPol. v. 12. 5. 1937 (RMBliV. S. 1062). Ablieferung der Pers.-Akten an Archive s. RdErl. des RuPrMdI. v. 16. 9. 1937 (RMBliV. S. 1533).

[3]) Art. 129 Abs. 3 W.Verf. lautet: Gegen jedes dienstliche Straferkenntnis muß ein Beschwerdeweg und die Möglichkeit eines Wiederaufnahmeverfahrens eröffnet sein. In die Nachweise über die Person des Beamten sind Eintragungen von ihm ungünstigen Tatsachen erst vorzunehmen, wenn dem Beamten Gelegenheit gegeben war, sich über sie zu äußern. Dem Beamten ist Einsicht in seine Personalnachweise zu gewähren.

Die Bestimmung ist daher als durch die Verhältnisse überholt anzusehen und ohne ausdrückliche gesetzliche Anordnung außer Kraft getreten.

(2) Die übrigen Bestimmungen des Art. 129, insbesondere des Abs. 3, Satz 2, wonach dem Beamten vor der Eintragung ungünstiger Tatsachen (nicht Werturteile) in seine Personalakten Gelegenheit zur Äußerung zu geben ist, werden hierdurch nicht berührt.

13. Zusammenarbeit der Hoheitsbehörden mit der Deutschen Arbeitsfront und dem Reichsbund der Deutschen Beamten [1]).

RdErl. d. RuPrMdJ. v. 10. Juni 1937 (RMBliV. S. 941).

(1) Nach dem Ges. zur Ordnung der Arbeit in öffentlichen Verwaltungen und Betrieben v. 23. 3. 1934 (RGBl. I S. 220) sind in öffentlichen Verwaltungen, die Hoheitsbefugnisse ausüben, Vertrauensräte nicht zu bilden. Auch bei den Hoheitsbehörden muß jedoch zwischen dem Behördenleiter oder Betriebsführer und dem Betriebsobmann der Dt. Arbeitsfront (DAF.) ein enges Vertrauensverhältnis herrschen, das beim Fehlen der Vertrauensräte besonders notwendig erscheint. In persönlichem Benehmen kann der DAF.-Betriebsobmann dem Behördenleiter Anregungen geben und Vorschläge machen. Durch derartige Aussprachen werden Unstimmigkeiten in der Verwaltung oft schon im Entstehen geklärt und meistens ohne umfangreiches und unnötiges Schreibwerk behoben. Selbstverständlich bleibt der Grundsatz des Ges. v. 23. 3. 1934 unberührt, daß dem Leiter der Behörde als Führer der Verwaltung das alleinige Entscheidungsrecht zusteht. Andererseits erwarte ich, daß dem DAF.-Betriebsobmann, der seine Aufgaben in der Regel ehrenamtlich und neben seiner sonstigen Arbeit wahrnimmt, seine Tätigkeit in jeder möglichen Weise erleichtert wird.

(2) Nur ein solches Verhalten wird den Belangen von Partei und Staat gerecht. Es entspricht auch dem von dem Reichsleiter der Deutschen Arbeitsfront, Dr. R. Ley, gemeinsam mit dem RWiM., dem RAM. und dem Beauftragten des Führers für Wirtschaftsfragen erlassenen Aufruf an alle schaffenden Deutschen v. 27. 11. 1933 (Völk. Beobachter — Berl. Ausgabe — Nr. 322 v. 28. 11. 1933). Danach ist das Ziel der Arbeitsfront die Erziehung aller im Arbeitsleben stehenden Deutschen zum nationalsozialistischen Staat und zur nationalsozialistischen Gesinnung. Ferner hat die DAF. nach § 7 der VO. des Führers und Reichskanzlers v. 24. 10. 1934 (Völk. Beobachter Nr. 298 v. 25. 10. 1934) die Aufgabe, den Arbeits-

[1]) Vgl. RdErl. des RuPrMdJ. v. 22. 11. 1935 (MBliV. S. 1404) und v. 24. 4. 1936 (RMBliV. S. 583) betr. Beteiligung der Vertrauensmänner des Amtes für Beamte der NSDAP. bei Besichtigung von Betrieben durch leitende Beamte des Staates u. d. Gemeinden.

frieden dadurch zu sichern, daß bei den Betriebsführern das Verständnis für die berechtigten Ansprüche ihrer Gefolgschaft, bei den Gefolgschaften das Verständnis für die Lage und die Möglichkeiten ihres Betriebes geschaffen werden.

(3) Ich ersuche, hiernach zu verfahren, und bemerke, daß an die Stelle des Betriebsobmanns bei der Betreuung der Beamten der vom Amt für Beamte der NSDAP. oder der vom Reichsbund der Deutschen Beamten bestellte Politische Leiter oder Amtswalter tritt.

14. Gefolgschaftsappelle und Gemeinschaftsveranstaltungen bei öffentlichen Verwaltungen und Betrieben.

RdErl. d. RuPrMdJ. i. Einvernehmen mit d. StdF. u. d. RFM. v. 27. August 1937 (RMBliV. S. 1426).

1. Gefolgschaftsappelle, die meist aus besonderen Anlässen oder aus Anlaß allgemeiner Gedenktage stattfinden, bekunden den nationalsozialistischen Geist der Betriebs- und Behördenangehörigen und ihre Verbundenheit untereinander und mit den übrigen Volksgenossen. Sie werden, sofern es sich nicht um rein dienstliche Angelegenheiten handelt, vom Dienststellenleiter im Einvernehmen mit den Vertretern der Deutschen Arbeitsfront (DAF.) und des Reichsbundes der Deutschen Beamten (RDB.) — Betriebsobmann und Fachschaftsgruppenwalter — anberaumt und durchgeführt. Die Zeit, die für einen vom RMfVuP. angeordneten allgemeinen Appell in Anspruch genommen wird, gilt als Arbeitszeit.

2. An den Appellen haben sämtliche Gefolgschaftsmitglieder teilzunehmen. Die Appelle sind zeitlich so anzuberaumen und zu bemessen, daß eine Störung oder Schädigung der dienstlichen Aufgaben nicht eintritt.

3. Von den Gefolgschaftsappellen zu unterscheiden sind Gemeinschaftsveranstaltungen, zu denen die DAF. und der RDB. als der NSDAP. angeschlossene Verbände einzeln oder gemeinsam in Erfüllung ihrer Aufgaben einladen. Die Beteiligung ist freiwillig. Soweit Dienstzeit (z. B. die letzte halbe Stunde vor Dienstschluß) in Anspruch genommen werden soll, haben die Vertreter der Verbände rechtzeitig vorher die Genehmigung des Dienststellenleiters einzuholen. Je nachdem, ob in einer Verwaltung oder in einem öffentlichen Betriebe die beamteten oder nichtbeamteten Gefolgschaftsmitglieder zahlenmäßig überwiegen, wird zu Gemeinschaftsveranstaltungen in der Regel der RDB. oder die DAF. einladen. Beide Verbände üben innerhalb der einzelnen Dienststellen bei der Einladung zu Gemeinschaftsveranstaltungen grundsätzlich Gegenseitigkeit.

4. Dieser RdErl. gilt auch für die nichtvertrauensratpflichtigen öffentl. Verwaltungen und Betriebe.

15. Mitteilungen in Strafsachen.

Allgemeine Verfügung des Reichsministers der Justiz vom 21. Mai 1935 (Amtl. Sonderveröffentlichung der DJ. Nr. 8). (Änderungen s. DJ. 1935 S. 1124 u. 1854; 1936 S. 502, 1251 u. 1795; 1937 S. 1140 u. 1303.)

(Auszug.)

III. Beamte, Angestellte und Arbeiter des Staates und sonstiger öffentlich-rechtlicher Körperschaften; Geistliche; Angehörige freier Berufe.

§ 18. Strafsachen gegen Beamte, Beamtenanwärter usw.

(1) Im Strafverfahren gegen einen Beamten des Reichs, der Reichsbank, der Deutschen Reichsbahn oder ihres Zweigunternehmens Reichsautobahnen, der Länder, Gemeinden oder Gemeindeverbände oder sonstiger Körperschaften des öffentlichen Rechts, gegen einen Beamtenanwärter oder gegen einen im Angestelltenverhältnis beschäftigten Sachbearbeiter (Referenten) der Hoheitsverwaltungen sind der dem Beschuldigten vorgesetzten Dienstbehörde, bei Beamten der Gemeinden oder Gemeindeverbände auch der staatlichen Aufsichtsbehörde mitzuteilen:

a) bei Verbrechen und Vergehen sowie bei Übertretungen nach § 361 Nr. 3—8 StGB.:
   1. die vorläufige Festnahme, die Verhaftung (Vollstreckung des Haftbefehls) sowie die Entlassung aus der Untersuchungshaft;
   2. die Erhebung der öffentlichen Klage, der Antrag auf Erlaß eines Strafbefehls und die Einreichung der Privatklage;
   3. der Antrag, den Angeschuldigten außer Verfolgung zu setzen;
   4. der Termin zur Hauptverhandlung;
   5. das Urteil alsbald nach der Verkündung (die Urteilsgründe sind gegebenenfalls nach Absetzung nachzusenden);
   6. die Einlegung eines Rechtsmittels;
   7. der Ausgang des Verfahrens in Sachen, in denen eine der Mitteilungen zu Nr. 1—6 gemacht worden ist;
   8. der Beginn, die Unterbrechung und Beendigung des Vollzugs einer Freiheitsstrafe;

b) bei anderen Übertretungen:
   das rechtskräftige auf Strafe lautende Erkenntnis.

(2) Erscheinen gegen den beschuldigten Beamten (Beamtenanwärter usw.) alsbaldige Maßnahmen im Wege der Dienstaufsicht geboten oder kommen in einem Strafverfahren hinsichtlich eines der in Abs. 1 genannten Beamten (Beamtenanwärter usw.) Umstände zur Kenntnis der am Strafverfahren beteiligten Justizbehörden, die die Achtung und das Vertrauen berühren, die der Beamtenberuf erfordert, oder deren alsbaldige Kenntnis

für die vorgesetzte Behörde des Beamten sonst von Bedeutung ist, so ist dieser ohne Rücksicht auf den Stand des Verfahrens Mitteilung zu machen.

§ 19. Strafsachen gegen richterliche und andere Justizbeamte.

(1) In Strafverfahren gegen richterliche Beamte, Beamte der Staatsanwaltschaft oder der Strafanstaltsverwaltung, deren Anstellung der Führer und Reichskanzler oder der Reichsminister der Justiz vollzieht, bestätigt oder genehmigt, oder gegen Notare sind die in § 16 vorgesehenen Mitteilungen außer an die vorgesetzte Dienstbehörde auch (durch Vermittlung des Generalstaatsanwalts) an den Reichsminister der Justiz zu machen.

(2) Richtet sich das Strafverfahren gegen einen bei den Verwaltungsgerichten oder den Landeskulturbehörden tätigen richterlichen Beamten, so sind die Mitteilungen des § 16 auch an die vorgesetzte Reichs- oder Landeszentralbehörde zu erstatten (unmittelbar).

§ 20. Strafsachen gegen Ruhestandsbeamte.

(1) Wird gegen einen im Ruhestand befindlichen Beamten auf eine Strafe erkannt, die bei Eintritt der Rechtskraft nach Kap. VII §§ 32, 33, 37 des Gesetzes vom 30. Juni 1933 (RGBl. I S. 433)[1]) den Verlust des Anspruchs auf Ruhegeld und Hinterbliebenenversorgung zur Folge hat, so ist davon umgehend der letzten vorgesetzten Dienstbehörde des Verurteilten Mitteilung zu machen. Ebenso ist dieser demnächst der Eintritt der Rechtskraft mitzuteilen.

(2) Die in Abs. 1 vorgesehenen Mitteilungen sind auch zu machen, wenn gegen einen Ruhestandsbeamten oder gegen einen Empfänger von Witwen- oder Waisengeld auf eine Strafe erkannt wird, die nach Landesrecht den Verlust oder die vorübergehende Entziehung des Ruhegehaltes oder der Hinterbliebenenversorgung zur Folge haben kann. Die Oberlandesgerichtspräsidenten und Generalstaatsanwälte treffen insoweit die erforderlichen weiteren Bestimmungen.

V. Strafsachen gegen Versorgungsberechtigte und Versorgungsanwärter.

§ 31. Versorgungsschein.

(1) Ergeht gegen einen Versorgungsanwärter ein rechtskräftiges Urteil, das die dauernde oder zeitweilige Unfähigkeit zur Bekleidung öffentlicher Ämter zur Folge hat, so ist der wesentliche Inhalt der Urteilsformel von der Strafvollstreckungsbehörde auf dem Versorgungsschein (Zivildienst-, Zivilversorgungs-, Polizeiversorgungs-[2]) oder Beamtenschein) zu vermerken

[1]) Jetzt § 132 DBG.
[2]) Eingefügt durch AV. v. 17. 12. 1935 (DJ. S. 1854).

und der Versorgungsschein der Behörde, die ihn ausgestellt hat, zu übersenden. Befindet sich der Versorgungsschein nicht bei den Akten, so ist der Behörde, die den Schein ausgestellt hat, das Urteil in beglaubigter Abschrift mitzuteilen.

(2) Ist rechtskräftig auf eine Gefängnisstrafe erkannt, ohne daß damit die Fähigkeit zur Bekleidung öffentlicher Ämter verloren gegangen ist, so ist der wesentliche Inhalt der Urteilsformel von der Strafvollstreckungsbehörde auf dem Versorgungsschein (Zivildienst-, Zivilversorgungs-, Polizeiversorgungs- [2]) oder Beamtenschein) zu vermerken und der Versorgungsschein der Anstellungsbehörde zu übersenden, wenn der Versorgungsanwärter im Zivildienst angestellt oder beschäftigt ist, andernfalls ihm unmittelbar zurückzugeben; gleichzeitig ist der Behörde, die den Versorgungsschein ausgestellt hat, eine beglaubigte Abschrift des Vermerks zu übersenden.

XIII. Gesetz zur Änderung von Vorschriften auf dem Gebiete des allgemeinen Beamten-, des Besoldungs- und des Versorgungsrechts.

Vom 30. Juni 1933 (RGBl. I S. 433).

Kapitel V[1]).

Die Rechtsstellung der Beamten bei der Umbildung von juristischen Personen des öffentlichen Rechtes.

§ 22.

(1) Wird eine Körperschaft des öffentlichen Rechtes in eine andere eingegliedert, werden mehrere solche Körperschaften zu einer neuen zusammengeschlossen, oder gehen die Aufgaben einer Körperschaft des öffentlichen Rechtes auf Grund gesetzlicher Vorschrift, einer Vereinbarung oder eines Schiedsspruches auf eine andere über, so sind die Beamten der Körperschaft (der Körperschaften) in ihrer bisherigen Eigenschaft als lebenslänglich, auf Widerruf oder auf Kündigung angestellte oder auf Zeit gewählte Beamte in den Dienst der aufnehmenden (der neuen) Körperschaft zu übernehmen.

(2) Wird eine Körperschaft des öffentlichen Rechtes nur teilweise in eine andere eingegliedert, wird aus Teilen einer solchen Körperschaft eine neue gebildet oder gehen Aufgaben einer Körperschaft des öffentlichen Rechtes nur teilweise auf eine andere über, so ist ein verhältnismäßiger Teil der Beamten der Körperschaft in den Dienst der aufnehmenden (der neuen) Körperschaft zu übernehmen. Die zu übernehmenden Beamten

---

[2]) Siehe Seite 252.

[1]) Kap. V des Gesetzes v. 30. 6. 1933 ist mit Ausnahme des § 23 Abs. 2 in Geltung geblieben (DBO. zu § 43 DBG.).

bestimmt die Aufsichtsbehörde der abgebenden im Einvernehmen mit der Aufsichtsbehörde der aufnehmenden Körperschaft.

(3) Die Vorschrift des Abs. 2 findet entsprechende Anwendung, wenn eine Körperschaft des öffentlichen Rechtes in Teilen in mehrere Körperschaften eingegliedert wird, oder wenn ihre Aufgaben auf mehrere Körperschaften übergehen.

§ 23.

(1) Die nach § 22 zu übernehmenden Beamten sind bei Verlust ihres Amtes verpflichtet, der Berufung als Beamter der aufnehmenden (der neuen) Körperschaft Folge zu leisten. Ihnen soll eine ihrer bisherigen Amtsstelle nach Bedeutung und Inhalt ohne Rücksicht auf Rangverhältnisse gleichzubewertende Amtsstelle übertragen werden; sie sind jedoch verpflichtet, wenn eine freie, gleichzubewertende Amtsstelle nicht vorhanden ist oder dienstliche Gründe es erfordern, ein Amt derselben oder einer gleichwertigen Laufbahn auch von geringerem planmäßigem Diensteinkommen zu übernehmen. Bei der Verwendung in einem Amt von geringerem planmäßigem Diensteinkommen erhalten die Beamten das Diensteinkommen der ihrer bisherigen gleich zu bewertenden Amtsstelle. Bis zur Übertragung einer neuen Amtsstelle oder bis zum Eintritt der Rechtsfolgen einer nach Abs. 3 getroffenen Entscheidung behalten die Beamten ihre bisherigen vermögensrechtlichen Ansprüche.

(2) Die übernommenen Beamten dürfen neben der neuen Amtsbezeichnung ihre bisherige Amtsbezeichnung weiterführen[2]).

(3) Die aufnehmende (die neue) Körperschaft kann, wenn durch die Übernahme von Beamten die Zahl der insgesamt bei ihr vorhandenen Beamten über den tatsächlichen Bedarf hinaus vermehrt wird, binnen drei Monaten nach dem Übertritt die entbehrlichen lebenslänglich angestellten und die auf Zeit gewählten Beamten in den Wartestand versetzen. Die übrigen Beamten können in diesem Falle durch Widerruf oder Kündigung entlassen werden. Die Zahl der in den Wartestand zu versetzenden oder zu entlassenden Beamten darf die Zahl der übernommenen Beamten nicht übersteigen.

(4) Die Vorschriften des Kapitels VIII dieses Gesetzes[3]) bleiben unberührt.

§ 24.

(1) Für die Rechtsverhältnisse der in den Wartestand versetzten Beamten der Körperschaften des öffentlichen Rechtes, die der Landesaufsicht unterstehen, gelten die Vorschriften über die Rechtsstellung der Wartestandsbeamten der Länder entsprechend. Auf die Rechtsverhältnisse der

---

[2]) Vgl. Nr. 3 S. 2 DBO. zu § 37 DBG. und DBO. zu § 43 DBG.
[3]) Abgedr. S. 387.

in den Wartestand versetzten Beamten der Körperschaften des öffentlichen Rechtes, die nicht der Landesaufsicht unterstehen, finden die Vorschriften über die Rechtsstellung der Wartestandsbeamten des Reichs entsprechende Anwendung.

(2) Werden Beamte, die auf Zeit gewählt sind, in den Wartestand versetzt, so treten sie mit dem Ablauf ihrer Wahlzeit in den Ruhestand.

§ 25.

Einsprüche gegen Anordnungen, die auf Grund der §§ 22 bis 24 ergehen, unterliegen der Entscheidung im Verwaltungswege, soweit es sich nicht um die Höhe der Bezüge der Beamten handelt (§ 23 Abs. 1). Die im Verwaltungswege getroffenen Entscheidungen sind für die Gerichte bindend.

§ 26.

Die oberste Reichs- oder Landesbehörde kann in Fällen, in denen voraussichtlich in absehbarer Zeit ein Tatbestand des § 22 eintreten wird, anordnen, daß in den beteiligten Körperschaften des öffentlichen Rechtes Anstellungen, Beförderungen und Höherstufungen von Beamten sowie Verbesserungen des Besoldungsdienstalters und der ruhegeldfähigen Dienstzeit nur mit Genehmigung der Aufsichtsbehörde stattfinden dürfen. Die Genehmigung ist zu versagen, wenn diese Maßnahmen die Verwirklichung der in § 22 vorgesehenen Tatbestände beeinträchtigen oder zu einer wesentlichen Mehrbelastung der Körperschaften führen würden. Die Anordnung darf sich nicht über zwei Jahre hinaus erstrecken.

§ 27.

Den Körperschaften des öffentlichen Rechtes stehen im Sinne dieses Kapitels Anstalten und Stiftungen des öffentlichen Rechtes gleich.

§ 28.

Ist das Reich oder ein Land beteiligt, so treffen die obersten Reichs- oder Landesbehörden die den Aufsichtsbehörden gemäß § 22 Abs. 2 Satz 2, § 26 vorbehaltenen Entscheidungen.

§ 29.

Die Vorschriften dieses Kapitels gelten nicht für die Richter der ordentlichen Gerichtsbarkeit, für die Mitglieder des Reichsfinanzhofs, des Rechnungshofs des Deutschen Reichs und des Bundesamts für das Heimatwesen sowie für die ständigen Mitglieder des Reichswirtschaftsgerichts.

XIV. Gesetz über Beamtenvereinigungen.

Vom 27. Mai 1937 (RGBl. I S. 597).

(Auszug.)

§ 1.

(1) Die ehemaligen Spitzenverbände der Beamtenschaft (Reichsbund der höheren Beamten, Deutscher Beamtenbund, Allgemeiner Deutscher Beamtenbund) und die Beamtenvereinigungen, die diesen Spitzenverbänden zu irgendeinem Zeitpunkt unmittelbar oder mittelbar angehört haben, werden, soweit ihre Auflösung nicht bereits vollzogen ist, mit Wirkung vom 1. Juli 1937 ab aufgelöst. In besonderen Fällen kann der Reichsminister des Innern das Weiterbestehen einer solchen Beamtenvereinigung zulassen. Als Beamtenvereinigungen gelten auch Vereinigungen, die überwiegend Beamte, Ruhestandsbeamte und Hinterbliebene von Beamten, daneben aber auch andere Volksgenossen umfassen (gemischte Vereinigungen).

(2) Sofern sonst noch Beamtenvereinigungen bestehen, kann sie der Reichsminister des Innern auflösen.

(3) Ob eine Vereinigung eine Beamtenvereinigung im Sinne dieses Gesetzes ist, entscheidet im Zweifelsfall der Reichsminister des Innern endgültig.

(4) Der Reichsbund der Deutschen Beamten e. V. einschließlich des ihm eingegliederten Kameradschaftsbundes Deutscher Polizeibeamten e. V., der National-Sozialistische Rechtswahrerbund e. V., der Nationalsozialistische Lehrerbund e. V. und der Reichsbund der Wehrmachtbeamten e. V. werden durch die Bestimmungen dieses Gesetzes nicht berührt. Dasselbe gilt — unbeschadet der Vorschriften des § 3 — für Körperschaften des öffentlichen Rechts und für unter Reichs- oder Landesaufsicht stehende Unternehmungen wirtschaftlicher Art.

§ 7.

(1) Vereinigungen von Beamten, Ruhestandsbeamten und Hinterbliebenen von Beamten (Beamtenvereinigungen) dürfen nur mit Genehmigung des Reichsministers des Innern gegründet werden.

(2) Ob eine Vereinigung eine Beamtenvereinigung im Sinne des Absatzes 1 ist, entscheidet im Zweifelsfall der Reichsminister des Innern endgültig.

§ 9.

(1) Mit Gefängnis bis zu einem Jahr und mit Geldstrafe oder mit einer dieser Strafen wird bestraft, wer vorsätzlich dem § 7 des Gesetzes zuwiderhandelt.

(2) Der Reichsminister des Innern wird ermächtigt, im Einvernehmen mit dem Reichsminister der Justiz durch Verordnung Strafen für Zuwiderhandlungen gegen die zur Durchführung des Gesetzes getroffenen Anordnungen anzudrohen.

§ 10.

Die Vorschriften der §§ 1 bis 9 finden auf Vereinigungen der beamteten Erzieher, der Wehrmachtbeamten und der beamteten und nichtbeamteten Rechtswahrer sinngemäß mit der Maßgabe Anwendung, daß die dem Reichsminister des Innern nach den §§ 1 bis 9 zustehenden Befugnisse in dem ersten Fall vom Reichsminister für Wissenschaft, Erziehung und Volksbildung, im zweiten Fall vom Reichskriegsminister und Oberbefehlshaber der Wehrmacht und im dritten Fall vom Reichsminister der Justiz ausgeübt werden und daß an die Stelle des Reichsbundes der Deutschen Beamten e. V. in dem ersten Fall der Nationalsozialistische Lehrerbund e. V., im zweiten Fall der Reichsbund der Wehrmachtbeamten e. V. und im dritten Fall der National-Sozialistische Rechtswahrerbund e. V. tritt.

II. Teil.

Besoldungsrecht.

I. Besoldungsgesetz.

Vom 16. Dezember 1927 (RGBl. I S. 349) in der Fassung der ersten bis 29. Änderung[1]), der ersten bis dritten Ergänzung[2]) und der Berichtigung vom 8. März 1928 (RGBl. I S. 62)[3]).

I. Planmäßige Beamte, Soldaten der Wehrmacht und planmäßige Führer des Arbeitsdienstes[4]).

§ 1.

(1) Die planmäßigen Reichsbeamten erhalten ein Grundgehalt und einen Wohnungsgeldzuschuß[5]). Daneben erhalten sie Kinderzuschläge und, soweit es in diesem Gesetze bestimmt oder zugelassen ist, Zulagen[6]).

---

[1]) Das Besoldungsgesetz v. 16. Dezember 1927 hat folgende Änderungen erfahren:
1. Änderung durch Art. II Abs. 2 des Ges. zur Änderung der Reichshaushaltsordnung v. 8. 3. 1930 (RGBl. II S. 31).
2. Änderung durch § 27, II des Reichsministergesetzes v. 27. 3. 1930 (RGBl. I S. 96).
3. Änderung durch Zweiten Teil Art. II der VO. v. 19. 9. 1931 (RGBl. I S. 493).
4. Änderung durch Dritten Teil Kap. IV der VO. v. 6. 10. 1931 (RGBl. I S. 537, 546).
5. Änderung durch VO. v. 27. 2. 1933 (RGBl. I S. 88).
6. Änderung durch Kap. I Art. 1 der VO. v. 18. 3. 1933 (RGBl. I S. 109).
7. Änderung durch Ges. v. 8. 5. 1933 (RGBl. I S. 258).
8. Änderung durch § 21 und 50 des Ges. zur Änderung von Vorschriften auf dem Gebiete des allgemeinen Beamten-, des Besoldungs- und des Versorgungsrechts v. 30. 6. 1933 (RGBl. I S. 437, 441).
9. Änderung durch Ges. v. 20. 7. 1933 (RGBl. I S. 518).
10. Änderung durch Art. V des Ges. über die zweite Änderung der Reichshaushaltsordnung und die zehnte Änderung des Bes.-Ges. v. 13. 12. 1933 (RGBl. II S. 1007, 1014).
11. Änderung durch § 73 Abs. 2 des Ges. zur Ordnung der nationalen Arbeit v. 20. 1. 1934 (RGBl. I S. 45, 56).
12. Änderung durch Art. 7 § 2 des Ges. zur Änderung und Ergänzung von Vorschriften auf dem Gebiete des Finanzwesens v. 23. 3. 1934 (RGBl. I S. 232, 234).
13. Änderung durch Gesetz v. 5. 7. 1934 (RGBl. I S. 601).
14. Änderung durch Gesetz v. 5. 7. 1934 (RGBl. I S. 603).
15. Änderung durch Gesetz v. 4. 9. 1934 (RGBl. I S. 815).
16. Änderung durch Gesetz v. 6. 3. 1935 (RGBl. I S. 352).
17. Änderung durch Gesetz v. 29. 3. 1935 (RGBl. I S. 461).
18. Änderung durch Gesetz v. 29. 3. 1935 (RGBl. I S. 461).
19. Änderung durch Gesetz v. 29. 3. 1935 (RGBl. I S. 464).
20. Änderung durch Gesetz v. 20. 6. 1935 (RGBl. I S. 750).
21. Änderung durch Gesetz v. 26. 6. 1935 (RGBl. I S. 774).
22. Änderung durch Gesetz v. 13. 12. 1935 (RGBl. I S. 1483).

(2) Die Soldaten der Wehrmacht werden, soweit nicht dieses Gesetz etwas anderes bestimmt, wie die planmäßigen Beamten besoldet.

(3)[7]) Abs. 2 gilt entsprechend für die planmäßigen Führer des Arbeitsdienstes, die im übrigen die Rechte und Pflichten der Reichsbeamten besitzen, soweit nicht durch Reichsgesetz hinsichtlich des Arbeitsdienstes etwas anderes vorgeschrieben wird[8]).

---

23. Änderung durch Gesetz über die Besoldung usw. der Angehörigen des Reichsarbeitsdienstes v. 13. 12. 1935 (RGBl. I S. 1485).
24. Änderung durch Gesetz v. 13. 12. 1935 (RGBl. I S. 1489).
25. Änderung durch Gesetz über den Volksgerichtshof usw. v. 18. 4. 1936 (RGBl. I S. 369).
26. Änderung durch Gesetz v. 30. 4. 1936 (RGBl. I S. 403).
27. Änderung durch Gesetz über den Haushalts-(Stellen-)Plan des Reichskriegsgerichts usw. v. 30. 9. 1936 (RGBl. I S. 861).
28. Änderung durch Gesetz v. 19. 3. 1937 (RGBl. I S. 339).
29. Änderung durch Gesetz v. 19. 3. 1937 (RGBl. I S. 342).
30. Änderung durch Gesetz v. 10. 8. 1937 (RGBl. I S. 885).

2) Das Besoldungsgesetz v. 16. 12. 1927 hat folgende Ergänzungen erfahren: 1. Ergänzung durch VO. v. 3. 7. 1929 (RGBl. I S. 132); 2. Ergänzung durch VO. v. 15. 7. 1930 (RGBl. I S. 352); 3. Ergänzung durch VO. v. 16. 3. 1931 (RGBl. I S. 67).

3) Hinsichtlich der Amtsbezüge der Reichs- und Staatsminister s. die in Anm. 92 zum DBG. angeführten Best., hinsichtlich der Reichsstatthalter s. VO. v. 1. 6. 1933 (RGBl. I S. 330), hinsichtlich der Reichsbahnbeamten s. PersonalO. in der Fassung der Bekanntmachung v. 3. 2. 1925 (RMBl. S. 98) in d. Fassung der Änderungen RMBl. 1925 S. 1386; 1926 S. 71 u. 122; 1927 S. 23 u. 24; 1928 S. 51; 1929 S. 622; 1931 S. 65, 322 u. 341, 1932 S. 737, 1933 S. 672; 1934 S. 3, 5, 16, 562 u. 700, sowie die BesoldungsO. für die Reichsbahnbeamten v. 10. 1. 1928 (RMBl. S. 104), hinsichtlich der Reichsbankbeamten s. die auf Grund des § 10 des Bankges. v. Reichsbankdirektorium erlassenen Vorschriften, hinsichtlich der Polizeibeamten s. Ges. über die 29. Änderung des Besoldungsges. v. 19. 3. 1937 — RGBl. I S. 342 — (abgedruckt S. 310 ff.).

Das Besoldungsges. regelt nur die Dienstbezüge der planmäßigen u. außerplanmäßigen Beamten, nicht dagegen die Beträge, die die Beamten im Vorbereitungsdienst erhalten. Diese können jederzeit widerrufliche Unterhaltszuschüsse, auf die kein Rechtsanspruch besteht, erhalten. Die Unterhaltszuschüsse und Vergütungen unterliegen der Kürzung nach den 3 GehaltskürzungsVO.en. Vgl. hierzu Erl. d. RMdF. v. 21. 5. 1928 (RBB. S. 109) in der Fassung der Erl. v. 3. 9. 1928 (RBB. S. 169) u. v. 15. 5. 1937 (RHuBB. S. 195) betr. Unterhaltszuschüsse u. Vergütungen für Beamte im Vorbereitungsdienst; AV. d. RJM. v. 16. 5. 1935 (DJ. S. 767) Unterhaltszuschüsse u. Vergütungen für Referendare betr. und AV. v. 11. 8. 1936 (DJ. S. 1216) betr. sonstige Beamte im Vorbereitungsdienst in d. Reichsjustizverwaltung, beide in d. Fassung der AV. v. 16. 6. 1937 (DJ. S. 924), RdErl. d. RuPrMdJ v. 22. 9. 1936 (RMBliV. S. 1268) und v. 10. 9. 1937 (RMBliV. S. 1514) betr. Unterhaltszuschüsse u. Vergütungen f. Polizeibeamte im Vorbereitungsdienst. Hinsichtlich der Bezüge der in den unteren u. mittleren Dienst einberufenen verdienten Kämpfer s. RdSchr. d. RMdJ. v. 21. 12. 1934 (MBliV. S. 691), 18. 5. 1935 (RMBliV. 1936 S. 1109), 18. 6. 1936 (RMBliV. S. 1230) u. 29. 1. 37 (RMBliV. S. 355).

4) Geändert durch Gesetz (18. Änderung) v. 29. 3. 1935 (RGBl. I S. 461).

5) Grundgehalt und Wohnungsgeldzuschuß unterliegen der Kürzung auf Grund der 3 Gehaltskürzungsverordnungen (s. S. 357 ff.).

6) Außerdem werden nach der VO. über die örtlichen Sonderzuschläge v. 16. 12. 1927 (RBB. S. 149) und den Erl. des RMdF. v. 25. 11. 1929 (RBB. S. 177) u. v. 5. 6. 1930 (RBB. S. 61) in einer Reihe von besonders teuern Städten zum Grundgehalt örtliche Sonderzuschläge in Höhe von 3 bzw. 5 v. H. gezahlt (s. S. 354).

7) Abs. 3 eingefügt durch Gesetz (18. Änderung) v. 29. 3. 1935 (RGBl. I S. 461).

8) Die planmäßigen Führer des Arbeitsdienstes besitzen in dem angeführten Umfange die Rechte und Pflichten der Reichsbeamten, sind aber keine Beamten im Sinne des DBG.

1. Grundgehalt.

§ 2[9]).

Das Grundgehalt wird den planmäßigen Beamten nach den beigefügten Besoldungsordnungen A (für aufsteigende Gehälter)[10]) und B (für feste Gehälter)[11]), den Soldaten der Wehrmacht nach der beigefügten Besoldungsordnung C, den Polizeibeamten beim Reichswasserschutz nach der der Besoldungsordnung A als Anlage beigefügten Besoldungsordnung, den planmäßigen Führern des Arbeitsdienstes nach der der Besoldungsordnung A als 2. Anlage beigefügten Besoldungsordnung AD[12]), den Beamten des Ingenieurkorps der Luftwaffe nach der der Besoldungsordnung A als 3. Anlage beigefügten Besoldungsordnung JL[13]) gewährt.

§ 3.

(1) Die Grundgehälter werden, soweit nicht feste Gehälter vorgesehen sind, nach Dienstaltersstufen geregelt.

(2) Sie steigen von zwei zu zwei Jahren bis zur Erreichung des Endgrundgehalts.

(3) Die Dienstalterszulagen werden vom Ersten des Monats an gezahlt, in den der Eintritt in die neue Dienstaltersstufe fällt.

(4) Die Beamten des Büros des Reichspräsidenten[14]) und der Reichskanzlei werden in die Dienstaltersstufen nach dem Ermessen des Reichspräsidenten oder des Reichskanzlers [14a]) eingewiesen.

§ 4.

(1) Auf die Gewährung der Dienstalterszulagen haben die planmäßigen Beamten einen Rechtsanspruch[15]). Der Anspruch ruht, solange ein förmliches Dienststrafverfahren oder wegen eines Verbrechens oder Vergehens ein Hauptverfahren oder eine Voruntersuchung schwebt. Führt ein strafgerichtliches Verfahren zur Verurteilung wegen eines Verbrechens oder Vergehens und wird binnen dreier Monate nach Abschluß des strafgerichtlichen Verfahrens wegen der nämlichen Tatsachen ein förmliches Dienststrafverfahren eingeleitet, so ruht der Anspruch auch während der Zwischenzeit.

---

[9]) Ergänzt hinsichtlich der planmäßigen Führer des Arbeitsdienstes durch Gesetz (18. Änderung) v. 29. 3. 1935 (RGBl. I S. 461) und hinsichtlich der Beamten des Ingenieurkorps der Luftwaffe durch Gesetz (22. Änderung) v. 13. 12. 1935 (RGBl. I S. 1483).

[10]) [11]) [12]) [13]) Abgedruckt S. 277, 288, 294 und 297.

[14]) Jetzt Präsidialkanzlei.

[14a]) Jetzt Führer und Reichskanzler.

[15]) Diese Bestimmung ist durch § 21 Abs. 1 DBG. inhaltlich dahingehend geändert, daß, wenn der Beamte in seinen Leistungen hinter dem billigerweise von ihm zu fordernden Maß zurückbleibt, ihm das Aufsteigen im Gehalt in jeder Dienstaltersstufe bis zu 2 Jahren versagt werden kann.

(2) Führt das Verfahren zum Verluste des Amtes, so erlischt der Anspruch auch für die Zeit des Ruhens.

§ 5.

(1) Das Besoldungsdienstalter der planmäßigen Beamten beginnt mit dem Tage der Anstellung in der jeweiligen planmäßigen Stelle, soweit nicht in diesem Gesetz oder in den Ausführungsbestimmungen dazu etwas anderes bestimmt oder zugelassen ist. Von diesem Zeitpunkt ab sind die Zeitabschnitte für das Verbleiben im Anfangsgehalt und für das Aufsteigen in die höheren Dienstaltersstufen zu rechnen. Als Tag der planmäßigen Anstellung gilt der Tag, von dem ab das Diensteinkommen der planmäßigen Stelle bezogen wird. Das Besoldungsdienstalter der Soldaten der Wehrmacht und der Polizeibeamten beim Reichswasserschutz in den Besoldungsgruppen mit aufsteigenden Gehältern beginnt mit dem Tage der Beförderung.

(2) Bei der ersten planmäßigen Anstellung außerplanmäßiger Beamten wird die im außerplanmäßigen Reichsbeamtenverhältnis bei derselben Dienstlaufbahn zwischen dem Beginne des Diätendienstalters (§ 17) und der ersten planmäßigen Anstellung liegende Zeit auf das Besoldungsdienstalter angerechnet, soweit sie fünf Jahre, bei Versorgungsanwärtern vier Jahre, bei den vor dem 1. Januar 1925 eingestellten weiblichen Beamten der Deutschen Reichspost acht Jahre übersteigt.

(3) Den Versorgungsanwärtern[16]) wird bei der ersten planmäßigen Anstellung, wenn sie im Heere, in der Marine oder in der Schutzpolizei oder im Dienste des Reichswasserschutzes

a) acht Jahre oder weniger gedient haben, die tatsächlich abgeleistete Dienstzeit bis zu einem Jahre,

b) über acht Jahre gedient haben, außerdem die Dienstzeit im Heere, in der Marine oder in der Schutzpolizei oder im Dienste des Reichswasserschutzes, soweit sie und die nachfolgende Zivildienstzeit acht Jahre übersteigt, mit der darüber hinausgehenden Zeit, höchstens aber mit weiteren fünf Jahren auf das Besoldungsdienstalter angerechnet.

(4) Treten Versorgungsanwärter erstmals in eine andere Besoldungsgruppe über, so wird ihr Besoldungsdienstalter in der neuen Besoldungsgruppe nach Abs. 3 festgesetzt, wenn nicht die Anwendung des § 7 günstiger wirkt.

(5) Die vor dem vollendeten siebzehnten Lebensjahre liegende Dienstzeit im Heere oder in der Marine bleibt außer Betracht, soweit es sich nicht um eine tatsächlich geleistete Kriegsdienstzeit handelt.

---

[16]) Vgl. auch hinsichtlich der Versorgungsanwärter der Wehrmacht VO. v. 22. 4. 1936 — RGBl. I S. 377 — (abgedr. S. 308).

(6) Die nach Abs. 2 und die nach Abs. 3 bis 5 anzurechnende Zeit wird nebeneinander angerechnet.

(7) Die Ausführungsbestimmungen stellen fest, wer als Versorgungsanwärter im Sinne dieses Gesetzes anzusehen ist[17]).

(8) Das Besoldungsdienstalter der auf Grund des Beamtenscheins angestellten schwerkriegsbeschädigten Beamten ist angemessen zu verbessern. Eine entsprechende Verbesserung kann auch anderen schwerkriegsbeschädigten Beamten gewährt werden. Das Nähere regeln die Ausführungsbestimmungen[18]).

§ 6.

Ob und wieweit zum Ausgleich von Härten eine außerhalb des Reichsbeamtenverhältnisses zurückgelegte Dienstzeit oder die Zeit einer praktischen Beschäftigung auf das Besoldungsdienstalter angerechnet werden kann, bestimmt die oberste Reichsbehörde im Einvernehmen mit dem Reichsminister der Finanzen. Die Anrechnung der Zeit, die nicht im Verhältnis eines Beamten des Reichs, eines Landes, einer Gemeinde oder einer sonstigen Körperschaft des öffentlichen Rechtes oder eines Offiziers oder Deckoffiziers verbracht ist, darf vier Jahre nicht übersteigen. Besteht ein dringendes dienstliches Bedürfnis für die Gewinnung des Beamten, so kann darüber hinausgegangen werden.

§ 7.

(1) Beim Übertritt aus einer Besoldungsgruppe in eine andere mit gleichem oder höherem Endgrundgehalt erhält der Beamte den nächsthöheren Grundgehaltssatz und bezieht ihn zwei Jahre lang. Wäre er jedoch in der verlassenen Besoldungsgruppe schon vor Ablauf dieser Zeit in den nächsthöheren Grundgehaltssatz aufgestiegen und damit in den Bezug eines Grundgehalts gelangt, das über das ihm in der neuen Besoldungsgruppe gewährte hinausgeht oder ihm gleichkommt, so steigt er auch in der neuen Besoldungsgruppe in den nächsthöheren Grundgehaltssatz bereits zu derselben Zeit, zu der er in der verlassenen Besoldungsgruppe aufgestiegen wäre.

(2) Die ruhegehaltsfähigen und unwiderruflichen Stellenzulagen, die der Beamte in der verlassenen Besoldungsgruppe bezogen hat oder in der neuen Besoldungsgruppe beziehen wird, gelten hierbei als Bestandteile des Grundgehalts.

(3) Bei Verleihung einer Stellenzulage ohne Wechsel der Besoldungsgruppe wird das Besoldungsdienstalter nicht geändert.

---

[17]) Vgl. Nr. 26 BV.
[18]) Vgl. Nr. 27 BV.

(4)[19]) Das Besoldungsdienstalter wird beim Übertritt

aus der Besoldungsgr. A 12	in die Besoldungsgr.	A 11	während der ersten 2 Besoldungsdienstjahre,
„ „ „ A 10b	„ „ „	A 10a	während der ersten 14 Besoldungsdienstjahre,
„ „ „ A 7b	„ „ „	A 6	während der ersten 2 Besoldungsdienstjahre,
„ „ „ A 4d	„ „ „	A 4c2	während der ersten 14 Besoldungsdienstjahre,
„ „ „ A 4d	„ „ „	A 4c1	während der ersten 2 Besoldungsdienstjahre,
„ „ „ A 4b2	„ „ „	A 4a,	
„ „ „ A 3b	„ „ „	A 2d	während der ersten 10 Besoldungsdienstjahre,
„ „ „ A 3a	„ „ „	A 2e	

nicht geändert. Beim Übertritt aus der Besoldungsgruppe A 4a in die Besoldungsgruppe A 4b1 oder umgekehrt gilt Abs. 1 mit der Maßgabe, daß an die Stelle des nächsthöheren Grundgehaltsatzes der gleiche Grundgehaltsatz tritt, soweit ein solcher in der neuen Besoldungsgruppe vorhanden ist.

(5)[19]) Das Besoldungsdienstalter wird beim Übertritt

aus der Besoldungsgr. A 11	in die Besoldungsgr.	A 10a	höchstens um 4 J.,
„ „ „ A 10a	„ „ „	A 8a	höchstens um 4 J.,
„ „ „ A 8b	„ „ „	A 7a	„ „ 4 „,
„ „ „ A 8a	„ „ „	A 7a	„ „ 4 „,
„ „ „ A 8a	„ „ „	A 6	„ „ 4 „,
„ „ „ A 4c2	„ „ „	A 4b1	„ „ 8 „,
„ „ „ A 4c1	„ „ „	A 4b1	„ „ 8 „,
„ „ „ A 4b2	„ „ „	A 4b1	„ „ 8 „,
„ „ „ A 2c2	„ „ „	A 2b	„ „ 8 „,
„ „ „ A 2c1	„ „ „	A 2b	„ „ 8 „,
„ „ „ A 2c2	„ „ „	A 2a	„ „ 2 „,
„ „ „ AD8b	„ „ „	AD8a	„ „ 2 „

gekürzt. Das Besoldungsdienstalter wird beim Übertritt

[19]) Abs. 4 und 5 neu gefaßt durch § 1 der 1. DVO. zum Gesetz über die 24. Änderung des Besoldungsgesetzes v. 30. 3. 1936 (RGBl. I S. 336).

aus der Besoldungsgr.	A 4c2	in die Besoldungsgr.	A 4c1,
„ „ „	A 4c2	„ „ „	A 4b2,
„ „ „	A 4c2	„ „ „	A 4a,
„ „ „	A 4c1	„ „ „	A 4b2,
„ „ „	A 4c1	„ „ „	A 4a,
„ „ „	A 2c2	„ „ „	A 2c1

nicht geändert. Beim Übertritt aus der Besoldungsgruppe A 2c 1 in die Besoldungsgruppe A 2a wird das Besoldungsdienstalter in den ersten 2 Jahren nicht geändert, im übrigen höchstens um 2 Jahre gekürzt.

(6) Beim Übertritt in eine Besoldungsgruppe mit höherem oder gleichem Endgrundgehalte, der der Beamte bereits früher angehört hat, erhält er das frühere Besoldungsdienstalter dieser Besoldungsgruppe wieder. Hierbei gilt Abs. 2. Ergibt sich dabei ein Minderbetrag an Grundgehalt einschließlich der ruhegehaltsfähigen und unwiderruflichen Stellenzulagen, so wird dieser Minderbetrag als persönliche ruhegehaltsfähige Zulage insoweit und solange gewährt, bis er durch Aufsteigen in den Dienstaltersstufen ausgeglichen ist.

(7) Beim Übertritt aus einer Besoldungsgruppe in eine andere mit niedrigerem Endgrundgehalte setzt die oberste Reichsbehörde im Einvernehmen mit dem Reichsminister der Finanzen das Besoldungsdienstalter fest.

(8) Abs. 1 bis 7 gelten nicht bei der Übernahme von Soldaten der Wehrmacht in den Zivildienst.

§ 8.

(1) Der Beamte ist von der Festsetzung seines Besoldungsdienstalters schriftlich zu benachrichtigen.

(2) Die Entscheidungen der Verwaltungsbehörden über die Festsetzung des Besoldungsdienstalters sind für die Beurteilung der vor dem Gerichte geltend gemachten vermögensrechtlichen Ansprüche maßgebend.

2. Wohnungsgeldzuschuß.

§ 9.

(1) Die planmäßigen Beamten erhalten, wenn sie ihren dienstlichen Wohnsitz im Deutschen Reiche haben, einen Wohnungsgeldzuschuß nach der als Anlage 4 beigefügten Aufstellung[20]).

(2) Der Reichsminister der Finanzen ist ermächtigt, den Hundertsatz des auszuzahlenden Wohnungsgeldzuschusses zu erhöhen[21]).

---

[20]) Vgl. S. 302.

[21]) Vgl. VO. über die Abrundung des Wohnungsgeldzuschusses v. 17. 12. 1933 — RBB. S. 153 — (abgedr. S. 302).

(3)[21a]) Ledige Unteroffiziere und Mannschaften, denen kasernenmäßige Unterkunft gewährt wird, erhalten keinen Wohnungsgeldzuschuß. Satz 1 gilt entsprechend für die Polizeibeamten beim Reichswasserschutze sowie für die planmäßigen Führer des Reichsarbeitsdienstes von der Besoldungsgruppe AD 9 an abwärts. Die Bordunterkunft derjenigen ledigen Unteroffiziere und Mannschaften, die zur planmäßigen Besatzung in Dienst gestellter Kriegsfahrzeuge gehören, steht im Sinne vorstehender Bestimmung der kasernenmäßigen Unterkunft gleich.

(4) Verheiratete weibliche Beamte erhalten den Wohnungsgeldzuschuß zur Hälfte. Sie erhalten keinen Wohnungsgeldzuschuß, wenn der Ehemann Beamter oder Angestellter des Reichs, eines Landes, einer Gemeinde oder einer sonstigen Körperschaft des öffentlichen Rechtes ist.

§ 10.

(1)[22]) Ledige Beamte erhalten an Stelle des Wohnungsgeldzuschusses, der sich nach § 9 ergeben würde, den der nächstniedrigeren Tarifklasse. An Stelle des Wohnungsgeldzuschusses VII treten hierbei die um 40 vom Hundert gekürzten Sätze.

(2) Die einschränkende Bestimmung im Abs. 1 gilt nicht für Geistliche.

§ 11.

Bei Einräumung einer Dienstwohnung[23]) wird diese dem Beamten mit einem Betrage, den die zuständige Behörde unter Mitwirkung der örtlichen Beamtenvertretung[24]) und unter Berücksichtigung des örtlichen Mietwerts festsetzt, auf seine Dienstbezüge angerechnet.

§ 12.

(1) Für die Einteilung der Orte oder von Ortsteilen in Ortsklassen ist das Ortsklassenverzeichnis[25]), wie es durch die Verordnung über die Achtzehnte Ergänzung des Besoldungsgesetzes vom 23. Oktober 1924 (RBB. S. 289) festgestellt worden ist, mit den inzwischen ergangenen Berichtigungen, Änderungen und Ergänzungen maßgebend.

(2) Die Einreihung von Orten oder Ortsteilen in das Ortsklassenverzeichnis im Falle von Neuaufstellungen des Verzeichnisses erfolgt durch

---

[21a]) Abs. 3 ergänzt durch Gesetz v. 13. 12. 1935 (RGBl. I S. 1485).

[22]) Abs. 1 geändert durch § 5 des Gesetzes v. 13. 12. 1935 — RGBl. I S. 1489 — (abgedr. 307). Wegen der Überleitung vgl. diese Bestimmung.

[23]) Vgl. Dienstwohnungsvorschriften v. 30. 1. 1937 (RHuBB. S. 9) und Auslandswohnungsvorschriften v. 6. 3. 1937 (RHBB. S. 111). Vgl. auch RdErl. des RFSS uChdDtPol. v. 20. 8. 1937 (RMBliV. S. 1415) über Anwendung der Reichswohnungsvorschriften auf die staatl. Polizei.

[24]) Die Beamtenvertretungen sind im Dritten Reich aufgehoben worden (s. RdErl. des MdJ. v. 20. 5. 1933 — MBliV. S. 601 —).

[25]) Neue Fassung s. RBB. 1936 S. 119/122; Berichtigungen s. RBB. 1936 S. 178; RHuBB. 1937 S. 2 und 187.

den Reichsminister der Finanzen mit Zustimmung des Reichsrats[26]) nach Maßgabe von Grundsätzen, die vom Reichsrat[26]) und einem Ausschuß des Reichstags[26]) festgelegt werden.

(3)[27]) Das Ortsklassenverzeichnis ist alsbald neu aufzustellen. Der Zeitpunkt für spätere Neuaufstellungen wird durch den Reichsrat[26]) und den Reichstag bestimmt. In der Zeit zwischen Neuaufstellungen kann der Reichsminister der Finanzen mit Zustimmung des Reichsrats[26]) einzelne Orte oder Ortsteile bei hervortretendem Bedürfnis nach Maßgabe der zuletzt aufgestellten Grundsätze in eine andere Ortsklasse einreihen. Zur Einreihung in niedrigere Ortsklassen ist in jedem Falle die Zustimmung des Reichsrats[26]) oder der Landesregierung erforderlich.

(4) Welcher Ortsklasse ein Ort außerhalb des Deutschen Reichs zuzuweisen ist, bestimmt der Reichsminister der Finanzen.

(5) Der Reichsminister der Finanzen kann Anlagen (Kasernen, Bahnanlagen usw.) und Ortsteile geringen Umfanges (Abbauten usw.), die mit der Gemeinde, in deren Bezirk sie liegen, nicht im Zusammenhange stehen, von der Ortsklasse dieser Gemeinde ausnehmen und einer anderen Ortsklasse zuteilen, wenn ihr Verbleiben in der Ortsklasse ihrer Gemeinde eine erhebliche Härte bedeutet.

(6) Die nach Abs. 2 bis 5 getroffenen Anordnungen sind dem Reichstag mitzuteilen.

§ 13.

(1) Der Wohnungsgeldzuschuß wird nach der Ortsklasse des dienstlichen Wohnsitzes gewährt.

(2) Bei Versetzungen sowie bei Dienstleistungen, die eine Verlegung des dienstlichen Wohnsitzes zur Folge haben, wird der Wohnungsgeldzuschuß vom Ersten des auf die Änderung des dienstlichen Wohnsitzes folgenden Monats nach der Ortsklasse des Versetzungsorts oder Dienstleistungsorts gezahlt. Ändert sich der dienstliche Wohnsitz am ersten Werktag eines Monats, so tritt der Wechsel in der Ortsklasse schon mit diesem Monat ein.

(3) Hat die Verlegung des dienstlichen Wohnsitzes an einen Ort, der zu einer niedrigeren Ortsklasse gehört, eine Verminderung des Wohnungsgeldzuschusses zur Folge, so wird hierdurch ein Entschädigungsanspruch nicht begründet.

3. Kinderzuschläge.

§ 14.

(1) Die Beamten erhalten für jedes eheliche Kind bis zum vollendeten

---

[26]) Die Mitwirkung des Reichsrats und eines Ausschusses des Reichstags ist in Fortfall gekommen (§ 2 des Gesetzes v. 14. 2. 1934 — RGBl. I S. 89 — und VO. v. 30. 3. 1933 — RGBl. I S. 147 —).

[27]) Abs. 3 geändert durch § 50 des Ges. v. 30. 6. 1933 (RGBl. I S. 441).

einundzwanzigsten[28]) Lebensjahr einen Kinderzuschlag von monatlich zwanzig[29]) Reichsmark.

(2) Den ehelichen Kindern stehen gleich

1. für ehelich erklärte Kinder;
2. an Kindes Statt angenommene Kinder;
3. Stiefkinder, die in den Hausstand des Beamten aufgenommen sind;
4. uneheliche Kinder, wenn die Vaterschaft des Beamten festgestellt ist und er das Kind in seinen Hausstand aufgenommen hat oder auf andere Weise nachweislich für seinen vollen Unterhalt aufkommt, oder wenn der volle Unterhalt von dem weiblichen Beamten als Mutter gewährt werden muß.

(3) Für Kinder vom vollendeten sechzehnten bis zum vollendeten einundzwanzigsten Lebensjahre wird der Kinderzuschlag jedoch nur gewährt, wenn sie

1. sich in der Schulausbildung oder in der Ausbildung für einen künftig gegen Entgelt auszuübenden Lebensberuf befinden[30]) und wenn sie
2. nicht ein eigenes Einkommen von mindestens monatlich dreißig Reichsmark haben.

(4) Für Kinder, die wegen körperlicher oder geistiger Gebrechen dauernd erwerbsunfähig sind und die nicht ein eigenes Einkommen von mindestens monatlich dreißig Reichsmark haben, wird der Kinderzuschlag ohne Rücksicht auf das Lebensalter weitergewährt[31]).

(5) Die oberste Reichsbehörde kann im Rahmen der Vorschriften der Abs. 1, 3 und 4 Kinderzuschläge auch für Pflegekinder[32]) und Enkel gewähren, wenn der Beamte diese in seinem Haushalt aufgenommen hat und für ihren Unterhalt und ihre Erziehung keine Vergütung erhält.

(6) Für ein und dasselbe Kind kann der Kinderzuschlag nur einmal gewährt werden[33]).

(7) Die Kinderzuschläge fallen fort mit dem Ablauf des Monats, der auf den Monat folgt, in dem das für den Wegfall maßgebende Ereignis sich zugetragen hat[34]).

---

[28]) Hinsichtlich der Gewährung von Kinderbeihilfen bis zum 24. Lebensjahre und darüber hinausgehend vgl. Erlasse des RMdF. v. 28. 3. 1928 (RBB. S. 57), v. 9. 2., 31. 3. und 26. 6. 1937 (RHuBB. S. 74, 125 u. 209).

[29]) Der Satz des Kinderzuschlages ist geändert durch § 4 der 2. Gehaltskürzungs-VO. (s. S. 366).

[30]) Vgl. Erl. des RMdF. v. 14. 5. 1924 (RBB. S. 149), v. 21. 2. 1930 und 17. 3. 1930 (RBB. S. 29 und 41), v. 28. 4. 1931 (RBB. S. 28), v. 6. 8. 1932 (RBB. S. 105), v. 4. 5. 1933 (RBB. S. 23), v. 9. 1. 1935 und 6. 4. 1935 (RBB. S. 2 und 35).

[31]) Vgl. Erl. des RMdF. v. 20. 4. 1928 (HBB. S. 69).

[32]) Vgl. Erl. des RMdF. v. 1. 7. 1937 (RHuBB. S. 220) betr. Kinderzuschläge für Pflegekinder.

[33]) Vgl. Erl. des RMdF. v. 13. 6. 1932 (RBB. S. 93) betr. Vermeidung des Doppelbezugs von Kinderzuschlägen.

[34]) Vgl. Erl. des RMdF. v. 21. 2. 1930 (RBB. S. 29), v. 5. 6. 1934 (HBB. S. 87), v. 9. 1. 1935 (RBB. S. 2) und v. 25. 2. 1937 (RHuBB. S. 19).

(8) Verheiratete weibliche Beamte erhalten Kinderzuschläge für gemeinsame Kinder nur, wenn der Ehemann bei Berücksichtigung seiner sonstigen Verpflichtungen außerstande ist, ohne Gefährdung des standesmäßigen Unterhalts der Familie diese zu unterhalten. Entsprechendes gilt für die geschiedenen weiblichen Beamten.

4. Zulagen.

§ 15.

(1) Zulagen, die in diesem Gesetze nicht vorgesehen sind, dürfen nur gewährt werden, soweit der Reichshaushaltsplan dies bestimmt oder besondere Mittel dazu zur Verfügung stellt. In gleicher Weise können in Ausnahmefällen Vergütungen für Nebenämter und Nebenbeschäftigungen gewährt werden.

(2)[35]) . . . .

II. Außerplanmäßige Beamte.

§ 16.

(1) Die außerplanmäßigen Beamten erhalten bei voller Beschäftigung im Reichsdienst Diäten nach Maßgabe der als Anlage 5 beiliegenden Aufstellung[36]) sowie den Wohnungsgeldzuschuß, den sie in der ersten Dienstaltersstufe der Besoldungsgruppe beziehen würden, in der sie beim regelmäßigen Verlauf ihrer Dienstlaufbahn zuerst planmäßig angestellt werden.

(2) § 1 Abs. 1 Satz 2, § 3, §§ 9 bis 15 gelten entsprechend.

(3)[37]) . . . .

(4)[38]) . . . .

§ 17.

(1) Das Diätendienstalter beginnt mit dem Tage des Eintritts als außerplanmäßiger Beamter, soweit nicht in diesem Gesetz oder in den Ausführungsbestimmungen dazu etwas anderes bestimmt oder zugelassen ist.

(2) Zivilanwärter erhalten vom Beginne des sechsten, Versorgungsanwärter vom Beginne des fünften, die vor dem 1. Januar 1925 eingestellten weiblichen Beamten der Deutschen Reichspost vom Beginne des neunten Diätendienstjahres an Diäten in Höhe der Grundgehälter der ersten Dienstaltersstufe der planmäßigen Beamten ihrer Eingangsgruppe. Die zur Zeit des Inkrafttretens dieses Gesetzes im Dienste befindlichen

---

[35]) Abs. 2 aufgehoben durch § 21 des Ges. v. 30. 6. 1933 (RGBl. I S. 437).
[36]) Abgedruckt S. 303.
[37]) Abs. 3 gestrichen durch Kap. IV Teil 3 der VO. v. 6. 10. 1931 (RGBl. I S. 546).
[38]) Abs. 4 gestrichen durch Art. II Abs. 2 des Gesetzes v. 8. 3. 1930 (RGBl. II S. 31, 35).

außerplanmäßigen Beamten rücken wie die planmäßigen Beamten weiter im Grundgehalt auf.

(3) Bei Beamten, die bestimmungsgemäß einen Vorbereitungsdienst zu vollenden haben, beginnt das Diätendienstalter unmittelbar nach Ablauf der für den Vorbereitungsdienst vorgeschriebenen Zeit, soweit nicht in besonderen Fällen in den Ausführungsbestimmungen etwas anderes bestimmt oder zugelassen ist. Die Zeit des Vorbereitungsdienstes verlängert sich um so viel, als der Beamte die etwa vorgeschriebene Prüfung durch eigenes Verschulden verspätet abgelegt hat. Die Verwaltung kann die Zeit des Vorbereitungsdienstes auch aus anderen Gründen verlängern.

(4) Die Zeit einer vollen Beschäftigung gegen Entlohnung im privatrechtlichen Vertragsverhältnis wird auf das Diätendienstalter angerechnet, sofern der Beamte mit Aussicht auf dauernde Verwendung ständig und hauptsächlich mit den Dienstverrichtungen eines Beamten betraut gewesen ist und die Beschäftigung in unmittelbarem Anschluß daran bei der gleichen Dienstlaufbahn zur Übernahme in das Beamtenverhältnis geführt hat. Von der hiernach anzurechnenden Zeit ist ein von der obersten Reichsbehörde zu bestimmender Teil als Vorbereitungszeit abzuziehen.

(5) Die vor dem vollendeten zwanzigsten Lebensjahre zurückgelegte Dienstzeit gilt stets als Vorbereitungszeit.

III. Allgemeine Vorschriften.

§ 18.

(1)[39]) Beamte, die gleichzeitig mehr als eine Stelle im Reichsdienst bekleiden, erhalten nur die Dienstbezüge der Stelle, die auf den höchsten Satz Anspruch gibt.

(2) Beamte, die im Reichsdienst nur ein Nebenamt bekleiden, erhalten keinen Wohnungsgeldzuschuß und keine Kinderzuschläge.

(3)[39]) Bezieht ein Beamter ein Grundgehalt aus Reichsmitteln und zugleich aus Mitteln eines Landes, einer Gemeinde oder einer sonstigen Körperschaft des öffentlichen Rechtes, so erhält er vom Wohnungsgeldzuschuß und von den Kinderzuschlägen aus Reichsmitteln nur den Teilbetrag, der dem aus Reichsmitteln bezahlten Grundgehalt entspricht. Die Höhe des Wohnungsgeldzuschusses richtet sich nach dem höchsten Grundgehalte.

§ 19.

Mit einem Amte verbundene Nebenbezüge, namentlich Feuerungs- und Beleuchtungsmittel, Dienstbekleidung, Jagdnutzung, Nutzung von Dienstgrundstücken und dergleichen, werden dem Beamten mit einem

[39]) Vgl. jetzt § 38 Abs. 1 S. 4 DBG. Danach erhält der Beamte bei Bekleidung mehrerer Hauptämter, wenn nicht einheitliche Dienstbezüge vorgesehen sind, Dienstbezüge nach Bestimmung des Reichsministers der Finanzen nur aus einem Amt.

angemessenen Betrag auf die Dienstbezüge angerechnet[40]). Die Höhe dieses Betrags setzt die oberste Reichsbehörde im Einvernehmen mit dem Reichsminister der Finanzen fest.

§ 20.

(1) Unteroffiziere und Mannschaften erhalten neben der Besoldung Dienstbekleidung, in der Marine Dienstbekleidung oder Kleidergeld.

(2) Offiziere und Deckoffiziere bis zur Besoldungsgruppe C 4 aufwärts erhalten neben der Besoldung eine Entschädigung für besondere Abnutzung der Dienstbekleidung nach näherer Bestimmung des Reichshaushaltsplans. Das gleiche gilt für Beamte der Wehrmacht, die wie Offiziere zum dauernden Tragen der Dienstbekleidung verpflichtet sind.

(3) Die Soldaten der Wehrmacht von der Besoldungsgruppe C 4 bis zur Besoldungsgruppe C 22[41]) haben Anspruch auf freie ärztliche Behandlung sowie nach Maßgabe des Reichshaushaltsplans Anspruch auf freie Krankenhauspflege und auf Gebrauch von Heil- und Kurmitteln. Außerdem haben sie Anspruch auf freie ärztliche Behandlung ihrer Ehefrau und der nach § 14 zu berücksichtigenden Kinder durch den Truppen- oder Garnisonarzt.

(4) Für die in Natur gewährte Verpflegung werden den Angehörigen der Wehrmacht Beträge in einer durch den Reichshaushaltsplan festzusetzenden Höhe einbehalten.

(5) Entschädigungen an eingeschiffte Angehörige der Marine und an das Maschinenpersonal der in Dienst gestellten Kriegsfahrzeuge werden durch den Reichshaushaltsplan geregelt.

(6)[42]) Die nach § 20 Abs. 1 bis 3 den Angehörigen der Wehrmacht gewährten Naturalbezüge und Entschädigungen fallen unter § 3 Nr. 2 des Einkommensteuergesetzes vom 16. Oktober 1934 (RGBl. I S. 1005), nicht dagegen Dienstwohnungen, kasernenmäßige Unterkunft und Teile der Dienstbezüge, die für Verpflegung einbehalten werden.

(7) Abs. 1, 2, Abs. 3 Satz 1 und Abs. 6 gelten entsprechend für die Polizeibeamten beim Reichswasserschutze.

§ 20a[43]).

Die planmäßigen Führer des Arbeitsdienstes bis zur Besoldungsgruppe AD 4 aufwärts erhalten neben der Besoldung eine Entschädigung für besondere Abnutzung der Dienstbekleidung nach näherer Bestimmung des Reichshaushaltsplans.

---

[40]) Vgl. Nr. 20ff. Dienstwohnungsvorschriften v. 30. 1. 1937 (RHuBB. S. 9).
[41]) Berichtigt durch RGBl. I 1928 S. 62.
[42]) Abs. 6 geändert durch Gesetz (28. Änderung) v. 19. 3. 1937 (RGBl. I S. 339).
[43]) Eingefügt durch Gesetz (18. Änderung) v. 29. 3. 1935 (RGBl. I S. 461) und geändert durch Gesetz (23. Änderung) v. 13. 12. 1935 (RGBl. I S. 1485).

§ 21.

(1) Die Dienstbezüge werden monatlich im voraus gezahlt[44]). Der Reichsminister der Finanzen kann mit Zustimmung des Reichsrats[45]) und des Ausschusses des Reichstags[45]) für den Reichshaushalt bestimmen, daß die Dienstbezüge der planmäßigen Beamten und der Offiziere der Wehrmacht bei Überweisung auf ein Konto vierteljährlich im voraus gezahlt werden dürfen.

(2) Abs. 1 gilt entsprechend für Ruhegehälter und Wartegelder.

(3) Für welche Zeitabschnitte die Dienstbezüge der Mannschaften und Unteroffiziere der Wehrmacht gezahlt werden, bestimmt der Reichswehrminister im Einvernehmen mit dem Reichsminister der Finanzen. Satz 1 gilt entsprechend für die Polizeibeamten beim Reichswasserschutze.

(4) Der Reichsminister der Finanzen ist ermächtigt, Vorschriften über die Abrundung der auszuzahlenden Beträge zu erlassen.

IV. Übergangsvorschriften.

§ 22.

Die Überleitung der am 30. September 1927 im Amte gewesenen Beamten ergibt sich aus der als Anlage 6 beigefügten Übersicht.

§ 23.

(1) Das Besoldungsdienstalter der am 30. September 1927 im Amte befindlichen planmäßigen Beamten aus dem Stande der Versorgungsanwärter (§ 5 Abs. 3 bis 7) wird in der Weise verbessert, daß neben der bereits angerechneten Dienstzeit noch die im Heere, in der Marine oder in der Schutzpolizei oder im Dienste des Reichswasserschutzes vom Beginne des vierzehnten bis zum Ende des neunzehnten Dienstjahrs zurückgelegte Zeit zur Hälfte angerechnet wird.

(2) Bei der Festsetzung des Besoldungsdienstalters der am 30. September 1927 noch nicht planmäßig angestellten, aber im Dienste befindlichen oder vorgemerkten Versorgungsanwärter wird neben der nach § 5 Abs. 3 bis 7 anzurechnenden Dienstzeit noch die im Heere, in der Marine oder in der Schutzpolizei oder im Dienste des Reichswasserschutzes vom Beginne des sechzehnten bis zum Ende des neunzehnten Dienstjahrs zurückgelegte Zeit zur Hälfte angerechnet.

§ 24.

(1) Beamte, die infolge einer Umbildung der Reichsbehörden aus Anlaß der Umgestaltung des Staatswesens aus dienstlichen Rücksichten in

---

[44]) Diese Vorschriften waren zeitweilig außer Geltung (s. VO. v. 18. 7. 1931 — RGBl. I S. 381 — und 6. DVO. v. 3. 3. 1937 — RHuBB. S. 107 —).

[45]) Die Mitwirkung des Reichsrats und des Ausschusses des Reichstags ist in Fortfall gekommen (§ 2 des Gesetzes v. 14. 2. 1934 — RGBl. I S. 89 — und VO. v. 30. 3. 1933 — RGBl. I S. 147 —).

Stellen von geringerem Diensteinkommen verwendet werden, erhalten während der Dauer dieser Verwendung die Dienstbezüge, die sie in ihrer früheren Stelle nach den Vorschriften dieses Gesetzes bezogen hätten.

(2) Abs. 1 gilt nicht für die Soldaten der Wehrmacht.

V. Wartegelder, Ruhegehälter und Hinterbliebenenbezüge.

§ 25.

Die Bezüge der beim Inkrafttreten dieses Gesetzes im einstweiligen Ruhestande befindlichen Beamten werden mit Wirkung vom 1. Oktober 1927 nach den geltenden Vorschriften neu festgesetzt.

§ 26.

(1) Die Bezüge der beim Inkrafttreten dieses Gesetzes im dauernden Ruhestande befindlichen Beamten und der Ruhegehalt oder Übergangsgebührnisse beziehenden Soldaten sowie die Bezüge der Hinterbliebenen der bis dahin im Dienste oder im einstweiligen oder dauernden Ruhestande verstorbenen Beamten und Soldaten werden mit Wirkung vom 1. Oktober 1927 ab in der Weise erhöht, daß dem für die Berechnung des ruhegehaltsfähigen Diensteinkommens bisher maßgebend gewesenen Grundgehalte bei einem Grundgehalte

bis einschließlich 1800 Reichsmark	25 vom Hundert,
von mehr als 1800 Reichsmark bis einschließlich 3500 Reichsmark	22 " "
von mehr als 3500 Reichsmark bis einschließlich 6000 Reichsmark	19 " "
von mehr als 6000 Reichsmark bis einschließlich 12000 Reichsmark	16 " "

hinzutreten. Der sich hierbei als neues Grundgehalt ergebende Betrag ist auf volle Reichsmark aufzurunden. Er darf nicht höher sein als 13200 Reichsmark.

(2) Soweit sich bei der Unterstellung des niedrigeren Grenzbetrags (1800, 3500, 6000 Reichsmark) als bisheriges Grundgehalt ein höherer Betrag ergibt, ist dieser als neues Grundgehalt der Berechnung des ruhegehaltsfähigen Diensteinkommens zugrunde zu legen.

§ 27.

(1) Bei den infolge der einschränkenden Vorschriften der Ziffer 24 der Ausführungsbestimmungen zum Pensionsergänzungsgesetz in der Eingangsgruppe verbliebenen Altversorgungsberechtigten werden die im § 26 angegebenen Hundertsätze um 8 (auf 33, 30, 27, 24 vom Hundert) erhöht.

(2) Eine gleiche Erhöhung der im § 26 angegebenen Hundertsätze erhalten, sofern nicht bereits Abs. 1 Anwendung findet, diejenigen Alt-

versorgungsberechtigten, die im Falle der Ausdehnung der in Ziffer 25 der vorerwähnten Ausführungsbestimmungen vorgesehenen Fußnoten auf sie in eine höhere Besoldungsgruppe einzureihen gewesen wären. Ebenso werden die Beamten der Besoldungsklasse Nr. 21 des Reichsbesoldungsgesetzes vom 15. Juli 1909 behandelt.

(3) Für eine Erhöhung nach Abs. 1 oder 2 kommen nur diejenigen dort bezeichneten Altversorgungsberechtigten in Frage, deren gesetzliches Ruhegehalt für September 1927 zusammen mit dem Frauenzuschlage nicht den Betrag des Ruhegehalts erreicht hat, zu dem ihnen auf Grund des § 1 des Pensionsergänzungsgesetzes vom 1. April 1920 ab ein Zuschuß gewährt worden ist oder hätte gewährt werden müssen.

§ 28.

(1) Zu dem nach §§ 26, 27 erhöhten Grundgehalte wird der Wohnungsgeldzuschuß (§§ 9, 36 Satz 1) nach der bisherigen Tarifklasse hinzugerechnet.

(2) Der Jahresbetrag der erhöhten Ruhegehälter, Witwen- und Waisengelder ist so aufzurunden, daß bei der Teilung durch drei sich volle Markbeträge ergeben[46]).

§ 29.

Bei der Regelung nach § 26 finden bei den mit Ruhegehalt nach dem Wehrmachtversorgungsgesetz abgefundenen Soldaten die Vorschriften des § 36 dieses Gesetzes in der Fassung vom 19. September 1925 Anwendung.

§ 30.

Neben den nach §§ 26 ff. erhöhten Bezügen wird der Frauenzuschlag nach den bis zum 30. September 1927 geltenden Vorschriften gewährt.

§ 31.

Neben dem Wartegelde, Ruhegehalt und Witwengelde werden allgemein Kinderzuschläge nach den für die Beamten im Dienste geltenden Vorschriften gewährt. Nach denselben Vorschriften erhalten ledige waisengeldberechtigte Waisen die Kinderzuschläge bis zum vollendeten einundzwanzigsten Lebensjahre, wenn Witwengeld nicht zu zahlen ist.

§ 32.

Das nach §§ 25 ff. neu ermittelte Grundgehalt ist bei Anwendung der Ruhensvorschriften auf die dort bezeichneten Bezüge auch der Berechnung des früheren Diensteinkommens zugrunde zu legen.

---

[46]) Gemäß § 9 Abschn. I Kap. V Teil 3 der VO. v. 6. 10. 1931 (Pensionskürzungs-VO. — RGBl. I S. 546 —) ist diese Vorschrift nicht anzuwenden.

§ 33.

In Einzelfällen, in denen sich aus den Vorschriften des § 26 besondere Härten ergeben, kann die oberste Reichsbehörde im Einvernehmen mit dem Reichsminister der Finanzen einen Ausgleich gewähren.

VI. Schlußvorschriften.

§ 34.

Änderungen der in diesem Gesetze vorgesehenen Amtsbezeichnungen erfolgen durch den Reichspräsidenten[47]).

§ 35.

Die Versetzung in ein Amt, das mit einem niedrigeren Endgrundgehalt ausgestattet ist als das bisher bekleidete Amt, gilt gleichwohl als Versetzung in ein Amt von nicht geringerem planmäßigem Diensteinkommen im Sinne des § 23 des Reichsbeamtengesetzes[48]), wenn das Endgrundgehalt der bisherigen Besoldungsgruppe zuzüglich der dem Beamten verliehenen ruhegehaltsfähigen und unwiderruflichen Stellenzulagen nicht höher ist als das Endgrundgehalt der neuen Besoldungsgruppe zuzüglich der dem Beamten in der neuen Besoldungsgruppe verliehenen ruhegehaltsfähigen und unwiderruflichen Stellenzulagen.

§ 36[49]).

Das der Berechnung des Ruhegehalts zugrunde zu legende Diensteinkommen der Reichsbeamten besteht aus dem Grundgehalte, das der Beamte zuletzt bezogen hat, dem Wohnungsgeldzuschusse für die Ortsklasse B, und zwar auch dann, wenn der Beamte einen Wohnungsgeld-

---

[47]) Jetzt Führer und Reichskanzler. Vgl. § 37 DBG. Vgl. ferner VO. über die Führung von Amtsbezeichnungen v. 22. 12. 1927 — RGBl. I S. 508 — (abgedruckt S. 221), VO. v. 22. 12. 1931 (RGBl. I S. 787) betr. Änderungen der Amtsbezeichnungen in den Besoldungsgruppen A 2a, A 4a und A 8b; VO. v. 30. 1. 1934 (RGBl. I S. 74) betr. Änderungen der Amtsbezeichnungen in den Besoldungsgruppen A 4a, b und c und Erlaß des Führers und Reichskanzlers betr. Änderungen in der Reichsfinanzverwaltung v. 16. 3. 1937 (RGBl. I S. 311). Für Preußen Gesetz über Amtsbezeichnungen v. 28. 3. 1934 (GS. S. 233) und hinsichtlich der Anpassung der Amtsbezeichnungen der Beamten der Gemeinden und Gemeindeverbände RdErl. des Ministers des Innern v. 20. 6. 1934 (MBliV. S. 851). Gemäß § 9 Kap. I Teil 2 der VO. v. 5. 6. 1931 (RGBl. I S. 282) — 2. GehaltskürzungsVO. — dürfen die Länder, Gemeinden (Gemeindeverbände) und sonstigen Körperschaften des öffentlichen Rechtes für ihre Beamten nicht dieselben Amtsbezeichnungen einführen, die höher zu bewertenden Reichsbeamten zustehen.

[48]) Vgl. jetzt § 35 DBG.

[49]) Vgl. auch § 80 DBG., DVO. zum DBG. v. 29. 6. 1937 zu § 80 u. AB. zum DBG. d. RMdF. v. 30. 6. 1937 zu § 80. In § 80 Abs. 2 DBG. ist bestimmt, daß, falls ein Beamter auf Lebenszeit oder auf Zeit die Bezüge aus seinem nicht als Eingangsstelle seiner Laufbahn geltenden Amt nicht mindestens 1 Jahr erhalten hat, an Stelle der im Abs. 1 bezeichneten Dienstbezüge die entsprechenden Bezüge aus dem vor seiner Ernennung bekleideten Amt treten; hat der Beamte ein Amt nicht bekleidet, so setzt die oberste Dienstbehörde im Einvernehmen mit dem RMdF. die ruhegehaltfähigen Dienstbezüge in Grenzen von 50 v. H. der Sätze nach Abs. 1 fest.

zuschuß nicht oder nur teilweise bezogen hat, und den Zulagen, die in diesem Gesetz oder im Reichshaushaltsplan als ruhegehaltsfähig bezeichnet sind. § 10 gilt entsprechend.

§ 37[50].

§ 38.

(1) Die Reichsregierung ist ermächtigt, mit Zustimmung des Reichsrats[51]) und des Ausschusses des Reichstags für den Reichshaushalt[51]) Beamte, die in den diesem Gesetze beigefügten Besoldungsordnungen nicht aufgeführt sind, einer der vorhandenen Besoldungsgruppen zuzuteilen.

(2) Abs. 1 gilt sinngemäß für Wartegeldempfänger[52]), Ruhegehaltsempfänger und Hinterbliebene.

(3) Der Reichsminister der Finanzen ist ermächtigt, an Stelle der in anderen Gesetzen für die Bemessung von Bezügen angeführten Gruppen des Besoldungsgesetzes vom 30. April 1920 (RGBl. S. 805) die entsprechenden neuen Besoldungsgruppen zu bestimmen.

§ 39[53]).

(1) Änderungen der durch dieses Gesetz geregelten Dienst- und Versorgungsbezüge, ebenso Änderungen der Einreihung der Beamten in die Gruppen der Besoldungsordnungen können durch Gesetz erfolgen.

(2) Werden Beamte oder Versorgungsberechtigte durch eine solche Änderung hinsichtlich ihrer Bezüge oder hinsichtlich ihrer Einreihung in die Gruppen der Besoldungsordnung mit rückwirkender Kraft schlechter gestellt, so sind die Unterschiedsbeträge nicht zurückzuerstatten.

(3) In allen übrigen Fällen können zuviel gezahlte Dienst- und Versorgungsbezüge zurückgefordert werden, und zwar auch dann, wenn eine Bereicherung nicht mehr vorliegt.

§ 40[54]).

Für die Dauer von zunächst acht Jahren, beginnend mit dem 1. April 1928, fällt von je drei freien oder frei werdenden planmäßigen Beamtenstellen der Besoldungsordnung A, Aufsteigende Gehälter, Anlage 1 zu diesem Gesetz eine Stelle weg. Dies

---

[50]) Gestrichen durch Kap. IV Teil 3 der VO. v. 6. 10. 1931 (RGBl. I S. 546).

[51]) Die Mitwirkung des Reichsrats und des Ausschusses des Reichstags für den Reichshaushalt ist in Fortfall gekommen (§ 2 des Gesetzes v. 14. 2. 1934 — RGBl. I S. 89 — und VO. v. 30. 3. 1933 — RGBl. I S. 147 —).

[52]) Vgl. VO. über die Eingruppierung von Wartegeldempfängern v. 25. 2. 1932 (RGBl. I S. 12).

[53]) Abs. 1—3 geändert durch § 50 des Ges. v. 30. 6. 1933 (RGBl. I S. 441).

[54]) Geändert durch Kap. I Art. I § 1 I der VO. v. 18. 3. 1933 (RGBl. I S. 109). Die Vorschrift ist ebenso wie §§ 41 und 43 infolge Zeitablaufs seit dem 1. 4. 1936 gegenstandslos. Siehe jetzt § 36a RHO. Dieser lautet: „Freie planmäßige Stellen sind mit Beamten zu besetzen, die bei der eigenen oder einer anderen Reichsverwaltung entbehrlich geworden sind und die erforderliche Vor- und Ausbildung besitzen. Ausnahmen sind mit

gilt nicht, wenn eine Wahrnehmung der Geschäfte durch eine Hilfskraft nach gesetzlicher Vorschrift unzulässig ist. Im übrigen sind Ausnahmen nur mit Zustimmung des Reichsministers der Finanzen statthaft. Über die zugelassenen Ausnahmen sind dem Ausschuß für den Reichshaushalt vierteljährlich Übersichten vorzulegen.

§ 41[55]).

Soweit Länder, Gemeinden (Gemeindeverbände) und Organe des öffentlichen Rechtes (Handelskammern, Handwerkskammern, Landwirtschaftskammern, Krankenkassenverwaltungen, Berufsgenossenschaften usw.) die Besoldung in einem den Vorschriften dieses Gesetzes entsprechenden Ausmaß erhöhen, finden die allgemeinen Grundsätze des § 40 nach näherer Bestimmung des Landesrechts entsprechende Anwendung.

§ 42.

Soweit Länder, Gemeinden (Gemeindeverbände) und Organe des öffentlichen Rechtes die Besoldung in einem den Vorschriften dieses Gesetzes entsprechenden Ausmaß erhöhen, sind sie verpflichtet, bei der Überleitung der vorhandenen Stellen in die neue Besoldungsordnung für jeden einzelnen Fall zu prüfen, ob die in den entsprechenden Gruppen der alten Besoldungsordnung befindlichen Beamten nach ihrer Anzahl und nach ihren Aufgaben sämtlich oder nur zum Teil in die neue Besoldungsgruppe zu überführen sind. Die Länderregierungen treffen Vorschriften über die Überwachung der Einhaltung dieser Vorschrift durch die Gemeinden (Gemeindeverbände) und die Organe des öffentlichen Rechtes.

§ 43[56]).

Die Vorschriften des § 40 finden auf die Reichspostverwaltung entsprechende Anwendung.

§ 44.

(1) Dieses Gesetz tritt mit Wirkung vom 1. Oktober 1927 in Kraft.

(2) Mit dem gleichen Zeitpunkt tritt das Besoldungsgesetz vom 30. April 1920 (RGBl. S. 805) außer Kraft.

Zustimmung des Reichsministers der Finanzen zulässig. Im übrigen sollen, unbeschadet der Bestimmung in § 16 Abs. 3 des Reichsbesoldungsgesetzes v. 16. 12. 1927 (§ 16 Abs. 3 ist durch Kap. IV 3. Teil der Verordnung v. 6. 10. 1931 — RGBl. I S. 537, 546 — gestrichen worden), in erster Reihe geeignete, einstweilig in den Ruhestand versetzte Beamte in solche Stellen übernommen werden. Wird ein Beamter nach Satz 1 in eine andere Stelle übernommen, so fällt seine bisherige Stelle weg.

Zur Übernahme von Beamten in den Reichsdienst und zur Einstellung von Beamtenanwärtern bedarf es der vorherigen Zustimmung des Reichsministers der Finanzen. Auch darf, abgesehen von den Fällen des Abs. 1, kein Beamter planmäßig angestellt oder befördert werden, solange innerhalb derselben Verwaltung ein Beamter derselben Laufbahn, der eine Stelle einer niedrigeren Besoldungsgruppe innehat, für seine Person die Bezüge der Besoldungsgruppe, die der zu übernehmende oder zu befördernde Beamte erhalten soll, oder einer höheren Besoldungsgruppe erhält; Ausnahmen sind mit vorheriger Zustimmung des Reichsministers der Finanzen zulässig."

[55]) Die Vorschrift ist gegenstandslos (s. Anm. 54).

[56]) Die Vorschrift ist gegenstandslos (s. Anm. 54).

§ 45.

Die Ausführungsbestimmungen zu diesem Gesetz erläßt der Reichsminister der Finanzen mit Zustimmung des Reichsrats[57]) Der Reichsminister der Finanzen ist ermächtigt, mit Zustimmung des Reichsrats[57]) und des Ausschusses des Reichstags für den Reichshaushalt[57]) Bestimmungen für solche Fälle zu treffen, in denen die besondere Lage der Verhältnisse eine abweichende Regelung geboten erscheinen läßt.

Anlage 1

Reichsbesoldungsordnung A [58]) [59]) [60])

Aufsteigende Gehälter

Besoldungsgruppe 1a

8400 — 9500 — 10600 — 11600 — 12600 *RM*

Wohnungsgeldzuschuß: III in der ersten und zweiten Dienstaltersstufe,
II von der dritten Dienstaltersstufe an

Ministerialräte[1]), Oberlandforstmeister, Oberjägermeister, Direktor beim Reichstag, Vortragende Legationsräte, Gesandte II. Klasse, Generalkonsuln, soweit nicht in der Besoldungsgruppe B 7a, Botschaftsräte, Mitglieder beim Bundesamt für das Heimatwesen, Direktor der Reichsstelle für das Auswanderungswesen, I. Direktor der Römisch-Germanischen Kommission in Frankfurt (Main), I. Sekretare beim Archäologischen Institut des Deutschen Reichs, Direktoren beim Archäologischen Institut des Deutschen Reichs, beim Reichsgesundheitsamt, bei der Physikalisch-Technischen Reichsanstalt, beim Reichsamt für Landesaufnahme, beim Statistischen Reichsamt, beim Reichsaufsichtsamt für Privatversicherung, beim Reichsversicherungsamt, Direktor des Reichsarchivs, Direktor des Zentralnachweiseamts für Kriegerverluste und Kriegergräber, Vizepräsidenten der Oberpräsidien, Vizepräsident beim Stadtpräsidenten in Berlin, Regierungsvizepräsidenten, Vizepräsident der Preußischen Bau- und Finanzdirektion in Berlin, Polizeipräsidenten[2]), Polizeivizepräsident in Berlin, Oberstärzte der Polizei, Inspekteur des Feuerwehrwesens im

---

[57]) Die Mitwirkung des Reichsrats und des Ausschusses des Reichstags für den Reichshaushalt ist in Fortfall gekommen (§ 2 des Ges. v. 14. 2. 1934 — RGBl. I S. 89 — und VO. v. 30. 3. 1933 — RGBl. I S. 147 —).

[58]) Fassung auf Grund des Gesetzes (29. Änderung) v. 19. 3. 1937 (RGBl. I S. 342, 344).

[59]) Die Anmerkungen am Schluß der einzelnen Besoldungsgruppen gehören zum Gesetzestext.

[60]) Die kürzungspflichtigen Bezüge unterliegen der Kürzung auf Grund der 3 Gehaltskürzungsverordnungen.

Reichs- und Preußischen Ministerium des Innern, Obersten der Schutzpolizei und Obersten der Gendarmerie (erhalten bis auf weiteres nur die letzte Dienstaltersstufe: 12600 RM und den Wohnungsgeldzuschuß II), Direktor der Reichsanstalt für Erdbebenforschung in Jena, Vizepräsident des Reichsversorgungsgerichts, Senatspräsidenten beim Reichswirtschaftsgericht, beim Reichsversicherungsamt, beim Reichsversorgungsgericht, beim Reichspatentamt, Direktoren der Hauptversorgungsämter, Abteilungschefs beim Reichskriegsministerium, Intendanten, Marineintendanten, Direktor der Forschungsanstalt für Kriegs- und Heeresgeschichte, Werftverwaltungsdirektor, Schiffbaudirektor, Maschinenbaudirektor, Hafenbaudirektor, Strombaudirektoren, Baudirektor für Unterwasserwaffen, Vizepräsidenten und Senatspräsidenten bei den Oberlandesgerichten[3]) und beim Landeserbhofgericht in Celle, Landgerichtspräsidenten, soweit nicht in der Besoldungsgruppe B 8, Vizepräsidenten beim Landgericht Berlin, Amtsgerichtspräsidenten[4]), Vizepräsident beim Amtsgericht Berlin, Oberstaatsanwalt als Vertreter des Generalstaatsanwalts beim Kammergericht, Staatsfinanzräte, Finanzpräsidenten, Finanzgerichtspräsidenten, Direktor bei der Reichsbauverwaltung, beim Reichsmonopolamt für Branntwein, beim Reichsamt für Wetterdienst, Direktoren der Luftämter, Präsident der Hauptverwaltung der Versorgungsanstalt der Deutschen Reichspost, Abteilungsdirektoren bei den großen Reichspostdirektionen, deren Präsidenten in der Besoldungsgruppe B 6 oder B 7a stehen, und beim Reichspostzentralamt.

[1]) Die Ministerialräte bei der Präsidial- und bei der Reichskanzlei erhalten eine widerrufliche ruhegehaltfähige Stellenzulage von 2400 RM.

[2]) Nur in den von den Reichsministern der Finanzen und des Innern bestimmten Stellen.

[3]) Senatspräsidenten als hauptamtliche Leiter von Prüfungsstellen des Reichs-Justizprüfungsamts erhalten nach besonderer Vorschrift der Reichsminister der Finanzen und der Justiz einen nichtruhegehaltfähigen Anteil an den Prüfungsgebühren.

[4]) Nur in den von den Reichsministern der Finanzen und der Justiz bestimmten Stellen.

Besoldungsgruppe 1b

6200 — 7000 — 7800 — 8500 — 9200 — 9900 — 10600 RM

Wohnungsgeldzuschuß: III

Regierungsdirektoren, Verwaltungsgerichtsdirektoren bei den Regierungen und der Preußischen Bau- und Finanzdirektion in Berlin, Polizeipräsidenten, soweit nicht in der Besoldungsgruppe A 1a, Reichskriminaldirektoren im Reichs- und Preußischen Ministerium des Innern, Reichskriminaldirektor als Leiter des Reichskriminalamtes, Regierungs- und Kriminaldirektor bei der Polizeiverwaltung in Berlin, Regierungs- und Kriminaldirektor als Leiter des Polizeiinstituts in Berlin, Landforstmeister, Landgerichtsdirektoren[1]), Amtsgerichtsdirektoren[1]), Oberstaatsanwälte beim Volksgerichtshof[1]), Oberstaatsanwälte als Leiter von Staatsanwaltschaften bei Landgerichten mit 60 oder mehr planmäßigen Richtern im Bezirk und beim Amtsgericht Berlin, Oberstaatsanwalt als Vertreter des Generalstaatsanwalts beim Landgericht Berlin, Oberstaatsanwälte als Abteilungsleiter bei den Oberlandesgerichten[1]), Kommandant des Gemeinschaftslagers Hanns Kerrl, Direktor der Reichsstelle für Naturschutz.

[1]) Nur in den von den Reichsministern der Finanzen und der Justiz bestimmten Stellen.

Besoldungsgruppe 2a

4800 — 5400 — 6000 — 6600 — 7100 — 7600 — 8100 — 8600 — 9100 — 9700 RM

Wohnungsgeldzuschuß: IV in der ersten und zweiten Dienstaltersstufe,
III von der dritten Dienstaltersstufe an

Oberregierungsräte und Regierungsräte als Mitglieder beim Reichsgesundheitsamt, bei der Physikalisch-Technischen Reichsanstalt, bei der Chemisch-Technischen Reichsanstalt, beim Statistischen Reichsamt, beim Reichsaufsichtsamt für Privatversicherung, beim Reichsversicherungsamt, beim Reichsversorgungsgericht, beim Reichspatentamt[1]), bei der Biologischen Reichsanstalt für Land- und Forstwirtschaft, Reichswirtschaftsgerichtsräte, Oberfinanzräte und Finanzräte.

[1]) Die Oberregierungsräte als Abteilungsvorsitzende oder als Mitglieder der Beschwerdeabteilung erhalten eine ruhegehaltfähige und unwiderrufliche Stellenzulage von 800 RM.

Besoldungsgruppe 2b

7000 — 7500 — 8000 — 8500 — 8900 — 9300 — 9700 RM

Wohnungsgeldzuschuß: III

Ministerialbürodirektoren[1]), Oberregierungsräte[1]), Oberforstmeister, Oberjägermeister, Direktor der Reichtagsbibliothek, des Stenographenbüros, Oberregierungsbauräte, Legationsräte I. Klasse, Gesandtschaftsräte I. Klasse, Konsuln I. Klasse, II. Sekretare beim Archäologischen Institut des Deutschen Reichs, II. Direktor der Römisch-Germanischen Kommission in Frankfurt (Main), Oberregierungsmedizinalräte, Oberarchivräte, Oberbauräte der Feuerwehr, Oberfeldärzte der Polizei, Oberfeldveterinär der Polizei, Oberregierungs- und -kriminalräte, Oberstleutnante der Schutzpolizei und Oberstleutnante der Gendarmerie (erhalten bis auf weiteres nur die letzte Dienstaltersstufe: 9700 RM und den Wohnungsgeldzuschuß III), Direktor der Heeresbücherei, Oberintendanturräte, Marineoberintendanturräte,

Marineoberbauräte, Oberkriegsgerichtsräte, Marineoberkriegsgerichtsräte, Direktor der Bücherei beim Reichsgericht, Bürodirektor beim Reichsgericht, Oberlandesgerichtsräte (Kammergerichtsräte)[2]), Erbhofgerichtsräte, Landgerichtsdirektoren, soweit nicht in der Besoldungsgruppe A 1b, Amtsgerichtsdirektoren, soweit nicht in der Besoldungsgruppe A 1b, Oberstaatsanwälte, soweit nicht in der Besoldungsgruppe A 1b, Oberregierungsräte als Leiter von Justizvollzugsanstalten[3]), Verwaltungsdirektor bei der Reichsschuldenverwaltung, Amtsrat als Vorsteher der Hauptbuchhalterei beim Reichsfinanzministerium, als Bürovorsteher der Reichsrechnungsstelle beim Reichsfinanzministerium, Direktor der Reichshauptkasse, Bürodirektor beim Reichsfinanzhof, Oberposträte, Oberpostbauräte, Generalpostkassenrendant, Direktor des Reichspostmuseums, Direktor der Reichsstelle für Schulwesen, Oberstudienrat bei der Reichsstelle für Schulwesen.

[1]) Die Ministerialbürodirektoren, die Oberregierungsräte bei der Präsidial- und bei der Reichskanzlei erhalten eine widerrufliche ruhegehaltfähige Stellenzulage von 2040 *RM*.

[2]) Die hauptamtlichen Mitglieder des Reichs-Justizprüfungsamts erhalten nach besonderer Vorschrift der Reichsminister der Finanzen und der Justiz einen nichtruhegehaltfähigen Anteil an den Prüfungsgebühren.

[3]) Nur in den von den Reichsministern der Finanzen und der Justiz bestimmten Stellen.

Besoldungsgruppe 2c 1. Abteilung (abgekürzt 2c 1)

4800 — 5300 — 5800 — 6200 — 6600 — 7000 — 7400 — 7800 — 8200 — 8500 — 8800 *RM*

Wohnungsgeldzuschuß: IV in der ersten bis dritten Dienstaltersstufe, III von der vierten Dienstaltersstufe an

Landräte, Polizeidirektoren, Oberforstmeister, soweit nicht in der Besoldungsgruppe A 2b, Oberamtsrichter als aufsichtsführende Richter bei Amtsgerichten mit mindestens 3 planmäßigen Richterstellen und als Abteilungsleiter bei größeren Amtsgerichten[1]), Erste Staatsanwälte[1]), Regierungsräte als Leiter von Justizvollzugsanstalten[1]), Regierungsmedizinalräte[1]), Oberpfarrer.

[1]) Nur in den von den Reichsministern der Finanzen und der Justiz bestimmten Stellen.

Besoldungsgruppe 2c 2. Abteilung (abgekürzt 2c 2)

4800 — 5200 — 5600 — 6000 — 6400 — 6800 — 7200 — 7500 — 7800 — 8100 — 8400 *RM*

Wohnungsgeldzuschuß: IV in der ersten bis dritten Dienstaltersstufe[1]), III von der vierten Dienstaltersstufe an

Reichstagsarchivare, Reichstagsbibliothekare, Reichstagsstenographen, Regierungsräte[2]), Regierungsbankräte, Regierungsbauräte, Legationsräte, Bibliothekare, Konsuln II. Klasse, Gesandtschaftsräte II. Klasse, Vizekonsuln, Legationssekretäre, Assistenten beim Archäologischen Institut des Deutschen Reichs, Archivräte, Regierungsmedizinalräte, soweit nicht in der Besoldungsgruppe A 2c 1, Regierungsapotheker, Regierungs- und Kassenräte beim Oberpräsidium Berlin und bei den Regierungen, Regierungs- und Kassenrat bei der Preußischen Bau- und Finanzdirektion in Berlin, Finanzprüfer bei den Gemeindeprüfungsämtern, Regierungs- und Kassenrat beim Polizeipräsidium in Berlin, Oberstabsärzte und Stabsärzte der Polizei, Oberstabsveterinäre und Stabsveterinäre der Polizei, Oberstabsapotheker und Stabsapotheker der Polizei, Bauräte der Feuerwehr, Regierungs- und Kriminalräte, Majore der Schutzpolizei und Majore der Gendarmerie (erhalten bis auf weiteres die Dienstaltersstufen: 7700—8400 *RM* und den Wohnungsgeldzuschuß III), Verwaltungsdirektoren bei den Reichstheatern, Heeresmusikinspizient, Luftwaffenmusikinspizient, Studienräte, Intendanturräte, Marineintendanturräte, Forstmeister, Pfarrer, Kriegsgerichtsräte, Oberstabsapotheker, Tierärzte, Marinebauräte, Marinepfarrer, Marinekriegsgerichtsräte, Regierungschemiker, Marinelotsenkommandeur, Justiz- und Kassenräte, Landgerichtsräte, Amtsgerichtsräte, Staatsanwälte, Regierungsräte als Leiter von Justizvollzugsanstalten, soweit nicht in der Besoldungsgruppe A 2c 1, Betriebsdirektor bei der Reichswasserstraßenverwaltung, Posträte, Postbauräte.

[1]) Die am 30. September 1927 im Amte gewesenen Beamten der alten Besoldungsgruppe A XI erhalten jedoch den Wohnungsgeldzuschuß III.

[2]) Die Regierungsräte bei der Präsidial- und bei der Reichskanzlei erhalten eine widerrufliche ruhegehaltfähige Stellenzulage von 2040 *RM*.

Besoldungsgruppe 2d

4800—5200—5600—6000—6400—6800—7200—7500—7800 *RM*

Wohnungsgeldzuschuß: IV in der ersten bis dritten Dienstaltersstufe[1]),
III von der vierten Dienstaltersstufe an

Amtsräte[2]), Rendant der Legationskasse, Kanzler bei den Botschaften, Gesandtschaften und Generalkonsulaten, Finanzprüfer bei den Gemeindeprüfungsämtern, soweit nicht in der Besoldungsgruppe A 2c 2, Kriminaldirektoren[3]), Verwaltungsdirektoren bei der Reichsschuldenverwaltung, soweit nicht in der Besoldungsgruppe A 2b[4]), Zollräte[5]), Steuerräte[5]), Postamtmänner in Stellen von besonderer Bedeutung.

[1]) Die am 30. September 1927 im Amte gewesenen Beamten der alten Besoldungsgruppe A XI erhalten jedoch den Wohnungsgeldzuschuß III.

[2]) Die Amtsräte bei der Präsidial- und bei der Reichskanzlei erhalten eine widerrufliche ruhegehaltfähige Stellenzulage von 1680 *RM*.

[3]) Nur in den von dem Reichsminister der Finanzen und dem Reichsminister des Innern bestimmten Stellen.

[4]) Erhalten eine ruhegehaltfähige und unwiderrufliche Stellenzulage von 600 RM.

[5]) Ein durch den Reichshaushaltsplan zu bestimmender Teil der Beamten erhält eine ruhegehaltfähige und unwiderrufliche Stellenzulage von 600 *RM* und die Amtsbezeichnung „Oberzollrat", „Obersteuerrat".

Besoldungsgruppe 2e

3600 — 4000 — 4400 — 4800 — 5200 — 5600 — 6000 — 6400 — 6800 — 7100 — 7400 RM

Wohnungsgeldzuschuß: IV in der ersten bis sechsten Dienstaltersstufe, III von der siebenten Dienstaltersstufe an

Katasterdirektoren.

Besoldungsgruppe 3a

3600 — 4000 — 4400 — 4800 — 5200 — 5600 — 6000 — 6300 — 6600 — 6900 — 7200 RM

Wohnungsgeldzuschuß: IV in der ersten bis sechsten Dienstaltersstufe, III von der siebenten Dienstaltersstufe an

Regierungslandmesser.

Besoldungsgruppe 3b

4800 — 5200 — 5600 — 6000 — 6400 — 6700 — 7000 RM

Wohnungsgeldzuschuß: IV in der ersten bis dritten Dienstaltersstufe, III von der vierten Dienstaltersstufe an

Amtmänner, technische und nichttechnische: Amtmänner, Verwaltungsamtmänner, Regierungsamtmänner, Polizeiamtmänner, Vermessungsamtmänner, Intendanturamtmänner, Marineintendanturamtmänner, Justizamtmänner, Finanzamtmänner, Steueramtmänner, Zollamtmänner, Postamtmänner, Forstamtmänner; Kanzler bei den Auslandsbehörden des Auswärtigen Amts, soweit nicht in der Besoldungsgruppe A 2d, Landrentmeister bei den Regierungen und bei der Preußischen Bau- und Finanzdirektion in Berlin, Finanzprüfer bei den Gemeindeprüfungsämtern, soweit nicht in höheren Besoldungsgruppen, Polizeiräte, Landrentmeister bei der Polizeihauptkasse in Berlin, Kriminalräte, Hauptleute der Schutzpolizei und Hauptleute der Gendarmerie (erhalten die Dienstaltersstufen: 4800 — 5400 — 6000 — 6900 RM, den Wohnungsgeldzuschuß IV in der ersten und zweiten Dienstaltersstufe, III von der dritten Dienstaltersstufe an), Vorsteher besonders großer Remonteämter sowie Leiter des landwirtschaftlichen Betriebs bei besonders großen Remonteämtern, Marinestabsingenieure, Hafenkapitäne, Justizverwaltungsräte, Abteilungsvorsteher bei der Reichsdruckerei.

Besoldungsgruppe 3c

3600 — 3900 — 4200 — 4500 — 4800 — 5100 — 5400 — 5700 — 6000 — 6300 — 6600 RM

Wohnungsgeldzuschuß: IV in der ersten bis achten Dienstaltersstufe, III von der neunten Dienstaltersstufe an

Fachschuloberlehrer[1]), Amtsanwälte, Oberamtsanwälte als Leiter von Amtsanwaltschaften und als Stellvertreter des Leiters[2]), Oberingenieur beim Untersuchungsgefängnis Berlin-Moabit.

---

[1]) Ein durch den Haushaltsplan zu bestimmender Teil der Beamten erhält eine ruhegehaltfähige und unwiderrufliche Stellenzulage von 400 *RM*.

[2]) Nur in den von den Reichsministern der Finanzen und der Justiz bestimmten Stellen; sie erhalten eine ruhegehaltfähige und unwiderrufliche Stellenzulage von 400 *RM*.

Besoldungsgruppe 4a

3000 — 3300 — 3600 — 3900 — 4200 — 4450 — 4700 — 4940 — 5200 — 5500 — 5800 *RM*

Wohnungsgeldzuschuß: V in der ersten bis dritten Dienstaltersstufe[1]), IV von der vierten Dienstaltersstufe an

Regierungsoberinspektoren und Regierungsinspektoren (soweit nicht in den Besoldungsgruppen A 4b 1 und A 4c 2) beim Reichsgesundheitsamt, bei der Physikalisch-Technischen Reichsanstalt, bei der Chemisch-Technischen Reichsanstalt, beim Statistischen Reichsamt, beim Reichsaufsichtsamt für Privatversicherung, beim Reichswirtschaftsgericht, beim Reichsversicherungsamt, beim Reichsversorgungsgericht, beim Reichspatentamt, bei der Biologischen Reichsanstalt für Land- und Forstwirtschaft, Technische Oberinspektoren und technische Inspektoren bei der Physikalisch-Technischen Reichsanstalt, Oberfinanzinspektoren und Finanzinspektoren.

---

[1]) Die am 30. September 1927 im Amte gewesenen Beamten der alten Besoldungsgruppe A VIII erhalten jedoch den Wohnungsgeldzuschuß IV.

Besoldungsgruppe 4b 1. Abteilung (abgekürzt 4b 1)

4100 — 4400 — 4700 — 4950 — 5200 — 5500 — 5800 *RM*

Wohnungsgeldzuschuß: IV

Oberinspektoren, technische und nichttechnische: Oberinspektoren, Regierungsoberinspektoren[1]), Regierungsoberbauinspektoren, Verwaltungsoberinspektoren, Oberintendanturinspektoren, Marineoberintendanturinspektoren, Reichskriegsgerichtsoberinspektoren, Marinejustizoberinspektoren, Oberwerftinspektoren, Justizoberinspektoren[2]), Obersteuerinspektoren, Oberzollinspektoren, Nautische Oberinspektoren, Oberpostinspektoren[3]), Oberpostbauinspektoren, Obertelegrapheninspektoren; Oberlandmesser[4]), Obertrigonometer, Obertopographen, Oberkartographen, Oberbuchhalter bei den Regierungshauptkassen und bei der Hauptkasse der Preußischen Bau- und Finanzdirektion in Berlin, Bezirksrevisoren als Erste Revisoren bei den Regierungen und bei der Preußischen Bau- und Finanzdirektion in

Berlin, Oberrentmeister bei den staatlichen Kreiskassen, Polizeioberinspektoren, Polizeioberrentmeister bei den großen Polizeikassen, Oberbuchhalter bei der Polizeihauptkasse in Berlin, Waffenoberrevisoren der Polizei[5]), Stabszahlmeister, Heeresverpflegungsamtsvorsteher[6]), Heeresbekleidungsamtsvorsteher in München[6]), Heeresunterkunftsamtsvorsteher[6]), Vorsteher der Remonteämter sowie Leiter des landwirtschaftlichen Betriebs, soweit nicht in der Besoldungsgruppe A 3b[6]), Waffenoberrevisoren, Marineverpflegungsamtsvorsteher[6]), Marineunterkunftsamtsvorsteher[6]), Magazinvorsteher beim Arsenal Kiel[6]) [7]), Marineoberingenieure, Abteilungsführer beim Gemeinschaftslager Hanns Kerrl[8]), Lotsenoberinspektor bei der Reichswasserstraßenverwaltung, Bezirkszollkommissare, Oberpostmeister.

[1]) Die Regierungsoberinspektoren bei der Präsidial- und bei der Reichskanzlei erhalten eine widerrufliche ruhegehaltfähigen Stellenzulage von 1440 RM.

[2]) Die hauptamtlichen Rechnungsbeamten bei den Amtsgerichten erhalten nach besonderer Vorschrift der Reichsminister der Finanzen und der Justiz nichtruhegehaltfähige Anteile an den von ihnen aufgebrachten Rechnungsgebühren.

[3]) Ein Teil der Beamten erhält als „Bezirksoberpostinspektor" eine widerrufliche Stellenzulage von 200 RM.

[4]) Die am 30. September 1927 im Amte gewesenen Oberlandmesser beim Reichsamt für Landesaufnahme erhalten für ihre Person die Bezüge der Besoldungsgruppe A 3 b.

[5]) Nur in den von dem Reichsminister der Finanzen und dem Reichsminister des Innern bestimmten Stellen.

[6]) Ein durch den Reichshaushaltsplan zu bestimmender Teil der Beamten erhält als Inhaber besonders wichtiger Dienstposten eine ruhegehaltfähige und unwiderrufliche Stellenzulage von 200 RM.

[7]) Die am 30. September 1927 im Amte gewesenen beiden Stelleninhaber erhalten für ihre Person die Bezüge der Besoldungsgruppe A 3 b.

[8]) Erhalten eine widerrufliche und nicht ruhegehaltfähige Stellenzulage von 200 RM.

Besoldungsgruppe 4b 2. Abteilung (abgekürzt 4 b 2)

3000 — 3250 — 3500 — 3750 — 4000 — 4250 — 4500 — 4750 — 5000 — 5250 — 5500 RM

Wohnungsgeldzuschuß: V in der ersten und zweiten Dienstaltersstufe, IV von der dritten Dienstaltersstufe an

Regierungsoberinspektoren bei den Oberpräsidien, beim Stadtpräsidenten in Berlin und bei den Regierungen einschließlich der Preußischen Bau- und Finanzdirektion in Berlin, soweit nicht in Besoldungsgruppe A 4 b 1; Rechnungsrevisoren bei den Rechnungsämtern der Regierungen und der Preußischen Bau- und Finanzdirektion in Berlin; Finanzprüfer bei den Gemeindeprüfungsämtern, soweit nicht in höheren Besoldungsgruppen; Oberrentmeister bei den staatlichen Kreiskassen, soweit nicht in der Besoldungsgruppe A 4 b 1; Kreisoberinspektoren; Polizeioberinspektoren, soweit nicht in der Besoldungsgruppe A 4 b 1; Polizeirechnungsrevisoren; Oberinspektoren, Technische Oberinspektoren, Justizoberinspektoren, Verwaltungsoberinspektoren, soweit nicht in der Besoldungsgruppe A 4b 1; Dolmetscherinspektoren, Dolmetscheroberinspektoren[1]); Oberlehrer bei den Justizvollzugsanstalten.

[1]) Ein von den Reichsministern der Finanzen und der Justiz zu bestimmender Teil der Dolmetscherinspektoren erhält die Amtsbezeichnung „Dolmetscheroberinspektor".

Besoldungsgruppe 4c 1. Abteilung (abgekürzt 4c 1)

2800 — 3100 — 3400 — 3600 — 3900 — 4150 — 4400 — 4650 — 4900 — 5100 — 5300 *RM*

Wohnungsgeldzuschuß: V in der ersten und zweiter Dienstaltersstufe, IV von der dritten Dienstaltersstufe an

Regierungsinspektoren bei den Oberpräsidien, beim Stadtpräsidenten in Berlin und bei den Regierungen einschließlich der Preußischen Bau- und Finanzdirektion in Berlin; Kassierer bei den Regierungshauptkassen und bei der Hauptkasse der Preußischen Bau- und Finanzdirektion in Berlin; Finanzprüfer bei den Gemeindeprüfungsämtern, soweit nicht in höheren Besoldungsgruppen; Rentmeister bei den staatlichen Kreiskassen; Polizeiinspektoren; Polizeirentmeister bei kleineren Polizeikassen; Kriminalkommissare (erhalten die Dienstaltersstufen: 3900 — 4100 — 4300 — 4500 — 4700 — 4900 — 5100 — 5300 *RM* und den Wohnungsgeldzuschuß IV); Justizinspektoren[1]); Verwaltungsinspektoren[1]).

[1]) Nur in den von dem Reichsminister der Finanzen und dem fachlich zuständigen Reichsminister bestimmten Stellen.

Besoldungsgruppe 4c 2. Abteilung (abgekürzt 4c 2)

2800 — 3050 — 3300 — 3550 — 3800 — 4000 — 4200 — 4400 — 4600 — 4800 — 5000 *RM*

Wohnungsgeldzuschuß: V in der ersten bis dritten Dienstaltersstufe[1]), IV von der vierten Dienstaltersstufe an

Inspektoren, technische und nichttechnische: Inspektoren, Regierungsinspektoren[2]), Regierungsbauinspektoren, Bibliothekinspektoren, Verwaltungsinspektoren, Intendanturinspektoren, Marineintendanturinspektoren, Reichskriegsgerichtsinspektoren, Marinejustizinspektoren, Marineinspektoren, Werftinspektoren, Nautische Inspektoren, Finanzinspektoren, soweit nicht in der Besoldungsgruppe A 4a, Steuerinspektoren, Zollinspektoren, Postinspektoren, Postbauinspektoren, Telegrapheninspektoren, Obermaschinenmeister beim Reichstag, Ministerialkanzleivorsteher[2]) [3]), Konsulatssekretäre, Kartographen, Trigonometer, Topographen, Photogrammeter, Rentmeister bei den staatlichen Kreiskassen, soweit nicht in der Besoldungsgruppe A 4c 1, Kreisversicherungsinspektoren, Polizeiinspektoren, soweit nicht in der Besoldungsgruppe A 4c 1, Waffenrevisoren der Polizei[4]), Kriminalinspektoren[5]), Schutzpolizeiinspektoren[5]), Gendarmerieinspektoren[5]),

Theaterinspektoren und Kammermusiker bei den Reichstheatern, Zahlmeister, Oberzahlmeister, Remonteamtsverwalter, Betriebsleiter bei den Remonteämtern, Waffenrevisoren, Marineingenieure, Werkstättenvorsteher, Marinelotsen, Seekapitäne, Justizinspektoren, soweit nicht in der Besoldungsgruppe A 4c 1, Erste Seesteuermänner, Erste Seemaschinisten, Lotsen, Kanzleivorsteher beim Reichsgericht[3]), beim Reichsfinanzhof[3]), Obergärtner bei der Biologischen Reichsanstalt für Land- und Forstwirtschaft, Kanalmeister bei der Reichswasserstraßenverwaltung auf besonders wichtigen Dienstposten, Zollkapitäne, Postmeister.

---

[1]) Die am 30. September 1927 im Amte gewesenen Beamten der alten Besondungsgruppe A VIII erhalten jedoch den Wohnungsgeldzuschuß IV.

[2]) Die Regierungsinspektoren bei der Präsidial- und bei der Reichskanzlei und der Ministerialkanzleivorsteher der Reichskanzlei erhalten eine widerrufliche ruhegehaltfähige Stellenzulage von 1200 RM.

[3]) Die am 30. September 1927 im Amte gewesenen Ministerialkanzleidirektoren und Kanzleidirektoren erhalten für ihre Person die Bezüge der Besoldungsgruppe A 2 d.

[4]) Nur Beamte, die neben abgeschlossener Fachschulbildung eine der Inspektorenprüfung gleichzubewertende technische Prüfung abgelegt haben.

[5]) Nur in den von dem Reichsminister der Finanzen und dem Reichsminister des Innern bestimmten Stellen.

Besoldungsgruppe 4d

2800 — 3050 — 3300 — 3550 — 3800 — 4000 — 4200 RM

(künftig wegfallend)

Wohnungsgeldzuschuß: V in der ersten bis dritten Dienstaltersstufe, IV von der vierten Dienstaltersstufe an

Obersekretäre und Sekretäre des Besoldungsgesetzes vom 30. April 1920 / 17. Dezember 1920, die auf Grund des Beschlusses der Reichsregierung vom 9. März 1921 die Ergänzungsprüfung bis zum 29. Februar 1928 abgelegt haben; Beamte der vormaligen Landesverwaltungen, die im Landesdienst eine der Ergänzungsprüfung des Reichs entsprechende Prüfung abgelegt haben oder nach Landesrecht den hiernach geprüften Beamten gleichgestellt sind[1]).

---

[1]) Den Gerichtsvollziehern, die in diese Gruppe eingestuft werden, kann der Reichsminister der Justiz im Einvernehmen mit dem Reichsminister der Finanzen einen Anteil an den Gebühren, eine Zulage oder eine Dienstaufwandsentschädigung bewilligen und einen Betrag als ruhegehaltfähig erklären.

Besoldungsgruppe 4e

2800 — 3000 — 3200 — 3400 — 3600 — 3800 — 4000 — 4150 — 4300 — 4450 — 4600 RM

Wohnungsgeldzuschuß: V in der ersten bis dritten Dienstaltersstufe, IV von der vierten Dienstaltersstufe an

Ministerialregistratoren, Gewerbeoberkontrolleure, Oberleutnante der Schutzpolizei und Oberleutnante der Gendarmerie sowie Leutnante der Schutzpolizei (erhalten die Dienstaltersstufen: 2400 — 2700 — 3100 — 3400 — 3800 — 4200 *RM*. Wohnungsgeldzuschuß für Oberleutnante IV, für Leutnante V in der ersten bis dritten Dienstaltersstufe und IV von der vierten Dienstaltersstufe an).

Besoldungsgruppe 4f

2400 — 2600 — 2800 — 3000 — 3200 — 3400 — 3600 — 3800 — 4000 — 4200 *RM*

Wohnungsgeldzuschuß: V in der ersten bis fünften Dienstaltersstufe, IV von der sechsten Dienstaltersstufe an

Revierförster, Oberförster[1]).

[1]) Die planmäßig angestellten Oberförster erhalten eine ruhegehaltfähige und unwiderrufliche Stellenzulage von 500 *RM*.

Besoldungsgruppe 5a

2800 — 3000 — 3200 — 3400 — 3600 — 3750 — 3900 — 4050 — 4200 *RM*

Wohnungsgeldzuschuß: V in der ersten bis dritten Dienstaltersstufe, IV von der vierten Dienstaltersstufe an

Werksekretäre, Photographen[1]), Lithographen, Kupferstecher[2]), Heeresschneidermeister, Heeresschuhmachermeister, Obermeister im Reichsluftaufsichtsdienst, Telegraphenoberwerkmeister.

[1]) Ein am 30. September 1927 im Amte gewesener „Technischer Inspektor" bei der Kartenstelle des Reichsamts für Landesaufnahme erhält für seine Person die Bezüge der Besoldungsgruppe A 4 c 2.

[2]) Ein am 30. September 1927 im Amte gewesener „Technischer Oberinspektor" bei der Kartenstelle des Reichsamts für Landesaufnahme erhält für seine Person die Bezüge der Besoldungsgruppe A 4 b 1.

Besoldungsgruppe 5b

2300 — 2550 — 2800 — 3000 — 3200 — 3400 — 3600 — 3800 — 4000 — 4200 *RM*

Wohnungsgeldzuschuß: V in der ersten bis fünften Dienstaltersstufe, IV von der sechsten Dienstaltersstufe an

Ministerialkanzleisekretäre[1]) [2]), Kanzleisekretäre beim Reichstag, beim Reichsgericht, beim Reichsfinanzhof, Kanzleivorsteher beim Reichsgesundheitsamt, beim Statistischen Reichsamt, beim Reichsaufsichtsamt für Privatversicherung, beim Reichswirtschaftsgericht, beim Reichsversicherungsamt, beim Reichsversorgungsgericht, beim Reichspatentamt, bei der Reichsschuldenverwaltung, Kassensekretäre bei den großen staatlichen Kreiskassen als ständige Vertreter der Oberrentmeister[3]), Waffenmeister der Polizei[4]), Technische Sekretäre bei der Geheimen Staatspolizei[4]), Kriminalbezirkssekretäre, Polizeiobermeister, Gendarmerieobermeister, Theaterobermeister bei den Reichstheatern, Landwirtschaftliche Sekretäre bei den Remonteämtern, Waffenmeister, Nautische Sekretäre, Betriebsleiter (Kompaßverwalter, Instrumentenverwalter, Kartenverwalter, Fahrzeugverwalter, Leiter der Werftfeuerwehr, Leiter der Werftpolizei) bei militärischen Dienststellen, Gerichtsvollzieher[5]), Zugführer beim Gemeinschaftslager Hanns Kerrl[6]), Oberverwalter bei den Justizvollzugsanstalten[7]), Betriebsleiter bei den Justizvollzugsanstalten, Maschinenbetriebsleiter auf Seezollkreuzern, Betriebsleiter bei der Reichsbauverwaltung, Hauptbrandmeister.

[1]) Die Ministerialkanzleisekretäre beim Auswärtigen Amt erhalten eine ruhegehaltfähige und unwiderrufliche Stellenzulage von 400 *RM*.
[2]) Die Ministerialkanzleisekretäre bei der Präsidial- und bei der Reichskanzlei erhalten eine widerrufliche ruhegehaltfähige Stellenzulage von 960 *RM*.
[3]) Nur in den von dem Reichsminister der Finanzen bestimmten Stellen.
[4]) Nur Beamte mit abgeschlossener Fachschulbildung.
[5]) Der Reichsminister der Justiz kann im Einvernehmen mit dem Reichsminister der Finanzen einen Anteil an den Gebühren, eine Zulage oder eine Dienstaufwandsentschädigung bewilligen und einen Betrag als ruhegehaltfähig erklären.
[6]) Erhalten eine widerrufliche und nichtruhegehaltfähige Stellenzulage von 600 *RM*.
[7]) Nur in den von den Reichsministern der Finanzen und der Justiz bestimmten Stellen.

Besoldungsgruppe 6

2400 — 2600 — 2750 — 2900 — 3050 — 3200 — 3350 — 3500 — 3600 *RM*

Wohnungsgeldzuschuß: V

Oberwerkmeister, Maschinenmeister bei der Physikalisch-Technischen Reichsanstalt, beim Küsten- und Vermessungswesen, beim Reichskanalamt und beim Leuchtfeuer Warnemünde[1]), in der Betriebsverwaltung der Deutschen Reichspost, Galvanoplastiker, Zweite Seesteuermänner, Zweite Seemaschinisten, Schiffsobermaschinisten, Schiffskapitäne, Seeoberschleusenmeister, Kanalmeister bei der Reichswasserstraßenverwaltung, soweit nicht in der Besoldungsgruppe A 4 c 2, Hafenmeister, Baggermeister, Oberzollschiffer, Oberzollmaschinisten, Telegraphenwerkmeister, Telegraphenbauführer, Werkmeister im Kraftwagendienst.

[1]) Ein am 30. September 1927 beim Reichskanalamt im Amte gewesener Maschinenbetriebsleiter erhält für seine Person eine ruhegehaltfähige und unwiderrufliche Stellenzulage von 300 *RM*.

Besoldungsgruppe 7a

2350 — 2500 — 2650 — 2800 — 2950 — 3100 — 3200 — 3300 — 3400 — 3500 RM

Wohnungsgeldzuschuß: V

Hausinspektor bei der Präsidialkanzlei[1]), bei der Reichskanzlei[1]), Sekretäre technische und nichttechnische[2]): Sekretäre, Regierungssekretäre, Verwaltungssekretäre, Theatersekretäre, Reichskriegsgerichtssekretäre, Justizsekretäre, Finanzsekretäre, Steuersekretäre, Zollsekretäre, Postsekretäre, Telegraphensekretäre, Kanzleivorsteher, soweit nicht in der Besoldungsgruppe A 5b, Regierungskanzleisekretäre (k. w.), Kassensekretäre bei den staatlichen Kreiskassen, soweit nicht in der Besoldungsgruppe A 5b, Kreissekretäre, Polizeisekretäre, Polizeikanzleisekretäre (k. w.), Ministerialbüroassistentinnen (k. w.), Kriminalsekretäre, Polizeimeister, Gendarmeriemeister, Beleuchtungsmeister bei den Reichstheatern, Betriebsmeister bei militärischen Dienststellen, bei der Reichswasserstraßenverwaltung, Verwalter bei den Justizvollzugsanstalten[3]), Brandmeister, Meister im Reichsluftaufsichtsdienst, Postverwalter.

[1]) Erhält eine widerrufliche ruhegehaltfähige Stellenzulage von 720 RM.
[2]) Die Sekretäre bei der Präsidial- und bei der Reichskanzlei erhalten eine widerrufliche ruhegehaltfähige Stellenzulage von 840 RM.
[3]) Nur in den von den Reichsministern der Finanzen und der Justiz bestimmten Stellen.

Besoldungsgruppe 7b

2400 — 2550 — 2700 — 2800 — 2900 — 3000 — 3100 — 3200 RM

Wohnungsgeldzuschuß: V

Verwaltungsassistenten in den Ministerien (k. w.), Erste Maschinenmeister, Werkmeister bei den Justizvollzugsanstalten.

Besoldungsgruppe 7c

2000 — 2100 — 2200 — 2300 — 2400 — 2500 — 2600 — 2700 — 2800 — 2900 — 3000 RM

Wohnungsgeldzuschuß: V

Kriminaloberassistenten, Polizeihauptwachtmeister, Gendarmeriehauptwachtmeister.

Besoldungsgruppe 8a

2000 — 2090 — 2180 — 2270 — 2360 — 2450 — 2540 — 2620 — 2700 RM

Wohnungsgeldzuschuß: V

Assistenten, technische und nichttechnische[1]): Assistenten, Verwaltungsassistenten, Theaterassistenten, Beleuchtungsassistenten bei den Reichstheatern, Reichskriegsgerichtsassistenten, Nautische Assistenten, Justizassistenten, Justizvollstreckungsassistenten[2]), Finanzassistenten, Steuerassistenten, Zollassistenten, Postassistenten, Telegraphenassistenten, Maschinenmeister beim Reichstag, Werkführer, Oberbotenmeister bei der Reichskanzlei[1]), Präparatoren, Regierungsbüroassistenten, Kassenassistenten bei den staatlichen Kreiskassen, Vollziehungsassistenten bei den staatlichen Kreiskassen[3]), Kreisassistenten, Polizeibüroassistenten, Küster, Mühlenmeister, Backmeister, Regimentssattlermeister, Oberbauaufseher, Erster Werkführer bei den Justizvollzugsanstalten[4]), Lokomotivführer, Dritte Seesteuermänner, Dritte Seemaschinisten, Seeschleusenmeister, Schiffsmaschinisten, Schiffsführer, Schleusenmeister, Obergeldzähler, Zollschiffer, Zollmaschinisten, Unterbrandmeister, Untermeister im Reichsluftaufsichtsdienst, Telegraphenwerkführer.

[1]) Die Assistenten bei der Präsidial- und bei der Reichskanzlei und der Oberbotenmeister bei der Reichskanzlei erhalten eine widerrufliche ruhegehaltfähige Stellenzulage von 720 *RM*.

[2]) Der Reichsminister der Justiz kann im Einvernehmen mit dem Reichsminister der Finanzen einen Anteil an Gebühren, eine Zulage oder eine Dienstaufwandsentschädigung bewilligen.

[3]) Können nach näherer Bestimmung einen Anteil an den Gebühren, eine Zulage oder eine Dienstaufwandsentschädigung erhalten.

[4]) Nur in den von den Reichsministern der Finanzen und der Justiz bestimmten Stellen.

Besoldungsgruppe 8b

1700 — 1820 — 1930 — 2040 — 2140 — 2240 — 2330 — 2430 — 2520 — 2610 — 2700 *RM*

Wohnungsgeldzuschuß: VI in der ersten bis vierten Dienstaltersstufe[1]),
V von der fünften Dienstaltersstufe an

Postassistenten (weiblich).

[1]) Die am 30. September 1927 im Amte gewesenen Beamten der alten Besoldungsgruppe A V erhalten jedoch den Wohnungsgeldzuschuß V.

Besoldungsgruppe 9

1700 — 1800 — 1900 — 2000 — 2100 — 2200 — 2300 — 2400 — 2500 — 2600 *RM*

Wohnungsgeldzuschuß: V bei Gewährung einer ruhegehaltfähigen und unwiderruflichen Stellenzulage,
im übrigen: VI in der ersten bis vierten Dienstaltersstufe[1]),
V von der fünften Dienstaltersstufe an

Kanzleiassistenten, Fernsprechgehilfen, Landkartendrucker, Maschinenmeister beim Bildungswesen, bei den Heeresunterkunftsämtern und beim Sanitätswesen, bei militärischen Dienststellen, beim Reichsgericht, bei den Gerichten und Justizvollzugsanstalten, beim Reichspatentamt, bei der Biologischen Reichsanstalt für Land- und Forstwirtschaft, bei der Reichswasserstraßenverwaltung, soweit nicht in der Besoldungsgruppe A 6, bei der Reichsbauverwaltung, Maschinenmeister bei den Polizeiverwaltungen, Vollziehungsbeamte bei den Polizeiverwaltungen, Vorsteherin des Polizeigewahrsams in Berlin[2]), Polizeigefängnishauptwachtmeister[3]), Polizeigefängnishauptwachtmeisterinnen[3]), Polizeigefängnisoberwachtmeister, Polizeigefängnisoberwachtmeisterinnen, Gerätemeister der Reichsfeuerwehrschule, Hausmeister und Theatermeister sowie Oberbeleuchter, Tapeziermeister, Maschinenmeister, Magazinmeister, Requisitenverwalter, Obergarderobiers, Rüstmeister bei den Reichstheatern, Magazinmeister, Futtermeister, Seekartendrucker, Erste Hauptwachtmeister[4]) und Hauptwachtmeister[5]) sowie Oberwachtmeister bei den Justizvollzugsanstalten, Werkführer[6]), Telegraphisten bei der Reichswasserstraßenverwaltung, Gasmeister, Geldzähler, Postkraftwagenführer.

---

[1]) Die am 30. September 1927 im Amte gewesenen Beamten der alten Besoldungsgruppe A V erhalten jedoch den Wohnungsgeldzuschuß V.
[2]) Erhält eine ruhegehaltfähige und unwiderrufliche Stellenzulage von 500 *RM*.
[3]) Erhalten eine ruhegehaltfähige und unwiderrufliche Stellenzulage von 400 *RM*.
[4]) Nur in den von den Reichsministern der Finanzen und der Justiz bestimmten Stellen; sie erhalten eine ruhegehaltfähige und unwiderrufliche Stellenzulage von 600 *RM*.
[5]) Nur in den von den Reichsministern der Finanzen und der Justiz bestimmten Stellen; sie erhalten eine ruhegehaltfähige und unwiderrufliche Stellenzulage von 400 *RM*.
[6]) In diese Gruppe werden übergangsweise die handwerklich vorgebildeten Beamten mit Gefangenenaufsichtsbefugnissen bei den handwerklichen Arbeitsbetrieben der Justizvollzugsanstalten eingewiesen.

Besoldungsgruppe 10a

1600 — 1690 — 1780 — 1870 — 1960 — 2050 — 2140 — 2230 — 2320 — 2400 *RM*

Wohnungsgeldzuschuß: V bei Gewährung einer ruhegehaltfähigen und unwiderruflichen Stellenzulage;
im übrigen: VI in der ersten bis sechsten Dienstaltersstufe,
V von der siebenten Dienstaltersstufe an

Ministerialamtsgehilfen[1]), Amtsgehilfen beim Reichstag, bei den Auslandsbehörden des Auswärtigen Amts, beim Reichserbhofgericht, bei der Reichshauptkasse, beim Reichsfinanzhof, Maschinisten[2]), Oberbotenmeister[3]), Botenmeister beim Statistischen Reichsamt, Ministerialhausinspektoren[3]), Oberzähler[4]), Drucker[2]), Laboranten, Lagermeister, Betriebsassistenten, Bauaufseher[2]), Bühnenmaschinisten, Reichskriegsgerichtswachtmeister, Brückenaufseher, Magazinaufseher, Hausinspektor beim Reichsgericht[3]), beim Reichspatentamt[3]), beim Reichsfinanzhof[3]), Reichsgerichtswachtmeister, Volksgerichtswachtmeister, Schleusenverwalter, Materialienverwalter, Fährmeister, Weichengehilfen, Zollbootsleute, Schiffsheizer, Zollbetriebsassistenten, Steuerbetriebsassistenten, Forstaufseher, Postbetriebsassistenten, Telegraphenleitungsaufseher[5]), Oberpostschaffner (auf besonders wichtigen Dienstposten im Packereidienst, Geldzustelldienst, Bahnpostdienst und Briefverteilungsdienst für Zusteller)[6]).

---

[1]) Die Ministerialamtsgehilfen bei der Präsidial- und bei der Reichskanzlei erhalten eine widerrufliche ruhegehaltfähige Stellenzulage von 480 RM.

[2]) Dieser Besoldungsgruppe werden nur solche Maschinisten, Drucker und Bauaufseher zugeteilt, die handwerksmäßig vorgebildet sind und von denen zur Ausübung ihrer Amtsgeschäfte eine handwerksmäßige Vorbildung gefordert wird. Soweit eine dieser beiden Voraussetzungen nicht erfüllt ist, sind die Beamten der Besoldungsgruppe A 11 zuzuteilen; soweit sie bisher die Bezüge der Besoldungsgruppe A IV erhalten haben, erhalten sie ihr um vier Jahre verbessertes Besoldungsdienstalter sowie für ihre Person eine ruhegehaltfähige und unwiderrufliche Stellenzulage von 150 RM.

[3]) Erhalten eine ruhegehaltfähige und unwiderrufliche Stellenzulage von 300 RM

[4]) Erhalten eine ruhegehaltfähige und unwiderrufliche Stellenzulage von 120 RM.

[5]) Dieser Besoldungsgruppe werden nur solche Telegraphenoberleitungsaufseher und Telegraphenleitungsaufseher zugeteilt, die handwerksmäßig vorgebildet sind und von denen die zur Ausübung ihrer Amtsgeschäfte erforderliche handwerksmäßige Vorbildung gefordert worden ist; die am 30. September 1927 im Amte gewesenen nicht handwerksmäßig vorgebildeten Telegraphenoberleitungsaufseher (Gruppe A IV alt) werden wie die Oberpostschaffner, die nicht handwerksmäßig vorgebildeten Telegraphenleitungsaufseher (Gruppe A III alt) wie die Postschaffner behandelt.

[6]) Die am 30. September 1927 im Amte gewesenen Oberpostschaffner werden der Besoldungsgruppe A 10 a zugeteilt.

Besoldungsgruppe 10b

1600 — 1690 — 1780 — 1870 — 1960 — 2050 — 2140 — 2220 — 2300 RM

Wohnungsgeldzuschuß: V bei Gewährung einer ruhegehaltsfähigen und unwiderruflichen Stellenzulage von der fünften Dienstaltersstufe an;
im übrigen: VI in der ersten bis sechsten Dienstaltersstufe,
V von der siebenten Dienstaltersstufe an

Hausmeister bei den Oberpräsidien (k. w.), Hausmeister bei den Polizeiverwaltungen, Gruppenleiter sowie Garderobiers, Theaterwarte und Pförtner bei den Reichstheatern, Justizoberwachtmeister[1]), Justizwachtmeister[2]), Zähler bei der Münzverwaltung und bei der Lotterieverwaltung[3]), Oberpedelle bei den Universitäten[4]).

---

[1]) Nur in den von den Reichsministern der Finanzen und der Justiz bestimmten Stellen; sie erhalten eine ruhegehaltfähige und unwiderrufliche Stellenzulage von 200 RM.

[2]) Je ein als Kassengehilfe bei den Oberjustizkassen beschäftigter Justizwachtmeister erhält eine ruhegehaltfähige und unwiderrufliche Stellenzulage von 120 RM.

[3]) Erhalten eine ruhegehaltfähige und unwiderrufliche Stellenzulage von 120 RM.

[4]) Erhalten eine ruhegehaltfähige und unwiderrufliche Stellenzulage von 150 RM.

Besoldungsgruppe 11

1500 — 1590 — 1680 — 1770 — 1860 — 1950 — 2040 — 2120 — 2200 RM[1])

Wohnungsgeldzuschuß: V bei Gewährung einer ruhegehaltfähigen und unwiderruflichen Stellenzulage;
im übrigen: VI in der ersten bis sechsten Dienstaltersstufe,
V von der siebenten Dienstaltersstufe an

Botenmeister[1]), Amtsgehilfen, soweit nicht in der Besoldungsgruppe A 10a, Kastellane, Technische Gehilfen, Pförtner in den Ministerien, Kreisamtsgehilfen, Kassengehilfen[2]), Gerichtswachtmeister, Hausmeister und Oberaufseher bei den Versorgungskrankenanstalten, Marinejustizwachtmeister, Leuchtturmaufseher, Schleusenoberwärter, Leuchtfeuerwärter, Steuerwachtmeister, Zollwachtmeister, Postschaffner; Maschinisten, Drucker und Bauaufseher soweit nicht in der Bes.Gruppe A 10 a.

[1]) Die Botenmeister bei den höheren Reichsbehörden und beim Polizeipräsidium in Berlin erhalten eine ruhegehaltfähige und unwiderrufliche Stellenzulage von 200 RM; die übrigen Botenmeister, denen mehr als 15 ständige Kräfte im Botendienst unterstellt sind, erhalten eine ruhegehaltfähige und unwiderrufliche Stellenzulage von 150 RM.

[2]) Je ein Kassengehilfe bei den Regierungshauptkassen, bei der Hauptkasse der Preußischen Bau- und Finanzdirektion in Berlin und bei der Polizeihauptkasse in Berlin erhält eine ruhegehaltfähige und unwiderrufliche Stellenzulage von 120 RM.

Besoldungsgruppe 12

1500 — 1580 — 1650 — 1730 — 1800 — 1880 — 1950 — 2030 — 2100 RM

Wohnungsgeldzuschuß: VI

Heizer, Hauswarte, Brückenwärter, Lagerwarte, Schießstandsaufseher, Krankenhausgehilfen, Wächter, Waldhüter, Postboten.

1. Anlage zur Anlage 1.

Anlage zur Besoldungsordnung A

Polizeibeamte beim Reichswasserschutz

Da der Reichswasserschutz aufgelöst ist, ist diese Anlage gegenstandslos geworden.

2. Anlage zur Anlage 1.

Besoldungsordnung AD [61]) [62]) [63])

Planmäßige Führer des Reichsarbeitsdienstes

Besoldungsgruppe 1

24000 RM

Wohnungsgeldzuschuß: I

Reichsarbeitsführer.

Besoldungsgruppe 2

18000 RM

Wohnungsgeldzuschuß: I

Obergeneralarbeitsführer.

Besoldungsgruppe 3

14000 RM

Wohnungsgeldzuschuß: II

Generalarbeitsführer.

Besoldungsgruppe 4

8400 — 9500 — 10600 — 11600 — 12600 RM

Wohnungsgeldzuschuß: III in der ersten und zweiten Dienstaltersstufe, II von der dritten Dienstaltersstufe an

Überleitung: Planmäßige Führer mit den Bezügen der bisherigen Besoldungsgruppe AD 1; sie erhalten ihr bisheriges Besoldungsdienstalter

Oberstarbeitsführer, Oberstarbeitsarzt.

Besoldungsgruppe 5

7000 — 7600 — 8200 — 8700 — 9200 — 9700 RM

Wohnungsgeldzuschuß: III

Überleitung: Planmäßige Führer mit den Bezügen der bisherigen Besoldungsgruppe AD 2; sie erhalten ihr bisheriges Besoldungsdienstalter

---

[61]) Fassung auf Grund des Gesetzes (23. Änderung) v. 13. 12. 1935 (RGBl. I S. 1485).

[62]) Die Anmerkungen am Schluß der einzelnen Besoldungsgruppen gehören zum Gesetzestext.

[63]) Die Bezüge unterliegen mit Ausnahme der Bezüge in den Besoldungsgruppen A D 11a — A D 11c der Kürzung auf Grund der 3 Gehaltkürzungsverordnungen (s. § 3 des Ges. v. 13. 12. 1935 — RGBl. I S. 1485 —).

Oberarbeitsführer, Oberstabsamtswalter im Reichsarbeitsdienst, Oberarbeitsärzte.

Besoldungsgruppe 6

5200 — 5600 — 6000 — 6400 — 6800 — 7200 — 7600 — 8000 — 8400 RM

Wohnungsgeldzuschuß: IV in der ersten und zweiten Dienstaltersstufe, III von der dritten Dienstaltersstufe an

Überleitung: Planmäßige Führer mit den Bezügen der bisherigen Besoldungsgruppe AD 3; sie erhalten ihr um zwei Jahre verkürztes Besoldungsdienstalter

Arbeitsführer, Stabsamtswalter im Reichsarbeitsdienst, Arbeitsärzte.

Besoldungsgruppe 7

4800 — 5300 — 5800 — 6200 — 6600 — 7000 RM

Wohnungsgeldzuschuß: IV in der ersten bis dritten Dienstaltersstufe, III von der vierten Dienstaltersstufe an

Überleitung: Planmäßige Führer mit den Bezügen der bisherigen Besoldungsgruppe AD 4; sie erhalten ihr bisheriges Besoldungsdienstalter

Oberstfeldmeister, Hauptamtswalter im Reichsarbeitsdienst, Arbeitsfeldärzte.

Besoldungsgruppe 8a

3000 — 3250 — 3500 — 3750 — 4000 — 4250 — 4500 — 4750 — 5000 — 5300 RM

Wohnungsgeldzuschuß: V in der ersten und zweiten Dienstaltersstufe, IV von der dritten Dienstaltersstufe an

Überleitung: Planmäßige Führer mit den Bezügen der bisherigen Besoldungsgruppe AD 5; sie erhalten ihr um acht Jahre verbessertes Besoldungsdienstalter

Oberfeldmeister[1]), Oberamtswalter im Reichsarbeitsdienst[1]), Arbeitslagerärzte.

---

[1]) Die am 30. September 1935 im Amte gewesenen planmäßigen Führer der bisherigen Besoldungsgruppe AD 5 erhalten 2 Jahre nach Erreichung des Endgrundgehalts eine ruhegehaltfähige und unwiderrufliche Zulage von 200 RM und an deren Stelle nach weiteren 2 Jahren eine solche von 500 RM.

Besoldungsgruppe 8b

2400 — 2600 — 2800 — 3000 — 3200 — 3400 — 3600 — 3850 — 4100 — 4350 — 4600 RM

Wohnungsgeldzuschuß: V in der ersten bis sechsten Dienstaltersstufe, IV von der siebenten Dienstaltersstufe an

Überleitung: Planmäßige Führer mit den Bezügen der bisherigen Besoldungsgruppe AD 6; sie erhalten ihr um vier Jahre verbessertes Besoldungsdienstalter

Feldmeister[1]), Amtswalter im Reichsarbeitsdienst[1]), Obermusikzugführer erhalten die Dienstaltersstufen 3400 — 3600 — 3800 — 4000 RM und den Wohnungsgeldzuschuß IV.

[1]) Die am 30. September 1935 im Amte gewesenen planmäßigen Führer der bisherigen Besoldungsgruppe AD 6 erhalten 2 Jahre nach Erreichung des Endgrundgehalts eine ruhegehaltfähige und unwiderrufliche Zulage von 200 RM und an deren Stelle nach weiteren 2 Jahren eine solche von 400 RM.

Besoldungsgruppe 9

2350 — 2500 — 2650 — 2800 — 2950 — 3100 — 3200 — 3300 — 3400 — 3500 RM

Wohnungsgeldzuschuß: V

Überleitung: Planmäßige Führer mit den Bezügen der bisherigen Besoldungsgruppe AD 7; sie erhalten ihr bisheriges Besoldungsdienstalter

Unterfeldmeister, Musikzugführer erhalten die Dienstaltersstufen 2400 — 2600 — 2800 — 3000 RM.

Besoldungsgruppe 10

2000 — 2090 — 2180 — 2270 — 2360 — 2450 — 2540 — 2620 — 2700 RM

Wohnungsgeldzuschuß: V

Überleitung: Planmäßige Führer mit den Bezügen der bisherigen Besoldungsgruppe AD 8; sie erhalten ihr bisheriges Besoldungsdienstalter

Obertruppführer.

Besoldungsgruppe 11a

1424,40 RM

Wohnungsgeldzuschuß: VI

Truppführer vom fünften Dienstjahr an.

Besoldungsgruppe 11b

1260 *RM*

Wohnungsgeldzuschuß: VII

Truppführer vom vierten Dienstjahr an.

Besoldungsgruppe 11c

1140 *RM*

Wohnungsgeldzuschuß: VII

Truppführer vom dritten Dienstjahr an.

3. Anlage zu Anlage 1

Besoldungsordnung JL [64]) [65]) [66])

Beamte des Ingenieurkorps der Luftwaffe

Besoldungsgruppe 1

17000 *RM*

Wohnungsgeldzuschuß: II

Leitender Chefingenieur.

Besoldungsgruppe 2

14000 *RM*

Wohnungsgeldzuschuß: II

Chefingenieure [1]).

[1]) Nur in den von den Reichsministern der Finanzen und der Luftfahrt bestimmten Stellen.

Besoldungsgruppe 3

8400 — 10500 — 12600 *RM*

Wohnungsgeldzuschuß: III in der ersten Dienstaltersstufe,
II von der zweiten Dienstaltersstufe an

Flieger-Hauptstabsingenieure.

Besoldungsgruppe 4

7000 — 7700 — 8400 — 9100 — 9700 *RM*

Wohnungsgeldzuschuß: III

Flieger-Oberstabsingenieure.

[64]) Fassung auf Grund des Gesetzes (22. Änderung) vom 13. 12. 1935 (RGBl. I S. 1483).

[65]) Die Bezüge unterliegen der Kürzung auf Grund der 3 Gehaltskürzungsverordnungen.

[66]) Die Anmerkungen am Schluß der einzelnen Besoldungsgruppen gehören zum Gesetzestext.

Besoldungsgruppe 5

6400 — 6900 — 7400 — 7900 — 8400 *RM*

Wohnungsgeldzuschuß: III

Flieger-Stabsingenieure.

Besoldungsgruppe 6

4600 — 5200 — 5800 — 6400 — 6900 *RM*

Wohnungsgeldzuschuß: IV in der ersten bis dritten Dienstaltersstufe,
III von der vierten Dienstaltersstufe an

Flieger-Hauptingenieure.

Besoldungsgruppe 7

3000 — 3400 — 3800 — 4200 — 4600 — 5000 — 5400 — 5800 *RM*

Wohnungsgeldzuschuß: V in der ersten und zweiten Dienstaltersstufe,
IV von der dritten Dienstaltersstufe an

Flieger-Oberingenieure.

Besoldungsgruppe 8

2800 — 3050 — 3300 — 3550 — 3800 — 4000 — 4200 *RM*

Wohnungsgeldzuschuß: V in der ersten bis dritten Dienstaltersstufe,
IV von der vierten Dienstaltersstufe an

Flieger-Ingenieure.

Anlage 2

Reichsbesoldungsordnung B [67]) [68]) [69])

Feste Gehälter

Besoldungsgruppe 3a

24000 *RM*

Wohnungsgeldzuschuß: I

Staatssekretär und Chef der Präsidialkanzlei[1]), Staatssekretär und Chef der Reichskanzlei[1]), Reichsführer SS und Chef der Deutschen Polizei, Staatssekretäre, Chef der Auslands-Organisation im Auswärtigen Amt,

---

[67]) Fassung auf Grund des Gesetzes (29. Änderung) v. 19. 3. 1937 (RGBl. I S. 342, 366).

[68]) Die Anmerkungen am Schluß der einzelnen Besoldungsgruppen gehören zum Gesetzestext.

[69]) Die Bezüge unterliegen der Kürzung auf Grund der 3 Gehaltskürzungsverordnungen.

Chef der Ordnungspolizei[2]), Chef der Sicherheitspolizei[2]), Präsident des Reichsverwaltungsgerichts, Präsident des Reichsgerichts, Präsident des Rechnungshofs des Deutschen Reichs, Präsident des Reichsfinanzhofs, Generalinspektor für das deutsche Straßenwesen.

[1]) Erhält eine widerrufliche ruhegehaltfähige Stellenzulage von 3600 *RM*.

[2]) Über die Zuteilung des jeweiligen Chefs der Ordnungspolizei und des jeweiligen Chefs der Sicherheitspolizei zu dieser Besoldungsgruppe statt zu der Besoldungsgruppe B 4 und über ihre Amtsbezeichnung entscheidet der Führer und Reichskanzler.

Besoldungsgruppe 3b

22000 *RM*

Wohnungsgeldzuschuß: I

Reichskommissar für das Saarland, Oberpräsidenten, Stadtpräsident und Oberbürgermeister in Berlin, Präsident des Volksgerichtshofs, Kammergerichtspräsident.

Besoldungsgruppe 4

19000 *RM*

Wohnungsgeldzuschuß: I

Chef der Ordnungspolizei[1]), Chef der Sicherheitspolizei[1]), Botschafter.

[1]) Über die Zuteilung des jeweiligen Chefs der Ordnungspolizei und des jeweiligen Chefs der Sicherheitspolizei zu dieser Besoldungsgruppe statt zu der Besoldungsgruppe B 3a und über ihre Amtsbezeichnung entscheidet der Führer und Reichskanzler.

Besoldungsgruppe 5

18000 *RM*

Wohnungsgeldzuschuß: I

Ministerialdirektoren[1]), Reichssportführer, Reichskommissar für das Kreditwesen, Oberreichskriegsanwalt, Präsident des Reichs-Justizprüfungsamts, Vizepräsident des Reichsgerichts, Oberreichsanwalt, Oberlandesgerichtspräsidenten[2]), Präsident des Landeserbhofgerichts in Celle, Präsident der Reichsschuldenverwaltung.

[1]) Der Ministerialdirektor bei der Reichskanzlei erhält eine widerrufliche ruhegehaltfähige Stellenzulage von 2400 *RM*.

[2]) Bis zur späteren endgültigen Einstufung nur in den von den Reichsministern der Finanzen und der Justiz bestimmten Stellen.

Besoldungsgruppe 6

17000 *RM*

Wohnungsgeldzuschuß: II

Senatspräsidenten beim Reichsverwaltungsgericht (darunter einer als ständiger Stellvertreter des Präsidenten), Präsident des Reichsgesundheitsamts, Präsident der Physikalisch-Technischen Reichsanstalt, Regierungspräsidenten, Präsident der Preußischen Bau- und Finanzdirektion in Berlin, Polizeipräsident in Berlin, Präsident des Statistischen Reichsamts, Präsident des Reichswirtschaftsgerichts, Präsident des Reichsversicherungsamts, Präsident der Reichsversicherungsanstalt für Angestellte, Präsident der Reichsknappschaft, Senatspräsidenten beim Reichskriegsgericht[1]), Senatspräsidenten beim Reichsgericht[1]), Senatspräsidenten beim Volksgerichtshof[1]), Reichsanwalt als Leiter der Staatsanwaltschaft beim Volksgerichtshof[1]), Präsident des Reichspatentamts, Oberlandesgerichtspräsidenten[2]), Generalstaatsanwalt beim Kammergericht, Vizepräsident des Rechnungshofs des Deutschen Reichs, Senatspräsidenten beim Reichsfinanzhof (darunter einer als ständiger Stellvertreter des Präsidenten), Oberfinanzpräsidenten, Präsidenten der Reichspostdirektionen Berlin, Dresden, Düsseldorf, Hamburg, Köln und Stuttgart.

[1]) Die Senatspräsidenten beim Reichsgericht, beim Reichskriegsgericht und beim Volksgerichtshof sowie der Reichsanwalt als Leiter der Staatsanwaltschaft beim Volksgerichtshof erhalten eine unwiderrufliche ruhegehaltfähige Zulage von 1000 RM.

[2]) Bis zur späteren endgültigen Einstufung nur in den von den Reichsministern der Finanzen und der Justiz bestimmten Stellen.

Besoldungsgruppe 7a

16000 RM

Wohnungsgeldzuschuß: II

Ministerialdirigenten bei den Reichsministerien[1]), Gesandte I. Klasse, Generalkonsuln I. Klasse, Präsident des Bundesamts für das Heimatwesen, Präsident des Reichsamts für Landesaufnahme, Generalmajore der Ordnungspolizei[2]), Präsident des Reichsaufsichtsamts für Privatversicherung, Reichskommissar bei der Berliner Börse, Reichstreuhänder der Arbeit, Reichskriegsgerichtsräte, Reichskriegsanwälte, Vizepräsident des Reichs-Justizprüfungsamts, Reichsgerichtsräte, Reichsanwälte, Vizepräsident des Kammergerichts, Landgerichtspräsident in Berlin, Amtsgerichtspräsident in Berlin, Direktoren beim Rechnungshof des Deutschen Reichs, Präsident der Reichsmonopolverwaltung für Branntwein[3]), Präsident des Reichsamts für Wetterdienst, Präsident des Reichspostzentralamts, Präsidenten der Reichspostdirektionen Breslau, Chemnitz, Dortmund, Erfurt, Frankfurt (Main), Hannover, Karlsruhe, Königsberg, Leipzig, München, Nürnberg, Speyer, Direktor der Reichsdruckerei, Präsident des Archäologischen Instituts des Deutschen Reichs.

[1]) Der Ministerialdirigent bei der Reichskanzlei erhält eine widerrufliche ruhegehaltfähige Stellenzulage von 2400 RM.

[2]) Nur in den von den Reichsministern der Finanzen und des Innern bestimmten Stellen.

[3]) Der am 30. September 1927 im Amte gewesene Stelleninhaber erhält für seine Person die Bezüge der Besoldungsgruppe B 6.

Besoldungsgruppe 7b
15000 RM
Wohnungsgeldzuschuß: II

Direktoren und Professoren der Kaiser-Wilhelm-Institute in Berlin-Dahlem, Düsseldorf, Mülheim (Ruhr) und Müncheberg.

Besoldungsgruppe 8
14000 RM
Wohnungsgeldzuschuß: II

Reichsverwaltungsgerichtsräte, Polizeipräsident in Hamburg, Feldbischöfe der Wehrmacht, Volksgerichtsräte, Landgerichtspräsidenten bei Gerichten mit 60 oder mehr planmäßigen Richtern im Bezirk, Generalstaatsanwälte bei den Oberlandesgerichten[1]), Generalstaatsanwalt beim Landgericht Berlin, Reichserbhofgerichtsräte, Direktor der Biologischen Reichsanstalt für Land- und Forstwirtschaft, Präsident der Deutschen Seewarte, Vizepräsident der Reichsschuldenverwaltung, Reichsfinanzräte beim Reichsfinanzhof, Präsidenten der Reichspostdirektionen, soweit nicht in den Besoldungsgruppen B 6 und B 7a, Leiter des Reichsinstituts für ältere deutsche Geschichtskunde (Monumenta Germaniae Historica), Direktor der Chemisch-Technischen Reichsanstalt, Präsident des Reichsinstituts für Geschichte des neuen Deutschlands.

[1]) Nur in den von den Reichsministern der Finanzen und der Justiz bestimmten Stellen.

Besoldungsgruppe 9
13000 RM
Wohnungsgeldzuschuß: II

Generalstaatsanwälte bei den Oberlandesgerichten, soweit nicht in der Besoldungsgruppe B 8, Universitätskuratoren.

Besoldungsgruppe 10
10000 RM
Wohnungsgeldzuschuß: III

Direktoren und Professoren bei wissenschaftlichen Versuchs- und Forschungsanstalten.

Anlage 3

Besoldungsordnung C

Betrifft Soldaten der Wehrmacht.

Anlage 4

Wohnungsgeldzuschuß

Anlage 4 ist durch die im folgenden abgedruckte VO. vom 17. Dezember 1927 zur Zeit gegenstandslos.

Verordnung über die Abrundung des Wohnungsgeldzuschusses.

Vom 17. Dezember 1927 (RBB. S. 153).

Nach der Verfügung vom 17. Dezember 1927 — IB 18965 — (RBB. laufende Nr. 1543) ist zu den vollen Sätzen des Wohnungsgeldzuschusses vom 1. Oktober 1927 ab ein Zuschlag von 20 v. H. zu zahlen.

Zur Abrundung der auszuzahlenden Beträge wird auf Grund des § 21 Abs. 4 des Besoldungsgesetzes vom 16. Dezember 1927 folgendes verordnet:

Artikel 1[1]).

Die Jahresbeträge des Wohnungsgeldzuschusses einschließlich des Zuschlags von 20 v. H. werden wie folgt festgesetzt:

In Ortsklasse	In Tarifklasse							
	I	II	III	IV	V	VI	VII	VII bei 40 v. H. Abzug
S	2520	2016	1584	1152	864	636	402	240
A	2160	1728	1368	1008	732	534	348	210
B	1800	1440	1080	792	606	444	288	174
C	1368	1080	864	648	474	348	216	132
D	1008	792	648	474	348	258	156	96

Artikel 2.

Diese Verordnung tritt mit Wirkung vom 1. Oktober 1927 in Kraft.

---

[1]) Der Wohnungsgeldzuschuß unterliegt der Kürzung nach den 3 Gehaltskürzungsverordnungen.

Anlage 5

Diätenordnung für die außerplanmäßigen Beamten [1]) [2])

Beamte, die ihre erste planmäßige Anstellung finden oder bei einer regelmäßig verlaufenden Dienstlaufbahn finden würden, in Besoldungsgruppe	im 1. und 2. Diätendienstjahr, Versorgungsanwärter im 1. Diätendienstjahr RM	im 3. und 4. Diätendienstjahr, Versorgungsanwärter im 2. und 3. Diätendienstjahr RM	im 5. Diätendienstjahr, Versorgungsanwärter im 4. Diätendienstjahr RM
A 2c 2	3400	3950	4400
A 3a (A 2e), A 3c und aus A4c1 die Kriminalkommissare	2500	2900	3300
A 4c 2 und A 4e	2000	2300	2600
A 4f, A 5, A 7a und A 7b	1700	1950	2160
A 7c und A 8a	1500	1680	1850
A 8b	1350	1430	1500
A 9 und A 10	1300	1400	1500
A 11 und A 12	1250	1330	1400

Weibliche Beamte der Deutschen Reichspost, die vor dem 1. Januar 1925 als außerplanmäßige Beamte eingestellt worden sind, erhalten im 1. bis 3. Diätendienstjahr 1300 RM, im 4. und 5. Diätendienstjahr 1350 RM, im 6. und 7. Diätendienstjahr 1430 RM, im 8. Diätendienstjahr 1500 RM [3]).

Die zur Zeit des Inkrafttretens dieses Gesetzes im Dienste befindlichen außerplanmäßigen Beamten erhalten ihr um zwei Jahre verbessertes Diätendienstalter. Ihnen wird bei der ersten planmäßigen Anstellung (§ 5 Abs. 2) die bei derselben Dienstlaufbahn zwischen dem Beginne des Diätendienstalters (§ 17) und der ersten planmäßigen Anstellung liegende Zeit auf das Besoldungsdienstalter angerechnet, soweit sie sieben Jahre, bei Versorgungsanwärtern sechs Jahre, bei den vor dem 1. Januar 1925 eingestellten weiblichen Beamten der Deutschen Reichspost zehn Jahre übersteigt.

Bis auf weiteres erhalten die verheirateten außerplanmäßigen Be-

---

[1]) Neue Fassung auf Grund des Ges. (29. Änderung) v. 19. 3. 1937 (RGBl. I S. 342).

[2]) Die Diäten unterliegen der Kürzung nach den 3 Gehaltskürzungsverordnungen.

[3]) Diese Diätensätze sind geändert durch § 1 des Kap. IV Teil 3 der VO. v. 6. 10. 1931 (RGBl. I S. 537, 546).

amten im ersten und zweiten Diätendienstjahr die Diäten der dritten Dienstaltersstufe, vom Beginn des dritten Diätendienstjahres an Diäten in Höhe der Grundgehälter der ersten Dienstaltersstufe der planmäßigen Beamten ihrer Eingangsgruppe. In dieser Dienstaltersstufe verbleiben Versorgungsanwärter vier Jahre, Zivilanwärter fünf Jahre. Nach Ablauf dieser Zeit rücken sie im Grundgehalt in gleicher Weise weiter auf, wie wenn sie als planmäßige Beamte angestellt worden wären[4]).

II. Gesetz über die Besoldung usw. der Angehörigen des Reichsarbeitsdienstes.

(23. Änderung des Besoldungsgesetzes).

Vom 13. Dezember 1935 (RGBl. I S. 1485).

§ 1.

Betr. bereits berücksichtigte Änderungen d. Besoldungsges.

§ 2.

(1) Sind die Dienstbezüge, die einem planmäßigen Führer des Arbeitsdienstes am 30. September 1935 zugestanden haben, höher als die ihm nach diesem Gesetz zustehenden Dienstbezüge, so erhält er eine Ausgleichszulage. Diese besteht in dem Unterschiedsbetrag zwischen den bisherigen und den neuen Bezügen. Bei der Berechnung des Unterschiedsbetrages bleiben außer Ansatz

a) Kinderzuschläge und Kinderbeihilfen in gesetzlich nicht geregelten Fällen,

b) Erhöhungen des Wohnungsgeldzuschusses insoweit, als sie lediglich infolge der Hinaufsetzung eines Ortes in eine höhere Ortsklasse oder der Versetzung an einen Ort einer höheren Ortsklasse eintreten.

(2) Die Ausgleichszulage wird gewährt, bis sie durch Erhöhung der neuen Bezüge, insbesondere durch Aufsteigen in den Dienstaltersstufen oder durch Aufsteigen in eine andere Besoldungsgruppe, ausgeglichen wird.

(3) Die Ausgleichszulage ist ruhegehaltfähig, soweit die Dienstbezüge, zu deren Ausgleich sie dient, ruhegehaltfähig waren.

§ 3.

Die Bezü e in den Besoldungsgruppen AD 11a bis AD 11c unterliegen nicht der Kürzung nach den drei Gehaltskürzungsverordnungen.

---

[4]) Der letzte Absatz der Anmerkung ist durch die 30. Änderung des Bes.Ges. v. 10. 8. 1937 (RGBl. I S. 885) eingefügt worden. Vgl. hierzu auch RdSchr. des RMdF. v. 20. 8. u. 17. 10. 1937 (RHuBB. S. 301) und RdErl. des PrFM. v. 20. 8. 1937 (PrBesBl. S. 197).

§ 4.

(1) Unterführer des Reichsarbeitsdienstes (Besoldungsgruppe AD 9 bis 11c) erhalten auf ihren beim Ausscheiden zu stellenden Antrag im Falle der Dienstunfähigkeit Ruhegehalt erst nach einer ruhegehaltfähigen Dienstzeit von 18 Jahren; dem Dienst im Reichsarbeitsdienst wird die Militärdienstzeit hinzugerechnet. Darüber hinaus bestimmt der Reichs- und Preußische Minister des Innern im Einvernehmen mit dem Reichsminister der Finanzen, welche sonstigen Dienstzeiten auf die ruhegehaltfähige Dienstzeit angerechnet werden können.

(2) Im übrigen wird die Versorgung der Unterführer durch besondere Vorschriften im Reichsarbeitsdienst-Versorgungsgesetz geregelt.

(3) Die nach Abs. 1 oder Abs. 2 getroffene Wahl ist endgültig.

§ 5.

Der Reichsminister der Finanzen wird ermächtigt, im Einvernehmen mit dem Reichs- und Preußischen Minister des Innern die Geldbezüge der außerplanmäßigen Truppführer sowie der Obervormänner, Vormänner und der Arbeitsmänner festzusetzen.

§ 6.

(1) Das Gesetz tritt mit Wirkung vom 1. Oktober 1935 in Kraft.

(2) Der Reichsminister der Finanzen und der Reichs- und Preußische Minister des Innern werden ermächtigt, die nach diesem Gesetz erforderlichen Ausgaben zu leisten.

III. Gesetz über die vierundzwanzigste Änderung des Besoldungsgesetzes [1]).

Vom 13. Dezember 1935 (RGBl. I S. 1489).

§ 1.

Die Reichsbesoldungsordnung wird in den Teilen A und B (Anlagen 1 und 2 zum Reichsbesoldungsgesetz vom 16. Dezember 1927 — Reichsgesetzbl. I S. 349) durch den als Anlage beigefügten Plan ergänzt.

§ 2.

Der Reichsminister der Finanzen wird ermächtigt, bei der Übernahme von Landesverwaltungszweigen in die Reichsverwaltung

[1]) Vgl. 1. DVO. v. 30. 3. 1936 (RGBl. I S. 336); hins. der Überleitung der außerplanmäßigen Reichs-Justizbeamten vgl. 2. DVO. v. 25. 8. 1936 (RGBl. I S. 650) und 3. DVO. v. 15. 3. 1937 (RGBl. I S. 328) nebst AV. des RJM. v. 12. 8. 1936 (D. J. S. 1218).

a) im Einvernehmen mit dem fachlich zuständigen Reichsminister durch Verordnungen, die der Verkündung im Reichsgesetzblatt bedürfen, die Reichsbesoldungsordnung zu ergänzen,
b) im Einvernehmen mit dem fachlich zuständigen Reichsminister zu bestimmen, welcher Reichsbesoldungsgruppe die bisherigen Landesbeamten zugewiesen werden,
c) die sonstigen zur Durchführung und Ergänzung dieses Gesetzes erforderlichen Rechts- und Verwaltungsvorschriften zu erlassen.

§ 3[2]).

(1) Sind die Dienstbezüge, die einem Reichsbeamten im Zeitpunkt des Inkrafttretens dieses Gesetzes nach Reichsrecht oder einem Landesbeamten im Zeitpunkt der Anwendung dieses Gesetzes auf ihn nach Landesrecht zugestanden haben, höher als die ihm nach diesem Gesetz zustehenden Dienstbezüge, so erhält er eine Ausgleichszulage. Diese besteht in dem Unterschiedsbetrag zwischen den bisherigen und den neuen Bezügen. Bei der Berechnung des Unterschiedsbetrages bleiben außer Ansatz
a) Kinderzuschläge und Kinderbeihilfen in gesetzlich nicht geregelten Fällen,
b) Ministerialzulagen, Dienstaufwandsentschädigungen und nichtruhegehaltfähige Gebührenanteile.

(2) Soweit die Ausgleichszulage einem Beamten gewährt wird, der infolge der Einweisung in die ergänzte Reichsbesoldungsordnung eine Minderung des Wohnungsgeldzuschusses und des örtlichen Sonderzuschlages erfährt, bestimmt sich ihre Höhe nach dem jeweiligen dienstlichen Wohnsitz.

(3) Die Ausgleichszulage wird gewährt, bis sie durch Erhöhung der neuen Bezüge, insbesondere durch Aufsteigen in den Dienstaltersstufen oder durch Übertritt in eine andere Besoldungsgruppe, ausgeglichen wird. Hierbei werden nicht angerechnet Änderungen des Wohnungsgeldzuschusses und des örtlichen Sonderzuschlages, die durch Versetzung in einen anderen Ort oder durch Einweisung des Dienstorts in eine andere Ortsklasse eintreten.

(4) Beim Übertritt in eine Besoldungsgruppe mit gleichem oder höherem Endgrundgehalt sind für die Ermittlung des nächsthöheren Grundgehaltssatzes ausschließlich die Grundgehaltssätze der Reichsbesoldungsordnung maßgebend.

(5) Die Ausgleichszulage ist ruhegehaltfähig, soweit die Dienstbezüge, zu deren Ausgleich sie dient, ruhegehaltfähig waren.

§ 4.

(1) Soweit ein Beamter für seine Person auf Grund besonderer Vorschrift höhere Bezüge als die seiner Planstelle erhält, behält er diese Bezüge

---

[2]) Vgl. Erl. des RFM. v. 24. 6. 1936 und 24. 11. 1936 (RBB. S. 73 und 115).

nach Maßgabe des jeweiligen Landesrechts auch nach der Überleitung in die Reichsbesoldungsordnung, solange sie höher sind als die ihm nach dieser zustehenden Bezüge. § 3 findet entsprechende Anwendung.

(2) Soweit ein Beamter auf Grund besonderer Vorschrift eine andere als die mit seiner Planstelle verbundene Amtsbezeichnung führen darf, verbleibt es hierbei, bis er in eine Besoldungsgruppe befördert wird, der diese Amtsbezeichnung entspricht.

§ 5.

(1) Im § 10 Abs. 1 des Besoldungsgesetzes werden die Worte „bis zum vollendeten fünfundvierzigsten Lebensjahre" gestrichen.

(2) Erhalten Reichsbeamte infolge Vollendung des fünfundvierzigsten Lebensjahres bereits den Wohnungsgeldzuschuß für Verheiratete, so verbleibt es hierbei. Das gleiche gilt für solche Landesbeamte, für die die Vorschriften des Reichsbesoldungsgesetzes in Kraft gesetzt werden, wenn sie bei diesem Inkrafttreten infolge Erreichung des fünfundvierzigsten Lebensjahres bereits den Wohnungsgeldzuschuß für Verheiratete erhalten. Der Wohnungsgeldzuschuß für Verheiratete wird auch der Berechnung der Versorgungsbezüge dieser Beamten zugrunde gelegt.

§ 6.

(1) Die Höhe der Versorgungsbezüge der beim Inkrafttreten dieses Gesetzes bereits im Warte- oder Ruhestande befindlichen Beamten sowie der Versorgungsbezüge der Hinterbliebenen der bis dahin im Dienste oder im Warte- oder Ruhestande verstorbenen Beamten wird durch dieses Gesetz nicht berührt. Eine Erhöhung der Versorgungsbezüge mit Vollendung des fünfundvierzigsten Lebensjahres (§§ 10, 36 des Reichsbesoldungsgesetzes) tritt jedoch nach dem Inkrafttreten dieses Gesetzes nicht mehr ein.

(2) Durch die Überleitung der im Dienste befindlichen Beamten im Bereich der vom Reich übernommenen Landesverwaltungen in die Reichsbesoldungsordnung wird die Höhe der Versorgungsbezüge der im Zeitpunkte dieser Überleitung bereits im Warte- oder Ruhestande befindlichen Beamten nicht berührt; dies gilt auch für die Hinterbliebenen der bis dahin im Dienste oder im Warte- oder Ruhestande verstorbenen Beamten. Absatz 1 Satz 2 findet Anwendung. Die Gewährung von Kinderzuschlägen und Kinderbeihilfen richtet sich jedoch nach den Vorschriften des Reichs.

§ 7.

Die nach den §§ 2 bis 6 getroffenen Entscheidungen sind für die Gerichte bindend. Das gleiche gilt für die mit Zustimmung des Reichsministers der Finanzen getroffenen Einstufungs- und Überleitungsmaßnahmen der Landesregierungen, die die ergänzte Reichsbesoldungsordnung für die Besoldung der Landesbeamten übernehmen.

§ 8.

Die Vorschriften des Kapitels VIII des Gesetzes vom 30. Juni 1933 (Reichsgesetzbl. I S. 433)[3]) werden durch dieses Gesetz nicht berührt. Werden bei der Anpassung der Landesbesoldungsordnung Beamte einer bisherigen Landesverwaltung nicht erfaßt, weil diese Verwaltung inzwischen vom Reiche übernommen worden ist, und ist das Landesbesoldungsrecht auf die Bezüge dieser Beamten von Einfluß, so bestimmt der Reichsminister der Finanzen im Einvernehmen mit dem fachlich zuständigen Reichsminister, welcher Besoldungsgruppe des Landes die betreffenden Beamten zuzurechnen sind.

§ 9.

Dieses Gesetz tritt mit Wirkung vom 1. April 1936 in Kraft.

IV. Verordnung zur Ergänzung des Reichsbesoldungs-, Reichshaushalts- und Reichsbeamtenrechts.

Vom 22. April 1936 (RGBl. I S. 377).

Artikel 1.

Besoldungsdienstalter als Reichsbeamte der aus der Wehrmacht ausgeschiedenen Versorgungsanwärter.

(1) Den Versorgungsanwärtern der Wehrmacht, die über die zwölfjährige Dienstverpflichtung in der Wehrmacht als Soldat zurückbehalten oder nach Ableistung der Dienstverpflichtung entlassen waren und als Soldaten wieder in die Wehrmacht eingestellt worden sind, wird die über 13 Jahre hinausgehende Dienstzeit in der Wehrmacht auf das Besoldungsdienstalter in der Anstellungsgruppe angerechnet, wenn und soweit ihre planmäßige Anstellung im Vergleich zu anderen Beamten des gleichen Dienstzweiges, der gleichen Dienstlaufbahn und der gleichen Besoldungsgruppe nachweislich verzögert worden ist.

(2) Der Zivildienstschein dieser Versorgungsanwärter wird über die Dauer dieser Dienstzeit mit einem entsprechenden Zusatz der Dienststelle versehen, die die endgültige Entlassung der Versorgungsanwärter aus dem aktiven Wehrdienst durchgeführt hat.

Artikel 2.

Allgemeines Dienstalter als Reichsbeamte.

Das allgemeine Beamtendienstalter ist für die im Artikel 1 genannten Versorgungsanwärter so festzusetzen, daß sie durch eine infolge der militäri-

[3]) Abgedruckt S. 387.

schen Dienstleistung notwendig gewordene spätere Einberufung und Anstellung im Beamtendienst Nachteile nicht erleiden.

Artikel 3.

Besoldungsdienstalter und Beamtendienstalter der Versorgungsanwärter der Wehrmacht als Beamte bei den Landes- und Kommunalbehörden sowie bei sonstigen öffentlichen Körperschaften.

Artikel 1 und 2 haben auch für die im § 4 der Anstellungsgrundsätze vom 26. Juli 1922 in der Fassung vom 16. Juli 1930 (Reichsgesetzbl. 1930 I S. 234) aufgeführten Behörden und Körperschaften Gültigkeit.

Artikel 4.

Diese Verordnung tritt mit Wirkung vom 1. April 1936 in Kraft. Sie gilt auch für die Versorgungsanwärter und die Beamten aus dem Versorgungsanwärterstande, die schon vor dem 1. April 1936 aus der Wehrmacht ausgeschieden sind, insoweit als die 13 Jahre übersteigende Dienstzeit in die Zeit nach dem 16. März 1935 fällt.

V. Gesetz über die Änderung von Vorschriften auf dem Gebiete des Besoldungsrechts.

(28. Änderung des Besoldungsgesetzes.) Vom 19. März 1937 (RGBl. I S. 339.) (Auszug.)

§ 2.

(1) Der Reichsminister der Finanzen wird ermächtigt, zum Ausgleich von Härten, die sich bei der Durchführung der Vorschriften des Kapitels VIII des Gesetzes vom 30. Juni 1933 (RGBl. I S. 433)[1]) sowie bei der Überführung von Beamten oder nichtbeamteten Gefolgschaftsmitgliedern aus einer noch nicht angeglichenen Besoldungsordnung (Tarif- oder Dienstordnung) in die des Reichs oder in eine bereits angeglichene Besoldungsordnung (Tarif- oder Dienstordnung) eines Landes ergeben, nichtruhegehaltfähige Ausgleichszulagen zuzulassen oder zu gewähren.

(2) Auf die Berechnung der Höhe der Ausgleichszulagen sind die Vorschriften des § 3 des Gesetzes über die Vierundzwanzigste Änderung des Besoldungsgesetzes vom 13. Dezember 1935 (RGBl. I S. 1489) entsprechend anzuwenden.

(3) Die Ausgleichszulagen fallen spätestens mit Ablauf des 31. März 1940 fort; sie werden bis dahin in gleichmäßigen Jahresbeträgen gekürzt,

[1]) Abgdr. S. 387.

soweit sie nicht schon vorher durch Erhöhung der neuen Dienstbezüge beseitigt sind.

(4) Die Vorschriften in den Absätzen 1 bis 3 gelten auch für die Versorgungsbezüge.

(5) Die Vorschriften der Absätze 1 bis 4 gelten entsprechend für die Körperschaften des öffentlichen Rechts. Hierbei tritt an die Stelle des Reichsministers der Finanzen die zuständige Reichs- oder Landesaufsichtsbehörde. Diese kann auch Rückforderungsansprüche für die Vergangenheit ausschließen.

§ 4.

Dieses Gesetz tritt mit Wirkung vom 1. April 1936 in Kraft.

VI. Gesetz über die Neunundzwanzigste Änderung des Besoldungsgesetzes[1]).

Vom 19. März 1937 (RGBl. I S. 342).

§ 1.

(1) Die Reichsbesoldungsordnung erhält in den Teilen A und B (Anlagen 1 und 2 zum Reichsbesoldungsgesetz vom 16. Dezember 1927 — Reichsgesetzbl. I S. 349) mit Wirkung vom 1. April 1937 die Fassung der Anlagen 1 und 2.

(2) Die Aufstellung der Diäten der außerplanmäßigen Beamten in der Anlage 5 zum Reichsbesoldungsgesetz vom 16. Dezember 1927 (Reichsgesetzbl. I S. 349) erhält mit Wirkung vom 1. April 1937 die Fassung der Anlage 3.

§ 2.

(1) Die Beamten der Dienststelle „Reichsführer SS und Chef der Deutschen Polizei im Reichsministerium des Innern", des Reichssicherheitsdienstes, der staatlichen Polizei der Länder und des Saarlandes erhalten ohne Rücksicht darauf, ob sie unmittelbare Reichsbeamte oder Landesbeamte sind, mit Wirkung vom 1. April 1937 ihre Dienstbezüge nach den Anlagen 1, 2 und 5 zum Reichsbesoldungsgesetz vom 16. Dezember 1927 (Reichsgesetzbl. I S. 349) in der Fassung dieses Gesetzes und führen die dort angegebenen Amtsbezeichnungen, soweit in den Ausführungsbestimmungen nichts Abweichendes bestimmt oder zugelassen ist.

(2) Die reichsrechtlichen Vorschriften für die Besoldung der Reichsbeamten gelten mit Wirkung vom 1. April 1937 für die im Abs. 1 genannten Beamten.

---

[1]) Durchf.Bestimmungen des RFM. und des RuPrMdI. v. 24. 3. 1937 (RMBliV. S. 498). Vgl. auch Ges. über Finanzmaßnahmen auf dem Gebiete der Polizei v. 19. 3. 1937 (RGBl. I S. 325) nebst DVO. v. 30. 3. 1937 — RGBl. I S. 429 — (abgedr. S. 546).

(3) Die Besoldung der in der Besoldungsordnung A vorläufig nicht aufgeführten kündbaren Polizeivollzugsbeamten regeln die Reichsminister der Finanzen und des Innern bis auf weiteres im Verwaltungswege.

§ 3.

Der Reichsminister der Finanzen wird ermächtigt, im Einvernehmen mit dem Reichsminister des Innern zu bestimmen,

a) welcher Reichsbesoldungsgruppe die Polizeibeamten zuzuweisen sind und wie das Besoldungsdienstalter festzusetzen ist,
b) welche Polizeibeamten aus ihrer bisherigen Landesbesoldungsgruppe weiter zu besolden und
c) welche im Landesdienst bezogenen Stellenzulagen, die in den Besoldungsordnungen A und B nicht vorgesehen sind, den am 31. März 1937 vorhandenen Polizeibeamten für ihre Person ganz oder teilweise zu belassen sind.

§ 4.

Die Reichsminister der Finanzen und des Innern werden ermächtigt, für das Besoldungsdienstalter der Polizeivollzugsbeamten besondere Bestimmungen in Abweichung von den §§ 5 und 7 des Reichsbesoldungsgesetzes zu treffen.

§ 5.

(1) Die Dienstbezüge der Polizeibeamten unterliegen der Kürzung nach den Bestimmungen

a) des Kapitels II des Zweiten Teils der Verordnung des Reichspräsidenten zur Sicherung von Wirtschaft und Finanzen vom 1. Dezember 1930 (Reichsgesetzbl. I S. 522)[2],
b) des Kapitels I des Zweiten Teils der Zweiten Verordnung des Reichspräsidenten zur Sicherung von Wirtschaft und Finanzen vom 5. Juni 1931 (Reichsgesetzbl. I S. 282)[3],
c) des Kapitels VI des Siebenten Teils der Vierten Verordnung des Reichspräsidenten zur Sicherung von Wirtschaft und Finanzen vom 8. Dezember 1931 (Reichsgesetzbl. I S. 738)[4].

(2) Landesrechtliche Kürzungen der Besoldung der im § 2 genannten Beamten treten mit Ablauf des 31. März 1937 außer Kraft.

§ 6.

(1) Sind die Dienstbezüge, die einem Polizeibeamten am 31. März 1937 nach Reichs- oder Landesrecht zugestanden haben, höher als die ihm nach diesem Gesetz zustehenden Dienstbezüge, so erhält er eine Ausgleichszulage. Diese besteht in dem Unterschiedsbetrage zwischen den bisherigen

---

[2] [3] u. [4] Abgedruckt S. 357, 364 und 376.

und den neuen Bezügen. Bei der Berechnung des Unterschiedsbetrages bleiben außer Ansatz

a) Kinderzuschläge und Kinderbeihilfen in gesetzlich nicht geregelten Fällen,

b) Ministerialzulagen, Dienstaufwandsentschädigungen und nichtruhegehaltfähige Gebührenanteile.

(2) Soweit die Ausgleichszulage einem Beamten gewährt wird, der durch die Einweisung in die Reichsbesoldungsordnung eine Minderung des Wohnungsgeldzuschusses und des örtlichen Sonderzuschlages erfährt, bestimmt sich ihre Höhe nach dem jeweiligen dienstlichen Wohnsitz.

(3) Die Ausgleichszulage wird gewährt, bis sie durch Erhöhung der neuen Bezüge, insbesondere durch Aufsteigen in den Dienstaltersstufen oder durch Übertritt in eine andere Besoldungsgruppe, ausgeglichen wird. Hierbei werden nicht angerechnet Änderungen des Wohnungsgeldzuschusses und des örtlichen Sonderzuschlages, die durch Versetzung in einen anderen Ort oder durch Einweisung des Dienstorts in eine andere Ortsklasse eintreten.

(4) Beim Übertritt in eine Besoldungsgruppe mit gleichem oder höherem Endgrundgehalt sind für die Ermittelung des nächsthöheren Grundgehaltssatzes ausschließlich die Grundgehaltssätze der Reichsbesoldungsordnung maßgebend.

(5) Die Ausgleichszulage ist ruhegehaltfähig, soweit die Dienstbezüge, zu deren Ausgleich sie dient, ruhegehaltfähig waren.

(6) Verringern sich die Dienstbezüge eines Beamten infolge Anwendung des Kapitels VIII des Gesetzes vom 30. Juni 1933 (Reichsgesetzbl. I S. 433)[5]), so fallen die Mehrbeträge spätestens am 31. März 1940 weg. Bis dahin sind sie in gleichmäßigen Jahresbeträgen zu kürzen, soweit sie nicht schon vorher durch Erhöhungen der neuen Dienstbezüge gemäß Abs. 3 ausgeglichen werden.

(7) Abs. 6 findet entsprechende Anwendung auf Versorgungsbezüge.

§ 7.

Beamte, die für ihre Person höhere Bezüge haben, als die der Besoldungsgruppe ihrer Planstelle, werden wie die Beamten besoldet, denen sie für ihre Person gleichstehen. § 6 findet entsprechende Anwendung.

§ 8.

Erhalten ledige Polizeibeamte infolge Vollendung des fünfundvierzigsten Lebensjahres beim Inkrafttreten dieses Gesetzes bereits den Wohnungsgeldzuschuß für Verheiratete, so verbleibt es hierbei. Der Wohnungsgeld-

---

[5]) Abgedruckt S. 387.

zuschuß für Verheiratete wird auch der Berechnung der Versorgungsbezüge dieser Beamten zugrunde gelegt.

§ 9.

Die Wartegelder, Ruhegehälter und sonstigen Versorgungsbezüge für die zum 1. April 1937 oder zu einem früheren Zeitpunkt ausgeschiedenen Beamten werden, abgesehen von den Fällen des § 6 Abs. 6 und 7, durch dieses Gesetz nicht berührt. Dasselbe gilt für die Bezüge der Hinterbliebenen derjenigen Beamten, die bis zum 31. März 1937 im Dienst oder als Versorgungsempfänger verstorben sind. Die Gewährung von Kinderzuschlägen und Kinderbeihilfen richtet sich jedoch nach den Vorschriften des Reichs.

§ 10.

Alle übrigen Geld- und Sachbezüge der im § 2 Abs. 1 genannten Beamten regeln die Reichsminister der Finanzen und des Innern im Verwaltungswege.

§ 11.

Die nach den §§ 2 bis 10 getroffenen Entscheidungen sind für die Gerichte bindend.

§ 12.

Der Reichsminister des Innern bestimmt, von welchem Zeitpunkt ab die Gemeinden und Gemeindeverbände der einzelnen Länder verpflichtet sind, die Vorschriften dieses Gesetzes auf ihre Polizeivollzugsbeamten entsprechend anzuwenden[*]). Die Ausführungsvorschriften erläßt der Reichsminister des Innern im Einvernehmen mit dem Reichsminister der Finanzen.

§ 13.

Das Reichsbesoldungsrecht ist mit Wirkung von einem Zeitpunkte, den die Reichsminister des Innern und der Finanzen bestimmen, verbindlich auch für die Beamten der politischen Verwaltung (allgemeinen Landesverwaltung und inneren Verwaltung) der Länder.

§ 14.

Die Reichsminister der Finanzen und des Innern werden ermächtigt, die zur Durchführung dieses Gesetzes erforderlichen Bestimmungen zu treffen.

§ 15.

Dieses Gesetz tritt mit Wirkung vom 1. April 1937 in Kraft.

---

*) Vgl. RdErl. des RuPrMdI. v. 16. 7. 1937 (RMBliV. S. 1167).

VII. Ausführungsbestimmungen zum Besoldungsgesetz (Besoldungsvorschriften).

Vom 12. März 1928 (RBB. S. 33) in der Fassung der Änderungen vom 11. März 1930 (RBB. S. 35), 19. März 1935 (RBB. S. 21), 30. März 1936 (RGBl. I S. 336) und 29. Mai 1936 (RBB. S. 47).

Vorbemerkungen.

Nr. 1. Beamte im Sinne des Besoldungsgesetzes und dieser Besoldungsvorschriften sind, soweit nicht etwas anderes bestimmt ist, nur die Reichsbeamten.

Nr. 2. (1) Wird in diesen Besoldungsvorschriften (BB.) auf einen Paragraphen oder eine Nummer (Nr.) ohne nähere Angabe Bezug genommen, so sind die Paragraphen des Besoldungsgesetzes (BesG.) oder die Nummern der BB. gemeint.

(2) Die Besoldungsgruppen (BesGr.) werden wie folgt bezeichnet:

BesGr. A 8a = Besoldungsgruppe 8a der Besoldungsordnung A;

BesGr. C 19 = Besoldungsgruppe 19 der Besoldungsordnung C;

BesGr. RWS 3 = Besoldungsgruppe 3 der Anlage zur Besoldungsordnung A.

I. Planmäßige Beamte, Soldaten der Wehrmacht und planmäßige Führer des Arbeitsdienstes.

Zu § 1 Abs. 1.

Nr. 3. Beamte, die ihren dienstlichen Wohnsitz nicht im Deutschen Reiche haben, erhalten neben dem Grundgehalt und den Kinderzuschlägen eine Auslandszulage, die der Reichsminister der Finanzen im Einvernehmen mit den beteiligten obersten Reichsbehörden festsetzt.

Zu § 1 Abs. 2.

Nr. 4. Die für die planmäßigen Beamten vorgesehenen Bestimmungen des BesG. und der BB. gelten, soweit nicht etwas anderes bestimmt ist, in gleicher Weise für die Soldaten der Wehrmacht.

1. Grundgehalt.

Zu § 2.

Nr. 5. Eine Zusammenstellung der Grundgehaltssätze der Besoldungsordnungen A und B enthält die Übersicht 1.

Nr. 6. Beamte eines Landes, einer Gemeinde oder einer sonstigen

Körperschaft des öffentlichen Rechts, die im Reichsdienst kommissarisch beschäftigt werden, erhalten die ihnen nach den Besoldungsbestimmungen des Landes usw. zustehenden Dienstbezüge.

Zu §§ 5 bis 7 im allgemeinen.

Nr. 7. (1) Zur Ermittlung des Besoldungsdienstalters (BDA.) wird der Tag festgesetzt, mit dem das BDA. beginnt. Der Beginn des BDA. ist in der Besoldungsgruppe, in die der planmäßig angestellte oder wiederangestellte Beamte zuerst eintritt, auf den betreffenden Kalendertag, beim Übertritt in eine andere Besoldungsgruppe auf den ersten Tag des Monats festzusetzen.

(2) Ist eine Zeit auf das BDA. anzurechnen, so wird dessen Beginn entsprechend vorgerückt. Ist eine nach dem Beginn des BDA. zurückgelegte Zeit von der Anrechnung auf das BDA. ausgeschlossen, so wird dessen Beginn auf den entsprechend späteren Tag festgesetzt.

(3) Bei der Berechnung des BDA. ist jeder Monat mit dreißig Tagen zu berechnen. Der 31. eines jeden Monats bleibt demnach außer Betracht; in Schaltjahren wird der 29. Februar zweimal, in den übrigen Jahren der 28. Februar dreimal gezählt. Beim Zusammenzählen mehrerer Dienstzeiten werden dreißig Tage als ein Monat gerechnet.

(4) Beispiele zu Abs. 3:

a) Vom 28. Oktober 1924 bis 23. August 1927 ergeben sich 2 Jahre 9 Monate 26 Tage. Ist einem am 1. Juli 1928 planmäßig angestellten Beamten diese Zeit auf das BDA. anzurechnen, so beginnt sein BDA. mit dem 5. September 1925.

b) Vom 31. Oktober bis 4. November ergeben sich 4 Tage.

c) Vom 21. bis 31. Dezember ergeben sich 10 Tage.

d) Vom 28. Februar bis 2. März 1928 (oder 1929) ergeben sich 5 Tage.

e) Eine Vorrückung vom 1. Juni um 3 Tage ergibt als Beginn des BDA. den 28. Mai.

f) Eine Vorrückung vom 1. März 1929 um 1, 2 oder 3 Tage ergibt als Beginn des BDA. den 28. Februar.

(5) Besoldungsdienstalter, die bei Bekanntmachung dieser BV. nach alten Vorschriften festgesetzt sind, sind nicht nach Abs. 3 umzurechnen.

Nr. 8. Auch wenn ein Beamter aus einem anderen Grunde als wegen Anrechnung einer Vordienstzeit auf das BDA. beim Eintritt in eine Besoldungsgruppe ein höheres als das Anfangsgrundgehalt erhält oder das Anfangsgrundgehalt weniger als zwei Jahre lang zu beziehen hat, z. B. im Falle des § 7 Abs. 1, ist dies durch entsprechende Vorrückung des Beginns des BDA. zu berücksichtigen (vgl. die Beispiele in Nr. 29).

Nr. 9. Hat die Verleihung einer planmäßigen Stelle sich infolge eines Versehens der Verwaltung verzögert, so soll zur Beseitigung einer hieraus bei der Festsetzung des BDA. sich ergebenden Härte die oberste Reichsbehörde im Einvernehmen mit dem Reichsminister der Finanzen die entsprechende Vorrückung des BDA. verfügen.

Nr. 10[1])[2]). Wird das BDA. vorgerückt, ohne daß der Beamte hierauf einen Rechtsanspruch hat, so sind die höheren Bezüge von dem Ersten des Monats an zu zahlen, in dem die Vorrückung verfügt wird. In besonderen Fällen kann die oberste Reichsbehörde im Einvernehmen mit dem Reichsminister der Finanzen die Nachzahlung von einem früheren Zeitpunkt ab genehmigen, frühestens jedoch von dem Zeitpunkt ab, von dem ab die Voraussetzungen für die Vorrückung gegeben waren.

Nr. 11[2])[3]). (1) Eine freie Stelle kann mit Rückwirkung von höchstens drei Monaten verliehen werden, wenn und solange der Beamte die Obliegenheiten der ihm übertragenen oder einer gleichartigen Stelle tatsächlich wahrgenommen hat.

(2) Auch ohne diese Voraussetzung kann eine freie Stelle mit Wirkung vom ersten oder einem sonstigen Tage des Kalendermonats an verliehen werden, in dem die Verleihung verfügt wird.

(3) Durch die Verleihung einer Stelle mit rückwirkender Kraft werden dem Beamten die Dienstbezüge der Stelle, nicht aber die Eigenschaft eines Beamten dieser Besoldungsgruppe rückwirkend zuerkannt.

Nr. 12. (1) Bei Festsetzung des BDA. der Beamten, die mit Wirkung vom 1. Oktober 1927 ab in eine andere als die aus Anlage 6 zum BesG. sich ergebende Besoldungsgruppe übergetreten sind, ist zu unterstellen, daß sie am 1. Oktober 1927 in die ihrer bisherigen Besoldungsgruppe entsprechende Besoldungsgruppe des neuen BesG. übergetreten und an demselben Tage befördert oder versetzt worden sind.

---

[1]) Satz 2 neu gefaßt durch VO. v. 11. 3. 1930 (RBB. S. 35).

[2]) Vgl. auch § 38 Abs. 1 Satz 1—3 DBG.

[3]) Vgl. Erl. d. RMdF. v. 27. 5. 1936 (RBB. S. 47). Dieser lautet: Bei Handhabung der Vorschriften in Nr. 11 BB. bitte ich Nachstehendes zu beachten: Für den Zeitpunkt der Einweisung eines Beamten in eine freie Planstelle ist der Tag des Wirksamwerdens seiner Ernennung entscheidend. Eine Ernennung auf einen rückliegenden Tag ist rechtlich unmöglich (vgl. auch Nr. 11 Abs. 3 BB.). Die Ernennung wird, soweit sie nicht ausdrücklich einem späteren Zeitpunkt vorbehalten ist, kraft Rechtssatzes mit dem Tage ihrer dienstlichen Bekanntgabe an den Ernannten, also mit dem Tage der Aushändigung und Annahme der Ernennungsurkunde, wirksam. Gleiches gilt für einen Einweisungserlaß, der bei Übertragung einer Stelle mit höherem Endgrundgehalt unter Beibehaltung der Amtsbezeichnung an die Stelle der „Ernennung" tritt." Die Einweisung in eine entsprechende Planstelle hat somit in der Regel vom Tage der Bekanntgabe und Annahme des betr. Hoheitsaktes ab zu erfolgen. Dieser Tag ist auch zugrundezulegen, wenn ausnahmsweise eine Ermessensentscheidung im Rahmen der Kannvorschriften der Nr. 11 BB. getroffen wird. Von diesen Kannvorschriften ist bei Ernennungen und Einweisungen, die außer der Reihe oder unter Abweichung von den Reichsgrundsätzen vorgenommen werden und damit bereits eine besondere Bevorteilung darstellen, grundsätzlich kein Gebrauch zu machen. Außerplanmäßige und sonstige nicht planmäßige Beamte dürfen frühestens vom Tage der Aushändigung und Annahme ihrer Ernennungsverfügung ab Bezüge erhalten; eine Gewährung von Bezügen für rückliegende Zeit kommt für sie in keinem Falle in Betracht. Vgl. auch DBO. zum DBG. zu § 24.

(2) Festsetzungen des BDA., die zwischen dem Zeitpunkt des Inkrafttretens und dem Tage der Verkündung des neuen BesG. nach alten Vorschriften vorgenommen worden sind, sind nach den Vorschriften des neuen BesG. und dieser BV. abzuändern.

Nr. 13. Das BDA. kommt nur für die Regelung der Dienstbezüge in Betracht und hat auf die sonstigen Verhältnisse des Beamten, insbesondere auf die Festsetzung des allgemeinen Dienstalters, auf die Berechnung der Dienstzeit bei Versetzung in den Ruhestand, auf die Reihenfolge der Beförderung usw. keinen Einfluß.

Zu § 5 Abs. 1 Satz 1 und 3.

Nr. 14. Als Tag der planmäßigen Anstellung gilt der Tag, von dem ab der Beamte bei Verleihung der planmäßigen Stelle — sei es widerruflich oder unwiderruflich — die damit verbundenen Dienstabzüge erhält. Bei Anstellung auf Probe gilt jedoch als Tag der planmäßigen Anstellung der erste Tag des Monats, in dem der Beamte in seiner Planstelle bestätigt wird.

Zu § 5 Abs. 1 Satz 4.

Nr. 15. (1) Das BDA. der Soldaten der Wehrmacht und der Polizeibeamten beim Reichswasserschutz in den Besoldungsgruppen mit aufsteigenden Gehältern beginnt mit dem Ersten des Monats, in dem zum erstenmal die planmäßigen Dienstbezüge des Dienstgrades bezogen worden sind.

(2) Den Stabsärzten und Stabsveterinären (BesGr. C 7) wird bei der Beförderung zu diesem Dienstgrad das BDA. um ein Jahr verbessert. Dasselbe gilt sinngemäß für die am 30. September 1927 im Dienste gewesenen Stabsärzte und Stabsveterinäre.

(3) Das BDA. der aus dem Unteroffizierstande hervorgegangenen Leutnante beginnt spätestens zehn Jahre nach ihrem Diensteintritt.

(4) Die Dienstjahre, nach denen sich die Zugehörigkeit der Polizeibeamten beim Reichswasserschutz zu den BesGr. $\mathfrak{R}$WS 8 und $\mathfrak{R}$WS 7 bemißt, rechnen von dem Tage des Dienstantritts beim Reichswasserschutz ab.

Zu § 5 Abs. 2.

Nr. 16. (1) Eine vor der ersten planmäßigen Anstellung zurückgelegte Dienstzeit gilt als bei derselben Dienstlaufbahn verbracht, wenn und soweit der Beamte während dieser Zeit im Geschäftsbereich derselben obersten Reichsbehörde verwendet war, in deren Geschäftsbereich er planmäßig angestellt wird. Soweit edoch dieselbe Verwaltung Tätigkeitsgebiete umfaßt, die so verschiedenartig sind, daß die Beschäftigung in der einen für eine spätere Tätigkeit in der anderen keine dienstliche Förderung mit sich bringt, gelten sie nicht als dieselbe Dienstlaufbahn im Sinne des § 5 Abs. 2.

(2) In Zweifelsfällen entscheidet die oberste Reichsbehörde im Einvernehmen mit dem Reichsminister der Finanzen, ob dieselbe Dienstlaufbahn gegeben ist.

(3) Unter einer im außerplanmäßigen Reichsbeamtenverhältnis zurückgelegten Zeit ist eine außerplanmäßige Dienstzeit (vgl. Nr. 77) zu verstehen.

(4) Einer im außerplanmäßigen Reichsbeamtenverhältnis zurückgelegten Zeit bei derselben Dienstlaufbahn ist die Zeit gleichzuachten, die nach § 17 Abs. 3 und 4 auf das Diätendienstalter angerechnet wird.

Nr. 17. (1) Eine Anrechnung nach § 5 Abs. 2 auf das BDA. ist insoweit ausgeschlossen, als sich die planmäßige Anstellung auf eigenen Wunsch des Beamten oder wegen unzureichender Befähigung oder aus einem sonstigen in der Person des Beamten liegenden Grunde — ausgenommen Krankheit — verzögert hat.

(2) Hat sich die erste planmäßige Anstellung wegen unzureichender Befähigung oder mangelhafter Führung des Beamten verzögert, so kann nach einer Bewährungsfrist von mindestens zwei Jahren — gerechnet vom Tage der planmäßigen Anstellung ab — mit Genehmigung der obersten Reichsbehörde das BDA. so festgesetzt werden, als ob die planmäßige Anstellung rechtzeitig erfolgt wäre. Eine Nachzahlung von Dienstbezügen findet aus diesem Anlaß nicht statt; die nach dem neu errechneten BDA. zustehenden Dienstbezüge sind frühestens vom Ersten des Monats ab zu zahlen, in dem die Genehmigung ausgesprochen wird.

(3) Die Bestimmungen in Abs. 1 und 2 werden durch § 16 Abs. 3 nicht berührt[4]).

Nr. 18. Auch bei der ersten planmäßigen Anstellung eines Beamten, der nicht außerplanmäßiger Beamter gewesen ist, hat eine Anrechnung nach § 5 Abs. 2 zu erfolgen, wenn und soweit eine Zeit von mehr als fünf (bei Versorgungsanwärtern von mehr als vier, bei den vor dem 1. Januar 1925 eingestellten weiblichen Beamten der Deutschen Reichspost von mehr als acht) Jahren auf das Diätendienstalter anzurechnen gewesen wäre, wenn der Beamte nicht sogleich planmäßiger, sondern zunächst außerplanmäßiger Beamter geworden wäre. Dabei ist Nr. 86 zu berücksichtigen.

Zu § 5 Abs. 3.

Nr. 19. Unter „Dienst des Reichswasserschutzes" ist nur der Dienst der Polizeibeamten beim Reichswasserschutz (vgl. die Anlage zur Besoldungsordnung A) zu verstehen.

---

[4]) § 16 Abs. 3 Bes.Ges. ist durch Kap. IV Teil 3 der VO. v. 6. 10. 1931 (RGBl. I S. 546) gestrichen.

Nr. 20. Den Versorgungsanwärtern wird nach § 5 Abs. 3 bei der ersten planmäßigen Anstellung auf das BDA. angerechnet

a) von der Dienstzeit im Heere, in der Marine, in der Schutzpolizei oder als Polizeibeamter beim Reichswasserschutz das erste Jahr,
b) von denselben Dienstzeiten unter Hinzurechnung der nachfolgenden Zivildienstzeit (vgl. Nr. 21) außerdem das neunte, zehnte, elfte, zwölfte und dreizehnte Jahr,

im günstigsten Falle also eine Zeit von insgesamt sechs Jahren.

Nr. 21. (1) Als nachfolgende Zivildienstzeit im Sinne des § 5 Abs. 3 gilt die Zeit einer praktischen Beschäftigung, die Zeit eines Probe- und Vorbereitungsdienstes, die außerplanmäßige Dienstzeit sowie die einer außerplanmäßigen Dienstzeit nach Nr. 16 Abs. 4 gleichzuachtende Zeit. In allen diesen Fällen ist Voraussetzung, daß diese Dienstzeiten in derselben Dienstlaufbahn, in der der Beamte planmäßig angestellt wird, zurückgelegt sind; was hierbei unter derselben Dienstlaufbahn zu verstehen ist, bemißt sich nach Nr. 16. Ob und wieweit ausnahmsweise die in einer anderen Dienstlaufbahn des Reichsdienstes zurückgelegte Dienstzeit berücksichtigt werden kann, bestimmt die oberste Reichsbehörde.

(2) Eine Anrechnung der nachfolgenden Zivildienstzeit ist insoweit ausgeschlossen, als sich die planmäßige Anstellung auf eigenen Wunsch des Versorgungsanwärters oder wegen unzureichender Befähigung oder aus einem sonstigen in der Person des Versorgungsanwärters liegenden Grunde — ausgenommen Krankheit — verzögert hat. Nr. 17 Abs. 2 gilt sinngemäß.

Nr. 22. (1) Dem Dienst im Heere oder in der Marine steht der Dienst bei den Schutztruppen, bei den Polizeitruppen in den früheren Schutzgebieten und als Grenz- und Zollaufsichtsbeamter in den früheren Schutzgebieten gleich.

(2) Ausgeschlossen bleibt die Zeit einer verschuldeten Kriegsgefangenschaft oder Internierung.

(3) Ob und wieweit der Dienst in einem verbündeten oder befreundeten Heere dem Dienst im Heere usw. gleichsteht, bestimmt im einzelnen Falle die oberste Reichsbehörde im Einvernehmen mit dem Reichsminister der Finanzen.

(4) Dem Dienst in der Schutzpolizei oder als Polizeibeamter beim Reichswasserschutz steht gleich der Vollzugsdienst in einem anderen Teile der Polizei oder in der Landjägerei (Gendarmerie) sowie in einer anderen Körperschaft, in der der Zivilversorgungsschein, der Zivildienstschein oder der Polizeiversorgungsschein erdient werden kann und erdient worden ist.

Zu § 5 Abs. 4.

Nr. 23. (1) Bei der Anrechnung, die beim erstmaligen Übertritt in eine andere Besoldungsgruppe zu erfolgen hat, gilt die in der Eingangsstelle zurückgelegte Dienstzeit als „nachfolgende Zivildienstzeit" im Sinne des § 5 Abs. 3.

(2) § 5 Abs. 4 gilt sinngemäß auch für Versorgungsanwärter, die als Beamte der Besoldungsgruppe ihrer ersten planmäßigen Anstellung in den einstweiligen oder dauernden Ruhestand versetzt worden sind und in einer anderen Besoldungsgruppe wieder angestellt werden.

Zu § 5 Abs. 5.

Nr. 24. Unter einer tatsächlich geleisteten Kriegsdienstzeit ist die Dienstzeit auf einem Kriegsschauplatze bei einem planmäßigen Truppen- oder Marineteile der Wehrmacht zu verstehen.

Zu § 5 Abs. 6.

Nr. 25. (1) Dieselbe außerplanmäßige Dienstzeit (oder ihr gleichzuachtende Zeit, vgl. Nr. 16 Abs. 4), die nach § 5 Abs. 3 als „nachfolgende Zivildienstzeit" auf das BDA. anzurechnen ist, ist auch bei der Berechnung der Zeit mitzuberücksichtigen, die nach § 5 Abs. 2 nach Abzug von vier Jahren auf das BDA. anzurechnen ist.

(2) Beispiel: Wird ein Versorgungsanwärter nach zwölf Dienstjahren im Heere, einer Vorbereitungszeit von sechs Monaten und einer außerplanmäßigen Dienstzeit von fünf Jahren planmäßig angestellt, so ist ihm das erste, neunte, zehnte, elfte und zwölfte Heeresdienstjahr und das erste Jahr der „nachfolgenden Zivildienstzeit", d. h. das halbe Jahr Vorbereitungszeit und das erste halbe Jahr der außerplanmäßigen Dienstzeit, insgesamt also eine Zeit von sechs Jahren, nach § 5 Abs. 3 auf das BDA. anzurechnen. Dazu kommt nach § 5 Abs. 2 die vier Jahre übersteigende außerplanmäßige Dienstzeit — wobei das nach § 5 Abs. 3 bereits angerechnete halbe Jahr nicht abzuziehen ist —, also ein weiteres (siebentes) Jahr.

Zu § 5 Abs. 7.

Nr. 26. (1) Als Versorgungsanwärter im Sinne des BesG. und dieser BV. gelten nur die Inhaber

a) des Zivilversorgungsscheins gemäß § 75 des Militärpensionsgesetzes vom 27. Juni 1871 (Reichsgesetzbl. S. 275), § 10 des Ergänzungsgesetzes vom 4. April 1874 (Reichsgesetzbl. S. 25), §§ 15, 16 des Mannschaftsversorgungsgesetzes vom 31. Mai 1906 (Reichsgesetzbl. S. 593) und § 30 des Wehrmachtversorgungsgesetzes vom 4. August 1921 in der Fassung des Gesetzes vom 19. September 1925;
b) des Zivilversorgungsscheins gemäß § 1 Abs. 4, 5, 7 und 8 der Anstellungsgrundsätze für den Reichs- und Staatsdienst vom 20. Juni 1907 (Zentralbl. für das Deutsche Reich S. 309);

c) des Zivildienstscheins gemäß § 10 des Wehrmachtversorgungsgesetzes vom 4. August 1921 in der Fassung des Gesetzes vom 19. September 1925;

d) des Polizeiversorgungsscheins gemäß § 2 des Reichsgesetzes über die Schutzpolizei der Länder vom 17. Juli 1922 (Reichsgesetzbl. I S. 597) und § 2 des Gesetzes über die Versorgung der Polizeibeamten beim Reichswasserschutz vom 26. Februar 1926 (Reichsgesetzbl. I S. 149).

(2) Zu ihnen gehören nicht die Inhaber des Anstellungsscheins, des Beamtenscheins, des Zivildienstscheins gemäß § 61 des Wehrmachtversorgungsgesetzes (ehemalige Offiziere) und des Forstversorgungsscheins.

Zu § 5 Abs. 8.

Nr. 27. (1)[5]) Den auf Grund des Beamtenscheins angestellten schwerkriegsbeschädigten Beamten wird bei der ersten planmäßigen Anstellung das BDA. um vier Jahre verbessert. Jedoch wird es im günstigsten Falle festgesetzt, sofern die planmäßige Anstellung nicht früher erfolgt,

a) bei planmäßiger Anstellung in den Besoldungsgruppen A 10 bis A 12 auf den Ersten des Monats, in dem der Beamte das neunundzwanzigste Lebensjahr vollendet,

b) bei planmäßiger Anstellung in den Besoldungsgruppen A 9 und aufwärts auf den Ersten des Monats, in dem der Beamte das zweiunddreißigste Lebensjahr vollendet.

(2) Wenn die Anwendung des § 5 Abs. 3 bis 6 günstiger wirkt, ist hiernach zu verfahren.

(3) Die oberste Reichsbehörde kann auch das BDA. eines schwerkriegsbeschädigten Beamten, der nicht auf Grund des Beamtenscheins angestellt worden ist, nach Abs. 1 und 2 festsetzen, wenn die Beschädigung vor Aufnahme ins Beamtenverhältnis eingetreten ist.

(4) Bei der ersten planmäßigen Anstellung schwerkriegsbeschädigter Versorgungsanwärter, die nicht im Besitze des Beamtenscheins sind, ist nach Abs. 1 zu verfahren, wenn dies günstiger wirkt als die Anwendung des § 5 Abs. 3 bis 6.

(5) Scheidet ein schwerkriegsbeschädigter Beamter lediglich zum Zwecke des Übertritts in eine andere planmäßige Stelle aus, so ist bei der Wiederanstellung nach Abs. 1 bis 4 zu verfahren, wenn nicht die Anwendung des § 7 günstiger wirkt.

(6) Abs. 1 bis 3 und 5 gelten auch für die am 30. September 1927 bereits planmäßig angestellten Beamten, Abs. 2 jedoch mit der Maßgabe, daß die Anrechnung höchstens ein Jahr (§ 5 Abs. 3, a) beträgt.

---

[5]) Abs. 1 geändert durch VO. v. 11. 3. 1930 (RBB. S. 35).

(7) Soweit schon bisher in Ausnahmefällen eine Verbesserung des BDA. von schwerkriegsbeschädigten Beamten stattgefunden hat, ist sie auf die nach vorstehenden Bestimmungen vorzunehmende Verbesserung anzurechnen.

Zu § 6.

Nr. 28. (1) Die Bestimmung im § 6 ist eine Ausnahmebestimmung, von der nur in besonders gearteten Fällen Gebrauch gemacht werden soll.

(2) Für eine Anrechnung kann außer den im § 6 Satz 2 aufgezählten Dienstzeiten die Zeit einer praktischen Beschäftigung, z. B. in der Eigenschaft eines Arbeiters oder Angestellten oder in einem freien Beruf, in Betracht kommen.

(3) Dienstzeiten, die nicht im Verhältnis eines Beamten des Reichs oder eines Landes verbracht sind, dürfen in der Regel nicht in vollem Umfange, sondern nur mit einem angemessenen Teil berücksichtigt werden. Insbesondere ist in der Regel die Zeit abzuziehen, die Beamte mit regelmäßiger Dienstlaufbahn im Vorbereitungsdienst oder als außerplanmäßige Beamte zuzubringen haben[6]).

(4) Auch soweit eine praktische Beschäftigung seitens der Behörden als Vorbedingung für die Übernahme in den Beamtendienst gefordert wird, kann sie ganz oder teilweise auf das BDA. angerechnet werden.

(5) Eine Anrechnung nach § 6 Satz 1 und 2 darf nicht erfolgen, soweit sich dadurch für den betreffenden Beamten ein günstigeres BDA. ergeben würde, als es im Durchschnitt diejenigen Beamten, in deren Eigenschaft er angestellt wird, bei gleichem Alter haben, wenn sie eine regelmäßige Dienstlaufbahn hinter sich haben. Unter einem gleichen Alter ist hierbei ein gleiches Prüfungsdienstalter, von der letzten gleichen oder vergleichbaren vorgeschriebenen Dienstprüfung an gerechnet, oder, wenn dieser Vergleichsmaßstab versagt, ein gleiches Lebensalter zu verstehen.

(6) Auch in den Fällen des § 6 Satz 3 ist in der Regel Abs. 5 anzuwenden.

Zu § 7 Abs. 1.

Nr. 29. (1) Beispiel zu Satz 1: Steuersekretär X (BesGr. A 7)[7]) mit einem BDA. vom 1. November 1916 wird mit Wirkung vom 1. April 1928 ab zum Obersteuersekretär[8]) (BesGr. A 4 c)[9]) befördert. Da er am 31. März 1928 in der BesGr. A 7[7]) einen Grundgehaltsatz von 3100 RM erhält, steht ihm vom 1. April 1928 ab der nächsthöhere in der BesGr. A 4 c[9]) vorkommende Grundgehaltssatz von 3300 RM zu. Diesen bezieht

---

[6]) S. RdSchr. des RFM. v. 26. 5. 1936 (RMBliV. S. 1211) und v. 26. 2. 1937 (RMBliV. S. 484) betr. Anrechnung von Dienstzeiten in der SS., SA., als Amtswalter oder Redner der NSDAP. bei Übernahme in das Beamtenverhältns.

[7]) Jetzt A 7a.

[8]) Jetzt Steuerinspektor.

[9]) Jetzt A 4c 2.

er zwei Jahre lang. Der Beginn seines BDA. ist auf den 1. April 1924 festzusetzen (vgl. Nr. 8).

(2) Beispiel zu Satz 2: Steuersekretär Y mit einem BDA. vom 1. November 1915 wird mit Wirkung vom 1. April 1928 ab zum Obersteuersekretär[8]) befördert. Da er am 31. März 1928 in der BesGr. A 7[7]) einen Grundgehaltssatz von 3200 *RM* erhält, steht ihm vom 1. April 1928 ab der nächsthöhere in der BesGr. A 4c vorkommende Grundgehaltssatz von 3300 *RM* zu. Da er aber denselben Grundgehaltssatz von 3300 *RM* vom 1. November 1929 ab auch in der verlassenen BesGr. A 7 bezogen haben würde, erhält er von diesem Tage ab in der BesGr. A 4c[9]) den nächsthöheren Grundgehaltssatz von 3550 *RM*. Der Beginn seines BDA. ist auf den 1. November 1923 festzusetzen.

Nr. 30. Beim Übertritt in eine andere Stelle derselben Besoldungsgruppe bleibt das BDA. unverändert.

Zu § 7 Abs. 2.

Nr. 31[10]). Es kommen nur folgende ruhegehaltfähigen und unwiderruflichen Stellenzulagen in Betracht:

1. die	Stellenzulage	von	800 *RM*	nach	Anmerkung	1 zu Besoldungsgruppe A 2a;
2. "	"	"	600 "	"	"	3 und 4 zu Besoldungsgruppe A 2d;
3. "	"	"	400 "	"	"	1 und 2 zu Besoldungsgruppe A 3c;
4. "	"	"	200 "	"	"	4 zu Besoldungsgruppe A 4b 1;
5. "	"	"	500 "	"	"	4 zu Besoldungsgruppe A 4c 2;
6. "	"	"	400 "	"	"	1 zu Besoldungsgruppe A 5b;
7. "	"	"	500 "	"	"	1 zu Besoldungsgruppe A 5c;
8. "	"	"	300 "	"	"	1 zu Besoldungsgruppe A 6;
9. "	"	"	600 "	"	"	2 zu Besoldungsgruppe A 9;
10. "	"	"	400 "	"	"	3 zu Besoldungsgruppe A 9;

[7]) [8]) [9]) Siehe Anmerkungen auf S. 322.

[10]) u. [11]) Neue Fassung laut § 2 der BO. v. 30. 3. 1936 (RGBl. I S. 336). Die Aufstellung in Nr. 31 ist inzwischen durch das Gesetz v. 19. 3. 1937 (RGBl. I S. 342) überholt.

11. die Stellenzulage von 150 *RM* nach Anmerkung 2 zu Besoldungsgruppe A 10a;
12. „ „ „ 300 „ „ „ 3 zu Besoldungsgruppe A 10a;
13. „ „ „ 120 „ „ „ 6 zu Besoldungsgruppe A 10a;
14. „ „ „ 200 „ „ „ 1 zu Besoldungsgruppe A 10b;
15. „ „ „ 120 „ „ „ 2 und 3 zu Besoldungsgruppe A 10b;
16. „ „ „ 150 „ „ „ 4 zu Besoldungsgruppe A 10b;
17. „ Stellenzulagen „ 200 „ und 150 *RM* nach Anmerkung 1 zu Besoldungsgruppe A 11;
18. „ Stellenzulage „ 120 „ nach Anmerkung 2 zu Besoldungsgruppe A 11;
19. „ Zulagen „ 200 „ und 500 *RM* nach Anmerkung 1 zu Besoldungsgruppe AD 8a;
20. „ „ „ 200 „ und 400 *RM* nach Anmerkung 1 zu Besoldungsgruppe AD 8b.

Nr. 32[11]).

Zu § 7 Abs. 4 Satz 2.

Nr. 33[12]). Hiernach erhalten Beamte der BesGr. A 4b 1 in allen Dienstaltersstufen beim Übertritt in die BesGr. A 4a ihr um 8 Jahre verbessertes BDA., Beamte der BesGr. A 4a mit einem Grundgehaltssatz von 4700 *RM* oder höher beim Übertritt in die BesGr. A 4b 1 ihr um 8 Jahr verkürztes BDA.

Nr. 34[13]).

Zu § 7 Abs. 6.

Nr. 35. Die Vorschrift des § 7 Abs. 6 hat den Vorrang vor allen anderen Vorschriften, die die Regelung des BDA. beim Übertritt in eine andere Besoldungsgruppe betreffen.

Zu § 7 Abs. 8.

Nr. 36. (1) Als Übernahme in den Zivildienst gilt auch die Übernahme in eine Beamtenstelle der Wehrmacht.

(2) Die in Stellen des Zivildienstes übertretenden Soldaten erhalten die ihrer neuen Stelle entsprechenden Dienstbezüge ohne Rücksicht auf die Höhe der Besoldung, die sie als Soldaten der Wehrmacht bezogen haben.

---

[11]) u. [13]) Gestrichen durch § 2 der VO. v. 30. 3. 1936 (RGBl. I S. 336).
[12]) Siehe Seite 323.

(3) Sind sie Versorgungsanwärter, so ist ihnen bei der planmäßigen Anstellung die nach § 5 Abs. 3 bis 6 sich ergebende Zeit auf das BDA. anzurechnen.

(4) Sind sie nicht Versorgungsanwärter, so kann eine Anrechnung von Heeres- oder Marinedienstzeit nach § 6 erfolgen. Der Umstand, daß beim Übertritt in den Zivildienst etwa eine Verschlechterung in den gesamten Dienstbezügen eintritt, ist jedoch in der Regel nicht als eine des Ausgleichs bedürfende Härte anzusehen.

Festsetzung des BDA. in besonderen Fällen.

Nr. 37. Ist die planmäßige Anstellung eines Beamten durch Kriegsdienst oder durch den vor dem Kriege in Erfüllung der gesetzlichen Dienstpflicht abgeleisteten Heeres- und Marinedienst verzögert worden, so ist weiterhin nach Ziffer 124 bis 132 der Besoldungsvorschriften vom 16. Juni 1920 in der Fassung der Bekanntmachung vom 14. Juli 1924 (RBB. S. 221) zu verfahren.

Nr. 38. (1) Bei der ersten planmäßigen Anstellung der hochschulmäßig vorgebildeten Beamten wird die zwischen dem Beginne des Diätendienstalters (Nr. 83) und der ersten planmäßigen Anstellung liegende Zeit auf das BDA. angerechnet, soweit sie 5 Jahre übersteigt.

(2) Abs. 1 gilt auch für die aus dem Landesdienst in den Reichsdienst übertretenden hochschulmäßig vorgebildeten Beamten.

Nr. 39. Erfolgt die erste planmäßige Anstellung eines Beamten nicht in der Besoldungsgruppe, in der sie bei regelmäßig verlaufener Dienstlaufbahn erfolgen würde, z. B. bei den hochschulmäßig vorgebildeten Beamten in einer anderen Besoldungsgruppe als in der BesGr. A 2c[14]), so ist das BDA. so zu berechnen, wie wenn der Beamte in dieser Besoldungsgruppe angestellt und noch an demselben Tage in seine wirkliche Anstellungsgruppe befördert oder versetzt worden wäre.

Nr. 40. (1) Die Zeit eines durch die Annahme- oder Prüfungsbedingungen vorgeschriebenen Besuchs einer staatlichen oder staatlich anerkannten technischen Fachschule oder eines diesen ersetzenden Hochschulbesuchs sowie die neben diesem Fach- oder Hochschulbesuch vorgeschriebene Zeit einer praktischen Beschäftigung (Nr. 28) wird auf das BDA. angerechnet, soweit dadurch der Beginn des BDA. gegenüber den nicht technisch vorgebildeten Beamten, die im Geschäftsbereich derselben obersten Reichsbehörde in derselben Besoldungsgruppe mit gleichzubewertenden Dienstaufgaben betraut sind, hinausgeschoben wird. Näheres bestimmt die oberste Reichsbehörde im Einvernehmen mit dem Reichsminister der Finanzen.

---

[14]) Jetzt A 2 c 2.

(2) Die oberste Reichsbehörde kann die Anwendung des Abs. 1 auf die am 30. September 1927 im Amte befindlichen planmäßigen Beamten ausdehnen.

Nr. 41. (1) Beim Übertritt eines planmäßigen (unmittelbaren) Landesbeamten in den Reichsdienst ist wie folgt zu verfahren:

(2) Wenn die Gehaltsklasse, der der Beamte bisher angehört hat, einer Besoldungsgruppe des Reichsbesoldungsgesetzes sowohl hinsichtlich der in ihr eingereihten Beamten als auch hinsichtlich der Grundgehaltssätze und der neben dem Grundgehalt zu gewährenden Dienstbezüge im wesentlichen entspricht, so wird das BDA. so festgesetzt, wie wenn der Beamte aus der entsprechenden Besoldungsgruppe des Reichsbesoldungsgesetzes übergetreten wäre.

(3) Der Reichsminister der Finanzen kann zu Abs. 2 weitere Durchführungsbestimmungen erlassen.

(4) Treffen die Voraussetzungen im Abs. 2 nicht zu, so wird das BDA. von der obersten Reichsbehörde im Einvernehmen mit dem Reichsminister der Finanzen so festgesetzt, wie wenn der Beamte seine bisherige Dienstlaufbahn in den entsprechenden Besoldungsgruppen des Reichsbesoldungsgesetzes zurückgelegt hätte.

Nr. 42. (1) Beim Übertritt eines Beamten der Deutschen Reichsbahn-Gesellschaft[14a]) wird seine Dienstzeit wie Reichsdienstzeit gerechnet.

(2) Nr. 41 Abs. 2 bis 4 gilt entsprechend.

Nr. 43. (1) Wird ein mit Wirkung von einem späteren Tage als dem 1. Oktober 1927 ab in den einstweiligen Ruhestand versetzter Beamter in seiner früheren Besoldungsgruppe wieder angestellt, so wird das BDA., das er beim Eintritt in den einstweiligen Ruhestand hatte, um die Zeit des einstweiligen Ruhestandes gekürzt, soweit er nicht während dieser Zeit als nichtplanmäßiger Beamter im Reichsdienst voll beschäftigt war. Die volle Beschäftigung im Reichsdienst als nichtplanmäßiger Beamter muß bei Beschäftigungen, die nach dem 7. August 1925 begonnen haben, in einer schriftlichen Eröffnung der Verwaltung ausgesprochen sein.

(2) Dasselbe gilt, wenn ein mit Wirkung vom 1. Oktober 1927 oder einem früheren Tage in den einstweiligen Ruhestand versetzter Beamter in der seiner früheren Besoldungsgruppe entsprechenden Besoldungsgruppe des neuen BesG. wiederangestellt wird. Dabei sind gegebenenfalls die bei den einzelnen Besoldungsgruppen vorgesehenen Überleitungsbestimmungen zu berücksichtigen.

(3) Wird der Beamte in einer anderen Besoldungsgruppe wieder angestellt, so wird sein BDA. so berechnet, wie wenn er in der früheren

---

[14a]) Jetzt Deutsche Reichsbahn.

oder der ihr entsprechenden Besoldungsgruppe wieder angestellt und an demselben Tage in die andere Besoldungsgruppe übergetreten wäre.

(4) Abs. 1 bis 3 kann auch bei der Wiederanstellung von Beamten angewendet werden, die in den dauernden Ruhestand versetzt worden sind.

Nr. 44. (1) Ist ein Beamter aus einer planmäßigen Stelle des Reichsdienstes freiwillig ausgeschieden oder ist sein früheres Beamtenverhältnis durch Dienstentlassung gelöst worden, so darf im Falle seiner Wiederanstellung bei der Festsetzung des BDA. auf das BDA. und das Grundgehalt der früheren Stelle keine Rücksicht genommen werden. Beamte, die ihre Stelle freiwillig aufgeben wollen, sind hierauf ausdrücklich hinzuweisen.

(2) Ausnahmen kann die oberste Reichsbehörde im Einvernehmen mit dem Reichsminister der Finanzen zulassen; die Entscheidung hierüber ist vor der Wiederanstellung des Beamten herbeizuführen.

(3) Wird eine Ausnahme (Abs. 2) gemacht, so ist sinngemäß nach Nr. 43 zu verfahren; bei Versorgungsanwärtern dürfen an Stelle der Bestimmungen in Nr. 43 die Bestimmungen in § 5 Abs. 3, 4 angewandt werden. Es kann jedoch auch eine geringere als die hiernach sich ergebende Zeit angerechnet werden.

(4) Abs. 1 bis 3 gilt entsprechend, wenn ein Soldat aus der Wehrmacht ausgetreten war oder wenn seine Dienstentlassung zur Strafe erfolgt war oder wenn ein Offizier seine Entlassung aus privaten, nicht mit dem Dienst in Zusammenhang stehenden Gründen beantragt hatte.

(5) Abs. 1 bis 3 gilt nicht, wenn ein Beamter lediglich zum Zwecke des Übertritts in eine andere planmäßige Stelle ausgeschieden ist. In diesem Falle ist bei Zivil- und Versorgungsanwärtern nach § 7 zu verfahren, bei Versorgungsanwärtern vorbehaltlich des § 5 Abs. 4.

Nr. 45. Wird ein Beamter ohne Dienstbezüge beurlaubt, so ist das BDA. um die volle Zeit des Urlaubs zu kürzen. Eine Ausnahme ist nur zulässig, wenn die Beurlaubung im dienstlichen Interesse erfolgt. In diesem Falle entscheidet die oberste Reichsbehörde bei Erteilung des Urlaubs, daß eine Kürzung zu unterbleiben hat, oder um welchen Teil des Urlaubs das BDA. zu kürzen ist.

Nr. 46. (1) Ergeben sich bei der Regelung des BDA. nach §§ 5 bis 7 (Nr. 7 bis 45) Härten, so kann die oberste Reichsbehörde im Einvernehmen mit dem Reichsminister der Finanzen ausnahmsweise zum Ausgleich dieser Härten das BDA. unter Abweichung von den erwähnten Bestimmungen festsetzen.

(2) Als eine eines solchen außerordentlichen Ausgleichs bedürfende Härte ist es aber beispielsweise nicht anzusehen:

a) wenn eine Stelle nicht mit rückwirkender Kraft verliehen worden ist, obwohl es nach Nr. 11 zulässig gewesen wäre,

b) wenn ein dienstjüngerer Amtsgenosse — auch bei derselben Behörde — ein höheres Grundgehalt bezieht,

c) wenn in einer früher bekleideten Stelle oder in einer verlassenen Dienstlaufbahn eine günstigere Beförderung oder sonstige Vorteile hätten erreicht werden können.

Nr. 47. In allen in §§ 5 bis 7 und Nr. 7 bis 45 nicht geregelten Fällen setzt die oberste Reichsbehörde im Einvernehmen mit dem Reichsminister der Finanzen das BDA. fest.

2. Wohnungsgeldzuschuß.

Zu § 9 Abs. 1.

Nr. 48. (1) Nach welcher von den sieben Tarifklassen der Wohnungsgeldzuschuß — vorbehaltlich des § 10 Abs. 1 — jeweils zu gewähren ist, ist bei den einzelnen Besoldungsgruppen der Besoldungsordnungen A, B und C vermerkt. Die Einreihung in die Tarifklassen richtet sich lediglich nach der Zugehörigkeit zu einer bestimmten Besoldungsgruppe oder Dienstaltersstufe; alle Zulagen — auch die in den Anmerkungen zu den Besoldungsordnungen festgesetzten Zulagen — und sonstigen Bezüge bleiben hierbei außer Betracht.

(2) Würde ein Beamter beim Übertritt in eine Besoldungsgruppe mit höherem oder gleichem Endgrundgehalt den Wohnungsgeldzuschuß nach einer niedrigeren Tarifklasse als bisher zu beziehen haben, so wird ihm der Wohnungsgeldzuschuß nach der bisherigen Tarifklasse weitergewährt.

(3)[15]) Würde ein Beamter nach dem Übertritt in eine Besoldungsgruppe mit höherem oder gleichem Endgrundgehalt den Wohnungsgeldzuschuß nach einer höheren Tarifklasse später zu beziehen haben, als er ihn in der verlassenen Besoldungsgruppe erhalten hätte, so wird ihm der höhere Wohnungsgeldzuschuß von dem Zeitpunkt ab gewährt, von dem ab er ihn in der verlassenen Besoldungsgruppe erhalten hätte.

Zu § 9 Abs. 3.

Nr. 49. Unter die Bestimmung des § 9 Abs. 3 Satz 2 fallen die Polizeibeamten der BesGr. RWS 5 bis RWS 8.

Zu § 9 Abs. 4.

Nr. 50. (1) Hat ein verheirateter weiblicher Beamter wegen völliger Erwerbsunfähigkeit des Ehemanns allein für den Unterhalt der Familie zu sorgen oder ist er zur ehelichen Gemeinschaft nicht verpflichtet, so kann ihm von der obersten Reichsbehörde der volle Wohnungsgeldzuschuß bewilligt werden.

---

[15]) Neu eingefügt durch VO. v. 11. 3. 1930 (RBB. S. 35).

(2) Verwitwete und geschiedene weibliche Beamte erhalten den vollen Wohnungsgeldzuschuß.

(3) Ist der Wohnungsgeldzuschuß nach § 9 Abs. 4 auf die Hälfte herabzusetzen oder völlig einzuziehen, so wird die Änderung vom Ersten des Monats an wirksam, welcher auf das für die Herabsetzung oder Einziehung maßgebende Ereignis (z. B. die Verheiratung) folgt. Hat sich das Ereignis am ersten Tage eines Monats zugetragen, so wird die Herabsetzung von diesem Tage an wirksam. Eine nach derselben Bestimmung gebotene Erhöhung des Wohnungsgeldzuschusses wird vom Ersten des Monats an wirksam, in den das maßgebende Ereignis (z. B. der Tod des Ehemanns) fällt.

(4) Den Beamten und Angestellten des Reichs stehen im Sinne des § 9 Abs. 4 Satz 2 die Soldaten der Wehrmacht sowie die Beamten und Angestellten der Deutschen Reichsbahn-Gesellschaft [15a]) gleich.

Zu § 10.

Nr. 51. (1) Die Vorschrift umfaßt nur ledige Beamte; verwitwete und geschiedene Beamte erhalten den gleichen Wohnungsgeldzuschuß wie verheiratete Beamte.

(2) Schwerkriegsbeschädigten ledigen Beamten, die infolge ihrer Beschädigung eine Person ständig in ihren Hausstand aufnehmen müssen, oder die aus einem anderen in ihrer Beschädigung liegenden Grunde eine größere Wohnung nehmen müssen, als sie ledige Beamte in der Regel innehaben, kann die oberste Reichsbehörde den Wohnungsgeldzuschuß der nichtledigen Beamten zubilligen. Die Bewilligung ist widerruflich.

(3) Nr. 50 Abs. 3 Satz 3 gilt entsprechend.

Zu § 11.

Nr. 52[16]). (1) Als Dienstwohnungen im Sinne des § 11 gelten nur solche Wohnungen oder einzelne Zimmer, die den Beamten auf Grund des Reichshaushaltsplans (des Voranschlags der Deutschen Reichspost) als Dienstwohnungen zugewiesen sind.

(2) Ausnahmsweise kann auch nach Feststellung des Reichshaushaltsplans durch den Reichstag[17]) (des Voranschlags der Deutschen Reichspost durch den Verwaltungsrat) mit Wirkung bis zum Ende des laufenden Rechnungsjahrs einer Wohnung die Eigenschaft einer Dienstwohnung beigelegt werden. Die Entscheidung hierüber trifft die oberste Reichsbehörde im Einvernehmen mit dem Reichsminister der Finanzen. Für den Dienstbereich der deutschen Reichspost trifft diese Entscheidung das Reichspostministerium.

[15a]) Jetzt Deutsche Reichsbahn.

[16]) Vgl. Dienstwohnungsvorschriften v. 30. 1. 1937 (RHuBB. S. 9).

[17]) Jetzt Reichsregierung.

Nr. 53. (1) Der Betrag, der dem Beamten gemäß § 11 bei Einräumung einer Dienstwohnung auf seine Dienstbezüge angerechnet wird, ist die Dienstwohnungsvergütung[18]).

(2)[19]) Bei der Festsetzung der Höhe der Dienstwohnungsvergütung hat die örtliche Beamtenvertretung[21]) gutachtlich mitzuwirken. Vor der Entscheidung ist der beteiligte Beamte zu hören.

(3)[20]) Der bei der Festsetzung der Dienstwohnungsvergütung zu berücksichtigende örtliche Mietwert der Dienstwohnung ist durch Vergleich mit den Mieten zu ermitteln, die in derselben Gemeinde für Wohnungen gezahlt werden, die nach ihrer Lage und Art und nach anderen den Mietwert beeinflussenden besonderen Umständen vergleichbar sind. Unzulässig ist es, den Mietwert auf Grund des Bauwerts oder auf Grund von Abschätzungen festzusetzen, die auf die für gleichartige und gleichwertige Wohnungen vereinbarten Mieten keine Rücksicht nehmen. Wegen des während der Geltungsdauer des Reichsmietengesetzes vom 24. März 1922 (Reichsgesetzbl. I S. 273) zu beachtenden Verfahrens vgl. Nr. 58.

(4) Die Entscheidung über die Höhe der Dienstwohnungsvergütung ist dem Dienstwohnungsinhaber schriftlich bekanntzugeben. Sie ist endgültig. Ist sie jedoch gegen den Widerspruch der Beamtenvertretung[22]) erfolgt, so kann der Dienstwohnungsinhaber binnen zweier Wochen von der Bekanntgabe ab Beschwerde an die der zuständigen Behörde (Nr. 57) vorgesetzte Behörde einlegen, wenn nicht bereits die oberste Reichsbehörde entschieden hat. Über das Beschwerderecht ist der Beamte bei der Bekanntgabe zu belehren.

(5) Die Dienstwohnungsvergütung darf den Betrag des Wohnungsgeldzuschusses (einschließlich der Erhöhung nach § 9 Abs. 2), der dem Dienstwohnungsinhaber jeweils tatsächlich zusteht, nicht übersteigen (höchste Dienstwohnungsvergütung).

Nr. 54. Den Auslandsbeamten werden ihre Dienstbezüge (vgl. Nr. 3) um den Mietwert der Dienstwohnung einschließlich des Mietwerts der etwa vom Reiche gestellten Geräteausstattung nach den vom Reichsminister der Finanzen im Einvernehmen mit den beteiligten obersten Reichsbehörden aufzustellenden Grundsätzen gekürzt. Nr. 53 Abs. 5 gilt nicht.

Nr. 55. Die unentgeltliche Einräumung einer Dienstwohnung ist unzulässig.

---

[18]) Dienstwohnungsvergütung vgl. jetzt Nr. 11 der Dienstwohnungsvorschriften v. 30. 1. 1937 (RHuBB. S. 9).

[19]) u. [20]) Neue Fassung laut BO. v. 11. 3. 1930 (RBB. S. 35).

[21]) Die Beamtenvertretungen sind im Dritten Reich aufgehoben worden (s. RdErl. d. RdI. v. 20. 5. 1933 — MBliB. S. 601 —).

[22]) Diese Bestimmung ist durch Nr. 11 Abs. 5 der Dienstwohnungsvorschriften v. 30. 1. 1937 (RHuBB. S. 9) dahingehend geändert worden, daß, falls die Entscheidung über die Höhe der Dienstwohnungsvergütung gegen den Widerspruch des Reichsbeamten erfolgt ist, dieser beschwerdeberechtigt ist.

Nr. 56. Mit der nach Nr. 53 und 54 ermittelten Dienstwohnungsvergütung sind alle Leistungen abgegolten, die nach den Dienstwohnungsvorschriften (Nr. 60) dem Reich obliegen. Die Kostenteile für Heizung und Warmwasserversorgung (vgl. Nr. 60) sind in jedem Falle neben der Dienstwohnungsvergütung zu zahlen.

Nr. 57. (1) Zuständig für die Festsetzung der Dienstwohnungsvergütungen ist für den Dienstbereich der Deutschen Reichspost die Oberpostdirektion[23]), im übrigen das Landesfinanzamt[24]).

(2) Hinsichtlich der Dienstwohnungen von Beamten, die ihren dienstlichen Wohnsitz nicht im Deutschen Reich haben, ist die oberste Reichsbehörde zuständig, für die Dienstwohnungen von Zollbeamten in Grenzorten jedoch das Landesfinanzamt[24]).

Nr. 58[25]). (1) Bis zum Außerkrafttreten des Reichsmietengesetzes vom 24. März 1922 gelten für die Festsetzung der Dienstwohnungsvergütung folgende Bestimmungen.

(2) Die Höhe der Dienstwohnungsvergütung wird nach Hundertteilen der Friedensmiete bemessen. Wieviel Hundertteile der Friedensmiete jeweils als Dienstwohnungsvergütung zu erheben sind, wird vom Reichsminister der Finanzen im Einvernehmen mit dem Reichspostminister festgesetzt.

(3)[26]) Die Friedensmiete ist von der zuständigen Behörde für alle reichseigenen Dienstwohnungen durch Vergleich mit dem Mietzins zu ermitteln, der für die mit dem 1. Juli 1914 beginnende Zeit in der Gemeinde für Wohnungen vereinbart war, die nach ihrer Lage und Art und nach anderen den Mietwert beeinflussenden besonderen Umständen vergleichbar sind. Unzulässig ist es, die Friedensmiete auf Grund des Bauwerts oder der vor dem Kriege tatsächlich gezahlten, im allgemeinen unter der ortsüblichen Friedensmiete gehaltenen Dienstwohnungsvergütung oder des einbehaltenen Wohnungsgeldzuschusses festzusetzen.

(4) Für Dienstwohnungen, die in der Zeit nach dem 1. Juli 1914 fertiggestellt worden sind, ist die Friedensmiete in gleicher Weise wie für Altwohnungen zu ermitteln.

(5)[27]) Bei der Abschätzung der Friedensmiete nach Abs. 3 hat gemäß Nr. 53 die örtliche Beamtenvertretung[21]) gutachtlich mitzuwirken.

(6) Soweit in den Dienstwohnungsvorschriften die Abgeltung bestimmter Leistungen durch die Dienstwohnungsvergütung vom Ortsgebrauch abhängig gemacht ist, ist zu prüfen, ob die Leistung ortsüblich mit der Friedensmiete abgegolten war oder nicht. Im ersten Falle hat das Reich, im anderen Falle der Wohnungsinhaber die Kosten zu tragen. Bei

---

[23]) Jetzt Reichspostdirektion.
[24]) Jetzt Oberfinanzpräsident.
[25]) Vgl. jetzt Nr. 7 der Dienstwohnungsvorschriften v. 30. 1. 1937 (RHuBB. S. 9).
[26]) u. [27]) Neue Fassung laut BL. v. 11. 3. 1930 (RBB. S. 35).

Abgaben und Lasten, die nach dem 1. Juli 1914 eingeführt sind, hat die zuständige Behörde zu prüfen, wer nach den Bestimmungen, durch die diese Abgaben usw. eingeführt sind, Abgabeschuldner ist. In Zweifelsfällen entscheidet der Reichsminister der Finanzen im Einvernehmen mit dem Reichspostminister.

Nr. 59. Die grundsätzlichen Bestimmungen über die Festsetzung der Mieten für solche Wohnungen in reichseigenen oder vom Reiche angemieteten Gebäuden, die vom Reiche Beamten überlassen werden, ohne daß diese Wohnungen Dienstwohnungen im Sinne der Nr. 52 sind[28]), erläßt der Reichsminister der Finanzen im Einvernehmen mit dem Reichspostminister, für die an Soldaten überlassenen Kasernenwohnungen[29]) im Einvernehmen mit dem Reichswehrminister. Wegen der kasernenmäßigen Unterkunft der ledigen Unteroffiziere und Mannschaften und Polizeibeamten beim Reichswasserschutz vgl. § 9 Abs. 3.

Nr. 60. Die Vorschriften über Benutzung und Unterhaltung der Dienstwohnungen sowie über die Bestreitung der für Wasser-, Gas- und Elektrizitätsbezug, für Zentralheizung usw. zu entrichtenden Abgaben werden vom Reichsminister der Finanzen im Einvernehmen mit dem Reichspostminister erlassen (Dienstwohnungsvorschriften).

Zu § 13.

Nr. 61. (1) Dienstlicher Wohnsitz im Sinne der §§ 9, 13 ist in der Regel der Amtssitz, d. h. der Sitz der Behörde oder Dienststelle, bei der der Beamte angestellt ist.

(2) Statt dessen kann in Ausnahmefällen die oberste Reichsbehörde im Einvernehmen mit dem Reichsminister der Finanzen einzelnen Beamten oder Beamtengattungen den Ort, welcher den Mittelpunkt ihrer dienstlichen Obliegenheiten bildet, als dienstlichen Wohnsitz im Sinne der §§ 9, 13 anweisen.

(3) Ebenso kann ausnahmsweise die oberste Reichsbehörde bis auf weiteres einem einzelnen Beamten auf Antrag den tatsächlichen Wohnort als dienstlichen Wohnsitz anweisen, sofern er ihn auf Anordnung seiner vorgesetzten Dienststelle innehat.

(4) Den im Ausland an der deutschen Grenze beschäftigten Beamten kann die oberste Reichsbehörde einen im Deutschen Reich in der Nähe des Beschäftigungsorts gelegenen Ort als dienstlichen Wohnsitz anweisen. Eine solche Anweisung eines dienstlichen Wohnsitzes gilt als Versetzung im Sinne des § 13.

Nr. 62. (1) Bei Soldaten der Wehrmacht gilt als dienstlicher Wohnsitz der Standort (Garnisonort).

(2) Nr. 61 Abs. 3 gilt auch für die Soldaten der Wehrmacht.

---

[28]) Vgl. Mietwohnungsvorschriften v. 30. 1. 1937 (RHuBB. S. 25).
[29]) Vgl. Kasernenwohnungsvorschriften v. 13. 3. 1937 (RHuBB. S. 114).

Nr. 63. Eine Dienstleistung, die eine Verlegung des dienstlichen Wohnsitzes zur Folge hat, liegt dann vor, wenn von der vorgesetzten Behörde wegen der voraussichtlich längeren Dauer der Dienstleistung der Umzug des Beamten angeordnet wird.

Nr. 64. (1) Wenn versetzte Beamte und Beamte, deren Umzug gemäß Nr. 63 angeordnet ist, ihren Hausstand am Versetzungsort oder Ort der Dienstleistung wegen Wohnungsmangels nicht einrichten können und auch von der vorgesetzten Behörde anerkannt wird, daß tatsächlich die Erlangung einer ihren Verhältnissen entsprechenden Wohnung unmöglich ist, gilt bis zum Letzten des Monats, in dem die Fortführung des Hausstandes am bisherigen Wohnort aufhört, dieser als dienstlicher Wohnsitz im Sinne der §§ 9, 13.

(2) Zieht ein Beamter mit eigenem Hausstand, der versetzt ist, vor dem festgesetzten Dienstantrittstage mit Genehmigung seiner vorgesetzten Behörde nach dem Versetzungsort um, so wird der Wohnungsgeldzuschuß vom Ersten des auf die Verlegung des Hausstandes folgenden Monats ab nach dem Satze des Versetzungsortes gezahlt.

(3) Erfolgt der Umzug in den Fällen des Abs. 1 und 2 am ersten Werktag eines Monats, so tritt der Wechsel im Wohnungsgeldzuschuß schon mit diesem Monat ein.

3. Kinderzuschläge.

Zu § 14 Abs. 1.

Nr. 65. (1) Die Kinderzuschläge werden vom Ersten des Monats an gezahlt, in den das für die Gewährung maßgebende Ereignis fällt[30]).

(2) Kommt der Beamte seiner Unterhaltspflicht für ein eheliches, für ehelich erklärtes oder an Kindes Statt angenommenes Kind nicht oder nur teilweise nach, so wird der Kinderzuschlag nicht oder nur bis zur Höhe seiner Aufwendungen gewährt. Das gleiche gilt sinngemäß für Stiefkinder.

(3) Für ein verheiratetes Kind wird kein Kinderzuschlag gewährt, es sei denn, daß der Ehegatte es nicht unterhalten kann.

(4) Beamten kann der Kinderzuschlag entzogen werden, solange das Kind im Ausland lebt und seine deutsche Erziehung nicht gewährleistet ist.

(5) Ein am ersten Tage eines Monats geborenes Kind vollendet ein Lebensjahr nach § 178 Abs. 2 des Bürgerlichen Gesetzbuchs mit Ablauf des letzten Tages des vorhergehenden Monats.

(6) Ist für ein eheliches, für ehelich erklärtes oder an Kindes Statt angenommenes Kind oder für ein Stiefkind ein Vormund oder Pfleger bestellt, so kann die vorgesetzte Behörde auf Antrag des Vormundschaftsgerichts bestimmen, daß der Kinderzuschlag nicht an den Beamten, sondern

[30]) Erl. des RMdF. v. 28. 1. 1927 (RBB. S. 11) betr. nachträgliche Zahlung von Kinderzuschlägen.

an den Vormund oder Pfleger oder an das Vormundschaftsgericht zu zahlen ist.

Nr. 66. Bei Berechnung der den Hinterbliebenen von Beamten, Soldaten, Wartegeldempfängern und Ruhegehaltsempfängern für das auf den Sterbemonat folgende Vierteljahr zustehenden Gnadenbezüge sind alle für den Sterbemonat zustehenden Kinderzuschläge mit zu berücksichtigen. Außerdem werden Kinderzuschläge für solche Kinder gezahlt, für die die Voraussetzungen zum Bezuge erst während des Vierteljahrs eintreten oder wieder eintreten.

Zu § 14 Abs. 2.

Nr. 67. (1) Unter an Kindes Statt angenommenen Kindern sind nur solche zu verstehen, die nach § 1741 des Bürgerlichen Gesetzbuchs angenommen sind.

(2) Stiefkinder sind die ehelichen, für ehelich erklärten oder an Kindes Statt angenommenen Kinder des anderen Ehegatten, die nicht zugleich eigene Kinder sind, sowie die unehelichen Kinder der Ehefrau, nicht aber die unehelichen Kinder des Ehemannes.

(3) Auch für uneheliche Kinder wird der Kinderzuschlag, wenn die sonstigen Voraussetzungen gegeben sind, bis zum vollendeten einundzwanzigsten Lebensjahr, nicht nur für die Dauer der gesetzlichen Unterhaltspflicht des Vaters gewährt. Wenn jedoch das uneheliche Kind die deutsche Staatsangehörigkeit nicht besitzt, so wird der Kinderzuschlag nur solange gewährt, als der Beamte zur Zahlung einer Unterhaltsrente verpflichtet ist.

(4) Die Vaterschaft des Beamten für ein uneheliches Kind kann nur durch Urteil oder durch Anerkennung in einer öffentlichen Urkunde festgestellt werden.

(5)[31]) Die Gewährung des vollen Unterhalts für ein uneheliches Kind ist nur anzunehmen, wenn der Beamte für den Unterhalt des Kindes mindestens einen Betrag in Höhe der Unterhaltsrente aufwendet, zu deren Entrichtung er rechtlich verpflichtet ist. Wenn die festgesetzte Unterhaltsrente niedriger ist als der Kinderzuschlag, so wird dieser nur in Höhe der Unterhaltsrente gewährt. Hat der Beamte das Kind durch eine einmalige Zuwendung oder in ähnlicher Weise abgefunden, so erhält er den Kinderzuschlag, wenn der der Berechnung der Abfindungssumme zugrundeliegende Monatsbetrag mindestens den Betrag der Unterhaltsrente erreicht oder wenn der Unterschiedsbetrag hinzugezahlt wird.

(6) Ein weiblicher Beamter als Mutter eines unehelichen Kindes erhält keinen Kinderzuschlag, solange der uneheliche Vater das Kind unterhält.

---

[31]) Neue Fassung laut BC. v. 19. 3. 1935 (RBB. S. 21).

(7) Die vorgesetzte Dienstbehörde kann bestimmen, daß der Kinderzuschlag für ein uneheliches Kind nicht an den Beamten, sondern an den Vormund des Kindes oder an das Vormundschaftsgericht auszuzahlen ist.

(8) Die Aufnahme in den Hausstand des Beamten (bei Stiefkindern und unehelichen Kindern) ist auch in den Fällen anzunehmen, in denen er das Kind auf seine Kosten zum Zwecke der Erziehung oder Ausbildung in einer Erziehungs- oder Lehranstalt oder bei Verwandten oder bei einer anderen Familie unterbringt, ohne daß der Familienzusammenhang mit dem Hausstand des Beamten dauernd aufgehoben sein soll.

Zu § 14 Abs. 3.

Nr. 68. (1) Als Schulausbildung gilt auch die weitere Ausbildung an Lehrerbildungsanstalten, höheren Lehranstalten (z. B. Realschulen, Gymnasien, Lyzeen), Hochschulen, Fachschulen (z. B. Handelsschulen, Haushaltsschulen, Bauschulen) und ähnlichen Anstalten, wenn die Ausbildung nach einem staatlich genehmigten Lehrplan erfolgt und der Unterricht von staatlich zugelassenen Lehrern erteilt wird. Es ist nicht erforderlich, daß der Schulbesuch die Ausbildung für einen künftig gegen Entgelt auszuübenden Lebensberuf bezweckt, wohl aber, daß er die Zeit und Arbeitskraft des Kindes ausschließlich oder ganz überwiegend in Anspruch nimmt. Der Besuch von Handarbeits-, Musik- oder Fortbildungsschulen gilt hiernach in der Regel nicht als Schulausbildung; soweit der Besuch von Schulen die Gewährung eines Kinderzuschlags hiernach nicht begründet, kann unter Umständen die Gewährung eines solchen nach Abs. 2 in Frage kommen.

(2) Eine Berufsausbildung liegt nur dann vor, wenn die Ausbildung für einen später gegen Entgelt auszuübenden Lebensberuf erfolgt und die Arbeitskraft des Kindes ausschließlich oder ganz überwiegend in Anspruch nimmt. Als Berufsausbildung gilt z. B. die Beschäftigung als Lehrling oder Volontär, als Anwärter für den Reichs-, Staats- oder sonstigen öffentlichen Dienst (z. B. auch als Supernumerar, Referendar), die Ausbildung als Kindergärtnerin, Haushaltspflegerin oder Krankenpflegerin. Eine Ausbildung, die nach Art und Umfang lediglich zur weiteren Vervollkommnung dienen kann, ohne daß sie die Grundlage einer späteren entgeltlichen Berufsausübung bilden soll — z. B. der Besuch von Koch-, Plätt-, Näh-, Stick- oder Zuschneidekursen sowie die Teilnahme an gelegentlichen Musik- und Malstunden — ist nicht als Berufsausbildung anzusehen. Das gleiche gilt für eine Ausbildung im Hause, im Geschäfts- oder im Gewerbebetrieb sowie in der Landwirtschaft der Eltern[32]). Nicht förmliche Ausbildungen (z. B. die Tätigkeit als Laufbursche, Dienstmädchen sowie die Ausbildung für die Tätigkeit als Hausfrau) gelten ebenfalls nicht als Berufsausbildung.

---

[32]) Vgl. aber auch Erl. des RMdF. v. 6. 8. 1932 (RBB. S. 105).

(3) Regelmäßige Ferien, regelmäßiger Erholungsurlaub, die üblichen Übergangszeiten zwischen Schul- und Berufsausbildung, vorübergehende Erkrankung unterbrechen die Schul- oder Berufsausbildung nicht.

Nr. 69. (1)[33]) Eigenes Einkommen des Kindes ist nicht nur das Einkommen, mit dem das Kind selbständig veranlagt wird, sondern auch das Einkommen, das bei der Veranlagung mit dem eines anderen Steuerpflichtigen zusammengerechnet wird. Zum eigenen Einkommen des Kindes zählen auch Sachbezüge jeder Art; bezieht ein Kind ein Einkommen, das teilweise oder ganz aus Sachbezügen besteht, so sind für die Ermittlung des Gesamteinkommens die Sachbezüge mit den Ortspreisen zu veranschlagen, wie sie von den Finanzämtern im Vollzuge des Einkommensteuergesetzes festgesetzt sind[34]).

(2) Wird für ein Kind, für das ein Kinderzuschlag zu zahlen ist, auf Grund eines Hinterbliebenengesetzes ein Waisengeld oder auf Grund eines sonstigen Versorgungsgesetzes eine Waisenrente — gleichgültig an wen — aus Mitteln des Reichs, eines Landes oder einer sonstigen Körperschaft des öffentlichen Rechts oder wird auf Grund der §§ 30, 87 des Reichsversorgungsgesetzes eine Kinderzulage gewährt, so werden diese Bezüge dem sonstigen eigenen Einkommen des Kindes nicht hinzugerechnet.

Nr. 70. (1) Vollendet ein Kind, für das ein Kinderzuschlag bezogen wird, das sechzehnte Lebensjahr, so ist die Zahlung des Kinderzuschlags einzustellen, wenn nicht der zum Bezug berechtigte Beamte schriftlich der zur Anweisung zuständigen Behörde die für den Weiterbezug eines Kinderzuschlags maßgebenden Verhältnisse darlegt und diese Angaben auf Verlangen glaubhaft macht.

(2) Bis zum 15. März jedes Jahres hat der Beamte eine Erklärung abzugeben, daß die für den Bezug des Kinderzuschlags maßgebenden Verhältnisse im abgelaufenen Rechnungsjahr unverändert fortbestanden haben und weiterhin fortbestehen.

(3) Jede Tatsache, die die Einstellung der Zahlung des Kinderzuschlags zur Folge hat, hat der Beamte unverzüglich anzuzeigen. Auf diese Vorschriften ist der Beamte bei der erstmaligen Anweisung eines Kinderzuschlags ausdrücklich hinzuweisen.

(4) Abs. 2 und 3 gilt auch für Kinder, die das sechzehnte Lebensjahr noch nicht vollendet haben.

---

[33]) Abs. 1 geändert durch VO. v. 19. 3. 1935 (RBB. S. 21).

[34]) Wie in dem Erlaß des Reichsministers der Finanzen v. 6. 4. 1935 (RBB. S. 35) ausgeführt ist, ist beabsichtigt, Nr. 69 Abs. 1 Satz 3 (jetzt Satz 2) mit Wirkung v. 1. 1. 1935 wie folgt zu fassen: „Zum eigenen Einkommen zählen auch Sachbezüge jeder Art. Bezieht ein Kind ein Einkommen, das teilweise oder ganz aus Sachbezügen besteht, so sind für die Ermittlung des Gesamteinkommens die Sachbezüge mit den ortsüblichen Preisen zu veranschlagen. Der Wert einer vollen freien Station (einschl. Wohnung, Heizung und Beleuchtung) im Rahmen eines Lehrvertrages oder eines ähnlichen Vertrages wird besoldungsrechtlich allgemein auf RM 25.— monatlich festgesetzt." Der Reichsminister der Finanzen erklärt sich damit einverstanden, daß bereits jetzt hiernach verfahren wird.

Zu § 14 Abs. 4.

Nr. 71. (1) Das Bestehen einer dauernden Erwerbsunfähigkeit ist, wenn sie nicht offenkundig ist, durch ein amtsärztliches Zeugnis nachzuweisen. Das Zeugnis ist spätestens alle drei Jahre neu einzufordern.

(2) Besteht der Zustand der dauernden Erwerbsunfähigkeit im Zeitpunkt der Vollendung des einundzwanzigsten Lebensjahrs, so wird der Kinderzuschlag weitergewährt, solange dieser Zustand fortbesteht. Besteht die Erwerbsunfähigkeit nicht mehr, so erlischt der Anspruch auf den Kinderzuschlag endgültig; er lebt nicht wieder auf, wenn sie später wieder eintritt.

(3) Wären für ein Kind, das am 1. Oktober 1927, nicht aber bereits am 1. April 1920, das einundzwanzigste Lebensjahr überschritten hatte, alle Voraussetzungen für den ununterbrochenen Bezug des Kinderzuschlags seit dem Zeitpunkt der Vollendung des einundzwanzigsten Lebensjahrs gegeben gewesen, wenn § 14 Abs. 4 bereits gegolten hätte, so ist der Kinderzuschlag mit Wirkung vom 1. Oktober 1927 ab anzuweisen. Abs. 2 Satz 2 findet Anwendung.

(4) Nr. 69 findet Anwendung.

Zu § 14 Abs. 5.

Nr. 72. (1) Voraussetzung für die Gewährung des Kinderzuschlags für Pflegekinder und Enkel ist, daß nicht eine andere Person vorhanden ist, die zum Unterhalte des Kindes gesetzlich verpflichtet und hierzu imstande ist.

(2) Nr. 67 Abs. 8 findet Anwendung.

Zu § 14 Abs. 6.

Nr. 73. (1) Wäre für ein Kind ein Kinderzuschlag einerseits nach § 14, anderseits nach § 31 zu zahlen, so wird nur der Kinderzuschlag nach § 31 gezahlt. Der Kinderzuschlag nach § 31 wird auch dann gezahlt, wenn für das Kind auf Grund einer dem § 14 entsprechenden Vorschrift eines Landes, einer Gemeinde oder einer sonstigen Körperschaft des öffentlichen Rechts ein Kinderzuschlag zu zahlen wäre. Ein Kinderzuschlag nach § 14 wird nicht gezahlt, wenn für das Kind ein Kinderzuschlag aus Mitteln eines Landes, einer Gemeinde oder einer sonstigen Körperschaft des öffentlichen Rechts auf Grund einer dem § 31 entsprechenden Vorschrift zu zahlen ist.

(2)[35]) Die Vorschrift des § 74 des Reichsgesetzes zur Änderung von Vorschriften auf dem Gebiete des allgemeinen Beamten-, des Besoldungs- und des Versorgungsrechts vom 30. Juni 1933 (RGBl. I S. 433) bleibt unberührt.

---

[35]) Eingefügt durch BO. v. 19. 3. 1935 (RBB. S. 21). An die Stelle des § 74 des Ges. v. 30. 6. 1933 ist jetzt § 140 DBG. getreten.

Zu § 14 Abs. 7.

Nr. 74. Die Kinderzuschläge fallen jedenfalls mit dem Zeitpunkt fort, mit dem das Recht zum Bezuge des Grundgehalts aufhört; vgl. jedoch § 31.

Zu § 14 Abs. 8.

Nr. 75. Als gemeinsame Kinder gelten auch Stiefkinder des weiblichen Beamten, zu deren Unterhalt der Ehemann gesetzlich verpflichtet ist.

II. Außerplanmäßige Beamte.

Zu §§ 16 und 17 im allgemeinen.

Nr. 76. (1) Das Diätendienstalter (DDA.) entspricht dem BDA. der planmäßigen Beamten. Es beginnt mit dem Tage der Einstellung als außerplanmäßiger Beamter, soweit nicht im BesG. oder in diesen BV. etwas anderes bestimmt oder zugelassen ist. Von diesem Zeitpunkt ab sind die Zeitabschnitte für das Verbleiben in den Dienstaltersstufen zu rechnen.

(2) Unter Diätendienstjahren sind die Jahre vom Beginne des DDA. an zu verstehen.

Nr. 77. Die außerplanmäßige Dienstzeit beginnt mit dem Tage, von dem ab der bisherige Anwärter nach erlangter Befähigung zur Verwaltung eines Amtes in ein festes Verhältnis zur Verwaltung tritt und Diäten erhält.

Nr. 78. (1) Die außerplanmäßigen Beamten haben auf die Dienstalterszulagen keinen Rechtsanspruch.

(2) Eine Dienstalterszulage kann versagt werden, wenn gegen das dienstliche oder außerdienstliche Verhalten des Beamten eine erhebliche Ausstellung vorliegt. Vor der Verfügung ist dem Beamten und der örtlichen Beamtenvertretung[*]) Gelegenheit zu geben, sich zu den Gründen der beabsichtigten Maßregel zu äußern. Wird die Dienstalterszulage versagt, so sind dem Beamten die Gründe hierfür schriftlich zu eröffnen.

(3) Gegen die Versagung steht dem Beamten die Beschwerde an die oberste Reichsbehörde zu, wenn sie nicht von dieser verfügt ist. Wird der Beschwerde stattgegeben, so ist die Dienstalterszulage rückwirkend zu gewähren.

(4) Sind die Ausstellungen, auf Grund deren eine Dienstalterszulage versagt worden ist, wieder behoben, so ist die Dienstalterszulage wieder zu bewilligen, und zwar vom Ersten des Monats ab, in dem die Wiederbewilligung erfolgt. Aus besonderen Gründen kann die versagte Dienstalterszulage von einem früheren Zeitpunkt an nachgewährt werden.

---

[*]) Die Beamtenvertretungen sind im Dritten Reich aufgehoben worden (s. RdErl. des MdJ. v. 20. 5. 1933 — MBliV. S. 601 —).

(5) Die Versagung einer Dienstalterszulage wirkt ohne weiteres nur für ein Jahr. Nach dessen Ablauf erhält der Beamte wieder den seinem vollen DDA. entsprechenden Diätensatz, wenn nicht neuerdings die Versagung verfügt wird.

(6) Die Versagung einer Dienstalterszulage wird mit der Zustellung einer schriftlichen Verfügung wirksam. Eine Dienstalterszulage kann nach ihrer Fälligkeit nicht mehr versagt werden.

Nr. 79. Das DDA. und die außerplanmäßige Dienstzeit werden in allen in § 17 und Nr. 81 bis 88 nicht geregelten Fällen von der obersten Reichsbehörde im Einvernehmen mit dem Reichsminister der Finanzen festgesetzt.

Zu § 16.

Nr. 80. Außerplanmäßige Beamte, deren erste planmäßige Anstellung voraussichtlich in einer Besoldungsgruppe erfolgen wird, die bei einer regelmäßig verlaufenden Dienstlaufbahn erst im Wege der Beförderung erreicht wird, erhalten die Diätensätze der Gruppe, in der die erste planmäßige Anstellung regelmäßig stattfindet.

Zu § 17 Abs. 1.

Nr. 81. (1) Die Vorschriften über das BDA. der planmäßigen Beamten in Nr. 7, 8, 10, 41, 42, 44 Abs. 1, 2 und 45 gelten sinngemäß für das DDA. und die außerplanmäßige Dienstzeit, die Vorschrift in Nr. 13 für das DDA. der außerplanmäßigen Beamten.

(2) Der außerplanmäßige Beamte ist von der Festsetzung des Beginns seines DDA. und seiner außerplanmäßigen Dienstzeit schriftlich zu benachrichtigen.

Nr. 82. (1) Ob und wieweit zum Ausgleich von Härten die außerplanmäßige Dienstzeit in einer anderen Dienstlaufbahn des Reichsdienstes, eine außerhalb des Reichsbeamtenverhältnisses zurückgelegte Dienstzeit oder die Zeit einer praktischen Beschäftigung auf das DDA. oder als außerplanmäßige Dienstzeit oder nach beiden Richtungen angerechnet werden kann, bestimmt die oberste Reichsbehörde im Einvernehmen mit dem Reichsminister der Finanzen. Nr. 28 Abs. 4 gilt sinngemäß.

(2) Eine solche Anrechnung auf das DDA. und als außerplanmäßige Dienstzeit kann nicht erfolgen, soweit sich dadurch für den betreffenden Beamten ein günstigeres DDA. oder eine längere außerplanmäßige Dienstzeit ergeben würde, als sie im Durchschnitt diejenigen außerplanmäßigen Beamten, zu welchen er übertritt, bei gleichem Alter haben, wenn sie die seitherige außerplanmäßige Dienstzeit nur in derselben Dienstlaufbahn zurückgelegt haben. Was hierbei unter einem gleichen Alter zu verstehen ist, bestimmt sich nach Nr. 28 Abs. 5 Satz 2.

Nr. 82a [37]). (1) Die zur Erfüllung der gesetzlichen Wehr- und Reichsarbeitsdienstpflicht nach Beginn der außerplanmäßigen Dienstzeit verbrachte Zeit wird den Zivilanwärtern auf das Diätendienstalter und als außerplanmäßige Dienstzeit angerechnet.

(2) Das gleiche gilt, soweit durch solche vor dem Beginn der außerplanmäßigen Dienstzeit verbrachte Zeiten der Eintritt in das außerplanmäßige Beamtenverhältnis nachweislich verzögert worden ist.

(3) Die Bestimmungen in Abs. 1 und 2 sind auch auf die vor Einführung der gesetzlichen Wehr- und Arbeitsdienstpflicht freiwillig abgeleisteten Dienstzeiten anzuwenden. Die Anrechnung darf jedoch ein Jahr nicht überschreiten.

Nr. 83 [38]). (1) Das DDA. (Nr. 76) der Beamten, welche bestimmungsgemäß ein Hochschulstudium von mindestens drei Jahren zu vollenden haben, beginnt,

a) wenn ein Hochschulstudium von drei Jahren vorgeschrieben ist, mit dem 1. Januar des auf die Ablegung der das Hochschulstudium abschließenden Prüfung folgenden Jahres,

b) wenn ein Hochschulstudium von vier oder viereinhalb Jahren vorgeschrieben ist, mit dem 1. Januar des Jahres, in dem die das Hochschulstudium abschließende Prüfung abgelegt worden ist,

c) wenn ein Hochschulstudium von mindestens fünf Jahren vorgeschrieben ist, mit dem 1. Januar des Jahres, welches dem Jahre vorhergeht, in dem die das Hochschulstudium abschließende Prüfung abgelegt worden ist,

d) ist ein Hochschulstudium von sieben Halbjahren vorgeschrieben, so ist nach Abschnitt a zu verfahren, wenn das letzte vorgeschriebene Studienhalbjahr ein Sommerhalbjahr, nach Abschnitt b, wenn es ein Winterhalbjahr ist.

(2) Wird die das Hochschulstudium abschließende Prüfung aus einem nicht in der Person des Betreffenden liegenden Grunde erst in einem auf das Ende des vorgeschriebenen Hochschulstudiums folgenden Kalenderjahr abgelegt, so kann die oberste Reichsbehörde den Beginn des DDA. so festsetzen, wie wenn die Prüfung in dem Kalenderjahr abgelegt worden wäre, in das das Ende des vorgeschriebenen Hochschulstudiums fällt.

---

[37]) Eingefügt durch VO. v. 29. 5. 1936 (RBB. S. 47).

[38]) Bei Festsetzung des Diätendienstalters der mit Wirkung von einem späteren Tage als dem 31. 10. 1931 einzustellenden außerplanmäßigen Beamten, welche bestimmungsgemäß ein Hochschulstudium zu vollenden haben, ist Nr. 83 nicht anzuwenden. Die Vorschrift ist aber anzuwenden bei Festsetzung des Besoldungsdienstalters dieser Beamten bei der planmäßigen Anstellung. Das Diätendienstalter der am 31. 10. 1931 im Dienste befindlichen außerplanmäßigen Beamten wird, sofern es nach Nr. 83 festgesetzt ist, um 2 Jahre verkürzt mit der Folge, daß die Beamten den entsprechend niedrigeren Diätensatz erhalten. Diese Verkürzung ist bei der Festsetzung des Besoldungsdienstalters aus Anlaß der ersten planmäßigen Anstellung nicht zu berücksichtigen (§ 2 Kap. IV Teil 3 der VO. v. 6. 10. 1931 — RGBl. I S. 537, 546 — und Nr. 4 u. 5 der Durchführungsbestimmungen v. 14. 14. 10. 1931 — RBB. S. 133 —).

(3)[39]) Ist der Beginn oder das Ende des vorgeschriebenen Hochschulstudiums oder die Ablegung der das Hochschulstudium abschließenden Prüfung infolge eines Kriegsdienstes oder durch die Erfüllung der gesetzlichen Wehr- und Arbeitsdienstpflicht verzögert worden, so setzt die oberste Reichsbehörde den Beginn des Diätendienstalters so fest, wie wenn die Verzögerung nicht eingetreten wäre. Die vor dem Kriege in Erfüllung der gesetzlichen Dienstpflicht zurückgelegte Heeres- oder Marinedienstzeit darf hierbei nur bis zur Dauer eines Jahres berücksichtigt werden.

(4) Ist in den Fällen des Abs. 1 zwischen der Erlangung der Hochschulreife und dem Ende des vorgeschriebenen Hochschulstudiums bestimmungsgemäß eine Vorbereitungszeit (praktische Ausbildung, praktische Tätigkeit) von mindestens einem Jahre abzuleisten, so wird das nach Abs. 1 bis 3 festgesetzte DDA. um ein Jahr vorgerückt.

(5) Hat der Beamte die etwa vorgeschriebene zweite (letzte) Staatsprüfung durch eigenes Verschulden in einem späteren Kalenderjahr abgelegt, als möglich gewesen wäre, so wird der nach Abs. 1 bis 4 festgesetzte Beginn des DDA. um so viele Kalenderjahre hinausgeschoben, als die Prüfung verspätet abgelegt worden ist. Eine Verzögerung von weniger als sechs Monaten — allein oder neben vollen Jahren — bleibt jedoch außer Betracht.

(6) Die in Abs. 1 genannten Personen können erst dann die Diätensätze der BesGr. A 2 erhalten, wenn sie als Beamte im Reichsdienst voll beschäftigt sind, die etwa vorgeschriebene zweite (letzte) Staatsprüfung mit Erfolg abgelegt und den — vor oder nach der zweiten (letzten) Staatsprüfung — vorgeschriebenen Vorbereitungsdienst zurückgelegt haben.

(7) Die außerplanmäßige Dienstzeit (Nr. 77) der hochschulmäßig vorgebildeten Beamten beginnt mit demselben Tage, von dem an nach Abs. 6 Diäten gezahlt werden.

(8) Zeitabschnitte, die nicht im Reichs- oder Landesbeamtenverhältnisse zurückgelegt sind, müssen bei der Festsetzung des DDA. und der außerplanmäßigen Dienstzeit abgerechnet werden, soweit nicht aus besonderen Gründen eine Anrechnung nach Nr. 82 erfolgt.

(9) Vorstehende Bestimmungen gelten auch für die aus dem Landesdienst in den Reichsdienst übertretenden hochschulmäßig vorgebildeten Beamten.

Zu § 17 Abs. 2.

Nr. 84. (1) Bei außerplanmäßigen Beamten, deren erste planmäßige Anstellung voraussichtlich in einer Besoldungsgruppe erfolgen wird, die bei einer regelmäßig verlaufenden Dienstlaufbahn erst im Wege der Beförderung erreicht wird, gilt als Eingangsgruppe die Besoldungsgruppe, in der die erste planmäßige Anstellung regelmäßig stattfindet.

---

[39]) Neue Fassung laut BO. v. 29. 5. 1936 (RBB. S. 47).

(2) Die zur Zeit des Inkrafttretens des BesG. im Dienste befindlichen außerplanmäßigen Beamten rücken weiter im Grundgehalt auf in gleicher Weise, wie wenn sie als planmäßige Beamte angestellt worden wären. Dabei ist Abs. 2 Satz 2 der Anmerkung zur Diätenordnung für die außerplanmäßigen Beamten (Anlage 5 zum BesG.) zu beachten.

(3) Verzögert sich die planmäßige Anstellung eines außerplanmäßigen Beamten auf eigenen Wunsch des Beamten oder wegen unzureichender Befähigung oder aus einem sonstigen in der Person des Beamten liegenden Grunde — ausgenommen Krankheit —, so erhält er weitere Dienstalterszulagen nur im Rahmen des § 17 Abs. 2 Satz 1; eine bereits erworbene höhere Dienstalterszulage verbleibt ihm.

Zu § 17 Abs. 3.

Nr. 84a [40]). Den Versorgungsanwärtern ist die Zeit des bestimmungsmäßigen Vorbereitungsdienstes, soweit sie ein Jahr übersteigt, auf das DDA. und als außerplanmäßige Dienstzeit anzurechnen.

Nr. 85. Die nähere Bestimmung darüber, unter welchen Voraussetzungen die Prüfung als verspätet abgelegt anzusehen ist oder aus anderen Gründen die Zeit des Vorbereitungsdienstes zu verlängern ist, trifft die oberste Reichsbehörde.

Nr. 86. (1) Bei den Beamten der BesGr. A 4a und A 4c bis A 12, für die ausnahmsweise in den Annahmebedingungen oder Laufbahnvorschriften kein Vorbereitungsdienst vorgeschrieben ist, ist von dem nach § 17 Abs. 1, 4, 5 und Nr. 82, 87, 88 berechneten DDA. und der außerplanmäßigen Dienstzeit stets ein Jahr — bei Versorgungsanwärtern (auch Inhabern des Beamtenscheins) der BesGr. A 4a und A 4c [41]) ein Jahr, bei Versorgungsanwärtern (auch Inhabern des Beamtenscheins und Inhabern des Anstellungsscheins) der BesGr. A 5 bis A 12 ein halbes Jahr — als Vorbereitungszeit abzuziehen.

(2) Die abzuziehende Vorbereitungszeit vermindert sich um die Zeit, die nur deshalb nicht auf das DDA. und als außerplanmäßige Dienstzeit angerechnet werden darf, weil sie vor dem vollendeten zwanzigsten Lebensjahr zurückgelegt ist (vgl. Nr. 88).

Zu § 17 Abs. 4.

Nr. 87 [42]). (1) Eine Beschäftigung gegen Entlohnung liegt nicht vor, wenn die Bezahlung so geringfügig ist, daß sie außer allem Verhältnis zu der sonst für Arbeiten derselben Art üblichen Entlohnung steht (Taschengeld), oder wenn lediglich Aufwandsgebühren (z. B. Ersatz von Fahrtauslagen, Ersatz von Aufwand für Schreibbedürfnisse) gezahlt werden.

---

[40]) Eingefügt durch BC. v. 11. 3. 1930 (RBB. S. 35).
[41]) Jetzt A 4 c 2.
[42]) Abs. 5 und 7 geändert durch BO. v. 29. 5. 1936 (RBB. S. 47).

(2) Eine Beschäftigung mit Aussicht auf dauernde Verwendung ist nur dann anzunehmen, wenn der Anwärter bei der Aufnahme in das privatrechtliche Vertragsverhältnis in eine Bewerberliste eingetragen worden ist oder war, oder wenn eine dauernde Verwendung — wenn auch unter bestimmten Voraussetzungen oder Bedingungen — von der Verwaltung in Aussicht genommen war. Eine Beschäftigung mit Aussicht auf dauernde Verwendung ist nicht anzunehmen bei Lohnangestellten, die nur für bestimmte wiederkehrende Gelegenheiten angenommen sind (z. B. Sonntagsaushilfen, Stundenhelfer usw.).

(3) Daß der Beschäftigte ständig und hauptsächlich mit den Dienstverrichtungen eines Beamten betraut war, ist dann anzunehmen, wenn er voll beschäftigt worden ist, und zwar überwiegend mit Arbeiten, die sonst bei der betreffenden Dienstlaufbahn von planmäßigen oder außerplanmäßigen Beamten verrichtet werden oder zu der fraglichen Zeit von planmäßigen oder außerplanmäßigen Beamten verrichtet worden sind.

(4) Zu der Annahme, daß die Beschäftigung in unmittelbarem Anschluß bei der gleichen Dienstlaufbahn (Nr. 16 Abs. 1 und 2) zur Übernahme in das — planmäßige oder außerplanmäßige — Beamtenverhältnis geführt hat, ist es erforderlich, daß die Beschäftigung weder unmittelbar vor der Übernahme in das Beamtenverhältnis noch zu einer früheren Zeit eine erheblichere Unterbrechung erfahren hat. Die vor einer erheblicheren Unterbrechung liegende Beschäftigungszeit wird nicht auf das DDA. angerechnet.

(5) Als erheblichere Unterbrechung ist hierbei nicht anzusehen:

a) die Zeit eines Kriegsdienstes,
b) die Zeit vor und nach Ableistung eines Kriegsdienstes, eines Wehr- oder Arbeitsdienstes, wenn sie je einen Monat nicht übersteigt,
c) die Zeit einer Krankheit und einer angemessenen Erholungszeit nach einer Krankheit,
d) die Zeit eines mit Fortbezug der Entlohnung gewährten Urlaubs,
e) die Zeit eines Urlaubs ohne Entlohnung von nicht mehr als einem Monat,
f) die Zeit einer Dienstunterbrechung ohne Urlaub von nicht mehr als einem Monat aus irgendeinem anderen billigerweise zu berücksichtigenden Grunde,
g) die Zeit einer Dienstunterbrechung ohne Urlaub von mehr als einem Monat, wenn ein Beschäftigter, auf den Abs. 2 bereits vor seinem Ausscheiden zutraf, lediglich deshalb außer Beschäftigung gesetzt worden ist, weil keine Gelegenheit zu seiner dienstlichen Verwendung bestand; Voraussetzung ist dabei, daß seine Wiederverwendung bei seiner Entlassung aus der Beschäftigung beabsichtigt war, daß er der ersten Aufforderung zum Wiedereintritt

Folge geleistet hat, und daß die Wiedereinstellung innerhalb sechs Monaten nach dem Ausscheiden erfolgt ist,

h) die Zeit eines Wehr- oder Arbeitsdienstes.

(6) Die nach § 17 Abs. 4 auf das DDA. anzurechnende Zeit wird auch als außerplanmäßige Dienstzeit angerechnet.

(7) Von den Zeitabschnitten, die nach Abs. 5 nicht als erheblichere Unterbrechung anzusehen sind, werden angerechnet: Die Zeit unter a gegebenenfalls nach Nr. 37, die Zeit unter d, die Zeit unter h in entsprechender Anwendung der Nr. 82a Abs. 2 und 3 und die Zeit unter c, diese, soweit sie drei Monate nicht überschreitet, auf das DDA. und als außerplanmäßige Dienstzeit, die Zeit unter b, e, f oder g weder auf das DDA. noch als außerplanmäßige Dienstzeit.

Zu § 17 Abs. 5.

Nr. 88. Die vor dem vollendeten zwanzigsten Lebensjahre zurückgelegte Dienstzeit wird weder auf das DDA. noch als außerplanmäßige Dienstzeit angerechnet.

III. **Allgemeine Vorschriften.**

Zu § 20.

Nr. 89. (1) Die freie ärztliche Behandlung (§ 20 Abs. 3) schließt die unentgeltliche Lieferung der unentbehrlichen Arznei- und Verbandmittel ein. Das Nähere bestimmt der Reichswehrminister im Einvernehmen mit dem Reichsminister der Finanzen.

(2) Der Reichswehrminister kann im Einvernehmen mit dem Reichsminister der Finanzen ergänzende Bestimmungen zu § 20 Abs. 1 bis 5 erlassen.

(3) Der Wert der den ledigen Unteroffizieren und Mannschaften der Wehrmacht sowie den Polizeibeamten beim Reichswasserschutz (BesGr. *R*WS 5 bis *R*WS 8) nach § 9 Abs. 3 gewährten freien kasernenmäßigen Unterkunft wird zwecks Erfassung bei der Einkommensteuer mit folgenden Monatsbeträgen festgesetzt:

a) 6 *RM* für die Soldaten der BesGr. C 22 bis C 19 und die Stabsgefreiten sowie die Polizeibeamten der BesGr. *R*WS 8 und *R*WS 7,

b) 9 *RM* für die Soldaten der BesGr. C 18 (ausschließlich der Stabsgefreiten) und C 17,

c) 12 *RM* für die Soldaten der BesGr. C 16 und aufwärts sowie die Polizeibeamten der BesGr. *R*WS 6 und *R*WS 5.

Zu § 21.

Nr. 90. (1) Die Dienstbezüge werden am letzten Werktag gezahlt, der dem Zeitabschnitt vorhergeht, für den die Zahlung bestimmt ist.

(2) Die oberste Reichsbehörde kann im Einvernehmen mit dem Reichsminister der Finanzen für einzelne Kassen, die wegen der besonders großen Anzahl der von ihnen zu versorgenden Zahlungsempfänger die Auszahlungen nicht an einem Tage erledigen können, anordnen, daß die Dienstbezüge an den letzten beiden Werktagen gezahlt werden.

(3) Abs. 2 gilt nicht bei Überweisung der Dienstbezüge auf ein Konto.

(4) An Zahlungsempfänger, die am Zahlungstage beurlaubt sind und sich außerhalb ihres dienstlichen Wohnsitzes aufhalten, darf am Tage vor dem Beginn des Urlaubs, frühestens jedoch am fünften Werktag vor dem Zahlungstag (Abs. 1), gezahlt werden.

(5) Durch vorstehende Bestimmungen wird der Zeitpunkt der Fälligkeit der Dienstbezüge nicht berührt.

Nr. 91. Sind Dienstbezüge nur für einen Teil eines Monats zu zahlen, oder ändert sich im Laufe eines Monats die Zahlstelle oder die Höhe der Dienstbezüge, so ist für jeden Tag ein Dreißigstel der monatlichen Dienstbezüge zu zahlen. Für den 31. eines jeden Monats wird nichts gezahlt; in Schaltjahren werden für den 29. Februar zwei Dreißigstel, in den übrigen Jahren für den 28. Februar drei Dreißigstel der monatlichen Dienstbezüge gezahlt.

Nr. 92. (1) Die Anweisungen der Zahlstellen zur Auszahlung der Dienstbezüge der planmäßigen Beamten sind so abzufassen, daß eine Neuanweisung in der Regel nur beim Übertritt in eine andere Besoldungsgruppe und beim Wechsel der Zahlstelle erforderlich wird.

(2) Der Anweisung ist zur Ermöglichung der Nachprüfung des BDA. eine Aufzeichnung über die Dienstlaufbahn des Beamten beizufügen.

Nr. 93. (1) Wer zur Anweisung der Dienstbezüge der Beamten zuständig ist, bestimmt die oberste Reichsbehörde.

(2) Der Reichsminister der Finanzen kann zu Nr. 90 und 92 nähere Bestimmungen erlassen.

Nr. 94. Ergänzende Bestimmungen über die Gewährung der Besoldung an Soldaten der Wehrmacht unter besonderen Verhältnissen, z. B. bei Urlaub, Krankheit, unerlaubter Entfernung, Fahnenflucht, Untersuchung, Dienstenthebung, Freiheitsstrafen, Degradation, Herabsetzung um einen Dienstgrad, Ausscheiden usw., erläßt der Reichswehrminister im Einvernehmen mit dem Reichsminister der Finanzen.

Nr. 95[43]).

IV. Übergangsvorschriften.

Zu § 22.

Nr. 96. (1) Welcher Besoldungsgruppe die am 30. September 1927 im Amte gewesenen planmäßigen Beamten der Besoldungsordnungen A

[43]) Gestrichen durch VO. v. 19. 3. 1935 (RBB. S. 21),

(einschließlich der Anlage zur Besoldungsordnung A) und B zuzuteilen sind, ergibt die Anlage 6 zum BesG.

(2) Ist ein Beamter mit Wirkung von einem Tage zwischen dem 30. September und dem 19. Dezember 1927 auf eine andere Planstelle derselben alten Besoldungsgruppe versetzt worden, während im neuen BesG. die verlassene und die neue Planstelle verschiedenen Besoldungsgruppen zugeteilt sind, so ist der Beamte zunächst in die seiner alten Planstelle entsprechende neue Besoldungsgruppe und sodann aus dieser mit dem Zeitpunkt der tatsächlich erfolgten Versetzung in die seiner neuen Planstelle entsprechende neue Besoldungsgruppe überzuleiten.

(3) Ist ein Beamter mit Wirkung von einem Tage zwischen dem 30. September und dem 19. Dezember 1927 auf eine Planstelle befördert oder versetzt worden, die im alten BesG. einer anderen, im neuen BesG. aber derselben Besoldungsgruppe wie die verlassene Planstelle zugeteilt ist, so ist die Beförderung oder Versetzung für die Eingruppierung bedeutungslos.

(4) Welcher Besoldungsgruppe die am 30. September 1927 im Dienste gewesenen Soldaten der Wehrmacht zuzuteilen sind, ergibt die Übersicht 2.

(5) Die am 30. September 1927 im Dienste gewesenen außerplanmäßigen Beamten erhalten die Diätensätze nach der Besoldungsgruppe, in der sie beim regelmäßigen Verlauf ihrer Dienstlaufbahn zuerst planmäßig angestellt werden.

Nr. 97. (1) Die Vorschriften des neuen BesG. und dieser BV., die hinsichtlich der Berechnung des BDA. für die Beamten günstiger oder ungünstiger sind als die entsprechenden älteren Vorschriften, dürfen bei der Neufestsetzung des BDA. der vor dem 1. Oktober 1927 planmäßig angestellten Beamten nur angewendet werden, wenn und soweit dies im BesG. oder in den BV. ausdrücklich vorgesehen ist. Dasselbe gilt entsprechend für das DDA. und die außerplanmäßige Dienstzeit.

(2) Welches BDA. die am 30. September 1927 im Amte gewesenen planmäßigen Beamten der Besoldungsordnung A (ausschließlich der Anlage zur Besoldungsordnung A) erhalten, ist bei den einzelnen Besoldungsgruppen vermerkt. In Ergänzung dieser Überleitungsvermerke wird bestimmt:

a) Der Direktor des Reichspostmuseums erhält in der BesGr. A 2 b sein um 4 Jahre verkürztes BDA. unter Fortfall der Ministerialzulage.

b) Die Tierärzte bei den Remonteämtern, der Heeresmusikinspizient und der Lotsenkommandeur erhalten in der BesGr. A 2 c[44]) ihr bisheriges BDA., die Tierärzte bei den Remonteämtern jedoch im günstigsten Falle ein solches von 14 Jahren.

[44]) Jetzt A 2 c 2.

c) Der Untergalvanoplastiker (nun Galvanoplastiker) erhält in der BesGr. A 6 sein um 8 Jahre verkürztes BDA.

d) Die Landkartendrucker und Seekartendrucker erhalten in der BesGr. A 9 ihr um 4 Jahre verbessertes BDA.

e) Die Futtermeister erhalten in der BesGr. A 9, soweit sie bisher die Bezüge der alten Besoldungsgruppe A III erhalten haben, ihr bisheriges BDA., im günstigsten Falle jedoch ein solches von 14 Jahren, soweit sie bisher die Bezüge der alten Besoldungsgruppe A IV erhalten haben, ihr um 4 Jahre verbessertes BDA.

f) Die Kanzlisten (nun Kanzleiassistenten) der alten Besoldungsgruppe A III erhalten in der BesGr. A 9 ihr um 4 Jahre verkürztes BDA.

g) Die bisherigen Pförtner bei den obersten Reichsbehörden, die als Ministerialamtsgehilfen in die BesGr. A 10³) einzureihen sind, erhalten, sofern sie bisher die Bezüge der alten Besoldungsgruppe A II erhalten haben, ihr um 4 Jahre verkürztes BDA., im günstigsten Falle ein solches von 14 Jahren.

h) Die Maschinisten, Drucker und Bauaufseher, die auf Grund der Anm. 1 zur BesGr. A 10[45]) der BesGr. A 11 zuzuteilen sind, erhalten, soweit sie bisher die Bezüge der alten Besoldungsgruppe A III erhalten haben, ihr bisheriges BDA.

Nr. 98. Nach § 7 Abs. 5 wird das BDA. beim Übertritt aus der BesGr. A 8b in die BesGr. A 7 sowie beim Übertritt aus der BesGr. A 10 in die BesGr. A 8a höchstens um 4 Jahre verkürzt. Dieser Zeit von 4 Jahren sind übergangsweise soviel Monate hinzuzurechnen, als die Beförderung vor dem 1. Oktober 1931 erfolgt. Es darf also z. B. bei einem mit Wirkung vom 1. April 1928 aus der BesGr. A 10 in die BesGr. A 8a beförderten Beamten das BDA. um höchstens 7 Jahre 6 Monate verkürzt werden.

Nr. 99. (1) Das BDA. der am 30. September 1927 im Dienste gewesenen Soldaten der Wehrmacht und Polizeibeamten beim Reichswasserschutz in den Besoldungsgruppen mit aufsteigenden Gehältern, mit Ausnahme der Leutnante und Oberleutnante, Polizeileutnante und Polizeioberleutnante, wird nach Nr. 15 Abs. 1 festgesetzt. Die Leutnante und Polizeileutnante erhalten, soweit sie bisher die Bezüge der alten Besoldungsgruppe A V erhalten haben, ihr um 8 Jahre verkürztes BDA., soweit sie bisher die Bezüge der alten Besoldungsgruppe A VI erhalten haben, ihr um 6 Jahre verkürztes BDA. Die Oberleutnante und Polizeioberleutnante erhalten, soweit sie bisher die Bezüge der alten Besoldungsgruppe A VII erhalten haben, ihr um 2 Jahre verkürztes BDA., soweit sie bisher die Bezüge der alten Besoldungsgruppe A VIII erhalten haben, ihr um 2 Jahre verbessertes BDA.

---

[45]) Jetzt A 10 a.

(2)[46]) Das BDA. der am 30. September 1927 im Dienst gewesenen, aus dem Unteroffizierstande hervorgegangenen Leutnante und Oberleutnante wird, wenn es für sie günstiger ist, nach Nr. 15 Abs. 3 festgesetzt.

(3) Soweit sich bei der Festsetzung des BDA. für die infolge unverschuldeter Kriegsgefangenschaft verspätet beförderten Soldaten der BesGr. C 10 bis 14 und C 17 Härten ergeben würden, bestimmt der Reichswehrminister, welcher Tag als Tag der Beförderung anzunehmen und der Berechnung des BDA. zugrunde zu legen ist.

Nr. 100. Den am 30. September 1927 im Dienst befindlichen Kapitänleutnanten des Marine-Ingenieurwesens wird das nach § 5 Abs. 1 Satz 4 sich ergebende BDA. um die Zeit verbessert, die ihnen nach Ziffer 120 der Besoldungsvorschriften vom 16. Juni 1920 in der Fassung der Bekanntmachung vom 14. Juli 1924 (RBB. S. 221) auf das BDA. angerechnet worden ist, höchstens jedoch um zwei Jahre. Die gleiche Verbesserung ihres BDA. erhalten die am 30. September 1927 im Dienst befindlichen Oberleutnante des Marine-Ingenieurwesens bei ihrer Beförderung zum Kapitänleutnant.

Nr. 101. Das BDA. der am 30. September 1927 im Dienste befindlichen Unterwaffenmeister (BesGr. C 14) beginnt mit dem Tage ihrer Ernennung zum Unterwaffenmeister, im günstigsten Falle jedoch mit dem 1. Oktober 1923.

Nr. 102. (1) Die am 30. September 1927 im Dienste gewesenen außerplanmäßigen Beamten erhalten nach Abs. 2 Satz 1 der Anmerkung zur Diätenordnung für die außerplanmäßigen Beamten (Anlage 5 zum BesG.) ihr um 2 Jahre verbessertes DDA. Hiernach erhalten

a) Zivilanwärter
 im 1. Diätendienstjahr
  die Bezüge des 3. Diätendienstjahres,
 im 2. Diätendienstjahr
  die Bezüge des 4. Diätendienstjahres,
 im 3. Diätendienstjahr
  die Bezüge des 5. Diätendienstjahres,
 im 4., 5., 6. und 7. Diätendienstjahr
  das Anfangsgrundgehalt der Besoldungsgruppe, in der die erste planmäßige Anstellung erfolgt,
 im 8. und 9. Diätendienstjahr
  die Bezüge der zweiten Dienstaltersstufe dieser Besoldungsgruppe,
 usw.

b) Versorgungsanwärter
 im 1. Diätendienstjahr

[46]) Abs. 2 neu eingeführt durch BL. v. 11. 3. 1930 (RBB. S. 35).

die Bezüge des 3. Diätendienstjahres (die den Bezügen des 4. Diätendienstjahres der Zivilanwärter entsprechen),

im 2. Diätendienstjahr

die Bezüge des 4. Diätendienstjahres (die den Bezügen des 5. Diätendienstjahres der Zivilanwärter entsprechen),

im 3., 4., 5. und 6. Diätendienstjahr

das Anfangsgrundgehalt der Besoldungsgruppe, in der die erste planmäßige Anstellung erfolgt,

im 7. und 8. Diätendienstjahr

die Bezüge der zweiten Dienstaltersstufe dieser Besoldungsgruppe,

usw.

c) Weibliche Beamte der Deutschen Reichspost, die vor dem 1. Januar 1925 als außerplanmäßige Beamte eingestellt worden sind,

im 3. Diätendienstjahr

die Bezüge des 5. Diätendienstjahres (die den Bezügen des 2. Diätendienstjahres der übrigen Zivilanwärter entsprechen),

im 4. Diätendienstjahr

die Bezüge des 6. Diätendienstjahres (die den Bezügen des 3. Diätendienstjahres der übrigen Zivilanwärter entsprechen),

im 5. Diätendienstjahr

die Bezüge des 7. Diätendienstjahres (die den Bezügen des 4. Diätendienstjahres der übrigen Zivilanwärter entsprechen),

im 6. Diätendienstjahr

die Bezüge des 8. Diätendienstjahres (die den Bezügen des 5. Diätendienstjahres der übrigen Zivilanwärter entsprechen)

im 7., 8., 9. und 10. Diätendienstjahr

das Anfangsgrundgehalt der Besoldungsgruppe, in der die erste planmäßige Anstellung erfolgt,

im 11. und 12. Diätendienstjahr

die Bezüge der zweiten Dienstaltersstufe dieser Besoldungsgruppe,

usw.

(2 Die im Abs. 1 genannte Vorschrift betrifft nur das DDA. (Nr. 76), nicht aich die außerplanmäßige Dienstzeit (Nr. 77) oder die bei Berechnung des Rihegehalts zugrunde zu legende Dienstzeit.

Zu § 23.

Nr. 103. (1) Das BDA. der am 30. September 1927 im Amte befindlichen planmäßigen Beamten aus dem Stande der Versorgungsanwärter wird in der Weise verbessert, daß das BDA., das sie am 30. September 1927 hatten, in der Besoldungsgruppe, der sie an diesem Tage angehörten, um die anzurechnende Zeit vorgerückt wird. Die anzurechnende Zeit ist jedoch vorher um die Zeit zu verkürzen, um die das BDA. der Beamten in der Eingangsgruppe nach Ziffer 124 bis 131 der Besoldungsvorschriften vom 16. Juni 1920 in der Fassung der Bekanntmachung vom 14. Juli 1924 (RBB. S. 221) oder nach etwaigen Sonderbestimmungen (z. B. für die frühere Zahlmeisterlaufbahn) verbessert worden war. Die bei den einzelnen Besoldungsgruppen vorgesehenen Überleitungsbestimmungen, wonach das BDA. eine bestimmte Zahl von Jahren nicht überschreiten darf, bleiben unberührt.

(2) Die Anrechnung nach § 23 Abs. 2 erfolgt bei der ersten planmäßigen Anstellung der Beamten.

(3) Treten Versorgungsanwärter, die sich am 30. September 1927 in der Eingangsstelle befunden hatten, oder deren BDA. bei der ersten planmäßigen Anstellung nach § 23 Abs. 2 festgesetzt worden ist, erstmals in eine andere Besoldungsgruppe über, so ist sinngemäß nach § 23 Abs. 2 zu verfahren.

V. Wartegelder, Ruhegehälter und Hinterbliebenenbezüge.

Zu § 25.

Nr. 104. (1) Die Bezüge der am 1. Oktober 1927 im einstweiligen Ruhestande befindlichen Beamten (Wartegeldempfänger) sind auf Grund des § 25 und der Übersicht über die Überleitung der am 30. September 1927 im Amte gewesenen planmäßigen Reichsbeamten in die Besoldungsordnungen A und B — Anlage 6 des BesG. — nach den Vorschriften dieses Gesetzes neu festzusetzen.

(2) Die in diesen BV. für die am 30. September 1927 im Dienst befindlichen Beamten getroffenen Bestimmungen gelten sinngemäß.

(3) Den zum 1. April 1920 oder früher in den einstweiligen Ruhestand versetzten Beamten ist, soweit sie sich am 1. Oktober 1927 noch im einstweiligen Ruhestande befanden, das BDA. zunächst nach den Besoldungsvorschriften vom 16. Juni 1920 in der Fassung der Bekanntmachung vom 14. Juli 1924 (RBB. S. 221) festzusetzen.

Nr. 105. Für die Neuberechnung des Wartegeldes wird das BDA. nach Nr. 43 Abs. 2 festgesetzt, wie wenn der Wartegeldempfänger am 1. Oktober 1927 wieder angestellt worden wäre. Hierbei gilt Nr. 7 Abs. 5.

Nr. 106. Die Bezüge der Wartegeldempfänger, deren BDA. nach Nr. 104 Abs. 2 auf Grund der bei den einzelnen Besoldungsgruppen vorgesehenen Überleitungsbestimmungen oder auf Grund der Nr. 97 Abs. 2 auf eine bestimmte Anzahl von Jahren zu verkürzen ist, sind nach dem Grundgehaltssatz derjenigen Dienstaltersstufe zu berechnen, in die der Wartegeldempfänger nach Ablauf der in der Überleitungsbestimmung oder Nr. 97 Abs. 2 vorgesehenen Anzahl von Jahren eingerückt wäre. Es ist demnach, wenn die Überleitungsbestimmung eine Verkürzung des BDA.

auf 10 Jahre vorsieht, die 6. Dienstaltersstufe,
„ 12 „ „ „ 7. „
„ 14 „ „ „ 8. „
„ 16 „ „ „ 9. „

der Berechnung des Wartegeldes zugrunde zu legen. Das BDA. dieser Wartegeldempfänger wird hierdurch nicht berührt.

Nr. 107. Wenn an Stelle eines ungerechneten Wartegeldes später ein Ruhegehalt festzusetzen ist, so ist der Berechnung des Ruhegehalts das Diensteinkommen zugrunde zu legen, das der Neuberechnung des Wartegeldes zugrunde liegt.

Zu § 26.

Nr. 108. Zu dem für die Berechnung des ruhegehaltsfähigen Diensteinkommens bisher maßgebend gewesenen Grundgehalt zählen nicht nur die seit dem 16. November oder 1. Dezember 1924 zu zahlenden Zuschläge, sondern auch die in diesem Diensteinkommen etwa enthaltenen sonstigen ruhegehaltsfähigen Zulagen (z. B. die Dirigentenzulage).

Nr. 109. Die Übergangsgebührnisse beziehenden Polizeibeamten beim Reichswasserschutz sind wie die Übergangsgebührnisse beziehenden Soldaten der Wehrmacht zu behandeln.

Nr. 110. Denjenigen Offizieren, die im Kriege als Majore mit der Stelle eines Regimentskommandeurs beliehen waren und deshalb nach der Verordnung vom 8. Januar 1925 (RBB. S. 1 Nr. 1105) in die alte Besoldungsgruppe A XII eingereiht worden sind, können, wenn sie dabei über die Stufe 5 dieser Gruppe nicht hinausgekommen sind, mit Wirkung vom 1. Oktober 1927 die Gebührnisse der nächsthöheren Stufe gewährt werden.

Zu § 28.

Nr. 111. Der in dem ruhegehaltsfähigen Diensteinkommen enthaltene Wohnungsgeldzuschuß ändert sich bei der Umrechnung der Bezüge nach §§ 26, 27 BesG., abgesehen von der Erhöhung von 110 auf 120 v. H. (§ 9 Abs. 2 BesG. und Verordnung vom 17. Dezember 1927 RBB. S. 153 Nr. 1544) in keinem Falle.

Zu § 30.

Nr. 112. (1) Für die Gewährung des Frauenzuschlags gelten weiterhin die Bestimmungen in Ziffer 200 bis 200f der Besoldungsvorschriften vom 16. Juni 1920 in der Fassung der Bekanntmachung vom 14. Juli 1924 (RBB. S. 221).

(2) Auch Nr. 66 Satz 1 gilt sinngemäß.

Zu § 31.

Nr. 113. (1) § 14 Abs. 4 gilt auch für hinterbliebene Kinder ohne Rücksicht auf das Lebensalter. Der Kinderzuschlag wird in diesen Fällen auch nach dem Tode beider Eltern weitergewährt.

(2) Kinderzuschläge für Stiefkinder und uneheliche Kinder werden nur neben dem Wartegeld und Ruhegehalt gewährt[47]).

Zu § 32.

Nr. 114. (1) Die Auswirkung der Vorschrift ist aus nachstehendem Beispiel zu ersehen:

	Ruhegehaltsbezüge RM	Neues Diensteinkommen RM	Früheres letztes Diensteinkommen: in Wirklichkeit RM	Früheres letztes Diensteinkommen: hier anzusetzen RM
Grundgehalt	3432	3500	3432	3432
Dazu nach § 26 des neuen BesG. 22 v. H. = 755,04 RM rd.	756	—	—	756
zusammen	4188	—	—	4188
Wohnungsgeldzuschuß ...	(B.) 792[1])	(S.) 864[2])	(A.) 924[1])	(S.) 1152[1])
	4980	—	—	—
Ruhegehalt (80 v. H.) ...	3984	—	—	—
Dazu:				
Frauenzuschlag	144	—	144	144
Kinderzuschläge	960[3])	1080[4])	1056[5])	960[3])
	5088	5444	5556	6444
Ab:				
Neues Diensteinkommen .	—	—	—	5444
Mithin daneben aus den Ruhegehaltsbezügen zahlbar	—	—	—	1000

[1]) Tarifklasse IV. [2]) Tarifklasse V. [3]) 4 Kinderzuschläge zu je 240 RM. [4]) 2 Kinderzuschläge zu je 240 RM u. 2 Kinderzuschläge zu je 300 RM. [5]) 4 Kinderzuschläge zu je 264 RM.

[47]) Nach § 97 Abs. 3 DBG. kann jetzt die oberste Dienstbehörde den unehelichen und den nach Beendigung des Beamtenverhältnisses für ehelich erklärten Kindern eines

(2) Hierbei ist von folgender Annahme ausgegangen:

Ein vor dem 1. Oktober 1927 in den Ruhestand versetzter Beamter der bisherigen Besoldungsgruppe A VII, Stufe 9, zuletzt in einem Ort der Ortsklasse A, wohnt jetzt in einem Ort der Ortsklasse C und bezieht infolge Wiederbeschäftigung in einem Ort der Sonderklasse (dienstlicher Wohnsitz) die Bezüge nach BesGr. A 6[48]) des neuen preußischen Besoldungsgesetzes. Er ist verheiratet und hat vier Kinder unter 21 Jahren, die im Zeitpunkt seiner Zurruhesetzung schon das 14. Lebensjahr überschritten hatten.

Zu § 36.

Nr. 115. (1) Das Ruhegehalt der mit Wirkung von einem späteren Tage als dem 1. Oktober 1927 in den dauernden Ruhestand versetzten Beamten sowie das Wartegeld sind vom Ersten des Monats an, in dem der Ruhegehalt- oder Wartegeldempfänger heiratet oder das 45. Lebensjahr vollendet, in sinngemäßer Anwendung des § 10 BesG. umzurechnen.

(2) Nr. 65 Abs. 5 gilt sinngemäß.

VI. Schlußvorschriften.

Zu § 37.

Nr. 116[49]).

Zu § 39 Abs. 3[50]).

Nr. 116a. (1) Zuviel erhobene Dienstbezüge sind grundsätzlich zurückzuzahlen.

(2) Dienstbezüge im Sinne dieser Bestimmungen sind alle den Beamten mit Beziehung auf ihr Amt geleisteten Zahlungen.

(3) Bei der Rückforderung von Dienstbezügen sind die wirtschaftlichen Verhältnisse des zur Rückzahlung verpflichteten Beamten zu berücksichtigen; durch Bewilligung entsprechender Teilzahlungen sind Härten zu vermeiden, jedoch sind die Teilzahlungen so zu bemessen, daß die Schuld in angemessener Zeit getilgt wird.

(4) Von der Rückforderung zuviel erhobener Bezüge kann aus Billigkeitsgründen mit Zustimmung der obersten Reichsbehörde ganz oder teilweise abgesehen werden. Jedenfalls ist von der Rückforderung abzusehen, wenn die Bezüge nicht durch Anrechnung auf noch auszuzahlende Bezüge eingezogen werden können und das Einziehungsverfahren Kosten verursachen würde, die die zuviel erhobenen Bezüge übersteigen.

---

verstorbenen männlichen Beamten bis zur Vollendung des 18. Lebensjahres als Unterhaltsbeitrag den dem Beamten bei Lebzeiten gezahlten Kinderzuschlag gewähren.

[48]) Jetzt A 7 a.

[49]) Durch Streichung des § 37 des Besoldungsgesetzes durch § 1 Kap. IV Teil 3 der VO. v. 6. 10. 1931 (RGBl. I S. 546) ist Nr. 116 der Besoldungsvorschriften gegenstandslos geworden.

[50]) Eingefügt durch VO. v. 19. 3. 1935 (RBB. S. 21).

(5) Abs. 1 bis 4 gelten entsprechend für Wartegelder, Ruhegehälter und Hinterbliebenenbezüge.

(6) Die Vorschriften des § 104 der Reichshaushaltsordnung werden durch vorstehende Bestimmungen nicht berührt.

Zu Anlage 1 zum BesG.

Nr. 117. Die nicht handwerksmäßig vorgebildeten Telegraphenleitungsaufseher der alten Besoldungsgruppe A III, die nach Anm. 3 zur BesGr. A 10[51]) wie die Postschaffner behandelt werden und demgemäß in die BesGr. A 11 eingereiht worden sind, können auf besonders wichtigen, an sich eine handwerksmäßige Vorbildung erfordernden Dienstposten, die der Reichspostminister im Einvernehmen mit dem Reichsminister der Finanzen festzustellen hat, zu Telegraphenleitungsaufsehern der BesGr. A 10[51]) befördert werden.

Zu Anlage 6 zum BesG.

Nr. 118. (1) Die in den Vorbemerkungen 2 und 3 zur Anlage 6 zum BesG. getroffenen Übergangsregelungen haben den Vorrang vor den in der Anlage selbst etwa enthaltenen ungünstigeren Überleitungsbestimmungen.

(2) Jedoch erhalten die in der Vorbemerkung 3 genannten Registratoren nicht die Bezüge der BesGr. A 4c[52]), sondern die der BesGr. A 4d, wenn sie die Bezüge der alten Besoldungsgruppe A VII auf Grund der abgelegten Sonderprüfung erhalten haben.

Schlußbestimmung.

Nr. 119. Diese BV. treten mit Wirkung vom 1. Oktober 1927 in Kraft. Mit dem gleichen Zeitpunkt treten die Besoldungsvorschriften vom 16. Juni 1920 in der Fassung der Bekanntmachung vom 14. Juli 1924 (RBB. S. 221) sowie der Siebenten Ergänzung der Besoldungsvorschriften vom 2. Juli 1925 (RBB. S. 161) außer Kraft, soweit sie nicht nach Nr. 37 und 112 Abs. 1 dieser BV. weiterhin anzuwenden sind.

VIII. Ausführungsanw. zur VO. über die örtlichen Sonderzuschläge.

Vom 16. Dezember 1927 (RBB. S. 149) (Auszug).

1. Nach der Verordnung v. 16. 12. 1927 werden v. 1. 10. 1927 ab örtliche Sonderzuschläge in Höhe von 8, 5 u. 3 v. H. gezahlt. Diese Sätze werden nur noch zum Grundgehalt gewährt, und zwar für im Dienst befindliche Beamte und für Wartestandsbeamte zu den durch das Besoldungs-

[51]) Jetzt A 10 a.
[52]) Jetzt A 4 c 2.

gesetz v. 16. 12. 1927 festgesetzten Grundgehältern, für Ruhegehaltsempfänger, Hinterbliebene und Übergangsgebührnisse beziehende Soldaten zu den nach §§ 26, 27 a. a. O. erhöhten Grundgehältern.

Zum Grundgehalt rechnen auch die ruhegehaltfähigen und unwiderruflichen Stellenzulagen.

Verzeichnis der Orte mit örtlichen Sonderzuschlägen.

Orte mit örtlichem Sonderzuschlag in Höhe von 3 v. H.:

Altona, Berlin, Finkenwerder, Hamburg, Wandsbek;

Orte mit örtlichem Sonderzuschlag in Höhe von 5 v. H.:

Aachen, Stadt- und Landkreis,
Altendorf (Ennepe-Ruhrkreis),
Altlünen (Kreis Lüdinghausen),
Blankenstein (Ennepe-Ruhrkreis),
Bochum, Stadtkreis,
Bottrop, Stadtkreis,
Budberg (Kreis Mörs),
Castrop-Rauxel, Stadtkreis,
Datteln (Landkreis Recklinghausen),
Dinslaken, St. (Reg.Bez. Düsseldorf),
Dortmund, Stadtkreis,
Duisburg-Hamborn, Stadtkreis,
Düsseldorf, Stadtkreis,
Edigheim (Reg.Bez. Pfalz),
Ehrang (Landkreis Trier),
Ensen, Wpl. zu Porz, L., (Rhein.-Bergischer Kreis),
Essen, Stadtkreis,
Frankenthal, St. (Reg.Bez. Pfalz),
Garenfeld (Landkreis Iserlohn), soweit bisher 5 v. H.,
Gelsenkirchen, Stadtkreis,
Gladbeck, Stadtkreis,
Gremberg } Wpl. zu Porz, L., (Rheinisch-Bergischer Kreis),
Gremberghoven }
Hattingen, St. (Ennepe-Ruhrkreis),
Henrichenburg (Landkreis Recklinghausen),
Herbede (Ennepe-Ruhrkreis),
Herne, Stadtkreis,
Herten (Landkreis Recklinghausen),
Heumar, Ortschaft, Wpl. zu Porz, L., (Rheinisch-Bergischer Kreis),
Holzen (Landkreis Iserlohn), soweit bisher 5 v. H.,
Homberg (Niederrhein), St., (Kr. Mörs),

Horneberg (Landkr. Recklinghausen),
Kaiserslautern, St.,
Kaldenhausen (Kreis Mörs),
Kettwig, St. (Kr. Düsseldorf-Mettmann),
Köln, Stadtkreis,
Konz-Karthaus (Landkreis Trier),
Ludwigshafen a. Rh., St.,
Lünen, Stadtkreis,
Mannheim,
Marl (Landkreis Recklinghausen),
Mörs, St.,
Mühlheim (Ruhr), Stadtkreis,
Oberhausen, Stadtkreis,
Oer-Erkenschwick (Landkreis Recklinghausen),
Oggersheim (Reg.Bez. Pfalz),
Oppau (Reg.Bez. Pfalz),
Pfalzel (Landkreis Trier),
Pirmasens, St.,
Polsum (Landkreis Recklinghausen),
Porz, soweit früher Wpl. zu Heumar, (Rhein.-Bergischer Kreis),
Recklinghausen, Stadtkreis,
Repelen-Baerl (Kreis Mörs),
Rheinberg, St., (Kreis Mörs),
Rheingönheim (Reg.Bez. Pfalz),
Rheinhausen (Kreis Mörs),
Rodenkirchen, Wpl. zu Rondorf (Landkreis Köln),
Rumeln (Kreis Mörs),
Trier, Stadtkreis,
Vierbaum (Kreis Mörs),
Walsum (Kreis Dinslaken),
Waltrop (Landkreis Recklinghausen),
Wandhofen (Landkreis Iserlohn), soweit bisher 5 v. H.,
Wanne-Eickel, Stadtkreis,
Wattenscheid, Stadtkreis,
Weisweiler (Kreis Düren),
Welper (Ennepe-Ruhrkreis),
Westerholt (Landkreis Recklinghausen),
Westhofen, St. (Landkreis Iserlohn), soweit bisher 5 v. H.,
Westhoven, Wpl. zu Porz, L., (Rheinisch-Bergischer Kreis),
Winterswick (Kreis Mörs),
Winz (Ennepe-Ruhrkreis),
Witten, Stadtkreis,
Zweibrücken, St.

IX. Erste Gehaltskürzungsverordnung [1]).

(Kapitel II Teil 2 der Verordnung des Reichspräsidenten zur Sicherung von Wirtschaft und Finanzen v. 1. 12. 1930 — RGBl. I S. 517, 522 — in der Fassung des Kapitels II Teil 1 der Dritten Verordnung des Reichspräsidenten zur Sicherung von Wirtschaft und Finanzen usw. v. 6. 10. 1931 — RGBl. I S. 537 — und des Art. 7 § 1 des Gesetzes v. 23. März 1934 — RGBl. I S. 234).

§ 1.

(1) Vom 1. Februar 1931 ab werden um 6 vom Hundert gekürzt:

a) die Dienstbezüge der Reichsbeamten und der Soldaten der Wehrmacht einschließlich des Gnadenvierteljahres,

b) die Versorgungsbezüge der Wartegeldempfänger und Ruhegeldempfänger des Reichs einschließlich des Gnadenvierteljahres,

c) die Versorgungsbezüge der Hinterbliebenen von Reichsbeamten und Soldaten der alten und neuen Wehrmacht,

d) die Übergangsgebührnisse der Soldaten der Wehrmacht nach §§ 7, 27 und 32 des Wehrmachtversorgungsgesetzes und die entsprechenden Übergangsgebührnisse der Polizeibeamten beim Reichswasserschutz.

(2) Die Reichstagsbeamten stehen den Reichsbeamten gleich.

(3) Zu den Dienstbezügen der Reichsbeamten und der Soldaten der Wehrmacht im Sinne des Abs. 1, a gehören alle Geldbezüge, die sie mit Rücksicht auf ihre hauptamtliche oder nebenamtliche Dienstleistung erhalten.

(4) Kinderzuschläge und Kinderbeihilfen, Dienstaufwandsentschädigungen, Reisekostenvergütungen, Beschäftigungstagegelder, Trennungsentschädigungen, Nachtdienstentschädigungen und Umzugskostenvergütungen unterliegen der Kürzung nach den Vorschriften dieses Kapitels nicht.

(5) Soweit die kürzungspflichtigen Bezüge nicht aus der Reichskasse fließen und nicht schon auf Grund einer entsprechenden Vorschrift zugunsten der Kasse eines Landes, einer Gemeinde (eines Gemeindeverbandes) oder einer sonstigen Körperschaft des öffentlichen Rechtes gekürzt werden, hat der Beamte usw. den Kürzungsbetrag an die Reichskasse abzuführen.

§ 2.

(1) § 1 gilt auch für die Amts- und Versorgungsbezüge des Reichspräsidenten, des Reichskanzlers und der Reichsminister sowie für die Versorgungsbezüge ihrer Hinterbliebenen. Die Amtsbezüge während der Dienstzeit sowie das Übergangsgeld des Reichskanzlers und der Reichsminister für die ersten drei Monate werden jedoch, soweit sie kürzungspflichtig sind, um 20 vom Hundert gekürzt.

---

[1]) Für Preußen s. VO. v. 13. 12. 1930 (GS. S. 291) in der Fassung des § 8 des Ges. v. 11. 3. 1935 (GS. S. 37) nebst RdErl. des PrFM. v. 22. 12. 1930 (PrBB. S. 167).

(2) Ist ein früherer Reichskanzler oder Reichsminister im Reichsdienst oder in einem sonstigen öffentlichen Dienste wiederangestellt oder beschäftigt, so werden seine Versorgungsbezüge aus der Reichskasse soweit gekürzt, als sie zusammen mit den aus der Wiederanstellung oder Beschäftigung fließenden Bezügen die nach Abs. 1 gekürzten Bezüge eines Reichskanzlers oder Reichsministers im Amte übersteigen. Das gleiche gilt beim Bezug eines Einkommens aus einer Tätigkeit, für die eine Vergütung gewährt wird, die ganz oder überwiegend unmittelbar oder mittelbar aus öffentlichen Mitteln fließt.

§ 3.

(1) Personen, deren nach §§ 1 und 2 kürzungspflichtige Bezüge den Betrag von 1500 Reichsmark jährlich nicht übersteigen, sind von der Kürzung befreit.

(2) Würde nach Durchführung der Kürzung ein Betrag von weniger als 1500 Reichsmark jährlich verbleiben, so werden 1500 Reichsmark gewährt.

§ 4.

(1) Die Länder kürzen bei den Ländern, Gemeinden (Gemeindeverbänden) und sonstigen der Landesaufsicht unterstehenden Körperschaften des öffentlichen Rechtes die Bezüge der Beamten, die Wartegelder, die Ruhegelder, die Hinterbliebenenbezüge und die Übergangsgebührnisse sowie die Amtsbezüge der Minister und der sonstigen parlamentarisch verantwortlichen Regierungsmitglieder für die Zeit vom 1. Februar 1931 ab entsprechend den Vorschriften der §§ 1 bis 3. Die gleiche Kürzung nimmt der Reichsminister der Finanzen bei den einer Landesaufsicht nicht unterstehenden Körperschaften des öffentlichen Rechtes vor. Es steht den Ländern frei, bei Kürzung der Amtsbezüge der Minister und der sonstigen parlamentarisch verantwortlichen Regierungsmitglieder einen Satz von 6 bis 20 vom Hundert zu wählen; übersteigen die kürzungspflichtigen Amtsbezüge der Regierungsmitglieder die Bezüge der höchstbesoldeten Reichsbeamten nicht, so sind sie in dem gleichen Ausmaß zu kürzen wie die Bezüge der Reichsbeamten.

(2) Die obersten Landesbehörden können die in Abs. 1 vorgeschriebene Kürzung im Verordnungswege vornehmen.

(3) Soweit Beamte und andere in Abs. 1 genannte Personen wohlerworbene Rechte nach Artikel 129 Abs. 1 Satz 3 der Reichsverfassung haben, werden diese Rechte durch Vorschriften, die auf Grund des Abs. 1 getroffen werden, nicht berührt.

§ 5.

Betr. Angestellte.

§ 6.

(1)[2] Zu den Körperschaften des öffentlichen Rechtes im Sinne dieses Kapitels gehören auch die Anstalten, Vereine und Stiftungen des öffent-

[2]) Neue Fassung laut Kap. II Teil 1 der VO. v. 6. 10. 1931 (RGBl. I S. 538).

lichen Rechtes, die Verbände von Körperschaften des öffentlichen Rechtes, Vereinigungen und Einrichtungen, deren Einkünfte mit mehr als der Hälfte von Körperschaften des öffentlichen Rechtes oder von den vorstehend besonders aufgeführten Körperschaften usw. oder von den in Satz 2 und 3 bezeichneten Unternehmungen herrühren. Unternehmungen, deren Gesellschaftskapital sich mit mehr als der Hälfte im Eigentum von Körperschaften des öffentlichen Rechtes einschließlich der im ersten Satz bezeichneten befindet, gelten ebenfalls als Körperschaften des öffentlichen Rechtes im Sinne dieses Kapitels. Das gleiche gilt für Konzerngesellschaften (Tochtergesellschaften, Subtochtergesellschaften usw.), wenn ihr Kapital und das Kapital der Zwischenglieder (Dachgesellschaft, Tochtergesellschaft, Subtochtergesellschaft usw.) sich je mit mehr als der Hälfte im Eigentum der übergeordneten Konzerngesellschaft oder von Körperschaften des öffentlichen Rechtes einschließlich der im ersten und zweiten Satz bezeichneten befindet.

(2) Die Reichsbank und die Deutsche Reichsbahn-Gesellschaft, die von sich aus eine den Vorschriften des § 4 entsprechende Kürzung vornehmen, gelten nicht als Körperschaften des öffentlichen Rechtes im Sinne dieses Kapitels. Den öffentlich-rechtlichen Religionsgesellschaften bleibt es überlassen, eine den Vorschriften des § 4 entsprechende Kürzung vorzunehmen. Die Reichsbank, die Deutsche Reichsbahn-Gesellschaft und die öffentlich-rechtlichen Religionsgesellschaften sind ermächtigt, die nach § 5 zulässigen Kündigungen vorzunehmen.

(3) Trägt ein Land einer öffentlich-rechtlichen Religionsgesellschaft gegenüber den Aufwand für die Bezüge ihrer Beamten, Wartegeldempfänger, Ruhegeldempfänger und Empfänger von Hinterbliebenenbezügen ganz oder teilweise, so ist die oberste Landesbehörde befugt, die Leistungen des Landes entsprechend der nach § 4 in Verbindung mit § 6 Abs. 2 Satz 2 und 3 höchstzulässigen Kürzung herabzusetzen.

§ 7.

Von den Bezügen, die nach den Vorschriften dieses Kapitels mit Wirkung von einem früheren Tage als dem 1. April 1931 ab gekürzt werden, wird von dem gleichen Zeitpunkt ab die Reichshilfe (§§ 2ff. des Ersten Abschnitts der Verordnung des Reichspräsidenten zur Behebung finanzieller, wirtschaftlicher und sozialer Notstände vom 26. Juli 1930, Reichsgesetzbl. I S. 311) nicht mehr erhoben.

§ 8.

(1)[3].

(2) Soweit die in Abs. 1 genannten Stellen seither über den bisherigen Stellenvorbehalt hinaus mit Schutzpolizeibeamten besetzt worden sind, die

[3]) Abs. 1 aufgehoben durch Art. 3 § 2 der VO. v. 4. 11. 1932 (RGBl. I S. 521).

eine Dienstzeit von mindestens acht Jahren, aber noch keine Anwartschaft auf Versorgung hatten, dürfen diese Stellen auch weiterhin vorzugsweise mit solchen Beamten besetzt werden[4]).

(3) Betr. Änderungen der Anstellungsgrundsätze.

(4) Die §§ 359 und 702 der Reichsversicherungsordnung sowie § 185 Abs. 3 des Reichsknappschaftsgesetzes und § 37 des Gesetzes über Arbeitsvermittlung und Arbeitslosenversicherung sind nicht anzuwenden.

§ 9.

Die Geistlichen und Lehrer gelten als Beamte im Sinne dieses Kapitels.

§ 10.

Die zur Durchführung der Vorschriften dieses Kapitels erforderlichen Bestimmungen trifft der Reichsminister der Finanzen.

§ 11.

Die Vorschriften dieses Kapitels bleiben bis auf weiteres in Kraft[5]).

X. Durchführungsbestimmungen zur Ersten Gehaltskürzungsverordnung.

Vom 19. Dezember 1930 (RBB. S. 135) in der Fassung der Änderung v. 23. März 1933 (RBB. S. 11).

Zu § 1 Abs. 1.

Nr. 1. Die Vorschriften des Besoldungs- und Versorgungsrechtes werden durch die Gehaltskürzungsverordnung nicht berührt. Die Kürzung ist an den nach geltendem Recht zustehenden Bezügen vorzunehmen, soweit sie nicht von der Kürzung ausgenommen sind (§ 1 Abs. 4 und § 3).

Nr. 2. (1) Aus dem in Nr. 1 Satz 1 ausgesprochenen Grundsatz ergeben sich folgende Beispiele:

(2)[1]) Ist ein von einem Beamten einzubehaltender Geldbetrag (z. B. für die Entnahme von Feuerungsmaterialien) nach einem Hundertsatz der Dienstbezüge festgesetzt, so wird er aus den ungekürzten Dienstbezügen berechnet.

(3) Wartegelder und Ruhegelder werden auch künftig aus dem ungekürzten ruhegeldfähigen Diensteinkommen, Witwengelder und

---

[4]) S. Art. 3 § 2 der VO. v. 4. 11. 1932 (RGBl. I S. 521).

[5]) Die Geltungsdauer der Vorschriften der 1. Gehaltskürzungs-VO., die ursprünglich bis zum 31. 3. 1934 lief, ist durch Art. 7 § 1 des Gesetzes v. 23. 3. 1934 (RGBl. I S. 234) bis auf weiteres verlängert worden.

[1]) Abs. 2 geändert durch Erl. v. 23. 3. 1933 (RBB. S. 11).

Waisengelder aus dem ungekürzten Ruhegeld berechnet. Das so berechnete Wartegeld, Ruhegeld, Witwengeld oder Waisengeld wird um 6 vom Hundert gekürzt.

(4) Ob und wieweit ein Wartegeld, Ruhegeld, Witwengeld oder Waisengeld zu ruhen hat, wird auch künftig unter Zugrundelegung der ungekürzten Bezüge nach den geltenden Vorschriften berechnet. Der sich ergebende nicht ruhende Betrag des Wartegeldes usw. unterliegt der Kürzung.

(5) Im Falle der Kapitalisierung eines Teiles der Versorgungsbezüge wird sowohl der nicht kapitalisierte Teil als auch die Kapitalabfindung um 6 vom Hundert gekürzt[2]). Dies gilt entsprechend für die Vorschüsse auf die nach § 7 des Wehrmachtversorgungsgesetzes zustehenden Übergangsgebührnisse (§ 9 des Wehrmachtversorgungsgesetzes).

Nr. 3. (1) Der Kürzung unterliegen alle für die Zeit vom 1. Februar 1931 ab zustehenden kürzungspflichtigen Bezüge ohne Rücksicht auf den Zeitpunkt der Auszahlung.

(2) Vor dem 1. Februar 1931 anfallende Gnadenbezüge werden auch insoweit nicht gekürzt, als sie für die Zeit nach dem 31. Januar 1931 zustehen. — Eine Kapitalabfindung (vgl. Nr. 2 Abs. 5) wird nicht gekürzt, wenn der Zeitraum, für den sie gewährt wird, vor dem 1. Februar 1931 beginnt. Das gleiche gilt für die Vorschüsse auf die nach § 7 des Wehrmachtversorgungsgesetzes zustehenden Übergangsgebührnisse (§ 9 des Wehrmachtversorgungsgesetzes).

(3) Nachzahlungen für Zeitabschnitte vor dem 1. Februar 1931 werden nicht gekürzt.

Nr. 4. Der einem früheren Beamten nach § 75 Nr. 2 des Reichsbeamtengesetzes[3]) auf Lebenszeit oder auf gewisse Jahre belassene Teil des gesetzlichen Ruhegeldes unterliegt der Kürzung.

Nr. 5. Im Falle der Abtretung eines Teiles des Wartegeldes oder des Ruhegeldes nach § 6 der Beamten-Siedlungs-Verordnung vom 11. Februar 1924 (RGBl. I S. 53) unterliegt nur der nicht abgetretene Teil des Wartegeldes oder des Ruhegeldes der Kürzung, wenn die Abtretung vor dem 1. Februar 1931 erfolgt ist.

Nr. 6. Zu den nach § 1 Abs. 1b der Kürzung unterliegenden Versorgungsbezügen der Ruhegeldempfänger gehören z. B. auch der nach § 30 des Besoldungsgesetzes vom 16. Dezember 1927 (RGBl. I S. 349) gewährte Frauenzuschlag sowie die auf Grund des Gesetzes vom 12. September 1919 zustehende zehnprozentige Pensionserhöhung (RBB. 1928 S. 165 Nr. 1627).

Nr. 7 u. 8. Betr. Soldaten der Wehrmacht.

---

[2]) Über die Berechnung s. Erl. des RMdF. v. 21. 4. 1932 (RBB. S. 73) und v. 25. 11. 36 (RBB. S. 116).

[3]) Jetzt § 64 RDStO.

Zu § 1 Abs. 3.

Nr. 9. (1) Zu den der Kürzung unterliegenden Dienstbezügen der Reichsbeamten und der Soldaten der Wehrmacht gehören alle Geldbezüge, die sie mit Rücksicht auf ihre hauptamtliche oder nebenamtliche Dienstleistung erhalten, also z. B. die Wohnungsgeldzuschüsse in ihrem vollen Betrage auch dann, wenn sie ganz oder teilweise für eine Dienstwohnung einbehalten werden, die Diäten der außerplanmäßigen Beamten, die Unterhaltszuschüsse der Beamten im Vorbereitungsdienst, die Kolleggelder und Vorlesungshonorare, ferner die Zulagen (z. B. die örtlichen Sonderzuschläge, die Ministerialzulagen, die Seedienstzulagen der Marinezahlmeister, die Auslandszulagen, die Vergütungen für Mehrleistungen).

(2) Hat ein Beamter usw. einen Geldbezug, der nicht aus einer Kasse des Reichs, eines Landes, einer Gemeinde (eines Gemeindeverbandes) oder einer sonstigen Körperschaft des öffentlichen Rechtes fließt, so ist der Bezug kürzungspflichtig, wenn er mit Rücksicht auf die hauptamtliche oder nebenamtliche Dienstleistung des Beamten usw. gewährt wird, also für eine Dienstleistung, die ihm im Hinblick auf sein Hauptamt oder Nebenamt übertragen worden ist.

(3) Der Wert der den Soldaten der Wehrmacht unentgeltlich gewährten Sachbezüge unterliegt der Kürzung nicht, und zwar ohne Rücksicht darauf, ob diese Sachbezüge zur Einkommensteuer herangezogen werden oder nicht.

Zu § 1 Abs. 4.

Nr. 10. Unter Kinderbeihilfen sind die auf Grund des Erlasses des Reichsministers der Finanzen vom 28. März 1928 — I B 3312 — (RBB. S. 57 Nr. 1592) gewährten „Kinderbeihilfen in gesetzlich nicht geregelten Fällen" zu verstehen.

Nr. 11. Zu den der Kürzung nicht unterliegenden Dienstaufwandsentschädigungen gehören insbesondere die im Reichshaushaltsplan ausdrücklich als solche bezeichneten Bezüge, außerdem z. B. die Kanzlerzulagen, die Entschädigungen für Kassenausfälle, ferner bei der Marine die Kleidergelder, die Maschinenzulagen und der bei der Heranziehung zur Einkommensteuer als Aufwandsgeld anerkannte Teil der Bordzulagen. Im Zweifel entscheidet der Reichsminister der Finanzen für das Reich und für die einer Landesaufsicht nicht unterstehenden Körperschaften des öffentlichen Rechtes, was als Dienstaufwandsentschädigung im Sinne des § 1 Abs. 4 anzusehen ist.

Nr. 12. Einmalige freiwillige Leistungen der Verwaltung zur Behebung wirtschaftlicher Notstände unterliegen nicht der Kürzung.

Zu § 1 Abs. 5.

Nr. 13. Haben die in §§ 1 und 2 genannten Personen Bezüge, die nach §§ 1 und 3 kürzungspflichtig sind, aber nicht aus einer Kasse des Reichs, eines Landes, einer Gemeinde (eines Gemeindeverbandes) oder einer sonstigen Körperschaft des öffentlichen Rechtes fließen, so erfolgt die Kürzung zugunsten der Reichskasse, nicht zugunsten des Schuldners. Der Beamte usw. hat in diesem Falle den Kürzungsbetrag an die Reichskasse abzuführen.

Zu § 2.

Nr. 14. Die Wohnungsentschädigung des Reichskanzlers und der Reichsminister unterliegt der Kürzung, nicht aber der Wert der freien Amtswohnung.

Zu § 3.

Nr. 15. (1) Ob die Freigrenze überschritten ist, ist nicht für ein ganzes Kalenderjahr oder Haushaltsjahr usw., sondern für jeden Zeitabschnitt besonders festzustellen.

(2) Zur Feststellung, ob die Freigrenze überschritten ist, sind alle nach §§ 1 und 2 kürzungspflichtigen Bezüge derselben Person zusammenzuzählen. Bezüge aus der Reichskasse von nicht mehr als 1500 Reichsmark jährlich sind zu kürzen, wenn sie zusammen mit Bezügen aus der Kasse eines Landes, einer Gemeinde (eines Gemeindeverbandes) oder einer sonstigen Körperschaft des öffentlichen Rechtes die Freigrenze übersteigen.

(3) Im Falle der Kapitalisierung eines Teiles der Versorgungsbezüge, im Falle der Gewährung von Vorschüssen auf die nach § 7 des Wehrmachtversorgungsgesetzes zustehenden Übergangsgebührnisse (§ 9 des Wehrmachtversorgungsgesetzes) und im Falle der Abtretung eines Teiles des Wartegeldes oder des Ruhegeldes nach § 6 der Beamten-Siedlungs-Verordnung vom 11. Februar 1924 (RGBl. I S. 53) ist bei der Feststellung, ob die Freigrenze überschritten ist, von dem Betrag auszugehen der ohne die Kapitalisierung usw. zustehen würde.

(4) Witwengelder und Waisengelder, diese für jedes bezugsberechtigte Kind besonders, sind getrennt zu behandeln.

(5) Personen, deren kürzungspflichtige Bezüge die Freigrenze übersteigen, sind mit der Gesamtsumme der kürzungspflichtigen Bezüge, nicht etwa mit der um 1500 Reichsmark verminderten Summe zur Gehaltskürzung heranzuziehen.

Zu § 4.

Nr. 16. Zum Erlasse von Vorschriften, durch die die Kürzung bei den Ländern, Gemeinden (Gemeindeverbänden) und sonstigen der Landesaufsicht unterstehenden Körperschaften des öffentlichen Rechtes vorgenommen wird, sind die Länder nicht nur ermächtigt, sondern verpflichtet. Soweit wohlerworbene Rechte (§ 4 Abs. 3) der Durchführung dieser Kürzungsvorschriften im Einzelfall entgegenstehen, bleiben sie unberührt.

Allgemeine Bestimmungen:

Nr. 17. Zur Einkommensteuer werden nur die gekürzten Bezüge herangezogen. Das gleiche gilt für die Berechnung der der Pfändung nach § 850 ZPO. unterliegenden Bezüge.

Nr. 18. Für die einer Landesaufsicht nicht unterstehenden Körperschaften des öffentlichen Rechtes, bei denen die Gehaltskürzung durch die Verordnung vom 11. Dezember 1930 (RGBl. I S. 610) vorgenommen ist, gelten Nr. 1 bis 13, 15 und 17 entsprechend.

XI. Zweite Gehaltskürzungsverordnung[1]).

Kapitel I Teil 2 der Zweiten Verordnung des Reichspräsidenten zur Sicherung von Wirtschaft und Finanzen vom 5. Juni 1931 — RGBl. I 279, 282 — in der Fassung des Kapitels II Teil 1 der Dritten Verordnung des Reichspräsidenten zur Sicherung von Wirtschaft und Finanzen usw. vom 6. Oktober 1931 — RGBl. I S. 537 — und des Kapitels VII Teil 4 der Verordnung vom 4. September 1932 — RGBl. I S. 425, 432 —, des § 49 des Gesetzes v. 30. Juni 1933 — RGBl. I S. 433 — und des Art. 7 § 1 des Gesetzes v. 23. März 1934 — RGBl. I S. 234 —).

§ 1.

(1) Vom 1. Juli 1931 ab werden nach Maßgabe des § 2 gekürzt:

a) die Dienstbezüge der Reichsbeamten und der Soldaten der Wehrmacht einschließlich des Gnadenvierteljahres,

b) die Versorgungsbezüge der Wartegeldempfänger und Ruhegeldempfänger des Reichs einschließlich des Gnadenvierteljahres,

c) die Versorgungsbezüge der Hinterbliebenen von Reichsbeamten und Soldaten der alten und neuen Wehrmacht,

d) die Übergangsgebührnisse der Soldaten der Wehrmacht nach §§ 7, 27, 32 und 70 des Wehrmachtversorgungsgesetzes und die entsprechenden Übergangsgebührnisse der Polizeibeamten beim Reichswasserschutz,

e) die Dienstbezüge der Postagenten der Deutschen Reichspost sowie der Untererheber und Hilfskassenverwalter der Reichsabgabenverwaltung,

f) die laufenden Bezüge, die ehemaligen Angestellten und Arbeitern im Reichsdienst einschließlich des Dienstes bei der Deutschen Reichspost und ihren Hinterbliebenen mit Rücksicht auf das frühere Dienstverhältnis außerhalb der reichsgesetzlichen Sozialversicherung gewährt werden (Ruhelohn, laufende Unterstützungen usw.).

---

[1]) Für Preußen s. RdErl. des PrFM. v. 13. 6. 1931 in der Fassung des RdErl. v. 5. 9. 1931 (PrBB. S. 181, 200, 299).

(2) Die Reichstagsbeamten stehen den Reichsbeamten gleich.

(3) Zu den Dienstbezügen der Reichsbeamten und der Soldaten der Wehrmacht im Sinne des Abs. 1, a gehören alle Geldbezüge, die sie mit Rücksicht auf ihre hauptamtliche oder nebenamtliche Dienstleistung erhalten.

(4) Kinderzuschläge und Kinderbeihilfen, Dienstaufwandsentschädigungen, Reisekostenvergütungen, Beschäftigungstagegelder, Trennungsentschädigungen, Nachtdienstentschädigungen und Umzugskostenvergütungen unterliegen der Kürzung nach §§ 1 und 2 nicht.

(5) Soweit die kürzungspflichtigen Bezüge nicht aus der Reichskasse fließen und nicht auf Grund einer entsprechenden Vorschrift zugunsten der Kasse eines Landes, einer Gemeinde (eines Gemeindeverbandes) oder einer sonstigen Körperschaft des öffentlichen Rechtes gekürzt werden, hat der Beamte usw. den Kürzungsbetrag an die Reichskasse abzuführen.

(6)[2]) Zu den nach § 1 Abs. 1, f zu kürzenden laufenden Bezügen gehören auch Renten außerhalb der reichsgesetzlichen Sozialversicherung, wenn sich der Arbeitgeber an der Aufbringung der Versicherungsbeiträge beteiligt hat (z. B. bei der Versorgungsanstalt der Deutschen Reichspost, bei der Zusatzversorgungsanstalt des Reichs und der Länder, bei der Arbeiterpensionskasse B der Deutschen Reichsbahn-Gesellschaft), sowie die satzungsmäßigen Leistungen der Deutschen Reichsbahn-Gesellschaft an ehemalige Privateisenbahnbeamte und ihre Hinterbliebenen.

§ 2.

(1) Die nach § 1 der Kürzung unterliegenden Bezüge werden gekürzt,

a) soweit sie 3000 *RM* jährlich nicht übersteigen, um 4 vom Hundert in der Sonderklasse und in der Ortsklasse A, um 5 vom Hundert in den Ortsklassen B, C und D,

b) soweit sie 3000, aber nicht 6000 *RM* jährlich übersteigen, um 5 vom Hundert in der Sonderklasse und in der Ortsklasse A, um 6 vom Hundert in den Ortsklassen B, C und D,

c) soweit sie 6000, aber nicht 12000 *RM* jährlich übersteigen, um 6 vom Hundert in der Sonderklasse und in der Ortsklasse A, um 7 vom Hundert in den Ortsklassen B, C und D,

d) soweit sie 12000 *RM* jährlich übersteigen, um 7 vom Hundert in der Sonderklasse und in der Ortsklasse A, um 8 vom Hundert in den Ortsklassen B, C und D.

(2) Die Höhe des Kürzungssatzes richtet sich

a) bei Bezugsberechtigten, die einen Wohnungsgeldzuschuß beziehen, nach der Ortsklasse des Wohnungsgeldzuschusses,

b) bei Bezugsberechtigten, die keinen Wohnungsgeldzuschuß beziehen,

---

[2]) Abs. 6 eingefügt durch Kap. II Teil 1 der VO. v. 6. 10. 1931 (RGBl. I S. 537 538).

nach der Ortsklasse des dienstlichen Wohnsitzes oder mangels eines solchen nach der Ortsklasse des Wohnsitzes,

c) bei Bezugsberechtigten, die im Ausland ihren dienstlichen Wohnsitz oder mangels eines solchen ihren Wohnsitz haben, nach der Ortsklasse A.

(3) Die Kürzung nach Abs. 1 tritt zu der nach Kapitel II des Zweiten Teiles der Verordnung des Reichspräsidenten zur Sicherung von Wirtschaft und Finanzen vom 1. Dezember 1930 (Reichsgesetzbl. I S. 522) vorgenommenen Kürzung hinzu; sie wird an den Bezügen vorgenommen, die den Bezugsberechtigten ohne Rücksicht auf jene Kürzung zustehen würden.

(4) Die im § 1 Abs. 1, f genannten Bezüge unterliegen auch der Kürzung nach §§ 1 und 3 des Kapitels II des Zweiten Teiles der Verordnung des Reichspräsidenten zur Sicherung von Wirtschaft und Finanzen vom 1. Dezember 1930.

§ 3.

(1) Die §§ 1 und 2 gelten auch für die Amts- und Versorgungsbezüge des Reichspräsidenten, des Reichskanzlers und der Reichsminister sowie für die Versorgungsbezüge ihrer Hinterbliebenen. Die Amtsbezüge während der Amtszeit sowie das Übergangsgeld des Reichskanzlers und der Reichsminister für die ersten drei Monate werden jedoch, soweit sie kürzungspflichtig sind, um 8 vom Hundert gekürzt.

(2) Ist ein früherer Reichskanzler oder Reichsminister im Reichsdienst oder in einem sonstigen öffentlichen Dienste wiederangestellt oder beschäftigt, so werden seine Versorgungsbezüge aus der Reichskasse soweit gekürzt, als sie zusammen mit den aus der Wiederanstellung oder Beschäftigung fließenden Bezügen die nach Abs. 1 gekürzten Bezüge eines Reichskanzlers oder Reichsministers im Amte übersteigen. Das gleiche gilt beim Bezug eines Einkommens aus einer Tätigkeit, für die eine Vergütung gewährt wird, die ganz oder überwiegend unmittelbar oder mittelbar aus öffentlichen Mitteln fließt.

§ 4.

Der Kinderzuschlag (§ 14 des Besoldungsgesetzes vom 16. Dezember 1927, Reichsgesetzbl. I S. 349) beträgt monatlich für das erste Kind 10 *RM*, für das zweite Kind 20 *RM*, für das dritte und vierte Kind je 25 *RM*, für das fünfte und jedes weitere Kind je 30 *RM*. Die Höhe des jeweils zu zahlenden Satzes bemißt sich nach der Zahl der kinderzuschlagsfähigen Kinder.

§ 5 und § 6.

Betr. Angestellte und Arbeiter.

§ 7.

(1) Die §§ 1 bis 6 gelten entsprechend für die Länder, Gemeinden (Gemeindeverbände) und sonstigen Körperschaften des öffentlichen Rechtes. Die §§ 5 und 6 gelten nicht für Arbeitnehmer in Betrieben, deren Löhne oder Gehälter bei Verkündung dieser Verordnung in einem einheitlichen Tarifvertrag mit denen der Arbeitnehmer privater Betriebe geregelt sind.

(2 u. 3) [3]).

(4) Betr. Angestellte

(5) Betr. Angestellte.

§ 8[4]).

(1) Zu den Körperschaften des öffentlichen Rechtes im Sinne dieses Kapitels gehören auch die Anstalten, Vereine und Stiftungen des öffentlichen Rechtes, die Verbände von Körperschaften des öffentlichen Rechtes, Vereinigungen und Einrichtungen, deren Einkünfte mit mehr als der Hälfte von Körperschaften des öffentlichen Rechtes oder von den vorstehend besonders aufgeführten Körperschaften usw. oder von den in Satz 2 und 3 bezeichneten Unternehmungen herrühren. Unternehmungen, deren Gesellschaftskapital sich mit mehr als der Hälfte im Eigentum von Körperschaften des öffentlichen Rechtes einschließlich der im ersten Satz bezeichneten befindet, gelten ebenfalls als Körperschaften des öffentlichen Rechtes im Sinne dieses Kapitels. Das gleiche gilt für Konzerngesellschaften (Tochtergesellschaften, Subtochtergesellschaften usw.), wenn ihr Kapital und das Kapital der Zwischenglieder (Dachgesellschaft, Tochtergesellschaft, Subtochtergesellschaft usw.) sich je mit mehr als der Hälfte im Eigentum der übergeordneten Konzerngesellschaft oder von Körperschaften des öffentlichen Rechtes einschließlich der im ersten und zweiten Satz bezeichneten befindet.

(2) Die Reichsbank und die Deutsche Reichsbahn-Gesellschaft, die von sich aus eine den Vorschriften der §§ 1, 2, 4 bis 6 entsprechende Kürzung vornehmen, gelten nicht als Körperschaften des öffentlichen Rechtes im Sinne dieses Kapitels. Den öffentlich-rechtlichen Religionsgesellschaften bleibt es überlassen, eine den Vorschriften der §§ 1, 2, 4 bis 7 entsprechende Kürzung vorzunehmen. Die Reichsbank, die Deutsche Reichsbahn-Gesellschaft und die öffentlich-rechtlichen Religionsgesellschaften sind ermächtigt, eine den § 1 Abs. 1, f, §§ 5, 6 und 7 Abs. 4 entsprechende Kürzung vorzunehmen.

(3) Trägt ein Land einer öffentlich-rechtlichen Religionsgesellschaft gegenüber den Aufwand für die Bezüge ihrer Beamten, Wartegeld-

---

[3]) § 7 Abs. 2 u. 3 sind, soweit sie Beamte betreffen, durch § 49 Abs. 1 d. Ges. v. 30. 6. 1933 (RGBl. I S. 433) außer Kraft gesetzt worden.

[4]) Abs. 1 neu gefaßt, Abs. 4 eingefügt durch Kap. II Teil 1 der VO. v. 6. 10. 1931 (RGBl. I S. 537, 539).

empfänger, Ruhegeldempfänger, Empfänger von Hinterbliebenenbezügen, Angestellten und Arbeiter ganz oder teilweise, so ist die oberste Landesbehörde befugt, die Leistungen des Landes entsprechend der nach §§ 1 bis 7 in Verbindung mit § 8 Abs. 2 Satz 2 und 3 höchstzulässigen Kürzung herabzusetzen.

(4) Über die Verwendung der Beträge, die Körperschaften des öffentlichen Rechtes auf Grund des § 7 Abs. 1 ab 1. Oktober 1931 ersparen, entscheidet der Reichsminister der Finanzen für die Träger der Sozialversicherung und für die einer Landesaufsicht nicht unterstehenden Körperschaften des öffentlichen Rechtes, im übrigen die zuständige oberste Landesbehörde. Dies gilt entsprechend für die Kürzung nach der Ersten Gehaltskürzungsverordnung.

§ 9.

(1) Die Länder, Gemeinden (Gemeindeverbände) und sonstigen Körperschaften des öffentlichen Rechtes dürfen für ihre Beamten nicht dieselben Amtsbezeichnungen einführen, die höher zu bewertenden Reichsbeamten zustehen.

(2) Die Amtsbezeichnungen gelten auch dann als dieselben im Sinne des Abs. 1, wenn sie Zusätze (z. B. Ressortbezeichnungen) oder geänderte Zusätze enthalten.

§ 10.

Die Geistlichen und Lehrer gelten als Beamte im Sinne dieses Kapitels.

§ 11.

(1) Die zur Durchführung der Vorschriften dieses Kapitels erforderlichen Bestimmungen trifft der Reichsminister der Finanzen.

(2) Betr. Angestellte.

§ 12.

Die Vorschriften dieses Kapitels bleiben bis auf weiteres in Kraft[5]).

XII. Durchführungsbestimmungen zur Zweiten Gehaltskürzungsverordnung.

Vom 11. Juni 1931 (RBB. S. 67) in der Fassung der 1.—3. Änderung vom 31. August 1931 (RBB. S. 99), vom 19. Oktober 1931 (RBB. S. 131) und vom 23. März 1933 (RBB. S. 11).

Zu § 1 Abs. 1.

Nr. 1. (1) Die Vorschriften des Besoldungs- und Versorgungsrechtes werden, wie durch die Erste Gehaltskürzungsverordnung (Kapitel II des

[5]) Die Geltungsdauer der Vorschriften der 2. Gehaltskürzungs-VO., die ursprünglich bis zum 31. 1. 1934 lief, ist durch Art. 7 § 1 d. Ges. v. 23. 3. 1934 (RGBl. I S. 234) bis auf weiteres verlängert worden.

Zweiten Teiles der Verordnung des Reichspräsidenten zur Sicherung von Wirtschaft und Finanzen vom 1. Dezember 1930, Reichsgesetzbl. I S. 522), so auch durch die Zweite Gehaltskürzungsverordnung (Kapitel I des Zweiten Teiles der Zweiten Verordnung des Reichspräsidenten zur Sicherung von Wirtschaft und Finanzen vom 5. Juni 1931, Reichsgesetzbl. I S. 282) nicht berührt.

(2) Die Kürzung nach der Zweiten Gehaltskürzungsverordnung ist an den Bezügen vorzunehmen, die den Bezugsberechtigten nach geltendem Recht ohne Rücksicht auf die Kürzung nach der Ersten Gehaltskürzungsverordnung zustehen würden (§ 2 Abs. 3), und die nicht von der Kürzung ausgenommen sind (§ 1 Abs. 4).

Nr. 2. (1) Aus dem in Nr. 1 Abs. 1 ausgesprochenen Grundsatz ergeben sich folgende Beispiele:

(2)[1]. Ist ein von einem Beamten einzubehaltender Geldbetrag (z. B. für die Entnahme von Feuerungsmaterialien) nach einem Hundertsatz der Dienstbezüge festgesetzt, so wird er aus den ungekürzten Dienstbezügen berechnet.

(3) Wartegelder, Ruhegelder und Übergangsgebührnisse werden auch künftig aus dem ungekürzten ruhegeldfähigen Diensteinkommen, Witwengelder und Waisengelder aus dem ungekürzten Ruhegeld berechnet. Die so berechneten Wartegelder, Ruhegelder, Übergangsgebührnisse, Witwengelder oder Waisengelder werden nach § 2 gekürzt.

(4) Ob und wieweit Wartegelder, Ruhegelder, Übergangsgebührnisse, Witwengelder oder Waisengelder zu ruhen haben, wird auch künftig unter Zugrundelegung der ungekürzten Bezüge nach den geltenden Vorschriften berechnet; der sich ergebende nichtruhende Betrag des Wartegeldes usw. unterliegt der Kürzung. Handelt es sich bei dem neuen Einkommen um Arbeiterlohn, so sind in der Ruhensberechnung das frühere Diensteinkommen sowie das daraus errechnete Wartegeld usw. mit den gekürzten Beträgen und der Arbeiterlohn in der tatsächlich gewährten Höhe zu berücksichtigen.

(5) Im Falle der Kapitalisierung eines Teiles der Versorgungsbezüge wird sowohl der nichtkapitalisierte Teil als auch die Kapitalabfindung nach § 2 gekürzt[2]). Dies gilt entsprechend für die Vorschüsse auf die nach § 7 des Wehrmachtversorgungsgesetzes zustehenden Übergangsgebührnisse (§ 9 des Wehrmachtversorgungsgesetzes).

Nr. 3. (1) Der Kürzung nach der Zweiten Gehaltskürzungsverordnung unterliegen alle für die Zeit vom 1. Juli 1931 ab zustehenden kürzungspflichtigen Bezüge ohne Rücksicht auf den Zeitpunkt der Auszahlung.

---

[1]) Abs. 2 geändert durch Erl. v. 23. 3. 1933 (RBB. S. 11).

[2]) Vgl. Erl. des RMdF. v. 21. 4. 1932 (RBB. S. 73) und v. 25. 11. 1936 (RBB. S. 116).

(2) Vor dem 1. Juli 1931 anfallende Gnadenbezüge unterliegen auch insoweit nicht der Kürzung nach der Zweiten Gehaltskürzungsverordnung, als sie für die Zeit nach dem 30. Juni 1931 zustehen. — Eine Kapitalabfindung (vgl. Nr. 2 Abs. 5) unterliegt nicht der Kürzung nach der Zweiten Gehaltskürzungsverordnung, wenn der Zeitraum, für den sie gewährt wird, vor dem 1. Juli 1931 beginnt. Das gleiche gilt für die Vorschüsse auf die nach § 7 des Wehrmachtversorgungsgesetzes zustehenden Übergangsgebührnisse (§ 9 des Wehrmachtversorgungsgesetzes).

(3) Nachzahlungen für Zeitabschnitte vor dem 1. Juli 1931 unterliegen nicht der Kürzung nach der Zweiten Gehaltskürzungsverordnung.

(4) Betr. Angestellte.

Nr. 4. Der einem früheren Beamten nach § 75 Nr. 2 oder § 118 des Reichsbeamtengesetzes[3]) auf Lebenszeit oder auf gewisse Jahre belassene Teil des gesetzlichen Ruhegeldes unterliegt der Kürzung.

Nr. 5. Im Falle der Abtretung eines Teiles des Wartegeldes oder des Ruhegeldes nach § 6 der Beamten-Siedlungs-Verordnung vom 11. Februar 1924 (Reichsgesetzbl. S. 53) unterliegt nur der nichtabgetretene Teil des Wartegeldes oder des Ruhegeldes der Kürzung nach der Zweiten Gehaltskürzungsverordnung, wenn die Abtretung vor dem 1. Juli 1931 erfolgt ist.

Nr. 6. Zu den nach § 1 Abs. 1, b der Kürzung unterliegenden Versorgungsbezügen der Ruhegeldempfänger gehören z. B. auch der nach § 30 des Besoldungsgesetzes vom 16. Dezember 1927 (Reichsgesetzbl. I S. 349) gewährte Frauenzuschlag sowie die auf Grund des Gesetzes vom 12. September 1919 zustehende zehnprozentige Pensionserhöhung (RBB. 1928 S. 165 Nr. 1627).

Nr. 7 und 8. Betr. Soldaten der Wehrmacht.

Nr. 9. Den Postagenten bei der Deutschen Reichspost stehen im Sinne der Zweiten Gehaltskürzungsverordnung die Poststelleninhaber und die Post- und Telegraphen-Hilfsstelleninhaber bei der Deutschen Reichspost gleich.

Nr. 10 und 11. Betr. Angestellte und Arbeiter.

Zu § 1 Abs. 3.

Nr. 12. (1) Zu den der Kürzung unterliegenden Dienstbezügen der Reichsbeamten und der Soldaten der Wehrmacht gehören alle Geldbezüge, die sie mit Rücksicht auf ihre hauptamtliche oder nebenamtliche Dienstleistung erhalten, also z. B. die Wohnungsgeldzuschüsse in ihrem vollen Betrage auch dann, wenn sie ganz oder teilweise für eine Dienstwohnung einbehalten werden, die Diäten der außerplanmäßigen Beamten, die Unterhaltszuschüsse der Beamten im Vorbereitungsdienst, die Kolleggelder,

---

[3]) Jetzt § 64 und 104 RDStO. und § 54 DBG.

Vorlesungshonorare, Prüfungsgebühren und Promotionsgebühren, ferner die Zulagen (z. B. die örtlichen Sonderzuschläge, die Ministerialzulagen, die Seedienstzulagen der Marinezahlmeister, die Vergütungen für Mehrleistungen). Die Auslandszulagen der Beamten des auswärtigen Dienstes unterliegen nur in Höhe von 60 vom Hundert der Kürzung; dies gilt auch für die Kürzung nach der Ersten Gehaltskürzungsverordnung.

(2) Auf Personen, die hoheitsrechtliche Funktionen ausüben und dafür Gebühren erhalten, finden hinsichtlich dieser Gebühren die Vorschriften der Ersten und Zweiten Gehaltskürzungsverordnung Anwendung. Das Nähere bestimmt für das Reich und die einer Landesaufsicht nicht unterstehenden Körperschaften des öffentlichen Rechtes der Reichsminister der Finanzen, in allen übrigen Fällen die oberste Landesbehörde.

(3) Hat ein Beamter usw. einen Geldbezug, der nicht aus einer Kasse des Reichs, eines Landes, einer Gemeinde (eines Gemeindeverbandes) oder einer sonstigen Körperschaft des öffentlichen Rechtes fließt, so ist der Bezug kürzungspflichtig, wenn er mit Rücksicht auf die hauptamtliche oder nebenamtliche Dienstleistung des Beamten usw. gewährt wird, also für eine Dienstleistung, die ihm im Hinblick auf sein Hauptamt oder Nebenamt übertragen worden ist.

(4) Der Wert der den Soldaten der Wehrmacht unentgeltlich gewährten Sachbezüge unterliegt der Kürzung nicht, und zwar ohne Rücksicht darauf, ob diese Sachbezüge zur Einkommensteuer herangezogen werden oder nicht.

Zu § 1 Abs. 4.

Nr. 13. Unter Kinderbeihilfen sind die auf Grund des Erlasses des Reichsministers der Finanzen vom 28. März 1928 I B 3312 (RBB. S. 57 Nr. 1592) gewährten „Kinderbeihilfen in gesetzlich nicht geregelten Fällen" zu verstehen.

Nr. 14. Zu den der Kürzung nicht unterliegenden Dienstaufwandsentschädigungen gehören die im Reichshaushaltsplan ausdrücklich als solche bezeichneten Bezüge, außerdem die Kanzlerzulagen, die Entschädigungen für Kassenausfälle, ferner bei der Marine die Kleidergelder, die Maschinenzulagen und der bei der Heranziehung zur Einkommensteuer als Aufwandsgeld anerkannte Teil der Bordzulagen. Im übrigen entscheidet der Reichsminister der Finanzen für das Reich und für die einer Landesaufsicht nicht unterstehenden Körperschaften des öffentlichen Rechtes, die zuständige oberste Landesbehörde in allen übrigen Fällen, was als Dienstaufwandsentschädigung im Sinne des § 1 Abs. 4 anzusehen ist. Dies gilt auch für die Kürzung nach der Ersten Gehaltskürzungsverordnung.

Nr. 15. Einmalige freiwillige Leistungen der Verwaltung zur Behebung wirtschaftlicher Notstände unterliegen nicht der Kürzung.

Zu § 1 Abs. 5.

Nr. 16. Haben die in §§ 1 und 3 genannten Personen Bezüge, die nach § 1 kürzungspflichtig sind, aber nicht aus einer Kasse des Reichs, eines Landes, einer Gemeinde (eines Gemeindeverbandes) oder einer sonstigen Körperschaft des öffentlichen Rechtes fließen, so erfolgt die Kürzung zugunsten der Reichskasse, nicht zugunsten des Schuldners. Der Beamte usw. hat in diesem Falle den Kürzungsbetrag an die Reichskasse abzuführen.

Zu § 2 Abs. 1.

Nr. 17. Bei Berechnung der Kürzung ist zunächst die Höhe der nach § 1 in Verbindung mit § 2 Abs. 3 der Kürzung unterliegenden Bezüge festzustellen (vgl. oben Nr. 1 Abs. 2). Zu den Bezügen, die nach § 1 Abs. 4 der Kürzung nicht unterliegen, gehören insbesondere auch die Kinderzuschläge; sie sind bei der Kürzungsberechnung nach § 2 außer Betracht zu lassen.

Nr. 18. Die Kürzung nach der Zweiten Gehaltskürzungsverordnung ist gestaffelt.

a) nach der Höhe der kürzungspflichtigen Bezüge (Nr. 19),

b) nach Ortsklassen (Nr. 25).

Nr. 19. (1) Die Staffelung nach der Höhe der kürzungspflichtigen Bezüge wirkt sich in der Sonderklasse und in der Ortsklasse A wie folgt aus:

(2) Übersteigen die kürzungspflichtigen Bezüge 3000 *RM* jährlich nicht, so werden sie um 4 vom Hundert gekürzt.

(3) Übersteigen die kürzungspflichtigen Bezüge 3000, aber nicht 6000 *RM* jährlich, so wird der Teilbetrag von 3000 *RM* um 4 vom Hundert, der Rest um 5 vom Hundert gekürzt. — Diese Rechnung kann praktisch wie folgt vereinfacht werden: Die Kürzung beträgt 30 *RM* jährlich (2,50 *RM* monatlich) weniger als 5 vom Hundert der gesamten kürzungspflichtigen Bezüge.

(4) Übersteigen die kürzungspflichtigen Bezüge 6000, aber nicht 12000 *RM* jährlich, so wird der Teilbetrag von 3000 Reichsmark um 4 vom Hundert, der Teilbetrag von weiteren 3000 *RM* um 5 vom Hundert, der Rest um 6 vom Hundert gekürzt. — Vereinfachte Rechnung: Die Kürzung beträgt 90 *RM* jährlich (7,50 *RM* monatlich) weniger als 6 vom Hundert der gesamten kürzungspflichtigen Bezüge.

(5) Übersteigen die kürzungspflichtigen Bezüge 12000 *RM* jährlich, so wird der Teilbetrag von 3000 *RM* um 4 vom Hundert, der Teilbetrag von weiteren 3000 *RM* um 5 vom Hundert, der Teilbetrag von weiteren 6000 *RM* um 6 vom Hundert, der Rest um 7 vom Hundert gekürzt. — Vereinfachte Rechnung: Die Kürzung beträgt 210 *RM* jährlich (17,50 *RM* monatlich) weniger als 7 vom Hundert der gesamten kürzungspflichtigen Bezüge.

(6) Das in Abs. 2 bis 5 Gesagte gilt für die Ortsklassen B, C und D mit der Maßgabe, daß sich alle Hundertsätze um 1 erhöhen.

Nr. 20. (1) Die Summe der Kürzungen nach der Ersten und Zweiten Gehaltskürzungsverordnung kann in einem Rechengange festgesetzt werden. Hierbei ist nach Nr. 19 Abs. 2 bis 5 zu verfahren mit der Maßgabe, daß sich die dort genannten Hundertsätze in der Sonderklasse und in der Ortsklasse A um 6, in den Ortsklassen B, C und D um 1 + 6 = 7 erhöhen.

(2) Besonders zu beachten ist hierbei Nr. 22.

(3) Vgl. die Tafeln in Nr. 23 und die Beispiele in Nr. 24.

Nr. 21. (1) Ob die Grenzen (3000, 6000 oder 12000 *RM*) überschritten sind, ist nicht für ein ganzes Kalenderjahr oder Haushaltsjahr usw., sondern für jeden Zeitabschnitt besonders festzustellen.

(2) Zur Feststellung, ob die Grenzen (3000, 6000 oder 12000 *RM*) überschritten sind, sind alle nach §§ 1, 3, 5 und 6 kürzungspflichtigen Bezüge derselben Person zusammenzuzählen. Dies gilt auch für die Feststellung, ob bei Anwendung des § 3 der Ersten Gehaltskürzungsverordnung die Grenze von 1500 *RM* überschritten ist.

(3) Im Falle der Kapitalisierung eines Teiles der Versorgungsbezüge, im Falle der Gewährung von Vorschüssen auf die nach § 7 des Wehrmachtversorgungsgesetzes zustehenden Übergangsgebührnisse (§ 9 des Wehrmachtversorgungsgesetzes) und im Falle der Abtretung eines Teiles des Wartegeldes oder des Ruhegeldes nach § 6 der Beamten-Siedlungs-Verordnung vom 11. Februar 1924 (Reichsgesetzbl. I S. 53) ist bei der Feststellung, welche Grenzen (3000, 6000 oder 12000 *RM*) bei Berechnung der Kürzung zugrunde zu legen sind, von dem Betrag auszugehen, der ohne die Kapitalisierung usw. zustehen würde.

(4) Witwengelder und Waisengelder, diese für jedes bezugsberechtigte Kind besonders, sind getrennt zu behandeln.

Nr. 22. Bei Bezugsberechtigten, die ein kürzungspflichtiges Einkommen von mehr als 1500 *RM* jährlich (125 *RM* monatlich), aber von nicht mehr als 1600 *RM* jährlich (133,33 *RM* monatlich) in der Sonderklasse oder in der Ortsklasse A bzw. von nicht mehr als 1601 *RM* jährlich (133,42 *RM* monatlich) in den Ortsklassen B, C oder D haben, dürfen die kürzungspflichtigen Bezüge (§ 1) nur so weit gekürzt werden, daß 1440 *RM* jährlich (120 *RM* monatlich) in der Sonderklasse und in der Ortsklasse A, 1425 *RM* jährlich (118,75 *RM* monatlich) in den Ortsklassen B, C oder D verbleiben.

Nr. 23 und 24. Betr. Berechnung der Kürzungen nach der Ersten und Zweiten Gehaltskürzungsverordnung zusammengenommen.

Zu § 2 Abs. 2.

Nr. 25. Bei der Staffelung nach Ortsklassen ist für alle Beamten und Angestellten des Reichs, der Länder, der Gemeinden (Gemeindeverbände) und der sonstigen Körperschaften des öffentlichen Rechtes das für die Besoldung der Reichsbeamten geltende Ortsklassenverzeichnis maßgebend.

Nr. 26. Bei Wartegeldempfängern, Ruhegeldempfängern und Hinterbliebenen richtet sich, da sie keinen Wohnungsgeldzuschuß erhalten, die Höhe des Kürzungssatzes nach dem Wohnsitz.

Zu § 3.

Nr. 27. Die Wohnungsentschädigung des Reichskanzlers und der Reichsminister unterliegt der Kürzung, nicht aber der Wert der freien Amtswohnung.

Zu § 4.

Nr. 28. (1) Die Reihenfolge der Kinder für die Bemessung der Kinderzuschläge bestimmt sich nach dem Lebensalter; sie beginnt beim ältesten Kind.

(2) Als kinderzuschlagsfähige Kinder im Sinne des § 4 Satz 2 gelten auch die Kinder vom vollendeten 21. bis 24. Lebensjahre, für die auf Grund des Erlasses des Reichsministers der Finanzen vom 28. März 1928 — I B 3312 — (RBB. S. 57 Nr. 1592) „Kinderbeihilfen in gesetzlich nicht geregelten Fällen“ gewährt werden. Demgemäß werden auch die „Kinderbeihilfen“ künftig nach den aus § 4 sich ergebenden Sätzen (10 *RM*, 20 *RM* usw.) gezahlt.

(3) Kinder, für die weder ein Kinderzuschlag noch eine „Kinderbeihilfe“ gewährt werden, zählen nicht mit.

(4) Beispiel: Ein Reichsbeamter hat

a) ein Kind von 28 Jahren, das wegen eines Gebrechens dauernd erwerbsunfähig ist und kein eigenes Einkommen hat: 1. Kind, Kinderzuschlag 10 *RM*;
b) ein Kind von 25 Jahren: zählt nicht mit (Abs. 3);
c) ein Kind von 23 Jahren, für das eine „Kinderbeihilfe“ bewilligt ist: 2. Kind, Kinderbeihilfe 20 *RM*;
d) ein Kind von 21 Jahren, für das eine „Kinderbeihilfe“ bewilligt ist: 3. Kind, Kinderbeihilfe 25 *RM*;
e) ein Kind von 15 Jahren: 4. Kind, Kinderzuschlag 25 *RM*;
f) ein Pflegekind (§ 14 Abs. 5 BesG.) von 8 Jahren: 5. Kind, Kinderzuschlag 30 *RM*;
g) ein Kind von 7 Jahren: 6. Kind, Kinderzuschlag 30 *RM*.

Nr. 29—34. Betr. Angestellte.

Zu § 7.

Nr. 35[4]). § 7 schließt nicht aus, daß aus anderem Rechtsgrund, z. B. auf Grund der Verordnung des Reichspräsidenten zur Sicherung der Haushalte der Länder und Gemeinden vom 24. August 1931 — Reichsgesetzbl. I S. 453 — weitergehende Herabsetzungen erfolgen, als sie § 7 erfordert.

Zu § 7 Abs. 1.

Nr. 35a. Für die Feststellung der zu kürzenden Dienstbezüge findet Nr. 12 Abs. 1 und 2 entsprechend Anwendung. Zu den zu kürzenden Bezügen gehören insbesondere auch Vergütungen, die in einem Anteil am Jahresverdienst bestehen, und Provisionen.

Nr. 35b—38. Betr. Angestellte und Arbeiter.

Zu § 8 Abs. 2.

Nr. 38a. Als eine dem § 6 entsprechende Kürzung ist auch eine Kürzung anzusehen, die einschließlich des Wegfalls eines Kinderzuschlags in der durchschnittlichen Auswirkung 4,5 v. H. der Stundenlohnsätze beträgt.

Zu § 8 Abs. 4.

Nr. 38b. (1) Beträge, die Träger der Sozialversicherung und Körperschaften des öffentlichen Rechtes, die einer Landesaufsicht nicht unterstehen, auf Grund des § 7 Abs. 1 in Verbindung mit § 1 Abs. 1, f ersparen, verbleiben bis auf weiteres diesen Körperschaften.

(2) Von den Beträgen, die Körperschaften des öffentlichen Rechtes, die einer Landesaufsicht nicht unterstehen, auf Grund des § 7 Abs. 1 in Verbindung mit § 1 Abs. 1, a bis d und mit §§ 2 bis 6 ab 1. Oktober 1931 ersparen, ist bis auf weiteres ein Teilbetrag in die Reichskasse abzuführen, der sich als Summe aus den Beträgen ergibt, die ohne die Befreiungsvorschrift des § 4 Ziffer 2 des Kapitels III des Dritten Teiles der Zweiten Verordnung des Reichspräsidenten zur Sicherung von Wirtschaft und Finanzen vom 5. Juni 1931 — Reichsgesetzbl. I S. 279, 298ff. — Krisensteuer — von den der Kürzung unterworfenen Beamten, Angestellten oder Arbeitern als Krisensteuer zu entrichten wären. Der an die Reichskasse abzuführende Betrag ist an die Kasse abzuführen, die für die Abführung der Lohnsteuerbeträge zuständig ist.

(3) Abs. 2 findet keine Anwendung auf die Träger der Sozialversicherung einschl. der Reichsanstalt für Arbeitsvermittlung und Arbeitslosenversicherung.

---

[4]) Nr. 32—38b sind neu gefaßt bzw. eingefügt durch Erl. v. 19. 10. 1931 (RBB. S. 131).

Allgemeine Bestimmungen.

Nr. 39. Zur Einkommensteuer und, soweit eine Krisensteuer in Frage kommt, zu dieser, werden nur die gekürzten Bezüge herangezogen. Das gleiche gilt für die Berechnung der der Pfändung nach § 850 ZPO. unterliegenden Bezüge.

Nr. 40. (1) Sind die kürzungspflichtigen Bezüge desselben Bezugsberechtigten bei mehreren Haushaltstiteln zu buchen, so ist wie folgt zu verfahren:

a) Sind die kürzungspflichtigen Bezüge in ihrer ganzen Höhe um denselben Hundertsatz zu kürzen, so wird der bei jedem Titel zu buchende Betrag um diesen Hundertsatz gekürzt.

b) Sind die kürzungspflichtigen Bezüge, da sie 3000 RM jährlich übersteigen, nach mehreren verschiedenen Hundertsätzen zu kürzen, so wird der bei jedem Titel zu buchende Betrag um den höchsten in Frage kommenden Hundertsatz gekürzt; der Minderbetrag der Kürzung (2,50 RM oder 7,50 RM oder 17,50 RM monatlich, vgl. Nr. 19, 20, 23) ist bei dem Titel zu berücksichtigen, bei dem der größte Teil der Dienstbezüge zu buchen ist.

c) Betragen die kürzungspflichtigen Bezüge mehr als 1500 RM jährlich, aber nicht mehr als 1600 RM jährlich (Sonderklasse und Ortsklasse A) bzw. 1601 RM (Ortsklasse B, C oder D), so ist der Kürzungsbetrag im gleichen Verhältnis auf die Titel zu verteilen.

(2) Abs. 1 gilt entsprechend, wenn die kürzungspflichtigen Bezüge desselben Bezugsberechtigten aus verschiedenen Kassen (z. B. Reich und Land) gezahlt werden.

Nr. 41. Betr. Angestellte.

Nr. 42. Die obersten Landesbehörden können zur entsprechenden Durchführung der Zweiten Gehaltskürzungsverordnung und der Durchführungsbestimmungen hierzu für die Länder, Gemeinden (Gemeindeverbände) und die sonstigen der Landesaufsicht unterstehenden Körperschaften des öffentlichen Rechtes weitere Durchführungsbestimmungen erlassen.

XIII. Dritte Gehaltskürzungsverordnung [1]).

(Kapitel VI Teil 7 der Vierten Verordnung des Reichspräsidenten zur Sicherung von Wirtschaft und Finanzen usw. vom 8. Dezember 1931 — RGBl. I S. 699, 738 und des Art. 7 § 1 des Gesetzes v. 23. März 1934 — RGBl. I S. 234 —).

§ 1.

(1) Vom 1. Januar 1932 ab werden um 9 vom Hundert gekürzt:

[1]) Für Preußen s. RdErl. des PrFM. v. 16. 12. 1931 (PrBB. S. 347) in der Fassung des RdErl. v. 8. 1. 1932 (PrBB. S. 4) u. v. 14. 12. 1935 (PrBB. S. 319).

a) die Dienstbezüge der Reichsbeamten einschließlich des Gnadenvierteljahres,
b) die Versorgungsbezüge der Wartegeldempfänger und Ruhegeldempfänger des Reichs einschließlich des Gnadenvierteljahres,
c) die Versorgungsbezüge der Hinterbliebenen von Reichsbeamten und Soldaten der alten und neuen Wehrmacht,
d) die Übergangsgebührnisse der Soldaten der Wehrmacht nach §§ 7, 27, 32 und 70 des Wehrmachtversorgungsgesetzes und die entsprechenden Übergangsgebührnisse der Polizeibeamten beim Reichswasserschutz,
e) die Dienstbezüge der Postagenten der Deutschen Reichspost sowie der Untererheber und Hilfskassenverwalter der Reichsabgabenverwaltung,
f) die laufenden Bezüge, die ehemaligen Angestellten und Arbeitern im Reichsdienst einschließlich des Dienstes bei der Deutschen Reichspost und ihren Hinterbliebenen mit Rücksicht auf das frühere Dienstverhältnis außerhalb der reichsgesetzlichen Sozialversicherung gewährt werden (Ruhelohn, laufende Unterstützungen usw.).

(2) Die Reichstagsbeamten stehen den Reichsbeamten gleich. Für die Soldaten der Wehrmacht in den Besoldungsgruppen C 1 bis C 6 erfolgt besondere Regelung in den Durchführungsbestimmungen.

(3) Zu den Dienstbezügen der Reichsbeamten im Sinne des Abs. 1, a gehören alle Geldbezüge, die sie mit Rücksicht auf ihre hauptamtliche oder nebenamtliche Dienstleistung erhalten.

(4) Kinderzuschläge und Kinderbeihilfen, Dienstaufwandsentschädigungen, Reisekostenvergütungen, Beschäftigungstagegelder, Trennungsentschädigungen, Nachtdienstentschädigungen und Umzugskostenvergütungen unterliegen der Kürzung nach den Vorschriften dieses Kapitels nicht.

(5) Soweit die kürzungspflichtigen Bezüge nicht aus der Reichskasse fließen und nicht schon auf Grund einer entsprechenden Vorschrift zugunsten der Kasse eines Landes, einer Gemeinde (eines Gemeindeverbandes) oder einer sonstigen Körperschaft des öffentlichen Rechtes gekürzt werden, hat der Beamte usw. den Kürzungsbetrag an die Reichskasse abzuführen.

(6) Zu den nach § 1 Abs. 1, f zu kürzenden laufenden Bezügen gehören auch Renten außerhalb der reichsgesetzlichen Sozialversicherung, wenn sich der Arbeitgeber an der Aufbringung der Versicherungsbeiträge beteiligt hat (z. B. bei der Versorgungsanstalt der Deutschen Reichspost, bei der Zusatzversorgungsanstalt des Reichs und der Länder, bei der Arbeiterpensionskasse B der Deutschen Reichsbahn-Gesellschaft), sowie die satzungsmäßigen Leistungen der Deutschen Reichsbahn-Gesellschaft an ehemalige Privateisenbahnbeamte und ihre Hinterbliebenen.

(7) Die Kürzung nach Abs. 1 tritt zu den nach Kapitel II des Zweiten Teiles der Verordnung des Reichspräsidenten zur Sicherung von Wirtschaft und Finanzen vom 1. Dezember 1930 (Reichsgesetzbl. I S. 522) und nach Kapitel I des Zweiten Teiles der Zweiten Verordnung des Reichspräsidenten zur Sicherung von Wirtschaft und Finanzen vom 5. Juni 1931 (Reichsgesetzbl. I S. 282) vorgenommenen Kürzungen hinzu; sie wird an den Bezügen vorgenommen, die den Bezugsberechtigten ohne Rücksicht auf jene Kürzungen zustehen würden.

§ 2[2]).

§ 3.

(1) Ob und wieweit Wartegelder, Ruhegelder, Übergangsgebührnisse, Witwengelder oder Waisengelder zu ruhen haben, wird unter Zugrundelegung der ungekürzten Bezüge nach den geltenden Vorschriften berechnet; der sich ergebende nicht ruhende Betrag der Versorgungsbezüge unterliegt der Kürzung.

(2) Handelt es sich bei dem neuen Einkommen um Arbeitsentgelt, auf das die für die Versorgungsbezüge geltenden Kürzungsbestimmungen dieses Kapitels nicht anzuwenden sind, so sind bei der Ruhensberechnung das frühere Diensteinkommen sowie die Versorgungsbezüge mit den gekürzten Beträgen, das neue Einkommen in der tatsächlich gewährten Höhe anzusetzen.

(3) Der Kürzung unterliegen Versorgungsbezüge auch insoweit, als sie auf Grund gesetzlicher Vorschriften (z. B. auf Grund des § 26 des Offizierpensionsgesetzes vom 31. Mai 1906) einem Pensionsfonds zu erstatten sind.

(4) Abs. 1 bis 3 gelten, mit Wirkung vom Inkrafttreten der nachstehend genannten Vorschriften ab, auch für die Vorschriften des Kapitel II des Zweiten Teiles der Verordnung des Reichspräsidenten zur Sicherung von Wirtschaft und Finanzen vom 1. Dezember 1930 (Reichsgesetzbl. I S. 522) und des Kapitel I des Zweiten Teiles der Zweiten Verordnung des Reichspräsidenten zur Sicherung von Wirtschaft und Finanzen vom 5. Juni 1931 (Reichsgesetzbl. I S. 282). Soweit entgegen der Vorschrift des Abs. 1 Ruhensberechnungen unter Zugrundelegung der gekürzten Bezüge vorgenommen worden sind, verbleibt es für die rückliegende Zeit dabei.

§ 4.

(1) Die §§ 1 und 2 gelten auch für die Amts- und Versorgungsbezüge des Reichspräsidenten, des Reichskanzlers und der Reichsminister sowie für die Versorgungsbezüge ihrer Hinterbliebenen.

(2) Ist ein früherer Reichskanzler oder Reichsminister im Reichsdienst

---

[2]) Gegenstandslos infolge Zeitablaufs.

oder in einem sonstigen öffentlichen Dienste wiederangestellt oder beschäftigt, so werden seine Versorgungsbezüge aus der Reichskasse soweit gekürzt, als sie zusammen mit den aus der Wiederanstellung oder Beschäftigung fließenden Bezügen die nach Abs. 1 gekürzten Bezüge eines Reichskanzlers oder Reichsministers im Amte übersteigen. Das gleiche gilt beim Bezug eines Einkommens aus einer Tätigkeit, für die eine Vergütung gewährt wird, die ganz oder überwiegend unmittelbar oder mittelbar aus öffentlichen Mitteln fließt.

§§ 5—7.

Betr. Angestellte und Arbeiter.

§ 8.

(1) Die §§ 1 bis 7 gelten entsprechend für die Länder, Gemeinden (Gemeindeverbände) und sonstigen Körperschaften des öffentlichen Rechtes. Die §§ 5 und 6 gelten nicht für Arbeitnehmer in Betrieben, deren Löhne oder Gehälter bei Verkündung dieser Verordnung in einem einheitlichen Tarifvertrag mit denen der Arbeitnehmer privater Betriebe geregelt sind.

(2) Auch die nach § 7 Abs. 2 und 4 der Zweiten Gehaltskürzungsverordnung (Kapitel I des Zweiten Teiles der Zweiten Verordnung des Reichspräsidenten zur Sicherung von Wirtschaft und Finanzen vom 5. Juni 1931 — Reichsgesetzbl. I S. 282 — in der Fassung des Kapitel II des Ersten Teiles der Dritten Verordnung des Reichspräsidenten zur Sicherung von Wirtschaft und Finanzen und zur Bekämpfung politischer Ausschreitungen vom 6. Oktober 1931 — Reichsgesetzbl. I S. 538 —) herabgesetzten Dienstbezüge oder Löhne der Beamten, Angestellten und Arbeiter der Länder, Gemeinden (Gemeindeverbände) und sonstigen Körperschaften des öffentlichen Rechtes unterliegen der Kürzung nach diesem Kapitel.

(3) Soweit Bezugsberechtigte wohlerworbene Rechte nach Artikel 129 Abs. 1 Satz 3 der Reichsverfassung haben, werden diese Rechte durch die Vorschrift des Abs. 1 und 2 nicht berührt.

§ 9.

(1) Zu den Körperschaften des öffentlichen Rechtes im Sinne dieses Kapitels gehören auch die Anstalten, Vereine und Stiftungen des öffentlichen Rechtes, die Verbände von Körperschaften des öffentlichen Rechtes, Vereinigungen und Einrichtungen, deren Einkünfte mit mehr als der Hälfte von Körperschaften des öffentlichen Rechtes oder von den vorstehend besonders aufgeführten Körperschaften usw. oder von den in Satz 2 und 3 bezeichneten Unternehmungen herrühren. Unternehmungen, deren Gesellschaftskapital sich mit mehr als der Hälfte im Eigentum von Körperschaften des öffentlichen Rechtes einschließlich der im Satz 1 bezeichneten befindet, gelten ebenfalls als Körperschaften des öffentlichen Rechtes im Sinne dieses

Kapitels. Das gleiche gilt für Konzerngesellschaften (Tochtergesellschaften, Subtochtergesellschaften usw.), wenn ihr Kapital und das Kapital der Zwischenglieder (Dachgesellschaft, Tochtergesellschaft, Subtochtergesellschaft usw.) sich je mit mehr als der Hälfte im Eigentum der übergeordneten Konzerngesellschaft oder von Körperschaften des öffentlichen Rechtes einschließlich der im Satz 1 und 2 bezeichneten befindet.

(2) Die Reichsbank und die Deutsche Reichsbahn-Gesellschaft, die von sich aus eine den Vorschriften der §§ 1 bis 3 entsprechende Kürzung vornehmen, gelten nicht als Körperschaften des öffentlichen Rechtes im Sinne dieses Kapitels. Den öffentlich-rechtlichen Religionsgesellschaften bleibt es überlassen, eine den Vorschriften der §§ 1 bis 3 entsprechende Kürzung vorzunehmen. § 1 Abs. 1, f und die §§ 5 bis 7 und 8 Abs. 1 Satz 2 gelten sinngemäß für die Reichsbank, die Deutsche Reichsbahn-Gesellschaft und die öffentlich-rechtlichen Religionsgesellschaften insoweit, als diese Körperschaften nicht von sich aus eine für den einzelnen Arbeitnehmer günstigere Anordnung treffen. Die Kürzung der gesetzlichen Versorgungsbezüge nach diesem Kapitel hat keine Erhöhung der satzungsmäßigen Leistungen der Deutschen Reichsbahn-Gesellschaft an ehemalige Privateisenbahnbeamte und ihre Hinterbliebenen zur Folge.

(3) Trägt ein Land einer öffentlich-rechtlichen Religionsgesellschaft gegenüber den Aufwand für die Bezüge ihrer Beamten, Wartegeldempfänger, Ruhegeldempfänger, Empfänger von Hinterbliebenenbezügen, Angestellten und Arbeiter ganz oder teilweise, so ist die oberste Landesbehörde befugt, die Leistungen des Landes entsprechend der nach §§ 1 bis 6 und 8 in Verbindung mit § 9 Abs. 2 Satz 2 und 3 höchstzulässigen Kürzung herabzusetzen.

(4) Über die Verwendung der Beträge, die Körperschaften des öffentlichen Rechtes auf Grund des § 8 Abs. 1 vom 1. Januar 1932 ab ersparen, entscheidet der Reichsminister der Finanzen für die Träger der Sozialversicherung und für die einer Landesaufsicht nicht unterstehenden Körperschaften des öffentlichen Rechtes, im übrigen die zuständige oberste Landesbehörde.

§ 10.

Die Geistlichen und Lehrer gelten als Beamte im Sinne dieses Kapitels.

§ 11.

(1) Die zur Durchführung der Vorschriften dieses Kapitels erforderlichen Bestimmungen trifft der Reichsminister der Finanzen.

(2) Betr. Angestellte und Arbeiter.

§ 12.

Die Vorschriften dieses Kapitels bleiben bis auf weiteres in Kraft[3]).

---

[3]) Die Geltungsdauer der Vorschriften der 3. Gehaltskürzungs-VO., die ursprünglich bis zum 31. 1. 1934 lief, ist durch Art. 7 § 1 des Gesetzes v. 23. 3. 1934 (RGBl. I S. 234) bis auf weiteres verlängert worden.

XIV. Durchführungsbestimmungen zur Dritten Gehaltskürzungsverordnung.

v. 17. 12. 1931 (RBB. S. 162) in der Fassung der Ergänzung vom 8. 11. 1935 (RBB. S. 145).

Zu § 1 Abs. 1.

Nr. 1. Die Vorschriften in Nr. 1 bis 10 — mit Ausnahme von Nr. 2 Abs. 4 — sowie die Vorschrift in Nr. 11 Abs. 1 der Durchführungsbestimmungen zur Zweiten Gehaltskürzungsverordnung in der Fassung der Ersten und Zweiten Änderung (RBB. S. 67 Nr. 1925, S. 99 Nr. 1956 und S. 131 Nr. 1970) gelten sinngemäß auch für die Dritte Gehaltskürzungsverordnung (Kapitel VI des Siebenten Teiles der Vierten Verordnung des Reichspräsidenten zur Sicherung von Wirtschaft und Finanzen und zum Schutze des inneren Friedens vom 8. Dezember 1931, Reichsgesetzbl. I S. 738).

Nr. 2. Haben die nach § 1, Abs. 1, f oder nach § 7 Abs. 1 in Verbindung mit § 1 Abs. 1, f der Zweiten Gehaltskürzungsverordnung oder nach § 1 Abs. 1, f oder nach § 8 Abs. 1 in Verbindung mit § 1 Abs. 1, f der Dritten Gehaltskürzungsverordnung zu kürzenden Bezüge seit dem 31. Dezember 1930 bereits eine landesgesetzliche, tarifliche, statutarische oder verwaltungsmäßige Kürzung infolge der Herabsetzung der Bemessungsgrundlagen (Lohnsätze, Arbeitszeit) erfahren, so tritt die Kürzung nach der Ersten, Zweiten und Dritten Gehaltskürzungsverordnung nur dann und nur so lange ein, als sie größere Ersparnisse bringt als die landesgesetzliche, tarifliche, statutarische oder verwaltungsmäßige Kürzung der laufenden Bezüge. Solange nach Satz 1 die Kürzung nach der Ersten, Zweiten und Dritten Gehaltskürzungsverordnung vorzunehmen ist, entfällt die mit geringeren Ersparnissen verbundene landesgesetzliche, tarifliche, statutarische oder verwaltungsmäßige Kürzung der laufenden Bezüge.

Nr. 3. Betr. Soldaten der Wehrmacht.

Nr. 4. (1) Die Summe der Kürzungen nach der Ersten, Zweiten und Dritten Gehaltskürzungsverordnung kann in einem Rechengange festgesetzt werden. Wegen der in der Zweiten Gehaltskürzungsverordnung vorgeschriebenen Staffelung nach Gehaltsgrenzen und Ortsklassen vgl. Nr. 21, 25 und 26 der Durchführungsbestimmungen zur Zweiten Gehaltskürzungsverordnung.

(2) Besonders zu beachten ist hierbei nachstehende Nr. 5.

(3) Vgl. die Tafeln in Nr. 6 und die Beispiele in Nr. 7.

Nr. 5. Bei Bezugsberechtigten, die ein kürzungspflichtiges Einkommen von mehr als 1500 Reichsmark jährlich (125 Reichsmark monatlich), aber von nicht mehr als 1611 Reichsmark jährlich (134,25 Reichsmark monatlich) in der Sonderklasse oder in der Ortsklasse A bzw. von nicht mehr als 1612,44 Reichsmark jährlich (134,37 Reichsmark monatlich) in den Ortsklassen B, C oder D haben, dürfen die kürzungspflichtigen Bezüge nur so weit gekürzt werden, daß 1305 Reichsmark jährlich (108,75 Reichsmark monatlich) in der Sonderklasse und in der Ortsklasse A, 1290 Reichsmark jährlich (107,50 Reichsmark monatlich) in den Ortsklassen B, C oder D verbleiben.

Nr. 6. Die Kürzung nach der Ersten, Zweiten und Dritten Gehaltskürzungsverordnung zusammengenommen berechnet sich wie folgt:

A. Jahrestafel.

Die kürzungspflichtigen Bezüge (§ 1) betragen	Sonderklasse und Ortsklasse A	Ortsklassen B, C und D
	Die Kürzung beträgt	
1	2	3
mehr als 12000 *RM*	22% minus 210 *RM*	23% minus 210 *RM*
mehr als 6000, aber nicht mehr als 12000 *RM*	21% minus 90 *RM*	22% minus 90 *RM*
mehr als 3000, aber nicht mehr als 6000 *RM*	20% minus 30 *RM*	21% minus 30 *RM*
mehr als 1611, aber nicht mahr als 3000 *RM*	19%	
mehr als 1612,44, aber nicht mehr als 3000 *RM*		20%
bis zu 1500 *RM*	13%	14%
	Der nach der Kürzung verbleibende Rest beträgt	
mehr als 1500, aber nicht mehr als 1611 *RM*	1305 *RM*	
mehr als 1500, aber nicht mehr als 1612,44 *RM*		1290 *RM*

B. Monatstafel.

Die kürzungspflichtigen Bezüge (§ 1) betragen	Sonderklasse und Ortsklasse A	Ortsklassen B, C und D
	Die Kürzung beträgt	
1	2	3
mehr als 1000 RM	22% minus 17,50 RM	23% minus 17,50 RM
mehr als 500, aber nicht mehr als 1000 RM	21% minus 7,50 RM	22% minus 7,50 RM
mehr als 250, aber nicht mehr als 500 RM	20% minus 2,50 RM	21% minus 2,50 RM
mehr als 134,25, aber nicht mehr als 250 RM	19%	
mehr als 134,37, aber nicht mehr als 250 RM		20%
bis zu 125 RM	13%	14%
	Der nach der Kürzung verbleibende Rest beträgt	
mehr als 125, aber nicht mehr als 134,25 RM	108,75 RM	
mehr als 125, aber nicht mehr als 134,37 RM		107,50 RM

Nr. 7.

1. Beispiel.

Monatsbezüge:

a) Grundgehalt	883,34 RM
b) Wohnungsgeldzuschuß (Sonderklasse)	168,00 RM
c) örtlicher Sonderzuschlag	26,50 RM
zusammen	1077,84 RM

Kürzung:

22 v. H. aus 1077,84 RM	= 237,12 RM	
Hiervon ab	17,50 RM	219,62 RM
	Bleiben	858,22 RM

2. Beispiel.

Monatsbezüge:

a) Grundgehalt		233,34 RM
b) Wohnungsgeldzuschuß (Ortsklasse B)		50,50 RM
	zusammen	283,84 RM
Kürzung:		
21 v. H. aus 283,84 RM	= 59,60 RM	
Hiervon ab	2,50 RM	57,10 RM
	Bleiben	226,74 RM

3. Beispiel.

Monatsbezüge:

a) Grundgehalt		125,00 RM
b) Wohnungsgeldzuschuß (Ortsklasse A)		44,50 RM
	zusammen	169,50 RM
Kürzung:		
19 v. H. aus 169,50 RM		= 32,20 RM
	Bleiben	137,30 RM

4. Beispiel.

Monatsbezüge:

Ruhegeld *) (Wohnsitz: Ortsklasse C)		131,25 RM
Kürzung: (131, 25—107,50)		= 23,75 RM
	Bleiben	107,50 RM

*) In einem Falle, der nicht unter § 2 der Dritten Gehaltskürzungsverordnung fällt.

5. Beispiel.

Monatsbetrag:

Laufende Unterstützung (§ 1 Abs. 1, f) (Wohnsitz: Ortsklasse A)		42,00 RM
Kürzung: 13 v. H. aus 42,00 RM		= 5,46 RM
	Bleiben	36,54 RM

Nr. 8. Betr. Soldaten der Wehrmacht.

Zu § 1 Abs. 3 bis 5.

Nr. 9. Die Vorschriften in Nr. 12 bis 16 der Durchführungsbestimmungen zur Zweiten Gehaltskürzungsverordnung gelten sinngemäß auch für die Dritte Gehaltskürzungsverordnung.

Nr. 10—12.[1]).

Zu § 3.

Nr. 13[2]). (1) Bei den Ruhensberechnungen sind grundsätzlich die früheren und die neuen Bezüge mit den ungekürzten Beträgen einander

[1]) Gegenstandslos infolge Zeitablaufs.
[2]) Geändert durch Erl. v. 8. 11. 1935 (RBB. S. 145).

gegenüberzustellen. Erst der sich daraus ergebende nicht ruhende Betrag der Versorgungsbezüge ist zu kürzen. Dieses Verfahren ist in allen Fällen anzuwenden, in denen die für das neue Einkommen vorgeschriebene Art der Kürzung es zuläßt, d. h. in denen auch das neue Einkommen in seinen Grundbezügen keine Änderung erfahren hat, sondern nur wie die zu regelnden Versorgungsbezüge vorübergehend eine prozentuale Kürzung erleidet. Ob der Hundertsatz, um den das neue Einkommen gekürzt wird, der gleiche ist, um den ein gleich hoher Versorgungsbezug nach Nr. 6 zu kürzen wäre, ist also ohne Bedeutung (z. B. bei weitergehender Kürzung eines im Landesdienst bezogenen neuen Einkommens). — Für die Kürzung des bei der Ruhensberechnung sich ergebenden nichtruhenden Betrages sind die in Nr. 6 vorgesehenen Kürzungssätze auch dann maßgebend, wenn das frühere Diensteinkommen nach Nr. 3 oder 8 um einen geringeren Hundertsatz zu kürzen war.

(2) Das im Abs. 2 vorgesehene Verfahren findet hiernach dann Anwendung, wenn die Art der Kürzung des neuen Einkommens dessen Ansatz in der Ruhensberechnung mit dem ursprünglichen ungekürzten Betrage nicht ohne weiteres zuläßt (z. B. bei Arbeitsentgelt, das bisher durch Änderung der Tarifverträge gekürzt worden ist). Für die Kürzung des früheren Diensteinkommens gilt das im Schlußsatz des Abs. 1 Gesagte.

Beispiele:

Zu Abs. 1.

Früheres Diensteinkommen	600 *RM*	Ungekürzte Bezüge
Ruhegeld	400 „	
Neues Diensteinkommen	500 „	

Ruhensberechnung.

Früheres Diensteinkommen	600 *RM*
Neues Diensteinkommen	500 „
Mithin ruhen vom Ruhegeld nicht	100 *RM*
Dieser Betrag ist in Ortsklasse B nach Nr. 13 (Nr. 40 der Durchführungsbestimmungen zur Zweiten Gehaltskürzungsverordnung) und Nr. 6 (Monatstafel) zu kürzen um den für die 600 *RM* geltenden Hundertsatz, d. h. um 22 %*)	= 22 *RM*
Bleiben zahlbar	78 *RM*

*) Bei einem neuen Diensteinkommen von 250 *RM* würden vom Ruhegeld nicht ruhen 600—250 = 350 *RM*. Dieser Betrag wäre, da er von den beiden kürzungspflichtigen Bezügen (250 und 350 *RM*) der höhere ist, zu kürzen um 22 % — 7.50 *RM*.

Zu Abs. 2.

Früheres Diensteinkommen	600 RM	Ungekürzte Bezüge
Ruhegeld	400 „	
Neues Einkommen	395 „	Gekürzter Bezug, der sich nicht durch Kürzung des ursprünglichen Grundbezuges um einen Hundertsatz ergeben hat.

Ruhensberechnung.

Nach Nr. 13 und Nr. 6 (Monatstafel) ergibt sich für Ortsklasse B
bei den 600 RM eine Kürzung um 22% —7,50 = 124,50 RM, so daß bleiben 475,50 RM,
bei den 400 RM eine Kürzung um 22% = 88,— RM, so daß bleiben 312,— RM

Früheres Diensteinkommen	475,50 RM
Neues Einkommen	395,— „
Aus dem Ruhegeld ist daher zahlbar der Unterschied von	80,50 RM

Zu § 4.

Nr. 14. Die Wohnungsentschädigung des Reichskanzlers und der Reichsminister unterliegt der Kürzung, nicht aber der Wert der freien Amtswohnung.

Nr. 15. Betr. Angestellte.

Zu § 8 Abs. 1.

Nr. 16. Die Vorschriften in Nr. 35a und 35b der Durchführungsbestimmungen zur Zweiten Gehaltskürzungsverordnung gelten sinngemäß auch für die Dritte Gehaltskürzungsverordnung.

Zu § 8 Abs. 2.

Nr. 17. (1) Bei den nach § 7 Abs. 2 und 4 der Zweiten Gehaltskürzungsverordnung herabgesetzten Dienstbezügen der Beamten und Angestellten der Länder, Gemeinden (Gemeindeverbände) und sonstigen Körperschaften des öffentlichen Rechtes unterliegt der herabgesetzte Betrag der Kürzung nach der Ersten, Zweiten und Dritten Gehaltskürzungsverordnung. Ist die Herabsetzung auf die Bezüge eines Reichsministers erfolgt, so richtet sich die Kürzung auch nach den für die Dienstbezüge der Reichsminister geltenden Kürzungshundertsätzen.

(2) Betr. Arbeiter.

Allgemeine Bestimmungen.

Nr. 18. Die allgemeinen Bestimmungen in Nr. 39, 40 und 42 der Durchführungsbestimmungen zur Zweiten Gehaltskürzungsverordnung gelten auch für die Dritte Gehaltskürzungsverordnung. In Nr. 40 Abs. 1, c ist hierbei statt „1600 RM" zu lesen: „1611 RM", statt „1601 RM": „1612,44 RM".

Nr. 19. Betr. Angestellte.

XV. Gesetz zur Änderung von Vorschriften auf dem Gebiete des allgemeinen Beamten-, des Besoldungs- u. des Versorgungsrechts.

Vom 30. Juni 1933 (RGBl. I S. 433).

Kapitel VIII.

Angleichung der Bezüge der Beamten der Länder usw. an die der Reichsbeamten.

§ 40.

(1) Die Länder[1]) und die der Landesaufsicht nicht unterstehenden Körperschaften des öffentlichen Rechtes sind berechtigt und verpflichtet, die Bezüge ihrer Beamten herabzusetzen, soweit sie höher liegen als die Bezüge gleich zu bewertender Reichsbeamten. Zu den Reichsbeamten im Sinne dieses Kapitels gehören auch der Reichskanzler und die Reichsminister. Satz 1 findet auf Hochschullehrer keine Anwendung; für sie gelten die besonderen Vorschriften des § 44. Ebenso können in anderen Fällen, in denen die wissenschaftliche oder künstlerische Bedeutung eines Amtes eine besondere Bewertung erfordert, die Reichsregierung oder die Landesregierungen abweichende Bestimmungen treffen.

(2) Die Gemeinden[2]), Gemeindeverbände[2]) und die sonstigen der Landesaufsicht unterstehenden Körperschaften des öffentlichen Rechtes sind berechtigt und verpflichtet, die Bezüge ihrer Beamten herabzusetzen, soweit sie höher liegen als die Bezüge gleich zu bewertender Landesbeamten.

---

[1]) Vgl. für Preußen Besoldungsangleichungsgesetz v. 17. 1. 1936 — GS. S. 3 — (abgedruckt S. 390ff.) nebst DBO. v. 16. 3. 1936 — GS. S. 78 — und VO. über die Neufassung der Besoldungsordnung v. 4. 3. 1936 (GS. S. 31).

[2]) Hinsichtlich der Dienstbezüge, Wartegelder, Ruhegehälter der Beamten der preußischen Gemeinden und Gemeindeverbände und Versorgung der Hinterbliebenen s. 4. Teil Kap. II der 1. Sparverordnung v. 12. 9. 1931 (GS. S. 179, 200) in der Fassung

(3) Die Vorschriften des Abs. 1 gelten auch für die Bezüge der Minister und der diesen gleich zu stellenden Regierungsmitglieder.

(4) Die Vorschriften der Abs. 1 bis 3 gelten auch insoweit, als besondere Zusicherungen, Vereinbarungen, Vergleiche, rechtskräftige Urteile oder Schiedssprüche vorliegen.

(5) Die Landesregierungen oder die von ihnen beauftragten Behörden sind berechtigt und verpflichtet, die Bezüge der Beamten der Gemeinden, Gemeindeverbände und der sonstigen der Landesaufsicht unterstehenden Körperschaften des öffentlichen Rechtes herabzusetzen, soweit diese ihrer Verpflichtung aus Abs. 2 nicht bis zum 31. Juli 1933 nachgekommen sind.

§ 41.

(1) Eine Gleichbewertung von Beamten im Sinne des § 40 wird nicht dadurch ausgeschlossen, daß im Dienst des Reichs oder des Landes eine unmittelbar vergleichbare Dienststelle nicht besteht.

(2) In besonderen Ausnahmefällen kann bestimmt werden, daß die Bewertung eines Beamten oder einer Beamtengruppe zwischen der Bewertung der Reichsbeamten zweier benachbarter Besoldungsgruppen liegt. In diesem Falle kann das Grundgehalt auf einen Betrag oder auf eine aufsteigende Reihe von Beträgen festgesetzt werden, die zwischen den Beträgen liegen, die für die beiden benachbarten Besoldungsgruppen der Reichsbesoldungsordnung vorgesehen sind.

(3) Die in Durchführung des § 40 getroffenen Maßnahmen unterliegen nicht der Nachprüfung im ordentlichen Rechtsweg oder im Verfahren vor Verwaltungsgerichten, Schiedsgerichten oder vor dem Staatsgerichtshof für das Deutsche Reich.

§ 42.

(1) Bei dem Vergleich gemäß § 40 sind alle Geldbezüge und sonstigen Bezüge heranzuziehen, die die Beamten mit Rücksicht auf ihre hauptamtliche oder nebenamtliche Dienstleistung erhalten.

(2) Zur Durchführung des § 40 Abs. 1 Satz 1 gehört auch die Neufestsetzung des Diätendienstalters, des Besoldungsdienstalters und der ruhegeldfähigen Dienstzeit in den Fällen, in denen bisher Dienst- oder Be-

---

der Verordnung vom 18. 1. 1933 (GS. S. 5). Runderlaß des PrMdI. und des PrFM. v. 16. 9. 1931 (MBliV. S. 895) und v. 12. 11. 1931 (MBliV. S. 1153). Diese Vorschriften sind ergänzt durch das hier abgedruckte Kap. VIII des Gesetzes v. 30. 6. 1933 nebst den preußischen Durchführungsvorschriften. S. z. B. 2. u. 3. DVO. v. 15. 7. 1933 (GS. S. 247 und 248), 1. Ausf.Anw. des MdI. u. PrFM. v. 19. 7. 1933 (MBliV. S. 837, 956), RdErl. d. MdI. betr. Vollzug d. Kap. VIII v. 28. 12. 1933 (MBliV. S. 1934 S. 9), RdErl. betr. Besoldung der Gemeindepolizeibeamten v. 19. 10. 1933 (MBliV. S. 1246) u. RdErl. d. RuPrMdI. u. d. PrFM. v. 14. 2. 1935 (MBliV. S. 201) betr. Angleichung der Bezüge der Gemeindebeamten an die Bezüge gleich zu bewertender Staatsbeamten. S. fernerhin die RdErl. d. RuPrMdI. v. 24. 4. 1936 (RMBliV. S. 547) u. v. 22. 7. 1937 (RMBliV. S. 1239).

schäftigungszeiten in einem weitergehenden Umfange angerechnet worden sind, als es die Vorschriften des Reichs bei den Reichsbeamten zulassen.

(3) Zur Durchführung des § 40 Abs. 2 gelten die Vorschriften des vorstehenden Abs. 2 entsprechend.

§ 43.

Die Vorschriften der §§ 40 bis 42 gelten entsprechend für die Herabsetzung der Bezüge der beim Inkrafttreten dieses Kapitels im einstweiligen oder dauernden Ruhestand befindlichen Beamten, der Bezüge der Hinterbliebenen der bis zu diesem Zeitpunkt im Dienste, im einstweiligen oder dauernden Ruhestand verstorbenen Beamten sowie für die Herabsetzung aller übrigen Versorgungs- und Übergangsleistungen und sonstiger Leistungen, die mit Rücksicht auf ein früheres Dienstverhältnis gewährt werden.

§ 44.

(1) Die Landesregierungen sind ermächtigt, die den Hochschullehrern vor dem Inkrafttreten dieses Kapitels gemachten Zusicherungen abzuändern oder aufzuheben. Hierbei sind sie an Vereinbarungen, Vergleiche, rechtskräftige Urteile oder Schiedssprüche nicht gebunden.

(2) Ausgenommen bleiben Zusicherungen, die sich auf die Festsetzung der Dienstaltersstufe beziehen.

(3) Die Vorschriften der §§ 41 Abs. 3, 43 finden entsprechende Anwendung.

§ 45.

Zu den Körperschaften des öffentlichen Rechtes im Sinne dieses Kapitels gehören auch die Anstalten und Stiftungen des öffentlichen Rechtes sowie die Verbände von Körperschaften des öffentlichen Rechtes.

§ 46.

(1) Die Deutsche Reichsbahn-Gesellschaft, die Reichsbank, die öffentlich-rechtlichen Religionsgesellschaften und die Verbände von solchen sind ermächtigt, die Vorschriften dieses Kapitels entsprechend anzuwenden.

(2) Trägt ein Land einer öffentlich-rechtlichen Religionsgesellschaft gegenüber den Aufwand für die Bezüge ihrer Beamten, Wartegeldempfänger, Ruhegeldempfänger, Empfänger von Hinterbliebenenbezügen ganz oder teilweise, so ist die oberste Landesbehörde befugt, die Leistungen des Landes entsprechend der in diesem Kapitel vorgesehenen Herabsetzung der Bezüge zu kürzen.

§ 47.

Geistliche und Lehrer sind als Beamte im Sinne dieses Kapitels anzusehen.

§ 48.

Die notwendigen Maßnahmen sind spätestens bis zum 31. Dezember 1933 und mit Wirkung spätestens vom 1. Oktober 1933 ab zu treffen.

§ 49.

(1) § 7 Abs. 2 und 3 des Kapitels I des Zweiten Teiles der Zweiten Verordnung des Reichspräsidenten zur Sicherung von Wirtschaft und Finanzen vom 5. Juni 1931 (Reichsgesetzbl. I S. 279, 283) in der Fassung der Dritten Verordnung des Reichspräsidenten zur Sicherung von Wirtschaft und Finanzen usw. vom 6. Oktober 1931, Erster Teil, Kapitel II (Reichsgesetzbl. I S. 537, 538) treten, soweit sie Beamte betreffen, außer Kraft.

(2) Betr. Angestellte und Arbeiter.

(3) Kapitel V und VI des Vierten Teiles der Verordnung des Reichspräsidenten zur Belebung der Wirtschaft vom 4. September 1932 (Reichsgesetzbl. I S. 425, 431) werden nicht berührt.

XVI. Preuß. Gesetz über die Angleichung der Besoldung der unmittelbaren Staatsbeamten an die Besoldung der Reichsbeamten [1]).

Vom 17. Januar 1936 (GS. S. 3).

§ 1.

(1) Das Reichsbesoldungsgesetz vom 16. Dezember 1927 (Reichsgesetzbl. I S. 349) gilt vom 1. April 1936 ab in der jeweiligen Fassung entsprechend für die Bezüge der unmittelbaren Staatsbeamten, die bisher durch das Preußische Besoldungsgesetz vom 17. Dezember 1927 (Gesetzsamml. S. 223) geregelt sind. Dabei treten an die Stelle der bisherigen preußischen Besoldungsgruppen die entsprechenden Reichsbesoldungsgruppen nach Maßgabe der Anlage und an die Stelle der nach dem Reichsbesoldungsgesetze für die Durchführung zuständigen Behörden des Reichs die entsprechenden Behörden Preußens.

(2) Die in der Besoldungsordnung[1]) (Anlage 1 zum Preußischen Besoldungsgesetz vom 17. Dezember 1927 — Gesetzsamml. S. 223 —) unter Abschnitt „C. Gehälter mit Mindestgrundgehaltssätzen" aufgeführten Beamten und die wissenschaftlichen Assistenten mit planmäßiger Vergütung bei Wissenschaftlichen Hochschulen und die ihnen gleichgestellten Hilfskräfte bei Wissenschaftlichen Hochschulen, Anstalten und Instituten erhalten ihre Dienstbezüge weiter nach Maßgabe der Bestimmungen des Preußischen Besoldungsgesetzes[2]).

---

[1]) Vgl. DBO. v. 16. 3. 1936 (GS. S. 78). Die Besoldungsordnung für die planmäßigen unmittelbaren Staatsbeamten ist durch VO. v. 4. 3. 1936 (GS. S. 31) neu gefaßt worden. S. auch RdErl. des PrFM. v. 16. 3. 1936 (PrBB. S. 61).

[2]) Pr. Besoldungsgesetz v. 17. 12. 1927 (GS. S. 223) in der Fassung der Änderungen

§ 2.

Der Finanzminister wird ermächtigt, die Besoldungsordnung für die unmittelbaren Staatsbeamten in der hiernach geltenden Fassung bekanntzumachen.

§ 3.

(1) Sind die Dienstbezüge, die einem Beamten nach dem Preußischen Besoldungsgesetze vom 17. Dezember 1927 am 31. März 1936 zugestanden haben, höher als die ihm nach diesem Gesetze zustehenden Dienstbezüge, so erhält er eine Ausgleichszulage. Diese besteht in dem Unterschiedsbetrage zwischen den bisherigen und den neuen Bezügen. Bei der Berechnung des Unterschiedsbetrags bleiben außer Ansatz

a) Kinderbeihilfen und Kinderzulagen in gesetzlich nicht geregelten Fällen,

b) Ministerialzulagen, Dienstaufwandentschädigungen und nichtruhegehaltfähige Gebührenanteile.

(2) Soweit die Ausgleichszulage einem Beamten gewährt wird, der infolge der Einweisung in die ergänzte Reichsbesoldungsordnung eine Minderung des Wohnungsgeldzuschusses und des örtlichen Sonderzuschlags erfährt, bestimmt sich ihre Höhe nach dem jeweiligen dienstlichen Wohnsitze.

(3) Die Ausgleichszulage wird gewährt, bis sie durch Erhöhung der neuen Bezüge, insbesondere durch Aufsteigen in den Dienstaltersstufen oder in eine andere Besoldungsgruppe, ausgeglichen wird. Hierbei werden nicht angerechnet Änderungen des Wohnungsgeldzuschusses und des örtlichen Sonderzuschlags, die durch Versetzung in einen anderen Ort oder durch Einweisung des Dienstorts in eine andere Ortsklasse eintreten.

(4) Beim Übertritt in eine Besoldungsgruppe mit gleichem oder höherem Endgrundgehalte sind für die Ermittlung des nächsthöheren Grundgehaltssatzes (§ 7 des Reichsbesoldungsgesetzes) ausschließlich die Grundgehaltssätze der Reichsbesoldungsordnung maßgebend.

(5) Die Ausgleichszulage ist ruhegehaltfähig, soweit die Dienstbezüge, zu deren Ausgleiche sie dient, ruhegehaltfähig waren.

§ 4.

(1) Soweit ein Beamter beim Inkrafttreten dieses Gesetzes für seine Person auf Grund besonderer Vorschrift höhere Bezüge als die seiner Planstelle erhält, behält er diese Bezüge nach Maßgabe dieses Gesetzes auch nach der Überleitung in die Reichsbesoldungsordnung, solange sie höher sind, als die ihm nach dieser in seiner Planstelle zustehenden Bezüge. § 3 findet entsprechende Anwendung.

---

v. 12. 9. 1931 (GS. S. 179), 12. 10. 1931 (GS. S. 221), § 30 VO. v. 23. 12. 1931 (GS. S. 293), Kap. II Erster Teil der VO. v. 14. 3. 1932 (GS. S. 123), § 8 des Ges. v. 26. 4. 1933 (GS. S. 125), Art. II § 2 des Ges. v. 15. 12. 1933 (GS. S. 475) und des Ges. v. 28. 3. 1934 (GS. S. 233).

(2) Soweit ein Beamter auf Grund besonderer Vorschrift eine andere als die mit seiner Planstelle verbundene Amtsbezeichnung führen darf, verbleibt es hierbei, bis er in eine Besoldungsgruppe befördert wird, der diese Amtsbezeichnung entspricht.

§ 5.

Wartegelder und sonstige Versorgungsbezüge der zum 1. April 1936 oder zu einem früheren Zeitpunkt aus dem aktiven Dienste ausgeschiedenen Beamten und ihrer Hinterbliebenen werden durch dieses Gesetz nicht berührt.

§ 6.

Der Finanzminister erläßt die zur Durchführung und Ergänzung dieses Gesetzes erforderlichen Rechts- und Verwaltungsvorschriften.

§ 7.

Das Gesetz tritt mit Wirkung vom 1. April 1936 in Kraft.

XVII. Preuß. Gesetz zur Milderung und Aufhebung der Einbehaltungsbestimmungen [1]).

Vom 26. März 1934 (GS. S. 230).

(Auszug.)

§ 2.

Mit Wirkung vom 1. April 1935 an wird der Erste Teil der Verordnung zur Sicherung des Haushalts vom 8. Juni 1932 (GS. S. 199) und damit die gesamte Einbehaltung von Dienst- und Versorgungsbezügen aufgehoben.

§ 3.

Auf Grund der Ermächtigung im Abschnitt III § 6 Abs. 2 des Reichsgesetzes zur Erhaltung und Hebung der Kaufkraft vom 24. März 1934 (RGBl. I S. 235) wird folgendes bestimmt:

1. Vom 1. April 1935 an werden die bis zum 31. März 1935 einbehaltenen Beträge, soweit sie nach den bestehenden Bestimmungen nicht schon früher fällig werden, ausgezahlt

a) bei Einbehaltungen an Waisengeld am 1. April 1935;

b) beim Tode eines Empfangsberechtigten an dem auf den Todestag folgenden Monatsersten;

---

[1]) Vgl. RdErl. des RuPrMdJ. v. 14. 11. 1935 (MBliV. S. 1373) und v. 6. 4. 1936 (RMBliV. S. 497) betr. Aufrechnung von zuviel erhobenen Bezügen gegen Ansprüche aus der Preuß. Einbehaltungs-VO.; Erl. des RMdF. v. 5. 4. 1937 (RHuBB. S. 123) betr. Auszahlung und Verrechnung der von den Dienstbezügen pr. Beamten usw. einbehaltenen Beträge.

c) beim Ausscheiden eines Beamten aus dem öffentlichen Dienste ohne Versorgung an dem Monatsersten, der auf den Tag des Ausscheidens folgt;

d) beim Ausscheiden eines Angestellten aus dem Staatsdienst an dem Monatsersten, der auf den Tag der Entlassung folgt.

2. Eine vorzeitige Ablösung der nach Ziffer 1b bis d auszuzahlenden Beträge kann nach näherer Bestimmung des Finanzministers erfolgen.

§ 4.

Die Bestimmungen in den §§ 1 bis 3 finden auf die Gemeinden (Gemeindeverbände) und die sonstigen der Aufsicht des Landes unterstehenden Körperschaften des öffentlichen Rechts, soweit sie von der Berechtigung zur Einbehaltung Gebrauch gemacht haben, entsprechende Anwendung.

XVIII. Gehaltspfändung.

Vorschriften der ZPO. in der Fassung der Bekanntmachung vom 8. November 1933 (RGBl. I S. 821) und der Änderungen durch die Gesetze vom 24. Oktober 1934 und 13. Dezember 1934 (RGBl. I S. 1070 und 1234).

§ 811.

Folgende Sachen sind der Pfändung nicht unterworfen:

7. Uniformen und sonstige Dienstkleidungsstücke sowie Dienstausrüstungsgegenstände, soweit sie zum Gebrauch des Schuldners bestimmt sind, sowie bei Beamten, Geistlichen, Rechtsanwälten, Notaren, Ärzten und Hebammen die zur Ausübung des Berufes erforderlichen Gegenstände einschließlich angemessener Kleidung;

8. bei Personen, die wiederkehrende Einkünfte der in den §§ 850 bis 850b, 850f bis 850h bezeichneten Art beziehen, ein Geldbetrag, der dem der Pfändung nicht unterworfenen Teil der Einkünfte für die Zeit von der Pfändung bis zu dem nächsten Zahlungstermin entspricht.

§ 832.

Das Pfandrecht, welches durch die Pfändung einer Gehaltsforderung oder einer ähnlichen in fortlaufenden Bezügen bestehenden Forderung erworben wird, erstreckt sich auch auf die nach der Pfändung fällig werdenden Beträge.

§ 833.

Durch die Pfändung eines Diensteinkommens wird auch dasjenige Einkommen betroffen, welches der Schuldner infolge der Versetzung in ein anderes Amt, der Übertragung eines neuen Amtes oder einer Gehaltserhöhung zu beziehen hat.

Diese Bestimmung findet auf den Fall der Änderung des Dienstherrn keine Anwendung.

§ 850[1]).

(1) Die Dienstbezüge der Beamten, der Geistlichen sowie der Ärzte und Lehrer an öffentlichen Anstalten und die Bezüge dieser Personen nach ihrer Versetzung in den dauernden oder einstweiligen Ruhestand oder ihrem sonstigen Ausscheiden aus dem Dienst sind bis zum Betrage von monatlich 150 Reichsmark und, soweit sie diesen Betrag übersteigen, zu zwei Dritteilen des Mehrbetrags der Pfändung nicht unterworfen. Das gleiche gilt von den Dienstbezügen der Wehrmachtsangehörigen und den Versorgungsbezügen der aus der Wehrmacht Ausgeschiedenen, soweit nicht in den Versorgungsgesetzen ein anderes bestimmt ist. Beträge, die auf Grund steuerrechtlicher oder sonstiger gesetzlicher Vorschriften zugunsten des Schuldners unmittelbar an eine dritte Stelle abzuführen sind, dürfen bei der Ermittlung des pfändbaren Betrages nicht in Abzug gebracht werden.

(2) Die Zulagen und Beihilfen, die den im Abs. 1 bezeichneten Personen mit Rücksicht auf das Vorhandensein unterhaltsberechtigter Angehöriger gewährt werden, sind weder der Pfändung unterworfen, noch bei der Ermittlung der pfändbaren Beträge zu berücksichtigen. Das gleiche gilt für die Einkünfte, die zur Bestreitung eines Dienstaufwandes bestimmt sind.

(3) Wegen der Unterhaltsansprüche, die Verwandten, Ehegatten, früheren Ehegatten oder unehelichen Kindern kraft Gesetzes zustehen, sind die im Abs. 1 und im Abs. 2 Satz 1 genannten Bezüge ohne die dort bezeichneten Beschränkungen pfändbar. Dem Schuldner ist jedoch von den Bezügen so viel zu belassen, als er für seinen notwendigen Unterhalt und zur Erfüllung seiner laufenden gesetzlichen Verpflichtungen gegenüber den dem Gläubiger vorgehenden Unterhaltsberechtigten oder zur gleichmäßigen Befriedigung der dem Gläubiger gleichstehenden Unterhaltsberechtigten bedarf. Die Reihenfolge bestimmt sich nach § 1609 des Bürgerlichen Gesetzbuchs; die Ansprüche der unehelichen Kinder stehen denen der Verwandten, Ehegatten und früheren Ehegatten nach. Der dem Schuldner nach Satz 2 verbleibende Teil seiner Bezüge darf den Betrag nicht übersteigen, der ihm nach den Absätzen 1 und 2 zu verbleiben hätte. Für die Pfändung wegen Rückstände, die länger als ein Jahr vor dem Antrag auf Erlaß des Pfändungsbeschlusses fällig geworden sind, gelten die Vorschriften dieses Absatzes nur insoweit, als nach Lage der Verhältnisse anzunehmen ist, daß sich der Schuldner seiner Zahlungspflicht absichtlich entzogen hat; im übrigen ist die Pfändung wegen derartiger Rückstände nur in den in den Absätzen 1 und 2 bezeichneten Grenzen zulässig.

---

[1]) Für Preußen vgl. auch VO. über die Pfändbarkeit von Einbehaltungsbeträgen v. 24. 4. 1937 (RGBl. I S. 553).

(4) Ändern sich die Verhältnisse, die nach den Absätzen 1 bis 3 den unpfändbaren Teil des Bezuges bestimmen, so ist auf Antrag des Schuldners oder des Gläubigers der Pfändungsbeschluß entsprechend zu ändern. Den Antrag kann auch ein Dritter stellen, dem gegenüber der Schuldner kraft Gesetzes unterhaltspflichtig ist. Der Drittschuldner kann nach Maßgabe der bisherigen Pfändung mit befreiender Wirkung leisten, solange ihm der Änderungsbeschluß nicht zugestellt ist.

§ 850a.

(1) Für die Pfändung der Bezüge von Hinterbliebenen der im § 850 Abs. 1 genannten Personen, der Bezüge aus Witwen- und Waisenkassen, der Erziehungsgelder, Studienstipendien und ähnlicher Bezüge gelten die Vorschriften des § 850 entsprechend.

(2) Die Sterbe- oder Gnadenbezüge sind in voller Höhe unpfändbar.

III. Teil.

Reise- und Umzugskosten, Soziale Fürsorge.

I. Gesetz über Reisekostenvergütung der Beamten [1]).

Vom 15. Dezember 1933 (RGBl. I S. 1067) in der Fassung der Verordnung vom 17. März 1936 (RGBl. I S. 179) und des Gesetzes vom 4. Mai 1937 (RGBl. I S. 575).

I. Allgemeines.

§ 1 [2]).

Geltungsbereich.

(1) Dieses Gesetz gilt für die Dienstreisen der Beamten. Die Reisekostenvergütung der Beamten im Vorbereitungsdienst regelt der Reichsminister der Finanzen.

---

[1]) Begr. zum Reisekostengeſ. ſ. RA. Nr. 296. AusfBeſt. v. 16. 12. 1933 — RBB. S. 192 — (abgedruckt S. 404 ff.). Bestimmungen über Vergütung bei vorübergehender auswärtiger Beschäftigung der Beamten v. 16. 12. 1933 (RBB. S. 200) in der Fassung der Änderung vom 28. 6. 1937 (RHuBB. S. 207). Bestimmungen über Vergütung bei Abordnung zu einer auswärtigen Beschäftigungsstelle usw. v. 7. 2. 1934 (RBB. S. 20). Reisekostenvergütung bei Reisen von Beamten zur persönlichen Vorstellung s. Erl. d. RMdF. v. 29. 1. 1936 (RBB. S. 20). Sonderbestimmungen für Auslandsdienstreisen der Reichsbeamten v. 22. 12. 1933 (RBB. 1934 S. 1), abgeändert durch Erl. v. 26. 11. 1936 (RBB. S. 115) und v. 27. 4. 1937 (RHuBB. S. 184) betr. Tagegeldsätze für Auslandsdienstreisen. VO. über die Reisekostenvergütung der Wehrmachtbeamten v. 31. 7. 1935 (RGBl. I S. 1135) und Reiseverordnung für Soldaten v. 20. 6. 1935 (HVBl. S. 121). RdErl. des RuPrMdJ. v. 4. 8. 1936 (RMBliV. S. 1086) betr. Teilnahme der Betriebsführer und Vertrauensmänner einer öffentl. Verwaltung usw. an auswärtigen Veranstaltungen der DAF.; v. 11. 7. 1937 (RMBliV. S. 1377) betr. einheitliche Anwendung von Vorschriften des Reise- und Umzugskostenrechts auf die Polizei-Vollzugsbeamten; v. 4. 8. 1937 (RMBliV. S. 1381) betr. einheiltliche Reisekostenvorschriften für die Beamten der Gendarmerie. Vgl. auch RdErl. des RMdF. v. 1. 7. 1937 (RMBliV. S. 1274) betr. Entschädigung von Beamten aus Anlaß ihrer Vernehmung als Zeugen vor Parteigerichten. Für Preußen Reisekostenbestimmungen für die preußischen unmittelbaren Staatsbeamten v. 23. 4. 1934 (Pr.BB. S. 113) in der Fassung der Änderungen v. 23. 1. und 23. 3. 1936, v. 8. 6. und 8. 7. 1937 (Pr.BB. 1936 S. 13 u. 97; 1937 S. 125 u. 139). RdErl. des PrFM. betr. die Entschädigung für Benutzung von beamteneigenen Kraftwagen bei Dienstreisen v. 14. 12. 1935 (Pr.BB. S. 319) in der Fassung der Änderungen v. 23. 1. und 3. 12. 1936 (Pr.BB. 1936 S. 13 u. 259). RdErl. d. RuPrMdJ. v. 9. 1. 1937 (RMBliV. S. 44) betr. Bezirksreisen der Landräte und der landrätlichen Beamten.

[2]) Geändert durch Gesetz v. 4. 5. 1937 (RGBl. I S. 575).

(2) Dieses Gesetz findet auf die Soldaten der Wehrmacht so lange sinngemäß Anwendung, bis für sie eine neue Reiseverordnung erlassen ist. Bis dahin bleiben die mit Zustimmung des Reichsministers der Finanzen erlassenen Sonderbestimmungen für die Soldaten der Wehrmacht in Kraft.

(3) Gestrichen.

(4) Die Deutsche Reichsbahn-Gesellschaft, die Reichsbank, die öffentlich-rechtlichen Religionsgesellschaften und ihre Verbände sind ermächtigt, entsprechende Vorschriften zu erlassen.

§ 2.

Begriff der Dienstreise.

(1) Eine Dienstreise liegt vor, wenn ein Beamter, um bestimmte Dienstgeschäfte auszuführen, auf Anordnung oder mit Ermächtigung seines Vorgesetzten sich an einen außerhalb der Gemeindegrenzen seines dienstlichen Wohnsitzes oder tatsächlichen Wohnortes gelegenen Ort (Geschäftsort) begibt, und wenn die Abwesenheit sechs Stunden übersteigt.

(2) Eine Dienstreise liegt nicht vor, wenn der Geschäftsort und die Gemeinde des dienstlichen Wohnsitzes oder des tatsächlichen Wohnortes des Beamten derart benachbart sind, daß sie nach der Verkehrsanschauung örtlich oder wirtschaftlich zusammengehören (Nachbarorte). Welche Orte dies sind, bestimmt der Reichsminister der Finanzen[3]).

(3) Bei vorübergehender Abordnung zu einer auswärtigen Beschäftigungsstelle (§ 12 Abs. 2) tritt an die Stelle des dienstlichen Wohnsitzes oder des tatsächlichen Wohnortes der auswärtige Beschäftigungsort.

(4) Der Begriff der Dienstreise für die Wehrmacht richtet sich nach den für sie geltenden Vorschriften.

§ 3.

Voraussetzung für Dienstreisen.

Dienstreisen dürfen nur ausgeführt werden, wenn dienstliche Gründe sie notwendig machen und der Zweck nicht auf andere Weise erreicht werden kann.

II. Reisekostenvergütung.

§ 4[4]).

Stufeneinteilung.

Um die Beamten und die planmäßigen Führer des Reichsarbeitsdienstes für den durch die Dienstreise verursachten Mehraufwand zu ent-

---

[3]) Verzeichnis der Nachbarorte s. Erl. des RMdF. v. 4. 11. 1935 (RBB. S. 133) in der Fassung v. 6. 11. 1936 (RBB. S. 106) und v. 28. 6. 1937 (RHuBB. S. 208).

[4]) Neue Fassung laut BO. v. 17. 3. 1936 (RGBl. I S. 179).

schädigen, wird eine Reisekostenvergütung nach folgender Stufeneinteilung gewährt:

Beamte			planmäßige Führer des Reichsarbeitsdienstes	gehören zur Reisekostenstufe
mit Grundgehalt nach der Reichsbesoldungsordnung				
A	B	JL	AD	
aus den Besoldungsgruppen				
—	3	—	1	Ia
1a	4 bis 9	1 bis 3	2 bis 4	Ib
1b bis 3	10	4 bis 6	5 bis 7	II
4	—	7 und 8	8	III
5 bis 7	—	—	9	IV
8 bis 12	—	—	10 und 11	V

§ 5.

Begriff der Reisekostenvergütung.

Die Reisekostenvergütung besteht aus Fahrkostenentschädigung einschließlich Entschädigung für Fußwegstrecken, Tagegeld, Übernachtungsgeld und Nebenkostenersatz.

A. Fahrkostenentschädigung.

§ 6.

Benutzung öffentlicher, regelmäßig verkehrender Beförderungsmittel

(1)[5]) Für Strecken, die mit öffentlichen, regelmäßig verkehrenden Beförderungsmitteln zurückgelegt sind, werden die Auslagen vergütet für das Befördern

a) der Beamten und der planmäßigen Führer des Reichsarbeitsdienstes

b) des notwendigen persönlichen und dienstlichen Gepäcks.

[5]) Abs. 1 neu gefaßt durch VO. v. 17. 3. 1936 (RGBl. I S. 179).

	höchstens in der
der Stufe I, soweit sie den Besoldungsgruppen B 3 bis 7 a, JL 1 und AD 1 und 2 angehören,	1. Wagen- oder 1. Schiffsklasse
der Stufe I, soweit sie den Besoldungsgruppen A 1a, B 7 b, 8 und 9, JL 2 und 3 sowie AD 3 und 4 angehören, der Stufe II und aus der Stufe III, soweit sie Oberinspektoren der Besoldungsgruppe A 4 a sind oder den Besoldungsgruppen A 4 b 1, A 4 b 2 und JL 7 angehören,	2. Wagen- oder 1. Schiffsklasse
der Stufe III, soweit sie nicht Oberinspektoren der Besoldungsgruppe A 4 a sind oder nicht den Besoldungsgruppen A 4 b 1, A 4 b 2 und JL 7 angehören, und der Stufen IV und V	3. Wagen- oder 2. Schiffsklasse

(2) Sind an einer Dienstreise Beamte verschiedener Stufen (§ 4) beteiligt, und müssen sie auch während der Fahrt Dienstgeschäfte zusammen erledigen, so können den Beamten der niedrigeren Stufen mit Genehmigung der vorgesetzten Behörde dieselben Fahrkosten vergütet werden wie den Beamten einer höheren Stufe.

(3) Schwerkriegsbeschädigten Oberschenkelamputierten und Krückenträgern können bei Dienstreisen die Mehrauslagen für das Benutzen der 2. Wagen- oder 1. Schiffsklasse erstattet werden. Das gleiche gilt für Schwerkranke, wenn die Benutzung dieser Klassen ärztlich als notwendig bescheinigt wird.

(4)[6]) Für Beamte und für Soldaten kann durch die oberste Dienstbehörde im Einvernehmen mit dem Reichsminister der Finanzen allgemein genehmigt werden, daß sie auf Dienstreisen, wenn sie in Uniform fahren müssen, die 2. Wagen- oder 1. Schiffsklasse benutzen dürfen, soweit sie nicht bereits nach Abs. 1 hierzu berechtigt sind.

§ 7[7]).

Benutzung anderer Beförderungsmittel.

Ob und inwieweit für Wegstrecken, die anders als mit öffentlichen, regelmäßig verkehrenden Beförderungsmitteln zurückgelegt werden, eine

[6]) Abs. 4 geändert durch Gesetz v. 4. 5. 1937 (RGBl. I S. 575).
[7]) Geändert durch Gesetz v. 4. 5. 1937 (RGBl. I S. 575).

Entschädigung gewährt wird, regelt der Reichsminister der Finanzen. Für Wegstrecken, die ein Beamter nach Erreichen des Geschäftsorts in Ausübung des Dienstgeschäftes zu Fuß zurücklegt, wird er nicht entschädigt. Ausnahmen bestimmt die oberste Dienstbehörde im Einvernehmen mit dem Reichsminister der Finanzen.

§ 8.

Zu- und Abgang.

Beim Zugang und Abgang zu und von den Beförderungsmitteln werden für das Befördern des Beamten und des zum dienstlichen und persönlichen Gebrauch bestimmten Gepäcks die notwendigen Auslagen in angemessenen Grenzen erstattet.

B. Tagegeld und Übernachtungsgeld.

§ 9.

Betrag.

(1) Aus dem Tagegeld und dem Übernachtungsgeld sind die Mehrausgaben der Dienstreise zu bestreiten. Hierzu gehören insbesondere die Kosten der

a) Verpflegung,

b) Unterkunft und

c) Benutzung von öffentlichen, regelmäßig verkehrenden Beförderungsmitteln am Geschäftsort, ausgenommen die Auslagen für Zu- und Abgang.

(2) Es beträgt

a) das Tagegeld für jeden vollen Kalendertag in

Stufe	Ia	12,00 *RM*,	Stufe	III	7,00 *RM*
„	Ib	10,00 „ ,	„	IV	5,50 „ ,
„	II	9,00 „ ,	„	V	4,50 „ ,

b) das Übernachtungsgeld in

Stufe	Ia	9,00 *RM*,	Stufe	III	5,00 *RM*
„	Ib	8,00 „ ,	„	IV	4,00 „ ,
„	II	6,00 „ ,	„	V	3,50 „ .

(3) Beansprucht eine Dienstreise keinen vollen Kalendertag, so beträgt das Tagegeld bei Abwesenheit von

mehr als 6 bis 8 Stunden 0,3 des vollen Satzes,
mehr als 8 bis 12 Stunden 0,5 des vollen Satzes,
mehr als 12 Stunden den vollen Satz.

Werden an einem Tage mehrere Dienstreisen ausgeführt, so wird jede Reise für sich berechnet.

(4) Die Sätze des Abs. 3 werden auch für die Tage des Antritts und der Beendigung einer mehrtägigen Dienstreise gezahlt.

(5) Erstreckt sich eine bis zu 24 Stunden dauernde Dienstreise auf 2 Kalendertage und wird ein Übernachten nicht erforderlich, so ist das Tagegeld so zu berechnen, als wenn die Dienstreise an einem Kalendertage ausgeführt wäre, sofern sich nicht durch eine getrennte Berechnung für die einzelnen Kalendertage eine höhere Vergütung ergibt.

(6) Bei einer Versetzungsreise erhält der Beamte für den Tag der Ankunft am neuen Dienstort immer ein volles Tagegeld und ein Übernachtungsgeld. § 10 bleibt anwendbar. Voraussetzung ist, daß der bisherige und der neue Dienstort nicht Nachbarorte im Sinne des § 2 Abs. 2 sind.

§ 10.

Kürzung von Tage- und Übernachtungsgeld.

(1) Wird einem Beamten auf der Dienstreise von Amts wegen unentgeltliche Tagesverpflegung gewährt, so werden ihm 25 vom Hundert des vollen Tagegeldes belassen.

(2) Wird Unterkunft von Amts wegen unentgeltlich bereitgestellt oder werden Auslagen für das Benutzen von Schlafwagen oder Kabinen erstattet, so werden 25 vom Hundert des Übernachtungsgeldes belassen.

(3)[8]) In besonderen Fällen kann die oberste Dienstbehörde mit Zustimmung des Reichsministers der Finanzen von der Regelung in Abs. 1 und 2 abweichen.

(4) Nehmen Soldaten oder Beamte der Wehrmacht bei Dienstreisen an der Heeres- usw. Verpflegung teil, so gelten die Sondervorschriften der Wehrmacht.

C. Nebenkostenersatz.

§ 11.

Begriff und Umfang der Erstattung.

Andere Aufwendungen, die der Beamte zum Erreichen des Zwecks der Dienstreise machen muß, werden als Nebenkosten in der nachgewiesenen Höhe erstattet. Die nähere Regelung trifft der Reichsminister der Finanzen.

III. Ermäßigte Reisekostenvergütung.

§ 12.

Ermäßigte Vergütung bei längerem Aufenthalt an einem Geschäftsort.

(1)[9]) Bedingt eine Dienstreise einen Aufenthalt von mehr als sieben Tagen an demselben auswärtigen Geschäftsort, so sind das Tagegeld und

[8] u. [9]) Geändert durch Gesetz v. 4. 5. 1937 (RGBl. I S. 575).

das Übernachtungsgeld vom achten Tage an nach näherer Bestimmung des Reichsministers der Finanzen zu ermäßigen. Die oberste Dienstbehörde kann in besonderen Fällen vom achten Tage an eine Vergütung bis zur Höhe des vollen Tage- und Übernachtungsgeldes bis zu weiteren 14 Tagen bewilligen und diese Ermächtigung bis zu sieben Tagen den unmittelbar nachgeordneten Behörden übertragen. Die Frist von insgesamt 21 Tagen darf nur mit Zustimmung des Reichsministers der Finanzen verlängert werden.

(2) Ob und welche Vergütungen Beamte erhalten, die vorübergehend zu einer auswärtigen Beschäftigungsstelle oder zu Lehrkursen und dergleichen abgeordnet werden, bestimmt der Reichsminister der Finanzen.

§ 13[10]. [10a])

Bezirkstagegeld, Bezirksübernachtungsgeld, Pauschvergütung, Aufwandsentschädigung.

(1) Die oberste Dienstbehörde kann an Stelle der Reisekostenvergütung nach Abschnitt II ermäßigte Vergütungen (Bezirkstagegeld, Bezirksübernachtungsgeld, Pauschvergütung oder Aufwandsentschädigung) festsetzen

1. für Dienstreisen eines Beamten,
   a) dem ein Amts- oder Dienstbezirk zugewiesen ist,
   b) der durch die Art seiner Dienstgeschäfte zu häufigen Dienstreisen genötigt ist,
2. für einzelne Dienstzweige und Dienstgeschäfte,
3. für bestimmte, wiederkehrende Dienstreisen nach demselben Ort oder in denselben Bezirk.

(2) Bei auswärtigen Dienstgeschäften, die zu den regelmäßigen Dienstaufgaben des Beamten gehören, wird keine Reisekostenvergütung nach Abschnitt II gewährt. Ob und inwieweit eine ermäßigte Vergütung gewährt werden kann, bestimmt die oberste Dienstbehörde.

IV. Sondervorschriften.

§ 14.

Andere Aufwendungen außerhalb der Dienststelle.

Ist ein Beamter bei auswärtigen Dienstgeschäften, die nicht als Dienstreisen im Sinne des § 2 gelten, genötigt, Beförderungsmittel zu benutzen, so werden die entstandenen Auslagen in Grenzen der Bestimmungen der §§ 6 bis 8 ersetzt. Ferner können auch andere bei solchen Dienstgeschäften entstandene unvermeidbare Auslagen erstattet werden.

---

[10]) Geändert durch Gesetz v. 4. 5. 1937 (RGBl. I S. 575).

[10a]) Vgl. RdErl. des RuPrMdI. v. 4. 8. 1937 (RMBliV. S. 1381) betr. einheitliche Reisekostenvorschriften für die Beamten der Gendarmerie.

§ 15[11]).

Vergütungen an Nichtbeamte.

Nichtbeamtete Personen, die als Sachverständige oder Mitglieder von Kommissionen und dergleichen für den öffentlichen Dienst tätig werden, erhalten Reisekostenvergütung nach näherer Bestimmung des Reichsministers der Finanzen.

§ 16[12]).

Zuschuß zum Tagegeld und Übernachtungsgeld.

(1) Hat eine Dienstreise nachweislich außergewöhnliche Kosten verursacht, die aus dem Tagegeld und dem Übernachtungsgeld zu bestreiten waren, aber aus ihrem Gesamtbetrage nicht gedeckt werden konnten, so bewilligt die oberste Dienstbehörde zur Deckung der als unvermeidlich anerkannten weiteren Ausgaben einen Zuschuß.

(2) Die oberste Dienstbehörde kann die unmittelbar nachgeordneten Behörden ermächtigen, nach Abs. 1 zu verfahren.

V. Schlußvorschriften.

§ 17.

Erlöschen des Anspruchs.

Der Anspruch auf Reisekostenvergütung erlischt, wenn er nicht binnen eines Jahres nach Beendigung der Dienstreise bei der zuständigen Behörde geltend gemacht wird. Das gleiche gilt für Kostenerstattungsansprüche auf Grund der bisherigen Bestimmungen aus Dienstreisen, die vor dem Inkrafttreten dieses Gesetzes ausgeführt worden sind.

§ 18[13]).

Ermächtigung zum Erlaß von Ausführungsbestimmungen und zur abweichenden Regelung der Vergütungssätze.

(1) Der Reichsminister der Finanzen wird ermächtigt, Bestimmungen zur Ausführung und Ergänzung dieses Gesetzes zu erlassen und im Benehmen mit den Regierungen der Länder die im § 9 festgesetzten Beträge den wirtschaftlichen Verhältnissen anzupassen. Ihm bleibt auch vorbehalten, Sonderbestimmungen für Auslandsdienstreisen der Beamten zu erlassen.

(2) Die für das Besoldungswesen zuständigen obersten Landesbehörden können ergänzende Ausführungsbestimmungen erlassen, die Vergütungssätze abweichend von den Vorschriften dieses Gesetzes regeln und für die

[11]) Neue Fassung laut Gesetz v. 4. 5. 1937 (RGBl. I S. 575).
[12]) Geändert durch Gesetz v. 4. 5. 1937 (RGBl. I S. 575).
[13]) Geändert durch Gesetz v. 4. 5. 1937 (RGBl. I S. 575).

Angehörigen der staatlichen Polizei Sonderbestimmungen treffen. Die Vorschriften der Länder dürfen nicht günstiger sein als die des Reichs; sie dürfen jedoch ungünstiger sein, wenn es die sachlichen Verhältnisse zulassen.

§ 19.

Inkrafttreten.

(1) Dieses Gesetz tritt mit dem 1. April 1934 in Kraft. Für Dienstreisen, die vor dem 1. April 1934 angetreten und an diesem Tage oder später beendet werden, verbleibt es bei den bisherigen Bestimmungen.

(2) Dieses Gesetz tritt an die Stelle der Reisekostenverordnung für die Reichsbeamten vom 14. Oktober 1921 (Reichsgesetzbl. S. 1345), der Reisekostenverordnung für die Beamten der Reichswasserstraßenverwaltung vom 11. August 1922 (Reichsverkehrsblatt, Abt. B, S. 318) und der entsprechenden Ländervorschriften. Nicht aufgehoben werden die Verordnungen, die für die Beamten der Wehrmacht zur Anpassung an die Abfindung der Soldaten erlassen sind. Ist auf die bisherigen Gesetze und Verordnungen in anderen Vorschriften verwiesen, so treten an ihre Stelle die entsprechenden Vorschriften dieses Gesetzes und der dazu erlassenen Ausführungsbestimmungen oder die entsprechenden Ländervorschriften.

II. Ausführungsbestimmungen zum Gesetz über Reichskostenvergütung der Beamten.

Vom 16. Dezember 1933 (RBB. S. 192) in der Fassung der Änderung vom 28. 6. 1937 (RHuBB. S. 207).

Auf Grund des § 18 des Gesetzes über Reisekostenvergütung der Beamten vom 15. Dezember 1933 (Reichsgesetzbl. I S. 1067) werden folgende Bestimmungen zur Ausführung dieses Gesetzes erlassen:

I. Allgemeines (§§ 1 bis 3 des Gesetzes).

Persönlicher Geltungsbereich.

Nr. 1.[1]) (1) Wer Beamter im Sinne des Gesetzes und der Ausführungsbestimmungen ist, bestimmt sich nach dem Deutschen Beamtengesetz.

(2) Für Reisen, die zum Eintritt in das Beamtenverhältnis dienstlich angeordnet werden, kann Reisekostenvergütung wie bei Dienstreisen gewährt werden. Dies gilt auch für die Rückreise zum Wohnort nach Beendigung eines auf Zeit oder auf Widerruf begründeten Beamtenverhältnisses. Für Beamte im Vorbereitungsdienst gilt Nr. 3.

---

[1]) Neu gefaßt durch Erl. v. 28. 6. 1937 (RHuBB. S. 207).

(3) Oberste Dienstbehörde im Sinne des Gesetzes ist die oberste Behörde des unmittelbaren Dienstherrn des Beamten (§ 2 Abs. 4 DBG.) und bei einer der staatlichen Aufsicht unterstellten Körperschaft, Anstalt oder Stiftung des öffentlichen Rechts die oberste Aufsichtsbehörde (vgl. § 151 Abs. 1 DBG.).

Örtlicher Geltungsbereich.

Nr. 2. (1) Das Gesetz und diese Ausführungsbestimmungen gelten für Dienstreisen im Inland und im Grenzverkehr mit dem Ausland. Zu den Dienstreisen im Grenzverkehr gehören sämtliche eintägigen Reisen zwischen Inland und Ausland sowie solche mehrtägigen Reisen der im Grenzverkehr tätigen Beamten, die nicht über den Sitz einer ausländischen Lokalgrenzbehörde hinausführen.

(2) Für Auslandsdienstreisen gilt dieselbe Regelung, soweit nicht Sonderregelungen nach § 18 Abs. 1 des Gesetzes anderes bestimmen.

Beamte im Vorbereitungsdienst.

Nr. 3[2]). Beamte im Vorbereitungsdienst können für die Reise zum Eintritt in das Beamtenverhältnis und bei Reisen zu ihrer Ausbildung Reisekostenvergütung nach Stufe V erhalten. Bei Reisen zur Ablegung von Prüfungen und Teilnahme an Unterrichtsstunden gilt Nr. 22. Wenn die Beamten jedoch als volle Arbeitskräfte die Tätigkeit von Beamten übernehmen sollen oder ausüben, steht ihnen Reisekostenvergütung nach der Besoldungsgruppe zu, in der sie beim regelmäßigen Verlauf ihrer Dienstlaufbahn zuerst planmäßig angestellt werden.

Wohngemeinde.

Nr. 4. Der Ausdruck Wohngemeinde im Sinne dieser Ausführungsbestimmungen bezeichnet die Gemeinde (Gemeindebezirk), in der sich entweder die Dienststelle oder die Wohnung oder die auswärtige Beschäftigungsstelle (§ 12 Abs. 2 des Gesetzes) des Beamten befindet.

Nachbarorte.

Nr. 5. Nachbarorte (§ 2 Abs. 2 des Gesetzes) gelten im Sinne dieser Ausführungsbestimmungen als Ortseinheit.

Begriff des Geschäftsorts.

Nr. 6. Geschäftsort (Ort des Dienstgeschäftes) ist die Gemeinde (Gemeindebezirk), in der das Dienstgeschäft ausgeführt wird.

---

[2]) Satz 1 neu gefaßt durch Erl. v. 28. 6. 1937 (RHuBB. S. 207).

Genehmigung der Dienstreise.

Nr. 7. Jede Dienstreise muß im allgemeinen vor der Ausführung von dem zuständigen Vorgesetzten oder von der vorgesetzten Behörde — in der Regel schriftlich — genehmigt werden. Vorstände von Behörden können durch die nächstvorgesetzte Dienstbehörde ermächtigt werden, Dienstreisen bis zu 7 Tagen ohne Genehmigung auszuführen.

Sparsamkeit und Schnelligkeit bei Dienstreisen.

Nr. 8. (1) Der Beamte und die Behörde, die den Reiseplan genehmigt, haben darauf zu achten, daß Dienstreisen auf die zur Ausführung des Dienstgeschäfts unbedingt notwendige Zeit beschränkt und mit dem niedrigsten Kostenaufwand durchgeführt werden. Nur in diesem Umfange hat der Beamte Anspruch auf Reisekostenvergütung. Mehrere zeitlich zusammenfallende Dienstreisen in dieselbe Gegend sind tunlichst miteinander zu verbinden.

(2) Möglichkeiten zum Erzielen von Zeitersparnis durch Benutzen von Luftverkehrsmitteln sind auszunutzen, wenn die gesamten Kosten der Dienstreise sich dadurch nicht wesentlich erhöhen.

Beschränkung der Teilnehmerzahl.

Nr. 9. (1) Die Zahl der an einer Dienstreise teilnehmenden Beamten ist auf das unumgänglich notwendige Maß zu beschränken. Beamte, die nur mittelbar an der Erledigung des Dienstgeschäfts beteiligt sind, dürfen zu Dienstreisen nicht zugezogen werden. Der zu entsendende Beamte hat sich von ihnen Weisung einzuholen, um ihre Dienstgeschäfte mit wahrnehmen zu können.

(2)[3]) Dienstreisen zur Teilnahme an Einweihungen, Dienstjubiläen, Vereinsfesten, Kongressen, Ausstellungen und dergleichen sind nur zulässig, wenn die dienstlichen Belange amtliche Vertretung unbedingt erfordern. Sie bedürfen stets vor der Ausführung der Genehmigung der vorgesetzten Dienstbehörde. Soll mehr als ein Beamter von der Besoldungsgruppe A 2c an aufwärts an der Dienstreise teilnehmen, so ist die Genehmigung der obersten Dienstbehörde einzuholen.

(3) Für Dienstreisen zu Beerdigungen gilt Abs. 2 mit Ausnahme des zweiten Satzes.

Antritt der Reise.

Nr. 10. Dienstreisen müssen in der Regel in den Monaten April bis September von 6 Uhr und in den Monaten Oktober bis März von 7 Uhr an angetreten werden, wenn dadurch die Höhe des Tagegeldes und des

[3]) Abs. 2 geändert durch Erl. v. 28. 6. 1937 (RKuPB. S. 207).

Übernachtungsgeldes beeinflußt wird oder wenn nicht besondere Umstände einen späteren Antritt rechtfertigen.

Rücksichtnahme auf Beförderungsgelegenheiten; Reisen an Sonntagen und nachts.

Nr. 11. (1) Bei Anordnung und Ausführung von Dienstreisen sind die zweckmäßigsten Beförderungsgelegenheiten zu berücksichtigen. Die Dienststellen sollen den Beginn des Dienstgeschäfts möglichst so festsetzen, daß auswärtige Teilnehmer keines besonderen Reisetages bedürfen.

(2) Sonn- und Feiertage sind als Liegetage zu vermeiden. Abweichungen müssen in der Reisekostenrechnung begründet werden. Ob der Beamte an Sonn- und Feiertagen oder nachts zu reisen hat, bestimmt der die Reise anordnende Dienstvorgesetzte.

Weiter- und Rückreise.

Nr. 12. (1) Nach beendetem Dienstgeschäft hat der Beamte noch an demselben Tage weiter- oder zurückzureisen, wenn er mit den regelmäßig verkehrenden Beförderungsmitteln das weitere Reiseziel bis 22 Uhr oder den dienstlichen Wohnsitz bis 24 Uhr erreichen kann. Hat das Dienstgeschäft oder die Hinreise nebst Dienstgeschäft mehr als 10 Stunden beansprucht, so darf der Beamte die Weiter- oder Rückreise an demselben Tage unterlassen, wenn sie mehr als 2 Stunden dauert und nicht dringlich ist.

(2) Die Weiter- oder Rückreise ist auch ohne die Voraussetzungen des Abs. 1 noch an demselben Tage auszuführen, wenn dem Beamten dies nach Lage des Falles zugemutet werden kann.

(3) Wird die Dienstreise zum Übernachten unterbrochen, so gelten für die Weiterreise die Bestimmungen der Nr. 10.

Reiseunterbrechung zum Übernachten.

Nr. 13. (1) Zum Übernachten darf eine Reise nur unterbrochen werden, wenn der Geschäftsort und bei der Rückreise der dienstliche Wohnsitz trotz vorschriftsmäßigem Antritt der Reise mit den regelmäßigen Verkehrsverbindungen erst nach mindestens zwölfstündiger Reisezeit erreicht werden kann. Die Unterbrechung ist jedoch unzulässig, wenn dem Beamten die Weiterreise zum Zielort nach Lage des Falles zugemutet werden kann.

(2) Eine Schiffsreise darf, auch wenn die Voraussetzung von Abs. 1 Satz 1 vorliegt, zum Übernachten nicht unterbrochen werden, wenn an Bord Schlafeinrichtungen für Reisende vorhanden sind oder wenn durch eine Ausschiffung die Reisedauer mangels geeigneter Verkehrsverbindungen wesentlich verlängert würde.

(3) Eine Landwegreise darf zum Übernachten unterbrochen werden, wenn sie 10 Stunden gedauert hat und noch ein Reiseweg von mehr als 2 Stunden zurückzulegen ist.

(4) Hat ein Beamter die Reise zum Übernachten unterbrochen, obwohl die Voraussetzungen von Abs. 1 bis 3 nicht gegeben waren, so darf ihm ein Übernachtungsgeld nur in besonderen Fällen, die in der Reisekostenrechnung zu begründen sind, gezahlt werden.

Reiseunterbrechung durch besondere Umstände.

Nr. 14. Wird der Beamte durch besondere Umstände genötigt, eine Dienstreise zu unterbrechen, so hat er es der vorgesetzten Dienstbehörde sofort anzuzeigen. Liegt die Ursache in der Person des Beamten, so wird für die Zeit der Unterbrechung Reisekostenvergütung nur bei Krankheitsfällen gewährt, wenn dem Beamten die Rückreise an seinen Wohnort nicht möglich ist. Im übrigen vgl. Nr. 30 Abs. 3. Die durch die Krankheit etwa entstehenden Kosten für ärztliche Behandlung, Aufnahme in ein Krankenhaus usw. gehören nicht zu den Reisekosten.

Verbindung von Dienst- und Urlaubsreisen.

Nr. 15. (1) Eine Dienstreise darf mit einer Urlaubsreise nur ausnahmsweise und nur mit besonderer Genehmigung der vorgesetzten Dienstbehörde verbunden werden. Ist die Genehmigung erteilt, so wird gewährt

a) beim Anschluß des Urlaubs an eine Dienstreise Reisekostenvergütung bis zum Zeitpunkt der Beendigung des Dienstgeschäfts; wird der Urlaub erst von einem am dienstlichen Rückreiseweg liegenden Ort aus angetreten, so wird die Reisekostenvergütung für die Rückfahrt bis zur Ankunft an diesem Ort gewährt; für die Reise dorthin gelten die allgemeinen Bestimmungen (vgl. insbesondere Nr. 12, 17 bis 19);

b) beim Anschluß einer Dienstreise an den Urlaub Reisekostenvergütung für die Reise vom Urlaubsort zum Geschäftsort und von diesem zum dienstlichen Wohnsitz unter Anrechnung des Betrages an Fahrkosten und Nebenkosten, den der Beamte auch ohne das Dienstgeschäft für die Rückkehr zum dienstlichen Wohnsitz hätte aufwenden müssen;

c) beim Unterbrechen des Urlaubs durch eine Dienstreise Reisekostenvergütung vom Urlaubsort zum Geschäftsort und zurück; für die Reise vom Geschäftsort nach einem anderen Urlaubsort, jedoch nur so weit, als die Vergütung nicht höher ist als für die Rückkehr nach dem ersten Urlaubsort.

Bei Dienstgeschäften in seiner Wohngemeinde erhält ein beurlaubter Beamter, der seinen Urlaub durch eine Dienstreise unterbricht, Reisekostenvergütung für die Reise vom Urlaubsort zum dienstlichen Wohnsitz und zurück, jedoch nicht für den Aufenthalt in der Wohngemeinde (Nr. 4).

Ist der Urlaubsort zugleich Geschäftsort, so ist nur Tage- und Übernachtungsgeld für die Zeit der Ausführung des Dienstgeschäftes zu zahlen.

(2) Muß einem beurlaubten Beamten aus dienstlichen Gründen ein Teil seines Urlaubs entzogen werden, so wird der Urlaub nicht im Sinne des Abs. 1c unterbrochen, sondern abgebrochen, und zwar auch dann, wenn Nachurlaub für später in Aussicht steht. Eine Reisekostenvergütung wird nicht gewährt. Dagegen werden etwaige Mehrauslagen, die durch das Abbrechen des Urlaubs verursacht sind, ersetzt. Ferner können für die Reise zum späteren Urlaubsort und zurück Fahrkosten der 3. Wagenklasse erstattet werden, soweit sie die Fahrkosten zum ersten Urlaubsort und zurück nicht übersteigen.

(3) Verlängert ein Beamter mit Zustimmung seiner Behörde aus persönlichen Gründen bei einer Dienstreise seine Abwesenheit bis zu drei Kalendertagen, so behält er den Anspruch auf Reisekostenvergütung für die Reise zum Geschäftsort und zurück.

II. Stufeneinteilung (§ 4 des Gesetzes).

Zuweisung in die Reisekostenstufen.

Nr. 16. (1) Für die Zuweisung in eine der Reisekostenstufen ist stets die Zugehörigkeit zu einer der Besoldungsgruppen maßgebend. In Zweifelsfällen ist die Besoldungsgruppe zugrunde zu legen, nach der der Beamte seine Bezüge erhält.

(2) Beim Übertritt in eine Besoldungsgruppe mit höherem Endgrundgehalt wird eine damit verbundene höhere Reisekostenvergütung von dem Tage an gewährt, an dem die Einweisung in die höhere Besoldungsgruppe wirksam wird, bei Einweisung mit rückwirkender Kraft jedoch erst vom Tage der Bekanntgabe an.

(3) Die außerplanmäßigen Beamten zählen zu derselben Stufe wie die Beamten der Besoldungsgruppe, in der sie bei regelmäßigem Verlauf ihrer Dienstlaufbahn zuerst planmäßig angestellt werden.

(4) Für die Zuweisung der im Reichsdienst beschäftigten Landes- usw. Beamten in eine Reisekostenstufe ist diejenige Besoldungsgruppe der Reichsbesoldungsordnung maßgebend, die der Besoldungsgruppe der Landes- usw. Besoldungsordnung entspricht, nach der die Beamten ihr Grundgehalt beziehen. Entstehen hierbei Zweifel, so entscheidet die oberste Reichsbehörde.

III. Fahrkostenentschädigung (§§ 6 bis 8 des Gesetzes).

Begriff der Fahrkosten.

Nr. 17. (1) Zu den Auslagen für das Befördern der Beamten rechnen die Ausgaben

a) für die Fahrkarte oder den Flugschein[3a]),

b) für eine Platzkarte in Schnellzügen bei Entfernungen von mehr als 100 Kilometern,

c) für das Benutzen von Schlafwagen oder Schiffskabinen, jedoch höchstens für die Klasse, für die die Auslagen nach § 6 Abs. 1a des Gesetzes vergütet werden.

(2) Außerdem werden die Mehrkosten für zuschlagpflichtige Züge erstattet, wenn es aus dienstlichen Gründen zweckmäßig war, sie zu benutzen, oder wenn die gesamten Kosten der Dienstreise sich dadurch nicht erhöhen. Die dienstlichen Gründe sind in der Reisekostenrechnung anzugeben. Als dienstlicher Grund gilt es auch, wenn ein erkrankter Beamter zur Rückkehr an den dienstlichen Wohnsitz den schnellsten Zug benutzen muß. Dienstliche Gründe und Zweckmäßigkeit sind weder darzulegen noch zu prüfen, wenn die Entfernungen der einzelnen Reiseabschnitte

bei Eilzügen	mehr als	50	Kilometer,
„ Schnellzügen	„ „	100	„
„ Fernschnell- (FD-) Zügen.............	„ „	300	„

betragen.

(3) Möglichkeiten zum Erlangen von Fahrpreisermäßigungen (z. B. Gesellschaftsfahrten, Urlaubsrückfahrkarten, Fahrscheinhefte usw.) sind auch bei Dienstreisen auszunutzen.

Benutzung einer anderen Klasse.

Nr. 18. Führt ein Eisenbahnzug oder ein Schiff nicht die für den Beamten nach § 6 des Gesetzes gestattete Klasse, so muß auch eine niedrigere Klasse benutzt werden. Mehrkosten für das Benutzen einer höheren Klasse einschl. des höheren Zuschlags dürfen vergütet werden, wenn die gesamten Kosten der Dienstreise sich dadurch nicht erhöhen.

Reiseweg und Umweg.

Nr. 19. (1) Fahrkosten sind in der Regel für den vom Beamten eingeschlagenen Reiseweg zu erstatten. Der Beamte ist verpflichtet, den für die Reichskasse billigsten Weg zu wählen, der mit den bestehenden Ver-

[3a]) Vgl. RdErl. des RuPrMdI. v. 1. 7. 1937 (RMBliV. S. 1050) betr. Flugpreisermäßigung für Beamte bei Dienstreisen.

bindungen nach dem Zwecke der Dienstreise und den Umständen des einzelnen Falles benutzt werden kann und der auch der Verkehrssitte entspricht. Die Fahrkosten für einen Umweg sind zu erstatten, wenn auf einer Strecke, die nicht die kürzeste ist, zum Ersparen von Zeit durchgehende Züge benutzt werden. Hat der Beamte aus anderen Gründen einen Umweg gemacht, so darf er ihn nicht berechnen.

(2) Macht ein Beamter einen Umweg, dessen Mehrkosten nach Abs. 1 nicht erstattungsfähig sind, so sind nur die Fahrkosten für den unmittelbaren regelmäßigen Reiseweg zu ersetzen und auch in diesem Falle stets nur für die etwa benutzte niedrigere Wagenklasse.

Unentgeltlich gestellte Beförderungsmittel.

Nr. 20. (1) Werden unentgeltlich gestellte Beförderungsmittel benutzt, so können notwendige Ausgaben, wie Trinkgelder und dergleichen, in angemessenen Grenzen erstattet werden. Ausgaben für eine Tätigkeit, für die der Empfänger aus der Reichskasse entlohnt oder besoldet wird, gelten nicht als notwendig.

(2) Lehnt der Beamte ein ihm zu Lasten öffentlicher Kassen unentgeltlich angebotenes Beförderungsmittel ohne ausreichenden Grund ab, so erhält er keine Fahrkostenentschädigung.

Gepäckkosten.

Nr. 21. Die Beförderungskosten für Gepäck in der Eisenbahn, in der Kraftpost, im Flugzeug oder auf dem Schiff werden nur bei längeren Dienstreisen oder bei besonderen Anlässen für unbedingt notwendige Gegenstände erstattet. Die Gründe für das Aufgeben des Gepäcks sind in der Reisekostenrechnung darzulegen.

Prüfungs- usw. Reisen.

Nr. 22. (1) Bei Reisen zum Ablegen von Prüfungen, zur Teilnahme an Unterricht und Vorträgen zum Zwecke der Ausbildung oder Fortbildung können die Fahrkosten für die 3. Wagenklasse erstattet werden.

(2)[4]) Die oberste Dienstbehörde kann zum Bestreiten von Mehrausgaben am Prüfungsort oder am Ort der Unterrichtserteilung neben der festgesetzten Fahrkostenentschädigung auch Zuschüsse bis zur Höhe des Tage- und Übernachtungsgeldes der Stufe V bewilligen.

(3) Abs. 1 und 2 können auch angewendet werden, wenn der Unterricht usw. gleichermaßen im Interesse des Beamten wie der Behörde abgehalten wird.

---

[4]) Abs. 2 geändert durch Erl. v. 28. 6. 1937 (RHuBB. S. 207).

(4) Für die Teilnahme an Vorträgen und fachlichen Lehrkursen aus rein dienstlichen Gründen wird Reisekostenvergütung nach Abschnitt II oder Abschnitt III des Gesetzes gewährt.

Benutzung anderer Beförderungsmittel.

Nr. 23. (1) Nicht regelmäßig verkehrende Beförderungsmittel dürfen bei Dienstreisen benutzt werden, wenn die gesamten Kosten der Dienstreise gegenüber den Kosten beim Benutzen regelmäßig verkehrender Beförderungsmittel sich nicht erhöhen. In anderen Fällen ist das Benutzen nur zulässig, wenn der Zweck der Dienstreise oder die Umstände des Falles dazu nötigen; ob diese Voraussetzungen gegeben sind, entscheidet die für die Genehmigung der Dienstreise zuständige Stelle. Sie darf, wenn die Voraussetzungen erfahrungsgemäß gegeben sind, einzelne Beamte allgemein oder für den besonderen Fall vor Antritt der Dienstreise zum Benutzen nicht regelmäßig verkehrender Beförderungsmittel ermächtigen. Dies wird sich vor allem bei gemeinschaftlichen Dienstreisen mehrerer Beamten empfehlen.

(2) Hat ein Beamter, obwohl die Voraussetzungen von Abs. 1 nicht vorlagen, ein nicht regelmäßig verkehrendes Beförderungsmittel benutzt oder hat er eine Landwegstrecke zu Fuß zurückgelegt, so werden ihm nicht höhere Kosten vergütet als beim Benutzen von öffentlichen, regelmäßig verkehrenden Beförderungsmitteln (§ 6 des Gesetzes).

Entschädigung von Wegstrecken.

Nr. 24[5]). Müssen bei einer Dienstreise außerhalb der Wohngemeinde und des Geschäftsortes Wegstrecken von insgesamt mehr als 4 Kilometern (vgl. Nr. 25 Abs. 3) zurückgelegt werden, so werden gewährt

a) mit Fahrrad oder Kraftrad, das von Amts wegen unentgeltlich gestellt ist 5 Rpf. } in allen Stufen für 1 km,
b) zu Fuß oder mit eigenem Fahrrad .. 10 " } in allen Stufen für 1 km,
c) mit gemietetem Fuhrwerk oder gemietetem Kraftfahrzeug die Auslagen in angemessenen Grenzen innerhalb der ortsüblichen Kosten, wenn dem Beamten nach Lage des Falles nicht zugemutet werden konnte, die Wegstrecke zu Fuß zurückzulegen,
d) mit eigenem Fuhrwerk eine Entschädigung in Höhe von $^2/_3$ der ortsüblichen Kosten eines gemieteten Fuhrwerks, jedoch ohne Berücksichtigung etwaiger Wartezeit,
e)[6]) mit eigenem nicht auf behördliche Veranlassung angeschafftem Kraftfahrzeug, wenn die Voraussetzungen der Nr. 23 Abs. 1 erfüllt sind, eine Entschädigung nach den vom Reichsminister der

[5]) Siehe Erlaß des RMdF. v. 20. 6. 1935 (RBB. S. 68).
[6]) Nr. 24e geändert durch Erl. v. 28. 6. 1937 (RHuBB. S. 207).

Finanzen im Einvernehmen mit dem Reichspostminister aufzustellenden Richtlinien. Ist das eigene Kraftfahrzeug auf Veranlassung der vorgesetzten Behörde oder im überwiegenden Interesse des Dienstes angeschafft worden, so setzt die oberste Dienstbehörde die Entschädigung fest[7]).

Feststellung der Entfernung bei Landwegstrecken.

Nr. 25. (1) Für die Berechnung der Landwegstrecke ist die Entfernung von Ortsmitte zu Ortsmitte maßgebend. An die Stelle der Ortsmitte tritt, wenn der Anfangs- oder Endpunkt der Landwegstrecke außerhalb einer geschlossenen Ortschaft liegt, dieser Anfangs- oder Endpunkt. Ergibt sich bei dieser Berechnung ein offenbares Mißverhältnis zugunsten der errechneten Landwegstrecke, so ist die Landwegstrecke, die tatsächlich zurückzulegen war, für die Vergütung maßgebend.

(2) Landwegstrecken werden nach den Angaben der amtlichen Entfernungskarten oder Entfernungsverzeichnisse berechnet. Fehlen diese, so treten an ihre Stelle Bescheinigungen sachkundiger Behörden (Katasterämter, Messungsämter — im Auslande Gesandtschaften und Konsulate — u. dgl.).

(3) Die Landwegstrecken für Hinweg und Rückweg werden zusammengerechnet und alsdann auf volle Kilometer aufgerundet.

Zu- und Abgang.

Nr. 26. (1) Unter Zugang und Abgang wird das Zurücklegen des Weges in der Wohngemeinde oder am Geschäftsort oder Übernachtungsort zu und von dem Bahnhof, dem Flughafen, der Haltestelle der Kleinbahn, der Kraftwagenlinie, dem Anlege- oder Liegeplatz des Schiffes usw. verstanden.

(2) Benutzt der Beamte für das Befördern seiner Person und des Gepäcks beim Zu- und Abgang nicht die vorhandenen öffentlichen, regelmäßig verkehrenden Beförderungsmittel, so werden die Mehrkosten für andere Beförderungsmittel nur erstattet, wenn sie aus besonderen Gründen benutzt werden mußten; diese sind in der Reisekostenrechnung anzugeben.

---

[7]) S. Richtlinien des RMdF. über die Entschädigung beim Benutzen eines eigenen, nicht auf dienstliche Veranlassung angeschafften Kraftfahrzeugs v. 16. 12. 1933 (RBB. S. 200) u. Erl. des RMdF. über die Entschädigung für Benutzung eigener Kraftwagen auf Dienstreisen nebst Richtlinien über Beschaffung und Haltung beamteneigener Kraftfahrzeuge v. 19. 4. 1937 (RHuBB. S. 177ff.). Erl. des RMdF. v. 11. 8. 1937 (RHuBB. S. 274) betr. Mitbenutzung eigener Kraftwagen der Beamten durch andere Beamte bei Dienstreisen. Für Preußen RdErl. des PrFM. betr. die Entschädigung für Benutzung von beamteneigenen Kraftwagen bei Dienstreisen v. 14. 12. 1935 (PrBB. S. 319) in der Fassung der Änderungen (PrBB. 1936 S. 13 u. 259).

IV. Tagegeld und Übernachtungsgeld (§§ 9 und 10 des Gesetzes).

Bemessung der Reisedauer.

Nr. 27. (1) Als Reisetag gilt der Kalendertag.

(2) Beim Bemessen der Gesamtdauer einer Dienstreise, die mit öffentlichen, regelmäßig verkehrenden Beförderungsmitteln angetreten oder beendet wird, gilt als Antritt oder Ende der Zeitpunkt, an dem das Beförderungsmittel fahrplanmäßig die Abfahrtstelle des dienstlichen Wohnsitzes oder des auswärtigen Beschäftigungsorts verläßt oder erreicht. Verspätungen können berücksichtigt werden, wenn sie mehr als 1 Stunde betragen. An Orten mit mehreren Haltestellen gelten bei Dienstreisen im Fernverkehr die Abfahrt- und Ankunftzeiten der Hauptstelle. In Berlin gelten als Hauptstellen die Kopfbahnhöfe und der Bahnhof Friedrichstraße.

(3) Bei Dienstreisen, die anders als mit öffentlichen, regelmäßig verkehrenden Beförderungsmitteln ausgeführt werden, ist für den Antritt oder die Beendigung der Zeitpunkt maßgebend, an dem der Beamte die Wohnung, den Dienstraum usw. verläßt oder wieder betritt. Bei gemeinschaftlichen Reisen mehrerer Beamter mit Kraft- oder anderen Fahrzeugen beginnt jedoch die Dienstreise mit dem Zugang des letzten am Abreiseort wohnenden Teilnehmers und endet mit dem Abgang des ersten Teilnehmers bei der Rückkehr.

Übernachtungsgeld.

Nr. 28. (1) Übernachtungsgeld wird für das Übernachten außerhalb der Wohngemeinde gewährt.

(2) Übernachtungsgeld wird, auch wenn Unterkunft nicht in Anspruch genommen wird, für Nächte gewährt, die der Beamte zur Reise verwendet, wenn die Hinreise vor 3 Uhr angetreten oder die Rückreise nach 2 Uhr beendet wird. Es wird nicht gewährt, wenn die Nachtreise der Vornahme von nächtlichen Dienstgeschäften dient, es sei denn, daß Unterkunft in Anspruch genommen werden mußte.

(3) Außer den Schlafwagenkosten ist Übernachtungsgeld in voller Höhe zu gewähren, wenn der Beamte an dem Geschäftsort wegen der frühen Ankunft oder des späten Abgangs des Nachtzuges gezwungen war, eine Unterkunft für die Nacht zu nehmen oder noch beizubehalten.

V. Nebenkostenersatz (§ 11 des Gesetzes).

Begriff der Nebenkosten.

Nr. 29. Auslagen des Beamten für das Befördern von Akten, Karten, Geräten usw., deren er zur Erledigung des Dienstgeschäftes bedarf, werden besonders erstattet. Unter die Nebenkosten fallen auch andere notwendige Ausgaben, wie z. B. für dienstlich notwendiges Benutzen nicht regelmäßig verkehrender Beförderungsmittel am Geschäftsort, für Gepäckaufbewahrung, für Eintrittsgeld zum Besuch von Ausstellungen, für Teilnehmerkarten zu Tagungen und Versammlungen, wenn der Besuch oder die Teilnahme dienstlich angeordnet war, für Paßgebühren, für Post-, Telegramm- und Fernsprechgebühren, die dem Beamten durch die Ausführung des Dienstgeschäfts erwachsen sind. Dagegen gehören Ersatz für Kleider und Kofferabnutzung, Kurtaxe, Auslagen für Reiseausstattung, Reise- und Reisegepäckversicherung, Zimmerbestellung, Kleiderablagen, Ankauf von Tageszeitungen, Trinkgelder usw. nicht zu den Nebenkosten [7a]).

VI. Ermäßigte Vergütungen bei längerem Aufenthalt an einem Geschäftsort (§ 12 des Gesetzes).

Dienstreise.

Nr. 30. (1)[8]) Ist ein Beamter während einer Dienstreise mehr als 7 Tage an demselben Geschäftsort tätig, so sind vom achten Tage an dieselben Vergütungen zu zahlen, die bei Abordnung zu einer auswärtigen Beschäftigungsstelle (Nr. 31) vom achten Tage an zu gewähren sind. Reisetage scheiden bei dieser Zeitberechnung aus. Hierfür wird der Beamte wie bei einer Dienstreise abgefunden. Die im § 12 Abs. 1 des Gesetzes enthaltene Befugnis der obersten Dienstbehörde oder der von ihr ermächtigten Behörde zum Bewilligen einer Vergütung bis zur Höhe des vollen Tage- und Übernachtungsgeldes bis zu weiteren 14 Tagen bleibt unberührt.

(2) Wird der Aufenthalt an einem auswärtigen Geschäftsort durch mehrtägige Dienstreisen nach anderen Orten unterbrochen, so verlängern sich die Fristen von insgesamt 21 Tagen um die Dauer der Abwesenheit vom früheren Geschäftsort.

(3) Die Vorschrift im Abs. 1 gilt auch bei Erkrankung eines Beamten während der Dienstreise; vgl. Nr. 14.

Abordnung.

Nr. 31. Ob und welche Vergütungen Beamte erhalten, die vorübergehend zu einer auswärtigen Beschäftigungsstelle (Nr. 4) oder zu Lehrgängen und dergleichen abgeordnet werden, wird besonders geregelt.

[7a]) Vgl. Erl. des RMdF. v. 24. 6. 1937 (RHuBB. S. 208) betr. Bedienungsgeld bei Schlafwagenbenutzung.

[8]) Abs. 1 geändert durch Erl. v. 28. 6. 1937 (RHuBB. S. 207).

VII. Bezirkstagegeld, Bezirksübernachtungsgeld, Pauschvergütung und Aufwandsentschädigung (§ 13 des Gesetzes).

Beamte mit Dienstbezirk, Bezirksreise.

Nr. 32. (1)[*]) Beamte mit Amts- oder Dienstbezirk im Sinne des § 13 Abs. 1 Ziffer 1a des Gesetzes sind solche Beamte, deren dienstliche Befugnisse oder Obliegenheiten sich auf einen abgegrenzten Bezirk erstrecken und die in diesem Bezirk im Zusammenhang mit ihrer dienstlichen Tätigkeit häufig Dienstreisen ausführen. Solche Dienstreisen werden als Bezirksreisen bezeichnet. Welche Beamte als Beamte mit Amts- oder Dienstbezirk anzusehen sind, bestimmt die oberste Dienstbehörde.

(2) Beamte mit Amts- oder Dienstbezirk erhalten bei Bezirksreisen Bezirkstagegeld und Bezirksübernachtungsgeld. Es beträgt

a) das Bezirkstagegeld für jeden vollen Kalendertag 0,8 des Tagegeldes nach § 9 Abs. 2a des Gesetzes;

b) das Bezirksübernachtungsgeld 0,8 des Übernachtungsgeldes nach § 9 Abs. 2b des Gesetzes.

(3) Beansprucht eine Bezirksreise keinen vollen Kalendertag, so beträgt das Bezirkstagegeld bei Abwesenheit von

mehr als 6 bis 8 Stunden	0,3	des Tagegeldes nach § 9 Abs. 2a des Gesetzes.
„ „ 8 „ 12 „	0,5	
„ „ 12 „	0,7	

Werden an einem Tage mehrere Bezirksreisen ausgeführt, so wird jede Reise für sich berechnet.

(4) Die Sätze des Abs. 3 werden auch für die Tage des Antritts und der Beendigung einer mehrtägigen Bezirksreise gezahlt.

(5) Erstreckt sich eine bis zu 24 Stunden dauernde Bezirksreise auf 2 Kalendertage und wird ein Übernachten nicht erforderlich, so ist das Bezirkstagegeld so zu berechnen, als wenn die Reise an einem Kalendertag ausgeführt wäre, sofern sich nicht durch eine getrennte Berechnung für die einzelnen Kalendertage eine höhere Vergütung ergibt.

(6) Fahr- und Nebenkosten (§§ 6, 7, 8 und 11 des Gesetzes) werden neben dem Bezirkstagegeld erstattet.

(7) Das Bezirkstagegeld und das Bezirksübernachtungsgeld werden mit 25 vom Hundert belassen, wenn von Amts wegen unentgeltliche Tagesverpflegung gewährt und Unterkunft gestellt oder Auslagen für Benutzen von Schlafwagen oder Kabinen erstattet werden (§ 10 Abs. 1 und 2 des Gesetzes).

---

[*]) Abs. 1 geändert durch Erl. v. 28. 6. 1937 (RHuBB. S. 207).

(8) Das Bezirkstagegeld und das Bezirksübernachtungsgeld sind bei Bezirksreisen ohne Rücksicht auf die Zahl der Reisen zu gewähren.

(9) Wenn gleichartige Dienstreisen regelmäßig im Monat wenigstens viermal nach demselben Ort auszuführen sind, so können die Beamten gleichfalls Bezirkstagegeld und Bezirksübernachtungsgeld erhalten.

Pauschvergütung, Aufwandsentschädigung.

Nr. 33[10]. (1) Wenn ein Beamter regelmäßig täglich oder in kurzen Abständen an bestimmten Orten oder zur Verrichtung von Dienstleistungen während der Reise (z. B. im Bahnpostbegleitungsdienst) oder zum Erledigen von Arbeiten oder Amtshandlungen im Außendienst innerhalb eines bestimmten Bezirks tätig ist, so kann ihm von der obersten Dienstbehörde eine ermäßigte Entschädigung in Form von Pauschvergütung oder Aufwandsentschädigung bewilligt werden. Die oberste Dienstbehörde kann Höchstsätze bestimmen, bis zu denen die nachgeordneten Behörden ermächtigt werden, an Beamte bestimmter Dienstzweige eine monatliche Pauschvergütung oder Aufwandsentschädigung zu bewilligen.

(2) Die Entschädigungen sind nach Tages- oder Stundensätzen zu berechnen. Es erscheint zweckmäßig, bei einer im allgemeinen gleichbleibenden Abwesenheitszeit einen Tagesdurchschnittssatz und bei einer unregelmäßigen Abwesenheitszeit einen Stundensatz entsprechend Nr. 32 Abs. 3 zu ermitteln und der Berechnung zugrunde zu legen. Für die Höhe der Tages- oder Stundensätze soll der notwendige Mehraufwand, der dem Beamten bei seiner auswärtigen Tätigkeit entsteht, maßgebend sein. Die Entschädigung darf jedoch den Betrag nicht übersteigen, der sich nach Nr. 32 ergeben würde. Die Angemessenheit der bewilligten Entschädigungen ist von Zeit zu Zeit nachzuprüfen.

(3) Fahr- und Nebenkosten (§§ 6, 7, 8 und 11 des Gesetzes) können besonders erstattet werden. Wenn diese Ausgaben regelmäßig entstehen und in ihrer Höhe annähernd gleichbleiben, können sie der Entschädigung nach Abs. 1 hinzugerechnet werden.

(4) Werden Beamte, die eine Entschädigung nach Abs. 1 beziehen, bei Urlaub oder anderer Behinderung länger als 3 Tage vertreten, so bestimmt die zuständige Behörde, ob der Betrag zu kürzen und der Stellvertreter aus dem Kürzungsbetrage zu entschädigen ist.

(5)[10] Die weiteren Bestimmungen hierzu erläßt die oberste Dienstbehörde.

---

[10]) Abs. 1 und 5 geändert durch Erl. v. 28. 6. 1937 (RHuBB. S. 207).

VIII. Andere Aufwendungen außerhalb der Dienststelle (§ 14 des Gesetzes).

Dienstgänge.

Nr. 34. (1) Eine Dienstreise liegt nicht vor, wenn ein Beamter aus dienstlichem Anlaß oder in Ausübung seines regelmäßigen Dienstes Wegstrecken innerhalb des Bezirks der Wohngemeinde oder nach außerhalb der Gemeindegrenzen gelegenen Anstalten, Anlagen usw., die zu der Wohngemeinde gehören, zurücklegt. Dies sind Dienstgänge, für die nur die Auslagen nach § 14 des Gesetzes erstattet werden.

(2) Benutzt der Beamte bei Dienstgängen mit Zustimmung der vorgesetzten Behörde zur Beschleunigung ein Beförderungsmittel, so werden ihm die notwendigen Auslagen ersetzt, wenn er nicht bereits anderweit entschädigt wird. Nr. 33 gilt entsprechend.

(3) Das Zurücklegen von Wegstrecken zwischen Wohnung und regelmäßiger Dienststätte des Beamten ist weder eine Dienstreise noch ein Dienstgang. § 14 des Gesetzes ist nicht anzuwenden.

IX[11]. Vergütungen an Nichtbeamte (§ 15 des Gesetzes).

Nichtbeamte.

Nr. 35[12]. (1) Nichtbeamte erhalten Reisekostenvergütung bis zu den Sätzen der Stufe II für Beamte. In besonderen Fällen kann die oberste Dienstbehörde Vergütung nach Stufe I gewähren. Die Höhe der Vergütung ist vor Antritt der Reise bekanntzugeben. Muß der Nichtbeamte (z. B. Sachverständige) nicht nur für Mehraufwand, der durch die Abwesenheit vom Wohnort entsteht, sondern auch für seine Leistung, für entgangenen Verdienst, für notwendige Stellvertretungen und dergleichen durch besonderes Entgelt entschädigt werden, so dürfen die Entschädigungen in eine Pauschvergütung zusammengefaßt werden, sofern sich die Gesamtausgaben dadurch nicht erhöhen.

X. Zuschuß zum Tagegeld und Übernachtungsgeld (§ 16 des Gesetzes).

Zulässigkeit und Höhe des Zuschusses.

Nr. 36. Zuschüsse dürfen nur in Einzelfällen bewilligt werden; Tagegeld und Übernachtungsgeld allgemein zu erhöhen, ist unzulässig. Das Tagegeld und das Übernachtungsgeld bilden eine sich gegenseitig ergänzende Entschädigung zum Bestreiten des Mehraufwands bei Dienstreisen. Ein Zuschuß kann nur gewährt werden, wenn der für eine Dienstreise zustehende Gesamtbetrag an Tagegeld und Übernachtungsgeld die notwendigen Ausgaben nach § 9 des Gesetzes nicht gedeckt hat.

---

[11]) Überschrift neu gefaßt durch Erl. v. 28. 6. 1937 (RHuBB. S. 207).
[12]) Neu gefaßt durch Erl. v. 28. 6. 1937 (RHuBB. S. 207).

XI. Zahlungsvorschriften.

Vorschüsse.

Nr. 37. (1) Der Beamte, der eine Dienstreise auszuführen hat, kann auf seinen Antrag auf die voraussichtlich zustehende Reisekostenvergütung einen Abschlag erhalten. Bei längerer Dienstreise ist der Abschlag jeweils für höchstens 4 Wochen auszuzahlen.

(2) Ist ein Abschlag gewährt, so sind der Betrag und die Kasse, die gezahlt hat, in der Reisekostenrechnung anzugeben.

Reisekostenrechnung.

Nr. 38. (1)[13]) Die Reisekostenvergütung wird auf Grund einer Reisekostenrechnung gezahlt, die, soweit die oberste Dienstbehörde nichts anderes bestimmt, nach dem anliegenden Muster aufzustellen ist. In ihr sind u. a. auch die Zeiten des Beginns und des Abschlusses der eigentlichen dienstlichen Tätigkeit anzugeben. Der anfordernde Beamte hat die Reisekostenrechnung zu unterzeichnen. Er ist für die Richtigkeit der Angaben in der Reisekostenrechnung verantwortlich.

(2) Für den Nachweis von Ausgaben genügt in der Regel die pflichtmäßige Versicherung des Beamten in der Reisekostenrechnung. Die rechnungprüfende Stelle ist jedoch berechtigt, sich die Ausgaben im einzelnen erläutern und begründen zu lassen und Belege zu fordern.

(3) Die zuständige Stelle hat die sachliche Richtigkeit der Reisekostenrechnung zu prüfen und zu bescheinigen. Sie erkennt damit an, daß die Dienstreise notwendig und die Art der Ausführung und die Dauer für das Erledigen des Dienstgeschäfts angemessen waren.

Abrechnungsstelle.

Nr. 39[14]). Die Reisekostenvergütung ist von der Behörde auszuzahlen und zu buchen, die den Auftrag zur Dienstreise erteilt hat, im Zweifelsfalle von der Behörde, der der Beamte angehört. Bei Versetzung oder Abordnung ist die Behörde zuständig, zu der der Beamte versetzt oder abgeordnet wird, bei Abordnung auch für die Kosten der Rückreise. Ausnahmen bestimmt die oberste Dienstbehörde.

XII. Schlußvorschriften.

Inkrafttreten.

Nr. 40. Diese Ausführungsbestimmungen treten mit dem 1. April 1934 in Kraft. Für Dienstreisen, die vor dem 1. April 1934 angetreten und an diesem Tage oder später beendet werden, verbleibt es bei den bisherigen Bestimmungen.

---

[13]) Abs. 1 geändert durch Erl. v. 28. 6. 1937 (RHuBB. S. 207).
[14]) Geändert durch Erl. v. 28. 6. 1937 (RHuBB. S. 207).

III. Gesetz über Umzugskostenvergütung der Beamten[1]).

Vom 3. Mai 1935 (RGBl. I S. 566) in der Fassung der Verordnung vom 17. März 1936 (RGBl. I S. 180).

§ 1.

Umzugskostenvergütung.

(1) Umzugskostenvergütung wird gewährt:

a) planmäßigen und außerplanmäßigen Beamten, wenn sie aus dienstlichen Gründen nach einem anderen Dienstort versetzt werden oder auf dienstliche Anordnung umziehen,

b) Warte- und Ruhestandsbeamten, wenn sie in planmäßige Beamtenstellen eingewiesen werden,

c) Warte- und Ruhestandsbeamten, wenn sie als nichtplanmäßige Beamte verwendet werden und ihr Umzug dienstlich angeordnet ist.

Etwaige Umzugskostenbeihilfen nach § 2 Abs. 1c sind anzurechnen. Für Beamte im Vorbereitungsdienst und Probedienst sowie für auf Probe angestellte Beamte gilt § 2 Abs. 1a.

(2) Umzugskostenvergütung wird nur gewährt, wenn der Beamte den Umzug mit seinem Umzugsgut ausgeführt und die Erstattung der Auslagen innerhalb eines Jahres nach Beendigung des Umzugs beantragt hat.

§ 2.

Umzugskostenbeihilfe.

(1) Umzugskostenbeihilfe kann gewährt werden:

a) Beamten im Vorbereitungsdienst und Probedienst sowie auf Probe angestellten Beamten und anderen nicht bereits im § 1 genannten nichtplanmäßigen Beamten, wenn sie aus dienstlichen Gründen nach einem anderen Dienstort versetzt werden oder auf dienstliche Anordnung, insbesondere auch bei der Einberufung, umziehen,

---

[1]) Begr. zum Umzugskostenges. s. RA. Nr. 106. DBO. v. 7. 5. 1935 — RBB. S. 40 — (abgedruckt S. 427 ff.). Sondervorschriften für Auslandsumzüge der Beamten v. 12. 7. 1935 (RBB. S. 81). Erl. d. RMdF. v. 3. 7. 1935 (RBB. S. 92) über Umzugsbeihilfe für Versorgungsanwärter; v. 25. 6. 1935 (RBB. S. 68) über Umzugsentschädigung beim Räumen von Wohnungen in Gebäuden, die im Eigentum oder in der Verwaltung der öffentlichen Hand stehen. RdErl. des RuPrMdI. v. 11. 7. 1937 (RMBliV. S. 1377) betr. einheitliche Anwendung von Vorschriften des Reise- und Umzugskostenrechts auf d. Pol.-Vollzugsbeamten. Für Preußen s. Umzugskostenbest. für die preußischen unmittelbaren Staatsbeamten, für die Lehrer an den höheren Schulen, an den öffentlichen Volksschulen, an den öffentlichen mittleren Schulen, an den Berufsschulen sowie für die Beamten der Gemeinden und Gemeindeverbände v. 10. 8. 1935 (PrBB. S. 207) in der Fassung der Änderungen v. 23. 3. 1936 (PrBB. S. 97) u. v. 8. 7. 1937 (PrBB. S. 140). Über Höhe der Trennungsentschädigung s. Erl. des PrFM. v. 24. 12. 1935 (PrBB. S. 325). S. auch RdErl. d. RuPrMdI. v. 7. 2. 1936 (RMBliV. S. 190) betr. Trennungsentschädigung für Gemeindebeamte. RdErl. d. RuPrMdI., d. RFM. und des PrFM. v. 20. 1. 1937 (RMBliV. S. 135) betr. Umzugskosten für hauptamtliche Bürgermeister und Beigeordnete.

b) Beamten beim Eintritt in den Warte- oder Ruhestand und Hinterbliebenen von Beamten, wenn sie eine Dienstwohnung räumen müssen oder aus einer anderen Wohnung von Grenzorten des Inlands oder Auslands, von Inselorten oder kleineren abgelegenen Plätzen wegziehen, an denen ihnen das Verbleiben nicht zugemutet werden kann,

c) Warte- und Ruhestandsbeamten, wenn sie unter Wechsel der Verwaltung im öffentlichen Dienst verwendet werden, aus diesem Anlaß einen Umzug ausführen müssen und ihr Wartegeld oder Ruhegehalt durch die Verwendung auf längere Zeit ganz oder teilweise ruht,

d) bisher nicht beamteten Personen, wenn sie in planmäßige Beamtenstellen eingewiesen werden, oder wenn sie als nichtplanmäßige Beamte angestellt werden und ihr Umzug dienstlich angeordnet ist,

e) Beamten, die auf ihren Antrag aus zwingenden persönlichen Gründen nach einem anderen Dienstort versetzt werden.

(2) § 1 Abs. 2 gilt entsprechend.

§ 3[2]).

Stufeneinteilung.

Für das Bemessen der Umzugskostenentschädigung nach §§ 4, 5 gilt folgende Stufeneinteilung:

Beamte			planmäßige Führer des Reichsarbeitsdienstes	gehören zur Umzugskostenstufe
mit Grundgehalt nach der Reichsbesoldungsordnung				
A	B	JL	AD	
aus den Besoldungsgruppen				
—	3	—	1	Ia
1 a	4 bis 9	1 bis 3	2 bis 4	Ib
1 b bis 3	10	4 bis 6	5 bis 7	II
4	—	7 und 8	8	III
5 bis 7	—	—	9	IV
8 bis 12	—	—	10 und 11	V

[2]) Neue Fassung laut VO. v. 17. 3. 1936 (RGBl. I S. 180).

§ 4.

Umzüge zwischen zwei politischen Gemeinden.

(1) Bei Umzügen zwischen zwei politischen Gemeinden erhallten als Umzugskostenentschädigung:

a) verheiratete Beamte mit eigenem Hausstand und ihnen gleichgestellte Beamte

der Stufe	bei Umzugsentfernungen bis zu 5 km (Grundbetrag)	für die weiteren Entfernungen (Steigerungsbeträge)					
		über 5 bis 100 km	über 100 bis 400 km	über 400 bis 600 km	über 600 bis 800 km	über 800 bis 1 000 km	über 1 000 km
		für je 5 km oder Teile davon	für je weitere 25 km oder Teile davon				
	RM	RM	RM	RM	RM	RM	RM
Ia	940	28	42	30	20	12	5
Ib	690	20	34	22	13	9	4
II	430	14	27	15	11	8	4
III	300	10	20	12	7	5	3
IV	240	8	18	10	6	5	3
V	190	6	15	8	5	4	3

b) verheiratete Beamte ohne eigenen Hausstand ohne Rücksicht auf die Umzugsentfernung 20 vom Hundert des Grundbetrags nach Abs. 1a; daneben werden die für das Befördern des Umzugsguts entstandenen notwendigen Auslagen erstattet;

c) unverheiratete Beamte mit eigenem Hausstand 50 vom Hundert der Entschädigungen nach Abs. 1a; soweit sie an dem Tage, zu dem die Versetzung oder der Umzug angeordnet ist, noch nicht das 35. Lebensjahr vollendet haben, 30 vom Hundert;

d) unverheiratete Beamte ohne eigenen Hausstand die entstandenen notwendigen Umzugsauslagen.

(2) Die Umzugskostenentschädigung wird bemessen nach dem Familienstand, Hausstand und Alter (Abs. 1c) der Beamten an dem Tage, zu dem die Versetzung oder der Umzug angeordnet ist. Ausnahmen können zugelassen werden, wenn vor diesem Zeitpunkt die zur Eheschließung der

Beamten notwendigen Schritte unternommen waren und Heiratsgut bereits beschafft war.

(3) Ist einem nach § 1 Abs. 1a zu vergütenden Umzug eines Beamten mit eigenem Hausstand innerhalb fünf Jahren ein Umzug gleicher Art vorhergegangen, so erhöht sich die Umzugskostenentschädigung um 10 vom Hundert.

(4) Für Sonderverhältnisse, namentlich bei Umzügen auf kurze Entfernungen und unter einfachen Verhältnissen, kann die oberste Dienstbehörde allgemein oder im Einzelfall eine Ermäßigung der Umzugskostenentschädigung nach Abs. 1a und c bis auf 60 vom Hundert anordnen und Entschädigung bis zu den vollen Sätzen beim Nachweis notwendiger Mehrauslagen zulassen.

§ 5.

Umzüge am Ort.

(1) Wird die Wohnung auf dienstliche Anordnung innerhalb der politischen Gemeinde gewechselt, so erhalten als Umzugskostenentschädigung:

a) verheiratete Beamte mit eigenem Hausstand und ihnen gleichgestellte Beamte der

Stufe	Ia	620	Reichsmark,
„	Ib	450	„
„	II	300	„
„	III	210	„
„	IV	160	„
„	V	130	„

b) unverheiratete Beamte mit eigenem Hausstand 50 vom Hundert der Entschädigungen nach a,

c) verheiratete und unverheiratete Beamte ohne eigenen Hausstand die entstandenen notwendigen Umzugsauslagen.

§ 4 Abs. 3 gilt entsprechend.

(2) Beim Umzug ohne Fuhrwerk oder Kraftwagen (Trageumzug) werden den Beamten mit eigenem Hausstand an Stelle der Entschädigungen nach Abs. 1a und b nur die entstandenen notwendigen Umzugsauslagen ersetzt.

(3) Die Vorschriften des Absatzes 1 gelten auch für Beamte, die außerhalb ihres dienstlichen Wohnsitzes in dessen Nähe wohnen und auf dienstliche Anordnung nach dem dienstlichen Wohnsitz umziehen müssen.

(4) Die Vorschriften des Absatzes 1a und b sowie Abs. 2 gelten auch für Beamte mit eigenem Hausstand, wenn sie mit vorheriger Zustimmung der zuständigen Behörde am neuen Dienstort oder in dessen unmittelbarer Nähe zunächst eine Notwohnung bezogen haben und aus ihr in eine Dauer-

wohnung umziehen. Die Umzugskostenentschädigung wird nach der gleichen Stufe wie beim Beziehen der Notwohnung bemessen. Ein Zuschuß nach § 7 darf nicht gewährt werden.

(5) § 4 Abs. 4 gilt entsprechend.

§ 6.

Reiseentschädigung.

Neben der Umzugskostenentschädigung nach § 4 erhalten Beamte nach dem Gesetz über Reisekostenvergütung der Beamten

a) für ihre Person Reisekostenvergütung für die Reise zum neuen Dienstort,

b) für ihre Familienangehörigen und Hausangestellten Ersatz der Fahrkosten für die Reise vom bisherigen zum neuen Wohnort, und zwar für die Familienangehörigen höchstens für die Wagen- oder Schiffsklasse, die der Beamte beim Ausführen des Umzugs selbst benutzen darf, für Hausangestellte für die 3. Wagen- oder 2. Schiffsklasse. Für Reisen auf Landwegen werden die nachgewiesenen notwendigen Auslagen erstattet, sofern ein öffentliches, regelmäßig verkehrendes Beförderungsmittel nicht vorhanden oder das Benutzen unter den gegebenen Verhältnissen nicht zweckmäßig war.

§ 7.

Zuschuß.

Hat ein Umzug nachweislich Auslagen verursacht, die aus der Umzugskostenentschädigung nach § 4 oder § 5 nicht gedeckt werden konnten, so bewilligt die oberste Dienstbehörde einen Zuschuß bis zu 400 Reichsmark. Die oberste Dienstbehörde kann diese Ermächtigung zum Gewähren eines Zuschusses bis zu 200 Reichsmark auf die unmittelbar nachgeordneten Behörden übertragen. Zuschüsse über 400 Reichsmark dürfen nur mit Zustimmung der für das Besoldungswesen allgemein zuständigen obersten Dienstbehörden gewährt werden. Dem Reichsminister der Finanzen bleibt vorbehalten, über den Umfang und die Höhe der erstattungsfähigen Auslagen allgemeine Grundsätze aufzustellen.

§ 8.

Mietentschädigung [2a]).

(1) Beamten, denen Umzugskostenentschädigung gewährt werden kann, wird die Miete erstattet, die sie für die alte Wohnung bis zu dem Zeitpunkt vertraglich aufwenden mußten, zu dem das Mietverhältnis frühestens gelöst werden konnte. Die Erstattung ist längstens für neun Monate zulässig.

[2a]) Vgl. Erl. des RMdF. v. 27. 7. 1936 (RBB. S. 75) betr. Sonderkündigungsrecht der Beamten nach § 570 BGB.

Haben Beamte im eigenen Hause gewohnt, so wird eine Entschädigung für längstens sechs Monate nach dem ortsüblichen Mietwert ihrer Wohnung gewährt.

(2) Die Miete für die neue Wohnung wird erstattet, wenn die Lage des Wohnungsmarkts Beamte zwingt, diese Miete vertraglich bereits für einen Zeitraum zu zahlen, in dem sie die Wohnung noch nicht benutzen können.

(3) Die Entschädigung wird nur für eine Zeit gewährt, in der die Wohnung leer gestanden hat oder nicht ganz oder teilweise anderweitig vermietet war.

§ 9.

Beschaffung von Öfen und Kochherden.

In Reichsteilen, in denen nach der Ortssitte die Wohnungen nicht mit Öfen und Kochherd ausgestattet sind, kann Beamten mit eigenem Hausstand neben der Umzugskostenentschädigung ein Beitrag zum Beschaffen dieser Gegenstände nach näherer Bestimmung des Reichsministers der Finanzen bewilligt werden.

§ 10.

Instandsetzung und Beschaffung von Wohnungen.

Für das Gewähren von Beiträgen zum Instandsetzen von Wohnungen und von Abfindungsbeiträgen zum Beschaffen von Wohnungen wird der Reichsminister der Finanzen besondere Richtlinien aufstellen[3]).

§ 11.

Trennungsentschädigung.

Ob und inwieweit Beamte oder bisher nicht beamtete Personen, die aus Anlaß einer Versetzung, Anstellung, Umzugsanordnung oder Einberufung genötigt sind, getrennten Haushalt zu führen oder ihr Umzugsgut unterzustellen, eine Entschädigung erhalten, wird durch Verordnung des Reichsministers der Finanzen geregelt.

§ 12.

Soldaten der Wehrmacht.

(1) Dieses Gesetz gilt entsprechend für die Soldaten der Wehrmacht.

(2) Für das Bemessen der Umzugskostenentschädigung gilt folgende Stufeneinteilung:

---

[3]) S. Erl. des RMdF. v. 7.5.1935 (RBB. S. 52).

Soldaten mit Grundgehalt nach der Reichsbesoldungsordnung C aus den Besoldungsgruppen	gehören zur Umzugskostenstufe
1	Ia
2 bis 4	Ib
5 bis 7	II
8 und 9	III
10 bis 15	IV
16 bis 22	V

§ 13.

Reichsbahn, Reichsbank, Religionsgesellschaften.

Die Deutsche Reichsbahn-Gesellschaft, die Reichsbank, die öffentlich-rechtlichen Religionsgesellschaften und ihre Verbände sind ermächtigt, entsprechende Vorschriften zu erlassen.

§ 14.

Ausführungsbestimmungen.

(1) Der Reichsminister der Finanzen erläßt die zur Durchführung und Ergänzung dieses Gesetzes erforderlichen Rechts- und Verwaltungsvorschriften. Er kann den Umfang der Umzugskostenbeihilfen nach § 2 regeln, die durch Ergänzung des Reichsbesoldungsrechts neu aufgenommenen Besoldungsgruppen den im § 3 aufgeführten Umzugskostenstufen zuteilen und die in den §§ 4, 5, 7 festgesetzten Beträge den wirtschaftlichen Verhältnissen anpassen. Ihm bleibt auch vorbehalten, Sondervorschriften für Auslandsumzüge zu erlassen[4]).

(2) Soweit der Reichsminister der Finanzen von der Befugnis nach Abs. 1 keinen Gebrauch macht, können die für das Besoldungswesen allgemein zuständigen obersten Landesbehörden die zur Durchführung und Ergänzung dieses Gesetzes erforderlichen Rechts- und Verwaltungsvorschriften mit rechtsverbindlicher Kraft auch für die Gemeinden und Gemeindeverbände erlassen. Sie können auch die Vergütungssätze abweichend von den Vorschriften dieses Gesetzes regeln und die Gemeinden und Gemeindeverbände ermächtigen, entsprechende Vorschriften selbst zu erlassen. Für die Angehörigen der staatlichen Polizei kann die zuständige oberste Dienstbehörde Sondervorschriften treffen.

[4]) S. Sondervorschriften für Auslandsumzüge der Beamten v. 12. 7. 1935 (RBB. S. 81), Richtlinien über Vergeben und Abrechnen von Auslandsumzügen v. 12. 7. 1935 (RBB. S. 91) und Richtlinien über Ermitteln der ersparten Beförderungsauslagen v. 12. 7. 1935 (RBB. S. 92).

(3) Die nach Abs. 2 erlassenen Vorschriften dürfen nicht günstiger sein als die des Reichs; sie dürfen jedoch ungünstiger sein, wenn es die sachlichen Verhältnisse zulassen.

§ 15.

Inkrafttreten.

(1) Das Gesetz tritt mit dem 15. August 1935 in Kraft. Es findet auch Anwendung auf Umzüge, die vor diesem Tage begonnen, aber erst an diesem Tage oder später beendet wurden. Bei Versetzungen, Einberufungen und Umzugsanordnungen, die am 15. August 1935 oder später wirksam werden, gilt das Gesetz auch dann, wenn die Umzüge schon vorher ausgeführt werden.

(2) Dieses Gesetz tritt an die Stelle der Umzugskostenverordnung für die Reichsbeamten vom 2. Mai 1928 (Reichsbesoldungsbl. S. 67), der Umzugskostenverordnung für Auslandsversetzungen von Reichsbeamten vom 2. Mai 1928 (Reichsbesoldungsbl. S. 70) und der entsprechenden Länderverschriften. Ist auf die bisherigen Gesetze und Verordnungen in anderen Vorschriften verwiesen, so treten an ihre Stelle die entsprechenden Vorschriften dieses Gesetzes und der dazu erlassenen Ausführungsvorschriften oder die entsprechenden Ländervorschriften.

(3) Mit dem Inkrafttreten dieses Gesetzes treten das Gesetz, betreffend Gewährung einer Entschädigung an versetzte Beamte und von Umzugskosten beim Wohnungswechsel am Orte, vom 21. Mai 1920 (Reichsgesetzbl. S. 1061) und die dazu ergangenen Ausführungsvorschriften sowie die entsprechenden Ländervorschriften außer Kraft.

IV. Durchführungsverordnung zum Gesetz über Umzugskostenvergütung der Beamten.

Vom 7. Mai 1935 (RBB. S. 40) in der Fassung der Verordnung vom 26. April 1937 (RHuBB. S. 184).

Auf Grund des § 14 des Gesetzes über Umzugskostenvergütung der Beamten vom 3. Mai 1935 (Reichsgesetzbl. I S. 566) wird hiermit verordnet:

Nr. 1. Persönlicher Geltungsbereich.

(1) Wer Beamter im Sinne des Gesetzes und dieser Durchführungsverordnung ist, bestimmt sich nach dem Deutschen Beamtengesetz.

(2)[1] Oberste Dienstbehörde im Sinne des Gesetzes ist die oberste Behörde des unmittelbaren Dienstherrn des Beamten und bei einer der staatlichen Aufsicht unterstellten Körperschaft, Anstalt oder Stiftung des öffentlichen Rechts die oberste Aufsichtsbehörde.

---

[1]) Abs. 2 eingefügt durch VO. v. 26.4.1937 (RHuBB. S. 184).

Nr. 2. Örtlicher Geltungsbereich.

(1) Das Gesetz und diese Durchführungsverordnung gelten für Umzüge im Inland und im Grenzverkehr mit dem Ausland. Umzüge im Grenzverkehr mit dem Ausland sind Umzüge der im Grenzverkehr tätigen Beamten, die zwischen dem Inland und Grenzorten des Auslandes oder zwischen Grenzorten des Auslandes aus dienstlichen Gründen umziehen.

(2) Das Gesetz und diese Durchführungsverordnung gelten auch für Auslandsumzüge von Beamten, soweit nicht Sondervorschriften nach § 14 Abs. 1 des Gesetzes anderes bestimmen.

Nr. 3. Umzugskostenvergütung.

Die Umzugskostenvergütung besteht aus Umzugskostenentschädigung nach § 4 oder § 5, Reiseentschädigung nach § 6, Zuschuß nach § 7 und Mietentschädigung nach § 8 des Gesetzes. Daneben können Beiträge zur Beschaffung von Öfen und Kochherden nach § 9 und Beiträge zur Instandsetzung und Beschaffung von Wohnungen nach § 10 des Gesetzes gewährt werden.

Nr. 4. Versetzung.

(1) Versetzungen unter Bewilligung von Umzugskostenvergütung dürfen nur angeordnet werden, wenn sie dienstlich notwendig sind. Vor jeder Versetzung ist zu prüfen, ob der damit verfolgte Zweck nicht auf andere Weise mit niedrigerem Kostenaufwand erreicht werden kann.

(2) Einem Antrag auf Versetzung aus persönlichen Gründen ist im allgemeinen nur stattzugeben, wenn durch die Versetzung des Beamten keine Kosten entstehen. Eine schriftliche Verzichtserklärung des Beamten auf Umzugskostenvergütung ist zu den Akten zu nehmen. Die Versetzung ist abzulehnen, wenn der Beamte wirtschaftlich nicht in der Lage ist, die durch die Versetzung entstehenden Auslagen aus eigenen Mitteln zu bestreiten. Liegen zwingende persönliche Gründe für das Gewähren einer Umzugskostenbeihilfe vor (§ 2 Abs. 1e des Gesetzes), so gilt Nr. 23.

(3) Wird eine Versetzung vor der Ausführung des Umzugs zurückgenommen oder wird der Umzug aus Gründen, die der Beamte nicht zu vertreten hat, nicht durchgeführt, so können durch die Umzugsvorbereitung etwa entstandene notwendige Auslagen in angemessenen Grenzen erstattet werden.

Nr. 5. Umzugsanordnung.

(1) Der Umzug von abgeordneten Beamten (vgl. Nr. 5 der Bestimmungen vom 16. Dezember 1933 — Reichsbesoldungsblatt S. 200 Nr. 2264 —) und der Umzug in den Fällen des § 1 Abs. 1c und § 2 Abs. 1d des Gesetzes soll angeordnet werden, wenn die Verwendung des Beamten am neuen Dienstort voraussichtlich zur Übernahme in eine Planstelle führt oder

wenn sie voraussichtlich von so langer Dauer ist, daß die gesamte etwaige Beschäftigungsvergütung oder Trennungsentschädigung (Nr. 25 und 26) die Vergütung für den Umzug und einen etwa erforderlichen Rückumzug übersteigen würde. Bei unverheirateten Beamten ohne eigenen Hausstand wird dies in der Regel der Fall sein. Ihr Umzug nach dem Beschäftigungsort wird meistens zugleich mit dem Beschäftigungsauftrag angeordnet werden können, wenn eine dreimonatige Dauer der auswärtigen Beschäftigung anzunehmen ist. Ausnahmen sind nur mit Zustimmung der obersten Dienstbehörde zulässig.

(2) Ein Wohnungswechsel am Ort mit Bewilligung von Uumzugskostenvergütung darf nur angeordnet werden, wenn der Dienst des Beamten ihn nötig macht, eine Dienstwohnung bezogen oder geräumt werden muß, oder der Beamte eine Dienstwohnung räumt, weil sie in eine Mietwohnung umgewandelt ist. Für das Räumen von Dienstwohnungen durch Beamte, die in den Warte- oder Ruhestand treten, sowie deren Hinterbliebene gilt Nr. 20. Eine Umzugskostenvergütung darf nicht gewährt werden, wenn Mietwohnungen, die im Eigentum oder in der Verwaltung der öffentlichen Hand stehen, lediglich auf Grund ordnungsmäßiger Kündigung des Mietverhältnisses aufgegeben werden oder, wenn die einem Beamten erteilte Ermächtigung, außerhalb des dienstlichen Wohnsitzes wohnen zu dürfen, widerrufen wird. Unberührt hiervon bleibt ein Anspruch auf Umzugskostenvergütung nach § 1 oder die Bewilligung einer Umzugskostenbeihilfe nach § 2 des Gesetzes.

(3) Zuständig für das Anordnen des Umzugs ist die Behörde, die den Beamten versetzen oder ihm eine Planstelle übertragen kann. Sie kann die Entscheidung den nachgeordneten Behörden übertragen. Wird ein Beamter zu einer anderen Verwaltung beurlaubt, so kann es seine oberste Dienstbehörde der Verwaltung, zu der er beurlaubt wird, überlassen, die Umzugsanordnung mit ausschließlicher Wirkung für ihren Verwaltungsbereich auszusprechen.

(4) Nr. 4 Abs. 3 gilt entsprechend.

(5) Kommt ein Beamter der an ihn ergangenen Anordnung zum Umzug an den neuen Dienstort nicht nach, obschon der Umzug möglich ist, so ist er hinsichtlich der Beschäftigungsvergütung oder Trennungsentschädigung so zu behandeln, als wenn er den Umzug zu dem angeordneten Zeitpunkt durchgeführt hätte.

Nr. 6. Einweisung in die Umzugskostenstufen.

(1) Für das Einweisen in eine der Umzugskostenstufen ist stets die Besoldungsgruppe maßgebend, die der Berechnung der Bezüge des Beamten für den Monat zugrunde gelegt war, der dem Tage vorhergeht, zu dem die Versetzung oder der Umzug angeordnet war. Eine Anstellung oder

Beförderung mit rückwirkender Kraft hat auf die Höhe der Umzugskostenentschädigung keinen Einfluß.

(2) Ist ein Beamter nochmals versetzt, bevor er den Umzug an den ersten Versetzungsort ausgeführt hat, so wird die Umzugskostenentschädigung für die zweite Versetzung nach der Stufe berechnet, die für die erste Versetzung maßgebend war, und zwar auch dann, wenn der Beamte inzwischen in eine höhere Besoldungsgruppe befördert wurde.

(3) Die außerplanmäßigen Beamten zählen zu derselben Stufe wie die Beamten der Besoldungsgruppe, in der sie bei regelmäßigem Verlauf ihrer Dienstlaufbahn zuerst planmäßig angestellt werden.

(4) Für Warte- und Ruhestandsbeamte ist die Besoldungsgruppe maßgebend, nach der das Wartegeld oder Ruhegehalt berechnet wurde.

(5) Für das Einweisen der Beamten der Länder, Gemeinden, Gemeindeverbände und sonstigen Körperschaften, Anstalten und Stiftungen des öffentlichen Rechts in eine Umzugskostenstufe ist die Besoldungsgruppe der Reichsbesoldungsordnung maßgebend, die der Besoldungsgruppe der Landes- usw. Besoldungsordnung entspricht, nach der die Beamten ihr Grundgehalt oder ihre Grundvergütung beziehen oder nach der das Wartegeld oder Ruhegehalt berechnet wurde. In Zweifelsfällen entscheidet die oberste Dienstbehörde.

(6) Nichtbeamtete Personen, die als Beamte in den öffentlichen Dienst übernommen werden, werden nach der Stufe entschädigt, der sie nach der Anstellung angehören.

(7) Abs. 1 bis 6 gelten nicht für ehemalige Angehörige der Wehrmacht, die mit Umzugsentschädigung nach dem Wehrmachtversorgungsgesetz abgefunden werden.

Nr. 7. Verheirateten Beamten gleichzustellende Beamte.

Dem verheirateten Beamten wird der verwitwete oder geschiedene Beamte mit eigenem Hausstand gleichgestellt, ferner der unverheiratete Beamte, der sowohl am bisherigen Wohnort als auch im neuen Wohnort im eigenen Hausstand aus gesetzlicher oder sittlicher Verpflichtung Verwandten bis zum 4. Grade, Verschwägerten bis zum 2. Grade, Adoptiv- oder Pflegekindern, Adoptiv- oder Pflegeeltern oder unehelichen Kindern Wohnung und Unterhalt gewährt. Dabei bestimmt sich der Grad der Verwandtschaft nach der Zahl der sie vermittelnden Geburten und der Grad der Schwägerschaft nach dem Grade der sie vermittelnden Verwandtschaft (§§ 1589, 1590 BGB.).

Nr. 8. Eigener Hausstand.

Eigener Hausstand ist anzunehmen, wenn der Beamte eine Wohnung mit eigener vollständiger Geräteausstattung und Kochgelegenheit besitzt, nicht aber, wenn er nur einzelne Möbelstücke besitzt.

Nr. 9. Umzugsgut.

Als Umzugsgut gelten die beweglichen Gegenstände, die am Tage der Bekanntgabe der Versetzung, Einberufung oder Umzugsanordnung Eigentum des Beamten oder seiner Hausstandsangehörigen sind. Hierzu gehören auch Gegenstände, die dem Beamten leihweise oder unter Eigentumsvorbehalt überlassen sind. Mehrkosten für das Befördern später erworbener Gegenstände bleiben außer Betracht.

Nr. 10. Untergestelltes Umzugsgut.

Als Umzugsgut gelten auch Gegenstände, die an dem Tage, zu dem die Versetzung, Einberufung oder der Umzug angeordnet ist, an einem dritten Ort lagern oder untergestellt sind. Dem Beamten, dem nach § 4 des Gesetzes die Auslagen für das Befördern des Umzugsguts erstattet werden, werden die notwendigen Mehrauslagen für die Überführung nach dem neuen Wohnort gegenüber einer solchen nach dem bisherigen Wohnort ersetzt. Diese Mehrauslagen dürfen auch nur bei der Zuschußgewährung nach § 7 des Gesetzes berücksichtigt werden.

Nr. 11. Beförderungsauslagen und Umzugsauslagen.

(1) Als notwendige Beförderungsauslagen im Sinne von § 4 Abs. 1b des Gesetzes können nur die in Nr. 16 Abs. 2a und b genannten Auslagen anerkannt werden.

(2) Als notwendige Umzugsauslagen im Sinne von § 4 Abs. 1d, § 5 Abs. 1c und Abs. 2 des Gesetzes können nur die in Nr. 16 Abs. 2 genannten Auslagen anerkannt werden. Nr. 16 Abs. 3 gilt entsprechend.

Nr. 12. Entfernungsberechnung.

(1) Für die Höhe der Umzugskostenentschädigung ist die Entfernung zwischen dem bisherigen und dem neuen Wohnort maßgebend.

(2) Besteht zwischen diesen Orten eine Eisenbahnverbindung, so ist die Entfernung nach dem kürzesten benutzbaren Schienenweg zwischen den Personenbahnhöfen zu berechnen, und zwar ohne Rücksicht darauf, auf welchem Wege der Umzug tatsächlich ausgeführt wurde. Ergibt sich hierbei ein offenbares Mißverhältnis gegenüber der Landwegstrecke, so ist die kürzere Landwegstrecke der Berechnung zugrunde zu legen, auch wenn sie nicht benutzt wurde. Hat der Wohnort mehrere Haltestellen, so gilt als Anfangs- oder Endpunkt die Haupthaltestelle. In Berlin gelten als Haupthaltestellen die Kopfbahnhöfe und der Bahnhof Friedrichstraße. Führt der kürzeste benutzbare Schienenweg über Auslandsbahnen, so ist dieser Beförderungsweg für das Berechnen der Entfernung maßgebend, wenn auch die Reichsbahn ihn der Frachtberechnung zugrunde legt.

(3) Wenn die Voraussetzungen von Abs. 2 nicht vorliegen, ist dem Berechnen der Entfernung zugrunde zu legen beim Befördern des Umzugsguts

a) auf dem Landweg
die kürzeste benutzbare Straßenverbindung von Ortsmitte des bisherigen zu Ortsmitte des neuen Wohnorts; an die Stelle der Ortsmitte tritt, wenn der Anfangs- oder Endpunkt der Landwegstrecke außerhalb einer geschlossenen Ortschaft liegt, dieser Anfangs- oder Endpunkt; ergibt sich bei dieser Berechnung ein offenbares Mißverhältnis zugunsten der errechneten Landwegstrecke, so ist die Landwegstrecke, die tatsächlich zu benutzen war, für die Entschädigung maßgebend;

b) auf dem Wasserweg
die Strecke zwischen den Schiffsanlegestellen des bisherigen und des neuen Wohnorts;

c) auf dem Landweg und dem Schienen- oder Wasserweg
die kürzeste benutzbare Landwegstrecke zwischen Ortsmitte des bisherigen oder neuen Wohnorts und dem Personenbahnhof oder der Schiffsanlegestelle, die Strecke auf dem Schienen- oder Wasserweg nach Abs. 2 oder 3b; Landwegstrecken dürfen nur berechnet werden, wenn die Entfernung außerhalb der Ortsgrenze mehr als 2 km beträgt.

(4) Die Entfernungen sind zu entnehmen

a) für Eisenbahnstrecken
in erster Linie aus der Fahrkarte für die Personenbeförderung; fehlt die Fahrkarte oder bestehen Zweifel, ob sie die kürzeste Entfernung angibt, so ist schriftliche Auskunft der Reichsbahn einzuholen, wenn die Entfernung nicht ohne besondere Berechnung aus dem Reichskursbuch ablesbar ist;

b) für alle übrigen Wegstrecken
aus den Angaben der amtlichen Entfernungskarten oder Entfernungsverzeichnisse; fehlen diese, so treten an ihre Stelle Bescheinigungen sachkundiger Behörden (Katasterämter, Messungsämter u. dgl.).

(5) Die Umzugskostenentschädigung für die verschiedenen Entfernungen ergibt sich aus der Übersicht in Anlage 1.

Nr. 13. Inselumzüge.

Wenn bei einer Versetzung nach oder von Orten auf Inseln oder Nehrungen das Befördern des Umzugsguts auf der ganzen oder einem Teil der Strecke auf dem Wasserweg üblich ist, können für solche Umzüge den Beamten mit eigenem Hausstand auf Antrag an Stelle der Umzugskostenentschädigung nach § 4 des Gesetzes folgende Entschädigungen gezahlt werden:

a) die für das Befördern des Umzugsguts entstandenen notwendigen Auslagen einschließlich der Auslagen für das Versichern des Umzugsguts bis zum Betrage von 4½ vom Tausend einer angemessenen Versicherungssumme, vgl. Nr. 16 Abs. 2b; falls in dem Inselort ein Packer nicht vorhanden ist, können die entstandenen notwendigen Mehrauslagen für das Heranziehen des Packers von auswärts besonders ersetzt werden,

b) zur Deckung der weiteren Kosten des Umzugs den im § 4 Abs. 1a genannten Beamten 50 vom Hundert und den im § 4 Abs. 1c genannten Beamten 25 vom Hundert des Grundbetrags der Umzugskostenentschädigung nach § 4 des Gesetzes.

Nr. 14. Umzug über eine Notwohnung.

(1) Erkennt die zuständige Behörde die dienstliche Notwendigkeit eines Umzugs über eine Notwohnung an, so ist der Beamte für den Umzug in die Notwohnung nach § 4 und für den weiteren Umzug in die Dauerwohnung nach § 5 des Gesetzes zu entschädigen. Das Beziehen einer Notwohnung ist als dienstlich notwendig nur anzuerkennen, wenn dadurch voraussichtlich entsprechende Ersparnisse zu erwarten sind, z. B. an Beschäftigungsvergütung oder Trennungsentschädigung. § 4 Abs. 3 des Gesetzes findet keine Anwendung.

(2) Als Notwohnung kann nur eine Wohnung anerkannt werden, in der dem Beamten das Verbleiben auf die Dauer nicht zugemutet werden kann, z. B. wegen der Größe oder des Zustandes der Wohnung, ihrer Eigenschaft als Untermietwohnung oder ihrer Lage außerhalb der politischen Gemeinde des dienstlichen Wohnsitzes. Übermäßige Ansprüche an Wohnungen dürfen nicht berücksichtigt werden.

Nr. 15.
Fahrkosten für Familienangehörige und Hausangestellte.

(1) Als Familienangehörige nach § 6 des Gesetzes gelten außer der Ehefrau und den Kindern des Beamten nur die in Nr. 7 genannten Personen, denen der Beamte auf Grund gesetzlicher oder sittlicher Verpflichtung in seiner Wohnung sowohl am bisherigen als auch am neuen Wohnort Unterkunft und Unterhalt gewährt.

(2) Auslagen für Reise- und Reisegepäckversicherung, Benutzung von Schlafwagen und Schiffskabinen werden nicht vergütet.

Nr. 16. Zuschuß zur Umzugskostenentschädigung.

(1) Wird ein Zuschuß nach § 7 des Gesetzes beantragt, so sind die

erstattungsfähigen Auslagen einzeln aufzuführen und durch Rechnungen, Empfangsbescheinigungen usw. zu belegen (vgl. Nr. 28 Abs. 2).

(2) Beim Bewilligen eines Zuschusses zur Umzugskostenentschädigung können folgende Auslagen in angemessenen Grenzen berücksichtigt werden:

a) Auslagen für das Befördern des Umzugsguts einschließlich Ein- und Auspacken und unvermeidbare Standgelder;

b) Auslagen für das Versichern des Umzugsguts bis zum Betrage von 3 vom Tausend einer angemessenen Versicherungssumme — als angemessen gilt eine Versicherungssumme, die den Betrag der Feuerversicherung nicht übersteigt —;

c) Auslagen für eine Reise einer Person, die eine Wohnung suchen oder besichtigen will, und zwar Fahrtauslagen für die 3. Wagen- oder 2. Schiffsklasse und für zuschlagpflichtige Züge nach den für den Beamten bei Dienstreisen geltenden Bestimmungen sowie Mehrauslagen für Unterkunft und Verpflegung während der Reise und eines Aufenthalts am neuen Wohnort bis zu drei Tagen;

d) Auslagen der Familienangehörigen und Hausangestellten für Zu- und Abgang und für das Befördern des zum persönlichen Gebrauch bestimmten Gepäcks bei der Umzugsreise;

e) Mehrauslagen für Unterkunft und Verpflegung des Beamten, seiner Familienangehörigen und Hausangestellten von dem Tage des Einladens der Möbel am bisherigen Wohnort bis einschließlich des Tages des Ausladens am neuen Wohnort, nötigenfalls noch für einen weiteren Tag; Mehrauslagen, die dadurch entstehen, daß das Umzugsgut nicht sogleich nach dem Verladen abbefördert und nicht sogleich nach dem Eintreffen entladen wird, dürfen nicht berücksichtigt werden;

f) Arbeitslöhne für Dekorations- und Installationsarbeiten und Auslagen für hierzu erforderliche kleinere Ersatz- und Ergänzungsteile;

g) Auslagen für neue Fenstervorhänge, Vorhangstangen und Zugvorrichtungen bis zur Höhe eines Drittels der Kosten, wenn das Anschaffen nötig war, weil in der neuen Wohnung mehr Fenster oder solche mit anderen Ausmaßen vorhanden sind als in der alten Wohnung;

h) Auslagen für
   1. Glühstrümpfe,
   2. neue Glühbirnen nach der Zahl der Brennstellen in der alten Wohnung und Ändern elektrischer hauswirtschaftlicher Geräte, wenn das Leitungsnetz in der neuen Wohnung eine andere Spannung oder Stromart hat,
   3. Ändern von Beleuchtungskörpern beim notwendigen Wechsel der Beleuchtungsart,

4. notwendigen Ersatz oder notwendiges Ändern von Rundfunkgerät einschließlich der Antenne bis zum Höchstbetrage von 75 RM,
5. Umlegen von Fernsprecheinrichtungen;

i) Auslagen für neue Beleuchtungskörper bis zur Höhe eines Drittels der Anschaffungskosten in den Fällen, in denen das Ändern nach h 3 nicht möglich oder nicht zweckmäßig ist;

k) an Stelle der nach h 3 und i genannten Auslagen drei Viertel der Auslagen für die Anlage einer elektrischen Lichtleitung in der neuen Wohnung, höchstens jedoch die Hälfte des Grundbetrags der Umzugskostenentschädigung, wenn der Beamte in der alten Wohnung elektrisches Licht benutzt hat, in der neuen Wohnung eine Anlage dafür nicht vorhanden ist und der Beamte sie auf eigene Kosten herstellen lassen muß;

l) Auslagen für Schulbücher und Unterrichtsmittel, die durch den Schulwechsel nötig wurden, bis zur Hälfte der Anschaffungskosten und etwaige Umschulungsgebühren;

m) kleinere Auslagen bei der Wohnungsbeschaffung, z. B. für Zeitungsanzeigen, Wohnungsanzeiger und Vermittelungsgebühren[2]).

Nicht erstattungsfähige Auslagen.

(3) Für weitere als die in Abs. 2 genannten Auslagen darf ein Zuschuß nicht bewilligt werden. Hierzu gehören namentlich:

a) Auslagen für besonderes Versenden von Teilen des Umzugsguts, wenn dadurch höhere Ausgaben entstehen als bei gesammeltem Versenden, für Befördern von Tieren — es sei denn, daß es sich um Dienstpferde, Diensthunde oder im Dienst verwendete Schutz- oder Begleithunde handelt — von Brennstoffen, Ernte- und Futtervorräten, Dung usw., für Eilgüter, für höhere als tarifmäßige oder ortsübliche Trinkgelder und sonstige Zuwendungen an das Umzugspersonal sowie für die Reise eines Packers zwischen dem bisherigen und neuen Wohnort des Beamten, abgesehen von den Fällen der Nr. 13 a;

b) Auslagen für Reinigen der Wohnungen, Abziehen der Stabfußböden und Reinigen des Hausrats;

c) Auslagen für Ändern und Neubeschaffen von Tür- und Wandbehängen, soweit sie nicht unter Abs. 2 f fallen;

d) Auslagen für Ändern, Instandsetzen, Neuanschaffen von Hausrat, Ersatz für verlorene oder beschädigte Gegenstände, die nach Abs. 2 b versichert werden konnten, und für verdorbene Lebensmittel, Pflanzen u. dgl.;

---

[2]) Erstattung der Wohnungsmaklergebühren in Berlin und Hamburg s. Erl. des RMdF. v. 9. 7. 1937 (RHuBB. S. 251).

e) Auslagen für Klingelleitungen, für Ändern und Erweitern des elektrischen Leitungsnetzes und Anbringen von Schaltern und Steckdosen, für Sicherheitsschlösser und sonstige Türschutzvorrichtungen, Briefeinwürfe, Ändern oder Neuanlage von Anschlüssen an Wasserleitungen;

f) Auslagen für Nachhilfeunterricht der Kinder aus Anlaß des Schulwechsels, für Unterricht von Familienangehörigen, die vorübergehend am bisherigen Wohnort zurückbleiben, für Unterkunft und Verpflegung der Familienangehörigen und Hausangestellten, während die Wohnung instandgesetzt wird, usw.;

g) Mehrauslagen für Befördern von Gegenständen, die nach dem Tage der Bekanntgabe der Versetzung usw. erworben sind (Nr. 9 letzter Satz).

Nr. 17. Mietentschädigung.

(1) Mietentschädigung für die alte Wohnung darf nicht für einen Zeitraum gewährt werden, für den Trennungsentschädigung gezahlt wird.

(2) Zu der Miete rechnen auch Nebenabgaben für Zentralheizung, Warmwasserversorgung, Wassergeld, Flurbeleuchtung, Fahrstuhlbenutzung, Staubsaugervorrichtung, Müllabfuhr, Reinigen der Schornsteine und für andere Zwecke, wenn die Nebenabgaben nach dem Mietvertrag oder sonstigen Vereinbarungen von dem Mieter beim Räumen der Wohnung oder für die Zeit nach der Räumung gezahlt werden müssen. In der Miete enthaltene Entschädigungen für das Benutzen von Wohnungseinrichtungsgegenständen werden nur für einzelne möbliert gemietete Zimmer, nicht auch für ganz oder teilweise eingerichtete Wohnungen erstattet. Miete (Pacht) für einen Garten oder dergleichen wird nicht erstattet, sofern es sich nicht lediglich um einen als Zubehör zur Wohnung geltenden Hausgarten handelt. Ist eine solche nicht erstattungsfähige Vergütung in der Wohnungsmiete enthalten, so ist der auf den Garten entfallende Teil der Miete von der Erstattung auszuschließen.

(3) Ferner können die Auslagen erstattet werden, die dem Beamten für ortsübliche Maßnahmen zum Weitervermieten der Wohnung innerhalb der Vertragsdauer erwachsen sind. Dabei können als erstattungsfähig ohne weiteres angesehen werden die Auslagen für zweimaliges Bekanntmachen in einer oder einmaliges Bekanntmachen in zwei Zeitungen und sonstige Versuche zum Gewinnen eines Mieters.

(4) Auslagen für Instandsetzen der Wohnung, soweit der Beamte selbst dafür nicht aufzukommen hat, ferner für Mietnachlaß an den folgenden Mieter und Abfindung des Vermieters bei Verzicht auf Innehalten der Kündigungsfrist können ebenfalls erstattet werden, soweit durch diese Auslagen nachweislich eine Ersparnis gegenüber der sonst zu erstattenden Miete erzielt ist.

(5) Daß die Voraussetzungen für das Gewähren von Mietentschädigung gegeben sind, ist glaubhaft nachzuweisen, soweit als möglich durch behördliche Bescheinigungen. Wird die Erstattung der Miete auch für die Zeit beansprucht, während der die Familie des Beamten in der Wohnung zurückgeblieben war, so ist vom Vermieter oder von der Ortspolizeibehörde zu bescheinigen, daß die Wohnung auch dann nicht hätte vermietet werden können, wenn sie während der Dauer der Benutzung durch die zurückgebliebene Familie leer gestanden hätte.

Nr. 18. Beschaffung von Öfen und Kochherden.

(1) Bei Versetzung, Anstellung oder Umzugsanordnung nach Orten in Reichsteilen, in denen nach der Ortssitte die Wohnungen nicht mit Öfen und Kochherd ausgestattet sind, kann Beamten mit eigenem Hausstand neben der Umzugskostenentschädigung ein Beitrag zum Beschaffen dieser Gegenstände bewilligt werden. Voraussetzung ist, daß der Beamte bisher in einem Ort wohnte, in dem nach der Ortssitte die Wohnungen mit Öfen und Kochherd ausgestattet sind.

(2) Der Beitrag darf auch gewährt werden, wenn der Beamte bisher in den im Abs. 1 Satz 1 bezeichneten Gebieten Inhaber einer Dienst- oder Kasernenwohnung war und durch Versetzung, Anstellung oder Umzugsanordnung gezwungen ist, die Gegenstände zu beschaffen.

(3) Der Beitrag darf 50 vom Hundert der entstandenen notwendigen Anschaffungskosten nicht übersteigen. Zulässig ist ein Beitrag für einen Kochherd und bei einer zweiköpfigen Familie für zwei Öfen, bei einer mehrköpfigen Familie für drei Öfen, wenn nicht besondere Verhältnisse eine Ausnahme rechtfertigen.

(4) Maßgebend für die Höhe des Beitrags dürfen nur die Kosten für einfache und dauerhafte Gegenstände sein. Mehrkosten für besonders teure Öfen und Kochherde sind außer Betracht zu lassen. Der Beitrag darf auch für gemauerte (Kachel- usw.) Öfen gewährt werden, sofern sie nicht teurer als ortsübliche eiserne in einfacher Ausführung sind. Unter dieser Voraussetzung kann der Beitrag auch für einen Gaskochherd, elektrischen Herd oder einen Grudeherd gewährt werden, wenn er an Stelle des Küchenherdes für Kohlenfeuerung beschafft ist. Dagegen kann die Vergünstigung nicht auf Badeöfen, Waschküchenherde und Öfen in Küchen ausgedehnt werden.

(5) Zu den Anschaffungskosten gehören auch die Auslagen für notwendige Zubehörstücke zu den Öfen und Kochherden, wie Ofenrohre, Kniestücke usw., sowie etwaige Auslagen für das Befördern und Aufstellen.

(6) In Zweifelsfällen ist vor dem Beschaffen der Gegenstände die grundsätzliche Zustimmung der zuständigen Behörde zum Gewähren des Beitrags einzuholen.

(7) Auf den Rechnungen über die beschafften Gegenstände ist pflichtgemäß zu versichern, in welcher Ausführung sie beschafft worden sind (vgl. Nr. 28 Abs. 2).

Nr. 19. Umzugskostenbeihilfe für nichtplanmäßige Beamte, Beamte im Vorbereitungsdienst usw.

(1) a) Nichtplanmäßige Beamte, die nicht unter § 1 des Gesetzes fallen, und

b) Beamte im Vorbereitungsdienst, die Unterhaltszuschüsse beziehen, und Beamte, die zur Probedienstleistung einberufen oder auf Probe angestellt sind,

können, wenn sie aus dienstlichen Gründen nach einem anderen Dienstort versetzt werden oder auf dienstliche Anordnung, insbesondere auch bei der Einberufung, umziehen, Umzugskostenbeihilfen bis zur Höhe der entstandenen notwendigen Auslagen erhalten. Die Beihilfen dürfen die Umzugskostenentschädigung nicht übersteigen, die Beamte in der Besoldungsgruppe erhalten würden, in der sie beim regelmäßigen Verlauf ihrer Dienstlaufbahn zuerst planmäßig angestellt werden würden. Als notwendig können nur die in Nr. 16 Abs. 2 genannten Auslagen anerkannt werden.

(2) Neben der Beihilfe nach Abs. 1 können Reiseentschädigung, Mietentschädigung und Ofenbeschaffungsbeitrag (§§ 6, 8, 9 des Gesetzes) gewährt werden. Zuschußgewährung nach § 7 des Gesetzes ist unzulässig.

(3) Nr. 4 und 5 gelten entsprechend.

(4) Abs. 1 bis 3 gelten für ehemalige Angehörige der Wehrmacht nur insoweit, als ihnen eine Umzugsentschädigung oder Umzugskostenbeihilfe nach den für ehemalige Angehörige der Wehrmacht bestehenden Sondervorschriften nicht gewährt werden kann.

Nr. 20.
Umzugskostenbeihilfe beim Ausscheiden aus dem Dienst.

(1) In den Warte- oder Ruhestand tretenden Beamten mit eigenem Hausstand, die Inhaber von Dienstwohnungen sind, können Umzugskostenbeihilfen bewilligt werden, wenn die Wohnung bis zum Ablauf der gestellten Frist geräumt wird.

(2) Die Beihilfe beträgt ohne Rücksicht auf die Umzugsentfernung 80 vom Hundert der nach § 5 des Gesetzes den Beamten der entsprechenden Besoldungsgruppe jeweils auszuzahlenden Umzugskostenentschädigung.

(3) Maßgebend für das Bemessen der Beihilfe sind Familienstand und Hausstand der Beamten am Tage des Ausscheidens aus dem Dienst.

(4) Neben der Beihilfe nach Abs. 1 und 2 kann ein Ofenbeschaffungsbeitrag nach § 9 des Gesetzes bewilligt werden.

(5) Befand sich die Dienstwohnung auf einer Insel, in einem Grenzort des Inlands oder Auslands, in einem kleineren abgelegenen Ort oder an einer Stelle, an der ein Umzug mangels Wohnungen nicht möglich ist, so kann mit Zustimmung der obersten Dienstbehörde ein Zuschuß nach § 7 des Gesetzes gewährt werden. Hierbei sind höchstens die Kosten zugrunde zu legen, die entstanden wären, wenn der Umzug nach dem nächsten Ort des Festlands oder nach dem nächsten Ort, nach welchem ein Umzug möglich war, ausgeführt worden wäre.

(6) Die Beihilfe ist bei der Behörde zu beantragen, der der Beamte zuletzt angehört hat.

(7) In den Warte- oder Ruhestand tretenden Beamten mit eigenem Hausstand können, auch wenn sie nicht Inhaber von Dienstwohnungen waren, mit Zustimmung der obersten Dienstbehörde Beihilfen[3]) nach Abs. 1 bis 6 gewährt werden, wenn sie von Grenzorten des Inlands oder Auslands, von Inselorten oder kleineren abgelegenen Plätzen wegziehen, an denen ihnen das Verbleiben nicht zugemutet werden kann. Die Bewilligung ist nur zulässig, wenn der Umzug innerhalb eines Jahres nach der Versetzung in den Warte- oder Ruhestand durchgeführt ist.

(8) Abs. 1 bis 7 gelten auch für Hinterbliebene, die mit im Dienst verstorbenen Beamten, mit Warte- oder Ruhestandsbeamten in häuslicher Gemeinschaft gelebt haben.

(9) Abs. 1 bis 8 gelten nicht für ehemalige Angehörige der Wehrmacht, die mit Umzugsentschädigung nach dem Wehrmachtversorgungsgesetz abgefunden werden.

(10)[4]) In den Warte- oder Ruhestand tretenden Beamten mit eigenem Hausstand, die zu den im § 44 des Deutschen Beamtengesetzes bezeichneten Beamten gehören und Inhaber einer Dienstwohnung oder einer anderen ihnen für den Dienstposten behördlich bereitgestellten Wohnung sind, können mit Zustimmung der obersten Dienstbehörde Umzugskostenbeihilfen nach Abs. 1 bis 6 bewilligt werden, wenn die Wohnung bis zum Ablauf der gestellten Frist geräumt und der Umzug nach einem anderen Ort ausgeführt wird. Bei der Zuschußbemessung dürfen jedoch höchstens die notwendigen Beförderungsauslagen (DVO. Nr. 11 Abs. 1) und die Fahrkosten der 3. Wagen- oder 2. Schiffsklasse für den Beamten, seine Familienangehörigen und eine Hausangestellte berücksichtigt werden, die entstanden wären, wenn der Umzug nach einem 100 km entfernt gelegenen Ort ausgeführt worden wäre.

---

[3]) S. Erl. des RMdF. v. 21. 1. 1936 und v. 29. 7. 1936 (RBB. S. 21 und 75).
[4]) Abs. 10 eingefügt durch VO. v. 26. 4. 1937 (RHuBB. S. 184).

Nr. 21.
Umzugskostenbeihilfe bei Beschäftigung im öffentlichen Dienst.

(1) Warte- und Ruhestandsbeamte, die unter Wechsel der Verwaltung eine entgeltliche Beschäftigung im öffentlichen Dienst übernehmen, können zu den notwendigen Umzugsauslagen eine Umzugskostenbeihilfe in Grenzen der Umzugskostenentschädigung nach § 4 oder § 5 des Gesetzes erhalten:

a) wenn sie in eine planmäßige Beamtenstelle eingewiesen werden, in jedem Falle;

b) wenn sie in eine planmäßige Beamtenstelle nicht übernommen werden nur dann, wenn die Beschäftigung voraussichtlich von so langer Dauer sein wird, daß die hierdurch entstehenden Ersparnisse an Wartegeld oder Ruhegehalt und etwa zu gewährenden Trennungsentschädigung nach Nr. 26 Abs. 3 die zu zahlende Umzugskostenvergütung erreichen oder übersteigen. Für einen etwaigen Rückumzug nach Beendigung der Beschäftigung wird eine Umzugskostenbeihilfe nicht gezahlt, jedoch findet Nr. 20 Anwendung.

(2) Neben der Beihilfe nach Abs. 1 können Reiseentschädigung, Zuschuß, Mietentschädigung und Ofenbeschaffungsbeitrag (§§ 6, 7, 8, 9 des Gesetzes) gewährt werden.

(3) Der Antrag ist durch die Beschäftigungsbehörde an das zuständige Versorgungsamt oder an die für die Gewährung des Wartegelds oder Ruhegehalts sonst zuständige Behörde zu richten. Von diesen Stellen werden die Beihilfen bewilligt und gezahlt. Etwa von anderer Seite gezahlte Beträge sind anzurechnen.

(4) Abs. 1 bis 3 gelten nicht für ehemalige Angehörige der Wehrmacht, die mit Umzugsentschädigung nach dem Wehrmachtversorgungsgesetz abgefunden werden.

Nr. 22. Umzugskostenbeihilfe an nichtbeamtete Personen.

(1) Bisher nichtbeamtete Personen, die im öffentlichen Dienst verwendet werden, können als Umzugskostenbeihilfe erhalten

a) wenn sie in planmäßige Beamtenstellen eingewiesen werden und infolgedessen einen Umzug ausführen müssen, die volle Umzugskostenvergütung (Nr. 3),

b) wenn sie als nichtplanmäßige Beamte angestellt werden und ihr Umzug dienstlich angeordnet ist, die entstandenen notwendigen Umzugsauslagen (Nr. 11 Abs. 2) in Grenzen der nach § 4 oder § 5 des Gesetzes zu zahlenden Umzugskostenentschädigung. Daneben können Reiseentschädigung, Mietentschädigung und Ofenbeschaffungsbeitrag (§§ 6, 8, 9 des Gesetzes) bewilligt werden. Zuschußgewährung nach § 7 des Gesetzes ist unzulässig.

(2) Nr. 5 und Nr. 6 Abs. 6 sowie Nr. 21 Abs. 4 gelten entsprechend.

Nr. 23. Umzugskostenbeihilfe bei Versetzung aus persönlichen Rücksichten.

(1) Versetzungen auf Antrag aus persönlichen Rücksichten unter Bewilligung einer Umzugskostenbeihilfe dürfen nur angeordnet werden, wenn zwingende Gründe für die Versetzung vorliegen. Diese sind im allgemeinen nur anzuerkennen, wenn die Schulausbildung der Kinder oder Gesundheitsrücksichten die Änderung des Dienstortes notwendig machen und der Beamte nach seinen Einkommens-, Vermögens- und Familienverhältnissen einer Beihilfe bedürftig ist.

(2) Die Beihilfe kann nur in Grenzen der für das Befördern des Umzugsguts entstandenen notwendigen Auslagen gewährt werden (Nr. 11 Abs. 1).

Nr. 24. Umzugskostenbeihilfe für Befördern von Heiratsgut.

(1) Beamten, die bereits vor der Bekanntgabe der Versetzung oder Umzugsanordnung die Absicht hatten, sich in nächster Zeit zu verheiraten, die dazu notwendigen Schritte unternommen und auch die Zeit der Eheschließung bereits festgesetzt hatten, kann eine Beihilfe zu den Beförderungsauslagen des zur Zeit der Bekanntgabe der Verfügung im Besitz der zukünftigen Ehefrau befindlichen Heiratsguts nach dem neuen Wohnort gewährt werden. Dasselbe gilt für Gegenstände, die bei Bekanntgabe der Versetzungs- usw. verfügung zwar in Auftrag gegeben, aber noch nicht geliefert waren.

(2) Die Beihilfe kann auch verheirateten Beamten gewährt werden, die am bisherigen Dienstort wegen Wohnungsmangels einen eigenen Hausstand noch nicht einrichten konnten.

(3) Einem unverheirateten Beamten mit eigenem Hausstand darf eine Beihilfe nach Abs. 1 nur gewährt werden, wenn und soweit die Umzugskostenentschädigung nach § 4 Abs. 1c des Gesetzes nicht ausreicht, auch die Mehrkosten für das Befördern des Heiratsguts zu decken. Nr. 16 gilt entsprechend.

(4) Die Beihilfe nach Abs. 1 bis 3 darf 60 vom Hundert der Umzugskostenentschädigung für einen verheirateten Beamten mit eigenem Hausstand (§ 4 Abs. 1a des Gesetzes) nicht übersteigen. Im Falle von Abs. 3 ist die nach § 4 Abs. 1c des Gesetzes zustehende Umzugskostenentschädigung anzurechnen.

Nr. 25. Trennungsentschädigung bei Versetzung, Anstellung und Umzugsanordnung.

(1) Trennungsentschädigung nach § 11 des Gesetzes kann gewährt werden;

a) planmäßigen und außerplanmäßigen Beamten, wenn sie aus dienstlichen Gründen nach einem anderen Dienstort versetzt werden oder auf dienstliche Anordnung umziehen müssen,

b) Warte- und Ruhestandsbeamten sowie bisher nichtbeamteten Personen, wenn sie in planmäßige Beamtenstellen eingewiesen werden,

c) Warte- und Ruhestandsbeamten sowie bisher nichtbeamteten Personen, wenn sie als nichtplanmäßige Beamte verwendet werden und der Umzug dienstlich angeordnet ist (Nr. 5),

d) Beamten im Vorbereitungsdienst und Probedienst sowie anderen nicht bereits unter a bis c genannten nichtplanmäßigen Beamten, wenn sie aus dienstlichen Gründen nach einem anderen Dienstort versetzt werden oder auf dienstliche Anordnung, insbesondere auch bei der Einberufung, umziehen müssen. Für ehemalige Angehörige der Wehrmacht gilt Nr. 26 Abs. 5.

(2) Voraussetzung für das Bewilligen von Trennungsentschädigung ist, daß die Beamten zum Zeitpunkt, zu dem die Versetzung, Anstellung (Einweisung) oder der Umzug angeordnet ist, einen eigenen Hausstand hatten und wegen Wohnungsmangels verhindert sind, ihren Hausstand am neuen Dienstort einzurichten.

(3) Auf Trennungsentschädigung besteht kein Rechtsanspruch.

(4) Die Bestimmungen über die Beschäftigungsvergütung an abgeordnete Beamte (vgl. die Bestimmungen vom 16. Dezember 1933 — Reichsbesoldungsbl. S. 200 Nr. 2264 —) sind sinngemäß anzuwenden; jedoch gelten die Vergütungssätze bei der Gewährung von Trennungsentschädigung als Höchstsätze.

(5) Trennungsentschädigung darf bis zur Höhe des Beschäftigungsreisegeldes nur für die ersten sieben Tage der getrennten Haushaltsführung bewilligt werden. Diese Frist darf nicht verlängert werden.

(6) Wenn Beamte bis zur Versetzung oder Umzugsanordnung nach dem neuen Dienstort abgeordnet waren, beginnt aus Anlaß der Versetzung oder Umzugsanordnung der Lauf der 7tägigen Frist (Abs. 5) nicht von neuem.

(7) Bei entgeltlicher Unterstellung der Möbel werden die Höchstsätze der Trennungsentschädigung um 25 vom Hundert und bei unentgeltlicher Unterstellung um 50 vom Hundert ermäßigt.

(8) Es ist Pflicht der Beamten, sich um die Beschaffung einer eigenen Wohnung am neuen Dienstort fortgesetzt ernstlich zu bemühen. Die vorgesetzte Behörde hat die Beamten dabei zu unterstützen und darüber zu wachen, daß sie jede gebotene Gelegenheit zum Erlangen einer Wohnung benutzen. Der Umzug darf nicht durch übermäßige Ansprüche an die Wohnung oder aus anderen persönlichen Gründen oder durch Instandsetzen der bereits leerstehenden Wohnung verzögert werden. Wird eine Wohnung,

die nach der dienstlichen Stellung des Beamten und nach seinem Diensteinkommen als angemessen anzusehen ist, zurückgewiesen, so ist die Zahlung der Entschädigung von dem Tage an einzustellen, an dem die Wohnung von dem Beamten hätte bezogen werden können.

(9) Die Entschädigung ist schriftlich zu beantragen. In dem Antrage sind die näheren Umstände darzulegen, die das Einrichten des Hausstandes am neuen Dienstort verhindern. Insbesondere ist darzutun, welche Schritte der Beamte zur Erlangung einer Wohnung für seinen Hausstand unternommen hat und welchen Erfolg sein Bemühen bisher gehabt hat. Diese Berichterstattung ist fortzusetzen. Die Entschädigung darf vom Dienstantrittstag am neuen Dienstort an, falls jedoch für diesen Tag Reisekostenvergütung oder eine ähnliche Vergütung gezahlt wird, erst von dem folgenden Tage an bis einschließlich des Tages gewährt werden, der dem Einladen des Umzugsguts am bisherigen Wohnort vorhergeht. Wurde die neue Wohnung zu einem vorherliegenden Zeitpunkte gemietet, so hört die Zahlung der Entschädigung mit Ablauf des Tages vor dem Beginn des Mietverhältnisses auf. Wird der Mietvertrag mit rückwirkender Kraft abgeschlossen, so wird die Entschädigung vom Tage nach dem Vertragsabschluß an nicht mehr gewährt.

(10) Die Entschädigung kann von der der obersten Dienstbehörde unmittelbar nachgeordneten Behörde bis zur Dauer von drei Monaten bewilligt werden. Die Frist beginnt mit dem Tage, von dem an die Entschädigung gewährt wird. Unterbrechungen in der Zahlung der Entschädigung bleiben für den Lauf der Frist unberücksichtigt.

(11) Wenn nach Ablauf von drei Monaten die Entschädigung weitergewährt werden soll, kann die oberste Dienstbehörde sie bis zu weiteren drei Monaten bewilligen. Dem Antrag sind alle auf das Erlangen einer Wohnung für den Beamten sich beziehenden Schriftstücke beizufügen.

(12) Soll die Entschädigung über sechs Monate hinaus gewährt werden, so ist die Zustimmung der für das Besoldungswesen allgemein zuständigen obersten Dienstbehörde einzuholen. Abs. 11 Satz 2 gilt entsprechend.

Nr. 26. Trennungsentschädigung in besonderen Fällen.

(1) Warte- und Ruhestandsbeamten mit eigenem Hausstand sowie nichtbeamteten Personen mit eigenem Hausstand kann, wenn sie außerhalb ihres Wohnorts als Beamte verwendet werden, Trennungsentschädigung in sinngemäßer Anwendung von Nr. 25 auch dann bewilligt werden, wenn der Umzug noch nicht angeordnet ist.

(2) Die Entschädigung kann von der der obersten Dienstbehörde unmittelbar nachgeordneten Behörde bis zur Dauer von drei Monaten bewilligt werden. Die Frist beginnt mit dem Tage, von dem an die Entschädigung gewährt wird. Unterbrechungen in der Zahlung der Entschädigung

bleiben für den Lauf der Frist unberücksichtigt. Wenn nach Ablauf von drei Monaten ein Weiterzahlen der Entschädigung notwendig ist, so ist die Zustimmung der obersten Dienstbehörde einzuholen. In dem Antrage sind die Umstände darzulegen, die der Anordnung des Umzuges nach Nr. 5 Abs. 1 entgegenstehen.

(3) In gleicher Weise können Warte- und Ruhestandsbeamte entschädigt werden, die unter Wechsel der Verwaltung im öffentlichen Dienst vorübergehend oder mit Aussicht auf Übernahme in eine Planstelle verwendet werden, wenn ihr Wartegeld oder Ruhegehalt durch die Verwendung auf längere Zeit ganz oder teilweise ruht. Eine von der Beschäftigungsbehörde aus diesem Anlaß etwa gezahlte Entschädigung ist auf die Trennungsentschädigung anzurechnen.

(4) Der Antrag ist in den Fällen des Abs. 3 durch die Beschäftigungsbehörde an das zuständige Versorgungsamt oder an die für die Gewährung des Wartegelds oder Ruhegehalts sonst zuständige Behörde zu richten. Von diesen Stellen wird die Entschädigung bewilligt und gezahlt.

(5) Abs. 1 bis 4 gelten nicht für ehemalige Angehörige der Wehrmacht, die nach den bestehenden Sondervorschriften einen Abwesenheitszuschuß erhalten.

Nr. 27. Vorschuß.

(1) Ein Beamter kann auf seinen Antrag einen Abschlag in Grenzen der Umzugskostenvergütung oder der Umzugskostenbeihilfe erhalten.

(2) Ist ein Abschlag gewährt, so sind der Betrag und die Kasse, die gezahlt hat, in der Umzugskostenrechnung anzugeben.

Nr. 28. Umzugskostenrechnung.

(1) Die Umzugskostenvergütung und die Umzugskostenbeihilfe werden auf Grund einer Umzugskostenrechnung gezahlt, die, soweit die oberste Dienstbehörde nichts anderes bestimmt, nach dem Muster der Anlage 2 aufzustellen ist. Der anfordernde Beamte hat die Umzugskostenrechnung zu unterzeichnen. Er ist für die Richtigkeit der Angaben in der Umzugskostenrechnung verantwortlich.

(2) Der Nachweis von Auslagen ist durch Belege, z. B. Frachtbriefe, Spediteur- und Handwerkerrechnungen, zu führen. Können Belege nicht beigebracht werden, genügt die pflichtgemäße Versicherung des Beamten in der Umzugskostenrechnung.

(3) Die zuständige Stelle hat die sachliche Richtigkeit der Umzugskostenrechnung zu prüfen und zu bescheinigen.

Nr. 29. Abrechnungsstelle.

Die Umzugskostenvergütung oder Umzugskostenbeihilfe ist, soweit in dieser Durchführungsverordnung nichts anderes bestimmt ist, von der

Behörde auszuzahlen und zu buchen, zu der der Beamte versetzt, abgeordnet oder einberufen ist, im Zweifelsfalle von der Behörde, der der Beamte angehört. Bei Abordnungen ist die Behörde, zu der der Beamte abgeordnet ist, auch für den Rückumzug zuständig. Ausnahmen bestimmt die oberste Dienstbehörde.

Nr. 30. Inkrafttreten.

Diese Durchführungsverordnung tritt mit dem 15. August 1935 in Kraft.

Übersicht

der sich aus § 4 Abs. 1a des Gesetzes bei den verschiedenen Entfernungen ergebenden Umzugskostenentschädigungen.

Die Umzugskostenentschädigung beträgt						
bei einer Umzugsentfernung von km	in Stufe					
	Ia RM	Ib RM	II RM	III RM	IV RM	V RM
bis 5	940	690	430	300	240	190
über 5 „ 10	968	710	444	310	248	196
„ 10 „ 15	996	730	458	320	256	202
„ 15 „ 20	1024	750	472	330	264	208
„ 20 „ 25	1052	770	486	340	272	214
„ 25 „ 30	1080	790	500	350	280	220
„ 30 „ 35	1108	810	514	360	288	226
„ 35 „ 40	1136	830	528	370	296	232
„ 40 „ 45	1164	850	542	380	304	238
„ 45 „ 50	1192	870	556	390	312	244
„ 50 „ 55	1220	890	570	400	320	250
„ 55 „ 60	1248	910	584	410	328	256
„ 60 „ 65	1276	930	598	420	336	262
„ 65 „ 70	1304	950	612	430	344	268
„ 70 „ 75	1332	970	626	440	352	274
„ 75 „ 80	1360	990	640	450	360	280
„ 80 „ 85	1388	1010	654	460	368	286
„ 85 „ 90	1416	1030	668	470	376	292
„ 90 „ 95	1444	1050	682	480	384	298
„ 95 „ 100	1472	1070	696	490	392	304
„ 100 „ 125	1514	1104	723	510	410	319
„ 125 „ 150	1556	1138	750	530	428	334
„ 150 „ 175	1598	1172	777	550	446	349
„ 175 „ 200	1640	1206	804	570	464	364
„ 200 „ 225	1682	1240	831	590	482	379

Die Umzugskostenentschädigung beträgt						
bei einer Umzugsentfernung von km	in Stufe					
	Ia RM	Ib RM	II RM	III RM	IV RM	V RM
über 225 bis 250	1724	1274	858	610	500	394
„ 250 „ 275	1766	1308	885	630	518	409
„ 275 „ 300	1808	1342	912	650	536	424
„ 300 „ 325	1850	1376	939	670	554	439
„ 325 „ 350	1892	1410	966	690	572	454
„ 350 „ 375	1934	1444	993	710	590	469
„ 375 „ 400	1976	1478	1020	730	608	484
„ 400 „ 425	2006	1500	1035	742	618	492
„ 425 „ 450	2036	1522	1050	754	628	500
„ 450 „ 475	2066	1544	1065	766	638	508
„ 475 „ 500	2096	1566	1080	778	648	516
„ 500 „ 525	2126	1588	1095	790	958	524
„ 525 „ 550	2156	1610	1110	802	668	532
„ 550 „ 575	2186	1632	1125	814	678	540
„ 575 „ 600	2216	1654	1140	826	688	548
„ 600 „ 625	2236	1667	1151	833	694	553
„ 625 „ 650	2256	1680	1162	840	700	558
„ 650 „ 675	2276	1693	1173	847	706	563
„ 675 „ 700	2296	1706	1184	854	712	568
„ 700 „ 725	2316	1719	1195	861	718	573
„ 725 „ 750	2336	1732	1206	868	724	578
„ 750 „ 775	2356	1745	1217	875	730	583
„ 775 „ 800	2376	1758	1228	882	736	588
„ 800 „ 825	2388	1767	1236	887	741	592
„ 825 „ 850	2400	1776	1244	892	746	596
„ 850 „ 875	2412	1785	1252	897	751	600
„ 875 „ 900	2424	1794	1260	902	756	604
„ 900 „ 925	2436	1803	1268	907	761	608
„ 925 „ 950	2448	1812	1276	912	766	612
„ 950 „ 975	2460	1821	1284	917	771	616
„ 975 „ 1000	2472	1830	1292	922	776	620
über 1000 km für je weitere 25 km oder Teile davon	5	4	4	3	3	3

V. Beihilfen bei Krankheits-, Geburts- und Todesfällen (Notstandsbeihilfen) für Reichsbeamte und Soldaten der Wehrmacht [1]).

Erlaß des Reichsministers der Finanzen vom 11. 12. 1928 — RBBl. S. 197 — in der Fassung der Änderungserlasse RBBl. 1929 S. 87, 1930 S. 55 und 117, 1932 S. 30 und 69, 1935 S. 18, 69 und 126, 1936 S. 30, RHuBB. 1937 S. 220 und 276.

I. Voraussetzung für die Gewährung von Beihilfen.

§ 1.

Zu den aus Anlaß von Krankheits-, Geburts- und Todesfällen entstehenden besonderen Aufwendungen werden den plan- und außerplanmäßigen Reichsbeamten, den als nichtplanmäßige Reichsbeamte wiederbeschäftigten Wartegeld- und Ruhegehaltsempfängern, den im Reichsdienst kommissarisch tätigen Landesbeamten und den Beamten im Vorbereitungs- und Ausbildungsdienst sowie den Soldaten der Wehrmacht bis auf weiteres auf Antrag Beihilfen nach Maßgabe der folgenden Grundsätze im Rahmen der bereitgestellten Haushaltsmittel gewährt; ein Rechtsanspruch auf die Beihilfen besteht nicht.

§ 2.

Beamte im Vorbereitungs- und Ausbildungsdienst kommen im allgemeinen unbeschadet des § 56 nur in Betracht, wenn ihnen aus der Reichskasse eine laufende Vergütung (Unterhaltszuschuß usw.) gewährt wird.

II. Beihilfen bei Krankheitsfällen.

Abschnitt 1.

Allgemeine Heilbehandlung.

§ 3.

Beihilfen in Krankheitsfällen werden gewährt

a) im Falle der eigenen Erkrankung eines Antragsberechtigten (§§ 1 und 2) an diesen oder nach seinem Ableben an Mitglieder seiner Familie,

---

[1]) S. RdErl. d. RuPrMdJ. zgl. i. N. sämtlicher RMin., des PrMPr. u. sämtlicher PrStM. v. 9. 10. 1936 (RMBliV. S. 1330) betr. Versagung von Notstandsbeihilfen usw. bei Inanspruchnahme jüdischer Ärzte usw. Für die Reichsjustizverwaltung s. AV. v. 18. 7. 1935 (Sonderveröffentlichung D. J. Nr. 9) und AV. v. 1. 4. 1936 (D. J. S. 532). Die Beihilfengrundsätze des Reichs gelten auch für Preußen nach Maßgabe des Erl. d. PrFM. v. 20. 3. 1936 (PrBB. S. 81), ergänzt durch Erl. v. 17. 7. 1936 (PrBB. S. 190). S. auch RdErl. des RuPrMdJ. v. 9. 5. 1936 (RMBliV. S. 667) und v. 13. 4. 1937 (RMBliV. S. 606). Über Bereitstellung von Unterstützungsmitteln für Dienstkräfte der Gemeinden und Gemeindeverbände und Anwendung der Beihilfengrundsätze des Reichs s. RdErl. des RuPrMdJ., zgl. im N. d. RMdF. v. 17. 3. 1936 (RMBliV. S. 369).

b) an verheiratete und verheiratet gewesene Antragsberechtigte (§§ 1 und 2) in Fällen der Erkrankung in ihrer Familie.

§ 4[2]).

Zur Familie im Sinne des § 3 gehören
a) die Ehefrau,
b) eheliche Kinder,
c) für ehelich erklärte Kinder,
d) an Kindes Statt angenommene Kinder,
e) Stiefkinder, die in den Hausstand des Antragsberechtigten aufgenommen sind,
f) uneheliche Kinder, wenn das Kind in den Hausstand des Antragsberechtigten (§§ 1 und 2) aufgenommen ist oder letzterer auf andere Weise nachweislich für den vollen Unterhalt des Kindes aufkommt.

Die Aufnahme in den Hausstand des Antragsberechtigten ist auch in den Fällen anzunehmen, in denen das Kind auf Kosten des Antragsberechtigten vorübergehend in einer Erziehungs- oder Lehranstalt, bei Verwandten oder bei einer anderen Familie oder anderwärts untergebracht ist.

Die Vaterschaft für ein uneheliches Kind eines Antragsberechtigten kann nur durch Urteil oder Anerkennung in einer öffentlichen Urkunde festgestellt werden.

Bei Erkrankungen der in Buchst. b bis e bezeichneten Kinder kann eine Beihilfe nur gewährt werden, wenn der Antragsberechtigte das Kind überwiegend unterhält.

Hat ein Kind (Abs. 1 Buchst. b bis f) sich verheiratet oder wirtschaftliche Selbständigkeit erlangt, so wird von diesem Zeitpunkt ab eine Beihilfe für dieses Kind nicht mehr gewährt.

§ 5.

Gehören in Fällen des § 3 Buchst. b beide Eheleute dem in den §§ 1 und 2 bezeichneten Personenkreis an, so ist, solange die Ehe nicht geschieden oder solange nicht auf Aufhebung der ehelichen Gemeinschaft erkannt ist (§ 1575 BGB.), nur der Ehemann antragsberechtigt (§ 4a).

Gehören in Fällen des § 3 Buchst. b beide Elternteile dem in den §§ 1 und 2 bezeichneten Personenkreis an, so ist, solange die Ehe nicht geschieden oder solange nicht auf Aufhebung der ehelichen Gemeinschaft erkannt ist (§ 1575 BGB.), nur der Ehemann antragsberechtigt; nach Trennung der Ehe oder Aufhebung der ehelichen Gemeinschaft durch rechtskräftiges Urteil kann nur der Elternteil eine Beihilfe bei Erkrankung des Kindes beantragen, dem die elterliche Gewalt über das Kind zusteht,

[2]) § 4 ist ergänzt durch RBB. 1935 S. 18.

oder, falls diese Voraussetzung bei keinem Elternteil vorliegt, der Teil, dem die Sorge für die Person des Kindes obliegt (§ 4b und c). Das gleiche gilt entsprechend bei gemeinsam an Kindes Statt angenommenen Kindern (§ 4d).

Gehört bei Stiefkindern sowohl der leibliche Elternteil wie der andere Elternteil dem in den §§ 1 und 2 bezeichneten Personenkreis an, so ist der leibliche Elternteil antragsberechtigt (§ 4e).

§ 6[3]).

Als beihilfefähig werden bei der Bemessung einer Beihilfe nach Maßgabe der folgenden Bestimmungen berücksichtigt die Kosten

a) für den Arzt,
b) für ärztlich verordnete Arznei-, Verbandmittel und Heilbehandlungsmaßnahmen (unbeschadet der Bestimmungen in II Abschnitt 2 und 3), unter Ausschluß der 20,— RM übersteigenden Anschaffungskosten von Apparaten für Heilbehandlungsmaßnahmen wie Höhensonnen, Solluxlampen, Hochfrequenz-, Elektrisier-, Zanderapparaten usw.,
c) für den besonderen, durch ärztlich als Heilmittel verordneten Stärkungsmittel verursachten Mehraufwand für die erkrankte Person (unbeschadet des § 9),
d) für eine erforderliche Krankenhausbehandlung,
e) für einen notwendigen Transport der erkrankten Person nach Hause oder nach dem Krankenhause oder von diesem in die Wohnung,
f) für einen ohne Zuziehung eines Arztes angelegten Notverband,
g) für eine Berufspflegekraft, ausnahmsweise für eine andere Pflegekraft.

Die Verordnung der Stärkungsmittel gemäß Buchst. c muß schriftlich erfolgen. Die Stärkungsmittel müssen hierbei nach Art und Menge deutlich bezeichnet sein.

Kosten nach Abs. 1, die bei Durchführung einer Badekur entstehen, sind nur nach Maßgabe des Abschnitts 3 beihilfefähig.

§ 7.

Die Kosten einer Behandlung in Privatkliniken werden den Kosten für eine Krankenhausbehandlung gleichgestellt, wenn es sich um eine versorgungsärztlich — im Bereiche des Reichswehrministeriums[4]) durch den zuständigen Heeres- oder Marinearzt — für notwendig erklärte Spezialbehandlung einer akuten Krankheit oder einer krankhaften Mißbildung handelt, die in einem allgemeinen Krankenhause mit dem gleichen Erfolge nicht durchgeführt werden kann.

---

[3]) Ergänzt durch RBB. 1930 S. 117 und 1935 S. 18.
[4]) Jetzt Reichskriegsministerium.

Die Kosten einer Behandlung in Sanatorien, die nicht als Behandlung in einer Privatklinik im Sinne des Abs. 1 oder als Heilstättenbehandlung im Sinne von II Abschnitt 2 anzusehen ist, können nur mit Zustimmung des Reichsministers der Finanzen als beihilfefähig anerkannt werden[5]).

§ 8.

Pflegekosten, die nicht durch Inanspruchnahme von Berufspflegern, sondern durch Annahme anderer zur Krankenpflege geeigneter Personen entstanden sind, können grundsätzlich nur dann berücksichtigt werden, wenn eine ärztliche Bescheinigung über die Eignung der Pflegekraft und über die Notwendigkeit und Dauer der Pflege vorgelegt wird.

Abs. 1 findet insbesondere auch Anwendung, wenn zur Krankenpflege Verwandte herangezogen werden; wird in solchen Fällen die Pflege unentgeltlich geleistet, so können Aufwendungen für die Zu- und Rückreise der Pflegekraft und Aufwendungen für die Verpflegung der Pflegekraft während der notwendigen Dauer der Pflege in angemessenem Umfange als beihilfefähig angesehen werden; der berücksichtigte Gesamtbetrag darf aber in keinem Falle höher sein als bei berufsmäßiger Krankenpflege.

§ 9.

Bei der Bewilligung von Beihilfen in Krankheitsfällen bleiben, soweit nicht im vorstehenden etwas Besonderes bestimmt ist, stets außer Betracht Mehrkosten für die übliche bessere Verpflegung eines Kranken, Geschenke für Pfleger usw., Reiseauslagen zum Besuch von erkrankten Familienmitgliedern, Mehrverbrauch an Licht und Heizung.

Abschnitt 2.

Heilstättenbehandlung bei Tuberkulose.

§ 10.

Bei tuberkulösen Erkrankungen kann eine Beihilfe für eine Heilstättenbehandlung unter entsprechender Anwendung der §§ 3 bis 5 bewilligt werden, wenn nach dem Zeugnis eines Versorgungsarztes — im Bereiche des Reichswehrministeriums[6]) des zuständigen Heeres- oder Marinearztes — eine dringende Notwendigkeit der Heilstättenbehandlung anzuerkennen ist, diese Behandlung in einer geschlossenen, ärztlich geleiteten Tuberkulosenanstalt durchgeführt wird und eine Heilung oder eine wesentliche Besserung von der Heilstättenbehandlung erwartet, auf andere Weise aber nicht herbeigeführt werden kann.

---

[5]) S. hierzu Erl. des RMdF. v. 27. 3. 1929 (RBB. S. 26).
[6]) Jetzt Reichskriegsministerium.

§ 11.

Das Zeugnis des Versorgungsarztes (§ 10) muß auf einer vor Beginn der Heilstättenbehandlung vorgenommenen Untersuchung beruhen.

§ 12.

Heilstättenbehandlung außerhalb des deutschen Reichsgebietes ist in der Regel nicht als beihilfefähig anzusehen. Ausnahmen bedürfen der vorherigen Zustimmung des Reichsministers der Finanzen.

§ 13.

Die Beihilfe für Heilstättenbehandlung darf bei Beihilfeempfängern, die mit Unterhaltsverpflichtungen nicht belastet sind, höchstens 150,— *RM*, im übrigen höchstens 200,— *RM* im Monat betragen; in Sonderfällen können diese Höchstsätze bis zu 50,— *RM* überschritten werden. Mehr als 80 v. H. der beihilfefähigen Kosten werden jedoch in keinem Falle erstattet.

§ 14.

Neben der Beihilfe gemäß § 13 können bis zu 80 v. H. der Kosten der Hin- und Rückreise (für die Holzklasse) und für Gepäckbeförderung erstattet werden. Wenn nach dem versorgungsärztlichen (§ 10) Zeugnis eine Begleitung der Erkrankten unbedingt erforderlich ist, sind Reise- und Gepäckbeförderungskosten bis zu vorstehend genannter Höhe auch für einen Begleiter erstattungsfähig.

Abschnitt 3.

Badekuren.

§ 15.

Den planmäßigen und außerplanmäßigen Reichsbeamten und den als nichtplanmäßige Beamte im Reichsdienst wiederbeschäftigten Wartegeld- und Ruhegehaltsempfängern können für ihre Person ausnahmsweise Beihilfen für Badekuren gewährt werden.

§ 16[7]).

Beihilfen für Badekuren können nur bewilligt werden, wenn nach dem Zeugnis eines Versorgungsarztes — im Bereiche des Reichswehrministeriums[8]) des zuständigen Heeres- oder Marinearztes — auf Grund einer vor Beginn der Badekur vorgenommenen Untersuchung eine Badekur unter ärztlicher Leitung dringend notwendig ist und durch diese Kur, aber nicht durch eine andere Behandlungsweise die Wiederherstellung der vollen Dienstfähigkeit zu erwarten ist.

---

[7]) Geändert durch RBB. 1935 S. 18.
[8]) Jetzt Reichskriegsministerium.

§ 17.

Die Badekur muß in einem von dem Versorgungsarzt (§ 16) vorgeschlagenen inländischen Badeorte und unter ständiger ärztlicher Aufsicht durchgeführt werden, worüber eine ärztliche Bescheinigung beizubringen ist.

§ 18.

Zur Badekur rechnet auch die vom Versorgungsarzt in Grenzen eines Monats als notwendig anerkannte Nachkur auf dem Lande, im Gebirge oder an der See. Dagegen kann zu den Kosten eines sonstigen auf dem Lande, im Gebirge oder an der See verbrachten Erholungsurlaubs eine Beihilfe nicht gewährt werden, auch wenn dieser Urlaub auf ärztliches Anraten erfolgte.

§ 19.

Die Beihilfe für eine Badekur kann nur in besonders begründeten Ausnahmefällen für eine längere Zeit als für einen Monat gewährt werden.

§ 20.

Für die Bemessung einer Beihilfe für Badekuren finden die §§ 13 und 14 sinngemäß Anwendung.

Abschnitt 4.

Zahnbehandlung und Zahnersatz[9]).

§ 21.

Für Ausgaben, die durch Zahnbehandlung und Zahnersatz entstehen, werden Beihilfen unter entsprechender Anwendung der §§ 3 bis 5 gewährt.

§ 22.

Bei Bemessung der Beihilfen für Zahnplomben können als beihilfefähig höchstens 6 *RM* für jeden gefüllten Zahn[10]) angesehen werden.

Für Zahnbehandlung innerhalb eines Rechnungsjahres dürfen im Höchstfalle bewilligt werden

a) an unverheiratete Beihilfeempfänger .... 30,— *RM*

b) an Beihilfeempfänger mit einem oder mehreren Angehörigen der im § 4 bezeichneten Art .... 60,— *RM*

---

[9]) Hinsichtlich Paradentose s. Erl. des RMdF. v. 27. 5. 1931 (RBB. S. 54).

[10]) Nach dem Erlaß des RMdF. v. 15. 7. 1929 (RBB. S. 87) schließt der für die Bemessung der Beihilfen vorgesehene Höchstsatz von 6 RM für jeden gefüllten Zahn auch die Kosten für eine etwa erforderliche Vorbehandlung ein. Kosten für die der eigentlichen Plombierung eines Zahnes vorangegangene Wurzelbehandlung, Wurzelfüllung usw. dürfen daher nur insoweit berücksichtigt werden, als sie einschließlich der Kosten für die Füllung eines Zahnes den vorgesehenen Höchstsatz nicht übersteigen.

§ 23[11]).

Über die Beihilfefähigkeit von Kosten für Zahnersatz (für Kronen, Stiftzähne, Platten- und Brückenarbeiten) ist vor Beginn der Behandlung die Entscheidung der im § 49 bezeichneten Stelle herbeizuführen. Zu diesem Zwecke ist ein Zahnbild (Zahnschema) mit Kostenanschlag über die vorgesehenen Ersatzarbeiten und die Bescheinigung eines Versorgungsarztes — im Bereiche des Reichswehrministeriums des zuständigen Heeres- oder Marinearztes — oder eines anderen Arztes (nicht Zahnarztes) vorzulegen, wonach der Zahnersatz in dem veranschlagten Umfange zur Verhütung von Krankheiten oder zur Wiederherstellung der Gesundheit unbedingt erforderlich ist.

Der Vorlage eines Zahnbildes, eines Kostenanschlages und einer ärztlichen Bescheinigung bedarf es nicht, sofern nur beihilfefähige Kosten gemäß § 24 Ziff. 2, 3a, 10 oder 11 in Frage kommen.

Ist die Bescheinigung nicht vom Versorgungsarzt (Heeres- oder Marinearzt) ausgestellt und übersteigt der Kostenanschlag den Betrag von *RM* 100,—, so kann die im § 49 bezeichnete Stelle außerdem die Begutachtung durch den Versorgungsarzt (Heeres- oder Marinearzt) herbeiführen.

§ 24[12]).

Die Ausgaben für die nachstehend bezeichneten technischen Zahnersatzarbeiten können nur bis zur Höhe der angegebenen Sätze als beihilfefähig berücksichtigt werden:

1.	für Anfertigung einer Kautschukplatte	6,— *RM*
2.	für Reparatur einer Kautschukplatte	4,50 *RM*
3.	a) für jeden an der Platte befestigten alten Zahn ..	3,— *RM*
	b) für jeden an der Platte befestigten neuen Zahn ..	4,— *RM*
4.	für Zahn mit Schutzplatte mehr	2,— *RM*
5.	für Gummisauger	2,— *RM*
6.	für eine Klammer	2,70 *RM*
7.	für Anbringen von Federn und Federnträger an Kautschuk	9,— *RM*
8.	für Zinnstiftzahn und Porzellanvollkrone	12,50 *RM*
9.	für Ringstiftzahn, Brückenglied oder Vollkrone	25,— *RM*
10.	für Entfernung eines Stiftzahnes oder eines abgebrochenen Stiftes aus der Wurzel	2,50 *RM*
11.	für Wiederbefestigung eines Stiftzahnes oder einer Krone	2,50 *RM*
12.	für Anfertigen einer Platte aus Wiplametall	35,— *RM*

[11]) Ergänzt bzw. geändert durch RBB. 1930 S. 55 und 1935 S. 18.
[12]) Geändert durch RBB. 1932 S. 69 und RHuBB. 1937 S. 220.

13. a) für jeden daran befestigten Zahn vulkanisiert .... 4,— RM
b) für Wiplametallkästchen geschweißt .... 6,— RM
14. a) für eine Wiplaklammer geschweißt .... 3,50 RM
b) für eine Wiplaklammer vulkanisiert .... 3,— RM
15. a) für eine Saugeklammer in Wipla eingearbeitet .. 3, RM
b) für einen Gummisauger in Wipla eingearbeitet .. 5,— RM

§ 25.

Die Mehrkosten bei Verwendung von Edelmetall bei Zahnersatzarbeiten sind nur dann beihilfefähig, wenn eine Kiefer- oder Zahnbettverletzung vorliegt, die nach ärztlicher Bescheinigung die Verwendung von Edelmetall notwendig macht.

In der Regel wird sich die ärztliche Bescheinigung (§ 23) auch auf die Notwendigkeit der Verwendung von Edelmetall gemäß Abs. 1 erstrecken können.

Abschnitt 5.

Hilfsmittel gegen Verunstaltung, Verkrüppelung usw.

§ 26.

Beihilfen werden ferner unter entsprechender Anwendung der §§ 3 bis 5 gewährt zu Kosten für Hilfsmittel, die vom Arzt gegen Verunstaltung, Verkrüppelung, körperliche Gebrechen sowie zur Beseitigung von Sehfehlern verordnet sind.

Unter Abs. 1 fallen insbesondere die Aufwendungen für die erstmalige Anschaffung von Augengläsern, die nach ärztlicher Anordnung zur Erzielung normaler oder verbesserter Sehfähigkeit notwendig sind. Mehrkosten für die Herstellung von Tragegestellen aus Edelmetallen, Schildpatt oder anderen Luxusmaterialien müssen dabei außer Ansatz bleiben.

Bei orthopädischer Fußbekleidung sind nur die Mehrkosten gegenüber dem Preis für handelsübliche Ware beihilfefähig.

III. Beihilfen bei Geburtsfällen.

§ 27.

In Geburtsfällen werden Beihilfen gewährt

a) an männliche Antragsberechtigte (§§ 1 und 2) bei Entbindung der Ehefrau oder der geschiedenen Ehefrau, wenn die Entbindung innerhalb eines Zeitraumes von 302 Tagen nach Auflösung der Ehe erfolgt und die Ehelichkeit des Kindes gemäß § 1598 BGB. vom Antragsberechtigten anerkannt ist oder die Ehelichkeit des Kindes innerhalb eines Jahres (§ 1594 BGB.) nicht angefochten wurde;

b) an weibliche Antragsberechtigte (§§ 1 und 2) bei ihrer Niederkunft während des Bestehens einer Ehe oder innerhalb eines Zeitraums von 302 Tagen nach Auflösung der Ehe.

Würde die Antragsberechtigung sowohl nach a wie nach b gegeben sein, so findet § 5 Halbsatz 1 sinngemäß Anwendung.

§ 28[13]).

Als beihilfefähig sind anzusehen die Kosten der Hebamme, der erforderlichen Verbandmittel, der Hauspflegerin für einen Zeitraum von 10 Tagen, beginnend mit dem Tage nach der Geburt, gegebenenfalls die Kosten der Entbindungsanstalt einschließlich der notwendigen Beförderungskosten zur und von der Entbindungsanstalt und, soweit im Einzelfalle erforderlich, die Kosten des Arztes und der ärztlich verordneten Arzneimittel und Heilbehandlungsmaßnahmen.

Beihilfefähig ist auch der besondere, durch ärztlich als Heilmittel verordnete Stärkungsmittel verursachte Mehraufwand für die Wöchnerin; § 6 Abs. 2 findet entsprechend Anwendung.

Wird als Hauspflegerin eine Verwandte herangezogen, die die Pflege unentgeltlich leistet, so können Aufwendungen für die Zu- und Rückreise der Pflegekraft und Aufwendungen für die Verpflegung der Pflegekraft in angemessenem Umfange als beihilfefähig angesehen werden; der berücksichtigte Gesamtbetrag darf aber in keinem Falle höher sein als bei berufsmäßiger Krankenpflege.

Als beihilfefähig können ferner die Ausgaben für Erstlingswäsche und sonstige Kinderausstattung wie für Kinderwagen, Wagendecken, Kinderbetten, Matratzen, Badewannen, Schwämme usw. bei der erstmaligen Gewährung einer Beihilfe aus Anlaß einer Geburt nach dem 30. Juni 1937 bis zum Höchstbetrag von 150 *RM* berücksichtigt werden.

§ 9 findet auch bei Geburtsfällen sinngemäße Anwendung.

§ 29.

Bedarf die Wöchnerin nach ärztlichem Zeugnis unbedingt über den 10tägigen Zeitraum (§ 28) hinaus einer besonderen Pflegekraft, so sind die hierdurch verursachten Kosten wie Kosten in einem Krankheitsfall zu behandeln.

§ 30[14]).

Bei der Bemessung der Beihilfe kommen nicht in Betracht Anschaffungskosten für Kinderausstattungen, soweit sie nicht nach § 28 Abs. 4 beihilfefähig sind. Insbesondere sind ferner nicht beihilfefähig die Kosten für Öfen für Kinderzimmer, für Geburtsanzeigen jeder Art, für Postgebühren, für Verbesserung der Kost in der Entbindungsanstalt u. dgl.

---

[13]) Abs. 4 eingefügt durch RHuBB. 1937 S. 220.
[14]) Neue Fassung durch RHuBB. 1937 S. 220.

IV. Beihilfen bei Todesfällen.

§ 31.

Beihilfen bei Todesfällen werden gewährt

a) an die in den §§ 1 und 2 bezeichneten Antragsberechtigten bei Todesfällen in ihrer Familie,

b) gegebenenfalls an Familienmitglieder des in den §§ 1 und 2 bezeichneten Personenkreises.

§ 32[15]).

Zur Familie im Sinne des § 31 gehören

a) die Ehefrau,

b) eheliche Kinder,

c) für ehelich erklärte Kinder,

d) an Kindes Statt angenommene Kinder,

e) Stiefkinder, die in den Hausstand des Antragsberechtigten aufgenommen sind,

f) uneheliche Kinder, wenn das Kind in den Hausstand des Antragsberechtigten (§§ 1 und 2) aufgenommen ist oder letzterer auf andere Weise nachweislich für den vollen Unterhalt des Kindes aufkommt.

Die Aufnahme in den Hausstand des Antragsberechtigten ist auch in den Fällen anzunehmen, in denen das Kind auf Kosten des Antragsberechtigten vorübergehend in einer Erziehungs- oder Lehranstalt, bei Verwandten oder bei einer anderen Familie oder anderwärts untergebracht ist.

Die Vaterschaft für ein uneheliches Kind eines Antragsberechtigten kann nur durch Urteil oder Anerkennung in einer öffentlichen Urkunde festgestellt werden.

Beim Ableben der in Buchst. b bis e bezeichneten Kinder kann eine Beihilfe nur gewährt werden, wenn der Antragsberechtigte das Kind überwiegend unterhalten hat.

Hat ein Kind (Abs. 1 Buchst. b—f) sich verheiratet oder wirtschaftliche Selbständigkeit erlangt, so wird von diesem Zeitpunkt ab eine Beihilfe für dieses Kind nicht mehr gewährt.

§ 5 findet beim Ableben von Kindern (Buchst. b—e) entsprechende Anwendung.

§ 33[16]).

Sind bei einem Todesfall die Voraussetzungen für eine Beihilfe gemäß § 31 Buchst. b gegeben, so wird — unbeschadet des § 32 Abs. 6 — eine Beihilfe aus Anlaß dieses Todesfalles von der Dienststelle gewährt, die für die Bewilligung einer Krankheitsbeihilfe für den Verstorbenen zuständig war oder gewesen wäre.

---

[15]) Ergänzt durch RBB. 1935 S. 18.

[16]) Geändert durch RBB. 1935 S. 126.

§ 34.

In Fällen gemäß § 3 Buchst. a (Ablebensfall) und § 31 Buchst. b kann die Beihilfe ausnahmsweise an andere als in § 4 und in § 32 bezeichnete Familienangehörige oder an Verschwägerte des Verstorbenen gewährt werden, jedoch nur, wenn sie aus rechtlichen oder sittlichen Gründen die Kosten der Beerdigung und der letzten Krankheit getragen haben und andere Verwandte nicht vorhanden sind, die die entstandenen Kosten ganz oder teilweise übernehmen könnten.

§ 35.

Bei Beihilfen aus Anlaß von Todesfällen sind als beihilfefähig anzusehen die Begräbnis- oder Feuerbestattungskosten einschließlich der ortsüblichen Gebühren für die Überführung der Leiche nach dem Friedhof, die Kosten für die Grabstelle (jedoch nicht für ein Erbbegräbnis) und für die erstmalige ortsübliche einfache Instandsetzung des Grabes.

§ 36.

Nicht beihilfefähig sind Kosten für eine Überführung der Leiche von oder nach auswärts, für Beschaffung von Trauerkleidung und Grabsteinen, Auslagen für Todesanzeigen, Danksagungen, Karten, Porto, Telegramme, Umzugskosten und dergleichen.

V. Allgemeine Grundsätze für die Gewährung von Beihilfen nach Abschnitt II bis IV.

§ 37.

Eine Beihilfe kann nur zu solchen den Antragsberechtigten tatsächlich zur Last fallenden Aufwendungen bewilligt werden, die unvermeidbar und — der Not der Zeit entsprechend — in sparsamsten Grenzen gehalten sind. Aufwendungen für Gegenstände des gewöhnlichen Bedarfs und für Anschaffungen aus Anlaß von Heilstätten- und Badekuren scheiden grundsätzlich aus.

§ 38.

Aufwendungen für Dauerkrankheiten (z. B. Siechtum, Geisteskrankheit) sind nicht beihilfefähig; tritt jedoch eine andere Krankheit hinzu oder erfordert die Dauerkrankheit außergewöhnliche Ausgaben (z. B. durch operative Behebung des Dauerleidens), so kann zu den hierdurch veranlaßten Kosten eine Beihilfe gewährt werden.

§ 39[17]).

Eine Beihilfe wird bei ein und demselben Krankheitsfall im allgemeinen nur hinsichtlich der in einem Zeitraum von sechs aufeinanderfolgenden

---

[17]) Neue Fassung durch RHuBB. 1937 S. 220.

Monaten entstandenen beihilfefähigen Kosten gewährt; Beginn oder Ende des Sechsmonatszeitraums braucht weder mit dem Beginn noch mit dem Ende der Krankheit zusammenzufallen.

Die außerhalb des Sechsmonatszeitraums erwachsenen Kosten werden in der Regel nur bei der Wahl des Hundertsatzes berücksichtigt.

Ausnahmsweise können jedoch die obersten Reichsbehörden oder die von diesen hierzu ermächtigten höheren Reichsbehörden in besonders berücksichtigenswerten Fällen die Erstreckung des Sechsmonatszeitraumes bis zu 12 Monaten zulassen.

§ 40.

Eine Erkrankung in Verbindung mit einer Geburt ist als ein Beihilfefall anzusehen; dies gilt auch, wenn der Tod der Mutter oder des Kindes hinzutritt. Ebenso ist bei Krankheitsfällen mit nachfolgendem Sterbefall ein Beihilfefall anzunehmen.

§ 41[18]).

Eine Beihilfe soll nur bewilligt werden, wenn die innerhalb dreier aufeinander folgender Kalendermonate entstandenen beihilfefähigen Kosten den Betrag eines Siebentels des monatlichen Grundgehalts einschließlich einer etwaigen ruhegehaltsfähigen Zulage des Antragsberechtigten — unter Berücksichtigung der Gehaltskürzungen — zu Beginn des zugrundegelegten Dreimonatszeitraums übersteigen.

Als Beihilfe können, wenn die vorerwähnte Voraussetzung vorliegt, bis zu 60 v. H. der beihilfefähigen Kosten gewährt werden.

Hat der Antragsberechtigte aus eigenen Mitteln Krankenversicherungsbeiträge geleistet, so soll unbeschadet des § 42 die Beihilfe auf weniger als 40 v. H. der beihilfefähigen Kosten nur dann bemessen werden, wenn die innerhalb dreier aufeinanderfolgender Kalendermonate entstandenen beihilfefähigen Kosten den Betrag von drei Zehntel des monatlichen Grundgehalts einschließlich einer etwaigen ruhegehaltsfähigen Zulage des Beamten nicht übersteigen (vgl. Abs. 1).

Bei zahlreicher Familie oder bei hohen Ausgaben neben verhältnismäßig geringem Einkommen oder bei besonders ungünstigen wirtschaftlichen Verhältnissen dürfen bis zu 80 v. H. der beihilfefähigen Kosten gewährt werden.

Bei Geburtsfällen dürfen Beihilsen allgemein bis zu 80 v. H. der unmittelbar aus Anlaß einer Geburt entstandenen beihilfefähigen Kosten zugebilligt werden.

Ergibt sich nach vorstehendem als Beihilfe ein Betrag, der im Verhältnis zum Diensteinkommen nur gering ist, so wird keine Beihilfe gewährt.

---

[18]) Geändert bzw. ergänzt durch RBB. 1935 S. 18 und RHuBB. 1937 S. 220.

§ 42 [18a]).

Fließt dem Antragsberechtigten aus einer Kranken- oder Unfallversicherung ein Ersatz der beihilfefähigen und nach § 41 zu berücksichtigenden Kosten zu, so darf die Beihilfe nicht höher sein, als der durch die Erträgnisse aus der Versicherung nicht gedeckte Teil der beihilfefähigen Kosten zuzüglich der Versicherungsbeiträge, die für die bei dem Antrag in Frage kommende Person geleistet worden sind; hierbei bleiben jedoch Beiträge, deren Fälligkeit mehr als 12 Monate — gerechnet von der ersten Inanspruchnahme des Arztes, die unter den beihilfefähigen Kosten aufgeführt ist, in Geburtsfällen vom Tage der Entbindung — zurückliegt, sowie Beiträge, die bereits bei Gewährung von Beihilfen berücksichtigt wurden, und Beiträge, die nach der ersten Inanspruchnahme des Arztes oder nach der Entbindung fällig geworden sind, außer Betracht. Soweit die Höhe der Ersatzleistungen noch nicht bestimmt ist, ist der entsprechende Teil der Beihilfe, zunächst nur vorschußweise zu gewähren.

§ 43.

Bei Bemessung von Beihilfen gemäß § 31 sind Erträgnisse aus Sterbekassen, privaten Lebensversicherungen usw. in Berücksichtigung zu ziehen. Handelt es sich hierbei nur um Beiträge bis zu 2000,— RM, so können diese Erträgnisse ebenso wie ein mäßiges Eigenvermögen unberücksichtigt bleiben. Bei Zahlung höherer Beträge kann in Sonderfällen von einer Berücksichtigung abgesehen werden, wenn besonders ungünstige wirtschaftliche Verhältnisse vorliegen.

§ 44.

Wird Beamten und deren Familienmitgliedern aus öffentlichen Mitteln freie ärztliche Behandlung oder besondere Heilfürsorge (z. B. auf Grund versorgungsgesetzlicher Ansprüche) zuteil, so kommt die Bewilligung einer Beihilfe nicht in Frage.

§ 45[19]).

Für Soldaten der Wehrmacht von der Besoldungsgruppe 4 der Besoldungsgruppe C einschließlich ab kommt die Gewährung einer Beihilfe nur insoweit in Frage, als diesen Personen nach den Heilfürsorge- und Kurbestimmungen vom 16. 5. 33 (Teil II der Reichswehrsanitätsvorschrift) und den Bestimmungen über Beerdigungskosten vom 13. 6. 29 (HVBl. S. 71 Nr. 248, MVBl. S. 93 Nr. 162) und nach den hierzu ergangenen Ergänzungen nicht oder nicht hinreichend geholfen werden kann.

[18a]) Fassung auf Grund von RHuBB. 1937 S. 276.
[19]) Neue Fassung auf Grund von RBB. 1935 S. 69.

VI. Verfahren bei der Bewilligung der Beihilfen.

§ 46.

Für den Antrag auf Bewilligung einer Beihilfe ist der nachstehende Vordruck I zu verwenden. Er ist an die vorgesetzte Dienstbehörde, in den Fällen des § 5 Abs. 1 an die vorgesetzte Dienstbehörde des Ehemannes zu richten.

Die vorgesetzte Behörde prüft den ihr vorgelegten Antrag, fordert in Fällen gemäß II Abschnitt 1, 2 und 3 und gegebenenfalls gemäß § 23 das Zeugnis des Versorgungsarztes — im Bereiche des Reichswehrministeriums[20]) des Heeres- oder Marinearztes — ein und veranlaßt nötigenfalls die Ergänzung durch den Antragsteller. Hierbei ist wohlwollend zu verfahren und ein peinliches Eindringen in die privaten Verhältnisse des Antragstellers oder seiner Familienmitglieder zu vermeiden; wenn nicht bestimmte Anhaltspunkte für ein abweichendes Verfahren vorliegen, so ist die Feststellung, ob und inwieweit ein etwaiges Privateinkommen oder eine Versicherung usw. zur Deckung der Kosten herangezogen werden kann, in der Regel nur entsprechend der pflichtmäßigen Erklärung im Antrag zu treffen und, falls eine solche nicht abgegeben ist, ihre Nachholung zu veranlassen.

§ 47.

Sorgfältig ist darauf zu achten, daß nur die wirklich notwendigen und angemessenen Aufwendungen Berücksichtigung finden.

§ 48.

Die Bewilligung einer Beihilfe erfolgt in dem durch die §§ 41 bis 45 gezogenen Rahmen unter Berücksichtigung der wirtschaftlichen Lage des Antragstellers. Zu diesem Zweck hat die prüfende Behörde der bewilligenden einen bestimmten Vorschlag zu unterbreiten.

§ 49.

Zuständig für die Bewilligung von Beihilfen sind die obersten Reichsbehörden, soweit diese nicht die Befugnis zur Bewilligung von Beihilfen für Beamte der höheren Reichsbehörden und der ihnen unterstellten Dienststellen auf die höheren Reichsbehörden übertragen haben.

§ 50[21]).

Über die Anträge auf Gewährung von Beihilfen für Heilstättenbehandlungen (§§ 10 bis 14) und Badekuren (§§ 15 bis 20) entscheidet grundsätzlich die oberste Reichsbehörde vor Beginn der Kur. Sofern es sich bei Heilstättenbehandlungen um eine Bewilligungsdauer von mehr als

[20]) Jetzt Reichskriegsministerium.
[21]) Geändert durch RHuBB. 1937 S. 220.

sechs Monaten, bei Badekuren um eine solche von mehr als sechs Wochen handelt, entscheidet die oberste Reichsbehörde im Benehmen mit dem Reichsminister der Finanzen.

Eine ärztlicherseits als notwendig anerkannte Verlängerung der Heilstättenbehandlung oder Badekur über den genehmigten Zeitraum hinaus ist unter Vorlage des Zeugnisses des behandelnden Arztes so rechtzeitig bei der obersten Reichsbehörde zu beantragen, daß die Entscheidung noch vor Ablauf des genehmigten Zeitabschnitts ergehen kann. Unterlassen Kranke schuldhaft die rechtzeitige Beantragung der Verlängerung, so sind die entscheidenden weiteren Kosten nicht beihilfefähig.

§ 51.

Aus dem gleichen Anlaß kann an denselben Empfänger eine Unterstützung und eine Beihilfe nebeneinander nicht bewilligt werden.

Eine Unterstützung an Stelle der Beihilfe nach den vorliegenden Bestimmungen kann nur durch die oberste Reichsbehörde gewährt werden.

§ 52.

Im Falle eines unaufschiebbaren Bedürfnisses (z. B. Aufnahme in ein Krankenhaus, eine Heil- oder Entbindungsanstalt, bei Bestattungen) kann dem Beamten (Familienmitglied) durch die zuständige Behörde (§ 49) eine angemessene Abschlagszahlung auf die Beihilfe gewährt werden, die sogleich als solche zu verrechnen ist. Abschlagszahlungen für Heilstättenbehandlungen und Badekuren werden von den obersten Reichsbehörden unter entsprechender Anwendung des § 50 bewilligt.

§ 53.

Ist ein Krankheits- oder Todesfall unter Umständen eingetreten, die einen Schadenersatzanspruch gegen einen Dritten begründen, so kann dem Beamten ein unverzinsliches Darlehen in Höhe der sonst zu gewährenden Beihilfe oder Abschlagszahlung auf diese aus Beihilfemitteln gewährt werden. Die Rückzahlung kann bis zur endgültigen Entscheidung über den Ersatzanspruch gestundet werden. Stellt sich innerhalb angemessener Zeit heraus, daß die Rechtsverfolgung des Anspruchs gegen den Dritten ohne Verschulden des Verletzten ganz oder zum Teil aussichtslos ist, so wandelt die für die Bewilligung der Beihilfe zuständige Behörde den gezahlten Betrag in entsprechender Höhe in eine endgültig bewilligte Beihilfe um.

§ 54.

Die als Beihilfe bewilligten Beträge unterliegen nicht dem Steuerabzug.

VII. Ausdehnung des Personenkreises in Sonderfällen.

§ 55[22]).

Die vorstehenden Grundsätze finden mit Ausnahme der §§ 15 bis 20

a) auf Wartegeld- und Ruhegehaltsempfänger, die nicht als nichtplanmäßige Reichsbeamte wiederbeschäftigt sind,

b) auf Hinterbliebene von Beamten, Wartegeld- oder Ruhegehaltsempfängern oder von Soldaten der Wehrmacht, die Anspruch auf Ruhegehalt hätten,

c) auf entlassene Soldaten (Reichsheer und Reichsmarine) hinsichtlich der in einem Zeitraum entstandenen beihilfefähigen Kosten, in dem laufende Übergangsgebührnisse bezogen werden oder bezogen wurden,

mit der Maßgabe sinngemäße Anwendung, daß Beihilfen nur im Falle eines dringenden Bedürfnisses gewährt werden dürfen.

Die Anträge sind zu richten

1. von den in Abs. 1 bezeichneten Wartegeld- und Ruhegehaltsempfängern, die im Reichsdienst — aber nicht als plan- oder nichtplanmäßige Beamte (für diese siehe §§ 1, 15 und 46) — wiederbeschäftigt sind, an die Beschäftigungsbehörde,

2. von den entlassenen Soldaten der Wehrmacht

a) soweit sie gemäß Art. 1 § 1 des Vierten Teiles der Anpassungsverordnung vom 23. 12. 31 — RGBl. I S. 779) — oder sonst in privatrechtlichem Dienstverhältnis beschäftigt werden, an die Beschäftigungsbehörden,

b) soweit eine solche Beschäftigung nicht gegeben ist, an die Wehrbezirkskommandos (Versorgungsabteilung), in der entmilitarisierten Zone an die unteren Ersatzbehörden (Versorgungsabteilung), die die Versorgungsgebührnisse auszahlen,

3. von den übrigen in Abs. 1 bezeichneten Antragsberechtigten an die betreuenden Behörden.

VIII. Sonstiges.

§ 56.

Abweichungen von § 2, § 22 Abs. 2, § 41 Abs. 1 und § 51 Abs. 1, die durch besondere Ausnahmeverhältnisse begründet sein müssen, können die obersten Reichsbehörden zulassen; im übrigen darf nur mit Zustimmung des Reichsministers der Finanzen von den vorstehenden Grundsätzen abgewichen werden.

---

[22]) Geändert durch RBB. 1932 S. 30 und 1936 S. 30.

§ 57.

Die über die Gewährung von Beihilfen bisher erlassenen Bestimmungen treten außer Kraft.

Die Mittel zur Gewährung von Beihilfen werden den obersten Reichsbehörden vom Reichsminister der Finanzen in Pauschbeträgen zur Verfügung gestellt.

Die Mittel der von den obersten Reichsbehörden bewilligten Beihilfen für Heilstättenbehandlungen und Badekuren — vgl. § 50 — werden besonders zur Verfügung gestellt und im Laufe der Monate Juli, Oktober, Januar und April j. Js. für das vorangegangene Rechnungsvierteljahr unter Benutzung des nachstehenden Vordrucks II beim Reichsminister der Finanzen angefordert.

VI. Unterstützungen.

1. AV. d. RJM. v. 18. Juli 1935 betr. Bewilligung von Unterstützungen[1]).

(Sonderveröffentlichung der DJ. Nr. 9 S. 35.)

(Auszug.)

Allgemeine Bestimmungen.

§ 1.

Richtlinien.

1. Der nationalsozialistische Staat erwartet von seiner Gefolgschaft restlose Hingabe, ist aber in Anerkennung seiner Treupflicht auch zu helfen bereit, wenn unverschuldete Not der Gefolgschaft besondere Maßnahmen erfordert. Er muß jedoch angesichts der beschränkten und für alle Fälle der Not bestimmten Mittel von jedem Gesuchsteller die ernste und gewissenhafte Prüfung verlangen, ob er seine wirtschaftlichen Schwierigkeiten nicht auch aus eigener Kraft meistern könne und ob sein Wunsch nach Hilfe nicht vor der noch größeren Not anderer Berufs- und Arbeitskameraden zurückzutreten habe. Ein vom Geiste wahrer Gemeinschaft durchdrungener Gesuch-

[1]) Besondere Beachtung verdienen die von dem RJM. erlassene AV. v. 18. 7. 1935 betr. Bewilligung von Unterstützungen sowie das Merkblatt für die Bewilligung von Unterstützungen v. 18. 7. 1935 — Sonderveröffentlichung d. DJ. Nr. 9 — (abgedruckt S. 468ff.). Diese für den Bereich der Reichsjustizverwaltung erlassenen Vorschriften, deren Bedeutung allgemeiner Natur ist, sind auch für die anderen Verwaltungen beachtenswert. Versagung von Unterstützungen bei Inanspruchnahme jüdischer Ärzte, Zahnärzte usw. s. RdErl. d. RuPrMdJ. zgl. i. N. sämtlicher RMin., d. PrMPr. u. sämtlicher PrStM. v. 9. 10. 1936 (RMBliV. S. 1330); Bereitstellung von Unterstützungsmitteln für Dienstkräfte der Gemeinden u. Gemeindeverbände RdErl. d. RuPrMdJ. v. 17. 3. 1936 (RMBliV. S. 369). Freistellen an nationalpolitischen Erziehungsanstalten Erl. d. RMdF. v. 28. 4. u. 19. 10. 1937 (RHuBB. S. 194 u. 303). Für Preußen s. RdErl. d. PrFM. v. 24. 1. 1928 (PrBB. S. 27), betr. Unterstützungen an ausgeschiedene Beamte und Hinterbliebene von Beamten sowie RdErl. d. MdJ. v. 20. 12. 1922 (MBliV. S. 1220) u. v. 31. 12. 1929 (MBliV. 1930 S. 18).

steller darf nur das für sich in Anspruch nehmen, was er, zur verantwortlichen Entscheidung berufen, auch anderen in gleicher Lage unbedenklich gewähren könnte.

2. Unterstützungen haben das Wesen der Aushilfe und sind erst in letzter Reihe einzusetzen. Sie kommen daher nicht in Betracht, soweit im Haushaltsplan für bestimmte Aufwendungen Sondermittel bereitgestellt sind (Notstandsbeihilfen, Umzugskosten, Tagegelder usw.) oder soweit in Sondergesetzen Leistungen der öffentlichen Hand vorgesehen sind (z. B. Reichsversorgungsgesetz, Verordnung über die Fürsorgepflicht). Die Bewilligung einer Unterstützung darf nie zur Umgehung einer gewollten Beschränkung in der Verausgabung öffentlicher Mittel führen.

3. Weitere Richtlinien für die Behandlung von Unterstützungsgesuchen ergeben sich aus dem unter Ziffer V abgedruckten Merkblatt.

§ 2.

Persönliche und sachliche Voraussetzungen.

1. Unterstützungen dürfen nur an bedürftige und würdige Gesuchsteller bewilligt werden. Sie müssen schriftlich erbeten werden.

2. Einmalige Unterstützungen werden regelmäßig nur bei einem ungewöhnlichen und unverschuldeten Bedürfnis und nur auf Ausgaben von unverhältnismäßiger Höhe gewährt. Aufwendungen, denen der Erwerb eines bleibenden Vermögenswertes gegenübersteht, rechtfertigen eine Unterstützung nicht.

§ 3.

Prüfung der Gesuche.

1. Unterstützungen dürfen nur nach sorgfältiger Prüfung des Einzelfalls bewilligt werden. Eine Verteilung von Unterstützungsmitteln nach allgemeinen Merkmalen oder Ausschüttungen sind bei persönlicher Haftung der anweisenden Beamten verboten.

2. Die im Laufe eines Rechnungsjahres eingehenden Gesuche sollen möglichst gleichmäßig behandelt werden. Hierzu kann sich die Kontingentierung der Mittel für bestimmte Zeiträume oder die gleichzeitige Entscheidung über die nicht dringlichen Gesuche empfehlen.

3. Ergibt sich bei einer Prüfung, daß in erster Linie die Verfolgung von Ansprüchen aus Sondervorschriften in Frage kommt (vgl. § 1 Z. 2), so sind die Gesuchsteller entsprechend zu belehren und nötigenfalls bei der Durchsetzung der Ansprüche durch tätige und nachdrückliche Hilfe zu unterstützen. Ist eine sofortige geldliche Hilfe erforderlich, so bestehen dagegen keine Bedenken, falls die sonstigen Voraussetzungen erfüllt sind.

4. Besondere Zurückhaltung ist gegenüber den Gesuchen früherer Beamten geboten, die wegen Verfehlungen aus dem Dienste entlassen oder

ausgeschieden sind. Ihre Betreuung läßt sich in der Regel nur für eine gewisse Übergangszeit rechtfertigen. Sie wird namentlich dann zu erwägen sein, wenn die Versagung jeglicher Hilfe zu einer unbilligen Härte gegenüber den an den Verfehlungen nicht beteiligten Angehörigen führen müßte.

Bestimmungen zu den einzelnen Titeln des Haushalts.

A. Unterstützungen für Beamte (Einzelplan IX Kapitel 1 Titel 6b).

§ 9.

Zuständigkeit.

1. Die Leiter der höheren Reichsjustizbehörden können aus den überwiesenen Mitteln an Beamte und Beamtenanwärter des unteren, mittleren und höheren Justizdienstes ihres Geschäftsbereichs mit dem aus Ziffer 3 ersichtlichen Vorbehalt Unterstützungen bewilligen. Die Unterstützungen dürfen innerhalb eines Rechnungsjahres den Betrag von 500 RM für jeden Empfänger nicht übersteigen.

2. Die Bewilligung von Unterstützungen für aktive Beamte des höheren Justizdienstes einschließlich der Gerichtsassessoren und der im höheren Justizdienst beschäftigten Assessoren ist dem Reichsminister der Justiz durch formlose Übersendung eines Durchschlags der Bewilligungsverfügung mitzuteilen.

3. Der Reichsminister der Justiz behält sich die Entscheidung vor:

a) hinsichtlich der Amtsgerichtsdirektoren, Landgerichtsdirektoren, Oberstaatsanwälte, Oberlandesgerichtsräte und der Beamten in entsprechenden oder höheren Besoldungsgruppen,

b) bei Überschreitung des Betrages von 500 RM,

c) bei Gewährung einer Unterstützung neben oder an Stelle einer Beihilfe (§§ 51, 56 der Beihilfengrundsätze).

B. Unterstützungen für Beamte im Ruhe- und Wartestand, für Hinterbliebene von Beamten, Ruhe- und Wartestandsbeamten sowie für frühere Beamte und ihre Hinterbliebenen.

I. Einmalige Unterstützungen (Einzelplan XII Kap. 1 Tit. 4).

§ 10.

Zuständigkeit.

1. Die Leiter der höheren Reichsjustizbehörden können einmalige Unterstützungen bis zum Gesamtbetrag von 300 RM für jeden Empfänger innerhalb eines Rechnungsjahres bewilligen an:

a) Ruhe- und Wartestandsbeamte mit Ausnahme der in Ziffer 2a bezeichneten,

b) Witwen von Beamten, die Versorgungsgebührnisse beziehen oder denen eine laufende Unterstützung bewilligt werden kann,
c) Vollwaisen von Beamten bis zur Vollendung des 18. Lebensjahres,
d) über 18 Jahre alte vollwaise Kinder von Beamten, die durch Krankheit oder andere besondere Umstände dauernd verhindert sind, sich ihren Lebensunterhalt selbst zu erwerben, oder sich noch in der Schul- und Berufsausbildung befinden oder eine ausreichende gewinnbringende Beschäftigung ohne eigenes Verschulden bisher nicht finden konnten. Mit Ausnahme des erstgenannten Falles soll die Betreuung jedoch nicht über das 24. Lebensjahr hinaus erstreckt werden,
e) nicht versorgungsberechtigte frühere Beamte (vgl. jedoch Ziffer 2e),
f) Witwen von früheren Beamten,
g) Vollwaisen von früheren Beamten bis zur Vollendung des 18. Lebensjahres.

2. Der Reichsminister der Justiz behält sich die Entscheidung vor:
a) hinsichtlich der Landgerichtspräsidenten i. R., Senatspräsidenten i. R. sowie sonstiger Ruhe- und der Wartestandsbeamten mit entsprechenden oder höheren Bezügen,
b) hinsichtlich der Witwen oder Vollwaisen aus einer nach der Versetzung des Beamten in den Ruhestand geschlossenen Ehe, sofern sie keine laufende Bezüge aus der Reichskasse erhalten,
c) hinsichtlich der Halbwaisen von verstorbenen Beamten oder früheren Beamten, falls die Mutter sich wiederverheiratet hat,
d) hinsichtlich anderer als der bisher bezeichneten Hinterbliebenen von Beamten oder früheren Beamten (Eltern, Geschwister usw.),
e) hinsichtlich der wegen Verfehlungen entlassenen oder ausgeschiedenen Beamten, falls seit dem Tage der Entlassung oder des Ausscheidens mehr als drei Jahre verflossen sind,
f) bei Überschreitung des Betrages von 300 *RM*,
g) bei Gewährung einer Unterstützung neben oder an Stelle einer Beihilfe (§§ 51, 56 der Beihilfengrundsätze).

In dem Falle zu d bedarf es der Zustimmung des Reichsministers der Finanzen.

3. Von der Bewilligung sind, sofern der Reichsminister der Finanzen keine Ausnahme zuläßt, ausgeschlossen:

a) Witwen von Beamten, die sich nach dem Tode ihres Mannes wiederverheiratet haben,
b) geschiedene Ehefrauen von Beamten, sofern sie für schuldig erklärt worden sind oder ihren Unterhaltsanspruch gegen ihren Ehemann erfolgreich durchführen können,

c) verheiratete oder verheiratet gewesene Kinder,
d) wirtschaftlich selbständige oder selbständig gewesene Söhne.

4. Die Bewilligung einer laufenden Unterstützung schließt eine einmalige Unterstützung nicht aus.

II. Laufende Unterstützungen (Einzelplan XII Kap. 1 Tit. 5)[1].

§ 11.

Zuständigkeit.

1. Die Leiter der höheren Reichsjustizbehörden können laufende Unterstützungen bewilligen an:

a) nichtversorgungsberechtigte frühere Beamte (vgl. jedoch Ziffer 2a),
b) Witwen von Beamten und früheren Beamten,
c) Vollwaisen von Beamten bis zur Vollendung des 18. Lebensjahres,
d) über 18 Jahre alte vollwaise Kinder von Beamten, die durch Krankheit oder andere besondere Umstände dauernd verhindert sind, sich ihren Lebensunterhalt selbst zu erwerben,
e) Vollwaisen von früheren Beamten bis zur Vollendung des 18. Lebensjahres.

2. Der Reichsminister der Justiz entscheidet über die Bewilligung von laufenden Unterstützungen an:

a) einen wegen Verfehlungen entlassenen oder ausgeschiedenen Beamten, falls dieser länger als drei Jahre nach dem Tage der Entlassung oder des Ausscheidens betreut werden soll,
b) Witwen oder Kinder aus einer nach Versetzung des Beamten in den Ruhestand geschlossenen Ehe,
c) halbwaise Kinder von verstorbenen Beamten oder früheren Beamten, deren Mutter sich wiederverheiratet hat,
d) andere als die bisher bezeichneten Hinterbliebenen von Beamten oder früheren Beamten (Eltern, Geschwister usw.),
e) über 18 Jahre alte vollwaise Kinder von früheren Beamten.

In den zu d und e genannten Fällen bedarf es der Zustimmung des Reichsministers der Finanzen.

3. Die Bewilligung einer laufenden Unterstützung ist, sofern der Reichsminister der Finanzen keine Ausnahme zuläßt, in den in § 10 Ziff. 3 bezeichneten Fällen ausgeschlossen.

4. Laufende Unterstützungen sind längstens für die Dauer von fünf Jahren zu gewähren.

---

[1]) Laufende Unterstützungen unterliegen z. Zt. der Kürzung nach der zweiten und dritten Gehaltskürzungsverordnung.

5. Die laufende Unterstützung darf in den Fällen zu

Ziff. 1a den Betrag von 42,— *RM*,
Ziff. 1b—d den Betrag von 36,— *RM*,
Ziff. 1e den Betrag von 18,— *RM*

monatlich nicht übersteigen.

§ 12.

Voraussetzungen.

1. Eine laufende Unterstützung kann nur bewilligt werden, wenn der Empfänger:

a) erwerbsunfähig ist. Insoweit ist jedoch nicht der Nachweis der dauernden und völligen Unfähigkeit, infolge eines körperlichen oder geistigen Gebrechens den eigenen Lebensunterhalt selbst zu erwerben, erforderlich. Erwerbsunfähigkeit kann z. B. auch anerkannt werden, wenn eine Witwe wegen der ihr obliegenden Sorge für die Kinder nicht in der Lage ist, einem Erwerb nachzugehen oder wenn ein Gesuchsteller bei seinen Bemühungen um die Erlangung einer gewinnbringenden Beschäftigung wegen beschränkter Leistungsfähigkeit oder vorgeschrittenen Alters keinen Erfolg gehabt hat,

b) Beamtenruhegehalt, Wartegeld, Gnadenruhegehalt, laufende Unterstützungen aus anderen Haushaltsmitteln, Witwen- oder Waisengeld nicht bezieht. Bezüge aus der Sozialversicherung oder Hinterbliebenenrenten nach dem Reichsversorgungsgesetz stehen der Bewilligung nicht entgegen.

2. Die Bewilligung darf erst nach eingehender Prüfung der gesamten wirtschaftlichen und persönlichen Verhältnisse des Antragstellers erfolgen. Das Bedürfnis für eine laufende Betreuung ist zu verneinen, soweit ausreichendes eigenes Vermögen vorhanden ist oder gesetzlich zum Unterhalt Verpflichtete für den Gesuchsteller sorgen können. Das gleiche gilt, soweit die Fürsorgeverbände einzutreten haben (vgl. § 1 Ziff. 2).

2. AV. d. RJM. v. 18. Juli 1935 betr. Merkblatt für die Bewilligung von Unterstützungen. (Sonderveröffentlichung der DJ. Nr. 9 S. 53.)

1. Zweck des Merkblatts. Das Merkblatt enthält Richtlinien, die für die Regelung der in der Praxis ständig wiederkehrenden Fälle von Bedeutung sind. Sie sollen die Tätigkeit der mit dem Unterstützungswesen befaßten Dienststellen erleichtern und die Zahl der erhebliche Verwaltungsarbeit verursachenden aussichtslosen Gesuche vermindern. Sie stehen jedoch einem Bericht an den Reichsminister der Justiz nicht entgegen, wenn die entscheidenden Stellen in einem besonders gelagerten Falle eine abweichende Lösung vorschlagen möchten. Unterstützungsangelegenheiten

lassen sich nicht nach rein schematischen Gesichtspunkten entscheiden, es genügt aber auch keineswegs allein die wohlwollende Einstellung des Behördenleiters. Die mit der Bearbeitung von Unterstützungssachen befaßten Dienststellen werden vielmehr ihrer Aufgabe nur dann gerecht, wenn die selbstverständliche Pflicht der stets bereiten Fürsorge des Führers für seine Gefolgschaft mit der gebotenen kritischen Einstellung verbunden bleibt. Es gilt, die vorhandenen Mittel gerecht zu verteilen und in den Fällen anerkannter Not ausreichend zu helfen. Das kann nur dann erreicht werden, wenn die zur Stellungnahme und Entscheidung berufenen Stellen alle ungeeigneten Gesuche ausscheiden und ihre Fürsorge auch denjenigen zuwenden, die trotz drückender Not mit Wünschen nicht hervortreten. Die staatliche Hilfe muß ferner rechtzeitig einsetzen. Es ist daher dringend erwünscht, daß die Beamten, Angestellten und Arbeiter sich bei unverschuldeter Notlage alsbald, d. h. sobald sie nach ernster und gewissenhafter Prüfung die unbedingte Notwendigkeit staatlicher Hilfe erkannt haben, an die vorgesetzte Dienstbehörde wenden, und nötigenfalls in einer persönlichen Rücksprache mit dem Behördenleiter ihre wirtschaftlichen Verhältnisse und die Möglichkeiten einer Hilfe erörtern.

2. Bedürftigkeit. Bei Bewilligung von Unterstützungen ist ein strenger Maßstab anzulegen. Sie werden nur bei Anerkennung einer Notlage gewährt, aus der sich der Gesuchsteller aus eigener Kraft nicht zu befreien vermag. Es genügt daher nicht die Feststellung, daß ein Gesuchsteller bei Versagung staatlicher Hilfe Einschränkungen in seiner Lebenshaltung auf sich nehmen müßte. Staatliche Hilfe ist vielmehr nur dann gerechtfertigt, wenn diese Einschränkungen so drückend wären, daß sie die Lebenshaltung, die Dienstfreudigkeit und die dienstlichen Leistungen wesentlich beeinträchtigen müßten. Es muß eine wirkliche Notlage vorliegen.

3. Würdigkeit. Unterstützungen stellen Hilfsmaßnahmen dar, die sich aus der Treupflicht des Staates ergeben. Sie setzen Wahrung der Treupflicht in weitestem Umfange auch auf seiten des Gesuchstellers voraus. Wer in seiner dienstlichen oder außerdienstlichen Haltung erheblich zu wünschen übrig läßt, wer es an Treue gegenüber dem nationalsozialistischen Staate fehlen läßt, kann eine zusätzliche Hilfe des Staates nicht beanspruchen. Von dem Erfordernis der Würdigkeit kann in Ausnahmefällen nur dann abgesehen werden, wenn es sich darum handelt, für eine gewisse Übergangszeit die unverschuldete Not der Familien solcher Gesuchsteller zu lindern, die wegen Verfehlungen aus dem Staatsdienst ausgeschieden sind. Ist die Würdigkeit eines Gesuchstellers zweifelhaft, weil seine Ehre angegriffen worden ist, so muß von ihm gegebenenfalls erwartet werden, daß er geeignete Schritte unternimmt, um die gegen ihn erhobenen Vorwürfe zu entkräften.

4. Außergewöhnliche Ausgaben sind nur solche, die nicht vorauszusehen waren und auf die der Gesuchsteller sich aus beachtlichen Gründen nicht einrichten konnte. Diese Ausgaben müssen in den sparsamsten Grenzen gehalten und dürfen nicht die Folge leichtfertiger Wirtschaftsführung sein.

5. Kinderreiche Familien. Vornehmste Pflicht der Justizverwaltung ist die Förderung der kinderreichen Familien unter ihrer Gefolgschaft, namentlich solcher, die dem Staate wertvolle und erbgesunde Kinder zur Verfügung stellen. In diesen Familien ergeben sich, wenn die Kopfzahl der Familie auf fünf und höher steigt und das Einkommen in mäßigen Grenzen bleibt, vielfach, und zwar lediglich infolge der Aufwendungen für den Lebensunterhalt, wirtschaftliche Schwierigkeiten. Eine besondere Hilfe des Staates wird daher hier manchmal notwendig und gerechtfertigt sein. Ausnahmsweise wird in Krankheitsfällen usw. auch in Frage kommen, wegen der Gewährung einer Unterstützung neben einer Beihilfe an den Reichsminister der Justiz heranzutreten (§§ 51, 56 Beihilfengrundsätze).

6. Erziehung und Ausbildung der Kinder. Maßnahmen für die Erziehung und Ausbildung der Kinder müssen sich im Rahmen der wirtschaftlichen Verhältnisse der Beamten usw. halten. Zweckbestimmung der Unterstützungsmittel kann es keinesfalls sein, etwaige Bestrebungen, die Kinder nur der akademischen Laufbahn zuzuführen, allgemein zu fördern. Dagegen können im Einzelfall Erziehung und Ausbildung der Kinder für einen Beruf gefährdet sein, wenn besondere Umstände (große Familie, Krankheiten usw.) die Wirtschaftsführung nachhaltig ungünstig beeinflussen. In solchen Fällen werden dann auch die Erziehungs- und Ausbildungskosten eine staatliche Hilfe mitbegründen können. Das gilt ferner auch dann, wenn sich an dem dienstlichen Wohnsitz keine Möglichkeiten für eine Berufsausbildung befinden. Dagegen können Aufwendungen, die zur Erlangung der Doktorwürde gemacht werden, die Bewilligung einer Unterstützung nicht begründen. Besondere Fürsorge gebührt den vollwaisen Kindern.

7. Erholungsaufenthalt, Badekuren. Soweit für Badekuren und Erholungsaufenthalt Beihilfen nicht in Frage kommen, scheidet auch eine Unterstützung aus. Diese Aufwendungen sind vielmehr aus den laufenden Einnahmen zu bestreiten. Bei ärztlich verordnetem Erholungsaufenthalt könnte allenfalls eine Hilfe erwogen werden, wenn ungünstige wirtschaftliche Verhältnisse (z. B. große Familie, häufige Krankheitsfälle) eine Rücklage unmöglich gemacht haben. Dasselbe gilt für Badekuren, falls eine solche Maßnahme nach versorgungsärztlichem Zeugnis unbedingt geboten ist (z. B. bei schweren organischen Störungen), nicht aber für leichtere Krankheitsfälle (Blutarmut, Erschöpfung, Nervosität) oder bei den üblichen Alterserscheinungen. Bei der Bewilligung von Unterstützungen für die bezeichneten Fälle ist jedoch Zurückhaltung zu üben.

8. Diät und bessere Verpflegung in Krankheitsfällen können, wenn auch die sonstigen Voraussetzungen erfüllt sind, ausnahmsweise eine Unterstützung begründen.

9. Konfirmationen und Kommunionen. Die Ausgaben bei Konfirmationen und Kommunionen, die sich erfahrungsgemäß vielfach nicht in angemessenen Grenzen halten, müssen grundsätzlich aus dem Diensteinkommen bestritten werden. Nur wenn dies aus beachtlichen Gründen (z. B. große Kinderzahl, hohe Krankheitskosten) nicht möglich war, kann zu den Kosten der Festkleidung des Kindes eine Unterstützung gewährt werden.

10. Schulwechsel der Kinder bei Versetzungen, Aussteuern und Ausstattungen für Kinder sind keine Unterstützungsgründe. In besonders begründeten Ausnahmefällen (z. B. große Familie, Krankheiten, geringes Einkommen) könnte jedoch aus Anlaß des Beginnes der Berufsausbildung von Kindern eine gewisse staatliche Hilfe geboten sein.

11. Einbruchs- und Feuerschäden können nur berücksichtigt werden, wenn trotz ordnungsgemäßer Versicherung noch eine unverschuldete Notlage vorliegt, aus der sich der Beamte nicht selbst befreien kann.

12. Wirtschaftliche Betätigung des Beamten oder seiner Ehefrau, z. B. Übernahme von Bürgschaften, Abschluß von Abzahlungsgeschäften, Bau eines Eigenheims, Erwerbsgeschäft der Ehefrau, Beteiligung an einer Genossenschaft, rechtfertigt eine Unterstützung nicht. Die sich hieraus für den Beamten ergebenden geldlichen Nachteile muß er allein tragen.

13. Vermögensverluste und Verschuldung begründen keine Unterstützung. Bei Verschuldung kann jedoch eine Unterstützung erwogen werden, wenn die Gründe, die zu der Verschuldung geführt haben, eine Unterstützung rechtfertigen, z. B. Unterhalt einer großen Familie, Erziehung und Ausbildung der Kinder, Krankheiten. Bei einer durch die Ausbildung der Kinder verursachten Verschuldung ist jedoch immer zu prüfen, ob der Beamte zur Zeit seiner Entschließung seinen wirtschaftlichen Verhältnissen Rechnung getragen hat.

14. Prozeßkosten können dann Anlaß zu einer Unterstützung geben, wenn der Beamte wegen seiner dienstlichen Verrichtungen und ohne eigenes Verschulden in einen Rechtsstreit oder ein Strafverfahren verwickelt worden ist, z. B. Schadensersatzklage, Strafverfahren wegen Beleidigung oder Mißhandlung.

Bei Ehescheidungsklagen oder Klagen auf Aufhebung der ehelichen Gemeinschaft können die Prozeßkosten oder die Aufwendungen für das Getrenntleben der Ehegatten nach Durchführung des Rechtsstreits berücksichtigt werden, wenn der Beamte nicht für schuldig erklärt worden und ihm die Aufbringung der Mittel aus eigener Kraft nicht möglich ist.

15. Hohe Miete rechtfertigt eine Unterstützung nicht.

16. Umzugskosten. Hat ein Beamter seine Versetzung durch einen Verzicht auf die Umzugskosten erreicht, so kann er nicht mit einem Ausgleich durch Unterstützungen rechnen.

17. Gehaltskürzungen, Nachteile bei einer Neuregelung der Besoldung können nicht durch Unterstützungen ausgeglichen werden.

18. Berufsbeamtengesetz. Härten, die bei der Durchführung des Berufsbeamtengesetzes entstanden sind, können nur durch die im Gesetz vorgesehenen Möglichkeiten, nicht aber durch Unterstützungen gemildert werden. Das schließt jedoch einmalige Unterstützungen nicht aus, wenn sie aus anderen Gründen gerechtfertigt und vertretbar sind.

19. Bei Unfällen im Dienst werden entstandene Krankheitskosten in der Regel nur im Wege der Beihilfe auszugleichen sein. Besteht jedoch ein begründeter Anlaß zu weiterer Hilfe, dann ist zu berichten.

20. Eheschließung, Einrichtung eines Hausstandes rechtfertigen eine Unterstützung nicht. Dasselbe gilt, wenn ein lediger Beamter durch Zuteilung einer Dienstwohnung zur Einrichtung eines Hausstandes genötigt wird. Dagegen ist gelegentlich mit staatlichen Mitteln geholfen worden, wenn ein schwerkriegsbeschädigter lediger Beamter einen besonders hohen Aufwand für Wohnung und Wartung hatte.

21. Referendare kommen für die Gewährung von Unterstützungen im allgemeinen nicht in Betracht, weil sie ohne Rücksicht auf den Bedarf der Justizverwaltung auf Antrag zur Ausbildung zugelassen und bei Errechnung des im Haushalt vorgesehenen Betrages nicht mitgezählt werden. Angesichts ihrer großen Zahl würden die knappen Mittel zu ihrer Betreuung nicht ausreichen. Daher kann der Unterhalt bedürftiger Referendare nicht aus den für die Unterstützungen von Beamten bestimmten Mitteln gesichert werden. Ferner kommt die Gewährung von Unterstützungen zur Deckung der Kosten für die Unterbringung in einem Lager oder der Gebühren für die große Staatsprüfung nicht in Betracht. Die Referendare können vielmehr nur ausnahmsweise in Krankheitsfällen berücksichtigt werden, wenn sie einen Anspruch auf die Gewährung einer Beihilfe nicht haben und die zu ihrem Unterhalt Verpflichteten zur Tragung der Kosten nicht in der Lage sind. Bei der Entscheidung über die Unterstützung ist der Wert ihrer Persönlichkeit und ihrer dienstlichen Leistungen nicht außer acht zu lassen.

22. Gerichtsassessoren können die Unterstützungsmittel nicht deshalb in Anspruch nehmen, weil sie nur unentgeltlich beschäftigt werden oder weil sie sich als Rechtsanwalt niederlassen wollen. Dagegen kann vorläufig noch unentgeltlich beschäftigten Gerichtsassessoren bei Erkrankungen notfalls mit Unterstützungen geholfen werden. Assessoren, die nach bestandener großer Staatsprüfung aus dem Beamtenverhältnis ausgeschieden

sind (§ 1 der VO. vom 29. 3. 1935 — RGBl. I S. 487), werden mit Unterstützungen nicht mehr betreut.

23. Werkvertrgasverpflichtete können aus den für Angestellte und Arbeiter vorgesehenen Mitteln unterstützt werden.

24. Frühere Angestellte und Arbeiter, die in verschiedenen Verwaltungszweigen tätig waren, müssen sich zur Vermeidung einer Doppelbetreuung mit Unterstützungsgesuchen an die letzte Beschäftigungsbehörde wenden. Die Dauer der Beschäftigungszeit ist für die Frage der Zuständigkeit der Betreuungsbehörde nicht maßgebend.

VII. Richtlinien für die Gewährung von Vorschüssen in besonderen Fällen (VR.)[1].

Vom 8. Juni 1935 (RBB. S. 59) in der Fassung der Änderung vom 6. März 1937 (RHuBB. S. 109).

1. Werden Beamte, Soldaten der Wehrmacht, Angestellte oder Arbeiter des Reichs durch besondere Umstände ungewöhnlicher Art zu unabwendbaren Ausgaben genötigt, die sie aus den laufenden Bezügen nicht bestreiten können, so dürfen ihnen auf Antrag unverzinsliche Vorschüsse nach Ziffer 3 bis 7 gewährt werden.

Als besondere Umstände, die zu unabwendbaren Ausgaben nötigen, sind insbesondere anzusehen:

a) Wohnungswechsel aus zwingendem Anlaß,
b) Aufwendungen aus Anlaß der eigenen Eheschließung,
c) Aussteuer oder Ausstattung eigener Kinder bei deren Verheiratung oder beim Verlassen des Elternhauses oder zur Erlangung einer selbständigen Lebensstellung,
d) schwere Erkrankung, Ableben und Bestattung von mittellosen Familienangehörigen, wenn durch eine öffentliche oder private Fürsorgemaßnahme überhaupt nicht, nicht rechtzeitig oder nicht ausreichend geholfen wird,
e) ungedeckter Verlust von Hausrat, Wäsche, Kleidern und Schuhwerk, z. B. durch Brandschaden.

2. Vorschüsse dürfen unbeschadet der Ziffer 7 nicht gewährt werden:

a) zu Aufwendungen aus Anlaß einer Konfirmation oder Kommunion,
b) zum Erwerb oder zur Erhaltung von Grundstücken,
c) wegen Inanspruchnahme als Bürge,
d) zur Führung von Zivilprozessen,

[1]) Auf Grund des RdErl. des PrFM. v. 15. 10. 1935 (PrBB. S. 266) sind die Richtlinien auch für die preußischen Beamten, Angestellten und Arbeiter der Preuß. Staatsverwaltung maßgebend.

e) zur Beschaffung von Hausrat, sofern nicht die Voraussetzungen der Ziffer 1b, c oder e gegeben sind,

f) zu Aufwendungen, die regelmäßig zu machen und aus den laufenden Bezügen zu bestreiten sind, z. B. für die regelmäßige Beschaffung von Kleidung, Wäsche und Schuhwerk, Beschaffung von Wintervorräten, Urlaubs- und Erholungsreisen.

Ferner dürfen Vorschüsse nicht gewährt werden, wenn durch Gewährung einer Unterstützung oder Beihilfe für einen Krankheits-, Geburts- oder Todesfall oder durch Leistungen einer Versicherung ausreichend geholfen wird.

3. Die Vorschüsse dürfen nicht zu einer untragbaren Verschuldung führen und sind deshalb, wie auch zur Vermeidung von Ausfällen, sehr vorsichtig zu bemessen. Angestellte und Arbeiter müssen sich in ungekündigter Stellung befinden. An Warte- und Ruhestandsbeamte sowie an Hinterbliebene dürfen Vorschüsse nicht gewährt werden.

4. Als Höchstbetrag des Vorschusses gilt unbeschadet der Bestimmung in Ziffer 7 für Beamte und Angestellte der Monatsbruttobetrag der Gesamtbezüge (ausschließlich Aufwandsentschädigung) — unter Außerachtlassung der Kürzungen nach den Gehaltskürzungsverordnungen —, für Arbeiter der 26fache Betrag des tarifmäßigen Tagelohns einschließlich Soziallohn. Hat der Antragsteller oder sein Kind in den Fällen der Ziffer 1b und c ein Ehestandsdarlehen erhalten, so ist hierauf bei der Bemessung des Vorschusses Rücksicht zu nehmen.

5. Die Abdeckung des Vorschusses soll — beginnend mit dem auf die Auszahlung des Vorschusses folgenden Zahlungstage für die Dienstbezüge — regelmäßig innerhalb eines halben Jahres erfolgen und ist spätestens innerhalb eines Jahres oder bis zur Beendigung des Dienstverhältnisses durchzuführen. Soweit der Vorschuß zu Leistungen verwendet worden ist, für die der Vorschußempfänger in der Folge Ersatz von anderer Stelle (Versicherungsleistungen, Sterbegeld, Unterstützungen usw.) erhält, ist der Ersatzbetrag zur Abdeckung des Vorschusses zu verwenden.

Die Stelle, die den Vorschuß gewährt, regelt gleichzeitig auch das Tilgungsverfahren.

6. Zuständig für die Gewährung der Vorschüsse sind, soweit nicht die oberste Reichsbehörde mit Zustimmung des Reichsministers der Finanzen eine andere Abgrenzung der Zuständigkeiten vornimmt,

a) in den Fällen der Ziffer 1a bis d die höheren Reichsbehörden, und zwar bis zu der in Ziffer 4 a. a. O. angegebenen Höchstgrenze,

b) in den Fällen der Ziffer 1e und in etwaigen anderen Fällen, in denen ein Vorschuß gewährt werden kann, die höheren Reichsbehörden bis zur Hälfte des in Ziffer 4 angegebenen Betrages, darüber hinaus bis zum vollen Höchstbetrage die obersten Reichsbehörden.

7. (1) Lassen besondere Umstände eine Abweichung von Ziffer 2 oder die Gewährung eines höheren Vorschusses (vgl. Ziffer 4) oder die Tilgung des Vorschusses in einem längeren als einjährigen Zeitraum angezeigt erscheinen, ist vorher die Zustimmung des Reichsministers der Finanzen einzuholen.

(2)[2]) Die obersten Reichsbehörden können ohne Mitwirkung des Reichsministers der Finanzen abweichend von Ziffer 2b Vorschüsse bis zu 400 RM für Zwecke der Kleinsiedlung unter sinngemäßer Anwendung der Ziffer 5 gewähren:

a) wenn in der häuslichen Gemeinschaft des Vorschußnehmers noch mindestens 3 Kinder mit einem für eine unabhängige Wirtschaftsführung nicht ausreichenden Einkommen leben, oder

b) wenn durch die Kleinsiedlung Trennungsentschädigung erspart wird, oder

c) wenn infolge der Ermöglichung der Kleinsiedlung durch einen Vorschuß Facharbeiter oder andere besonders wertvolle Arbeitskräfte der Verwaltung oder dem Betrieb gewonnen oder erhalten werden können.

8. Den obersten Reichsbehörden bleibt es überlassen, für Angestellte und Arbeiter besondere Bestimmungen im Rahmen dieser Richtlinien zu erlassen.

9. Die Bestimmungen über die Gewährung von Vorschüssen auf ersatzfähige Auslagen, insbesondere auf Reise- oder Umzugskosten, erfahren durch vorstehende Richtlinien keine Einschränkung.

---

[2]) Abs. 2 eingefügt durch Erlaß v. 6. 3. 1937 (RHuBB. S. 109).

IV. Teil.

Dienststrafrecht, Erstattungsrecht, Haftungsrecht.

I. Reichsdienststrafordnung [1].

Vom 26. Januar 1937 (RGBl. I S. 71).

Abschnitt I.

Anwendbarkeit des Gesetzes.

§ 1.

Die Reichsdienststrafordnung gilt für die Beamten und Ruhestandsbeamten, die dem Deutschen Beamtengesetz unterliegen.

§ 2.

Ein Beamter, der aus einem früheren Beamtenverhältnis ausgeschieden, entlassen oder in den Ruhestand getreten war, kann nach diesem Gesetz auch wegen solcher Dienstvergehen oder als Dienstvergehen geltender Handlungen (§ 22 Abs. 1 des Deutschen Beamtengesetzes) verfolgt werden, die er in dem früheren Beamtenverhältnis oder als Ruhestandsbeamter begangen hat; auch bei einem aus einem früheren Beamtenverhältnis ausgeschiedenen oder entlassenen Beamten gelten hierbei die im § 22 Abs. 1 Satz 2 des Deutschen Beamtengesetzes bezeichneten Handlungen als Dienstvergehen. Ein Wechsel des Dienstherrn steht der dienststrafrechtlichen Verfolgung nicht entgegen.

§ 3.

Die zuständige Behörde bestimmt nach pflichtmäßigem Ermessen, ob wegen eines Dienstvergehens [2]) nach diesem Gesetz einzuschreiten ist; sie hat dabei auch das gesamte dienstliche und außerdienstliche Verhalten zu berücksichtigen.

---

[1]) Begründung s. RB. Nr. 22; DVO. v. 29. 6. 1937 — RGBl. I S. 690 — (abgedr. S. 513 ff.); DVO. zur RDStO. für die Kommunalbeamten v. 3. 7. 1937 — RGBl. I S. 730 — (abgedr. S. 525 ff.); Durchf.Best. des RPM. v. 12. 7. 1937 (PostABl. S. 386). Siehe auch Gesetz über die Aufhebung der im Kampf für die nationale Erhebung erlittenen Dienststrafen und sonstigen Maßregelungen v. 23. 6. 1933 (RGBl. I S. 390) nebst Durchführungsverordnungen v. 25. 7. 1933 und 4. 11. 1933 (RGBl. I S. 535 u. S. 810). Für Preußen siehe Ausführungsvorschrift v. 30. 12. 1933 (GS. 1934 S. 9).

[2]) Der Begriff des Dienstvergehens ist aus § 22 Abs. 1 DBG. zu entnehmen.

Abschnitt II.

Dienststrafen.

§ 4.

(1) Dienststrafen sind: Warnung, Verweis, Geldbuße, Gehaltskürzung, Entfernung aus dem Dienst[3]) [4]), Kürzung des Ruhegehalts, Aberkennung des Ruhegehalts.

(2) In ein und demselben Dienststrafverfahren darf nur eine dieser Dienststrafen verhängt werden.

§ 5.

(1) Warnung ist die Mißbilligung eines bestimmten Verhaltens (Handelns oder Unterlassens) des Beamten mit der Aufforderung, dies künftig zu vermeiden.

(2) Verweis ist der Tadel eines bestimmten Verhaltens des Beamten.

(3) Mißbilligende Äußerungen eines Dienstvorgesetzten, die nicht ausdrücklich als Warnung oder Verweis bezeichnet werden (Zurechtweisungen, Ermahnungen, Rügen u. dgl.), sind keine Dienststrafen.

§ 6.

Die Geldbuße darf die einmonatigen Dienstbezüge des Beamten nicht übersteigen. Hat der Beamte keine Dienstbezüge, oder hat er sie nur während der Dauer eines Beschäftigungsauftrages, so darf die Geldbuße den Betrag von dreihundert Reichsmark nicht übersteigen. Bei Beamten, die Gebühren beziehen, darf die Geldbuße höchstens tausend Reichsmark betragen.

§ 7.

(1) Die Gehaltskürzung besteht in der bruchteilmäßigen Verminderung der jeweiligen Dienstbezüge um höchstens ein Fünftel und auf längstens fünf Jahre. Hat der Bestrafte aus einem früheren Beamtenverhältnis einen Versorgungsanspruch erworben, so bleibt bei dessen Regelung (§§ 127 ff. des Deutschen Beamtengesetzes) die Gehaltskürzung unberücksichtigt.

(2) Tritt der Bestrafte in den Wartestand oder in den Ruhestand, so wird das aus den ungekürzten Dienstbezügen errechnete Wartegeld oder Ruhegehalt während der Dauer der Gehaltskürzung in demselben Verhältnis gekürzt wie die Dienstbezüge.

---

[3]) Vgl. RdSchr. des RFM. v. 30. 10. 1936 (RMBliV. S. 256) betr. Wiederverwendung von ausgeschiedenen Beamten usw. als Angestellte oder Arbeiter.

[4]) Gegen Beamte, die bei Ausfüllung des Fragebogens anläßlich des Berufsbeamtenges. falsche Angaben gemacht haben, ist mit dem Ziele der Dienstentlassung vorzugehen (vgl. RdErl. des PrFM. v. 15. 11. 1933 — MBliV. S. 1377 —).

(3) Stirbt der Bestrafte, so werden die Bezüge für den Sterbemonat und das Sterbegeld während der Dauer der Gehaltskürzung in demselben Verhältnis gekürzt wie die Dienstbezüge; das Witwen- und Waisengeld wird nicht gekürzt.

§ 8.

(1) Die Entfernung aus dem Dienst bewirkt auch den Verlust des Anspruchs auf Dienstbezüge und Versorgung sowie der Befugnis, die Amtsbezeichnung und die im Zusammenhang mit dem Amt verliehenen Titel zu führen und die Uniform zu tragen.

(2) Die Entfernung aus dem Dienst und ihre Rechtsfolgen erstrecken sich auf alle Ämter, die der Bestrafte im unmittelbaren oder mittelbaren Reichsdienst bei Rechtskraft des Urteils bekleidet, soweit sich aus § 112 Abs. 6 nichts anderes ergibt.

§ 9.

(1) Bei einem Ruhestandsbeamten sind nur die Aberkennung und die Kürzung des Ruhegehalts als Dienststrafen zulässig; § 7 Abs. 1 Satz 2 gilt entsprechend. Die Aberkennung des Ruhegehalts setzt voraus, daß die Entfernung aus dem Dienst gerechtfertigt wäre, falls der Beschuldigte sich noch im Dienst befände; die Kürzung des Ruhegehalts wird an Stelle der Gehaltskürzung verhängt.

(2) Die Aberkennung des Ruhegehalts bewirkt auch den Verlust des Anspruchs auf Hinterbliebenenversorgung und der Befugnis, die Amtsbezeichnung und die im Zusammenhang mit dem früheren Amt verliehenen Titel zu führen und die Uniform zu tragen. Diese Wirkungen beziehen sich auf alle Ämter, die der Bestrafte beim Eintritt in den Ruhestand bekleidet hat.

(3) Höhe und Dauer der Kürzung des Ruhegehalts richten sich nach § 7 Abs. 1; beim Tode des Ruhestandsbeamten gilt § 7 Abs. 3 entsprechend.

§ 10.

(1) Wird gegen einen früheren Ruhestandsbeamten, der wieder zum Beamten ernannt worden ist, auf Entfernung aus dem Dienst (§ 8) erkannt, so verliert er den Anspruch auf das frühere Ruhegehalt und die Hinterbliebenenversorgung sowie die anderen Befugnisse nach § 9 Abs. 2 nur, wenn er wegen eines in dem früheren Beamtenverhältnis begangenen Dienstvergehens oder wegen einer der im § 22 Abs. 1 Satz 2 des Deutschen Beamtengesetzes bezeichneten Handlungen — gleichgültig, wann er diese begangen hat — verurteilt wird.

(2) Ein Ruhestandsbeamter, der vor seiner letzten Verwendung schon aus einem früheren Beamtenverhältnis in den Ruhestand getreten war, behält die ihm aus dem früheren Beamtenverhältnis zustehenden Ansprüche und Befugnisse (§ 9 Abs. 2), wenn er nur wegen eines in dem letzten

Beamtenverhältnis begangenen Dienstvergehens verurteilt wird und keine der im § 22 Abs. 1 Satz 2 des Deutschen Beamtengesetzes bezeichneten Handlungen Gegenstand der Verurteilung ist.

Abschnitt III.

Dienststrafverfahren.

1. Allgemeine Vorschriften.

§ 11.

(1) Gehaltskürzung, Entfernung aus dem Dienst, Kürzung und Aberkennung des Ruhegehalts können nur von den Dienststrafgerichten im förmlichen Dienststrafverfahren verhängt werden.

(2) Warnung, Verweis und Geldbuße kann auch der Dienstvorgesetzte durch Dienststrafverfügung verhängen.

§ 12.

Schwebt gegen einen Beamten zur Zeit seines Eintritts in den Ruhestand ein förmliches Dienststrafverfahren, so wird dessen Fortsetzung durch den Eintritt in den Ruhestand nicht berührt. Gegen einen Ruhestandsbeamten kann ein Dienststrafverfahren nur wegen eines vor Eintritt in den Ruhestand begangenen Dienstvergehens oder wegen einer Handlung, die nach § 22 Abs. 1 Satz 2 des Deutschen Beamtengesetzes als Dienstvergehen gilt, eingeleitet werden.

§ 13.

(1) Ist gegen den eines Dienstvergehens Beschuldigten wegen derselben Tatsachen die öffentliche Klage im strafgerichtlichen Verfahren erhoben, so kann ein Dienststrafverfahren zwar eingeleitet, es muß aber bis zur Beendigung des strafgerichtlichen Verfahrens ausgesetzt werden. Ebenso muß ein bereits eingeleitetes Dienststrafverfahren ausgesetzt werden, wenn während seines Laufes die öffentliche Klage erhoben wird. Das Dienststrafverfahren kann fortgesetzt werden, wenn im strafgerichtlichen Verfahren aus Gründen nicht verhandelt werden kann, die in der Person des Beschuldigten liegen.

(2) Wird der Beschuldigte im strafgerichtlichen Verfahren freigesprochen, so kann wegen der Tatsachen, die Gegenstand der strafgerichtlichen Untersuchung waren, ein Dienststrafverfahren nur dann eingeleitet oder fortgesetzt werden, wenn diese Tatsachen, ohne den Tatbestand eines Strafgesetzes zu erfüllen, ein Dienstvergehen enthalten.

(3) Für die Entscheidung im Dienststrafverfahren sind die tatsächlichen Feststellungen des strafgerichtlichen Urteils bindend, wenn nicht das Dienststrafgericht einstimmig die wiederholte Prüfung der Tatsachen beschließt.

§ 14.

Das Dienststrafverfahren kann ausgesetzt werden, wenn die Beurteilung des Dienstvergehens von der Beurteilung einer Frage abhängt, über die in einem anderen — schwebenden oder einzuleitenden — Verfahren entschieden werden soll. Das Dienststrafverfahren ist spätestens nach der endgültigen Erledigung dieses Verfahrens fortzusetzen. Die in dem anderen Verfahren getroffenen tatsächlichen Feststellungen sind nicht bindend, können aber der Entscheidung im Dienststrafverfahren zugrunde gelegt werden, ohne daß sie nochmals geprüft zu werden brauchen.

§ 15.

(1) Die Einleitung oder Fortsetzung eines Dienststrafverfahrens wird nicht dadurch gehindert, daß der Beschuldigte, nachdem er das Dienstvergehen begangen hat, geisteskrank oder sonst verhandlungsunfähig geworden ist.

(2) In diesem Fall beantragt die Einleitungsbehörde (§ 29) beim Amtsgericht die Bestellung eines Pflegers zur Wahrnehmung der Rechte des Beschuldigten in dem weiteren Verfahren. Das Amtsgericht hat dem Antrag zu entsprechen. Der Pfleger muß Beamter sein.

§ 16.

Die Gerichte und Verwaltungsbehörden haben auf Ersuchen des Dienstvorgesetzten, des Untersuchungsführers oder des Vorsitzenden eines Dienststrafgerichts in Dienststrafsachen Amts- und Rechtshilfe zu leisten; um die eidliche Vernehmung von Zeugen und Sachverständigen können nur die Amtsgerichte ersucht werden. Hat der Dienstvorgesetzte um die Vernehmung ersucht, so entscheidet das Amtsgericht über die Vereidigung.

§ 17.

(1) Die Stellen, die die Beweiserhebung anordnen, entscheiden — unbeschadet des § 16 Satz 2 — über die Form, in der Beweise zu erheben sind. Niederschriften über Aussagen von Personen, die schon in einem anderen gesetzlich geordneten Verfahren vernommen worden sind, können im Dienststrafverfahren ohne nochmalige Vernehmung verwertet werden.

(2) Dienstliche Auskünfte von Behörden und Beamten sind schriftlich einzufordern.

(3) Über jede Beweiserhebung ist eine Niederschrift aufzunehmen.

(4) Die Vereidigung von Zeugen und Sachverständigen ist nur zulässig, wenn Gefahr im Verzug oder wenn der Eid mit Rücksicht auf die Bedeutung der Aussage oder als Mittel zur Herbeiführung einer wahren Aussage erforderlich ist.

§ 18.

Der Beschuldigte kann im Dienststrafverfahren weder verhaftet noch vorläufig festgenommen noch — abgesehen von dem Fall des § 48 — zwangsweise vorgeführt werden.

§ 19.

(1) Die in diesem Gesetz vorgeschriebenen Zustellungen werden ausgeführt:

1. durch Übergabe an den Empfänger gegen Empfangsschein oder, wenn er die Annahme oder die Ausstellung des Empfangsscheins verweigert, durch Anfertigung einer Niederschrift darüber,
2. durch eingeschriebenen Brief mit Rückschein,
3. nach den Vorschriften der Zivilprozeßordnung über die Zustellung von Amts wegen[5]),
4. an Behörden auch durch Vorlegung der Akten mit den Urschriften der zuzustellenden Schriftstücke; der Empfänger hat den Tag der Vorlegung in den Akten zu vermerken.

(2) Die Zustellung nach Abs. 1 Nr. 3 kann durch jeden Beamten ausgeführt werden. Die öffentliche Zustellung[6]) wird auf Antrag der Einleitungsbehörde oder des Untersuchungsführers von der Dienststrafkammer bewilligt. Die zuzustellende Ausfertigung ist an der Gerichtstafel der Dienststrafkammer anzuheften; enthält das Schriftstück eine Ladung, so ist außerdem ein Auszug einmalig in das Ministerialblatt des Reichsministeriums des Innern einzurücken.

(3) Alle anderen Mitteilungen erfolgen formlos.

(4) Der Beamte muß Zustellungen und Mitteilungen unter der Anschrift, die er seinem Dienstvorgesetzten angezeigt hat, gegen sich gelten lassen.

§ 20.

Zur Ergänzung dieses Gesetzes sind die Vorschriften des Gerichtsverfassungsgesetzes (Sitzungspolizei, Gerichtssprache, Beratung und Abstimmung)[7]) und der Strafprozeßordnung anzuwenden, soweit nicht die Eigenart des Dienststrafverfahrens entgegensteht.

2. Vorermittlungen.

§ 21.

(1) Werden Tatsachen bekannt, die den Verdacht eines Dienstvergehens rechtfertigen, und hält der Dienstvorgesetzte ein Dienststrafverfahren für angezeigt, so veranlaßt er die zur Aufklärung des Sachverhalts erforderlichen

---

[5]) Vgl. §§ 208 ff. ZPO.
[6]) Voraussetzungen der öffentlichen Zustellung s. § 203 ZPO.
[7]) Vgl. §§ 176 ff., 184 ff., 192 ff. GVG.

Ermittlungen. Dabei sind nicht nur die belastenden, sondern auch die entlastenden und die für die Strafbemessung bedeutsamen Umstände zu ermitteln.

(2) Das wesentliche Ergebnis der Ermittlungen ist dem Beschuldigten bekanntzugeben. Er ist über die ihm zur Last gelegte Verfehlung unter Aufnahme einer Niederschrift zu hören; er kann sich auch schriftlich äußern.

(3) Der Beschuldigte kann beantragen, daß weitere Ermittlungen vorgenommen werden. Der Dienstvorgesetzte entscheidet, ob dem Antrag stattzugeben ist.

(4) Als Dienstvorgesetzter[8]) gilt bei einem Ruhestandsbeamten die vor Beginn des Ruhestandes für den Beamten zuletzt zuständige oberste Dienstbehörde; sie kann ihre Befugnisse auf nachgeordnete Behörden übertragen. Besteht die hiernach zuständige oberste Dienstbehörde nicht mehr, so bestimmt der Reichsminister des Innern, wer als Dienstvorgesetzter gilt.

§ 22.

(1) Ergeben die Ermittlungen kein Dienstvergehen, oder hält der Dienstvorgesetzte eine Dienststrafe nicht für angezeigt, so stellt er das Verfahren ein und teilt dies dem Beschuldigten mit.

(2) Ungeachtet der Einstellung kann der höhere Dienstvorgesetzte wegen desselben Sachverhalts eine Dienststrafe verhängen oder die Einleitungsbehörde das förmliche Dienststrafverfahren einleiten.

§ 23.

Stellt der Dienstvorgesetzte das Verfahren nicht ein, und hält er seine Strafgewalt für ausreichend, so verhängt er die Dienststrafe. Andernfalls führt er die Entscheidung des höheren Dienstvorgesetzten oder der Einleitungsbehörde herbei.

3. Dienststrafverfügung.

§ 24.

(1) Jeder Dienstvorgesetzte ist zu Warnungen und Verweisen gegen die ihm nachgeordneten Beamten befugt.

(2) Geldbußen[9]) können verhängen

1. die oberste Dienstbehörde[10]) bis zum zulässigen Höchstbetrage (§ 6),
2. die der obersten Dienstbehörde unmittelbar nachgeordneten Dienstvorgesetzten bis zur Hälfte des zulässigen Höchstbetrags,

---

[8]) Wegen des Begriffs des Dienstvorgesetzten vgl. § 2 Abs. 5 DBG.

[9]) Vgl. AV. des RJM. v. 21. 6. 1937 (DJ. S. 954) betr. Verhängung von Geldbußen durch Dienststrafverfügung.

[10]) Wegen des Begriffs der obersten Dienstbehörde vgl. § 2 Abs. 4 DBG.

3. die übrigen Dienstvorgesetzten bis zu einem Viertel des zulässigen Höchstbetrags.

(3) Die oberste Dienstbehörde kann für ihren Geschäftsbereich die Befugnis der im Abs. 2 Nr. 3 bezeichneten Dienstvorgesetzten zur Verhängung von Geldbußen weiter abstufen.

§ 25.

Die Dienststrafe wird durch eine schriftliche, mit Gründen versehene Verfügung verhängt, die dem Beschuldigten zuzustellen oder verhandlungsschriftlich zu eröffnen ist.

§ 26.

(1) Der Beschuldigte kann gegen die Dienststrafverfügung, wenn sie nicht von der obersten Dienstbehörde erlassen ist, innerhalb zweier Wochen nach Zustellung oder Eröffnung schriftlich Beschwerde erheben. Die Beschwerde ist bei dem Dienstvorgesetzten, der die Dienststrafverfügung erlassen hat, einzulegen. Die Frist wird auch gewahrt, wenn während ihres Laufes die Beschwerde bei dem Dienstvorgesetzten eingelegt wird, der über sie zu entscheiden hat.

(2) Der Dienstvorgesetzte, der die Dienststrafverfügung erlassen hat, ist nicht berechtigt, die Dienststrafe aufzuheben oder zu mildern. Er hat die Beschwerde spätestens innerhalb einer Woche dem nächsthöheren Dienstvorgesetzten vorzulegen. Dieser entscheidet.

(3) Gegen die auf die Beschwerde ergehende Entscheidung sind weitere Beschwerden bis an die oberste Dienstbehörde zulässig; die oberste Dienstbehörde kann jedoch den Beschwerdezug durch Verordnung allgemein oder für einzelne Beamtengruppen beschränken[10a]). Abs. 1 und 2 gelten sinngemäß.

(4) Die Entscheidung der obersten Dienstbehörde ist in allen diesen Fällen endgültig.

§ 27.

Der höhere Dienstvorgesetzte oder die oberste Dienstbehörde können eine Dienststrafverfügung des nachgeordneten Dienstvorgesetzten, die oberste Dienstbehörde auch eine von ihr selbst erlassene Dienststrafverfügung innerhalb eines Jahres, nachdem sie erlassen ist, aufheben und in der Sache anders entscheiden oder die Einleitung des förmlichen Dienststrafverfahrens veranlassen. Vor der Entscheidung ist der Beschuldigte zu hören. § 26 gilt sinngemäß.

[10a]) Für den Bereich der Deutschen Reichsbahn vgl. VL. des RVM. v. 14. 9. 1937 (RGBl. I S. 1011).

4. Einleitung des förmlichen Dienststrafverfahrens.

§ 28.

Das förmliche Dienststrafverfahren gliedert sich in die Untersuchung und in das Verfahren vor dem Dienststrafgericht. Es wird durch schriftliche Verfügung der Einleitungsbehörde eingeleitet. Die Verfügung wird dem Beschuldigten zugestellt und, wenn dieser Mitglied der Nationalsozialistischen Deutschen Arbeiterpartei ist, dem Stellvertreter des Führers in Abschrift mitgeteilt. Die Einleitung wird mit der Zustellung wirksam.

§ 29.

(1) Einleitungsbehörden[11]) sind

a) für Beamte, deren Ernennung sich der Führer und Reichskanzler vorbehalten hat, mit Ausnahme der unter c bezeichneten, die für die Dienstaufsicht zuständigen obersten Reichsbehörden; diese können ihre Befugnis mit Zustimmung des Reichsministers des Innern auf unmittelbar nachgeordnete Behörden übertragen, sie jedoch im Einzelfall wieder an sich ziehen,

b) für andere Beamte, mit Ausnahme der unter c bezeichneten, die für die Ernennung zuständigen Behörden,

c) für Beamte der Gemeinden, Gemeindeverbände und der anderen Körperschaften, Anstalten und Stiftungen des öffentlichen Rechts die Behörden, die der für die Aufsicht zuständige Reichsminister im Benehmen mit dem Reichsminister des Innern bestimmt[12]),

d) für an nichtstaatlichen öffentlichen Schulen tätige beamtete Lehrpersonen, die der staatlichen Bestätigung bedürfen, die Behörden, die der Reichsminister für Wissenschaft, Erziehung und Volksbildung im Einvernehmen mit dem Reichsminister des Innern bestimmt[11]).

Die obersten Reichsbehörden können auch für die unter b bis d genannten, ihrer Aufsicht unterstehenden Beamten die Befugnis der Einleitungsbehörde allgemein oder im Einzelfall an sich ziehen.

(2) Zuständig ist die Einleitungsbehörde, der der Beschuldigte im Zeitpunkt der Einleitung untersteht, bei einem nicht wieder beschäftigten Wartestandsbeamten und bei einem Ruhestandsbeamten die Behörde, die bei seinem Eintritt in den Wartestand oder in den Ruhestand zuständig war; besteht diese Behörde nicht mehr, so bestimmt die oberste Reichsbehörde, welche Behörde zuständig ist. Die Zuständigkeit der Einleitungsbehörde nach Satz 1 wird durch eine Beurlaubung oder Abordnung des Beschuldigten nicht berührt.

---

[11]) Vgl. Erlaß des Führers u. Reichskanzlers v. 10. 7. 1937 — RGBl. I S. 769 — (abgedr. S. 151). Hinsichtlich der Einleitungsbehörden im Bereich der Sozialverwaltung s. VO. des RAM. v. 16. 7. 1937 (RGBl. I S. 816), im Bereich des Reichserziehungsministeriums s. VO. des RMfWEuV. v. 23. 7. 1937 (RGBl. I S. 856).

[12]) Vgl. DVO. v. 3. 7. 1937 — RGBl. I S. 730 — (abgedr. S. 525 ff.).

§ 30.

(1) Bekleidet ein Beschuldigter mehrere Ämter, die nicht im Verhältnis von Haupt- zu Nebenamt stehen, und beabsichtigt die Einleitungsbehörde, zu deren Geschäftsbereich eines dieser Ämter gehört, ein förmliches Dienststrafverfahren gegen ihn einzuleiten, so teilt sie dies den für die anderen Ämter zuständigen Einleitungsbehörden mit. Ein weiteres Dienststrafverfahren kann gegen den Beschuldigten wegen desselben Sachverhalts nicht eingeleitet werden.

(2) Bekleidet ein Beschuldigter mehrere Ämter, die im Verhältnis von Haupt- zu Nebenamt stehen, so kann nur die für das Hauptamt zuständige Einleitungsbehörde ein förmliches Dienststrafverfahren gegen ihn einleiten. Abs. 1 Satz 2 gilt entsprechend.

(3) Die Einleitungsbehörde kann Dienststrafverfahren, die sie gegen mehrere Beschuldigte wegen des gleichen Sachverhalts eingeleitet hat, bis zum Eingang der Anschuldigungsschrift bei der Dienststrafkammer (§ 53) durch Verfügung miteinander verbinden und wieder trennen.

(4) Sind mehrere Einleitungsbehörden beteiligt, so entscheiden auf Antrag einer Einleitungsbehörde die zuständigen obersten Dienstbehörden gemeinsam über Verbindung und Trennung der Verfahren und darüber, welche Einleitungsbehörde für den Fortgang des Verfahrens zuständig sein soll.

5. Dienststrafgerichte.

§ 31.

(1) Dienststrafgerichte sind die Dienststrafkammern und der Reichsdienststrafhof.

(2) Die Dienststrafgerichte sind unabhängig und nur dem Gesetz unterworfen.

(3) Die Mitglieder der Dienststrafgerichte üben ihre Tätigkeit in richterlicher Unabhängigkeit aus. Auf den sachlichen Inhalt einer in Ausübung dieser Tätigkeit getroffenen Entscheidung kann ihre Versetzung in den Ruhestand nach § 71 des Deutschen Beamtengesetzes nicht gestützt werden.

a) Dienststrafkammern.

§ 32.

Die Dienststrafkammern werden bei Verwaltungsgerichten gebildet. Der Reichsminister des Innern bestimmt Sitz und Bezirk der Dienststrafkammern[13]), er kann bei einer Dienststrafkammer mehrere Abteilungen bilden; er regelt den Geschäftsgang[14]).

---

[13]) Vgl. Anlage zur DVO. v. 29. 6. 1937 — RGBl. I S. 690 — (abgedr. S. 523 ff.).
[14]) Vgl. DVO. v. 29. 6. 1937 (RGBl. I S. 690) Nr. 2—5 zu §§ 32—40.

§ 33.

(1) Zuständig ist die Dienststrafkammer, in deren Bezirk der Beschuldigte bei Einleitung des förmlichen Dienststrafverfahrens seinen dienstlichen Wohnsitz hat. Liegt der dienstliche Wohnsitz im Ausland, so ist die Dienststrafkammer in Berlin zuständig; für bestimmte Arten von Beamten im Grenzdienst kann jedoch die oberste Reichsbehörde im Einvernehmen mit dem Reichsminister des Innern die dem dienstlichen Wohnsitz am nächsten liegende Dienststrafkammer als zuständig bezeichnen[14a]).

(2) Bei wiederbeschäftigten Wartestandsbeamten ist der Sitz der Behörde, bei anderen Wartestandsbeamten und bei Ruhestandsbeamten der Wohnsitz oder, wenn ein Wohnsitz im Inland nicht besteht, der letzte dienstliche Wohnsitz maßgebend.

§ 34.

Streitigkeiten über die Zuständigkeit von Dienststrafkammern entscheidet auf Antrag einer Dienststrafkammer oder einer anderen am Verfahren beteiligten Behörde der Reichsdienststrafhof durch Beschluß.

§ 35.

(1) Mitglieder der Dienststrafkammer sind der Vorsitzende, seine Stellvertreter, rechtskundige und andere Beisitzer.

(2) Die Mitglieder müssen auf Lebenszeit ernannte Beamte im Alter von mindestens dreißig Jahren sein, die ihren dienstlichen Wohnsitz im Bezirk der Dienststrafkammer haben.

(3) Der Vorsitzende der Dienststrafkammer und seine Stellvertreter müssen planmäßige richterliche Beamte der Verwaltungsgerichtsbarkeit oder der ordentlichen Gerichtsbarkeit sein.

(4) Die rechtskundigen Beisitzer müssen die Befähigung zum höheren Verwaltungsdienst oder zum Richteramt besitzen.

§ 36.

(1) Der Reichsminister des Innern bestellt die Mitglieder der Dienststrafkammer auf drei Jahre; er kann sie bei Ablauf ihrer Amtszeit wiederbestellen.

(2) Wird während der Amtszeit die Bestellung neuer Mitglieder erforderlich, so werden sie nur für den Rest der Amtszeit bestellt.

(3) Die Beteiligung der Nationalsozialistischen Deutschen Arbeiterpartei bei der Auswahl der Mitglieder regelt der Reichsminister des Innern im Einvernehmen mit dem Stellvertreter des Führers.

[14a]) Für den Bereich der Deutschen Reichsbahn vgl. VO. des RVM. v. 14. 9. 1937 (RGBl. I S. 1011).

§ 37.

Die Dienststrafkammer entscheidet mit drei Mitgliedern, dem Vorsitzenden (oder seinem Stellvertreter) und zwei Beisitzern, von denen einer rechtskundig sein muß; einer der Beisitzer soll der Laufbahn und möglichst dem Verwaltungszweig des Beschuldigten angehören.

§ 38.

(1) Der Vorsitzende kann Beisitzern, die sich ohne vorherige Entschuldigung ihren Pflichten entziehen, die dadurch verursachten Auslagen auferlegen. Bei nachträglicher genügender Entschuldigung kann er seine Anordnung ganz oder teilweise aufheben.

(2) Auf Einspruch des Betroffenen entscheidet die Dienststrafkammer endgültig. Der Betroffene darf bei der Entscheidung nicht mitwirken.

§ 39.

Ein Mitglied der Dienststrafkammer, gegen das ein förmliches Dienststrafverfahren oder wegen eines Verbrechens oder vorsätzlichen Vergehens ein Strafverfahren eingeleitet oder dem nach § 6 Abs. 1 des Deutschen Beamtengesetzes die Führung seiner Dienstgeschäfte verboten ist, kann während dieses Verfahrens oder der Dauer des Verbots sein Amt nicht ausüben.

§ 40.

(1) Das Amt eines Mitglieds der Dienststrafkammer erlischt, wenn das Mitglied

1. im Strafverfahren zu einer Freiheitsstrafe oder an Stelle einer Freiheitsstrafe zu einer Geldstrafe oder im förmlichen Dienststrafverfahren zu Geldbuße oder einer schwereren Strafe rechtskräftig verurteilt wird,
2. aus der Nationalsozialistischen Deutschen Arbeiterpartei ausgeschlossen oder ausgestoßen wird,
3. in den Wartestand oder in ein Amt außerhalb des Bezirks der Dienststrafkammer versetzt oder als Hochschullehrer entpflichtet wird, oder
4. auf andere Weise aus dem Hauptamt scheidet, das es bei seiner Bestellung bekleidet hat.

(2) Das Amt des Vorsitzenden oder Stellvertreters des Vorsitzenden erlischt ferner, wenn die Voraussetzungen des § 35 Abs. 3 wegfallen.

b) Reichsdienststrafhof.

§ 41.

(1) Der Reichsdienststrafhof wird bei dem Reichsverwaltungsgericht[15]) gebildet. Er gliedert sich in Dienststrafsenate. Das Nähere bestimmt der Reichsminister des Innern[15a]).

(2) Der Reichsdienststrafhof besteht aus einem Präsidenten, seinen Stellvertretern, richterlichen und anderen Beisitzern.

(3) Der Präsident, seine Stellvertreter und die richterlichen Beisitzer müssen Mitglieder des Reichsverwaltungsgerichts sein.

(4) Die Mitglieder des Reichsdienststrafhofs (Abs. 2) werden vom Führer und Reichskanzler auf drei Jahre bestellt.

(5) Im übrigen gelten § 35 Abs. 2, §§ 36, 38 bis 40 sinngemäß.

§ 42.

(1) Will ein Dienststrafsenat in einer Rechtsfrage von der Entscheidung eines anderen Dienststrafsenats oder des Großen Dienststrafsenats (Abs. 3) abweichen, so hat er die Rechtsfrage unter Begründung seiner Rechtsauffassung an den Großen Dienststrafsenat zu verweisen. Dies gilt nicht, wenn der Senat, von dessen Entscheidung er abweichen will, der Abweichung zustimmt.

(2) Ein Dienststrafsenat kann die Entscheidung des Großen Dienststrafsenats auch in einer Rechtsfrage von grundsätzlicher Bedeutung herbeiführen, wenn nach seiner Auffassung die Fortbildung des Rechts oder die Sicherung einer einheitlichen Rechtsprechung es erfordern. Hält der Vertreter der obersten Dienstbehörde (§ 75 Abs. 1) aus einem solchen Grunde die Entscheidung des Großen Dienststrafsenats für erforderlich, so ist die Sache dem Großen Dienststrafsenat vorzulegen.

(3) Der Große Dienststrafsenat besteht aus dem Präsidenten des Reichsdienststrafhofs, seinen Stellvertretern und je einem richterlichen Mitgliede, das der Vorsitzende jedes Dienststrafsenats von Fall zu Fall zur Mitwirkung in den Großen Dienststrafsenat entsendet.

(4) Bei Stimmengleichheit wird die Stimme des dem Dienstalter nach, bei gleichem Dienstalter der Geburt nach jüngsten Mitglieds nicht mitgezählt; der Berichterstatter hat jedoch immer Stimmrecht.

(5) Die Entscheidung der Rechtsfrage durch den Großen Dienststrafsenat ist in der zu entscheidenden Sache bindend.

---

[15]) Vgl. § 114.

[15a]) Vgl. Erl. des RMdI. v. 20. 8. 1937 (RMBl. S. 539) betr. Geschäftsordnung für den Reichsdienststrafhof.

§ 43.

Jeder Dienststrafsenat beschließt mit zwei richterlichen Mitgliedern, einschließlich des Vorsitzenden, und einem weiteren Mitglied. Er entscheidet in der Hauptverhandlung mit drei richterlichen Mitgliedern, einschließlich des Vorsitzenden, und zwei weiteren Mitgliedern.

6. Untersuchung.

§ 44.

(1) Die Einleitungsbehörde kann von der Untersuchung absehen, wenn sie den Sachverhalt für aufgeklärt ansieht; sie hat den Beschuldigten davon in Kenntnis zu setzen.

(2) Andernfalls bestellt sie bei oder nach der Einleitung des Verfahrens einen Beamten zum Untersuchungsführer sowie einen weiteren Beamten zu ihrem Vertreter in dem Verfahren und teilt dies dem Beschuldigten mit. Sie kann Hilfsuntersuchungsführer bestellen.

(3) Der Untersuchungsführer ist in der Durchführung der Untersuchung unabhängig und, abgesehen von den Fällen des § 50, an Weisungen nicht gebunden. Sein Amt erlischt aus den gleichen Gründen wie das Amt eines Mitgliedes der Dienststrafkammer nach § 40 Abs. 1 Nr. 1, 2 oder 4. Er kann abberufen werden, wenn die Voraussetzungen des § 40 Abs. 1 Nr. 3 bei ihm eintreten. Über seine Ablehnung entscheidet die Einleitungsbehörde endgültig.

(4) Der Vertreter der Einleitungsbehörde hat ihren Weisungen zu folgen.

§ 45.

(1) Der Untersuchungsführer hat einen Schriftführer zuzuziehen und ihn, wenn er nicht Beamter ist, auf dieses Amt zu vereidigen.

(2) Über die Ablehnung des Schriftführers entscheidet der Untersuchungsführer endgültig.

§ 46.

Der Untersuchungsführer kann Zeugen und Sachverständige eidlich vernehmen. Er kann Beschlagnahmen und Durchsuchungen anordnen und sie durch die dazu sonst berufenen Behörden ausführen lassen. Polizeibehörden und Vertreter der Einleitungsbehörde sind nicht befugt, eine Beschlagnahme oder Durchsuchung im Dienststrafverfahren anzuordnen.

§ 47.

Der Beschuldigte ist zu Beginn der Untersuchung zu laden und, falls er erscheint, zu vernehmen, auch wenn er bereits während der Vorermittlungen gehört worden ist. Ist er aus zwingenden Gründen am Erscheinen verhindert, und hat er dies rechtzeitig mitgeteilt, so ist er erneut zu laden.

§ 48.

(1) Zur Vorbereitung eines Gutachtens über den Geisteszustand des Beschuldigten kann die Dienststrafkammer auf Antrag des Untersuchungsführers anordnen, daß der Beschuldigte in eine öffentliche Heil- und Pflegeanstalt gebracht und dort verwahrt und untersucht wird. Der Untersuchungsführer hat den Beschuldigten von dem Antrag in Kenntnis zu setzen. Der Vorsitzende der Dienststrafkammer bestellt von Amts wegen für dieses Untersuchungsverfahren einen Beamten zum Verteidiger und stellt ihm den Beschluß der Dienststrafkammer zu.

(2) Gegen den Beschluß ist Beschwerde zulässig; sie hat aufschiebende Wirkung.

(3) Die Verwahrung in der Anstalt darf nicht länger als sechs Wochen dauern.

§ 49.

(1) Der Beschuldigte kann an den Beweiserhebungen teilnehmen. Er ist zu allen Beweiserhebungen, abgesehen von Beschlagnahmen und Durchsuchungen, zu laden. Der Untersuchungsführer kann den Beschuldigten von der Teilnahme ausschließen, wenn er dies aus besonderen dienstlichen Gründen oder mit Rücksicht auf den Untersuchungszweck für erforderlich hält; der Beschuldigte ist jedoch über das Ergebnis dieser Beweiserhebungen zu unterrichten.

(2) Der Untersuchungsführer soll Beweisanträgen des Beschuldigten stattgeben, soweit sie für die Schuldfrage, das Strafmaß oder für die Gewährung eines Unterhaltsbeitrages (§ 64) von Bedeutung sein können.

(3) Ein Verteidiger ist während der Untersuchung nicht zugelassen.

§ 50.

(1) Der Vertreter der Einleitungsbehörde ist zu allen Beweiserhebungen, abgesehen von Beschlagnahmen und Durchsuchungen, zu laden. Er kann daran teilnehmen, sich aber auch jederzeit durch Einsichtnahme in die Akten über den Stand der Untersuchung unterrichten. Seinen Beweisanträgen muß der Untersuchungsführer stattgeben.

(2) Der Vertreter der Einleitungsbehörde kann beantragen, die Untersuchung auf neue Punkte, die den Verdacht eines Dienstvergehens rechtfertigen, zu erstrecken. Der Untersuchungsführer muß den Anträgen entsprechen; er kann von sich aus die Untersuchung auf neue Punkte ausdehnen, wenn der Vertreter der Einleitungsbehörde zustimmt. Der Untersuchungsführer hat dem Beschuldigten Gelegenheit zu geben, sich auch zu den neuen Anschuldigungen zu äußern.

§ 51.

(1) Hält der Untersuchungsführer das Ziel der Untersuchung für erreicht, so hat er dem Beschuldigten Gelegenheit zu geben, sich abschließend

zu äußern. Er kann dem Beschuldigten von dem für das Verfahren erheblichen Inhalt der Personalakten Kenntnis geben und ihm in die sonstigen Akten auch Einsicht gewähren.

(2) Nach der abschließenden Anhörung des Beschuldigten (Abs. 1 Satz 1) legt der Untersuchungsführer die Akten mit einem zusammenfassenden Bericht der Einleitungsbehörde vor.

§ 52.

(1) Die Einleitungsbehörde muß das förmliche Dienststrafverfahren, solange es noch nicht bei der Dienststrafkammer anhängig ist (§ 53 Abs. 3), einstellen, wenn

1. es nicht rechtswirksam eingeleitet oder sonst unzulässig ist,
2. der Beschuldigte stirbt,
3. der Beschuldigte aus dem Beamtenverhältnis ausscheidet oder entlassen wird,
4. bei einem Ruhestandsbeamten die Folgen einer gerichtlichen Verurteilung oder der Aberkennung der deutschen Staatsangehörigkeit nach § 132 des Deutschen Beamtengesetzes eintreten,
5. der Beschuldigte als Ruhestandsbeamter auf seine Rechte als solcher der obersten Dienstbehörde gegenüber schriftlich verzichtet. Durch einen solchen Verzicht erlöschen die Ansprüche auf Ruhegehalt und Hinterbliebenenversorgung sowie die Befugnis, die Amtsbezeichnung und die im Zusammenhang mit dem früheren Amt verliehenen Titel zu führen und die Uniform zu tragen.

(2) Die Einleitungsbehörde kann das förmliche Dienststrafverfahren, solange es noch nicht bei der Dienststrafkammer anhängig ist (§ 53 Abs. 3), einstellen, wenn sie dies nach dem Ergebnis der Untersuchung oder aus anderen Gründen für angebracht hält; sie kann in diesem Fall auch eine Dienststrafe im Rahmen der ihr nach § 11 Abs. 2, § 24 zustehenden Befugnis verhängen oder, wenn sie ihre Dienststrafgewalt nicht für ausreichend hält, die Entscheidung des höheren Dienstvorgesetzten herbeiführen. Wird eine Dienststrafe verhängt, so können die Kosten des Verfahrens dem Beschuldigten auferlegt werden. Gegenüber einem Ruhestandsbeamten kann die Einleitungsbehörde das Verfahren auch dann einstellen, wenn sie ein Dienstvergehen (§ 12 Satz 2) zwar für erwiesen, die Aberkennung oder die Kürzung des Ruhegehalts aber nicht für gerechtfertigt hält.

(3) In den Fällen des Abs. 1 und des Abs. 2 Satz 1 und 3 gelten § 22 Abs. 2 und § 27 sinngemäß.

(4) Die Einstellungsverfügung ist zu begründen und dem Beschuldigten zuzustellen.

7. Verfahren vor der Dienststrafkammer bis zur Hauptverhandlung.

§ 53.

(1) Der Vertreter der Einleitungsbehörde verfaßt nach ihren Weisungen eine Anschuldigungsschrift und legt sie mit den Akten der Dienststrafkammer vor.

(2) Die Anschuldigungsschrift soll die Tatsachen, in denen ein Dienstvergehen erblickt wird, und die Beweismittel geordnet darstellen. Sie darf diese Tatsachen zuungunsten des Beschuldigten nur insoweit verwerten, als ihm in der Untersuchung Gelegenheit gegeben worden ist, sich dazu zu äußern.

(3) Mit dem Eingang der Anschuldigungsschrift ist das Verfahren bei der Dienststrafkammer anhängig.

(4) Teilt die Einleitungsbehörde der Dienststrafkammer mit, daß sie neue Anschuldigungspunkte zum Gegenstand der Verhandlung machen wolle, so hat die Dienststrafkammer das Verfahren auszusetzen, bis der Vertreter der Einleitungsbehörde nach Ergänzung der Vorermittlungen oder der Untersuchung einen Nachtrag zur Anschuldigungsschrift vorlegt oder die Fortsetzung des Verfahrens beantragt.

(5) § 48 gilt sinngemäß; eines Antrags bedarf es nicht.

§ 54.

(1) Die Dienststrafkammer kann bei ihr anhängige Dienststrafverfahren in jeder Lage durch Beschluß miteinander verbinden oder wieder trennen.

(2) Der Reichsdienststrafhof kann Dienststrafverfahren, die bei verschiedenen Dienststrafkammern anhängig sind, auf Antrag einer Einleitungsbehörde oder einer beteiligten Dienststrafkammer oder eines Beschuldigten in jeder Lage durch Beschluß miteinander verbinden oder wieder trennen und die zuständige Dienststrafkammer bestimmen.

§ 55.

Der Vorsitzende der Dienststrafkammer stellt dem Beschuldigten eine Ausfertigung der Anschuldigungsschrift und der Nachträge (§ 53 Abs. 4) zu und bestimmt eine Frist, innerhalb deren der Beschuldigte sich schriftlich äußern kann.

§ 56.

(1) Der Beschuldigte kann sich in dem Verfahren vor der Dienststrafkammer der Hilfe eines Verteidigers bedienen. Von Amts wegen wird ein Verteidiger, abgesehen von dem Fall des § 48 Abs. 1 Satz 3, nicht bestellt.

(2) Verteidiger können die bei einem deutschen Gericht zugelassenen Rechtsanwälte und Verwaltungsrechtsräte sowie Rechtslehrer an deutschen Hochschulen sein.

§ 57.

Der Beschuldigte und sein Verteidiger können nach Zustellung der Anschuldigungsschrift die der Dienststrafkammer vorgelegten Akten, mit Ausnahme von Personalakten, einsehen und Abschriften daraus entnehmen. Der Vorsitzende der Dienststrafkammer kann ihnen auch Auszüge aus den Personalakten, soweit diese Belastendes enthalten, vorlegen.

§ 58.

(1) Nach Ablauf der Frist des § 55 setzt der Vorsitzende den Termin zur Hauptverhandlung an und lädt hierzu den Vertreter der Einleitungsbehörde, den Beschuldigten und seinen Verteidiger. Er lädt ferner die Zeugen und Sachverständigen, deren persönliches Erscheinen er für erforderlich hält; ihre Namen sollen in den Ladungen des Vertreters der Einleitungsbehörde, des Beschuldigten und seines Verteidigers angegeben werden. Ebenso ordnet er die Herbeischaffung anderer Beweismittel an, die er für notwendig hält.

(2) Ist der Beschuldigte Mitglied der Nationalsozialistischen Deutschen Arbeiterpartei, so ist dem Stellvertreter des Führers eine Abschrift der Ladung (Abs. 1 Satz 1) zu übersenden.

(3) Zwischen der Zustellung der Ladung und der Hauptverhandlung muß eine Frist von mindestens einer Woche liegen, wenn der Beschuldigte nicht auf die Einhaltung der Frist verzichtet; es gilt als Verzicht, wenn der Beschuldigte sich auf die Hauptverhandlung eingelassen hat, ohne zu rügen, daß die Frist nicht eingehalten sei. Liegt der dienstliche Wohnsitz oder der Wohnort des Beschuldigten im Ausland, so hat der Vorsitzende die Frist angemessen zu verlängern.

8. Hauptverhandlung.

§ 59.

(1) Die Hauptverhandlung findet statt, auch wenn der Beschuldigte nicht erschienen ist. Er kann sich durch einen Verteidiger vertreten lassen. Der Vorsitzende der Dienststrafkammer kann aber, sofern der Beschuldigte seinen dienstlichen Wohnsitz nicht im Ausland hat, das persönliche Erscheinen des Beschuldigten anordnen und ihm dabei androhen, daß bei seinem Ausbleiben ein Verteidiger zu seiner Vertretung nicht zugelassen werde.

(2) Ist der Beschuldigte vorübergehend verhandlungsunfähig, so kann das Verfahren bis zur Dauer von vier Wochen ausgesetzt werden; ist er aus zwingenden Gründen am Erscheinen verhindert, und hat er dies rechtzeitig mitgeteilt, so ist ein neuer Termin zur Hauptverhandlung anzusetzen.

§ 60.

(1) Die Hauptverhandlung ist nicht öffentlich. Der Reichsminister des Innern und die von ihm ermächtigten Personen sowie Vorgesetzte des Beschuldigten oder von ihnen beauftragte Beamte können der Verhandlung beiwohnen. Der Vorsitzende der Dienststrafkammer kann andere Personen zulassen, wenn ein durch körperliche Gebrechen behinderter Beschuldigter ihrer zur Hilfeleistung bedarf.

(2) Ist der Beschuldigte Mitglied der Nationalsozialistischen Deutschen Arbeiterpartei, so kann der Stellvertreter des Führers einen Beauftragten in die Hauptverhandlung entsenden.

§ 61.

(1) In der Hauptverhandlung trägt ein vom Vorsitzenden aus den Mitgliedern der Dienststrafkammer ernannter Berichterstatter in Abwesenheit der Zeugen das Ergebnis des bisherigen Verfahrens vor. Dabei können Niederschriften über Beweiserhebungen aus dem Dienststrafverfahren oder einem anderen gesetzlich geordneten Verfahren durch Verlesen zum Gegenstand der Hauptverhandlung gemacht werden. Soweit die Personalakten des Beschuldigten Tatsachen enthalten, die für die Gesamtbeurteilung erheblich sein können, sind sie vorzutragen. Ist der Beschuldigte erschienen, so wird er gehört.

(2) Nach Anhörung des Beschuldigten werden die Zeugen und Sachverständigen vernommen, soweit nicht der Beschuldigte und der Vertreter der Einleitungsbehörde auf die Vernehmung verzichten, oder die Dienststrafkammer sie für unerheblich erklärt.

(3) Die Dienststrafkammer kann, wenn sie weitere Beweiserhebungen für erforderlich hält, neue Zeugen oder Sachverständige vernehmen oder eines ihrer Mitglieder damit beauftragen oder eine Behörde darum ersuchen.

(4) Nach Schluß der Beweisaufnahme werden der Vertreter der Einleitungsbehörde, sodann der Beschuldigte und sein Verteidiger gehört. Der Beschuldigte hat das letzte Wort.

§ 62.

(1) Die Dienststrafkammer kann zum Gegenstand der Urteilsfindung nur die Anschuldigungspunkte machen, die in der Anschuldigungsschrift und ihren Nachträgen dem Beschuldigten als Dienstvergehen zur Last gelegt werden.

(2) Die im Dienststrafverfahren oder in einem anderen gesetzlich geordneten Verfahren erhobenen Beweise können der Urteilsfindung zugrunde gelegt werden, soweit sie Gegenstand der Hauptverhandlung waren.

Über das Ergebnis der Beweisaufnahme entscheidet die Dienststrafkammer nach ihrer freien Überzeugung, soweit sich nicht aus § 13 Abs. 3 etwas anderes ergibt.

§ 63.

(1) Das Urteil kann nur auf Bestrafung, Freispruch oder Einstellung des Verfahrens lauten.

(2) Auf Freispruch ist zu erkennen, wenn kein Dienstvergehen erwiesen ist.

(3) Die Dienststrafkammer hat das Verfahren einzustellen, wenn die Voraussetzungen des § 52 Abs. 1 vorliegen; vor Beginn der Hauptverhandlung kann sie es in diesen Fällen durch Beschluß einstellen. Sie hat das Verfahren gegen einen Ruhestandsbeamten ferner einzustellen, wenn sie ein Dienstvergehen zwar für erwiesen, die Aberkennung oder die Kürzung des Ruhegehalts aber nicht für gerechtfertigt hält.

§ 64.

(1) Die Dienststrafkammer kann in einem auf Entfernung aus dem Dienst oder auf Aberkennung des Ruhegehalts lautenden Urteil dem Verurteilten einen Unterhaltsbeitrag auf Lebenszeit oder auf bestimmte Zeit bewilligen, wenn besondere Umstände eine mildere Beurteilung zulassen, der Verurteilte nach seiner wirtschaftlichen Lage der Unterstützung bedürftig und ihrer nicht unwürdig erscheint. Der Unterhaltsbeitrag darf für längstens fünf Jahre höchstens fünfundsiebzig vom Hundert und über diesen Zeitraum hinaus höchstens fünfzig vom Hundert des Ruhegehalts betragen, das der Verurteilte in dem Zeitpunkt, in dem das Urteil gefällt wird, erdient hätte oder erdient hatte; er ist nach Hundertteilen dieses Ruhegehalts zu bemessen.

(2) Die Dienststrafkammer kann bestimmen, daß der Unterhaltsbeitrag ganz oder teilweise an Personen zu deren Unterhalt der Verurteilte gesetzlich verpflichtet ist, gezahlt wird; nach Rechtskraft des Urteils kann dies auch die oberste Dienstbehörde bestimmen.

(3) Die Zahlung des Unterhaltsbeitrages beginnt im Zeitpunkt des Verlustes der Dienst- oder Versorgungsbezüge.

(4) Der Unterhaltsbeitrag erlischt, wenn der Verurteilte wieder zum Beamten ernannt wird. Im übrigen gelten die Vorschriften der §§ 127 bis 129, 132, 134 und 135 des Deutschen Beamtengesetzes sinngemäß; der Verurteilte gilt dabei als Ruhestandsbeamter, der Unterhaltsbeitrag als Ruhegehalt.

§ 65.

(1) Das Urteil wird durch Verlesen der Urteilsformel und Mitteilung der wesentlichen Urteilsgründe verkündet. Es ist schriftlich abzufassen und

mit Gründen zu versehen. Hat die Dienststrafkammer eine Vernehmung nach § 61 Abs. 2 für unerheblich erklärt, so ist dies zu begründen. Hat die Dienststrafkammer einen Unterhaltsbeitrag nach § 64 bewilligt, so sind die Gründe hierfür anzugeben.

(2) Die Mitglieder der Dienststrafkammer, die bei der Entscheidung mitgewirkt haben, sollen das Urteil unterschreiben.

(3) Dem Beschuldigten, dem Vertreter der Einleitungsbehörde und, wenn der Beschuldigte Mitglied der Nationalsozialistischen Deutschen Arbeiterpartei ist, auch dem Stellvertreter des Führers sind Ausfertigungen des Urteils mit Gründen zuzustellen.

9. Rechtsmittel im förmlichen Dienststrafverfahren.

a) Beschwerde.

§ 66.

(1) Gegen nicht endgültige Beschlüsse der Dienststrafkammer ist die Beschwerde an den Reichsdienststrafhof zulässig, gegen Entscheidungen, die der Urteilsfällung vorausgehen, jedoch nur, soweit sie eine Beschlagnahme oder Durchsuchung, eine Straffestsetzung oder eine dritte Person betreffen.

(2) Die Beschwerde ist bei der Dienststrafkammer innerhalb von zwei Wochen seit Bekanntgabe der Entscheidung einzulegen; die Beschwerdefrist wird jedoch auch gewahrt, wenn während ihres Laufes die Beschwerde beim Reichsdienststrafhof eingelegt wird.

(3) Die Dienststrafkammer kann der Beschwerde abhelfen. Andernfalls entscheidet der Reichsdienststrafhof durch Beschluß endgültig.

b) Berufung.

§ 67.

(1) Gegen das Urteil der Dienststrafkammer ist innerhalb zweier Wochen nach seiner Zustellung Berufung an den Reichsdienststrafhof zulässig. Liegt der dienstliche Wohnsitz oder der Wohnort des Beschuldigten im Ausland, so hat der Vorsitzende der Dienststrafkammer die Berufungsfrist durch eine Verfügung, die zugleich mit dem Urteil zuzustellen ist, angemessen zu verlängern.

(2) Die Kostenentscheidung allein kann nicht angefochten werden.

§ 68.

Die Berufung ist bei der Dienststrafkammer schriftlich oder durch schriftlich aufzunehmende Erklärung vor der Geschäftsstelle einzulegen. Die Berufungsfrist wird auch gewahrt, wenn während ihres Laufes die Berufung beim Reichsdienststrafhof eingelegt wird.

§ 69.

(1) Spätestens innerhalb zweier weiterer Wochen nach Ablauf der Berufungsfrist ist die Berufung zu begründen; § 67 Abs. 1 Satz 2 und § 68 gelten sinngemäß.

(2) In der Begründung ist anzugeben, inwieweit das Urteil angefochten wird, welche Änderungen des Urteils beantragt und wie diese Anträge begründet werden.

(3) Neue Tatsachen und Beweismittel, die nach Ablauf der Frist des Abs. 1 vorgebracht werden, braucht das Dienststrafgericht nur zuzulassen, wenn sie nach der Berufungsbegründung entstanden sind oder ihr verspätetes Vorbringen nach der freien Überzeugung des Dienststrafgerichts nicht auf einem Verschulden dessen, der sie geltend macht, beruht.

§ 70.

(1) Der Vorsitzende der Dienststrafkammer verwirft die Berufung als unzulässig, wenn sie sich nur gegen die Kostenentscheidung richtet oder verspätet eingelegt oder nicht rechtzeitig begründet worden ist. Die Entscheidung ist zuzustellen.

(2) Innerhalb zweier Wochen nach der Zustellung kann die Entscheidung der Dienststrafkammer beantragt werden; § 67 Abs. 1 Satz 2 gilt sinngemäß. Die Dienststrafkammer entscheidet über die Zulässigkeit der Berufung durch Beschluß.

§ 71.

(1) Wird die Berufung nicht als unzulässig verworfen, so werden die Berufungsschrift und die Berufungsbegründung dem Vertreter der Einleitungsbehörde oder, wenn dieser die Berufung eingelegt hat, dem Beschuldigten in Abschrift zugestellt.

(2) Die Berufung kann innerhalb zweier Wochen nach der Zustellung schriftlich beantwortet werden; § 67 Abs. 1 Satz 2 gilt sinngemäß.

§ 72.

(1) Nach Ablauf der Frist des § 71 Abs. 2 werden die Akten dem Reichsdienststrafhof übersandt.

(2) Der Vorsitzende des Dienststrafsenats beraumt entweder die Hauptverhandlung an oder überweist die Sache dem Senat zum Beschluß (§ 73).

§ 73.

(1) Der Reichsdienststrafhof kann durch Beschluß

1. die Berufung aus den Gründen des § 70 Abs. 1 Satz 1 als unzulässig verwerfen,
2. die Berufung als offensichtlich unbegründet zurückweisen,

3. das Urteil aufheben und die Sache an eine Dienststrafkammer zur nochmaligen Verhandlung und Entscheidung zurückverweisen, wenn er weitere Aufklärungen für erforderlich hält, oder wenn schwere Mängel des Verfahrens vorliegen,
4. die Sache zur Hauptverhandlung verweisen.

Für die Einstellung des Verfahrens gilt § 63 Abs. 3 sinngemäß.

(2) Vor der Beschlußfassung in den Fällen des Abs. 1 Nr. 1 bis 3 ist, wenn der Beschuldigte Berufung eingelegt hat, dem Vertreter der Einleitungsbehörde und, wenn dieser Berufung eingelegt hat, dem Beschuldigten Gelegenheit zur Äußerung zu geben.

(3) Die Beschlüsse sind unanfechtbar; sie sind, außer im Fall des Abs. 1 Nr. 4, schriftlich abzufassen, mit Gründen zu versehen und dem Beschuldigten sowie dem Vertreter der Einleitungsbehörde zuzustellen.

§ 74.

Soweit der Reichsdienststrafhof die Berufung für zulässig und für begründet hält, hat er das Urteil der Dienststrafkammer aufzuheben und, wenn er nicht nach § 73 Abs. 1 Nr. 3 verfährt, in der Sache selbst zu entscheiden.

§ 75.

(1) Im Verfahren vor dem Reichsdienststrafhof tritt an die Stelle des Vertreters der Einleitungsbehörde ein Vertreter der obersten Dienstbehörde. Im übrigen gelten, soweit die §§ 72 bis 74 nichts anderes vorschreiben, die Vorschriften über das Verfahren vor der Dienststrafkammer sinngemäß. Von dem Verlesen von Niederschriften (§ 61 Abs. 1 Satz 2) kann jedoch abgesehen werden, wenn der Beschuldigte, sein Verteidiger und der Vertreter der obersten Dienstbehörde darauf verzichten.

(2) Der Reichsdienststrafhof entscheidet mit einfacher Stimmenmehrheit.

c) Rechtskraft.

§ 76.

(1) Die Entscheidungen der Dienststrafkammer werden mit Ablauf der Rechtsmittelfrist rechtskräftig, wenn kein Rechtsmittel eingelegt ist. Wird auf Rechtsmittel verzichtet oder ein Rechtsmittel zurückgenommen, so ist der Zeitpunkt maßgebend, in dem die Erklärung des Verzichts oder der Zurücknahme dem Dienststrafgericht zugeht.

(2) Endgültige Entscheidungen der Dienststrafkammer werden mit ihrer Bekanntgabe rechtskräftig.

§ 77.

Die Beschlüsse des Reichsdienststrafhofs werden mit der Zustellung, seine Urteile mit der Verkündung rechtskräftig.

10. Vorläufige Dienstenthebung.

§ 78.

Die Einleitungsbehörde kann einen Beamten vorläufig des Dienstes entheben, wenn das förmliche Dienststrafverfahren gegen ihn eingeleitet wird oder eingeleitet worden ist.

§ 79.

(1) Die Einleitungsbehörde kann gleichzeitig mit der vorläufigen Dienstenthebung oder später anordnen, daß dem Beamten ein Teil, höchstens die Hälfte, der jeweiligen Dienstbezüge einbehalten wird, wenn im Dienststrafverfahren voraussichtlich auf Entfernung aus dem Dienst oder Aberkennung des Ruhegehalts erkannt werden wird.

(2) Ist in einem auf Entfernung aus dem Dienst lautenden, noch nicht rechtskräftigen Urteil ein Unterhaltsbeitrag bewilligt worden, so ist dem Beamten mindestens ein dem Betrage des Unterhaltsbeitrages entsprechender Teil der Dienstbezüge zu belassen.

(3) Die Einleitungsbehörde kann bei Wartestands- und Ruhestandsbeamten gleichzeitig mit der Einleitung des förmlichen Dienststrafverfahrens oder später anordnen, daß ein Teil, höchstens ein Drittel, des Wartegeldes oder Ruhegehalts einbehalten wird. Abs. 2 gilt sinngemäß.

§ 80.

(1) Bekleidet der Beschuldigte mehrere Ämter, die im Verhältnis von Haupt- zu Nebenamt stehen, so ist zur Anordnung der vorläufigen Dienstenthebung und der Einbehaltung der Dienstbezüge nur die für das Hauptamt zuständige Einleitungsbehörde befugt.

(2) Die vorläufige Dienstenthebung und die Einbehaltung der Dienstbezüge erstrecken sich auf alle Ämter, die der Beamte bekleidet, soweit sich aus § 112 Abs. 6 nichts anderes ergibt.

§ 81.

(1) Die Einleitungsbehörde kann die nach § 78 und nach § 79 getroffenen Anordnungen jederzeit aufheben.

(2) Mit dem rechtskräftigen Abschluß des Dienststrafverfahrens enden die Anordnungen kraft Gesetzes.

§ 82.

(1) Die nach § 79 einbehaltenen Beträge verfallen, wenn

1. im Dienststrafverfahren auf Entfernung aus dem Dienst oder auf Aberkennung des Ruhegehalts oder
2. in einem wegen desselben Sachverhalts eingeleiteten Strafverfahren auf eine mit Amts- oder Ruhegehaltsverlust verbundene Strafe erkannt oder

3. das Dienststrafverfahren aus den Gründen des § 52 Abs. 1 Nr. 3 bis 5 eingestellt worden ist und die Einleitungsbehörde festgestellt hat, daß nach dem Ergebnis der Untersuchung Entfernung aus dem Dienst oder Aberkennung des Ruhegehalts gerechtfertigt gewesen wäre, oder
4. das Dienststrafverfahren auf Grund des § 52 Abs. 1 Nr. 1 eingestellt worden ist und ein innerhalb dreier Monate nach der Einstellung wegen desselben Dienstvergehens eingeleitetes neues Verfahren zur Entfernung aus dem Dienst oder zur Aberkennung des Ruhegehalts geführt hat.

(2) Die einbehaltenen Beträge sind nachzuzahlen, wenn das Dienststrafverfahren auf andere Weise rechtskräftig abgeschlossen oder von der Einleitungsbehörde eingestellt wird. Die Kosten des Strafverfahrens und des Dienststrafverfahrens, soweit der Verurteilte sie zu tragen hat, und eine ihm auferlegte Geldbuße können von den nachzuzahlenden Beträgen abgezogen werden.

Abschnitt IV.

Wiederaufnahme des Dienststrafverfahrens.

1. Zulässigkeit der Wiederaufnahme.

§ 83.

(1) Die Wiederaufnahme des Verfahrens ist nur zulässig gegenüber der rechtskräftigen Entscheidung eines Dienststrafgerichts,

a) in der auf Entfernung aus dem Dienst oder auf Aberkennung des Ruhegehalts erkannt ist, mit dem Ziel einer Aufhebung oder Milderung des Urteils, oder
b) in der nicht auf Entfernung aus dem Dienst oder auf Aberkennung des Ruhegehalts erkannt ist, mit dem Ziel, ein auf eine dieser Strafen lautendes Urteil herbeizuführen,

wenn

1. Tatsachen oder Beweismittel beigebracht werden, die erheblich und neu sind — als erheblich sind sie anzusehen, wenn sie allein oder in Verbindung mit den früher gemachten Feststellungen eine andere Entscheidung zu begründen geeignet sind; als neu sind Tatsachen und Beweismittel anzusehen, die dem Dienststrafgericht bei seiner Entscheidung noch nicht bekannt waren und von denen der Antragsteller nachweist oder glaubhaft macht, daß er sie nicht schon früher geltend machen konnte —,
2. die Entscheidung auf dem Inhalt einer fälschlich angefertigten oder verfälschten Urkunde oder auf einem Zeugnis oder Gutachten beruht, das vorsätzlich oder fahrlässig falsch abgegeben worden ist,

3. ein gerichtliches Urteil, auf dessen tatsächlichen Feststellungen das Dienststrafurteil beruht, durch ein anderes rechtskräftiges Urteil aufgehoben worden ist,
4. der Beschuldigte nachträglich ein Dienstvergehen glaubhaft eingestanden hat, das in dem ersten Verfahren nicht festgestellt werden konnte,
5. ein Dienststrafrichter, der bei der Entscheidung mitgewirkt hat, sich in der Sache einer strafbaren Verletzung seiner Amtspflicht schuldig gemacht hat,
6. bei der Entscheidung des Reichsdienststrafhofs ein Mitglied mitgewirkt hat, das von der Ausübung des Richteramts kraft Gesetzes ausgeschlossen war, es sei denn, daß die Gründe für einen gesetzlichen Ausschluß bereits erfolglos geltend gemacht worden waren.

(2) Die Wiederaufnahme ist auch zulässig, wenn eine Strafe verhängt worden ist, die nach Art oder Höhe im Gesetz nicht vorgesehen war.

§ 84.

Die Wiederaufnahme des Verfahrens nach § 83 Abs. 1 Nr. 2 und 5 ist nur zulässig, wenn wegen der behaupteten Handlung eine rechtskräftige Verurteilung erfolgt ist, oder wenn ein strafgerichtliches Verfahren aus anderen Gründen als wegen Mangels an Beweisen nicht eingeleitet oder nicht durchgeführt werden kann.

§ 85.

Die Wiederaufnahme des Verfahrens ist unzulässig, wenn nach dem Dienststrafurteil ein strafgerichtliches Urteil ergangen ist,
1. das sich auf dieselben Tatsachen gründet und sie ebenso würdigt, solange dieses Urteil nicht rechtskräftig aufgehoben ist,
2. durch das der Verurteilte sein Amt oder sein Ruhegehalt verloren hat oder es verloren hätte, wenn er noch im Dienst gewesen wäre oder Ruhegehalt bezogen hätte.

2. Verfahren.

§ 86.

(1) Zur Wiederaufnahme des Verfahrens bedarf es eines Antrages. Antragsberechtigt sind
1. der Verurteilte und sein gesetzlicher Vertreter, nach seinem Tode sein Ehegatte, seine Verwandten auf- und absteigender Linie und seine Geschwister,
2. die Einleitungsbehörde. Besteht die Einleitungsbehörde nicht mehr, so bestimmt die oberste Reichsbehörde eine Behörde, die ihre Befugnisse ausübt.

(2) Der Antrag ist schriftlich bei dem Dienststrafgericht, dessen Entscheidung angefochten wird, einzureichen. Er muß den gesetzlichen Grund der Wiederaufnahme und die Beweismittel bezeichnen.

(3) Die im Abs. 1 Nr. 1 genannten Personen können sich eines Verteidigers (§ 56 Abs. 2) bedienen.

§ 87.

Über die Zulassung des Antrags entscheidet das Dienststrafgericht, dessen Entscheidung angefochten wird. Es kann dazu erforderlichenfalls Ermittlungen anstellen.

§ 88.

(1) Das Dienststrafgericht (§ 87) verwirft den Antrag durch Beschluß, wenn es die gesetzlichen Voraussetzungen für die Zulassung des Antrags nicht für gegeben oder den Antrag für offensichtlich unbegründet hält.

(2) Der Beschluß ist dem Antragsteller zuzustellen.

(3) Gegen einen nach Abs. 1 ergehenden Beschluß der Dienststrafkammer ist die Beschwerde zulässig.

§ 89.

(1) Verwirft das Dienststrafgericht den Antrag nicht, so beschließt es die Wiederaufnahme des Verfahrens. Dieser Beschluß berührt das angefochtene Urteil nicht.

(2) Für das weitere Verfahren ist die Dienststrafkammer zuständig, die in dem früheren Verfahren im ersten Rechtszug entschieden hat, im Fall des § 83 Abs. 1 Nr. 6 der Reichsdienststrafhof.

(3) Hat das Dienststrafgericht die Wiederaufnahme des Verfahrens beschlossen, so gelten in den Fällen des § 83 Abs. 1b die §§ 78 bis 82 sinngemäß.

§ 90.

(1) Der Vorsitzende des nach § 89 Abs. 2 zuständigen Dienststrafgerichts hat der Einleitungsbehörde oder, wenn diese die Wiederaufnahme des Verfahrens beantragt hat, dem Verurteilten oder den anderen im § 86 Abs. 1 Nr. 1 genannten Personen den Antrag und den nach § 89 Abs. 1 ergangenen Beschluß zuzustellen und ihnen dabei eine angemessene Frist zur Erklärung zu bestimmen.

(2) Der Vorsitzende oder ein von ihm beauftragtes Mitglied des Dienststrafgerichts nimmt die erforderlichen Ermittlungen vor, um den Sachverhalt aufzuklären. Dabei gelten sinngemäß die Vorschriften über die Untersuchung mit Ausnahme des § 49 Abs. 3.

(3) Die Einleitungsbehörde, für das Verfahren vor dem Reichsdienststrafhof die oberste Dienstbehörde, ernennt einen Beamten zu ihrem Vertreter in dem Verfahren.

§ 91.

(1) Nach Ablauf der Frist des § 90 Abs. 1 kann das Dienststrafgericht auf Antrag der Einleitungsbehörde ohne neue mündliche Verhandlung die frühere Entscheidung aufheben und auf Freisprechung erkennen. Diese Entscheidung ist endgültig.

(2) Andernfalls bringt es die Sache zur Hauptverhandlung. Für diese gelten die §§ 58 bis 62 und § 65 sinngemäß.

§ 92.

(1) In der Hauptverhandlung kann das Dienststrafgericht die frühere Entscheidung entweder aufrechterhalten oder aufheben und anders entscheiden; diese Entscheidung kann auch ergehen, wenn das Beamtenverhältnis des Verurteilten nicht mehr besteht.

(2) Gegen eine nach Abs. 1 ergehende Entscheidung der Dienststrafkammer ist Berufung zulässig.

3. Ausschluß von Dienststrafrichtern.

§ 93.

(1) Ein Dienststrafrichter, der im früheren Verfahren an der den ersten oder zweiten Rechtszug abschließenden Entscheidung mitgewirkt hat, ist von der Mitwirkung im Wiederaufnahmeverfahren ausgeschlossen.

(2) Ein Beamter, der im früheren Verfahren als Untersuchungsführer oder als Vertreter der Einleitungsbehörde (Vertreter der Anklage) mitgewirkt hat, darf im Wiederaufnahmeverfahren nicht tätig werden.

4. Entschädigung unschuldig Verurteilter.

§ 94.

Wird ein zur Entfernung aus dem Dienst oder zur Aberkennung des Ruhegehalts Verurteilter im Wiederaufnahmeverfahren nicht ebenso bestraft, so gilt § 55 des Deutschen Beamtengesetzes sinngemäß.

§ 95.

(1) Der Verurteilte und die Personen, zu deren Unterhalt er gesetzlich verpflichtet ist, können über die Bezüge nach § 94 hinaus auf Grund entsprechender Anwendung des Gesetzes, betreffend die Entschädigung der im Wiederaufnahmeverfahren freigesprochenen Personen, vom 20. Mai 1898 (Reichsgesetzbl. S. 345) Ersatz des sonstigen Schadens vom Reiche verlangen.

(2) Der Anspruch auf Entschädigung ist zur Vermeidung seines Verlustes innerhalb dreier Monate nach rechtskräftigem Abschluß des Wiederaufnahmeverfahrens bei der obersten Dienstbehörde zu verfolgen. Ihre Entscheidung ist dem Berechtigten zuzustellen. Lehnt sie den Anspruch ab, so gelten für seine Weiterverfolgung die §§ 142 bis 147 des Deutschen Beamtengesetzes.

5. Entziehung des Unterhaltsbeitrages.

§ 96.

Auf Antrag der obersten Dienstbehörde kann die Dienststrafkammer beschließen, daß ein nach § 64 bewilligter Unterhaltsbeitrag herabgesetzt oder ganz entzogen wird, wenn sich nachträglich herausstellt, daß der Bedachte des Unterhaltsbeitrages unwürdig war, oder wenn er sich dessen als unwürdig erweist oder wenn sich seine wirtschaftlichen Verhältnisse wesentlich gebessert haben. Die Dienststrafkammer kann, wenn sie Beweiserhebungen für erforderlich hält, eines ihrer Mitglieder damit beauftragen oder eine Behörde darum ersuchen. Dem Bedachten ist Gelegenheit zur Äußerung zu geben. Wegen der Kosten gelten die §§ 98, 100 und 101 sinngemäß.

Abschnitt V.

Kosten des Dienststrafverfahrens.

§ 97.

(1) Der Dienstvorgesetzte kann einem Beamten, gegen den er eine Dienststrafe verhängt hat, die durch die Ermittlungen entstandenen Kosten ganz oder teilweise auferlegen. Sie können von den Dienstbezügen abgezogen werden, auch soweit diese nicht pfändbar sind. Sie fließen dem unmittelbaren Dienstherrn zu.

(2) Kosten, die nicht nach Abs. 1 von dem Beamten zu erstatten sind, fallen dem unmittelbaren Dienstherrn zur Last.

§ 98.

(1) Der Beschuldigte, der im Dienststrafverfahren verurteilt wird, ist zugleich für schuldig zu erklären, die in dem gesamten Verfahren entstandenen Kosten ganz oder teilweise zu tragen.

(2) Dasselbe gilt, wenn das förmliche Dienststrafverfahren aus den Gründen des § 52 Abs. 1 Nr. 3 bis 5 und Abs. 2 Satz 3 eingestellt wird und nach dem Ergebnis der Untersuchung die Verhängung einer Dienststrafe gerechtfertigt gewesen wäre.

§ 99.

(1) Der Beschuldigte, der ein Rechtsmittel zurückgenommen oder erfolglos eingelegt hat, ist für schuldig zu erklären, die durch den Gebrauch dieses Rechtsmittels entstandenen Kosten zu tragen. Hatte das Rechtsmittel teilweise Erfolg, so kann das Dienststrafgericht dem Beschuldigten einen angemessenen Teil dieser Kosten auferlegen.

(2) Diese Vorschriften gelten sinngemäß für die Kosten, die durch einen Antrag auf Wiederaufnahme des Verfahrens entstanden sind.

§ 100.

(1) Die dem Beschuldigten erwachsenen notwendigen Auslagen können dem Reich ganz oder teilweise auferlegt werden, wenn der Beschuldigte freigesprochen oder das förmliche Dienststrafverfahren aus anderen als den im § 98 Abs. 2 bezeichneten Gründen eingestellt wird. Sie sind dem Reich aufzuerlegen, wenn der Vertreter der Einleitungsbehörde ein Rechtsmittel zurückgenommen oder erfolglos eingelegt hat.

(2) Kosten der Verteidigung trägt das Reich nur, wenn sie ihm ausdrücklich auferlegt worden sind. Dies gilt auch für das Wiederaufnahmeverfahren.

§ 101.

(1) Jede Entscheidung in der Hauptsache muß bestimmen, wer die Kosten des Verfahrens zu tragen hat.

(2) Die Kosten, zu deren Tragung der Beschuldigte verurteilt worden ist, und die dem Reich auferlegten Kosten sind durch die Geschäftsstelle der Dienststrafkammer festzusetzen. Auf Beschwerde gegen die Festsetzung entscheidet die Dienststrafkammer endgültig. § 97 Abs. 1 Satz 2 gilt sinngemäß.

(3) Die im förmlichen Dienststrafverfahren festgesetzten Kosten fließen dem Reiche zu, auch soweit sie bei den Vorermittlungen entstanden sind.

Abschnitt VI.

Vollstreckung, Begnadigung.

§ 102.

(1) Entfernung aus dem Dienst und Aberkennung des Ruhegehalts werden mit der Rechtskraft des Urteils wirksam. Ein auf Entfernung aus dem Dienst lautendes Urteil gilt, wenn der Verurteilte vor Eintritt der Rechtskraft in den Ruhestand tritt, als Urteil auf Aberkennung des Ruhegehalts, ein auf Gehaltskürzung lautendes Urteil sinngemäß als Urteil auf Kürzung des Ruhegehalts.

(2) Warnung und Verweis gelten, wenn sie durch Dienststrafverfügung verhängt werden, mit deren Zustellung oder Eröffnung, wenn sie durch Urteil verhängt werden, mit der Rechtskraft als vollstreckt.

(3) Geldbuße, Gehaltskürzung und Kürzung des Ruhegehalts vollstreckt der Dienstvorgesetzte; bei Ruhestandsbeamten gilt § 21 Abs. 4. Die Durchführungsvorschriften bestimmen, wie die Kürzung der Dienstbezüge bei Beamten, die Gebühren beziehen, vollstreckt wird.

(4) Die Geldbuße kann von den Dienstbezügen abgezogen werden, auch soweit diese nicht pfändbar sind.

(5) Geldbußen, die der Dienstvorgesetzte verhängt, fließen dem unmittelbaren Dienstherrn des Beamten zu. Geldbußen, die durch Urteil verhängt werden, sind an das Reich abzuführen.

§ 103.

Die Durchführungsvorschriften bestimmen, in welcher Weise Geldbeträge (§§ 38, 97, 101, 102 Abs. 4) beigetrieben werden.

§ 104.

(1) Dem Führer und Reichskanzler steht das Gnadenrecht in Dienststrafsachen für alle Beamten zu. Er übt es selbst aus oder überträgt die Ausübung anderen Stellen[16]) [17]).

(2) Wird die Strafe der Entfernung aus dem Dienst im Gnadenwege aufgehoben, so gilt § 54 Abs. 2 des Deutschen Beamtengesetzes sinngemäß.

Abschnitt VII.

Verfahren bei Fernbleiben vom Dienst.

§ 105.

(1) Im Fall des § 17 Abs. 2 des Deutschen Beamtengesetzes ist der Antrag des Beamten auf Entscheidung der Dienststrafkammer schriftlich bei dem Dienstvorgesetzten einzureichen und zu begründen. Der Dienstvorgesetzte legt den Antrag mit seiner Stellungnahme der Dienststrafkammer vor.

(2) Die Dienststrafkammer entscheidet ohne mündliche Verhandlung endgültig. Sie kann Beweise wie im förmlichen Dienststrafverfahren erheben. Wegen der Kosten gelten die §§ 99 bis 101 sinngemäß.

(3) Unbeschadet der Feststellung nach § 17 Abs. 2 Satz 2 des Deutschen Beamtengesetzes kann der Dienstvorgesetzte eine Dienststrafe verhängen oder die Einleitungsbehörde das förmliche Dienststrafverfahren einleiten. Im letzteren Fall kann die Dienststrafkammer die beiden Verfahren miteinander verbinden.

§ 106.

Wird der Beamte vorläufig des Dienstes enthoben (§ 78), während er ohne Urlaub schuldhaft dem Dienst fernbleibt, so dauert der Verlust der Dienstbezüge fort, bis der Dienstvorgesetzte feststellt, daß der Beamte seine Amtsgeschäfte aufgenommen hätte, wenn er hieran nicht durch die vorläufige Dienstenthebung gehindert worden wäre.

Abschnitt VIII.

Verfahren gegen Beamte auf Widerruf.

§ 107.

Gegen einen Beamten auf Widerruf, der eines Dienstvergehens be-

---

[16]) Vgl. die in Anm. 49 zu § 54 DBG. angeführten Erlasse.

[17]) Siehe auch Gesetz über die Aufhebung der im Kampf für die nationale Erhebung erlittenen Dienststrafen und sonstigen Maßregelungen v. 23. 6. 1933 (RGBl. I S. 390) nebst Durchführungsverordnungen v. 25. 7. 1933 und 4. 11. 1933 (RGBl. I S. 535 und S. 810). Für Preußen siehe Ausführungsvorschrift v. 30. 12. 1933 (GS. 1934 S. 9).

schuldigt wird, findet ein förmliches Dienststrafverfahren nicht statt. Die Behörde, die nach § 29 zur Einleitung eines förmlichen Dienststrafverfahrens zuständig wäre, kann einen Beamten mit der Untersuchung beauftragen; dieser Beamte hat die Rechte und Pflichten eines Untersuchungsführers. Wird eine Untersuchung angeordnet, so gelten die Vorschriften der §§ 78 bis 82 sinngemäß.

Abschnitt IX.

Besondere Vorschriften.

1. Für richterliche Beamte.

§ 108.

Im förmlichen Dienststrafverfahren gegen richterliche Beamte gilt folgendes:

1. An Stelle der Einleitungsbehörde entscheidet die Dienststrafkammer auf Antrag oder nach Anhörung des Vertreters der Einleitungsbehörde über die vorläufige Dienstenthebung und über die Einbehaltung von Dienstbezügen sowie über die Aufhebung dieser Anordnungen. Gegen die Entscheidung der Dienststrafkammer ist die Beschwerde an das Dienststrafgericht des zweiten Rechtszuges zulässig.
2. Sämtliche Beisitzer der Dienststrafkammer und des Dienststrafgerichts des zweiten Rechtszuges müssen planmäßige richterliche Beamte der Verwaltungsgerichtsbarkeit oder der ordentlichen Gerichtsbarkeit sein.

2. Für Beamte der Reichsjustizverwaltung.

§ 109.

(1) Für das förmliche Dienststrafverfahren gegen Beamte der Reichsjustizverwaltung — mit Ausnahme der Mitglieder des Reichsgerichts — wegen Dienstvergehen, die in oder bei Ausübung der Rechtspflege begangen sind, gilt folgendes:

1. a) Dienststrafgericht des ersten Rechtszuges ist die Dienststrafkammer, die bei jedem Oberlandesgericht für seinen Bezirk errichtet wird. Sie entscheidet mit einem Vorsitzenden und zwei Beisitzern, von denen wenigstens einer ein im Bezirk des Oberlandesgerichts planmäßig angestellter Richter der ordentlichen Gerichtsbarkeit sein muß. Im Verfahren gegen einen Richter müssen beide Beisitzer solche Richter sein.
   b) Vorsitzender der Dienststrafkammer ist der Präsident des Oberlandesgerichts. In Fällen der Behinderung vertritt ihn sein

ständiger Vertreter. Ist auch der Vertreter behindert, so führt der dem Dienstalter nach, bei gleichem Dienstalter der dem Lebensalter nach älteste richterliche Beisitzer den Vorsitz.

2. a) Als Dienststrafgericht des zweiten Rechtszuges wird ein Dienststrafsenat beim Reichsgericht gebildet. Er entscheidet mit einem Vorsitzenden und vier Beisitzern, von denen wenigstens zwei planmäßig angestellte Richter der ordentlichen Gerichtsbarkeit sein müssen. Im Verfahren gegen einen Richter müssen sämtliche Beisitzer solche Richter sein.

b) Vorsitzender des Dienststrafsenats ist der Reichsgerichtspräsident. In Fällen der Behinderung vertritt ihn sein ständiger Vertreter. Ist auch dieser behindert, so führt der dem Dienstalter nach, bei gleichem Dienstalter der dem Lebensalter nach älteste richterliche Beisitzer den Vorsitz.

3. Die Mitglieder des Dienststrafsenats bestellt der Führer und Reichskanzler, die Mitglieder der Dienststrafkammern der Reichsminister der Justiz, soweit sie nicht durch Nr. 1b und 2b gesetzlich bestimmt sind, auf drei Jahre. § 36 Abs. 3 gilt sinngemäß.

4. Der Reichsminister der Justiz regelt den Geschäftsgang der Dienststrafkammern und des Dienststrafsenats[18]). Er übt für diese Gerichte die sonst dem Reichsminister des Innern zustehenden Befugnisse aus.

5. Die Aufgaben des Vertreters der Einleitungsbehörde werden von der Staatsanwaltschaft beim Oberlandesgericht, die Aufgaben des Vertreters der obersten Dienstbehörde von der Reichsanwaltschaft wahrgenommen.

(2) Die Einleitungsbehörde entscheidet, ob die Anschuldigung ein Dienstvergehen im Sinne des Abs. 1 Satz 1 betrifft. Liegt nach der Entscheidung der Einleitungsbehörde der Anschuldigung ein Sachverhalt zugrunde, der ganz oder auch nur zum Teil die Voraussetzung des Abs. 1 Satz 1 erfüllt, so sind die im Abs. 1 bezeichneten Dienststrafgerichte zuständig.

3. Für Mitglieder des Reichsgerichts, des Reichsverwaltungsgerichts, des Reichsfinanzhofs, des Reichserbhofgerichts und des Rechnungshofs des Deutschen Reichs.

§ 110.

(1) Für das förmliche Dienststrafverfahren gegen ein Mitglied des Reichsgerichts, des Reichsverwaltungsgerichts, des Reichsfinanzhofs, des Reichserbhofgerichts, ein hauptamtliches Mitglied des Volksgerichtshofs oder gegen ein nach § 121 Abs. 1 Satz 1 der Reichshaushaltsordnung unabhängiges Mitglied des Rechnungshofs des Deutschen Reichs wird ein beson-

---

[18]) Vgl. AV. v. 19. 6. 1937 (DJ. S. 954).

derer Dienststrafsenat beim Reichsgericht gebildet. Er entscheidet mit einem Vorsitzenden und sechs richterlichen Beisitzern.

(2) Vorsitzender ist der Reichsgerichtspräsident. Für seine Vertretung gilt § 109 Abs. 1 Nr. 2b.

(3) Von den richterlichen Beisitzern müssen je zwei als richterliche Beisitzer dem Reichsdienststrafhof und dem beim Reichsgericht nach § 109 Abs. 1 Nr. 2 gebildeten Dienststrafsenat angehören. Die übrigen beiden Beisitzer müssen Mitglieder der Behörde sein, der der Beschuldigte angehört.

(4) Die richterlichen Beisitzer werden vom Führer und Reichskanzler auf drei Jahre bestellt.

(5) Der Dienststrafsenat entscheidet endgültig.

(6) Die Aufgaben des Vertreters der Einleitungsbehörde werden von der Reichsanwaltschaft wahrgenommen.

4. Für Beamte der uniformierten staatlichen Vollzugspolizei.

§ 111.

Der Reichsminister des Innern bestimmt, welche Vorgesetzten der uniformierten staatlichen Vollzugspolizei als Dienstvorgesetzte im Sinne des § 24 Abs. 1, Abs. 2 Nr. 3 und Abs. 3 gelten, und regelt den Beschwerdezug. Er kann andere Formen der Verhängung und Vollstreckung von Dienststrafen, als in den §§ 25 und 102 vorgeschrieben, zulassen.

5. Für Beamte der Gemeinden, Gemeindeverbände, gemeindlichen Zweckverbände und der anderen Körperschaften, Anstalten und Stiftungen des öffentlichen Rechts[19]).

§ 112.

(1) Der Reichsminister des Innern gilt im Sinne dieses Gesetzes als oberste Dienstbehörde der Beamten der Gemeinden, Gemeindeverbände und gemeindlichen Zweckverbände; er kann seine Befugnisse auf nachgeordnete Behörden übertragen. Er bestimmt, wer als nachgeordnete Behörde, Dienstvorgesetzter und höherer Dienstvorgesetzter im Sinne dieses Gesetzes anzusehen ist[20]). Er kann die Zuständigkeit zur Verhängung von Warnungen, Verweisen und Geldbußen abweichend von den Vorschriften des § 24 regeln.

(2) Als Gemeindeverband im Sinne dieses Gesetzes gilt auch der Siedlungsverband Ruhrkohlenbezirk.

(3) Wer als oberste Dienstbehörde der an nichtstaatlichen öffentlichen

---

[19]) Hinsichtlich des Bereichs der Sozialverwaltung s. VO. des RAM. v. 16. 7. 1937 (RGBl. I S. 816); hinsichtlich des Bereichs des Reichserziehungsministeriums s. VO. des RMfWEuV. v. 28. 7. 1937 (RGBl. I S. 856).

[20]) Vgl. VO. zur RDStO. für die Kommunalbeamten v. 3. 7. 1937 (RGBl. I S. 730).

Schulen tätigen beamteten Lehrpersonen, die der staatlichen Bestätigung bedürfen, gilt, bestimmt der Reichsminister für Wissenschaft, Erziehung und Volksbildung im Einvernehmen mit dem Reichsminister des Innern[19]). Abs. 1 gilt sinngemäß.

(4) Für die Beamten der anderen Körperschaften, Anstalten und Stiftungen des öffentlichen Rechts gilt Abs. 1 sinngemäß. An die Stelle des Reichsministers des Innern tritt der für die Aufsicht über die Körperschaft, Anstalt oder Stiftung zuständige Reichsminister[19]); er trifft seine Anordnungen nach Abs. 1 Satz 1 zweiter Halbsatz, Satz 2 und 3 im Benehmen mit dem Reichsminister des Innern.

(5) Für die im Abs. 4 bezeichneten Körperschaften usw. gilt § 151 Abs. 6 des Deutschen Beamtengesetzes sinngemäß.

(6) Ist eines der Ämter im Sinne des § 30 Abs. 1 Satz 1 ein gemeindliches Ehrenamt und wird gegen den Beamten nur wegen eines in dem Ehrenamt oder im Zusammenhang mit diesem begangenen Dienstvergehens ein förmliches Dienststrafverfahren eingeleitet, so kann im Urteil die Wirkung der Entfernung aus dem Dienst auf das gemeindliche Ehrenamt und die in Verbindung mit ihm bekleideten Nebenämter beschränkt werden. Die Anordnung der vorläufigen Dienstenthebung (§§ 78, 80) kann entsprechend beschränkt werden.

6. Für Wehrmachtbeamte[21]).

§ 113.

(1) Für die Wehrmachtbeamten werden besondere Dienststrafgerichte gebildet. Das Nähere regelt der Reichskriegsminister im Benehmen mit dem Reichsminister des Innern und dem Reichsminister der Justiz[3]).

(2) Der Reichskriegsminister kann im Einvernehmen mit dem Reichsminister der Justiz bestimmen, welche Vorschriften der Militärstrafgerichtsordnung auf das Dienststrafverfahren gegen Wehrmachtbeamte anzuwenden sind[3]).

(3) Die Vorschriften des § 28 Satz 3, § 36 Abs. 3, § 58 Abs. 2 und § 60 Abs. 2 über die Beteiligung des Stellvertreters des Führers und der Nationalsozialistischen Deutschen Arbeiterpartei finden im Dienststrafverfahren gegen Wehrmachtbeamte keine Anwendung.

Abschnitt X.

Übergangs- und Schlußvorschriften.

§ 114.

Solange das Reichsverwaltungsgericht noch nicht besteht, wird der

[21]) Vgl. VO. über das Dienststrafverfahren gegen Wehrmachtbeamte v. 24. 6. 1934 (RGBl. I S. 722) und Geschäftsordnung für die Dienststrafgerichte der Wehrmacht v. 23. 6. 1937 (Mar.VOBl. S. 256).

Reichsdienststrafhof als selbständige Behörde mit dem Sitz in Berlin durch den Reichsminister des Innern errichtet; die im § 41 Abs. 3 bezeichneten Mitglieder müssen Mitglieder eines obersten Verwaltungsgerichts sein.

§ 115.

(1) Dieses Gesetz gilt ohne Rücksicht auf den Zeitpunkt, in dem das Dienstvergehen begangen ist; Dienstvergehen, die nach den bisherigen Vorschriften beim Inkrafttreten dieses Gesetzes verjährt sind, können jedoch nicht mehr verfolgt werden.

(2) Gegen einen Ruhestandsbeamten, der vor dem Inkrafttreten dieses Gesetzes in den Ruhestand getreten ist, kann ein Dienststrafverfahren nur eingeleitet werden wegen eines vor dem Eintritt in den Ruhestand begangenen Dienstvergehens, wenn dies nach den bisher für ihn geltenden Vorschriften zulässig war, wegen Annahme von Belohnungen oder Geschenken, wenn das Dienstvergehen (§ 22 Abs. 1 Satz 2 des Deutschen Beamtengesetzes) nach Inkrafttreten dieses Gesetzes begangen ist. Im übrigen ist die Einleitung eines Dienststrafverfahrens gegen ihn nach den Vorschriften dieses Gesetzes zulässig; dies gilt auch dann, wenn ein wegen derselben Tatsachen eingeleitetes früheres Dienststrafverfahren nur wegen Verfahrensmangels eingestellt worden war.

(3) Die nach § 4 des Gesetzes zur Wiederherstellung des Berufsbeamtentums entlassenen Beamten werden dienststrafrechtlich den Ruhestandsbeamten gleich behandelt.

§ 116.

Anhängige Dienststrafverfahren gehen mit dem Inkrafttreten dieses Gesetzes in der Lage, in der sie sich befinden, auf die nach diesem Gesetz zuständigen Behörden über; dies gilt nicht für die Dienststrafverfahren, die vor den Dienststrafkammern bei den Oberlandesgerichten und dem Dienststrafsenat beim Reichsgericht anhängig sind; diese gehen auf die im § 109 bezeichneten Dienststrafgerichte über. Maßnahmen, die nach den bisherigen Gesetzen getroffen worden sind, bleiben rechtswirksam.

§ 117.

(1) Dienststrafverfahren, die nach den bisherigen Gesetzen rechtskräftig entschieden sind, ohne daß danach ein Wiederaufnahmeverfahren zulässig war, können nur wiederaufgenommen werden, wenn das frühere Urteil nach dem 1. Januar 1930 rechtskräftig geworden ist.

(2) Anhängige Wiederaufnahmeverfahren, die nach diesem Gesetz unzulässig wären, sind einzustellen; die Kosten des Verfahrens trägt das Reich.

(3) Wenn das Dienststrafgericht, dessen Entscheidung im Wiederaufnahmeverfahren angefochten wird (§ 86 Abs. 2, § 87) oder das nach

§ 89 Abs. 2 für das weitere Verfahren zuständig wäre, nicht mehr besteht, tritt an seine Stelle der Reichsdienststrafhof. Er kann die Sache für das weitere Verfahren im Sinne des § 89 Abs. 2 an eine Dienststrafkammer verweisen.

§ 118.

§ 110 gilt auch für die richterlichen Mitglieder der obersten Verwaltungsgerichte der Länder und die unabhängigen Mitglieder der Preußischen Oberrechnungskammer.

§ 119.

Die auf Grund dieses Gesetzes ergehenden Entscheidungen der Dienstvorgesetzten und Dienststrafgerichte sind für die Beurteilung der vor einem Gericht geltend gemachten vermögensrechtlichen Ansprüche bindend.

§ 120.

(1) Der Reichsminister des Innern erläßt, soweit dieses Gesetz nichts anderes vorschreibt, die zu seiner Durchführung erforderlichen Rechts- und Verwaltungsvorschriften, erforderlichenfalls im Einvernehmen mit der zuständigen obersten Reichsbehörde.

(2) Die Durchführungsvorschriften bestimmen auch, welche Bezüge als Dienstbezüge im Sinne der §§ 6, 7 und 79 anzusehen sind.

§ 121.

(1) Dieses Gesetz tritt am 1. Juli 1937 in Kraft.

(2) Unberührt bleiben § 9 Abs. 4 des Bankgesetzes[22]), § 23 des Reichsbahngesetzes[23]) und § 5 des Reichsbahn-Personalgesetzes[23]).

(3) Im übrigen treten alle bisherigen Vorschriften außer Kraft, die das Dienststrafrecht gegenüber Beamten, auf die dieses Gesetz Anwendung findet, betreffen; die Amtszeit der Mitglieder der bisherigen Dienststrafgerichte des Reichs und der Länder endet.

(4) Soweit in Gesetzen, Verordnungen oder statutarischen Vorschriften auf die außer Kraft tretenden Vorschriften verwiesen wird, treten die entsprechenden Vorschriften dieses Gesetzes und die dazu erlassenen Durchführungsvorschriften an ihre Stelle.

(5) Soweit dieses Gesetz Vorschriften voraussetzt, die reichsgesetzlich noch nicht erlassen sind, sind die entsprechenden landesrechtlichen Vorschriften übergangsweise sinngemäß anzuwenden.

---

[22]) § 9 Abs. 4 des Bankgesetzes lautet:

(4) Verstöße gegen die vom Beamtenstatut festgesetzten Pflichten werden in dem für Reichsbeamte vorgesehenen Disziplinarverfahren nach Maßgabe der für Reichsbeamte geltenden dienststrafrechtlichen Vorschriften verfolgt. Hierbei übt der Präsident des Reichsbankdirektoriums die Befugnisse der obersten Reichsbehörde aus.

[23]) Vgl. Art. 2 des Ges. zur Neuregelung der Verhältnisse der Reichsbank und der Deutschen Reichsbahn v. 10. 2. 1937 (RGBl. II S. 47), wonach die Reichsbahnbeamten jetzt unmittelbare Reichsbeamte sind und die bisherigen gesetzlichen Vorschriften und Verwaltungsanordnungen der Deutschen Reichsbahn nur noch vorläufig weiter gelten.

II. Verordnung zur Durchführung der Reichsdienststrafordnung.

Vom 29. Juni 1937 (RGBl. I S. 690).

Auf Grund des § 120 der Reichsdienststrafordnung vom 26. Januar 1937 (Reichsgesetzbl. I S. 71) wird mit Wirkung vom 1. Juli 1937 folgendes verordnet:

Zu § 1.

Die für Ehrenbeamte (§ 149 DBG.) geltenden besonderen Vorschriften über die Verhängung von Bußen (z. B. §§ 23, 24 DGO.) und über das Ausscheiden (z. B. §§ 22, 45, 54 DGO.) bleiben unberührt. Für Personen, die, ohne in das Beamtenverhältnis berufen worden zu sein, ehrenamtlich tätig sind, gilt das Gesetz nicht.

Zu § 6.

1. Als Dienstbezüge im Sinne dieser Vorschrift sind nur anzusehen: das Grundgehalt — bei außerplanmäßigen Beamten die Diäten — oder die entsprechenden Bezüge, ruhegehaltfähige Zulagen, ruhegehaltfähige Gebühren oder Gebührenanteile, der örtliche Sonderzuschlag, der Wohnungsgeldzuschuß oder die entsprechenden Bezüge, bei Wartestandsbeamten das Wartegeld.
2. Höchstbetrag der Geldbuße ist die Summe der in Nr. 1 genannten, nach den Gehaltskürzungsverordnungen gekürzten Monatsbezüge.
3. Die Vorschrift des § 6 Satz 3 gilt nur für Beamte, die ausschließlich Gebühren beziehen. Bei diesen Beamten soll die Geldbuße die monatlichen Gesamtbezüge, die der Beamte im Durchschnitt der letzten sechs Monate vor Verhängung der Geldbuße oder, wenn sie durch Urteil verhängt wird, vor Einleitung des förmlichen Dienststrafverfahrens bezogen hat, nicht übersteigen.

Zu § 7.

1. Das zu § 6 unter Nr. 1 Gesagte gilt auch hier. Die Gehaltskürzung erstreckt sich auf alle Ämter, die der Bestrafte bei Rechtskraft des Urteils bekleidet.
2. Die bruchteilmäßige Verminderung wird an den nach den Gehaltskürzungsverordnungen gekürzten Dienstbezügen vorgenommen.
3. Bei Wartestands- und Ruhestandsbeamten beträgt die bruchteilmäßige Verminderung des Wartegeldes oder Ruhegehalts höchstens ein Fünftel des nach den Gehaltskürzungsverordnungen gekürzten Wartegeldes oder Ruhegehalts.

Zu § 8.

Dienstbezüge im Sinne dieser Vorschrift sind alle dem Beamten auf Grund seines Amtes zustehenden Bezüge.

Zu § 13.

Ein nach § 13 Abs. 3 gefaßter Beschluß ist nur dann „einstimmig", wenn die Zweifel der Mitglieder des Dienststrafgerichts an der Richtigkeit der strafgerichtlichen Tatsachenfeststellung sich übereinstimmend auf denselben Teil der tatsächlichen Feststellungen beziehen, welche die Entscheidung des Strafgerichts tragen; dies ist in den Urteilsgründen (§ 65) zum Ausdruck zu bringen.

Zu § 16.

1. Als „Verwaltungsbehörden" gelten auch die Behörden der Körperschaften, Anstalten und Stiftungen des öffentlichen Rechts oder deren Verwaltungsstellen (vgl. § 112 Abs. 5 RDStO. und § 151 Abs. 6 DBG.).
2. Die Befugnis des Dienstvorgesetzten, Beamte seiner Behörde oder einer ihm nachgeordneten oder seiner Aufsicht (auch Kommunalaufsicht) unterstehenden Behörde mit der (uneidlichen) Vernehmung zu beauftragen, bleibt unberührt.

Zu § 19.

1. Für Zustellung von Ladungen gilt folgendes:
   a) Stets zuzustellen sind:
      die Ladungen des Beschuldigten, seines Verteidigers und des Vertreters der Einleitungsbehörde zur Hauptverhandlung (§ 58 Abs. 3 und § 59 Abs. 2);
      die Ladungen der Zeugen und Sachverständigen im Verfahren vor der Dienststrafkammer (§ 58 Abs. 1 Satz 2 und § 61 Abs. 3) und dem Reichsdienststrafhof (§ 75) sowie im Wiederaufnahmeverfahren (§ 90 Abs. 2 und § 91 Abs. 2), und zwar unter Hinweis auf die gesetzlichen Folgen des Ausbleibens (vgl. §§ 48, 72 StPO.);
      die Anordnung des persönlichen Erscheinens des Beschuldigten nach § 59 Abs. 1 Satz 3.
   b) Von einer förmlichen Zustellung kann bei der Ladung der Zeugen und Sachverständigen in der Untersuchung (§ 46), des Beschuldigten nach §§ 47 und 49 und des Vertreters der Einleitungsbehörde nach § 50 abgesehen werden, wenn anderweitig Gewähr geboten ist, daß die Ladung den Empfänger erreicht. Dies gilt insbesondere für Ladungen zu einzelnen Terminen im Lauf einer sich über mehrere Tage erstreckenden Beweiserhebung.
   c) Ladungen, die nicht förmlich zugestellt werden, sind mündlich unter Aufnahme eines Aktenvermerks oder schriftlich zu übermitteln.

2. Als „Behörde" im Sinne des § 19 Abs. 1 Nr. 4 gilt auch der Vertreter der Einleitungsbehörde.

Zu § 24.

1. Wer oberste Dienstbehörde ist, ergibt sich aus § 2 Abs. 4 DBG. und den dazu erlassenen Durchführungsvorschriften.
2. Als oberste Dienstbehörde im Sinne des § 24 Abs. 2 Nr. 1 gilt auch der Präsident des Preußischen Oberverwaltungsgerichts und der Präsident der Preußischen Oberrechnungskammer.
3. Die oberste Dienstbehörde kann in Zweifelsfällen mit Zustimmung des Reichsministers des Innern bestimmen, welche Dienststellen nicht als der obersten Dienstbehörde unmittelbar nachgeordnete Dienstvorgesetzte im Sinne des § 24 Abs. 2 Nr. 2 anzusehen sind. Die preußischen Regierungspräsidenten sind dem Minister unmittelbar nachgeordnet.
4. Bekleidet ein Beamter mehrere Ämter (z. B. Hauptamt und Nebenamt, Ehrenamt neben dem Berufsamt), so kann der für jedes Amt zuständige Dienstvorgesetzte Dienststrafen im Rahmen seiner Befugnis verhängen, Geldbußen jedoch nur nach Maßgabe der Dienstbezüge aus diesem Amt. Der bestrafende Dienstvorgesetzte hat dem anderen Dienstvorgesetzten die Bestrafung mitzuteilen.
5. Bei Abordnung oder Beurlaubung eines Beamten zu einer anderen Behörde geht — anders als nach § 29 Abs. 2 Satz 2 — die Dienststrafbefugnis des § 24 für die während der Abordnung oder Beurlaubung begangenen Dienstvergehen auf den neuen Dienstvorgesetzten über, soweit dieser nicht ihre Ausübung dem anderen Dienstvorgesetzten überläßt.

Zu § 29.

1. Einleitungsbehörde im Sinne des § 29 Abs. 1 Satz 1 a ist
   a) für Beamte der zum unmittelbaren Geschäftsbereich des Preußischen Ministerpräsidenten gehörenden Verwaltungen und Betriebe der Preußische Ministerpräsident,
   b) für Beamte der zum Geschäftsbereich des Preußischen Finanzministers gehörenden Verwaltungen und Betriebe der Preußische Finanzminister,
   c) für Beamte der preußischen allgemeinen und inneren Verwaltung der Reichsminister des Innern,
   d) für sonstige preußische Landesbeamte der zuständige Reichsminister.
2. Als für die Dienstaufsicht zuständig im Sinne des § 29 Abs. 1 Satz 1 a gilt die oberste Reichsbehörde, die auf Grund des Erlasses des Führers und Reichskanzlers über die Ernennung der Beamten

und die Beendigung des Beamtenverhältnisses und der dazu erlassenen Ausführungsbestimmungen für die Vorlage der Ernennungsvorschläge an den Führer und Reichskanzler zuständig ist.

3. Einleitungsbehörden im Sinne des § 29 Abs. 1 Satz 1 b sind die nach den in Nr. 2 genannten Vorschriften für die Ernennung zuständigen Behörden oder, soweit sie die Ausübung des Ernennungsrechts auf andere Behörden weiterübertragen haben, diese Behörden.
4. Die Befugnis der Einleitungsbehörde im Sinne des § 29 Abs. 1 Satz 2 umfaßt sämtliche der Einleitungsbehörde nach dem Gesetz zustehenden Anordnungen. Die oberste Reichsbehörde kann sich jedoch die Bestellung des Untersuchungsführers sowie des Vertreters der Einleitungsbehörde (§ 44 Abs. 2) für bestimmte, ihrer Aufsicht unterstehende Gruppen von Beamten allgemein vorbehalten, unter Belassung der übrigen Befugnisse bei der Einleitungsbehörde. Die Vorschrift des § 29 Abs. 1 Satz 2 gilt auch für die in Nr. 1 a und 1 b genannten preußischen Behörden.
5. Wird die Zuständigkeit der nach § 29 Abs. 1 zuständigen Behörde als Ernennungs- oder Dienstaufsichtsbehörde durch Gesetz, Verordnung oder Erlaß des Führers und Reichskanzlers geändert, so ändert sich auch ihre Zuständigkeit als Einleitungsbehörde.

Zu den §§ 32 bis 40.

1. Sitz und Bezirk der Dienststrafkammern ergeben sich aus der Anlage dieser Verordnung. Die dienstliche Aufsicht über die Geschäftsführung der Dienststrafkammern führen:
   a) soweit die Kammern ihren Sitz in Preußen und Bayern haben, der Regierungspräsident am Sitz der Kammer, in Berlin der Präsident der Bau- und Finanzdirektion,
   b) über die Dienststrafkammer Dresden: der Reichsstatthalter (Landesregierung) in Sachsen in Dresden,
   c) über die Dienststrafkammer Stuttgart: der Württembergische Ministerpräsident,
   d) über die Dienststrafkammer Karlsruhe: der Badische Minister des Innern,
   e) über die Dienststrafkammer Jena: der Thüringische Minister des Innern,
   f) über die Dienststrafkammer Darmstadt: der Reichsstatthalter (Landesregierung) in Hessen in Darmstadt,
   g) über die Dienststrafkammer Schwerin: das Mecklenburgische Staatsministerium,

h) über die Dienststrafkammer Oldenburg: der Oldenburgische Minister des Innern,

i) über die Dienststrafkammer Hamburg: der Reichsstatthalter (Landesregierung) in Hamburg,

k) über die Dienststrafkammer Saarbrücken: der Reichskommissar für das Saarland.

In zweiter und letzter Stufe steht die Aufsicht dem Reichsminister des Innern zu.

2. Der Vorsitzende der Dienststrafkammer bestimmt die Reihenfolge, in der seine Stellvertreter ihn im Fall seiner Verhinderung vertreten. Sind mehrere Abteilungen gebildet, so regelt er den Vorsitz in diesen.

3. Der Vorsitzende verteilt die Geschäfte. Als Berichterstatter (§ 61 Abs. 1) sind in erster Linie die hauptamtlich ernannten rechtskundigen Beisitzer heranzuziehen.

4. Der Vorsitzende stellt zu Beginn des Kalenderjahres die Reihenfolge der Teilnahme der nicht hauptamtlichen rechtskundigen Beisitzer und der anderen Beisitzer an den Sitzungen nach der Reihenfolge der vom Reichsminister des Innern mitgeteilten Ernennungsliste fest; Mitglieder, die während der Amtszeit (§ 36) neu ernannt werden, sind der Liste anzufügen. Bei der Heranziehung der Beisitzer zu den einzelnen Sitzungen ist von der festgestellten Reihenfolge auszugehen, mit der Maßgabe des § 37, 2. Halbsatz, daß einer der Beisitzer der Laufbahn und möglichst dem Verwaltungszweig des Beschuldigten angehören soll. Hierbei gelten als „Laufbahn" die Laufbahngruppen des höheren, des gehobenen mittleren, des einfachen mittleren und des unteren Dienstes, als „Verwaltungszweig" die allgemeine und innere Verwaltung, die Polizeiverwaltung, die Verwaltung der Gemeinden und Gemeindeverbände und die den Fachministerien unterstehenden Fachverwaltungen.

5. Bei Vertagung der Hauptverhandlung oder Zurückverweisung der Sache (§ 73 Abs. 1 Nr. 3) soll die Dienststrafkammer in der gleichen Besetzung entscheiden wie in der ersten Verhandlung.

6. Wartestandsbeamte können nicht Mitglied der Dienststrafkammer sein (vgl. § 40 Abs. 1 Nr. 3).

7. Als zum höheren Verwaltungsdienst befähigt im Sinne des § 35 Abs. 4 gilt, wer nach der Verordnung über die Ausbildung für den höheren Dienst in der allgemeinen und inneren Verwaltung vom 29. Juni 1937 (Reichsgesetzbl. I S. 666) ausgebildet und geprüft ist oder nach den bisherigen landesrechtlichen Vorschriften die Befähigung zum höheren Verwaltungsdienst besitzt.

8. Die Mitglieder der Dienststrafkammer erhalten für die in Ausübung dieser Tätigkeit unternommenen Reisen die Reisekostenvergütungen, die ihnen nach dem Gesetz über Reisekostenvergütung der Beamten vom 15. Dezember 1933 (Reichsgesetzbl. I S. 1067) in der Fassung vom 4. Mai 1937 (Reichsgesetzbl. I S. 575)[1]) zustehen.
9. Als Ausscheiden aus dem Hauptamt im Sinne des § 40 Abs. 1 Nr. 4 gilt es, wenn der Beamte, auch ohne den unmittelbaren Dienstherrn zu wechseln, in eine höhere Laufbahn oder in einen anderen Verwaltungszweig (vgl. oben Nr. 4) versetzt wird, dagegen nicht, wenn er innerhalb des Bezirks der Dienststrafkammer an eine andere Behörde desselben Verwaltungszweiges versetzt oder in derselben Laufbahn befördert wird.
10. Die Aufgaben der Geschäftsstelle der Dienststrafkammer werden von der Geschäftsstelle des Verwaltungsgerichts, bei dem die Dienststrafkammer gebildet ist, wahrgenommen.
11. Die Dienststrafkammern führen als Dienstsiegel das kleine Reichssiegel nach dem Erlaß über die Reichssiegel vom 16. März 1937 (Reichsgesetzbl. I S. 307) mit der Umschrift „Dienststrafkammer X (Name des Ortes)".
12. Die Entscheidungen, Ersuchen usw. der Dienststrafkammer ergehen unter der Behördenbezeichnung „Dienststrafkammer X (Name des Ortes)". Die Überschrift der Urteile lautet: „Im Namen des Deutschen Volkes". Die Ausfertigungen und Auszüge der Urteile und Beschlüsse erteilt die Geschäftsstelle der Dienststrafkammer unter Beidrückung des Dienstsiegels (oben Nr. 11) mit dem Vermerk:

„Ausgefertigt
Ort, Datum
Geschäftsstelle
Unterschrift".

Zu § 50.

Der Vertreter der Einleitungsbehörde ist auch zur Vernehmung des Beschuldigten (§ 47) zu laden.

Zu § 52.

Die Folgen nach § 52 Abs. 1 Nr. 4 treten auch ein, wenn ein Ruhestandsbeamter das Reichsbürgerrecht (im Sinne der DurchfVO. zu § 51 DBG.) verliert.

Zu § 58.

Im Falle des Absatzes 2 ist dem Stellvertreter des Führers mit der

[1]) Abgedr. S. 396 ff.

Abschrift der Ladung auch eine Abschrift der Anschuldigungsschrift zu übersenden.

Zu § 64.

1. Der Unterhaltsbeitrag ist aus dem nach den Gehaltskürzungsverordnungen gekürzten Ruhegehalt zu berechnen. Bei nach § 4 BBG.[2]) entlassenen Beamten ist von den nach §§ 4, 8 BBG. zustehenden Bezügen auszugehen.
2. Bei Anwendung der §§ 127, 129 DBG. nach § 64 Abs. 4 Satz 2 sind die ruhegehaltfähigen Dienstbezüge (§ 127 Abs. 1) und der unter Zugrundelegung der gesamten ruhegehaltfähigen Dienstzeit sich ergebende Betrag (§ 129) um den Betrag zu kürzen, um den der Unterhaltsbeitrag hinter dem Ruhegehalt, aus dem er errechnet ist, zurückbleibt.

Zu § 78.

Wird die vorläufige Dienstenthebung gleichzeitig mit der Einleitung verfügt, so wird sie mit Zustellung der Einleitungsverfügung wirksam (vgl. § 28). Wird sie später verfügt, so ist die Verfügung dem Beamten schriftlich mitzuteilen und wird mit dem Zugang wirksam.

Zu § 79.

1. Als Dienstbezüge im Sinne dieser Vorschrift sind die zu § 6 unter Nr. 1 genannten, nach den Gehaltskürzungsverordnungen gekürzten Bezüge aus allen Ämtern, auf die sich die Einbehaltung nach § 80 Abs. 2 erstreckt, anzusehen.
2. Für die Einbehaltung eines Teils des Wartegeldes oder Ruhegehalts gilt Nr. 1 sinngemäß. Bei nach § 4 BBG. entlassenen Beamten (vgl. § 115 Abs. 3) ist von den nach §§ 4, 8 BBG. zustehenden Bezügen auszugehen.
3. Die Einbehaltung beginnt bei der nächsten Zahlung der Dienst- oder Versorgungsbezüge nach dem Zeitpunkt, in dem die Anordnung der zahlenden Kasse zugegangen ist. Im Fall des § 106 wird die Anordnung in dem Zeitpunkt wirksam, in dem der Beamte nach Feststellung des Dienstvorgesetzten seine Amtsgeschäfte aufgenommen hätte, wenn er hieran nicht durch die vorläufige Dienstenthebung gehindert worden wäre; für die tageweise Berechnung der Bezüge gilt Nr. 91 der Reichsbesoldungsvorschriften[3]).

Zu § 96.

Die Dienststrafkammer ist auch zuständig, wenn der Reichsdienststraf-

[2]) Gesetz zur Wiederherstellung des Berufsbeamtentums v. 7. 4. 1933 (RGBl. I S. 175).
[3]) Abgedr. S. 345.

hof den Unterhaltsbeitrag bewilligt hatte. Gegen ihren Beschluß ist Beschwerde nach § 66 zulässig.

Zu den §§ 97 bis 99.

1. Gebühren werden nicht erhoben.
2. Zu den Kosten im Sinne der §§ 97 bis 101 gehören:
   Schreibgebühren für auf Antrag erteilte Ausfertigungen und Abschriften (25 Rpf. für jede angefangene Seite, die 28 Zeilen von durchschnittlich 15 Silben enthält);
   Postgebühren
   a) für Übersendung der auf Antrag erteilten Ausfertigungen und Abschriften,
   b) für Ladungen von Zeugen und Sachverständigen;
   Telegrammgebühren, Fernsprechgebühren im Fernverkehr;
   die durch Einrückung in öffentliche Blätter entstehenden Kosten;
   die an Zeugen und Sachverständige zu zahlenden Gebühren;
   die in der Untersuchung entstandenen Tagegelder und Reisekosten des Untersuchungsführers, des Vertreters der Einleitungsbehörde und des Schriftführers;
   die Kosten für die Unterbringung und Untersuchung des Beschuldigten in einer öffentlichen Heil- und Pflegeanstalt;
   die baren Auslagen des dem Beschuldigten im Falle des § 48 Abs. 1 bestellten Verteidigers.
3. Die entstandenen Kosten sind, gegebenenfalls mit Abschriften der Berechnungen, in den Vorermittlungs- und Untersuchungsakten zu vermerken.
4. Die Verwaltungskosten der Dienststrafgerichte, insbesondere Reisekosten- und Tagegelder der Mitglieder und die durch die Teilnahme des Vertreters der Einleitungsbehörde (obersten Dienstbehörde) an der Hauptverhandlung entstehenden Kosten, gehören nicht zu den Kosten des Dienststrafverfahrens im Sinne der §§ 97 bis 101.

Zu § 100.

1. Dem Beschuldigten können nur tatsächlich entstandene Auslagen erstattet werden, nicht Verdienstausfälle und dergleichen. Zu den notwendigen Auslagen gehören auch Reisekosten des Beschuldigten und von ihm gezahlte Zeugengebühren.
2. Die Dienststrafkammer entscheidet nur über die im ersten Rechtszug entstandenen Auslagen. Ob auch die im Berufungsverfahren entstandenen Auslagen zu erstatten sind, entscheidet der Reichsdienststrafhof; trifft er keine Entscheidung, so hat der Beschuldigte keinen Anspruch auf Erstattung dieser Auslagen.

3. Als Kosten der Verteidigung sind nur die dem Verteidiger nach der Gebührenordnung für Rechtsanwälte zustehenden Sätze anzusehen[*]), darüber hinaus vereinbarte Honorare sind nicht zu erstatten.

Zu § 102.

1. Das Beamtenverhältnis endet mit der Rechtskraft des Urteils; dies gilt auch für die Berechnung der Dienstzeit. Die Zahlung der Dienst- und Versorgungsbezüge ist jedoch erst mit dem Ende des Monats, in dem das auf Entfernung aus dem Dienst oder Aberkennung des Ruhegehalts lautende Urteil rechtskräftig wird, einzustellen; Bezüge, die für den folgenden Monat bereits gezahlt sind, sind wieder einzuziehen oder auf einen etwaigen Unterhaltsbeitrag (vgl. § 64 Abs. 3) anzurechnen.
2. Mit der Vollstreckung der Gehaltskürzung (Kürzung des Ruhegehalts) ist in der Regel bei der auf den Eintritt der Rechtskraft des Urteils folgenden Zahlung der Dienst- und Versorgungsbezüge zu beginnen.
3. Die Vollstreckung der Geldbuße (§ 102 Abs. 3 Satz 1) wird nicht dadurch gehindert, daß der Bestrafte nach ihrer Verhängung in den Ruhestand tritt. Endet das Beamtenverhältnis auf andere Weise (vgl. § 50 DBG.), so ist die Geldbuße nicht zu vollstrecken.
4. Bei Beamten, die Gebühren beziehen (§ 102 Abs. 3 Satz 2), wird die Kürzung nach einem monatlichen Pauschalbetrag berechnet, der sich aus dem Durchschnitt der Gesamtbezüge (Gebühren und etwaigen sonstigen Dienstbezüge) der letzten sechs Monate vor Einleitung des förmlichen Dienststrafverfahrens ergibt. Für die Beitreibung gilt § 103.

Zu § 103.

1. Die dem Beschuldigten auferlegten Kosten des Dienststrafverfahrens können von einem nach § 64 bewilligten Unterhaltsbeitrag abgezogen werden.
2. Im übrigen werden Geldbeträge, soweit nicht nach § 97 Abs. 1 Satz 2, § 101 Abs. 2 Satz 3, § 102 Abs. 4 oder § 82 Abs. 2 Satz 2 verfahren werden kann, im Verwaltungszwangsverfahren beigetrieben.

Zu § 108.

Richterliche Beamte sind diejenigen Beamten, die in ihrem Hauptamt eine richterliche Tätigkeit ausüben, für die gesetzlich die Unabhängigkeit gewährleistet ist.

---

[*]) Vgl. §§ 63 ff. in Verb. mit § 91 Abs. 1 Nr. 3 Geb.O. für RA. in der Fassung der Bek. v. 5. 7. 1927 (RGBl. I S. 162).

Zu § 112 Abs. 4.

1. Für Beamte der Körperschaften, Anstalten und Stiftungen des öffentlichen Rechts, die der Aufsicht des
   a) Preußischen Ministerpräsidenten,
   b) Preußischen Finanzministers

   unterstehen, tritt an die Stelle des Reichsministers des Innern zu
   a) der Preußische Ministerpräsident,
   b) der Preußische Finanzminister.
2. Der für die Aufsicht zuständige Reichsminister kann seine Befugnisse als oberste Dienstbehörde auch auf die oberste Dienstbehörde einer seiner Aufsicht unterstehenden Körperschaft übertragen.

Zu § 114.

Präsident des Reichsdienststrafhofs ist, sofern der Führer und Reichskanzler nichts anderes bestimmt, der jeweilige Präsident des Reichsverwaltungsgerichts und, solange dieses noch nicht besteht, der jeweilige Präsident des Preußischen Oberverwaltungsgerichts.

Ist die Stelle des Präsidenten des Reichsverwaltungsgerichts oder des Preußischen Oberverwaltungsgerichts nicht besetzt, so führt der jeweilige Vertreter des Präsidenten des Reichsverwaltungsgerichts oder Preußischen Oberverwaltungsgerichts (Vizepräsident) als Stellvertreter des Präsidenten des Reichsdienststrafhofs dessen Geschäfte.

Zu § 116.

1. Die nach bisherigem Recht erfolgte Bestellung eines Beamten als Untersuchungsführer oder als Anklagevertreter bleibt in den beim Inkrafttreten des Gesetzes anhängigen Verfahren solange rechtswirksam, als der Beamte nicht von der nach der RDStO. zuständigen Einleitungsbehörde von diesem Amt abberufen wird.
2. Zu den Maßnahmen, die rechtswirksam bleiben, gehört auch eine nach bisherigem Recht kraft Gesetzes eingetretene vorläufige Dienstenthebung und Gehaltseinbehaltung; für ihre Beendigung gelten §§ 81 und 82.
3. Gegenüber Entscheidungen, die vor dem 1. Juli 1937 ergangen sind, verbleibt es bei den Rechtsmittelfristen des bisherigen Rechts.

Zu § 121.

1. Die Militärrichterdienststrafordnung vom 14. März 1934 (Reichsgesetzbl. I S. 207) tritt außer Kraft.
2. Die auf Wehrmachtbeamte anwendbaren Vorschriften der Disziplinarstrafordnungen der Wehrmachtteile bleiben unberührt[5]).

---

[5]) Vgl. z. B. §§ 24 ff. der Disziplinarstrafordnung für das Heer v. 18. 5. 1926 (RGBl. II S. 265).

3. Soweit nach bisherigem Landesrecht Beamte mit Dienstentlassung („Enthebung vom Amte") unter Belassung eines Teils der Dienstbezüge als „Wartegeld" bestraft worden sind, gilt dieses Wartegeld als auf Lebenszeit bewilligter Unterhaltsbeitrag im Sinne des § 64; das Beamtenverhältnis des Bestraften endet spätestens mit Wirkung vom 1. Juli 1937.

Anlage.

Verzeichnis der Dienststrafkammern.

1. Dienststrafkammer Berlin
   bei dem Bezirksverwaltungsgericht,
   für die Reichshauptstadt,
2. Dienststrafkammer Königsberg
   bei dem Bezirksverwaltungsgericht,
   für die Provinz Ostpreußen,
3. Dienststrafkammer Frankfurt (Oder)
   bei dem Bezirksverwaltungsgericht,
   für die Provinzen Brandenburg und Grenzmark Posen-Westpreußen,
4. Dienststrafkammer Stettin
   bei dem Bezirksverwaltungsgericht,
   für die Provinz Pommern,
5. Dienststrafkammer Breslau
   bei dem Bezirksverwaltungsgericht,
   für die Provinzen Niederschlesien und Oberschlesien,
6. Dienststrafkammer Schleswig
   bei dem Bezirksverwaltungsgericht,
   für die Provinz Schleswig-Holstein,
7. Dienststrafkammer Magdeburg
   bei dem Bezirksverwaltungsgericht,
   für die Regierungsbezirke Magdeburg und Merseburg und das Land Anhalt,
8. Dienststrafkammer Hannover
   bei dem Bezirksverwaltungsgericht,
   für die Regierungsbezirke Hannover, Hildesheim, Lüneburg und die Länder Braunschweig und Schaumburg-Lippe,
9. Dienststrafkammer Münster
   bei dem Bezirksverwaltungsgericht,
   für die Regierungsbezirke Münster, Minden und Osnabrück und das Land Lippe,

10. Dienststrafkammer Dortmund
bei dem Oberversicherungsamt,
für den Regierungsbezirk Arnsberg,

11. Dienststrafkammer Düsseldorf
bei dem Bezirksverwaltungsgericht,
für den Regierungsbezirk Düsseldorf,

12. Dienststrafkammer Köln
bei dem Bezirksverwaltungsgericht,
für die Regierungsbezirke Köln und Aachen,

13. Dienststrafkammer Koblenz
bei dem Bezirksverwaltungsgericht,
für die Regierungsbezirke Koblenz und Trier,

14. Dienststrafkammer Kassel
bei dem Bezirksverwaltungsgericht,
für die Regierungsbezirke Kassel und Wiesbaden,

15. Dienststrafkammer München
bei der Regierung (verwaltungsrechtl. Senat),
für die Regierungsbezirke Oberbayern, Niederbayern und Oberpfalz, Schwaben und Neuburg,

16. Dienststrafkammer Ansbach
bei der Regierung (verwaltungsrechtl. Senat),
für die Regierungsbezirke Ober- und Mittelfranken, Unterfranken und Aschaffenburg,

17. Dienststrafkammer Dresden
bei dem Oberverwaltungsgericht,
für das Land Sachsen,

18. Dienststrafkammer Stuttgart
bei dem Verwaltungsgerichtshof,
für das Land Württemberg und den preußischen Regierungsbezirk Sigmaringen,

19. Dienststrafkammer Karlsruhe
bei dem Verwaltungsgerichtshof,
für das Land Baden,

20. Dienststrafkammer Jena
bei dem Oberverwaltungsgericht,
für das Land Thüringen und den preußischen Regierungsbezirk Erfurt,

21. Dienststrafkammer Darmstadt
bei dem Verwaltungsgerichtshof,
für das Land Hessen,

22. Dienststrafkammer Schwerin
bei dem Landesverwaltungsgericht,
für das Land Mecklenburg,

23. Dienststrafkammer Oldenburg
bei dem Oberverwaltungsgericht,
für das Land Oldenburg, die Freie Hansestadt Bremen und die preußischen Regierungsbezirke Aurich und Stade,

24. Dienststrafkammer Hamburg
bei dem Oberverwaltungsgericht,
für die Hansestadt Hamburg,

25. Dienststrafkammer Saarbrücken
bei dem Bezirksverwaltungsgericht,
für das Saarland und den bayerischen Regierungsbezirk Pfalz.

III. Durchführungsverordnung zur Reichsdienststrafordnung für die Kommunalbeamten (Beamten der Gemeinden, der Gemeindeverbände und der gemeindlichen Zweckverbände).

Vom 3. Juli 1937 (RGBl. I S. 730).

Auf Grund des § 120 der Reichsdienststrafordnung vom 26. Januar 1937 (Reichsgesetzbl. I S. 71) wird folgendes verordnet:

§ 1.

(1) Zu Warnungen und Verweisen gegen die ihnen nachgeordneten Beamten sind befugt

1. die Bürgermeister (Oberbürgermeister),
2. die Bezirksbürgermeister der Reichshauptstadt Berlin,
3. die Leiter der Gemeindeverbände (Oberpräsident — Verwaltung des Provinzialverbandes — Verbandsdirektor, Landrat, Amtsbürgermeister und die ihnen gleichstehenden Beamten),
4. die Amtsvorsteher in den preußischen Amtsbezirken,
5. die Leiter von Zweckverbänden.

(2) Zu Warnungen und Verweisen sind auch befugt

1. die Vorsteher der Anstalten von Provinzialverbänden und der ihnen gleichstehenden Gemeindeverbände gegen die ihnen nachgeordneten Anstaltsbeamten,
2. die Stadtpolizeidirektoren und die ihnen entsprechenden Polizeioffiziere, ferner die Hauptleute, Oberleutnante, Polizeioberinspektoren und Polizeikommissare, soweit sie leitende Offiziere (Polizeivollzugsbeamte im Polizeioffiziersrang) oder Reviervorsteher sind,

gegen die ihnen unterstellten Polizeivollzugsbeamten; bei Abordnung eines gemeindlichen Polizeivollzugsbeamten geht die Dienststrafbefugnis auf den entsprechenden Dienstvorgesetzten der neuen Dienststelle über, soweit nicht die abordnende Dienststelle etwas anderes bestimmt.

(3) Warnungen und Verweise gegen alle Beamten der Gemeinden, der Gemeindeverbände und der gemeindlichen Zweckverbände sowie gegen die Amtsvorsteher in den preußischen Amtsbezirken können ferner durch die Aufsichtsbehörden verhängt werden.

§ 2.

(1) Geldbußen bis zu einem Viertel des zulässigen Höchstbetrags können verhängen

1. die Bürgermeister kreisangehöriger Gemeinden im Sinne der Deutschen Gemeindeordnung,
2. die Bezirksbürgermeister der Reichshauptstadt Berlin,
3. die Amtsbürgermeister,
4. die Amtsvorsteher in den preußischen Amtsbezirken,
5. die Leiter von Zweckverbänden, denen ausschließlich kreisangehörige Gemeinden und engere Gemeindeverbände angehören,

gegen die ihnen nachgeordneten Beamten,

6. die Stadtpolizeidirektoren und die ihnen entsprechenden Polizeioffiziere gegen die ihnen unterstellten Polizeivollzugsbeamten; bei Abordnung eines gemeindlichen Polizeivollzugsbeamten geht die Dienststrafbefugnis auf den entsprechenden Dienstvorgesetzten der neuen Dienststelle über, soweit nicht die abordnende Dienststelle etwas anderes bestimmt.

(2) Geldbußen bis zum zulässigen Höchstbetrag (§ 6 RDStO.) können verhängen

1. die Aufsichtsbehörden gegen alle Beamten der Gemeinden, Gemeindeverbände und gemeindlichen Zweckverbände und gegen die Amtsvorsteher in den preußischen Amtsbezirken,
2. die Oberbürgermeister in Stadtkreisen im Sinne der Deutschen Gemeindeordnung, die Leiter der Gemeindeverbände (Oberpräsident — Verwaltung des Provinzialverbandes — Verbandsdirektor, Landrat und die ihnen gleichstehenden Beamten) und die Leiter von Zweckverbänden, denen nicht ausschließlich kreisangehörige Gemeinden und engere Gemeindeverbände angehören, gegen die ihnen nachgeordneten Beamten.

§ 3.

(1) Gegen Dienststrafverfügungen, durch die Warnungen, Verweise und Geldbußen verhängt werden, steht dem Beschuldigten die Beschwerde an die Aufsichtsbehörde zu; hat eine Aufsichtsbehörde die Dienststrafverfügung erlassen, so ist die Beschwerde an die nächsthöhere Aufsichtsbehörde zulässig.

(2) Hat der Bezirksbürgermeister, der Vorsteher der Anstalt eines Provinzialverbandes oder eines ihm gleichstehenden Gemeindeverbandes oder ein nach § 1 Abs. 2 Nr. 2 oder nach § 2 Abs. 1 Nr. 6 dieser Verordnung zuständiger Polizeioffizier oder Polizeivollzugsbeamter im Polizeioffiziersrang die Dienststrafverfügung erlassen, so findet die Beschwerde an den Leiter der Gemeinde (des Gemeindeverbandes) statt; gegen seine Entscheidung ist die weitere Beschwerde an die Aufsichtsbehörde zulässig.

(3) Die Entscheidung der Aufsichtsbehörde, in dem Falle des Absatzes 1 zweiter Halbsatz der nächsthöheren Aufsichtsbehörde, ist endgültig.

§ 4.

Einleitungsbehörden sind

1. die Aufsichtsbehörden der Gemeinden, Gemeindeverbände und gemeindlichen Zweckverbände
   a) für alle Beamten, die keinen Dienstvorgesetzten haben (§ 151 Abs. 2 DBG.),
   b) für die Beigeordneten in Stadtkreisen im Sinne der Deutschen Gemeindeordnung, für die Gemeinderäte und, soweit sie Beamte sind, die Beiräte und für die Beamten der kreisangehörigen Gemeinden im Sinne der Deutschen Gemeindeordnung,
   c) für die Landeshauptleute, die Landesräte und die ihnen gleichstehenden Beamten, für die Mitglieder der Selbstverwaltungskörper der Gemeindeverbände und der gemeindlichen Zweckverbände, soweit sie Beamte sind, sowie für die Beamten der preußischen Ämter und Amtsbezirke,
   d) für die Beamten der gemeindlichen Zweckverbände, soweit ihnen ausschließlich kreisangehörige Gemeinden und engere Gemeindeverbände angehören;
2. im übrigen die Oberbürgermeister in Stadtkreisen im Sinne der Deutschen Gemeindeordnung, die Leiter der Gemeindeverbände (Oberpräsident — Verwaltung des Provinzialverbandes — Verbandsdirektor, Landrat und die ihnen gleichstehenden Beamten) und die Leiter von Zweckverbänden, denen nicht ausschließlich kreisangehörige Gemeinden und engere Gemeindeverbände angehören; die Aufsichtsbehörde kann sie anweisen und auch selbst das Dienststrafverfahren einleiten.

§ 5.

(1) Die Befugnisse der obersten Dienstbehörde werden für die Beamten der Gemeinden, der Gemeindeverbände und der gemeindlichen Zweckverbände

1. in den Fällen des § 21 Abs. 4, des § 52 Abs. 1 Nr. 5 und des § 64 Abs. 2 dem letzten Dienstvorgesetzten, soweit ein solcher nicht vorhanden ist (§ 151 Abs. 2 DBG.), dem Nachfolger im Amte,
2. in den Fällen des § 96 der Aufsichtsbehörde

übertragen.

(2) Dienstvorgesetzter im Sinne der Reichsdienststrafordnung ist für die Beamten der Gemeinden, der Gemeindeverbände und der gemeindlichen Zweckverbände in den Fällen des § 21 Abs. 1 und 3, des § 22 Abs. 1, des § 23, des § 102 Abs. 3, des § 105 Abs. 1 und des § 106 der Dienstvorgesetzte nach § 2 Abs. 5 des Deutschen Beamtengesetzes; hat ein Beamter keinen Dienstvorgesetzten (§ 151 Abs. 2 DBG.), so ist die Aufsichtsbehörde Dienstvorgesetzter.

(3) Höherer Dienstvorgesetzter im Sinne der Reichsdienststrafordnung ist für die Beamten der Gemeinden, Gemeindeverbände und gemeindlichen Zweckverbände

1. in den Fällen des § 22 Abs. 2 und des § 23 die Aufsichtsbehörde; hat ein Beamter keinen Dienstvorgesetzten (§ 151 Abs. 2 DBG.), so ist höherer Dienstvorgesetzter die nächsthöhere Aufsichtsbehörde;
2. in den Fällen des § 27 die für die Entscheidung über die Beschwerde nach § 3 dieser Verordnung zuständige Behörde;
3. in den Fällen des § 52 Abs. 2 die Aufsichtsbehörde, wenn sie selbst Einleitungsbehörde ist, die nächsthöhere Aufsichtsbehörde.

§ 6.

Für die Beamten der Körperschaften, Anstalten und Stiftungen des öffentlichen Rechts, die der Aufsicht des Reichsministers des Innern oder der Innenminister der Länder unterstehen, gelten die Vorschriften der §§ 1 bis 5 dieser Verordnung sinngemäß. Die zuständige oberste Landesbehörde trifft durch Verordnung die näheren Bestimmungen.

§ 7.

Die zuständige oberste Landesbehörde benennt, soweit erforderlich, die Leiter der Gemeindeverbände, die gleichstehenden Gemeindeverbände und die gleichstehenden Beamten im Sinne dieser Verordnung.

IV. Verordnung über das Dienststrafverfahren gegen Wehrmachtbeamte.

Vom 24. Juni 1937 (RGBl. I S. 722).

Auf Grund des § 113 der Reichsdienststrafordnung vom 26. Januar 1937 (Reichsgesetzbl. I S. 71) wird im Benehmen mit dem Reichsminister des Innern und dem Reichsminister der Justiz für das Dienststrafverfahren gegen Wehrmachtbeamte verordnet, daß die Reichsdienststrafordnung mit folgender Maßgabe anzuwenden ist:

I.

Zu § 16

Um die eidliche Vernehmung von Zeugen und Sachverständigen ist in erster Linie das militärische Gericht zu ersuchen, in dessen Bezirk die Amtshandlung vorgenommen werden soll.

Zu § 20

(1) Zur Ergänzung der Reichsdienststrafordnung sind die Vorschriften der Militärstrafgerichtsordnung und ihres Einführungsgesetzes anzuwenden, soweit nicht die Eigenart des Dienststrafverfahrens entgegensteht.

(2) Im Fall des § 242 Abs. 2 der Militärstrafgerichtsordnung ist der nächste Disziplinarvorgesetzte zuständig.

Zu § 29

Einleitungsbehörde ist für alle Wehrmachtbeamten der Reichskriegsminister. Die Bearbeitung erfolgt durch die Wehmachtteile.

II.

Zu § 31

Dienststrafgerichte der Wehrmacht sind die Wehrmachtdienststrafkammern und der Wehrmachtdienststrafhof.

Zu § 32

Wehrmachtdienststrafkammern werden bei den Oberstkriegsgerichtsräten der Dienstaufsichtsbezirke der Wehrmachtteile (Heer, Kriegsmarine, Luftwaffe) gebildet.

Zu § 33

Für Wehrmachtbeamte, deren dienstlicher Wohnsitz im Ausland liegt, ist die Wehrmachtdienststrafkammer 1 zuständig.

Es ist zuständig die Wehrmachtdienststrafkammer bei dem Oberstkriegsgerichtsrat	als Wehrmachtdienststrafkammer	für die Wehrmachtbeamten mit dienstlichem Wohnsitz im Wehrkreis
des Dienstaufsichtsbezirks 1 (Heer)	1	III und VIII
des Dienstaufsichtsbezirks 2 (Heer)	2	V „ IX
des Dienstaufsichtsbezirks 3 (Heer)	3	IV „ VII
der Kriegsmarine	4	X „ XI
der Luftwaffe in Berlin	5	I „ II
der Luftwaffe in Münster	6	VI „ XII

Zu § 35

(1) Der Vorsitzende der Wehrmachtdienststrafkammer ist der Oberstkriegsgerichtsrat; seine Stellvertreter sind Oberkriegsgerichtsräte seines Dienstaufsichtsbezirks.

(2) Die Beisitzer müssen aktive Wehrmachtbeamte sein und sollen dem Wehrmachtteil des Beschuldigten angehören.

(3) Die Befähigung zum höheren Verwaltungsdienst besitzt, wer die laufbahnmäßig vorgeschriebene große Staatsprüfung für den höheren Verwaltungsdienst (Regierungsassessor, Intendanturassessor) abgelegt hat.

Zu § 36

Die Mitglieder der Wehrmachtdienststrafkammern, mit Ausnahme des Vorsitzenden, bestellt der Reichskriegsminister auf Vorschlag der Wehrmachtteile auf drei Jahre.

Zu § 37

Ist der Beschuldigte ein Wehrmachtjustizbeamter und handelt es sich um ein Dienstvergehen, das in oder bei Ausübung der Rechtspflege begangen ist, so ist der rechtskundige Beisitzer ein richterlicher Wehrmachtjustizbeamter.

Zu § 41

(1) Der Wehrmachtdienststrafhof wird beim Reichskriegsgericht gebildet und besteht aus einem Präsidenten, seinen Stellvertretern, richterlichen und anderen Beisitzern.

(2) Der Präsident, seine Stellvertreter und die richterlichen Beisitzer müssen richterliche Beamte des Reichskriegsgerichts, sämtliche Mitglieder aktive Wehrmachtbeamte sein. Die nichtrichterlichen Beisitzer sollen dem Wehrmachtteil des Beschuldigten angehören.

Zu § 44

Zum Untersuchungsführer und zum Vertreter der Einleitungsbehörde sollen nur rechtskundige Beamte (§ 35 Abs. 4) bestellt werden.

Zu § 60

An die Stelle des Reichsministers der Innern tritt der Reichskriegsminister.

Zu § 103

Für die Beitreibung von Geldbeträgen sind die Bestimmungen der Strafvollstreckungsvorschrift (§§ 142 bis 145) für die Wehrmacht vom 27. Oktober 1933 (Reichsgesetzbl. II S. 979) in der Fassung vom 5. Oktober 1935 (Reichsgesetzbl. II S. 745) entsprechend anzuwenden.

Zu § 108 Nr. 2

Sämtliche Beisitzer der Wehrmachtdienststrafkammer und des Wehrmachtdienststrafhofes des zweiten Rechtszuges müssen richterliche Wehrmachtjustizbeamte sein.

III.

(1) Für das förmliche Dienststrafverfahren gegen einen Wehrmachtbeamten im Generalsrang oder einen Feldbischof ist der Wehrmachtdienststrafhof in einer Besetzung mit sieben Mitgliedern (Beamte im Generalsrang), einschließlich des Vorsitzenden, zuständig. Drei Mitglieder müssen richterliche Beamte des Reichskriegsgerichts, zwei weitere Mitglieder rechtskundig sein.

(2) Der Wehrmachtdienststrafhof entscheidet endgültig.

V. Erlaß des Führers und Reichskanzlers über die Ausübung des Gnadenrechts [1]).

Vom 1. Februar 1935 (RGBl. I S. 74). (Auszug.)

Auf Grund des § 8 des Reichsstatthaltergesetzes vom 30. Januar 1935 (Reichsgesetzbl. I S. 65) bestimme ich über die Ausübung des Gnadenrechts in Strafsachen und Dienststrafsachen unter Aufhebung der Erlasse vom 3. und 7. Februar, 21. März, 16. April und 24. Oktober 1934 (Reichsgesetzbl. I S. 82, 87, 211, 338, 1069) was folgt:

I. Ich behalte mir vor

1. die Entschließung über die Ausübung des Begnadigungsrechts

c) bei Strafen gegen Soldaten und Wehrmachtsbeamte, wenn auf Freiheitsstrafe von mehr als sechs Monaten erkannt ist,

---

[1]) Vgl. auch die weiteren in Anm. 49 zu § 54 DBG. angeführten Erlasse.

d) bei anderen Strafen, wenn ich den Vorbehalt allgemein oder im Einzelfall ausspreche,

2. die Niederschlagung von Strafverfahren, die zur Zuständigkeit der Gerichte gehören, und von Dienststrafverfahren, die bei Dienststrafgerichten bereits anhängig sind.

II. Im übrigen übertrage ich mit dem Rechte der Weiterübertragung die Befugnis zu Gnadenerweisen und ablehnenden Entschließungen in Gnadensachen:

1. für die zur Zuständigkeit der Gerichte gehörigen Sachen, soweit es sich nicht um die nachstehend genannten Fälle handelt, dem Reichsminister der Justiz,

2. für die zur Zuständigkeit der Militärgerichte gehörigen Sachen einschließlich der Strafen, die gegen Soldaten und Wehrmachtsbeamte vor dem Inkrafttreten der Militärstrafgerichtsordnung von allgemeinen Gerichten verhängt worden sind, dem Reichswehrminister,

7. für Dienststrafsachen und für Amts- und Ruhegehaltsverlust, der auf einem Strafurteil beruht,

a) für die unmittelbaren Reichsbeamten den zuständigen Obersten Reichsbehörden,

b) für die unmittelbaren Landesbeamten
in Preußen dem Ministerpräsidenten,
in den übrigen Ländern den Reichsstatthaltern, soweit sich nicht der zuständige Reichsminister im Einvernehmen mit dem Reichsminister des Innern für bestimmte Fälle die Entschließung über die Ausübung des Gnadenrechts vorbehält,

c) für die Beamten der Gemeinden und Gemeindeverbände dem Reichsminister des Innern,

d) für die übrigen Beamten den für die Dienstaufsicht zuständigen Reichsministern.

Die Übertragung nach Nr. 7a gilt nicht für die Aufhebung eines auf Dienstentlassung lautenden Disziplinarurteils, für die Zuerkennung eines im Disziplinarurteil nicht ausgesprochenen Teilruhegehalts, für die Erhöhung eines zugebilligten Teilruhegehalts und für die Beseitigung der beamtenrechtlichen Folgen einer strafgerichtlichen Verurteilung.

III. Die Vorbereitung der mir nach I vorbehaltenen Entschließungen und die Ausführung des Erlasses im übrigen liegt den unter II zur Ausübung von Gnadenbefugnissen ermächtigten Behörden ob.

VI. Anordnung des Reichsministers des Innern über die Ausübung des Gnadenrechts in Dienststrafsachen.

Vom 21. Februar 1935 (RGBl. I S. 213) (Auszug).

III. Mir, dem Reichs- und Preußischen Minister des Innern, steht für Dienststrafsachen und für Amts- und Ruhegehaltsverlust, der auf einem Strafurteil beruht, zu

a) die Befugnis zu Gnadenerweisen, soweit sich nicht der Führer und Reichskanzler und der Preußische Ministerpräsident dieses Recht vorbehalten haben (I und II),

b) die Befugnis zu ablehnenden Entschließungen

1. für die mir unterstehenden unmittelbaren Reichsbeamten,
2. für die mir unterstehenden preußischen unmittelbaren Landesbeamten,
3. für alle — auch die nichtpreußischen — Beamten der Gemeinden und Gemeindeverbände.

Soweit sich nach I und II der Führer und Reichskanzler und der Preußische Ministerpräsident die Befugnis zu Gnadenerweisen vorbehalten haben, ist auch in den Fällen, in denen ein Gnadenerweis für Beamte meines Geschäftsbereichs befürwortet wird, zunächst an mich zu berichten.

IV. Auf Grund der Nr. II 7b des Erlasses des Führers und Reichskanzlers vom 1. Februar 1935 behalte ich mir ferner vor

für die unmittelbaren Landesbeamten der außerpreußischen Länder

1. die Aufhebung eines auf Dienstentlassung lautenden Disziplinarurteils,
2. die Beseitigung der beamtenrechtlichen Folgen einer strafgerichtlichen Verurteilung.

Im übrigen verbleibt die Ausübung des Gnadenrechts gegenüber unmittelbaren Landesbeamten den Reichsstatthaltern; sie vollziehen die Begnadigung „namens des Führers und Reichskanzlers".

V. Unberührt bleiben die reichs- und landesrechtlichen Vorschriften über

1. die Einstellung von förmlichen Disziplinarverfahren durch die obersten Dienstbehörden (z. B. §§ 98, 101 des Reichsbeamtengesetzes, § 41 der Preußischen Beamtendienststrafordnung); diese Einstellung fällt nicht unter den Begriff der Niederschlagung im Sinne von I;
2. die Befugnis der Dienstvorgesetzten oder der höheren Behörden, eine im nichtförmlichen Verfahren verhängte Dienststrafe aufzuheben (z. B. § 19 der Preußischen Beamtendienststrafordnung).

VII. Erlaß des Preußischen Ministerpräsidenten über die Ausübung des Gnadenrechts.

Vom 6. Februar 1935 (GS. S. 13).

Durch den Erlaß des Führers und Reichskanzlers vom 1. Februar 1935 (Reichsgesetzbl. I S. 74) ist mir mit dem Rechte der Weiterübertragung die Ausübung des Gnadenrechts in Dienststrafsachen und bei Amts- und Ruhegehaltsverlust, der auf einem Strafurteile beruht, für die unmittelbaren Landesbeamten übertragen worden.

Ich behalte mir vor:

1. die Aufhebung eines auf Dienstentlassung lautenden Dienststrafurteils;
2. die Beseitigung der beamtenrechtlichen Folgen einer strafgerichtlichen Verurteilung.

Im übrigen übertrage ich die Ausübung des Gnadenrechts in Dienststrafsachen auf die Fachminister, die zur Weiterübertragung ermächtigt sind. Wenn die Staatskasse durch den Gnadenerweis belastet wird, ist der Finanzminister zu beteiligen.

Für die in Gnadensachen bisher getroffenen Entscheidungen der Fachminister oder nachgeordneter Stellen, die sich im Rahmen der früheren Zuständigkeiten gehalten haben, gelten die Ermächtigungen des Erlasses sinngemäß als erteilt.

VIII. Gesetz über das Verfahren für die Erstattung von Fehlbeständen an öffentlichem Vermögen (Erstattungsgesetz[1]).

Vom 18. April 1937 (RGBl. I S. 461).

§ 1.

(1) Gegen einen Beamten, Angestellten und Arbeiter im Dienste des Reichs und anderer Körperschaften, Anstalten und Stiftungen des öffentlichen Rechts sowie gegen einen Soldaten, der infolge schuldhaften Verhaltens für einen Fehlbestand am öffentlichen Vermögen seiner Verwaltung haftet, ist ein Erstattungsverfahren durchzuführen, und zwar auch dann, wenn sein Dienstverhältnis beendet ist.

(2) Als Fehlbestand im Sinne des Absatzes 1 gelten nur

1. ein infolge schuldhafter Verletzung von Dienstpflichten verursachter kassen- oder bestandsmäßiger sowie ein infolge fehlerhafter Rechnungsweise oder unterlassener oder unzureichender rechnerischer Nachprüfung verursachter Verlust,

[1]) Begründung RA. Nr. 94. DBC. v. 29. 6. 1937 — RGBl. I S. 723 — (abgedr. S. 539ff.); Ausf. Anw. für die Gemeinden usw. v. 3. 11. 1937 (RMBliV. S. 1729); AV. des RJM. v. 6. 7. 1937 (DJ. S. 1027); Ausf.Best. des RPM. (PostABl. S. 423); Anordnung des RPM. v. 21. 8. 1937 (RMBliV. S. 1557); Allg. Ausf.Anordnung des RMdF. v. 13. 8. 1937 (RHuBB. S. 275).

2. ein infolge vorsätzlicher strafbarer Handlung verursachter Vermögensschaden.

(3) zum öffentlichen Vermögen im Sinne des Absatzes 1 gehören nicht nur das bei einer Verwaltungsstelle des Reichs und anderer Körperschaften, Anstalten und Stiftungen des öffentlichen Rechts verwaltete oder verwahrte öffentliche und private Vermögen, sondern auch öffentliche und private Vermögenswerte, die einem der im Abs. 1 Genannten, auch ohne buchmäßig erfaßt zu sein, dienstlich anvertraut sind, und für deren Verlust sein Dienstherr haftet.

§ 2.

(1) Ein Erstattungsverfahren kann auch gegen diejenigen Personen durchgeführt werden, die außer den im § 1 Abs. 1 Genannten für den Fehlbestand aus irgendeinem Rechtsgrunde haften oder im Falle des Todes der im § 1 Abs. 1 Genannten an deren Stelle als Erben haften.

(2) Sind Erben nicht bekannt, haben sie die Erbschaft noch nicht angenommen oder ist ungewiß, ob sie die Erbschaft angenommen haben, so hat das Nachlaßgericht zur Durchführung eines Erstattungsverfahrens auf Antrag der für die Durchführung zuständigen Verwaltungsstelle (§ 3) einen Nachlaßpfleger zu bestellen.

§ 3.

Das Erstattungsverfahren wird von der Verwaltungsstelle durchgeführt, bei der der Fehlbestand entstanden ist. Die oberste Dienstbehörde kann durch allgemeine Anordnung sowohl für die Einleitung wie für die Weiterführung des Erstattungsverfahrens eine andere Verwaltungsstelle bestimmen. Die Anordnung ist im Ministerialblatt des Reichsministeriums des Innern bekanntzugeben.

§ 4.

(1) Besteht Gefahr, daß der Erstattungspflichtige (§ 1 Abs. 1, § 2) die Erstattung des Fehlbestandes vereitelt oder wesentlich erschwert, so kann die von der obersten Dienstbehörde bestimmte Stelle, unbeschadet des Aufrechnungs- oder Zurückbehaltungsrechts an den Bezügen, Vermögensgegenstände des Erstattungspflichtigen in dem erforderlichen Umfange, vorläufig beschlagnahmen.

(2) Die Beschlagnahme ist aufzuheben, soweit ihre Voraussetzungen weggefallen sind, soweit auf Grund eines Erstattungsbeschlusses (§ 5) gepfändet wird, oder wenn seit ihrer Vornahme vier Wochen vergangen sind, ohne daß ein Erstattungsbeschluß erlassen ist.

§ 5.

(1) Nach Feststellung des Sachverhalts erläßt die für die Durchführung des Erstattungsverfahrens zuständige Verwaltungsstelle einen Erstattungs-

beschluß. Vor Erlaß des Beschlusses soll der Erstattungspflichtige gehört werden. Der Beschluß muß enthalten:

1. die Namen der Erstattungspflichtigen,
2. den herauszugebenden Gegenstand oder den zu erstattenden Geldbetrag einschließlich der Zinsen und der Auslagen des Verfahrens,
3. die Bezeichnung der Stelle, an die zu leisten ist,
4. den Ausspruch der Vollstreckbarkeit,
5. den Geldbetrag, durch dessen Hinterlegung oder sonstige Sicherstellung die Vollstreckung abgewendet werden kann,
6. eine Belehrung über die Rechtsbehelfe (§ 8),
7. den Tatbestand und die Gründe.

(2) Ist der Fehlbestand oder die Erstattungspflicht noch nicht in vollem Umfange festgestellt, so können Teilerstattungsbeschlüsse erlassen werden.

(3) Der Beschluß wird mit der Zustellung an den Erstattungspflichtigen vollstreckbar. Ist ein nach § 1 Abs. 1 Erstattungspflichtiger nach der Zustellung, aber vor der Vollstreckung des Beschlusses gestorben, so ist der Beschluß den nach § 2 erstattungspflichtigen Erben nebst einem Ergänzungsbeschluß, aus dem sich Grund und Umfang ihrer Inanspruchnahme ergeben, nochmals zuzustellen.

(4) Als Erben in Anspruch Genommene können in jeder Lage des Erstattungsverfahrens die Beschränkung ihrer Haftung geltend machen.

(5) Die oberste Dienstbehörde kann jederzeit die Abänderung, Ergänzung oder Aufhebung des Beschlusses anordnen; sie kann ihre Befugnis auf andere Stellen übertragen.

§ 6.

(1) Von einem Erstattungsbeschluß ist abzusehen, wenn der Fehlbestand

1. ersetzt ist oder
2. den Wert von einhundert Reichsmark nicht übersteigt, es sei denn, daß aus besonderen Gründen das Erstattungsverfahren durchgeführt werden soll; der Reichsminister der Finanzen kann diese Summe unter besonderen Verhältnissen erhöhen.

(2) Von einem Erstattungsbeschluß kann abgesehen werden,

1. wenn der Fehlbestand nur infolge leichter Fahrlässigkeit verursacht ist oder
2. wenn der Erstattungspflichtige schriftlich erklärt, daß er sich zum Ersatz des Fehlbestandes verpflichte und der sofortigen Zwangsvollstreckung unterwerfe; die Unterwerfungserklärung ist von der nach § 4 Abs. 1 bestimmten Stelle zu beglaubigen.

§ 7.

Aus dem Erstattungsbeschluß und der Unterwerfungserklärung findet die Vollstreckung im Verwaltungswege statt. Die Vollstreckungsbehörde wird von der zuständigen obersten Dienstbehörde bestimmt; wenn die Vollstreckungsbehörde einer anderen obersten Dienstbehörde unterstellt ist, bedarf es deren Zustimmung.

§ 8.

(1) Der Erstattungspflichtige kann Einwendungen gegen seine Erstattungspflicht durch Klage vor den Verwaltungsgerichten geltend machen. Für die Klage ist das Verwaltungsgericht zuständig, in dessen Bezirk die zur Vertretung der Verwaltung befugte Verwaltungsstelle ihren Sitz hat. Für die Entscheidung im letzten Rechtszuge ist das Reichsverwaltungsgericht zuständig.

(2) Die Verwaltung wird durch die oberste Dienstbehörde vertreten. Besteht die Verwaltung nicht mehr und ist eine Rechtsnachfolgerin nicht bestimmt, so tritt an ihre Stelle der Reichsminister der Finanzen. Die oberste Dienstbehörde kann die Vertretung durch eine allgemeine Anordnung anderen Verwaltungsstellen übertragen[2]). Die Anordnung ist im Ministerialblatt des Reichsministeriums des Innern bekanntzugeben.

(3) Die Klage muß, wenn eine oberste Dienstbehörde den Erstattungsbeschluß erlassen hat, bei Verlust des Klagerechts innerhalb von drei Monaten nach Zustellung des Beschlusses erhoben werden. Ist der Beschluß von einer nachgeordneten Verwaltungsstelle erlassen worden, so tritt der Verlust des Klagerechts ein, wenn der Erstattungspflichtige nicht innerhalb eines Monats nach Zustellung des Beschlusses bei dieser oder der nächsthöheren Verwaltungsstelle schriftlich Beschwerde eingelegt oder nicht innerhalb von drei Monaten nach Zustellung des die Beschwerde ablehnenden Bescheides die Klage erhoben hat; ergeht auf eine Beschwerde kein Bescheid, so gilt sie nach Ablauf von sechs Monaten seit ihrem Eingang als abgewiesen.

(4) Ist die Klage erhoben, so kann das Gericht auf Antrag des Klägers die Vollstreckung des Beschlusses gegen oder ohne Sicherheitsleistung einstweilen einstellen.

(5) Ist der Kläger nach Feststellung des Gerichts zur Erstattung des Fehlbestandes verpflichtet, so ist die Klage auch dann abzuweisen, wenn die Verpflichtung auf anderen als den im Beschluß angegebenen Tatsachen und Rechtsgründen beruht.

§ 9.

(1) Wird, weil keine Erstattungspflicht besteht, im Falle des § 4 von einem Erstattungsbeschluß abgesehen, ein Erstattungsbeschluß ganz oder zum

---

[2]) Vgl. hinsichtlich der Reichsjustizverwaltung Anordnung des RJM. v. 22. 6. 1937 (RMBl.iV. S. 1045). Vgl. auch Anm. 1.

Teil aufgehoben oder die Vollstreckung durch Gerichtsurteil ganz oder zum Teil für unzulässig erklärt, so kann der Erstattungspflichtige Ersatz des Vermögensschadens verlangen, der ihm durch Sicherungs- oder Vollstreckungsmaßnahmen oder durch eine zur Abwendung der Vollstreckung notwendige Leistung entstanden ist. Der Anspruch kann nur innerhalb einer Ausschlußfrist von sechs Monaten bei der für die Durchführung des Erstattungsverfahrens zuständigen Stelle geltend gemacht werden. Die Frist beginnt, wenn es nur zu Sicherungsmaßnahmen gekommen ist, mit deren Aufhebung, wenn ein Erstattungsbeschluß ganz oder zum Teil aufgehoben worden ist, mit der Aufhebung, im übrigen mit der Rechtskraft des Urteils. Für die Verfolgung des Anspruchs im Klagewege gilt § 8 Abs. 1 bis 3 mit der Maßgabe, daß an die Stelle des Erstattungsbeschlusses der den Schadensersatzanspruch ablehnende Bescheid tritt; ist der Bescheid innerhalb von sechs Monaten seit Geltendmachung des Anspruchs nicht erteilt, so gilt der Anspruch als abgelehnt.

(2) Abs. 1 gilt nicht, soweit der Erstattungspflichtige den ihm entstandenen Schaden dadurch mit verursacht hat, daß er es vorsätzlich oder fahrlässig unterließ, die seine Erstattungspflicht ausschließenden oder beschränkenden Tatsachen rechtzeitig vorzubringen oder von den zulässigen Rechtsbehelfen rechtzeitig Gebrauch zu machen.

§ 10.

Ein Erstattungsverfahren kann gegen die im § 1 Abs. 1, § 2 Genannten auch durchgeführt werden, um amtliche Schriftstücke, Zeichnungen, bildliche Darstellungen und dergleichen sowie Aufzeichnungen über dienstliche Vorgänge zu erlangen, zu deren Herausgabe eine Verpflichtung besteht[3]). Dasselbe gilt für Wiedergaben vorbezeichneter Schriftstücke usw. § 5 Abs. 1 Nr. 5 gilt in diesen Fällen nicht.

§ 11.

In dem Erstattungsverfahren und dem Verfahren nach § 6 Abs. 2 Nr. 2 werden die baren Auslagen erhoben. Gebühren kommen nicht in Ansatz.

§ 12.

Ist der Dienstherr eines Erstattungspflichtigen eine der staatlichen Aufsicht unterstellte Körperschaft, Anstalt oder Stiftung des öffentlichen Rechts, so gilt als oberste Dienstbehörde im Sinne dieser Vorschriften die oberste Aufsichtsbehörde.

§ 13.

Die Vorschriften des § 8 Abs. 1 über die Zuständigkeit der Verwaltungsgerichte treten erst mit der Errichtung des Reichsverwaltungsgerichts in

---

[3]) Vgl. § 8 Abs. 4 DBG.

Kraft; bis dahin entscheiden die bisher für die Verfolgung des Erstattungsanspruchs zuständigen Gerichte.

§ 14.

Die Reichsbank sowie die öffentlich-rechtlichen Religionsgesellschaften und deren Verbände sind ermächtigt, diesem Gesetz entsprechende Vorschriften zu erlassen. Die Vorschriften der §§ 8, 13 über den Rechtsweg wegen vermögensrechtlicher Ansprüche gelten für sie.

§ 15.

Die einschlägigen Vorschriften für die Nationalsozialistische Deutsche Arbeiterpartei als Körperschaft des öffentlichen Rechts erläßt der Führer.

§ 16.

Die zur Durchführung dieses Gesetzes erforderlichen Rechts- und Verwaltungsvorschriften erläßt der Reichsminister der Finanzen.

§ 17.

(1) Dieses Gesetz tritt am 1. Juli 1937 in Kraft. In demselben Zeitpunkt treten die für das Reich und andere Körperschaften, Anstalten und Stiftungen des öffentlichen Rechts bisher geltenden Vorschriften über Erstattungsverfahren (Defektenverfahren) außer Kraft.

(2) Die Vollstreckbarkeit und die Anfechtung von Erstattungsbeschlüssen, die vor dem Inkrafttreten dieses Gesetzes ergangen sind, regeln sich nach den bisherigen Vorschriften.

IX. Durchführungsverordnung zum Erstattungsgesetz [1]).

Vom 29. Juni 1937 (RGBl. I S. 723).

Auf Grund des § 16 des Gesetzes über das Verfahren für die Erstattung von Fehlbeständen an öffentlichem Vermögen vom 18. April 1937 — Erstattungsgesetz — (Reichsgesetzbl. I S. 461) wird verordnet:

A. Allgemein.

1. Ergibt sich bei einer mit der Verwaltung oder Verwahrung öffentlichen Vermögens betrauten Stelle ein Verlust oder Vermögensschaden, so ist von der zuständigen Dienststelle unverzüglich sein Umfang, die Höhe seines Geldwertes, seine Ursache und der tatsächliche oder vermutliche Zeitpunkt seines Entstehens zu ermitteln.

---

1) Vgl. AV. des RJM. v. 6. 7. 1937 (DJ. S. 1027); Ausf.Best. des RPM. (PostABl. S. 423); Allg. Ausf. Anordnung des RMdF. v. 13. 8. 1937 (RHuBB. S. 275).

2. Es ist ferner zu ermitteln, wer für den Verlust oder Vermögensschaden haftet. Die Haftung richtet sich bei Beamten nach den Vorschriften des Deutschen Beamtengesetzes, bei Soldaten sowie Angestellten und Arbeitern im öffentlichen Dienst nach allgemeinem Recht; im Falle der Schädigung eines Dritten bei Ausübung öffentlicher Gewalt gilt außerdem für die Rückgriffshaftung der Soldaten das Gesetz über die Rückgriffshaftung vom 7. April 1937 (Reichsgesetzbl. I S. 443), und für die Rückgriffshaftung der Angestellten und Arbeiter der § 23 Abs. 4 des Deutschen Beamtengesetzes.
3. Die Ermittlungen, insbesondere die Aussagen der gehörten Personen, sind schriftlich festzulegen.
4. Ist ein Erstattungspflichtiger ermittelt, so ist zu entscheiden, ob ein Erstattungsverfahren durchzuführen ist. Die Verwaltungsstelle wird ein Erstattungsverfahren nur durchführen, wenn sie sich nach pflichtmäßiger und erschöpfender Prüfung die volle Überzeugung von dem Grunde der Haftung und der Person des Erstattungspflichtigen verschafft hat; das setzt voraus, daß die Ermittlungen sorgfältig geführt sind, daß dabei Vorgänge, Bücher, Belege, Prüfungsberichte usw. eingesehen und die beteiligten Personen und etwaigen Zeugen gehört sind. Wird kein Erstattungsverfahren durchgeführt, so ist nach den allgemeinen Vorschriften (Reichshaushaltsordnung, Reichswirtschaftsbestimmungen, Kassenordnungen und dergleichen) zu verfahren.
5. Das Erstattungsgesetz betrifft nur die vermögensrechtlichen Folgen, die sich aus dem Vorhandensein eines Fehlbestandes ergeben. Es ist eine verfahrensmäßige Ergänzung des Haushaltsrechts. Insoweit tritt es neben die grundsätzlich stets zulässige Verfolgung des Ersatzanspruchs im Wege der Klage. Das Erstattungsverfahren hat keinen dienststrafrechtlichen oder strafrechtlichen Charakter; von der Durchführung eines Dienststraf- oder Strafverfahrens ist es deshalb nicht abhängig.

B. Im besonderen.

Zu § 1.

1. Ein „kassen- oder bestandsmäßiger Verlust“ (Abs. 2 Nr. 1) liegt vor, wenn der vorhandene Bestand hinter dem Sollbestande zurückbleibt. Im Erstattungsverfahren können dafür die mit der Verwaltung und Verwahrung des Bestandes beauftragten Personen (Kassenbeamte, Lagerverwalter) in Anspruch genommen werden.
2. Unter „fehlerhafter Rechnungsweise“ (Abs. 2 Nr. 1) ist ein Rechnen mit falschen Ansätzen und Formeln sowie eine falsche Ausrechnung zu verstehen. Zu „rechnerischer Nachprüfung“ gehört auch die Ver-

gleichung von Maßansätzen und Einheitspreisen mit den Zeichnungen, Verträgen, Preisverzeichnissen und sonstigen Unterlagen. Verluste, die durch irrtümliche Auslegung und Anwendung von Gesetzen, Vertragsklauseln und dergleichen entstanden sind, fallen nicht darunter.

Zu § 2.

Neben den nach § 1 des Gesetzes in erster Linie Erstattungspflichtigen können auch andere Personen im Erstattungsverfahren in Anspruch genommen werden, die aus den verschiedensten Rechtsgründen haften, z. B. aus einer gemeinsam begangenen unerlaubten Handlung oder aus ungerechtfertigter Bereicherung.

Zu § 4.

1. Soweit die vorläufige Beschlagnahme einer anderen Stelle als der für die Durchführung des Erstattungsverfahrens zuständigen Verwaltungsstelle übertragen werden soll, ist jene Stelle ebenso bekanntzugeben, wie eine Anordnung nach § 3.
2. Die Beschlagnahme wird durch besonderen Beschluß angeordnet. Soweit es sich um einen Geldanspruch handelt, ist in dem Beschluß ein Geldbetrag zu bestimmen, durch dessen Hinterlegung oder sonstige Sicherstellung die Vollziehung abgewendet werden kann.
3. Die Vollziehung des Beschlusses bestimmt sich nach den Vorschriften der Zivilprozeßordnung über die Vollziehung eines Arrestes oder einer einstweiligen Verfügung. Soweit jedoch für bestimmte Verwaltungen reichs- oder landesgesetzliche Sondervorschriften über die Einziehung von Forderungen oder die Erfassung von Sachen bestehen, wie Vorschriften über das Verwaltungszwangsverfahren, können nach Anordnung der obersten Dienstbehörde auch diese angewendet werden.

Zu § 5.

1. Die Zustellung des Erstattungsbeschlusses (Abs. 3) ist entsprechend den Vorschriften in § 19 Abs. 1, 2, 4 der Reichsdienststrafordnung zu bewirken. Ob Abschriften des Beschlusses an die oberste Dienstbehörde oder an andere Dienststellen einzureichen sind, regelt die oberste Dienstbehörde.
2. Die oberste Dienstbehörde kann zu Abs. 5 auch anordnen, daß der Erstattungsbeschluß vor seiner Zustellung ihrer Bestätigung oder der Bestätigung einer anderen Verwaltungsstelle bedarf.

Zu § 6.

Abs. 1 Nr. 1 hat nicht zur Voraussetzung, daß der Fehlbestand von dem Erstattungspflichtigen selbst ersetzt ist; der Ersatz kann auch von einem Dritten geleistet sein.

Zu § 7.

Die oberste Dienstbehörde kann anordnen, daß die Vollstreckung des Erstattungsbeschlusses ihrer Genehmigung oder der Genehmigung einer anderen Verwaltungsstelle bedarf.

Zu § 8.

1. Die Klage ist gegen die Verwaltung zu richten, in deren Geschäftsbereich der Erstattungsbeschluß erlassen ist.
2. Gegen einen von einer nachgeordneten Verwaltungsstelle erlassenen Erstattungsbeschluß kann nur Klage erhoben werden, wenn gegen ihn innerhalb eines Monats nach seiner Zustellung Beschwerde (Abs. 3 Satz 2) eingelegt worden ist. Ist vor der Entscheidung über die Beschwerde Klage erhoben, so ist das gerichtliche Verfahren bis zur Entscheidung über die Beschwerde auszusetzen. Der Tag des Eingangs der Beschwerde ist dem Erstattungspflichtigen schriftlich mitzuteilen.

Zu § 11.

1. Die baren Auslagen umfassen die baren Aufwendungen, die bei den Ermittlungen und bei der Durchführung des Erstattungsverfahrens entstanden sind.
2. Die Vorschrift des § 11 bezieht sich nicht auf die Kosten der Vollstreckung; für diese sind die Vorschriften maßgeblich, nach denen die Vollstreckung erfolgt.

Zu § 12.

Wer im Sinne des Erstattungsgesetzes sonst als oberste Dienstbehörde zu gelten hat, richtet sich nach § 2 Abs. 4 des Deutschen Beamtengesetzes.

Zu § 17.

Auf Grund von Fehlbeständen, die vor dem 1. Juli 1937 entstanden sind, braucht ein Erstattungsverfahren nach dem Erstattungsgesetz nur durchgeführt zu werden, wenn der Erstattungsanspruch nach den bisher geltenden Vorschriften im Erstattungsverfahren (Defektenverfahren) hätte geltend gemacht werden können.

X. Reichshaushaltsordnung.

Vom 14. April 1930 (RGBl. II S. 693) in der Fassung des Gesetzes vom 13. Dezember 1933 (RGBl. II S. 1007), des § 3 Art. 7 des Gesetzes vom 23. März 1934 (RGBl. I S. 232) und des Gesetzes vom 17. Juni 1936 (RGBl. II S. 209). (Auszug.)

§ 32.

Die im Haushaltsplane zur Verfügung gestellten Mittel müssen so verwaltet werden, daß sie zur Deckung aller Ausgaben ausreichen, die unter die einzelne Zweckbestimmung fallen. Ordnet ein Beamter oder Angestellter entgegen dieser Vorschrift eine Zahlung an oder trifft er eine Maßnahme, durch welche eine solche Zahlung notwendig wird, und erkennt er oder muß er erkennen, daß durch die Maßnahme oder Zahlung eine Überschreitung der zugewiesenen Mittel oder eine nachträgliche Bewilligung von Mitteln für die gleiche Zweckbestimmung später unvermeidlich wird, so haftet er für die von ihm veranlaßte Zahlung in gleicher Weise, wie wenn diese bereits eine Haushaltsüberschreitung (§ 33) darstellte. Dies gilt nicht, wenn die Zahlung oder Maßnahme nach Lage der Sache unbedingt erforderlich war.

§ 33.

(1) Haushaltsüberschreitungen und außerplanmäßige Ausgaben einschließlich der Mehrausgaben aus übertragbaren Mitteln (§ 30 Abs. 3), desgleichen Maßnahmen, durch welche für das Reich Verbindlichkeiten entstehen können, für die Mittel im Haushaltsplane nicht vorgesehen sind, bedürfen der vorherigen Zustimmung des Reichsministers der Finanzen. Sie darf nur ausnahmsweise im Falle eines unabweisbaren Bedürfnisses erteilt werden. Soweit hiernach über- und außerplanmäßige Ausgaben im Betrage von 10000 RM und darüber geleistet worden sind, sind sie vierteljährlich dem Reichstag mitzuteilen.

(2) Ausgabebewilligungen, die ohne nähere Angabe des Verwendungszwecks einer Stelle zur Verfügung gestellt sind, ferner solche zu außerordentlichen Vergütungen und Unterstützungen sowie Ausgabebewilligungen im außerordentlichen Haushalt dürfen nicht überschritten werden.

(3) Beamte oder Angestellte, die schuldhaft entgegen den Vorschriften der Absätze 1 und 2 eine Maßnahme anordnen oder eine Zahlung anweisen, zu der das Reich nicht rechtlich verpflichtet ist, sind der Reichskasse zum Schadensersatze verpflichtet. Das gleiche gilt für Beamte oder Angestellte der Länder und sonstiger öffentlich-rechtlicher Körperschaften, soweit diese Haushaltsmittel des Reichs für Rechnung des Reichs bewirtschaften. Die Ersatzpflicht tritt nicht ein, wenn der Beamte oder Angestellte zur Abwendung einer nicht vorhersehbaren, dem Reiche drohenden dringenden

Gefahr sofort handeln mußte und hierbei nicht über das durch die Notlage gebotene Maß hinausgegangen ist. Sie entfällt ferner, wenn dem Reichsminister der Finanzen von der Maßnahme oder Anweisung unverzüglich Mitteilung gemacht wird und er daraufhin der Überschreitung zustimmt.

XI. Gesetz über die Haftung des Reichs für seine Beamten [1]).

Vom 22. Mai 1910 (RGBl. S. 798) in der Fassung des § 4 des Reichsgesetzes vom 30. Juni 1933 (RGBl. I S. 433).

§ 1.

(1)[2]) Verletzt ein Reichsbeamter in Ausübung der ihm anvertrauten öffentlichen Gewalt vorsätzlich oder fahrlässig die ihm einem Dritten gegenüber obliegende Amtspflicht, so trifft die im § 839 des Bürgerlichen Gesetzbuchs[3]) bestimmte Verantwortlichkeit an Stelle des Beamten das Reich[4]).

(2) Ist die Verantwortlichkeit des Beamten deshalb ausgeschlossen, weil er den Schaden im Zustand der Bewußtlosigkeit oder in einem die freie Willensbestimmung ausschließenden Zustand krankhafter Störung der Geistestätigkeit verursacht hat, so hat gleichwohl das Reich den Schaden zu ersetzen, wie wenn dem Beamten Fahrlässigkeit zur Last fiele, jedoch nur insoweit, als die Billigkeit die Schadloshaltung erfordert.

(3) Personen des Soldatenstandes, mit Ausnahme derjenigen des Königlich Bayerischen Kontingents[5]), stehen im Sinne dieses Gesetzes den Reichsbeamten gleich.

---

[1]) Vgl. VO. über die Haftung des Reichs für die Justizbeamten v. 3. 5. 1935 (RGBl. I S. 587). Die Haftung des Landes Preußen für seine Beamten regelt das Gesetz vom 1. August 1909 (GS. S. 691) in der Fassung des Gesetzes v. 14. 5. 1914 (GS. S. 117) und des Gesetzes v. 16. 11. 1920 (GS. S. 65).

[2]) Abs. 1 geändert durch § 4 des Gesetzes v. 30. 6. 1933 (RGBl. I S. 433).

[3]) § 839 BGB. lautet: Verletzt ein Beamter vorsätzlich oder fahrlässig die ihm einem Dritten gegenüber obliegende Amtspflicht, so hat er dem Dritten den daraus entstehenden Schaden zu ersetzen. Fällt dem Beamten nur Fahrlässigkeit zur Last, so kann er nur dann in Anspruch genommen werden, wenn der Verletzte nicht auf andere Weise Ersatz zu erlangen vermag.

Verletzt ein Beamter bei dem Urteil in einer Rechtssache seine Amtspflicht, so ist er für den daraus entstehenden Schaden nur dann verantwortlich, wenn die Pflichtverletzung mit einer im Wege des gerichtlichen Strafverfahrens zu verhängenden öffentlichen Strafe bedroht ist. Auf eine pflichtwidrige Verweigerung oder Verzögerung der Ausübung des Amtes findet diese Vorschrift keine Anwendung.

Die Ersatzpflicht tritt nicht ein, wenn der Verletzte vorsätzlich oder fahrlässig unterlassen hat, den Schaden durch Gebrauch eines Rechtsmittels abzuwenden.

[4]) Siehe auch Art. 131 RV., bei dem § 147 und § 182 DBG. zu berücksichtigen sind. Dieser lautet: Verletzt ein Beamter in Ausübung der ihm anvertrauten öffentlichen Gewalt die ihm einem Dritten gegenüber obliegende Amtspflicht, so trifft die Verantwortlichkeit grundsätzlich den Staat oder die Körperschaft, in deren Dienste der Beamte steht. Der Rückgriff gegen den Beamten bleibt vorbehalten. Der ordentliche Rechtsweg darf nicht ausgeschlossen werden.

Die nähere Regelung liegt der zuständigen Gesetzgebung ob.

[5]) Überholt durch Art. 79 RV. i. V. m. VO. v. 20. 8. 1919 (RGBl. S. 1475).

§ 2.

Das Reich kann von dem Beamten Ersatz des Schadens verlangen, den es durch die im § 1 Abs. 1 bestimmte Verantwortlichkeit erleidet[6]). Der Ersatzanspruch verjährt in 3 Jahren von dem Zeitpunkt an, in welchem der Ersatzanspruch des Dritten diesem gegenüber von dem Reiche anerkannt oder dem Reiche gegenüber rechtskräftig festgestellt ist.

§ 3[7]).

(1) Für die Ansprüche, welche auf Grund dieses Gesetzes gegen das Reich erhoben werden, sind die Landgerichte ohne Rücksicht auf den Wert des Streitgegenstandes ausschließlich zuständig.

(2) In bürgerlichen Rechtsstreitigkeiten, in welchen durch Klage oder Widerklage ein Anspruch auf Grund dieses Gesetzes geltend gemacht ist, wird die Verhandlung und Entscheidung letzter Instanz im Sinne des § 8 des Einführungsgesetzes zum Gerichtsverfassungsgesetze dem Reichsgerichte zugewiesen.

§ 4.

Betrifft Beamte der Schutzgebiete und in den Konsulargerichtsbezirken.

§ 5.

Die Vorschriften dieses Gesetzes finden keine Anwendung,

1. soweit es sich um das Verhalten solcher Beamten handelt, die, abgesehen von der Entschädigung für Dienstaufwand, auf den Bezug von Gebühren angewiesen sind;
2. soweit es sich um das Verhalten eines mit Angelegenheiten des auswärtigen Dienstes befaßten Beamten handelt und dieses Verhalten nach einer amtlichen Erklärung des Reichskanzlers politischen oder internationalen Rücksichten entsprochen hat.

§ 6.

Unberührt bleiben die Vorschriften anderer Reichsgesetze, soweit sie für bestimmte Fälle die Haftung des Reichs über einen gewissen Umfang hinaus ausschließen.

§ 7.

Den Angehörigen eines ausländischen Staates steht ein Ersatzanspruch auf Grund dieses Gesetzes nur insoweit zu, als nach einer im Reichsgesetzblatt enthaltenen Bekanntmachung des Reichskanzlers durch die Gesetzgebung des ausländischen Staates oder durch Staatsvertrag die Gegenseitigkeit verbürgt ist.

---

[6]) Gemäß § 23 Abs. 2 DBG. hat jetzt der Beamte dem Dienstherrn den Schaden nur insoweit zu ersetzen, als ihm Vorsatz oder grobe Fahrlässigkeit zur Last fällt.

[7]) Vgl. §§ 142 ff. und § 182 DBG.

V. Teil.

Polizei.

I. Gesetz über Finanzmaßnahmen auf dem Gebiete der Polizei [1]).

Vom 19. März 1937 (RGBl. I S. 325).

(Auszug.)

§ 1.

(1) Es werden unmittelbare Reichsbeamte:

1. die Beamten in Planstellen der Dienststelle „Reichsführer SS und Chef der Deutschen Polizei im Reichsministerium des Innern",
2. die Beamten der Sicherheitspolizei (Geheime Staatspolizei und Kriminalpolizei), jedoch nicht die bei den staatlichen Polizeiverwaltungen für die Kriminalpolizei tätigen Polizeiverwaltungsbeamten,
3. die Beamten der Schutzpolizei und Gendarmerie (Landjägerei) und die hierbei tätigen Polizeimedizinal- und Polizeiveterinärbeamten, Polizeiberufsschullehrer und technischen Beamten.

(2) Es treten in den Dienst des Reichs die Angestellten und Arbeiter, die
im Dienst der im Abs. 1 Nr. 1 genannten Dienststelle,
im Dienst der Sicherheitspolizei, der Schutzpolizei, der Gendarmerie und der dazu gehörigen Hilfseinrichtungen, wie Schulen, Krankenhäuser, Erholungsheime, Beschaffungsämter, Zeugämter und
im Dienst der staatlichen Polizeiverwaltungen stehen.

(3) Die Stellenzahl der hiernach auf den Haushalten der Länder verbleibenden Polizeiverwaltungsbeamten kann vom Reichsminister der Finanzen im Einvernehmen mit dem Reichsminister des Innern bestimmt werden.

§ 2.

Das Reich trägt die persönlichen Bezüge und Versorgungslasten der im § 1 Abs. 1 und 2 genannten Beamten, Angestellten und Arbeiter des Reichs und die sächlichen Ausgaben der gesamten staatlichen Polizei, jedoch nicht die persönlichen Bezüge, Versorgungslasten und Umzugskosten der im § 1 Abs. 3 genannten Polizeiverwaltungsbeamten.

---

[1]) Vgl. Ges. über die 29. Änderung des Besoldungsgesetzes v. 19. 3. 1937 — RGBl. I S. 342 — (abgedr. S. 310 ff.) nebst Durchf.Best. v. 24. 3. 1937 (RMBliV. S. 448).

§ 3.

(1) Die Einnahmen der staatlichen Polizei sind Einnahmen des Reichs.

(2) Den Ländern verbleiben lediglich die Einnahmen, die noch beim Haushalt für das Rechnungsjahr 1936 zu buchen sind, sowie alle Einnahmen aus Gebühren und Strafen.

§ 4.

(1) Das Reich tritt in alle vermögensrechtlichen Pflichten und Rechte ein, die mit der staatlichen Polizei der Länder verbunden sind, soweit sie nicht gemäß §§ 2 und 3 den Ländern verbleiben. Die Verpflichtung des Reichs erstreckt sich auch auf die Übernahme der vom Inkrafttreten des Gesetzes an fällig werdenden Versorgungsbezüge für die Personen, die bereits vorher versorgungsberechtigt waren.

(2) Das Reich übernimmt ferner die den Ländern nach den Vorschriften über die Beamtenhaftung obliegende Verantwortung auch für Schäden, die durch Polizeiverwaltungsbeamte verursacht sind, die nach § 1 dieses Gesetzes bei den Ländern verbleiben. Die Länder sind dem Reiche ersatzpflichtig; ihr Rückgriffsrecht gegen die Beamten bleibt unberührt.

§ 5.

Die Behörden, die bisher die Länder (Fiskus) in Polizeiangelegenheiten vertreten haben, vertreten in den gleichen Angelegenheiten das Reich (Fiskus). Der Reichsminister des Innern kann die Vertretung anderweit regeln.

§ 7.

(1) Soweit Reich, Länder oder Gemeinden (Gemeindeverbände) für Zwecke der staatlichen Polizei oder der im § 1 Abs. 2 genannten Einrichtungen Beamte, Angestellte und Arbeiter oder Gegenstände zur Verfügung gestellt oder Dienstgeschäfte geführt haben, verbleibt es hierbei bis zu anderweiter Regelung durch den Reichsminister des Innern. Das gleiche gilt, soweit die staatliche Polizei oder die im § 1 Abs. 2 genannten Einrichtungen ihre Beamten, Angestellten und Arbeiter oder Gegenstände für andere Behörden zur Verfügung gestellt oder Dienstgeschäfte geführt haben, die nicht zu den polizeilichen Aufgaben gehören.

(2) Für die im Abs. 1 bezeichneten Leistungen dürfen keine anderen Entschädigungen als bisher beansprucht werden.

§ 8.

Die Gemeinden leisten an das Reich ihre Beiträge zur staatlichen Polizei nach den bisherigen Bestimmungen. Der Gesamtbeitrag, den die Gemeinden eines Landes im Rechnungsjahre 1936 geleistet haben, darf nicht überschritten werden. Eine Sonderregelung kann stattfinden in

Fällen einer Verstaatlichung oder Gebietsänderung. Die Beiträge der Gemeinden können auf die Anteile an den Reichssteuerüberweisungen des Landes angerechnet werden.

§ 12.

Für die in den unmittelbaren Reichsdienst tretenden Beamten, Angestellten und Arbeiter der staatlichen Polizei oder der im § 1 Abs. 2 genannten Einrichtungen sind die Rechts- und Verwaltungsvorschriften der Länder übergangsweise anzuwenden. Der Reichsminister des Innern kann im Einvernehmen mit dem Preußischen Ministerpräsidenten eine anderweite Regelung treffen.

§ 13.

Soweit Staatsverträge oder sonstige Vereinbarungen unter Ländern für den Bereich ihrer Polizei nicht durch dieses Gesetz gegenstandslos werden, bleiben sie als reichsrechtliche Vorschriften in Kraft.

§ 14.

Die Reichsminister des Innern und der Finanzen erlassen zur Ausführung und Ergänzung dieses Gesetzes die erforderlichen Rechts- und Verwaltungsvorschriften und entscheiden die bei Anwendung dieses Gesetzes entstehenden Zweifelsfragen. Werden hierbei Geschäftsbereiche anderer Minister berührt, so ist ihr Einvernehmen erforderlich.

§ 15.

Dieses Gesetz tritt am 1. April 1937 in Kraft.

II. Verordnung zur Durchführung des Gesetzes über Finanzmaßnahmen auf dem Gebiete der Polizei.

Vom 30. März 1937 (RGBl. I S. 429).

(Auszug.)

Auf Grund des § 14 des Gesetzes über Finanzmaßnahmen auf dem Gebiete der Polizei vom 19. März 1937 (Reichsgesetzbl. I S. 325) wird mit Wirkung vom 1. April 1937 verordnet:

I. Allgemeine Bestimmungen.

Artikel 1.

Das geltende materielle Polizeirecht, die Ausübung der Polizeigewalt sowie die Organisation und Zuständigkeit der Polizeibehörden und aller übrigen Reichs- und Landesbehörden werden durch das Gesetz nicht berührt. Die Polizeibeamten stehen den Landesbehörden wie bisher zur Verfügung, auch wenn sie durch das Gesetz auf den Reichshaushalt übernommen sind.

Artikel 2.

Der nach dem Gesetz aufzustellende Reichshaushaltplan enthält die

a) Dienststelle „Reichsführer SS und Chef der Deutschen Polizei im Reichsministerium des Innern",
b) Schutzpolizei einschließlich Hafen- und Schiffahrtspolizei Hamburg,
c) Gendarmerie (Landjägerei),
d) Sicherheitspolizei (Geheime Staatspolizei und Kriminalpolizei),
e) Hilfseinrichtungen zu b, c und d, z. B. Schulen, Krankenhäuser, Erholungsheime, Beschaffungsämter, Zeugämter und — neben den Funkstellen — die gesamten Fernmeldeanlagen der Polizei.

II. **Besondere Bestimmungen.**

Artikel 3.

Zum § 1 Abs. 1 Nr. 2 des Gesetzes.

Bei der Kriminalpolizei ist neben der Verreichlichung der Vollzugsbeamten auch die Übernahme derjenigen Verwaltungsbeamten auf das Reich vorgesehen, die nicht in den staatlichen Polizeiverwaltungen — mithin auch nicht in Länderbehörden —, sondern in rein kriminalpolizeilichen Sonderdienststellen tätig sind (Reichskriminalpolizeiamt, selbständige Kriminalpolizeistellen und -leitstellen, die keiner staatlichen Polizei angegliedert sind). Leiter der Kriminalpolizei in staatlichen Polizeiverwaltungen gelten auch dann als Beamte der Sicherheitspolizei, wenn sie aus der Laufbahn der Verwaltungsbeamten hervorgegangen sind.

Artikel 4.

Zum § 1 Abs. 3 des Gesetzes.

Die Polizeiverwaltungsbeamten bleiben ohne Rücksicht auf die für die Wirtschaftsbeamten der Polizei einiger Länder eingeführte Uniformierung auf den Länderhaushalten, gleichgültig, ob sie bei den Polizeiverwaltungen selbst oder bei den im Artikel 2 unter e genannten Einrichtungen tätig sind.

Artikel 5.

Zum § 2 des Gesetzes.

(1) Die persönlichen Bezüge sowie die Umzugskosten werden vom Reich auch für die bei der Dienststelle „Reichsführer SS und Chef der Deutschen Polizei im Reichsministerium des Innern" als Hilfsarbeiter tätigen Beamten übernommen.

(2) Die in den Reichsdienst tretenden Angestellten und Arbeiter (Lohnempfänger) erhalten ihre Bezüge bis zur einheitlichen Regelung nach den bisher für sie geltenden Vorschriften.

(3) Alle sächlichen Ausgaben der staatlichen Polizei werden vom Reich übernommen, also auch für den Teil der Beamten, der auf dem Haushalt des Landes verbleibt.

Artikel 7.

Zum § 4 Abs. 1 des Gesetzes.

Die im § 4 Abs. 1 Satz 2 des Gesetzes genannten Versorgungsausgaben nach dem Stande vom 31. März 1937 (Versorgungsaltlast) sind für alle Versorgungsberechtigten zu übernehmen, die bei ihrem Ausscheiden den im § 1 Abs. 1 Nr. 2 und 3 des Gesetzes bezeichneten Beamtengruppen angehört haben. Dies gilt entsprechend auch für die Hinterbliebenenbezüge.

Artikel 8.

Zum § 5 des Gesetzes.

Den obersten Landesbehörden oder den von ihnen bestimmten Behörden verbleiben als Beauftragten des Reichs auf versorgungsrechtlichem Gebiete alle von ihnen bisher ausgeübten Befugnisse, soweit für Einzelaufgaben nicht etwas anderes bestimmt wird. Zur Wahrung einheitlicher Entscheidungen für den Bereich der staatlichen Polizei sind dem Reichsminister des Innern jedoch zur vorherigen Zustimmung — und erforderlichenfalls zur vorherigen Einholung der Einverständniserklärung des Reichsministers der Finanzen — vorzulegen:

a) Alle Gnadenerweise in Versorgungssachen, z. B. die Bewilligung von Gnadenbezügen einschließlich der Verlängerung bereits bewilligter Zuwendungen usw., Anrechnung von Dienstzeiten als ruhegehaltfähige Dienstzeit auf Grund der „Kann-Vorschriften", sowie alle Niederschlagungen.

b) Grundsätzliche Entscheidungen auf versorgungsrechtlichem Gebiete, die eine finanzielle Auswirkung haben.

c) Vergleiche und Anerkenntnisse.

Artikel 11.

Zum § 12 des Gesetzes.

Bei Versetzung eines durch dieses Gesetz in den unmittelbaren Reichsdienst tretenden Beamten der staatlichen Polizei in ein anderes Land bleibt im Hinblick auf das am 1. Juli 1937 in Kraft tretende neue Deutsche Polizeibeamtengesetz das bisherige Rechtsverhältnis des Beamten bis zu diesem Zeitpunkt aufrechterhalten, wenn er nicht freiwillig darauf verzichtet.

III. Deutsches Polizeibeamtengesetz[1]) (PBG).

Vom 24. Juni 1937 (RGBl. I S. 653).

Abschnitt I.

Allgemeine Vorschriften.

§ 1.

Dieses Gesetz gilt für die Vollzugsbeamten der Schutzpolizei und der Kriminalpolizei des Reichs und der Gemeinden[2]), der Gendarmerie und der Geheimen Staatspolizei sowie für sonstige Polizeivollzugsbeamte der Sicherheitspolizei (Polizeivollzugsbeamte).

§ 2.

Auf die Polizeivollzugsbeamten des Reichs finden die für unmittelbare Reichsbeamte[3]), auf die Polizeivollzugsbeamten der Gemeinden die für Gemeindebeamte[4]) allgemein geltenden reichsrechtlichen Vorschriften Anwendung, soweit in diesem Gesetz nichts anderes vorgeschrieben ist.

§ 3.

(1) Der Reichsminister des Innern erläßt im Einvernehmen mit dem Reichsminister der Finanzen

1. die besonderen Bestimmungen über die Ernennung (Einstellung, Anstellung und Beförderung) der Polizeivollzugsbeamten[5]),
2. bei der Gemeindepolizei Bestimmungen über das Verhältnis der Zahl der Stellen der Polizeivollzugsbeamten zur Einwohnerzahl (Stärkeverhältnis) und über das Verhältnis der Eingangs- zu den Beförderungsstellen (Stellenverhältnis)[6]).

(2) Der Reichsminister des Innern erläßt Bestimmungen über die Ausbildung der Polizeivollzugsbeamten.

---

[1]) Vgl. auch Ges. über die Beförderung der im unmittelbaren Reichsdienst stehenden Polizeivollzugsbeamten auf den öffentlichen regelmäßig verkehrenden Beförderungsmitteln v. 11. 5. 1937 (RGBl. I S. 577).

[2]) Vgl. hins. der Polizeivollzugsbeamten der Gemeinden RdErl. des RFSSuCh. d. DtPol. v. 10. 12. 1936 (RMBliV. S. 1635).

[3]) z. B. das DBG. (abgedr. S. 8ff.), die RDStO. (abgedr. S. 476ff.), das Reichsbesoldungsgesetz v. 16. 12. 1927 (abgedr. S. 258ff.) nebst Ges. über die 29. Änderung v. 19. 3. 1937 (RGBl. I S. 342), das Ges. über Reisekostenvergütung der Beamten v. 15. 12. 1933 (abgedr. S. 396 ff.) u. das Ges. über Umzugskostenvergütung der Beamten v. 3. 5. 1935 (abgedr. S. 420ff..

[4]) Die in Anm. 1 angeführten Gesetze u. die DGO. v. 30. 1. 1935 (RGBl. I S. 49). Vgl. z. B. §§ 37, 42, 51, 92 und 93 DGO.

[5]) Grundsätzlich gelten auch hier die Reichsgrundsätze v. 14. 10. 1936 — RGBl. I S. 893 — (abgedr. S. 170 ff.). Vgl. Vorl. DBO. zu § 3.

[6]) Vgl. Organisationserlaß Nr. 1 v. 25. 10. 35 (MBliV. S. 1327), RdErl. des RuPrMdI. v. 20. 2. 1936 (RMBliV. S. 254), v. 8. 4. 1936 (RMBliV. S. 503), v. 8. 5. 1936 (RMBliV. S. 676).

Abschnitt II.
Vorbehaltene Stellen.
§ 4.

Der Reichsminister des Innern bestimmt im Einvernehmen mit dem Reichsminister der Finanzen, in welchem Umfange den auf Widerruf angestellten Wachtmeistern (SB[7])) der Schutzpolizei des Reichs vorbehalten werden:

1. die Stellen der Wachtmeister (SB) der Gendarmerie,
2. die Stellen des einfachen mittleren Vollzugsdienstes der Geheimen Staatspolizei und der Kriminalpolizei des Reichs,
3. die Stellen der Wachtmeister (SB) der Schutzpolizei der Gemeinden und die Stellen des einfachen mittleren Vollzugsdienstes der Kriminalpolizei der Gemeinden,
4. die Stellen des unteren, einfachen mittleren und gehobenen mittleren Polizeiverwaltungsdienstes des Reichs,
5. die Stellen des unteren, einfachen mittleren und gehobenen mittleren Polizeiverwaltungsdienstes der Gemeinden; Stellen des Polizeiverwaltungsdienstes in diesem Sinne sind diejenigen, die überwiegend solchen Aufgaben dienen, die in Gemeinden mit staatlicher Polizeiverwaltung von der staatlichen Polizeibehörde wahrgenommen werden. Die Gemeinden können diese Stellen auch mit ihren eigenen Polizeivollzugsbeamten besetzen.

Abschnitt III.
Besondere Rechtsverhältnisse.
§ 5.

Der Reichsminister des Innern bestimmt, inwieweit der Polizeivollzugsbeamte zur Eheschließung der behördlichen Erlaubnis bedarf[8]).

§ 6.

Schutzpolizeibeamte des Reichs und der Gemeinden sowie Gendarmeriebeamte können zum gemeinsamen Wohnen in einer Polizeiunterkunft verpflichtet werden. Die näheren Bestimmungen erläßt der Reichsminister des Innern im Einvernehmen mit dem Reichsminister der Finanzen.

Abschnitt IV.
Ernennung zum Beamten.
§ 7.

(1) Soweit der Führer und Reichskanzler die Ernennung der Polizeivollzugsbeamten des Reichs sich nicht vorbehalten hat, übt der Reichs-

---

[7]) SB = Sammelbegriff.

[8]) Vgl. Vorl.DBO. zu § 5.

minister des Innern das Ernennungsrecht aus; er kann die Ausübung dieses Rechts weiter übertragen[9]).

(2) Die Ernennung der Polizeivollzugsbeamten der Gemeinden bedarf der Bestätigung durch den Reichsminister des Innern oder durch die von ihm bestimmte Behörde[10]). Die Bestätigung ist nicht erforderlich, wenn einem Wachtmeister der Schutzpolizei (SB) des Reichs eine nach § 4 Nr. 3 vorbehaltene Stelle übertragen wird.

Abschnitt V.

Beamte auf Widerruf.

§ 8.

(1) Der Polizeivollzugsbeamte auf Widerruf wird entlassen, wenn er nach seinem Verhalten in oder außer Dienst nicht die Gewähr dafür bietet, daß er jederzeit rückhaltlos für den nationalsozialistischen Staat eintreten wird. Unberührt bleiben die Vorschriften des Deutschen Beamtengesetzes, nach denen ein Beamter unter bestimmten Voraussetzungen zu entlassen ist[11]).

(2) Im übrigen kann der Polizeivollzugsbeamte auf Widerruf nur entlassen werden,

1. wenn er schuldhaft die ihm obliegenden Pflichten gröblich oder wiederholt verletzt,
2. wenn er den dienstlichen Anforderungen für den Polizeivollzugsdienst nicht genügt,
3. wenn er die Dienstfähigkeit verliert und nach dem Gutachten eines beamteten oder eines besonders beauftragten Arztes die Wiederherstellung der Dienstfähigkeit binnen Jahresfrist nicht zu erwarten ist; die Vorschriften des § 76 Abs. 1 und 2 des Deutschen Beamtengesetzes bleiben unberührt.

(3) Mangelnde Eignung (Abs. 2 Nr. 2) gilt nicht als Grund, der nach § 62 Abs. 3 Nr. 1 des Deutschen Beamtengesetzes von den Beamten zu vertreten ist.

(4) Die Vorschrift des Absatzes 2 Nr. 2 gilt nicht für Polizeivollzugsbeamte, die einschließlich ihrer Wehrdienstzeit zehn Dienstjahre vollendet haben.

---

[9]) Vgl. Erl. des Führers u. Reichskanzlers v. 10. 7. 1937 — RGBl. I S. 769 — (abgedr. S. 151 f.) und Anordnung des RMdI. v. 19. 7. 1937 — RGBl. I S. 819 — (abgedr. S. 161 ff.).

[10]) Vgl. Vorl. DBO. zu § 7; Z. 15 des Organisationserlasses Nr. 1 des RuPrMdI. v. 25. 10. 1935 (MBliV. S. 1327); Z. 28 des Organ. Erl. Nr. 2 v. 22. 7. 1936 (RMBliV. S. 1015); RdErl. v. 22. 6. 1934 (MBliV. S. 922).

[11]) Vgl. z. B. §§ 57, 59 und 60 DBG.

§ 9.

(1) Der Widerruf wird wirksam

1. in den Fällen des § 8 Abs. 1 Satz 1 und Abs. 2 Nr. 1 mit dem Zeitpunkt der Zustellung des Bescheides,
2. in den Fällen des § 8 Abs. 2 Nr. 2 und 3 mit Ablauf von drei Monaten nach dem Ende des Monats, in dem der Bescheid dem Beamten zugestellt worden ist.

(2) Der Beamte soll vor dem Widerruf schriftlich gehört oder vernommen werden. Der Widerruf wird durch einen schriftlichen, mit Gründen versehenen Bescheid erklärt. In dem Bescheid ist anzugeben, wann der Widerruf wirksam wird. Der Bescheid ist dem Beamten zuzustellen.

§ 10.

(1) Im Falle des Widerrufs kann der Polizeivollzugsbeamte schon vor der Beendigung des Beamtenverhältnisses sofort seines Dienstes enthoben werden; das Tragen der Dienstkleidung und -ausrüstung, der Aufenthalt in den Polizeiunterkünften und die Führung dienstlicher Ausweise oder Abzeichen kann ihm verboten werden. Zuständig hierfür ist die zur Erklärung des Widerrufs berechtigte Stelle, bei Gefahr im Verzuge auch jeder zur Verhängung von Dienststrafen befugte Vorgesetzte.

(2) Das Verbot ist auch zulässig, wenn der Polizeivollzugsbeamte nach der Reichsdienststrafordnung vorläufig seines Dienstes enthoben oder wenn ihm die Führung seiner Dienstgeschäfte nach § 6 des Deutschen Beamtengesetzes untersagt worden ist.

§ 11.

(1) Gegen den Bescheid, durch den der Widerruf erklärt wird, steht dem Polizeivollzugsbeamten die Beschwerde zu, soweit nicht der Führer und Reichskanzler oder der Reichsminister des Innern den Widerruf ausgesprochen hat.

(2) Die Beschwerde ist innerhalb zweier Wochen nach der Zustellung des Bescheides auf dem Dienstwege einzureichen; sie hat keine aufschiebende Wirkung. Die Beschwerdeentscheidung ist endgültig.

(3) Wird die Beschwerde für begründet erachtet, so gilt der Widerruf als nicht erklärt.

§ 12.

(1) Für den Widerruf ist die gleiche Stelle zuständig wie für die Ernennung, soweit der Führer und Reichskanzler nichts anderes bestimmt.

(2) Für die Entscheidung über die Beschwerde (§ 11) ist die vom Reichsminister des Innern bestimmte Stelle zuständig.

Abschnitt VI.

Beamte auf Lebenszeit.

§ 13.

(1) Polizeivollzugsbeamte auf Widerruf, welche die Voraussetzungen des Absatzes 2 erfüllen, werden bei Eignung im Polizeidienst des Reichs oder der Gemeinden[12]) auf Lebenszeit angestellt.

(2) Beamter auf Lebenszeit kann nach Maßgabe der Vorschrift des § 28 Abs. 2 Nr. 3 des Deutschen Beamtengesetzes nur werden

1. der Polizeioffizier oder der Kriminalbeamte der Kommissarlaufbahn, der
   a) das siebenundzwanzigste Lebensjahr vollendet und
   b) den für das Amt vorgeschriebenen Vorbereitungs- oder Probedienst abgeleistet und die vorgeschriebenen Prüfungen bestanden oder das ihm übertragene Amt fünf Jahre lang geführt hat;
2. der Wachtmeister (SB), der
   a) zwölf Jahre Polizeidienst abgeleistet und
   b) die für die Anstellung auf Lebenszeit erforderliche Prüfung bestanden hat;
3. der Beamte des einfachen mittleren Dienstes der Kriminalpolizei oder der Geheimen Staatspolizei, der,
   a) wenn er aus der Schutzpolizei übernommen worden ist, zwölf Jahre Polizeidienst abgeleistet und die für die Anstellung auf Lebenszeit erforderliche Prüfung bestanden hat,
   b) wenn er nicht aus der Schutzpolizei übernommen worden ist, das zweiunddreißigste Lebensjahr vollendet, den für das Amt vorgeschriebenen Vorbereitungs- oder Probedienst abgeleistet und die erforderlichen Prüfungen bestanden hat.

(3) Auf die zwölfjährige Polizeidienstzeit (Abs. 2 Nr. 2 und 3) ist die Wehrdienstzeit anzurechnen.

§ 14.

Die Vorschrift des § 10 Abs. 2 gilt auch für Polizeivollzugsbeamte auf Lebenszeit.

Abschnitt VII.

Ruhestand und Versorgung.

§ 15.

(1) Die Altersgrenze (§ 68 des Deutschen Beamtengesetzes) wird festgesetzt

---

[12]) Hins. der in den Polizeidienst der Gemeinden eingestellten Nationalsozialisten vgl. Z. 31 des Org.Erlasses Nr. 2 v. 22. 7. 1936 (RMBliV. S. 1015).

für Polizeileutnante, Polizeioberleutnante und Polizeihauptleute des Reichs auf den Tag, an dem sie das einundfünfzigste Lebensjahr vollenden,

für Polizeimajore des Reichs auf den Tag, an dem sie das dreiundfünfzigste Lebensjahr vollenden,

für Polizeioffiziere höherer Dienstgrade des Reichs auf den Tag, an dem sie das sechsundfünfzigste Lebensjahr vollenden,

für Polizeioffiziere der Gemeinden und für alle übrigen Polizeivollzugsbeamten des Reichs und der Gemeinden auf den Tag, an dem sie das sechzigste Lebensjahr vollenden.

Sie treten mit dem auf die Erreichung der Altersgrenze folgenden 1. April oder 1. Oktober in den Ruhestand.

(2) Die Altersgrenze der Polizeioffiziere des Reichs kann hinausgeschoben werden, jedoch nicht über das sechzigste Lebensjahr, wenn der Polizeioffizier nach dem Urteil des Reichsministers des Innern die für seine bisherige Dienststellung erforderliche Eignung noch besitzt.

(3) Die Polizeioffiziere der Gemeinden sind bei Erreichung der Altersgrenze verpflichtet, auf Verlangen ihres Dienstherrn ein anderes Amt von nicht geringerem planmäßigem Endgrundgehalt im Verwaltungsdienst ihrer Gemeinde anzunehmen. Die Vorschriften der §§ 70, 179 Abs. 1 des Deutschen Beamtengesetzes bleiben unberührt.

§ 16.

Der Polizeioffizier auf Lebenszeit kann auch in den Ruhestand versetzt werden, wenn er den dienstlichen Anforderungen für seine Dienststellung nicht mehr genügt.

§ 17.

Das Ruhegehalt der Polizeioffiziere beträgt mindestens fünfunddreißig vom Hundert der ruhegehaltfähigen Dienstbezüge. Es erhöht sich

1. bei Polizeileutnanten, Polizeioberleutnanten und Polizeihauptleuten nach zwei ruhegehaltfähigen Dienstjahren und in den folgenden einundzwanzig vollen Jahren,
2. bei Polizeimajoren nach drei ruhegehaltfähigen Dienstjahren und in den folgenden zwanzig vollen Jahren,
3. bei Polizeioffizieren höherer Dienstgrade nach drei ruhegehaltfähigen Dienstjahren und in den folgenden siebzehn vollen Dienstjahren

der ruhegehaltfähigen Dienstzeit um je zwei vom Hundert, in den folgenden vollen Jahren dieser Dienstzeit um je eins vom Hundert der ruhegehaltfähigen Dienstbezüge, höchstens bis achtzig vom Hundert der ruhegehaltfähigen Dienstbezüge. Nach dem Ende des Monats, in dem der Polizeioffizier das fünfundsechzigste Lebensjahr vollendet hat, beträgt das Ruhegehalt höchstens fünfundsiebzig vom Hundert der ruhegehaltfähigen Dienstbezüge.

§ 18.

Wird ein Polizeioffizier vor Vollendung des dreißigsten Lebensjahres nach § 16 in den Ruhestand versetzt, so erhält er statt des Ruhegehalts als Übergangsgeld das Sechsfache der Dienstbezüge des letzten Monats.

§ 19.

(1) Polizeivollzugsbeamte auf Widerruf, die infolge eines Dienstunfalls dienstunfähig geworden sind und deren Beamtenverhältnis deshalb endet, erhalten an Stelle des Ruhegehalts nach § 108 Nr. 2 des Deutschen Beamtengesetzes einen Unterhaltsbeitrag entsprechend den Vorschriften des § 121 des genannten Gesetzes.

(2) Für die Hinterbliebenen dieser Beamten gilt § 121 Abs. 3 des Deutschen Beamtengesetzes.

(3) Ergibt sich nach den allgemeinen Vorschriften des Deutschen Beamtengesetzes für die Versorgung ein höherer Betrag, so wird dieser gewährt.

Abschnitt VIII.

Verleihung einer höheren Amtsbezeichnung und der Uniform.

§ 20.

(1) Bewährten und würdigen Polizeioffizieren kann bei der Entlassung oder der Versetzung in den Ruhestand die Amtsbezeichnung des nächsthöheren Dienstgrades verliehen werden, wenn sie längere Zeit in ihrem letzten Dienstgrad tätig waren.

(2) Einem Polizeivollzugsbeamten, dessen Beamtenverhältnis durch Entlassung oder Eintritt in den Ruhestand endet, kann die Erlaubnis erteilt werden, die Uniform zu tragen; der Reichsminister des Innern kann diese Erlaubnis jederzeit widerrufen.

Abschnitt IX.

Versetzung und ihre Rechtsfolgen.

§ 21.

(1) Polizeioffiziere des Reichs können in Stellen von Polizeioffizieren einer Gemeinde, Polizeioffiziere einer Gemeinde in Stellen von Polizeioffizieren des Reichs oder einer anderen Gemeinde versetzt werden.

(2) Beamte der Kommissarlaufbahn der Kriminalpolizei des Reichs und der Gemeinden sowie der Geheimen Staatspolizei können von einem Dienstherrn oder einen dieser Dienstzweige zum anderen versetzt werden.

(3) Die übrigen Polizeivollzugsbeamten des Reichs, die Beamte auf Lebenszeit sind, können in den Polizeivollzugsdienst der Gemeinden oder in den Polizeiverwaltungsdienst des Reichs versetzt werden. Erfüllt ein in den Polizeiverwaltungsdienst des Reichs versetzter Polizeivollzugsbeamter in der neuen Laufbahn die an ihn zu stellenden Anforderungen nicht, so kann er innerhalb zweier Jahre, bei Verwendung im gehobenen mittleren Polizeiverwaltungsdienst innerhalb von vier Jahren in den Polizeivollzugsdienst des Reichs zurückversetzt werden. Die auf Widerruf angestellten Polizeivollzugsbeamten des Reichs können ohne ihre Zustimmung auch in Stellen des unteren Polizeiverwaltungsdienstes des Reichs versetzt werden, wenn sie für andere Laufbahnen des Polizeidienstes nicht geeignet sind; bei der Versetzung in Stellen, die einer Besoldungsgruppe mit niedrigerem Endgrundgehalt angehören, erhalten sie mindestens ihr bisheriges Grundgehalt.

(4) Die übrigen Polizeivollzugsbeamten der Gemeinden können in den Polizeivollzugsdienst des Reichs oder einer anderen Gemeinde versetzt werden.

(5) Bei einem Wechsel des Dienstherrn sind die beteiligten Gemeinden zu hören. Der Beamte soll vor einem Wechsel des Dienstzweiges oder des Dienstherrn gehört werden.

(6) Versetzungen verfügt der Reichsminister des Innern oder die von ihm bestimmte Behörde.

(7) Durch die Versetzung wird das unmittelbare Dienstverhältnis bei dem neuen Dienstherrn begründet. Das bisherige Besoldungsdienstalter bleibt maßgebend.

§ 22.

(1) Im Falle der Versetzung eines Polizeivollzugsbeamten des Reichs in den Dienst einer Gemeinde trägt die Gemeinde, im Falle der Versetzung eines Polizeivollzugsbeamten einer Gemeinde in den Dienst des Reichs trägt das Reich die Umzugskostenvergütung oder die Umzugskostenbeihilfe und die sonstigen Entschädigungen nach den für versetzte Reichsbeamte geltenden Vorschriften. Im Falle der Versetzung eines Polizeivollzugsbeamten einer Gemeinde in eine andere bestimmt die Behörde, die die Versetzung verfügt, gleichzeitig, welche Gemeinde die genannten Kosten trägt oder wie sie auf die beteiligten Gemeinden zu verteilen sind.

(2) Abs. 1 Satz 1 gilt auch für den Fall der Übertragung einer nach § 4 Nr. 3 und 5 vorbehaltenen Stelle an einen auf Widerruf angestellten Wachtmeister (SB) der Schutzpolizei des Reichs.

§ 23.

(1) Ist ein auf Lebenszeit angestellter Polizeivollzugsbeamter des Reichs in den Polizeidienst einer Gemeinde oder ein auf Lebenszeit an-

gestellter Polizeivollzugsbeamter einer Gemeinde in den Polizeidienst des Reichs versetzt worden (§ 21), so tragen die beiden Dienstherren das Ruhegehalt, die Hinterbliebenenbezüge oder den Unterhaltsbeitrag anteilig nach den Dienstzeiten, die der Beamte bei den Dienstherren abgeleistet hat. Bei der Berechnung der Dienstzeiten werden nur volle Jahre zugrunde gelegt; ferner wird nur die als Beamter auf Lebenszeit abgeleistete Dienstzeit berücksichtigt.

(2) Ist der Beamte bei oder nach seiner Versetzung zu einem höheren Dienstgrad befördert worden, so trägt der Dienstherr, bei dem der Beamte zur Zeit der Beendigung des Beamtenverhältnisses angestellt war, von dem Ruhegehalt, den Hinterbliebenenbezügen oder dem Unterhaltsbeitrag vorweg zwanzig vom Hundert; für den Rest gilt die Vorschrift des Absatzes 1.

(3) Der Dienstherr, in dessen Dienst der Beamte zur Zeit der Beendigung des Beamtenverhältnisses stand, hat die vollen Bezüge auszuzahlen. Ihm steht gegen den anderen Dienstherrn ein Anspruch auf anteilige Erstattung zu. Die Bezüge für den Sterbemonat und das Sterbegeld fallen dem erstgenannten Dienstherrn in voller Höhe zur Last.

(4) Zahlt an Stelle einer Gemeinde eine Versorgungskasse die Bezüge aus, so hat die Gemeinde den vom Reich erstatteten Anteil an die Versorgungskasse abzuführen. Hat eine Gemeinde gegen eine Versorgungskasse einen Anspruch auf Erstattung der Versorgungsbezüge, so mindert sich dieser Anspruch um den vom Reich erstatteten Anteil.

(5) Bestimmungen der Satzungen von Versorgungskassen, wonach Beamte über ein bestimmtes Lebensalter hinaus der Kasse nicht zugeführt werden können, oder wonach für solche Beamte höhere Sätze zu zahlen oder Nachzahlungen zu leisten sind, gelten hinsichtlich der auf Grund dieses Gesetzes versetzten Beamten nicht.

§ 24.

(1) Ist ein Polizeivollzugsbeamter einer Gemeinde in eine andere versetzt worden, so tragen die Gemeinde, in der der Beamte vor seiner ersten Versetzung, und die Gemeinden, in denen er danach als Polizeivollzugsbeamter angestellt war, das Ruhegehalt, die Hinterbliebenenbezüge oder den Unterhaltsbeitrag anteilig nach den Dienstzeiten, die der Beamte in den einzelnen Gemeinden abgeleistet hat. Hat die Gemeinde, in der der Beamte vor seiner Versetzung angestellt war, ihn aus dem Dienst einer anderen Gemeinde freiwillig übernommen, so wird ihrem Anteil die vorher im Dienst anderer Gemeinden abgeleistete Dienstzeit hinzugerechnet. Bei der Berechnung der Dienstzeiten werden nur volle Jahre zugrunde gelegt.

(2) Stellt einen Beamten, der nach § 21 von einer Gemeinde in eine andere versetzt worden ist, später eine dritte Gemeinde freiwillig in ihren Dienst ein, so gelten die Vorschriften des Absatzes 1 Satz 1 nicht.

(3) Der gemäß § 23 nicht auf das Reich entfallende Anteil wird nach den Vorschriften des Absatzes 1 zwischen mehreren etwa beteiligten Gemeinden verteilt.

(4) Die Vorschriften des § 23 Abs. 2 und 5 finden entsprechende Anwendung.

§ 25.

Streitigkeiten, die sich zwischen den beteiligten Gemeinden aus der Versetzung ergeben, werden von der Behörde, die die Versetzung verfügt hat, unter Ausschluß des Rechtsweges entschieden.

Abschnitt X.

Übergangs- und Schlußvorschriften.

§ 26.

(1) Polizeidienst der Länder gilt als Polizeidienst des Reichs im Sinne dieses Gesetzes.

(2) Die in diesem Gesetz für Gemeinden getroffenen Vorschriften gelten auch für Gemeindeverbände.

§ 27.

(1) Hat ein Beamter im Zeitpunkt des Inkrafttretens dieses Gesetzes eine nach § 15 festgesetzte Altersgrenze bereits erreicht, so tritt er, wenn die Altersgrenze nicht verlängert wird, nach den bisherigen Vorschriften, spätestens jedoch mit Ende der drei Monate in den Ruhestand, die auf den Monat des Inkrafttretens dieses Gesetzes folgen.

(2) Diese Vorschrift gilt auch insoweit, als besondere Zusicherungen, Vereinbarungen, Vergleiche, rechtskräftige Urteile oder Schiedssprüche vorliegen.

§ 28.

(1) Für die beim Inkrafttreten des Gesetzes im Dienst befindlichen Polizeivollzugsbeamten der Gemeinden im Polizeioffiziersrang gelten die Vorschriften der §§ 16, 17 nicht; die Vorschrift des § 15 Abs. 3 findet Anwendung. Sie behalten ihre bisherige Amtsbezeichnung, soweit der Reichsminister des Innern nichts anderes bestimmt. Haben diese Polizeivollzugsbeamten bei Inkrafttreten des Gesetzes das sechzigste Lebensjahr bereits erreicht, treten sie erst mit dem Zeitpunkt in den Ruhestand, der bisher nach Landesrecht maßgebend war. Die Vorschriften der §§ 70 bis 75 und 179 Abs. 1 des Deutschen Beamtengesetzes bleiben unberührt.

(2) Die Polizeivollzugsbeamten der Gemeinden im Polizeioffiziersrang können beantragen, daß auch die Vorschriften der §§ 16 und 17 für sie gelten sollen. Über den Antrag entscheidet der Reichsminister des Innern. Der Antrag bedarf der Zustimmung der Gemeinde, wenn der Beamte das

siebenundvierzigste Lebensjahr vollendet hat. Wird dem Antrage stattgegeben, erhält der Beamte die für Polizeioffiziere vorgesehene Amtsbezeichnung.

§ 29.

(1) Für die vor dem 14. Juli 1926 in den Polizeidienst eingetretenen, nicht auf Lebenszeit angestellten (kündbaren) Polizeiwachtmeister (SB), deren Rechtsverhältnisse sich nach dem Reichsgesetz über die Schutzpolizei der Länder vom 17. Juli 1922 (Reichsgesetzbl. I S. 597) und den auf der Grundlage dieses Gesetzes erlassenen Vorschriften der Länder richten, gelten die bisherigen Bestimmungen weiter[13]), soweit nachstehend nichts anderes vorgeschrieben ist. Für die Berechnung der ruhegehaltfähigen Dienstzeit und des Ruhegehalts gelten die Vorschriften des Deutschen Beamtengesetzes; ferner sind die gemeinsamen Vorschriften der §§ 126 bis 140 des Deutschen Beamtengesetzes anzuwenden. Dabei gelten die Übergangsgebührnisse und die Zulage dazu als Ruhegehalt.

(2) Diese Polizeiwachtmeister (SB) scheiden mit dem Ende des Monats, in dem sie das zwölfte Dienstjahr vollenden, oder, falls sie zwölf Dienstjahre bereits vollendet haben, am 31. Oktober 1937 aus ihrem Dienstverhältnis aus, soweit sie nicht ihre Übernahme in das Beamtenverhältnis nach diesem Gesetz unter Verzicht auf alle Ansprüche aus dem bisherigen Recht für den Fall ihrer Übernahme beantragen und von dem Reichsminister des Innern oder der von ihm bezeichneten Behörde vor ihrer Entlassung übernommen werden[14]). Kündigungen, die für einen früheren Zeitpunkt als für den im Satz 1 genannten schon ausgesprochen worden sind, bleiben wirksam.

(3) Ein Wachtmeister (SB), der bei oder nach seiner Übernahme nicht Beamter auf Lebenszeit geworden ist, wird, wenn er nach Vollendung einer achtzehnjährigen Dienstzeit polizeidienstunfähig ist, die für seine dienstliche Verwendung notwendige Eignung nicht besitzt oder die Altersgrenze (§ 15) erreicht hat, in den Ruhestand versetzt. Für die Berechnung der achtzehnjährigen Dienstzeit sind die bisherigen Vorschriften maßgebend.

§ 30.

(1) Die im § 4 genannten Beamtenstellen gehören nicht zu den Stellen, die mit Versorgungsanwärtern der Wehrmacht zu besetzen sind.

(2) Versorgungsanwärter, die den Polizeiversorgungsschein vor dem Inkrafttreten dieses Gesetzes erworben haben, oder Polizeivollzugsbeamte, die ihn bis zum 31. Juli 1938 erwerben, behalten die Anwartschaft auch

---

[13]) Z. B. für Preußen Schutzpolizeibeamtenges. v. 16. 8. 1922 (GS. S. 251).

[14]) Vgl. Vorl.DVO. zum PBG. v. 26. 7. 37 (RGBl. I S. 858) zu § 29 und RdErl. des RuPrMdI. v. 28. 7. 1937 (RMBliV. S. 1295) in der Fassung des RdErl. v. 19. 8. 1937 (RMBliV. S. 1414) sowie RdErl. v. 24. 8. 1937 (RMBliV. S. 1448b).

auf die Stellen im Polizeidienst nach den bisherigen Vorschriften des Reichs und der Länder.

§ 31.

(1) Der Polizeivollzugsbeamte, der spätestens am 1. April 1940 nach Vollendung des sechzigsten Lebensjahres in den Ruhestand tritt, erhält eine einmalige Abfindung. Diese Vorschrift gilt nicht für Polizeioffiziere; sie gilt aber für die im § 28 Abs. 1 genannten Polizeivollzugsbeamten.

(2) Die Abfindung beträgt für den Beamten, der spätestens

a) am 1. April 1938 in den Ruhestand tritt, das Fünffache,

b) am 1. April 1939 in den Ruhestand tritt, das Dreifache,

c) am 1. April 1940 in den Ruhestand tritt, das Einfache

der Dienstbezüge des letzten Monats.

(3) Die Abfindung wird nicht gezahlt, wenn der Polizeivollzugsbeamte nach landesrechtlichen Vorschriften eine ähnliche Abfindung bereits bei Vollendung des sechzigsten Lebensjahres erhalten hat.

(4) War nach landesrechtlicher Vorschrift bisher eine geringere Abfindung als die im Abs. 2 bezeichnete zu gewähren, so verbleibt es bis zum 1. April 1940 für die Beamten, für die diese landesrechtlichen Vorschriften gelten, bei der geringeren Abfindung. Höhere Sätze als nach Abs. 2 dürfen jedoch nicht gezahlt werden.

§ 32.

Der Reichsminister des Innern bestimmt im Einvernehmen mit dem Reichsminister der Finanzen und dem Stellvertreter des Führers, inwieweit für die Übergangszeit auf die im § 13 Abs. 2 Nr. 2 und 3 genannte zwölfjährige Polizeidienstzeit andere Dienstzeiten, insbesondere im Dienst der Nationalsozialistischen Deutschen Arbeiterpartei oder ihrer Gliederungen, angerechnet werden können.

§ 33.

Der Reichsminister des Innern erläßt im Einvernehmen mit dem Reichsminister der Finanzen die zur Durchführung und Ergänzung des Gesetzes erforderlichen Rechts- und Verwaltungsvorschriften.

§ 34.

In Einzelfällen, in denen sich aus den Vorschriften dieses Gesetzes besondere Härten ergeben, kann der Reichsminister des Innern im Einvernehmen mit dem Reichsminister der Finanzen für eine Übergangszeit von drei Jahren nach Inkrafttreten dieses Gesetzes einen Ausgleich gewähren.

§ 35.

(1) Das Gesetz tritt am 1. Juli 1937 in Kraft.

(2) Gleichzeitig treten die polizeibeamtenrechtlichen Vorschriften der

Länder außer Kraft, soweit sie nicht gemäß § 29 Abs. 1 und § 31 Abs. 4 weiter gelten.

(3) Die Vorschriften des § 59 Abs. 3 des Preußischen Polizeibeamtengesetzes vom 31. Juli 1927 (Gesetzsamml. S. 151) in der Fassung des Gesetzes vom 17. März 1936 (Gesetzsamml. S. 74)[15]) treten erst am 30. Juni 1938 außer Kraft.

(4) Eine Kapitalisierung der Versorgungsgebührnisse der Ruhegehaltsempfänger und ihrer Witwen findet nach dem Inkrafttreten dieses Gesetzes nicht mehr statt.

(5) Die Vorschriften des § 24 gelten auch dann, wenn ein Polizeivollzugsbeamter vor Inkrafttreten dieses Gesetzes auf Grund landesrechtlicher Vorschrift[16]) von einer Gemeinde in den Polizeivollzugsdienst einer anderen Gemeinde versetzt worden ist, es sei denn, daß sich der Beamte bereits im Ruhestand befindet, aus dem Dienst entfernt worden oder verstorben und das auf den Sterbemonat folgende Vierteljahr abgelaufen ist.

(6) Das Erfordernis der fünfjährigen Amtsführung (§ 13 Abs. 2 Nr. 1 b) gilt nicht für die vor dem Inkrafttreten dieses Gesetzes ernannten Beamten.

IV. Vorläufige Durchführungsverordnung zum Deutschen Polizeibeamtengesetz.

Vom 26. Juli 1937 (RGBl. I S. 858).

Auf Grund des § 33 des Deutschen Polizeibeamtengesetzes vom 24. Juni 1937 (Reichsgesetzbl. I S. 653) und des § 19 der Reichsgrundsätze über Einstellung, Anstellung und Beförderung der Reichs- und Landesbeamten vom 14. Oktober 1936 (Reichsgesetzbl. I S. 893) wird im Einvernehmen mit dem Reichsminister der Finanzen mit Wirkung vom 1. Juli 1937 bestimmt:

---

[15]) § 59 Abs. 3 des preuß. Polizeibeamtengesetzes lautet:

Kündbare Wachtmeister der Schutzpolizei können den gemäß Abs. 2 Buchstabe b erklärten Verzicht mit Zustimmung des Ministers des Innern zurücknehmen. Die mit Zustimmung des Ministers des Innern erklärte Zurücknahme hat rückwirkende Kraft und beseitigt den Verzicht; die Beamten treten daher mit dieser Erklärung wieder unter die Vorschriften des Schutzpolizeibeamtengesetzes. Das Diensteinkommen wird durch die Zurücknahme nicht berührt. Soweit den Wachtmeistern auf Grund der Verordnung v. 19. Juli 1928 (GS. S. 189) eine einmalige Dienstbelohnung oder an ihrer Stelle die einmalige Vergütung in Höhe von RM 150. — gewährt worden ist, wird sie ihnen belassen; sie ist aber auf die nach § 59 des Schutzpolizeibeamtengesetzes zu gewährende einmalige Übergangsbeihilfe anzurechnen. Durch die Zurücknahme des Verzichts erlöschen alle Ansprüche aus dem Polizeibeamtengesetze, soweit sie nicht vorstehend ausdrücklich aufrechterhalten worden sind.

[16]) Für Preußen z. B. Gesetz v. 27. 12. 1933 (GS. 1934 S. 1).

Teil I.

Zu § 1 des Gesetzes.

(1) Polizeivollzugsbeamte sind

a) bei der Schutzpolizei des Reichs und der Gemeinden:
Polizeiwachtmeister, Polizeioberwachtmeister, Polizeirevieroberwachtmeister, Polizeihauptwachtmeister, Polizeimeister, Polizeiobermeister, Schutzpolizeiinspektoren und die Offiziere,

b) bei der Schutzpolizei der Gemeinden (bis auf weiteres) ferner:
Polizeikommissare, Polizeioberinspektoren und Stadtpolizeidirektoren,

c) bei der Gendarmerie:
Gendarmeriewachtmeister, Gendarmerieoberwachtmeister, Gendarmeriebezirksoberwachtmeister, Gendarmeriehauptwachtmeister, Gendarmeriemeister, Gendarmerieobermeister, Gendarmerieinspektoren und die Offiziere,

d) bei der Kriminalpolizei des Reichs, der Geheimen Staatspolizei sowie bei sonstigen Dienstzweigen der Sicherheitspolizei:
Kriminalassistenten, Kriminaloberassistenten, Kriminalsekretäre, Kriminalbezirkssekretäre, Kriminalinspektoren, Kriminalkommissare, Kriminalräte, Kriminaldirektoren, Regierungs- und Kriminalräte, Oberregierungs- und -kriminalräte, Regierungs- und Kriminaldirektoren und Reichskriminaldirektoren,

e) bei der Kriminalpolizei der Gemeinden:
Kriminalassistenten, Kriminaloberassistenten, Kriminalsekretäre, Kriminalbezirkssekretäre, Kriminalinspektoren, Kriminalkommissare und Kriminalräte,

f) die Inhaber einer unter a, c, d, e aufgeführten Planstelle, die für ihre Person eine andere Amtsbezeichnung führen.

(2) Polizeioffiziere im Sinne des Gesetzes sind die im Abs. 1 unter a und c genannten Offiziere.

Zu § 3 des Gesetzes.

(1) Nach den Reichsgrundsätzen über Einstellung, Anstellung und Beförderung der Reichs- und Landesbeamten vom 14. Oktober 1936 (Reichsgesetzbl. I S. 893) ist

„Einstellung" die Ernennung zum außerplanmäßigen Beamten,

„Anstellung" die Ernennung unter erstmaliger Einweisung in eine Planstelle,

„Beförderung" die Ernennung unter Einweisung in eine Planstelle mit höherem Endgrundgehalt.

(2) Für die Anstellung gilt folgendes:

1. Die Anstellung in der Schutzpolizei des Reichs wird für die Polizeiwachtmeister (SB) und Polizeioffiziere [1]) bis auf weiteres durch Sondererlaß geregelt.

   Der Ersatz der Wachtmeister der Schutzpolizei des Reichs wird aus vierjährig gedienten Angehörigen der SS-Verfügungstruppe und vierjährig gedienten Soldaten der Wehrmacht sowie aus Soldaten der Wehrmacht genommen, die die aktive Dienstpflicht erfüllt haben.

2. Für die Anstellung der Wachtmeister (SB) der Gendarmerie (Einzeldienst) finden bis auf weiteres die bisher geltenden Bestimmungen der Länder unter Berücksichtigung der §§ 4 und 30 des Gesetzes und der dazu erlassenen Bestimmungen der Durchführungsverordnung Anwendung. Die Einberufung erfolgt durch den Regierungspräsidenten (die höhere Verwaltungsbehörde).

   Die Anstellung in der motorisierten Gendarmerie und in der Gendarmerieabteilung Ebersbach in Sachsen (Laufbahn der Gendarmeriewachtmeister — SB —) wird bis auf weiteres durch Sondererlaß geregelt.

   Die Gendarmerieoffiziere werden aus dem Offizierkorps der Schutzpolizei entnommen. Überdies können Gendarmerieinspektoren, die sich in ihrer Stellung hervorragend bewährt und gut geführt haben, bei sonstiger Eignung auf Vorschlag ihrer Dienstvorgesetzten nach Maßgabe freier Stellen zum Gendarmeriehauptmann befördert werden, wenn sie bereit sind, unter das für Gendarmerieoffiziere jeweils bestehende Recht zu treten und auf alle hiermit nicht vereinbaren Rechte aus ihrem bisherigen Anstellungsverhältnis verzichten.

3. Die Anstellung in der Schutzpolizei der Gemeinden erfolgt nach § 37 der Deutschen Gemeindeordnung [1a]) durch den Bürgermeister. Für die Anstellung kommen, soweit die Stellen nicht gemäß Abs. 5 und Abs. 6 der Durchführungsverordnung zu § 4 zu besetzen sind, grundsätzlich nur die für die Stellen der Schutzpolizei der Gemeinden bei dem Polizeipräsidenten — Vormerkungsstelle für den Polizeidienst — in Potsdam vorgemerkten, auf Widerruf angestellten Wachtmeister (SB) der Schutzpolizei des Reichs in Frage. Sie sind als Beamte auf Widerruf mit mindestens dem bisherigen Dienstgrad durch den Bürgermeister unter gleichzeitiger Mitteilung an den Polizeipräsidenten — Vormerkungsstelle für den Polizeidienst — in Potsdam einzuberufen.

(3) Für die Beförderung gelten bis auf weiteres:

---

[1]) Vgl. RdErl. des RuPrMdJ. v. 3. 9. 1937 (RMBliV. S. 1485) betr. Ernennung der Offiziere der Schutzpolizei auf Lebenszeit.

[1a]) Abgedr. S. 132.

1. in der Schutzpolizei des Reichs
   a) für Polizeiwachtmeister (SB) und Polizeimeister (SB)
      die noch zu erlassenden Bestimmungen,
   b) für Polizeioffiziere
      die für die Beurteilung der Offiziere der Schutzpolizei erlassenen Bestimmungen;
2. in der Gendarmerie
   a) für Gendarmeriewachtmeister (SB) und Gendarmeriemeister (SB) — Einzeldienst —
      die bisher geltenden Vorschriften der Länder unter Berücksichtigung des § 13 des Gesetzes und der bis auf weiteres ergehenden Sondererlasse,
   b) für Gendarmeriewachtmeister (SB) und Gendarmeriemeister (SB) — motorisierte Gendarmerie —
      die noch zu erlassenden Bestimmungen,
   c) für Gendarmerieoffiziere
      die für die Beurteilung der Offiziere erlassenen Bestimmungen;
3. in der Schutzpolizei der Gemeinden
   die gleichen Vorschriften wie für die Beamten der Schutzpolizei des Reichs.
4. a) Die Vorschriften der §§ 10, 11 der Reichsgrundsätze über Einstellung, Anstellung und Beförderung der Reichs- und Landesbeamten vom 14. Oktober 1936 (Reichsgesetzbl. I S. 893) finden auf die Laufbahn der Polizeioffiziere keine Anwendung;
   b) für die Beamten der Laufbahn der Kriminalkommissare findet § 10 dieser Reichsgrundsätze mit der Maßgabe Anwendung, daß auf die Mindestzeit von drei Jahren der Reichsminister des Innern bis zu anderthalb Jahren die Dienstzeit anrechnen kann, die der Regierungs- und Kriminalrat über vier Jahre hinaus als Kriminaldirektor und Kriminalrat zurückgelegt hat;
   c) § 3 Abs. 2 dieser Reichsgrundsätze findet mit der Maßgabe Anwendung, daß die Beförderung eines Kriminalrats zum Regierungs- und Kriminalrat ohne vorherige Beförderung zum Kriminaldirektor erfolgen kann;
   d) § 14 dieser Reichsgrundsätze findet mit der Maßgabe Anwendung, daß an Stelle der Sperrzeit von drei Jahren für Polizeioffiziere eine solche von einem Jahr, für alle übrigen Polizeivollzugsbeamten eine solche von zwei Jahren, für die Zeit bis zum 1. April 1940 jedoch von einem Jahr tritt.

(4) Für die Einstellung, Anstellung, Beförderung und Ausbildung der Vollzugsbeamten der Kriminalpolizei des Reichs und der Gemeinden, der Geheimen Staatspolizei und der sonstigen Vollzugsbeamten der Sicher-

heitspolizei gelten bis zur einheitlichen Regelung die bisherigen preußischen Vorschriften.

(5) Für die Ausbildung in der Schutzpolizei des Reichs und der Gemeinden sowie in der Gendarmerie gelten die auf dem Gebiete des Ausbildungswesens für die Ordnungspolizei durch Einzelerlaß getroffenen Bestimmungen [1b]).

(6) Zu § 3 Abs. 1 Nr. 2 gelten bis auf weiteres die Runderlasse des Reichs- und Preußischen Ministers des Innern vom 25. Oktober 1935 (RMBliV. S. 1327), vom 8. April 1936 (RMBliV. S. 503) und vom 8. Mai 1936 (RMBliV. S. 676).

Zu § 4 des Gesetzes.

(1) Zum Zwecke der Vormerkung von Wachtmeistern (SB) der Schutzpolizei und Polizeiversorgungsanwärtern für die im § 4 unter Nr. 1, 2, 3 und 5 des Gesetzes genannten Stellen ist eine Vormerkungsstelle für das gesamte Reichsgebiet bei dem Polizeipräsidenten in Potsdam errichtet worden. Sie führt die Bezeichnung „Der Polizeipräsident — Vormerkungsstelle für den Polizeidienst — in Potsdam". Die näheren Bestimmungen hierüber und über das Vormerkungsverfahren erläßt der Reichsminister des Innern[2]).

(2) Die Vormerkungen für den staatlichen Polizeiverwaltungsdienst erfolgen

in Bayern

für den unteren, den einfachen mittleren und den gehobenen mittleren Polizeiverwaltungsdienst bei der Bayerischen Staatskanzlei — Landesmeldestelle für Versorgungsanwärter — in München,

in Sachsen

für den unteren, den einfachen mittleren und den gehobenen mittleren Polizeiverwaltungsdienst bei dem Reichsstatthalter in Sachsen — Landesregierung —, Ministerium des Innern in Dresden-N 6, Königsufer 2,

in Württemberg

hinsichtlich des gehobenen mittleren Dienstes beim Innenministerium in Stuttgart-S, Dorotheenstr. 1; für die übrigen Bewerber

---

[1a]) Vgl. RdErl. des RFSSuChdDtPol. v. 23. 9. 1937 (RMBliV. S. 1576) betr. Besetzung von Kriminalbeamtenstellen.

[1b]) Vgl. RdErl. des RFSSuChdDtPol. v. 22. 9. 1937 (RMBliV. S. 1588d) betr. Best. über d. Wachtmeister-Ersatz in d. Schutzpolizei zum Herbst 1937, v. 5. 10. 1937 (RMBliV. S. 1627) betr. Ausbildung des Wachtmeisterersatzes, RdErl. des RuPrMdI. v. 26. 9. 1937 (RMBliV. S. 1597) betr. Anerkennung von Lehrgängen u. Prüfungen in der Gendarmerie (Einzeldienst).

[2]) Vgl. RdErl. des RFSSuChdDtPol. v. 9. 8. 1937 (RMBliV. S. 1389).

bei der Landesmeldestelle für Versorgungsanwärter in Stuttgart-S, Untere Bachstr. 4,

in Baden

beim Finanz- und Wirtschaftsministerium in Karlsruhe,

in Thüringen

bei dem Thüringischen Finanzministerium in Weimar als Landesvormerkungsstelle für Versorgungsanwärter,

für alle übrigen Länder

beim Polizeipräsidenten — Vormerkungsstelle für den Polizeidienst — in Potsdam.

(3) Wachtmeister (SB) auf Widerruf sind Polizeiwachtmeister, Polizeioberwachtmeister, Polizeirevieroberwachtmeister, Gendarmeriewachtmeister, Gendarmerieoberwachtmeister, Gendarmeriebezirksoberwachtmeister.

(4) Es sind vorbehalten:

a) die Stellen der Wachtmeister (SB) der Gendarmerie (Einzeldienst) zu 100 vom Hundert den Beamten der Schutzpolizei des Reichs mit mehr als 10 Dienstjahren, soweit sie nicht mit Beamten der motorisierten Gendarmerie oder der Gendarmerieabteilung Ebersbach besetzt werden. Die Stellen der Wachtmeister (SB) der Gendarmerie (motorisierte Gendarmerie und Gendarmerieabteilung Ebersbach) werden nach besonderer Anordnung mit Wachtmeistern (SB) der Schutzpolizei des Reichs besetzt;

b) die Stellen der Wachtmeister (SB) der Schutzpolizei der Gemeinden zu 100 vom Hundert den Beamten der Schutzpolizei des Reichs mit mehr als 10 Dienstjahren,

c) die Stellen des einfachen mittleren Vollzugsdienstes der Kriminalpolizei des Reichs und der Gemeinden zu 80 vom Hundert den Beamten der Schutzpolizei des Reichs mit mehr als 8 Dienstjahren, zu 20 vom Hundert Zivilanwärtern; dieselben Stellen im Vollzugsdienst der Geheimen Staatspolizei zu 50 vom Hundert den Beamten der Schutzpolizei des Reichs mit mehr als 8 Dienstjahren, zu 50 vom Hundert Zivilanwärtern,

d) die Stellen des unteren Polizeiverwaltungsdienstes bei den Polizeiverwaltungen des Reichs (Polizeipräsidien, Polizeidirektionen) sowie im Gemeindepolizeiverwaltungsdienst zu 100 vom Hundert den Beamten der Schutzpolizei des Reichs; dieselben Stellen im unteren Verwaltungsdienst der Geheimen Staatspolizei zu 80 vom Hundert den Beamten der Schutzpolizei des Reichs mit mehr als 8 Dienstjahren, zu 20 vom Hundert Zivilanwärtern,

e) die Stellen des einfachen mittleren Polizeiverwaltungsdienstes bei den Polizeiverwaltungen des Reichs (Polizeipräsidien, Polizeidirektionen) sowie im Gemeindepolizeiverwaltungsdienst zu 90 vom Hundert den Beamten der Schutzpolizei des Reichs mit mehr als 10 Dienstjahren, zu 10 vom Hundert Zivilanwärtern; dieselben Stellen im Verwaltungsdienst der Geheimen Staatspolizei zu 50 vom Hundert den Beamten der Schutzpolizei des Reichs mit mehr als 8 Dienstjahren, zu 50 vom Hundert Zivilanwärtern,

f) die Stellen des gehobenen mittleren Polizeiverwaltungsdienstes bei den Polizeiverwaltungen des Reichs (Polizeipräsidien, Polizeidirektionen, Geheime Staatspolizei) sowie im Gemeindepolizeiverwaltungsdienst zu 50 vom Hundert den Beamten der Schutzpolizei des Reichs mit mindestens 12 Dienstjahren, zu 50 vom Hundert Zivilanwärtern.

(5) Die im Abs. 4 unter d bis f genannten Stellen im Gemeindepolizeiverwaltungsdienst können die Gemeinden nach § 4 Nr. 5 letzter Satz des Gesetzes auch mit ihren eigenen Polizeivollzugsbeamten besetzen.

(6) Die Sonderbestimmungen über die Unterbringung um die Bewegung verdienter alter Nationalsozialisten werden durch diese Regelung nicht berührt.

(7) Solange noch Polizeiversorgungsanwärter (§ 30 Abs. 2 des Gesetzes) vorgemerkt sind, sind sie vor den Beamten der Schutzpolizei einzuberufen.

(8) Soweit für die zu a bis f genannten Stellen nicht eine genügend große Anzahl von Beamten der Schutzpolizei des Reichs mit dem vorgeschriebenen Mindestmaß an Dienstjahren zur Verfügung steht, können in diesen Stellen für eine Übergangszeit, deren Begrenzung durch Sondererlaß vorbehalten bleibt, auch Beamte der Schutzpolizei des Reichs mit weniger als 10, zu f mit weniger als 12 Dienstjahren verwendet werden. Diese Beamten sollen jedoch eine Dienstzeit von mindestens 8 Jahren abgeleistet haben. Für Beamte der Schutzpolizei des Reichs mit weniger als 10 Dienstjahren, die bei Inkrafttreten des Deutschen Polizeibeamtengesetzes für die zu a bis f genannten Stellen bereits vorgemerkt waren, bleibt die Vormerkung bestehen.

(9) Werden die Stellen der Gendarmeriehauptwachtmeister, der Kriminaloberassistenten, der Polizeihauptwachtmeister der Schutzpolizei der Gemeinden oder die Stellen für Beamte auf Lebenszeit im einfachen mittleren und gehobenen mittleren Polizeiverwaltungsdienst des Reichs und der Gemeinden mit Beamten besetzt, die noch nicht 12 Dienstjahre vollendet haben, so bleiben diese Beamten Beamte auf Widerruf. Beamte auf Lebenszeit können sie nur werden, wenn sie 12 Dienstjahre vollendet haben.

(10) Die Stellen im Gemeindepolizeivollzugsdienst können auch mit Polizeivollzugsbeamten einer anderen Gemeinde besetzt werden. Sie

werden auf Antrag der Gemeinde im Wege der Versetzung zugewiesen. Zur Versetzung sind die in der Durchführungsverordnung zu § 21 genannten Stellen zuständig.

(11) Melden sich trotz Aufforderung nicht genügend Beamte der Schutzpolizei des Reichs für die nach § 4 des Gesetzes vorbehaltenen Stellen, so werden,

soweit Stellen des Reichs zu besetzen sind, geeignete Schutzpolizeibeamte des Reichs, die den Anforderungen entsprechen, bestimmt und in diese Stellen einberufen, und,

soweit Stellen von Gemeinden in Frage kommen, geeignete Schutzpolizeibeamte des Reichs, die den genannten Anforderungen entsprechen, für den Gemeindepolizeidienst bestimmt und den Gemeinden zur Verfügung gestellt. Die für den Gemeindepolizeidienst bestimmten Beamten sind verpflichtet, der Einberufung in den Dienst einer Gemeinde zu folgen.

(12) a) Für die Bestimmung der in den Dienst der Kriminalpolizei einzuberufenden Vollzugsbeamten der Schutzpolizei ist der Polizeiverwalter zuständig; stehen nicht genügend geeignete Beamte zur Verfügung, beauftragt der Regierungspräsident (die höhere Verwaltungsbehörde), bei dem der Polizeiverwalter den entsprechenden Antrag zu stellen hat, einen anderen staatlichen Polizeiverwalter des Regierungsbezirks mit der Bestimmung der erforderlichen Anzahl von Beamten.

b) Die in die Gendarmerie oder in den Gemeindepolizeidienst einzuberufenden Vollzugsbeamten der Schutzpolizei bestimmt der Regierungspräsident (die höhere Verwaltungsbehörde) nach Vorschlägen der beteiligten Polizeiverwalter des Regierungsbezirks (des Bezirks der höheren Verwaltungsbehörde).

c) Stehen in den Fällen zu a und b auch nach ergangener Anordnung des Regierungspräsidenten (der höheren Verwaltungsbehörde) nicht genügend Beamte zur Verfügung, beauftragt der Reichsminister des Innern, an den zu berichten ist, einen oder mehrere Regierungspräsidenten (höhere Verwaltungsbehörden) mit der Bestimmung der erforderlichen Beamten.

d) Die gemäß den Vorschriften unter a, b und c bestimmten Beamten sind dem Polizeipräsidenten — Vormerkungsstelle für den Polizeidienst — in Potsdam namhaft zu machen.

Zu § 5 des Gesetzes.

(1) Vorbehaltlich des Erlasses weitergehender Bestimmungen bedürfen der Erlaubnis zur Eheschließung die Wachtmeister (SB) der kasernierten

Einheiten der Schutzpolizei und der Gendarmerie (z. B. der Ausbildungshundertschaften bei der Schutzpolizei, der Schutzpolizeihundertschaften, der motorisierten Gendarmeriebereitschaften, der Gendarmerieabteilung Ebersbach).

(2) Zuständig für die Erteilung der Erlaubnis ist der Dienstvorgesetzte, der für die Ernennung des Antragstellers zu seinem Dienstgrade zuständig wäre.

(3) Die Erlaubnis darf nicht vor Vollendung des 25. Lebensjahres erteilt werden. Die Zahl der verheirateten Polizei- oder Gendarmeriewachtmeister und -oberwachtmeister darf 20 vom Hundert der Iststärke dieser Dienstgrade einer kasernierten Einheit nicht übersteigen. Abweichungen von diesen Bestimmungen sind nur in ganz besonderen Ausnahmefällen zulässig und bedürfen der Zustimmung des Reichsministers des Innern.

Zu § 6 des Gesetzes.

(1) Die ledigen Angehörigen der kasernierten Einheiten der Schutzpolizei und der Gendarmerie sind zum gemeinsamen Wohnen in Polizeiunterkünften (Polizei- oder Gendarmeriekasernen) verpflichtet. Die Verpflichtung soll sich in der Regel nicht über das 27. Lebensjahr hinaus erstrecken. Befreiungen im Einzelfalle sind zulässig.

(2) Soweit ein Bedürfnis besteht, kann die gleiche Verpflichtung auch den verheirateten Unterführern dieser Einheiten auferlegt werden. Zuständig für eine solche Anordnung ist bei der Schutzpolizei des Reichs der Polizeiverwalter, bei der Gendarmerie der Regierungspräsident (die höhere Verwaltungsbehörde).

(3) Die zum gemeinsamen Wohnen in einer Polizeiunterkunft verpflichteten ledigen Polizeivollzugsbeamten haben an einer gemeinsamen Speiseeinrichtung teilzunehmen. Befreiungen im Einzelfalle sind zulässig.

Zu § 7 des Gesetzes.

(1) Für die Ernennung und Entlassung der Polizeivollzugsbeamten des Reichs ist die Anordnung des Reichsministers des Innern über die Ernennung der Beamten der allgemeinen und inneren Verwaltung und die Beendigung des Beamtenverhältnisses vom 19. Juli 1937 (Reichsgesetzbl. I S. 819) maßgebend[3]).

(2) Landesrechtliche Vorschriften, nach denen Polizeibeamte einer aufsichtsbehördlichen Bestätigung bedürfen, sind durch das Deutsche Polizeibeamtengesetz insoweit außer Kraft getreten, als sie sich auf die Bestätigung von Polizeivollzugsbeamten beziehen.

---

[3]) Abgedr. S. 161 ff.

(3) Soweit nach dem Deutschen Polizeibeamtengesetz eine Bestätigung für Polizeivollzugsbeamte erforderlich ist, ist für Polizeiwachtmeister (SB) und Polizeimeister (SB) sowie für Kriminalassistenten, Kriminaloberassistenten, Kriminalsekretäre und Kriminalbezirkssekretäre der Regierungspräsident (die höhere Verwaltungsbehörde)[4]), für Schutzpolizeiinspektoren und Polizeioffiziere sowie für Kriminalinspektoren, Kriminalkommissare und Kriminalräte der Reichsminister des Innern zuständig.

(4) Die Ernennung der im § 7 Abs. 2 Satz 2 genannten Polizeiwachtmeister (SB) zum Polizeihauptwachtmeister oder Kriminaloberassistenten bedarf keiner Bestätigung.

Zu § 8 des Gesetzes.

Eine gröbliche Verletzung der Amtspflicht liegt insbesondere vor, wenn der Polizeibeamte

a) ohne triftigen Grund an drei aufeinanderfolgenden Tagen eigenmächtig von dem Dienst fernbleibt,
b) den Dienst ausdrücklich verweigert,
c) wegen einer Handlung, die eine unehrenhafte Gesinnung verrät, gerichtlich bestraft wird,
d) einer Einberufung in eine nach § 4 vorbehaltene Stelle ohne triftigen Grund nicht Folge leistet.

Zu § 10 Abs. 2 des Gesetzes.

Die vorläufige Enthebung eines Beamten auf Widerruf vom Dienst nach der Reichsdienststrafordnung ist zulässig, wenn eine Untersuchung gemäß § 107 der Reichsdienststrafordnung angeordnet ist.

Zu § 11 des Gesetzes.

Die Beschwerde ist schriftlich oder zu Protokoll der Behörde, die den Widerruf erklärt hat, einzureichen. Die Beschwerde soll schriftlich begründet werden.

Zu § 12 des Gesetzes.

Zur Entscheidung über die Beschwerde ist zuständig

a) der Reichsminister des Innern, wenn der Regierungspräsident (die höhere Verwaltungsbehörde) oder eine dem Reichsminister des Innern unmittelbar unterstellte Sondereinrichtung der Polizei den Widerruf erklärt hat,
b) in allen übrigen Fällen der Regierungspräsident (die höhere Verwaltungsbehörde).

---

[4]) Über den Begriff höhere Verwaltungsbehörde vgl. RdErl. des RFSSuChdDtPol. v. 21. 12. 1936 (RMBliV. S. 1705).

Zu § 13 des Gesetzes.

(1) Stellen für Beamte auf Lebenszeit sind

a) bei der Schutzpolizei des Reichs und der Gemeinden:
die Stellen der Polizeihauptwachtmeister, Polizeimeister, Polizeiobermeister, Schutzpolizeiinspektoren und der Offiziere,

b) bei der Gendarmerie:
die Stellen der Gendarmeriehauptwachtmeister, Gendarmeriemeister, Gendarmerieobermeister, Gendarmerieinspektoren und der Offiziere,

c) bei der Kriminalpolizei des Reichs und der Gemeinden sowie der Geheimen Staatspolizei und den sonstigen Dienstzweigen der Sicherheitspolizei:
die Stellen der Kriminaloberassistenten, Kriminalsekretäre, Kriminalbezirkssekretäre, Kriminalinspektoren und die Stellen vom Kriminalkommissar an aufwärts.

(2) Die genannten Stellen können auch mit Polizeivollzugsbeamten auf Widerruf besetzt werden.

Zu § 15 des Gesetzes.

(1) Für die Hinausschiebung der Altersgrenzen sind ausschließlich dienstliche Gesichtspunkte ausschlaggebend. Polizeioffiziere dürfen Anträge auf Hinausschiebung ihrer Altersgrenzen selbst nicht stellen.

(2) Von Amts wegen zu stellende Anträge sind von den Dienstvorgesetzten auf dem Dienstwege mit Stellungnahme der Dienstvorgesetzten und des Inspekteurs der Ordnungspolizei dem Reichsminister des Innern vorzulegen, und zwar jeweils sechs Monate vor dem Zeitpunkt, in dem der Polizeioffizier in den Ruhestand zu treten hat. Die Entscheidung des Reichsministers des Innern über den Antrag soll dem Polizeioffizier spätestens am 15. Dezember bzw. 15. Juni mitgeteilt werden.

(3) Im übrigen sind die Unterlagen für die Versetzung in den Ruhestand zu dem im Abs. 2 Satz 1 genannten Zeitpunkt dem Reichsminister des Innern vorzulegen.

(4) Bei den Beamten von der Besoldungsgruppe A 2 c 2 an aufwärts, die auf Grund des Gesetzes über die Neunundzwanzigste Änderung des Besoldungsgesetzes vom 19. März 1937 (Reichsgesetzbl. I S. 342) in den Vollzugsdienst der Kriminalpolizei übergeleitet worden sind, verbleibt es bei der bisherigen Altersgrenze von 65 Jahren.

Zu § 16 des Gesetzes.

(1) Der Polizeioffizier auf Lebenszeit kann wegen mangelnder Eignung in den Ruhestand versetzt werden, wenn das Urteil des Dienstvorgesetzten vorliegt, daß er nach pflichtmäßigem Ermessen die für seine dienst-

liche Verwendung nötigen Fähigkeiten zu richtigem Verhalten und Wirken als Polizeioffizier nicht mehr besitzt.

(2) Sind bei einem Polizeioffizier nach Ansicht seines Dienstvorgesetzten die Voraussetzungen des § 16 des Gesetzes erfüllt, so ist ihm dies zunächst bekanntzugeben und ihm nahezulegen, seine Versetzung in den Ruhestand nachzusuchen.

(3) Sucht der Polizeioffizier seine Versetzung in den Ruhestand selbst nach, so ist der Antrag sowie das Urteil des Dienstvorgesetzten, mit Stellungnahmen versehen, auf dem Dienstwege unverzüglich dem Reichsminister des Innern vorzulegen. Die Versetzung in den Ruhestand ist zum Ende eines Monats zu beantragen.

(4) Beantragt der Polizeioffizier seine Versetzung in den Ruhestand nicht selbst, so ist ihm von dem Regierungspräsidenten (der höheren Verwaltungsbehörde) schriftlich mitzuteilen, daß seine Versetzung in den Ruhestand wegen mangelnder Eignung im Sinne des § 16 des Gesetzes beabsichtigt sei. Ist der Polizeioffizier nicht einem Regierungspräsidenten (einer höheren Verwaltungsbehörde) unterstellt, so erfolgt die Mitteilung durch den Reichsminister des Innern.

(5) Die Mitteilung soll enthalten:

a) die Gründe der beabsichtigten Versetzung in den Ruhestand unter Anführung von Tatsachen und Werturteilen,
b) die Angabe des Ruhegehalts, im Falle des § 18 des Gesetzes des Übergangsgeldes,
c) die der Berechnung zugrunde gelegte Dienstzeit,
d) das dabei berücksichtigte Diensteinkommen,
e) die Angabe, zu welchem Zeitpunkt die Versetzung in den Ruhestand in Aussicht genommen sei; § 78 Abs. 2 des Deutschen Beamtengesetzes ist zu berücksichtigen,
f) den Hinweis, daß der Polizeioffizier innerhalb sechs Wochen Einwendungen erheben könne.

(6) Sobald dem Polizeioffizier die Mitteilung zugestellt worden ist, ist dem Reichsminister des Innern eine Abschrift vorzulegen unter Angabe des Tages der Zustellung.

(7) Nach Ablauf der sechswöchigen Frist ist dem Reichsminister des Innern zu berichten, ob der Polizeioffizier Einwendungen erhoben hat oder nicht. Gegebenenfalls ist der Einspruch nach Prüfung mit eingehender Stellungnahme an den Reichsminister des Innern weiterzuleiten. Dieser entscheidet über die Einwendungen.

Zu § 17 des Gesetzes.

Die Grundstufe berägt bei sämtlichen Beamten 35 vom Hundert der ruhegehaltfähigen Dienstbezüge (§ 80). Die Steigerungsstufen ergeben sich aus folgender Übersicht:

Zahl der vollendeten ruhegehaltfähigen Dienstjahre	Vollendetes Lebensjahr *)	Deutsches Beamtengesetz § 89 — Beamte des unteren und einfachen mittleren Dienstes v. Hundert	Beamte des gehobenen mittleren Dienstes v. Hundert	Beamte des höheren Dienstes v. Hundert	Deutsches Polizeibeamtengesetz — Leutnante, Oberleutnante, Hauptleute v. Hundert	Majore v. Hundert	Offiziere höherer Dienstgrade v. Hundert
	27	35	35	35	35	35	35
1	28	37	35	35	35	35	35
2	29	39	37	35	37	35	35
3	30	41	39	37	39	37	37
4	31	43	41	39	41	39	39
5	32	45	43	41	43	41	41
6	33	47	45	43	45	43	43
7	34	49	47	45	47	45	45
8	35	51	49	47	49	47	47
9	36	53	51	49	51	49	49
10	37	55	53	51	53	51	51
11	38	57	55	53	55	53	53
12	39	59	57	55	57	55	55
13	40	61	59	57	59	57	57
14	41	63	61	59	61	59	59
15	42	65	63	61	63	61	61
16	43	66	65	63	65	63	63
17	44	67	67	65	67	65	65
18	45	68	68	67	69	67	67
19	46	69	69	69	71	69	69
20	47	70	70	70	73	71	71
21	48	71	71	71	75	73	72
22	49	72	72	72	77	75	73
23	50	73	73	73	79	77	74
24	51	74	74	74	80	78	75
25	52	75	75	75		79	76
26	53	76	76	76		80	77
27	54	77	77	77			78
28	55	78	78	78			79
29	56	79	79	79			80
30	57	80	80	80			

*) Diese Spalte gilt unter der Voraussetzung, daß der Beamte bei Vollendung des 27. Lebensjahres Beamter (auf Widerruf oder auf Lebenszeit) war und dann ohne Unterbrechung Beamter geblieben ist.

Zu § 18 des Gesetzes.

Der vor Vollendung des 30. Lebensjahres nach § 16 in den Ruhestand versetzte Polizeioffizier und seine Hinterbliebenen haben keinen Anspruch auf Versorgung. Die Bestimmungen in Nr. 2 und Nr. 3 der Verordnung zur Durchführung des Deutschen Beamtengesetzes vom 29. Juni 1937 (Reichsgesetzbl. I S. 669) zu § 62 finden Anwendung.

Zu § 19 des Gesetzes.

Den im § 19 genannten Polizeivollzugsbeamten und ihren Hinterbliebenen, die Anspruch auf einen Unterhaltsbeitrag haben, verbleiben an sich die sonstigen versorgungsrechtlichen Ansprüche nach den Vorschriften des Deutschen Beamtengesetzes, z. B. der Anspruch auf das allgemeine Ruhegehalt (Dienstzeitruhegehalt) und die sich daraus ergebende Hinterbliebenenversorgung. Ergibt sich nach diesen Vorschriften ein höherer Betrag, so ist dieser anstatt des Unterhaltsbeitrages zu zahlen.

Zu § 20 des Gesetzes.

(1) Zuständig für die Verleihung einer höheren Amtsbezeichnung ist der Führer und Reichskanzler, soweit er sich das Recht der Ernennung zum Beamten des Dienstgrades, welcher der zu verleihenden Amtsbezeichnung entspricht, vorbehalten hat, im übrigen der Reichsminister des Innern. Vorschläge für die Verleihung einer höheren Amtsbezeichnung sind nach den für die Ernennung gültigen Vorschriften möglichst gleichzeitig mit dem Antrage auf Versetzung in den Ruhestand vorzulegen.

(2) Zuständig für die Erteilung der Erlaubnis zum Tragen der Uniform bei den Polizeioffizieren des Reichs und der Gemeinden ist der Reichsminister des Innern, in allen übrigen Fällen (einschließlich der Gemeindepolizeivollzugsbeamten) der Regierungspräsident (die höhere Verwaltungsbehörde).

(3) Die Verleihung einer höheren Amtsbezeichnung ist auch zulässig an Polizeioffiziere, die vor dem 1. Juli 1937, jedoch nicht vor dem 1. Februar 1933, in den Ruhestand versetzt oder entlassen worden sind.

(4) Die Erlaubnis zum Tragen der Uniform wird an Polizeivollzugsbeamte, die vor dem 1. April 1937 in den Ruhestand getreten oder entlassen worden sind, nicht mehr erteilt. Ist einem Polizeivollzugsbeamten, der vor dem 1. Juli 1937 in den Ruhestand getreten oder entlassen worden ist, diese Erlaubnis erteilt worden, so hat es hierbei sein Bewenden.

Zu § 21 des Gesetzes.

(1) Vollzugsbeamte der Schutzpolizei des Reichs können zur Gendarmerie, Vollzugsbeamte der Gendarmerie zur Schutzpolizei des Reichs versetzt werden.

(2) Polizeivollzugsbeamte können insbesondere zur Vermeidung einer vorzeitigen Versetzung in den Ruhestand dann in den Polizeiverwaltungsdienst versetzt werden, wenn sie für den Polizeivollzugsdienst durch Krankheit oder körperliche Beschädigung dienstuntauglich, für den Polizeiverwaltungsdienst aber tauglich geblieben sind.

(3) Würde ein Beamter bei einer nach § 21 Abs. 3 letzter Satz des Gesetzes erfolgenden Versetzung in eine Stelle, die einer Besoldungsgruppe mit niedrigerem Endgrundgehalt angehört, den Wohnungsgeldzuschuß nach einer niedrigeren Tarifklasse als bisher zu beziehen haben, so wird ihm der Wohnungsgeldzuschuß nach der bisherigen Tarifklasse weitergewährt.

(4) Für die Versetzung von Polizeioffizieren des Reichs oder der Gemeinden und von Beamten der Kommissarlaufbahn der Sicherheitspolizei des Reichs oder der Gemeinden von einem Dienstherrn zum anderen ist der Reichsminister des Innern zuständig.

(5) Zur Versetzung der übrigen Polizeivollzugsbeamten des Reichs in den Polizeivollzugsdienst der Gemeinden und zur Versetzung der übrigen Polizeivollzugsbeamten der Gemeinden in den Polizeivollzugsdienst des Reichs oder einer anderen Gemeinde sowie zur Versetzung nach dem obigen Abs. 1 ist,

a) wenn es sich um eine Versetzung innerhalb des Regierungsbezirks (des Bezirks der höheren Verwaltungsbehörde) handelt, der Regierungspräsident (die höhere Verwaltungsbehörde),

b) sonst der Reichsminister des Innern

zuständig.

(6) Zur Versetzung eines Polizeivollzugsbeamten des Reichs in den Polizeiverwaltungsdienst des Reichs (vgl. § 26 Abs. 1 des Gesetzes) ist der Reichsminister des Innern zuständig.

(7) Polizeivollzugsbeamte einer Gemeinde sollen in eine andere nur versetzt werden, wenn dringende dienstliche Gründe dies erfordern.

Zu § 22 des Gesetzes.

(1) Für Versetzungen aus persönlichen Gründen gelten die Bestimmungen in Nr. 4 Abs. 2 und Nr. 23 der Durchführungsverordnung vom 7. Mai 1935 (Reichsbesoldungsbl. S. 40) zum Gesetz über Umzugskostenvergütung der Beamten vom 3. Mai 1935 (Reichsgesetzbl. I S. 566).

(2) Die Übertragung einer nach § 4 Nr. 3 und 5 vorbehaltenen Stelle gilt als Versetzung im Sinne der Vorschrift des § 570 des Bürgerlichen Gesetzbuchs und des Gesetzes über Umzugskostenvergütung der Beamten vom 3. Mai 1935 (Reichsgesetzbl. I S. 566).

(3) Bei Einberufung von Polizeiversorgungsanwärtern in Stellen des Polizeivollzugs- oder Polizeiverwaltungsdienstes der Gemeinden

werden die Umzugskosten von der Stelle getragen, die bisher nach landesrechtlichen Bestimmungen dazu verpflichtet war.

Zu den §§ 23 und 24 des Gesetzes.

(1) An Kannbezügen sind die früheren Dienstherren nur dann und insoweit beteiligt, als sie deren Bewilligung durch den letzten Dienstherrn zugestimmt haben.

(2) Soweit Versorgungskassen für Versorgungsbezüge aufzukommen haben, tritt diese Verpflichtung im Fall einer auf den Vorschriften des Deutschen Polizeibeamtengesetzes beruhenden Versetzung von Polizeivollzugsbeamten in den Ruhestand auch dann ein, wenn die Voraussetzungen für die Versetzung in den Ruhestand durch das Deutsche Polizeibeamtengesetz abweichend vom Deutschen Beamtengesetz geregelt sind.

Zu § 24 des Gesetzes.

Die als Beamter auf Widerruf in einer Gemeinde nach Vollendung des 27. Lebensjahres abgeleistete Dienstzeit wird bei Berechnung der Dienstzeitanteile berücksichtigt.

Zu § 25 des Gesetzes.

Als Rechtsweg gilt auch das Verfahren bei den Verwaltungsgerichten.

Zu § 27 des Gesetzes.

Für eine vor dem 1. Juli 1937 beschlossene Hinausschiebung der Altersgrenze bedarf es keines erneuten Beschlusses.

Zu § 28 des Gesetzes.

Auf Grund des § 34 des Gesetzes wird bestimmt: Polizeivollzugsbeamte der Gemeinden im Polizeioffiziersrang, für die nach Landesrecht bisher eine höhere Altersgrenze als das 60. Lebensjahr festgesetzt war, können drei Monate vor Vollendung des 60. Lebensjahres, sofern sie polizeidienstfähig sind, den Antrag stellen, daß ihre Versetzung in den Ruhestand erst zu dem Zeitpunkt erfolgt, der bisher nach Landesrecht für sie maßgebend war; die Versetzung in den Ruhestand ist jedoch nicht zu einem späteren Zeitpunkt als am 1. Oktober 1942 zulässig. Über den Antrag entscheidet der Reichsminister des Innern.

Zu § 29 des Gesetzes.

(1) Die Versorgung der im § 29 Abs. 1 genannten Schutzpolizeibeamten (Schutzpolizeibeamte alten Rechts) richtet sich grundsätzlich nach den bisherigen landesrechtlichen Vorschriften. Soweit darin eine Ver-

sorgung nach dem Wehrmachtversorgungsgesetz vorgesehen ist, gilt dieses in seiner jetzigen Fassung, also ausschließlich der Verordnung des Führers und Reichskanzlers zum Wehrmachtversorgungsgesetz vom 14. Oktober 1936 (Reichsgesetzbl. I S. 888) — vgl. auch den Runderlaß vom 2. November 1936 (RMBliV. S. 1503) — und ausschließlich etwaiger künftiger Änderungen und Ergänzungen.

(2) Bei den in ihrem bisherigen Rechtsverhältnis verbleibenden Polizeiwachtmeistern (SB), die nach einer Dienstzeit von 18 Jahren im Falle des Ausscheidens wegen Dienstunfähigkeit oder unzureichender Befähigung auf ihren Antrag wie Polizeioffiziere zu versorgen sind, ist die achtzehnjährige Dienstzeit nach den bisherigen Vorschriften zu berechnen. Es sind dabei also auch die nach bisherigem Recht ruhegehaltfähigen Dienstzeiten zu berücksichtigen mit der Maßgabe, daß die wirkliche Dauer der Dienstzeit mindestens 12 Jahre beträgt. Diese Dienstzeit ist jedoch nur für die Entstehung des Versorgungsanspruchs maßgebend.

(3) Das Ruhegehalt der im obigen Abs. 2 genannten Polizeiwachtmeister (SB) ist auf der Grundlage der ruhegehaltfähigen Dienstzeit nach §§ 81 ff. des Deutschen Beamtengesetzes und der Ruhegehaltskala des § 89 a. a. O. zu berechnen. Die bisher auf Grund der Kann- oder Härtevorschriften in Einzelfällen getroffenen Entscheidungen über die Anrechnung von Dienst- und Beschäftigungszeiten als ruhegehaltfähige Dienstzeit sind hinfällig. Erforderlichenfalls sind neue Anträge zu stellen. Der Anspruch auf die einmalige Übergangsbeihilfe und die einmalige Umzugsentschädigung bleibt unberührt; auch ist auf Antrag der Polizeiversorgungsschein zu erteilen.

(4) Soweit im Länderrecht für Schutzpolizeibeamte alten Rechts neben den allgemeinen Vorschriften noch besondere, der Eigenart der früheren Schutzpolizei entsprechende Vorschriften über das Ruhen und Erlöschen der Versorgungsbezüge vorgesehen sind, bleiben diese bestehen, z. B. Ruhen der Übergangsgebührnisse eines Inhabers des Polizeiversorgungsscheins bei der Ablehnung einer Einberufung in eine Beamtenstelle, Sondervorschriften über die Behandlung des Polizeiruhegehalts, wenn dessen Empfänger im öffentlichen Dienst ein weiteres Ruhegehalt erdient hat, Erlöschen der Versorgungsbezüge beim Wiedereintritt in die Schutzpolizei.

(5) Falls nach Länderrecht bisher für Schutzpolizeibeamte alten Rechts der Rechtsweg vor den ordentlichen Gerichten gegeben war, gelten insoweit künftig auch die §§ 142 bis 147 und 182 des Deutschen Beamtengesetzes.

(6) Soweit Schutzpolizeibeamte alten Rechts bisher mangels gesetzlicher Regelung auf Grund von Verwaltungsanordnungen versorgt worden sind, verbleibt es hierbei mit der Maßgabe, daß die Versorgung nicht günstiger sein darf als die in den jetzigen Vorschriften des Wehrmacht-

versorgungsgesetzes vorgesehenen Bezüge. Eine anderweitige Regelung bleibt vorbehalten.

(7) Für die Berechnung der achtzehnjährigen Dienstzeit derjenigen Polizeiwachtmeister (SB), die auf ihren Antrag in das Beamtenverhältnis nach dem Deutschen Polizeibeamtengesetz übernommen werden, gilt Abs. 2 entsprechend. Im übrigen richten sich ihre Versorgungsansprüche allein nach den Vorschriften des Deutschen Beamtengesetzes. Sie können deshalb die einmalige Übergangsbeihilfe, die einmalige Umzugsentschädigung und den Polizeiversorgungsschein nicht erhalten.

(8) Zuständig für die Übernahme nach § 29 Abs. 2 ist der Polizeiverwalter.

(9) Die im Abs. 1 des Gesetzes bezeichneten Polizeiwachtmeister sind nur in den Fällen, in denen sie in den Ruhestand versetzt werden, zur Führung ihrer bisherigen Amtsbezeichnung mit dem Zusatz „außer Dienst (a. D.)" befugt.

Zu § 30 des Gesetzes.

Versorgungsanwärter der Wehrmacht sind in den Polizeivollzugsdienst und Polizeiverwaltungsdienst des Reichs (vgl. § 26 Abs. 1 des Gesetzes) und der Gemeinden nicht mehr einzustellen. Etwa noch vorgemerkte Versorgungsanwärter der Wehrmacht sind zu streichen und sofort hiervon in Kenntnis zu setzen.

Zu § 31 des Gesetzes.

(1) Die Abfindung fällt in den Fällen der §§ 23, 24 dem Dienstherrn, in dessen Dienst der Beamte zur Zeit der Beendigung des Beamtenverhältnisses stand, zur Last.

(2) Die bis zum 1. April 1940 noch zahlbare einmalige Abfindung wird an dem Tage fällig, an dem das Beamtenverhältnis endet. Sie ist von der für die Zahlung der Dienstbezüge zuständigen Dienststelle festzusetzen. Als Dienstbezüge des letzten Monats gelten Grundgehalt, Wohnungsgeldzuschuß, Kinderzuschläge, etwaige örtliche Sonderzuschläge sowie Ausgleichszulagen. Die Abfindung ist um den Hundertsatz zu kürzen, um den die Dienstbezüge des letzten Monats auf Grund der Gehaltskürzungsverordnungen zu kürzen waren. Sie unterliegt nicht der Einkommensteuer.

(3) § 31 gilt nicht für die im § 29 Abs. 1 genannten Polizeiwachtmeister (SB).

(4) War bisher in den landesrechtlichen Vorschriften keine niedrigere Altersgrenze als das 65. Lebensjahr festgesetzt und mithin eine Abfindung nicht vorgesehen, so ist die im § 31 Abs. 2 bezeichnete Abfindung zu gewähren.

Zu § 32 des Gesetzes.

(1) Auf die zwölfjährige Polizeidienstzeit werden ferner angerechnet:

a) die Dienstzeit in der SA, der SS, HJ oder als Politischer Leiter, die vor dem 30. Januar 1933 nach Vollendung des 18. Lebensjahres zurückgelegt worden ist,

b) für die am 1. Juli 1937 im Dienst befindlichen Polizeivollzugsbeamten, die vor Inkrafttreten des Gesetzes auf Grund der bisherigen Vorschriften der Länder auf die zwölfjährige Polizeidienstzeit angerechneten Zeiten.

(2) Beamten, die bis zum 14. September 1930 ihren Eintritt in die NSDAP erklärt haben, sind auch die nach dem 30. Januar 1933 zurückgelegten Zeiten gemäß Abs. 1 Buchstabe a anzurechnen.

Zu § 35 des Gesetzes.

(1) Ist einem Polizeivollzugsbeamten auf Widerruf der Dienst vor dem Inkrafttreten des Gesetzes für einen nach dem Inkrafttreten des Gesetzes liegenden Zeitpunkt aufgekündigt worden, so bleibt die Kündigung wirksam.

(2) Soweit ein Antrag auf Kapitalisierung der Versorgungsbezüge nach dem bisherigen Rechtszustande gestellt werden durfte, ist er nach diesem weiter zu behandeln, wenn er spätestens am 30. Juni 1937 bei der letzten Dienstbehörde des Versorgungsberechtigten oder einer übergeordneten Dienststelle eingegangen war.

(3) Der Vorschuß auf die Übergangsgebührnisse und die Zulage hierzu darf im Rahmen der nach § 29 Abs. 1 weiter geltenden Vorschriften und der dazu ergangenen Bestimmungen auch künftig gewährt werden. Bei der Prüfung des Antrags ist ein strenger Maßstab anzulegen.

(4) Eine Landesbürgschaft wird weder den Ruhestandsbeamten noch den Empfängern von Übergangsgebührnissen gewährt.

Teil II.

1. Polizeivollzugsbeamten kann auch über die Vorschriften der §§ 107 u. ff. des Deutschen Beamtengesetzes hinaus Heilfürsorge gewährt werden. Das Nähere, insbesondere der Kreis der Heilfürsorgeberechtigten und der Umfang der freien Heilfürsorge, wird durch besondere Bestimmungen geregelt. Bis auf weiteres gelten die Durchführungsbestimmungen des Reichsministers der Finanzen und des Reichs- und Preußischen Ministers des Innern vom 24. März 1937 zu § 10 des Gesetzes über die Neunundzwanzigste Änderung des Besoldungsgesetzes (RMBliV. S. 498) in Verbindung mit dem Runderlaß des Reichsführers SS und Chefs der Deutschen Polizei im Reichsministerium des Innern vom 4. März 1937 über Heilfürsorge bei der Polizei (RMBliV. S. 366).

2. Arbeitslosenunterstützung aus der besonderen Arbeitslosenfürsorge für Polizeivollzugsbeamte auf Widerruf, die ohne Versorgung entlassen werden, kann bis auf weiteres nach den bisherigen landesrechtlichen Vorschriften gewährt werden. Soweit jedoch ein Übergangsgeld nach § 62 des Deutschen Beamtengesetzes oder § 18 des Deutschen Polizeibeamtengesetzes gezahlt wird, beginnt die Arbeitslosenunterstützung erst nach Ablauf von so viel Monaten nach dem Wegfall der Dienstbezüge, als das Übergangsgeld das Ein- oder Vielfache der letzten Monatsbezüge beträgt.

Beispiel:

Bei einem am 30. September 1937 nach fünfjähriger Dienstzeit entlassenen Polizeivollzugsbeamten, der als Übergangsgeld das Dreifache der Dienstbezüge des letzten Monats erhält, würde die Arbeitslosenunterstützung erst nach Ablauf von drei Monaten nach den Wegfall der Dienstbezüge, also vom 1. Januar 1938 ab zu zahlen sein. Um die gleiche Zeitdauer verkürzt sich die Höchstdauer der Unterstützung. Der bei der Entlassung zur Erlangung der Sonderfürsorge zu erteilende Ausweis ist mit einem entsprechenden Vermerk zu versehen.

3. (1) Die Laufbahnen

a) der Wachtmeister (SB) der Schutzpolizei des Reichs und der Gemeinden sowie der Gendarmerie bis zum Schutzpolizei- oder Gendarmerieinspektor aufwärts,

b) der Kriminalassistenten bis zum Kriminalinspektor aufwärts,

c) der Polizeioffiziere,

d) der Kriminalkommissare

bilden je eine einheitliche Laufbahn besonderer Art. Die in der Verordnung zur Durchführung des Deutschen Beamtengesetzes zu § 35 vorgesehene Gliederung in Laufbahngruppen gilt für die genannten Laufbahnen nicht.

(2) Bei Anwendung des § 89 des Deutschen Beamtengesetzes gelten

a) die Polizeiwachtmeister, Polizeioberwachtmeister, Polizeirevieroberwachtmeister, Gendarmeriewachtmeister, Gendarmerieoberwachtmeister, Gendarmeriebezirksoberwachtmeister und Kriminalassistenten

als Beamte des unteren Dienstes,

b) die Polizeihauptwachtmeister, Polizeimeister, Polizeiobermeister, Gendarmeriehauptwachtmeister, Gendarmeriemeister, Gendarmerieobermeister, Kriminaloberassistenten, Kriminalsekretäre und Kriminalbezirkssekretäre

als Beamte des einfachen mittleren Dienstes,

c) die Schutzpolizei-, Gendarmerie- und Kriminalinspektoren, die Kriminalkommissare, Kriminalräte und Kriminaldirektoren

als Beamte des gehobenen mittleren Dienstes,

d) die Beamten vom Regierungs- und Kriminalrat an aufwärts

als Beamte des höheren Dienstes.

4. Wenn Polizeivollzugsbeamte der Gemeinden auf Anordnung einer Reichs- oder Landesbehörde zu einem Lehrgang od. dgl. abgeordnet werden oder an Dienstversammlungen der Gendarmerie teilnehmen, sind sie von ihren Gemeinden mit Reisekosten, Beschäftigungsvergütung usw. nach den Bestimmungen abzufinden, die für die im unmittelbaren Reichsdienst stehenden Polizeivollzugsbeamten erlassen sind und noch erlassen werden[5]).

---

[5]) Vgl. RdErl. des RuPrMdI. v. 22. 9. 1937 (RMBliV. S. 1573) betr. Abfindung der Beamten der Schutzpolizei der Gemeinden bei Teilnahme an Dienstversammlungen der Gendarmerie.

Sachregister.

(Die Zahlen verweisen auf die Seiten)

A.

B.

E.

F.

G.

H.

J.

T.

U.

V.

W.

Z.

Reichsdienststrafordnung

vom 26. Januar 1937

Erläuterungsbuch für die Praxis von Dr. Kurt Behnke, Regierungsrat. 1937. Taschenformat. Etwa 600 Seiten. Geb. etwa RM 10.—

(Guttentagsche Sammlung Deutscher Reichsgesetze Nr. 207).

Das von einem führenden Fachmann aus der lebendigen Praxis heraus geschaffene Erläuterungsbuch bietet in klarster Kürze erschöpfende Erläuterungen des neuen Gesetzes. Es bringt als bisher einzige Ausgabe ausführlich die auch für die Zukunft grundlegende Rechtsprechung zum Dienststrafrecht. Es enthält ferner alle für die Übergangszeit so notwendigen Angaben über die Ländergesetzgebung und lückenlos die Durchführungsverordnungen, die bisher zu dem Gesetz erlassen worden sind.

Verlag Walter de Gruyter & Co., Berlin W 35

Deutsches Beamtengesetz

vom 26. Januar 1937. Textausgabe mit Erläuterungen von Dr. Oskar Georg Fischbach, Geh. Regierungsrat und Ministerialdirigent im Reichsfinanzministerium, Mitglied des Ausschusses „Beamtenrecht" der Akademie für deutsches Recht. 1937. Taschenformat. XI, 595 Seiten. Geb. RM 9.—

(Guttentagsche Sammlung Deutscher Reichsgesetze Nr. 82).

Der Verfasser ist als hervorragender Praktiker auf dem Gebiet des Beamtenrechts bekannt. Dies bietet die Gewähr, daß die von ihm bearbeitete Ausgabe allen Erfordernissen gerecht werden wird. Die an verschiedenen Stellen abgedruckten Texte sind in der vorliegenden Textausgabe nebeneinander gestellt, dadurch erleichtert sich die Anwendung der Vorschriften. Der handliche Band enthält den genauen Wortlaut des Gesetzestextes und der Durchführungs- und Ausführungsverordnungen mit erschöpfenden Erläuterungen, in denen alle wesentlichen Fragen der neuen Bestimmungen in ausführlicher Weise klargelegt werden. Die bisherige Rechtsprechung der höchsten Gerichte ist, soweit Zweck und Grundgedanken des neuen Gesetzes eine Verwertung zuließen, in den Erläuterungen berücksichtigt. Ein ausführliches Sachregister erleichtert die Benutzung.

Verlag Walter de Gruyter & Co., Berlin W 35

FSC
www.fsc.org
MIX
Papier | Fördert
gute Waldnutzung
FSC® C083411

Kolibri 360 GmbH
Ferdinand-Jühlke-Straße 7
99095 Erfurt, Deutschland
produktsicherheit@kolibri360.de